U0941025

党和国家领导人参加义务植树活动

国庆花坛

长安街道路绿化

首都机场高速路绿化

建国门绿化广场

东直门外绿地

“黄土不露天”绿化工程

八角中里小区绿化

天坛东里小学校园绿化

工人疗养院庭院绿化

丰台大堡台片林

北京市植物园展览温室

四惠桥绿化

四环路绿化

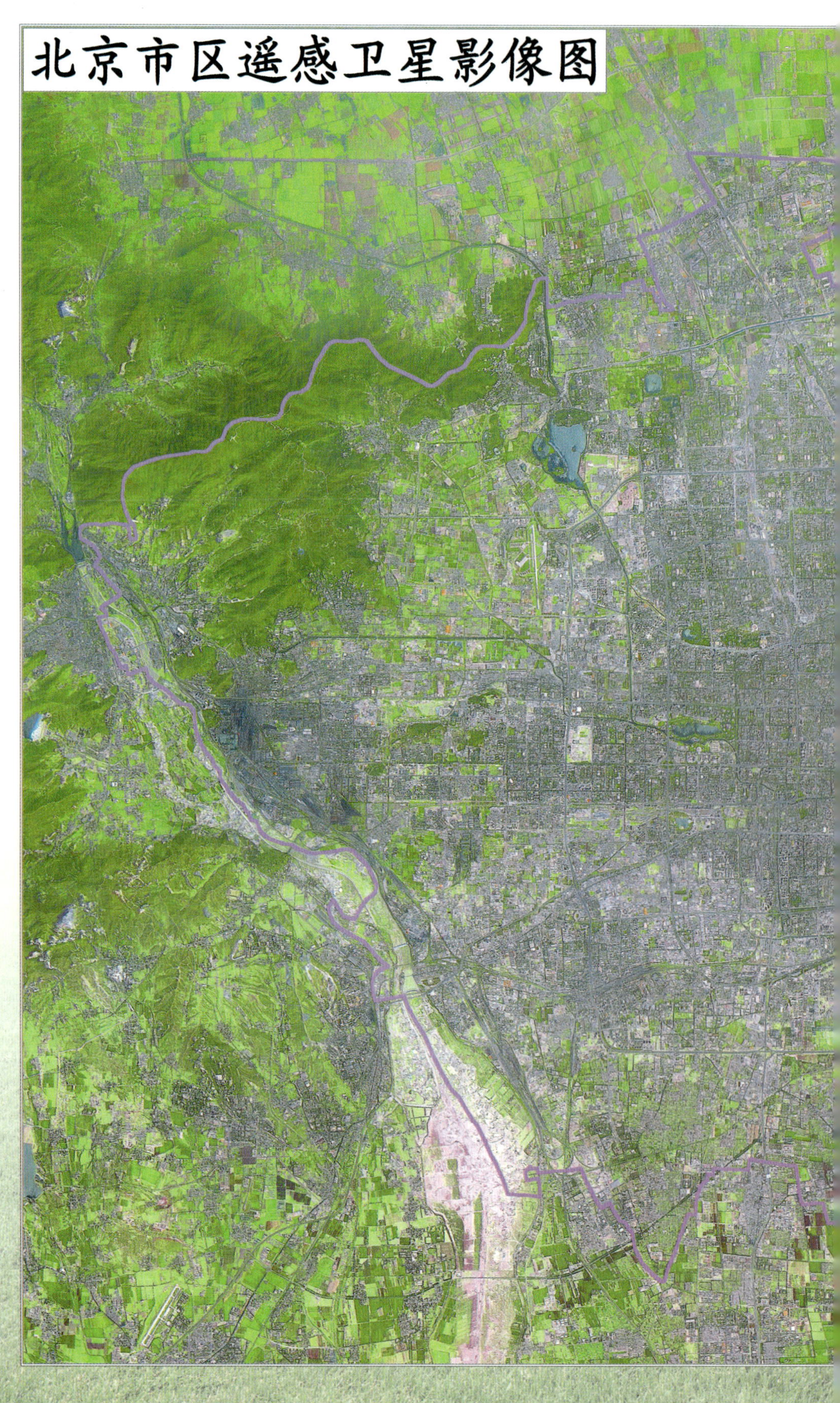

北京市区遥感卫星影像图

图 例
城市绿地
耕 地
林 地
规划市区界
0 1 2 KM
中国科学院中国遥感卫星地面站
北京市园林科学研究所

天安门广场绿地

故宫筒子河绿化

北京市城市园林绿化普查资料汇编

2000

北京市园林局　编

北 京 出 版 社

《2000年北京市城市园林绿化普查资料汇编》

编委会

前　言

“九五”期间，首都的城市园林绿化美化工作在党中央、国务院的亲切关怀下，在市委、市政府的亲自领导下，通过社会各界以及广大园林、林业职工的共同努力，取得了突飞猛进的发展，园林绿化建设的规模和形式也发生了新的变化。首都城市绿化美化建设取得的成绩有目共睹，不仅得到了广大市民的赞许，而且得到了国内外各界人士的好评。成绩的取得主要归功于各级领导的高度重视和大力支持，归功于中央、国家机关在京单位、驻京部队、涉外单位、市各有关部门以及社会各界和广大园林、林业职工的共同努力。为了更全面、准确地了解首都园林绿化取得的新成果和所发生的变化，为各级政府及有关部门制定、实施首都经济建设和社会发展及城市发展规划提供可靠依据，进一步促进首都城市园林绿化事业的发展，根据市政府的有关指示精神，由北京市园林局统一部署，组织实施，于2000年9月1日至12月，对北京市建成区的园林绿化现状进行了全面普查。

通过绿化普查，全市建成区各项绿化指标与“八五”末比，均有较大幅度的提高。

绿地率：由“八五”末的32.71%增长到36.39%（其中：城近郊区由的33.56%增长到37.27%；远郊区县由29.61%增长到33.39%）。

绿化覆盖率：由“八五”末的32.68%增长到36.54%（其中：城近郊区由32.42%增长到36.34%；远郊区县由33.64%增长到37.23%）。

人均绿地：由“八五”末的30.75平方米增长到36.08平方米（其中：城近郊区由28.87平方米增长到33.32平方米；远郊区县由41.93平方米增长到52.84平方米）。

人均公共绿地：由“八五”末的7.48平方米增长到9.66平方米（其中：城近郊区由7.08平方米增长到8.68平方米；远郊区县由9.84平方米增长到15.55平方米）。

2000年北京市城市园林绿化普查，经过各有关部门的共同努力，已圆满完成了实地调查和资料的汇总工作，并经过近一年的整理、核实、审定，编辑了《2000年北京市城市园林绿化普查资料汇编》。此次绿化普查，根据北京市园林绿化的发展变化和实际情况，对部分园林绿化指标解释及计算口径有所调整，如与过去资料有出入，应以本《资料汇编》为准。

在编辑《2000年北京市城市园林绿化普查资料汇编》过程中，对各级政府、各区县园林、林业部门、各街道办事处和局属各单位、各有关部门给予我们的大力支持，表示由衷的感谢。由于时间仓促，水平有限，在编辑过程中，如有疏漏，诚恳希望予以指正。

北京市园林局

2001年12月

目　　录

一

北京市城市园林绿化普查文件汇编

北 京 市 园 林 局 文 件

京园绿发〔2000〕338 号

关于开展 2000 年北京市城市园林绿化普查工作的通知

各区（县）人民政府、中央、国家机关在京各单位、各驻京部队、市各有关部门、各区（县）绿化部门：

近年来，北京的城市绿化美化工作在各区县政府的共同努力下，在社会各界和各有关部门的大力支持下，取得了巨大成果，城市绿化内容和形式也有了新的发展和变化。为了全面、准确地掌握城市绿化的基本情况，经市政府批准，定于 2000 年 8 月至 12 月对全市城市园林绿化现状进行全面普查。

城市园林绿化普查的目的是，全面、准确了解北京市园林绿化取得的新成果和发生的变化，为社会经济建设的发展和城市园林规划及园林绿化建设管理提供依据。

城市园林绿化普查工作涉及范围广，不仅包括园林专业部门管辖的范围，而且涵盖中央、国家机关在京单位、驻京部队、涉外单位、公路、铁路、水利、林业等部门以及社会的各个单位。以往的城市绿化普查工作得到了各级政府和各有关单位、部门的大力支持。因此，今年的城市绿化普查工作将继续发动全社会共同参与完成。为了做好此次普查工作，经市政府批准，此次城市园林绿化普查工作由北京市园林局负责牵头，各区（县）政府具体组织实施，请中央、国家机关在京各单位、各驻京部队、市各有关单位和部门给予大力支持。

为了保证城市园林绿化普查工作的顺利实施，特成立北京市城市园林绿化普查领导小组：

组　长：王仁凯　北京市园林局局长

副组长：郑西平　北京市园林局副局长

　　　　郭晓梅　北京市园林局副局长

领导小组下设普查办公室，负责全市园林绿化普查工作具体的组织实施、制定标准、指标解释和汇总工作。

主　任：郑西平　北京市园林局副局长

副主任：童锐荣　北京市园林局局长助理兼城市绿化处处长

　　　　强　健　北京市园林局局长助理兼办公室主任

　　　　王福忠　北京市园林局计财处处长

　　　　　　　　中直机关事物管理局

　　　　　　　　全军绿化办（总后营房部）

国务院机关事物管理局
外交人员服务局
东城区建委主管主任
西城区市政管委主管主任
崇文区市政管委主管主任
宣武区市政管委主管主任
朝阳区市政管委主管主任
海淀区园林市政局局长
丰台区政府绿化办公室主任
石景山区园林局局长
局属绿化处处长
通州区市政管委主管主任
昌平区市政管委主管主任
房山区园林局局长
门头沟区市政管委主管主任
顺义区园林局局长
大兴县园林局局长
怀柔县市政管委主管主任
密云县市政管委主管主任
平谷县市政管委主管主任
延庆县市政局主管局长
亦庄经济开发区

普查领导小组设在北京市园林局。

为加强对城市绿化普查工作的组织和领导，此次普查由各区（县）政府负责，成立相应的普查领导小组，具体负责本区（县）、本部门的园林绿化普查工作。并请将普查领导机构名单于2000年8月31日前报北京市园林绿化普查办公室，同时各区（县）安排1名普查联络员。

附件：《2000年北京市城市园林绿化普查实施方案》

北京市园林局
2000年8月15日

主 题 词：城市　园林　绿化　普查　通知

抄送单位：中直机关事物管理局、国务院机关事物管理局、全军绿化办、外交人员服务局、亦庄经济开发区、市统计局、市水利局、市铁路局、市公路局

北京市园林局办公室　　2000年8月17日印发

北 京 市 园 林 局 文 件

京园绿发〔2000〕355号

关于开展2000年北京市城市园林绿化普查工作的通知

局属各有关单位：

近年来，北京的城市绿化美化工作取得了巨大成果，城市绿化内容和形式也有了新的发展和变化。为了全面、准确地掌握城市绿化的基本情况，经市政府批准，定于2000年8月至12月对全市城市园林绿化现状进行全面普查。

城市园林绿化普查的目的是，全面、准确了解北京市园林绿化取得的新成果和发生的变化，为社会经济建设的发展和城市园林规划及园林绿化建设管理提供依据。

城市园林绿化普查工作涉及范围广，主要涉及园林专业部门管辖的范围，以及中央、国家机关在京单位、驻京部队、涉外单位、公路、铁路、水利、林业等部门以及社会的各个单位。为了做好此次普查工作，经市政府批准，此次城市园林绿化普查工作由北京市园林局负责牵头，各区（县）的绿化普查工作由区（县）政府具体组织实施，局属单位的绿化普查工作由各单位具体组织实施。

为了保证城市园林绿化普查工作的顺利实施，特成立北京市城市园林绿化普查领导小组：

组　长：王仁凯　北京市园林局局长

副组长：郑西平　北京市园林局副局长

　　　　郭晓梅　北京市园林局副局长

领导小组下设普查办公室，负责全市园林绿化普查工作具体的组织实施、制定标准、指标解释和汇总工作。

主　任：郑西平　北京市园林局副局长

副主任：童锐荣　北京市园林局局长助理兼城市绿化处处长

　　　　强　健　北京市园林局局长助理兼办公室主任

　　　　王福忠　北京市园林局计财处处长

中央机关、国家机关、全军绿办、市各有关单位及各区县主管单位领导

成　员：张济和　北京市园林局规划建设处处长

　　　　景长顺　北京市园林局公园处处长兼风景名胜处处长

　　　　孙志远　北京市园林局法规处处长

　　　　邓其胜　北京市园林局科技处处长

李云峰　北京市园林局检查执法处主管处长

于力维　北京市园林局计财处干部

牛玉玲　北京市园林局城市绿化处干部

朱　虹　北京市园林局规划建设处干部

孟庆红　北京市园林局公园处干部

吴西蒙　北京市园林局科技处干部

为加强对城市绿化普查工作的组织和领导，局属各有关单位也要成立绿化普查机构，并将普查领导机构名单于2000年8月31日前报北京市园林绿化普查办公室，同时安排1名普查联络员。

附件:《2000年北京市城市园林绿化普查实施方案》

北京市园林局

2000年8月24日

主题词：城市　园林　绿化　普查　通知

北京市园林局办公室　　2000年8月25日印发

2000年北京市城市园林绿化普查实施方案

在党中央、国务院和市委、市政府的正确领导下，北京市的园林绿化事业取得了巨大成绩，园林绿化建设也有了新的发展、新的变化和新的形式。为了全面、准确地反映首都园林绿化的新成果，结合北京市园林绿化建设的实际情况，特制定本方案。

一、普查目的

1. 全面、准确掌握北京市城市园林绿化发展情况，为各级政府及有关部门制定、实施首都经济建设和社会发展及城市发展规划提供可靠依据。

2. 全面、准确了解北京市园林绿化取得的新成果，为城市园林规划和绿化建设管理工作提供详实的统计资料，促进首都城市园林绿化事业的发展。

二、普查范围

1. 城近郊区普查范围：

东城区、西城区、崇文区、宣武区、朝阳区、海淀区、丰台区（含长辛店、云岗地区）、石景山区。

2. 远郊区（县）普查范围（建成区范围）：

通州区、大兴县、亦庄经济开发区、房山区、门头沟区、昌平区、延庆县、怀柔县、密云县、平谷县、顺义区。

风景名胜区：八达岭长城—十三陵风景名胜区、慕田峪长城风景名胜区、十渡风景名胜区、石花洞风景名胜区、东灵山—百花山风景名胜区、潭柘—戒坛风景名胜区、龙庆峡—松山—古崖居风景名胜区、云蒙山风景名胜区、白洋沟风景名胜区、白虎涧风景名胜区、大杨山风景名胜区、珍珠湖风景名胜区、妙峰山风景名胜区、白草畔风景名胜区、将军坨风景名胜区、上方山风景名胜区、云居寺风景名胜区、司马台风景名胜区、白龙潭风景名胜区、唐指山风景名胜区、鹫峰风景名胜区、凤凰岭风景名胜区、阳台山风景名胜区、金海湖—大溶洞—大峡谷风景名胜区。

三、普查内容

1. 城市绿地面积：

公共绿地、道路绿地、单位附属绿地、居住区绿地、生产绿地、城市防护绿地、风景名胜区。

2. 城市绿地主要指标：

城市绿地率、绿化覆盖率、人均绿地、人均公共绿地。

3. 城市实有树木：

普查范围内实有树木的品种、数量；实有草坪、宿根花卉的品种、数量；实有古树的品种、数量。

4. 城市绿地和风景区内国家级保护植物。

四、普查方法

1. 园林绿化普查在市政府领导下，由北京市园林局统一部署，由区（县）政府组织，分级实施。采取条块结合、以块为主、专群结合、分类指导的方法，充分发挥市、区（县）、街道三级管理体制的积极性。

2. 绿化普查工作以区（县）政府确定的园林绿化普查领导小组为主进行，负责各自辖区内所在的中央在京单位、国家机关在京单位、驻京部队、市属单位及社会单位的绿化普查、基础资料的收集、整理、汇总工作。市铁路局、公路局、林业局、水利局等各专业局所辖范围，由各局自行普查，绿化普查资料报各辖区（县）绿化普查领导小组。各国驻华使馆绿化普查由所在区商外交人员服务局协调取得资料。市、区（县）园林绿化部门负责辖区的绿化普查工作，绿化普查资料报各辖区（县）绿化普查领导小组。

3. 属于市与区交叉、区与区交叉的绿地、道路，按职权管理的范围普查，并将普查资料报送所在辖区的区（县）绿化普查领导小组。跨区域的绿地、道路，以规划确定的区域界限为准划分。

4. 利用计算机技术，进行绿化普查资料的汇总。

5. 利用航空遥感技术，配合测算城市园林绿化覆盖面积、绿化覆盖率。

6. 各区（县）需按要求绘制、上报万分之一绿地现状分布工作图。

五、普查步骤

2000 年北京市城市园林绿化普查工作时间为 8 月 1 日至 12 月 31 日。

绿化普查工作标准时间为 2000 年 9 月 1 日。

1. 普查准备阶段（8 月）

（1）市园林局制定普查方案。

（2）建立健全各级绿化普查机构。

（3）组织统一的绿化普查培训。

2. 实地普查阶段（9 月 – 10 月）

全面展开各单位的实地绿化普查工作，进行逐一的测量、登记、制表、绘图、审核、造册。

3. 审核、汇总、编报阶段（11 月 – 12 月）

（1）各基层单位对调查登记的普查数据进行整理审核，于 10 月底前汇总上报各区（县）绿化普查办公室。

（2）各区（县）绿化普查办公室在基层单位提供的原始资料的基础上，审核、验收、汇总，经市绿化普查办公室对其普查资料验收合格后，于 11 月底前上报市绿化普查办公室。

（3）市绿化普查办公室负责审核、验收各单位及各区（县）的普查资料，整理、汇总、编制全市汇总报表。

4. 总结评比阶段（2001 年 1 月）

各区（县）要做好园林绿化普查总结工作，并于 12 月 25 日前将绿化普查工作总结报市园林绿化普查办公室。

六、普查要求

1. 切实加强领导，明确普查目标，建立健全各级绿化普查岗位责任制。组成由主管领导、绿化专业技术人员、群众绿化工作人员、基建后勤人员及综合统计人员参加的绿化普查小组。

2．普查工作应遵循实事求是的原则，普查人员应对工作认真负责，以统计法为准绳，严格按照《2000年北京市城市园林绿化普查实施方案》及有关要求进行普查。

3．各单位要集中力量，制定本单位绿化普查实施方案及工作计划，做好绿化普查前的准备、培训工作。

4．建立绿化普查例会制度，确定市、区（县）、街道三级绿化普查联络员，及时反馈信息。

5．确保统计数字质量，建立严格的审查报送程序。各级领导和综合统计人员对其提供的数字负有法律责任。各种普查资料必须在上一级绿化普查机构审核的基础上方可上报，并严格遵守上报时间。市绿化普查办公室将对绿化普查工作进行监督检查。

6．经过普查，凡园林绿化现状与统计年报数字不符的，一律按普查数字进行调整，并在统计年报编报说明中注明原因。

此次绿化普查工作涉及的范围广泛，各单位要通力配合，团结合作，完成好北京市城市园林绿化普查工作。

北京市园林局

2000年8月8日

2000 年北京市城市园林绿化普查
编报说明及指标解释

普查调查表：

表　号	表　名
101	公共绿地调查表
102	道路（公路）绿地调查表
103	居住区绿地调查表
104	单位附属绿地调查表
105	防护绿地调查表
106	生产绿地调查表
107	风景名胜区调查表
108－111	树木、草坪、花卉调查表
112	古树调查表

上报方式：

1. 社会单位将调查表报送所在辖区街道办事处。

2. 各街道办事处资料搜集齐全并上机录入汇总，将基层数据库软盘及打印汇总表报送区县普查办公室。

3. 区专业单位将普查资料报送区普查办公室，各区县普查办公室审核后反馈给各街道办事处。

4. 各区县普查办公室汇总后，将数据库软盘及打印汇总报表报送市普查办公室。

5. 局属单位将普查资料及数据软盘在报送市普查办公室的同时，分别报送所在辖区普查办公室。

6. 各种报表要求字迹清晰、整洁，签章齐全；严格按照规定程序、时间上报有关部门。

图纸要求：

1. 各区县需绘制本辖区万分之一绿地现状分布图，报市普查办公室。主要标出公共绿地、防护绿地、生产绿地等的位置和范围。

2. 各绿化专业部门需绘制各类绿地现状图及道路断面图，报图纸比例为 1：500 或 1：1000，报市普查办公室。

3. 各单位需绘制绿地现状分布图；图纸比例为 1：500 或 1：1000，特大型单位图纸比例自行掌握，报市普查办公室。

指标解释：

一、单位名称：指经有关部门批准正式使用的单位详细名称，并与公章所使用的名称一致。

二、行政区码：按照北京市统计局下发的《北京市街道、镇、乡行政区划代码》填写。

三、地理位置：指本单位所处位置。1. 建成区内　2. 建成区外。

四、城市绿地：指在城市建成区内各类绿地之总称。包括公共绿地、道路绿地、居住区绿地、单位附属绿地、城市防护绿地、生产绿地和风景名胜区。

（一）公共绿地：指向公众开放的，绿化面积达到50%以上，配有多种乔灌木及地被植物，有一定设施和艺术布局的绿地。包括各级各类公园、街头绿地、居住区花园和城市片林中已征国有绿地。

1. 公园：指由政府或公共团体或公民建设，由公园管理人负责管理，面积在1公顷以上，对公众开放、游憩，具有良好生态、优美环境和防灾避险作用的园林。包括历史文化公园、综合性公园、专类公园、主题公园等。

2. 街头绿地：指在城市道路红线以外的，配有多种植被，有一定设施或起装饰作用，供公众游憩的绿地。

3. 居住区花园：指按规划确定的居住区内面积在0.3公顷以上，配有多种植被，有一定设施，供居民活动的集中绿地。

4. 已征城市片林：指城市片林中已征的国有绿地。

（二）道路（河岸）绿地：指城市道路、街巷（胡同）及河岸范围内的绿地。

1. 道路绿地：指路面宽度在5米以上的道路用地范围内的绿地面积。包括中心隔离带、分车带、行道树、立交桥和道路两侧的绿地。

（1）道路用地总面积：指道路红线之内总面积，红线未定的道路可按两侧建筑之间的面积计算。

（2）中心隔离带绿地：指道路中心划分车辆上下行隔离带中的绿地。

（3）分车带绿地：指划分车辆快慢行路线分车带中的绿地。

（4）行道树：指人行步道上成排栽植的树木。绿地面积按照1.5米乘以行道树长度计算。

（5）立交桥绿地：指道路交叉处的立交桥或环岛绿地。

凡道路中含立交桥或环岛绿地的，填写报表时在道路下面列明细名称。

（6）道路两侧绿地：指人行步道外侧，紧靠建筑物的绿地。

（7）道路绿化普及率：指已绿化道路条数占道路总条数的比例。

（8）道路绿地率：指道路绿地面积占道路用地总面积的比例。

2. 街巷（胡同）绿地：指路面宽度不足5米的道路用地范围内的绿地。

3. 河岸绿地：指在河道上口范围内两侧河坡绿地及上口河肩一定范围内的绿地。

调查的道路、河岸、街巷（胡同）名称应按北京市市政建设规定的统一名称填报。调查中的零散树木和零散绿地归属在临近的道路中调查。

（三）城市防护绿地：指为改善城市生态环境和景观风貌所营造的，用以隔离、卫生、安全等目的的绿地。

1. 规划市区内城市防护绿地：指城市总体规划确定的1040平方公里范围内的城市防护绿地。

（1）隔离地区城市防护绿地：包括生态林、丰产林、经济林、以圃代林等。

（2）非隔离地区城市防护绿地：包括隔离地区以外历年建成的片林。

2. 规划市区外城市防护绿地：指规划市区外（1040平方公里范围外）的城市防护绿地。如丰台王佐乡、长辛店乡，海淀山后等区域内的片林。

3. 公路放射线绿地：指通往外埠公路两侧的绿地。包括京石路、京张路、京密路、京开路、京津路、京沈路。

（四）居住区绿地：指居住区、居住小区、单位宿舍区及平房居住区内的绿化用地。

（五）单位附属绿地：指工厂、机关、学校、部队、医院、宾馆、使馆、公共场所、单位开放、仓库等单位的绿化用地。处级以下，单位面积不足0．5公顷的单位，归属在邻近的楼房或平房区内调查；处级以上，单位面积在0．5公顷以上的单位，均列入单位专用绿地调查。

（六）生产绿地：指城市绿化部门为城市绿化而生产苗木、花卉等圃地。

（七）风景名胜区：指风景名胜资源集中，自然环境优美，具有一定规模游览条件，经县以上人民政府审定命名，划定范围，供群众游览、观赏、休息和进行科学文化活动的地区。

五、行政区面积：指按北京市行政建制区域划分的地域面积。

六、建成区面积：指市行政区范围内经过征用的土地和实际建设发展起来的非农业生产建设地段，包括市区集中连片的部分以及分散在近郊区与城市有着密切联系，具有基本完善的市政公用设施的城市建设用地。建成区范围，一般是指建成区外轮廓线所能包括的地区，即这个城市实际建设用地所达到的境界范围，因此它是一个闭合的完整区域，一城多镇分散布点的城市，其建成区范围则可能由几个相应的闭合区组成。

七、建成区非农业人口：指城市建成区范围内，根据公安部门规定和统计的非农业人口。

八、人均园林绿地面积：指建成区内非农业人口平均每人拥有的园林绿地面积。

九、人均公共绿地面积：指建成区内非农业人口平均每人拥有的公共绿地面积。

十、城市绿化覆盖面积：指建成区内用于绿化的各种乔、灌木和多年生草本植物的垂直投影及草坪、地被植物覆盖的面积。乔、灌、花、草结合绿化的投影不能重复计算。

十一、城市绿化覆盖率：指建成区内绿化覆盖面积占建成区总面积的比例。

十二、城市绿地率：指建成区内园林绿地面积占建成区总面积的比例。

十三、实有树木：指城市绿地内存有的各种树木。包括乔木、灌木及月季、攀缘、竹子、绿篱、色块。

1. 乔木：成年树木高度在5米以上，有明显的主干，一般树枝分枝点较高。包括常绿乔木和落叶乔木。

2. 灌木：成年树木高度在5米以下，没有明显的主干，丛生或灌状的。包括常绿灌木和落叶灌木。

3. 月季：指各类露地栽植的月季，含藤本月季、丰花月季、品种月季、地被月季等。

4. 攀缘：指攀扶、吸扶或缠绕在其他物体上的藤本植物。

5. 竹子：指露地栽植的各类竹子。

6. 绿篱：指用树木密植成行形成的篱墙。

7. 色块：指用树木密植成块形成的植物色块。

十四、实有草坪：指城市绿地内各种草坪。包括暖季型和冷季型。

十五、实有宿根花卉：指城市绿地内的各种多年生的宿根草本植物。

十六、古树：指树龄在百年以上的树木。柏类干径在30公分以上，松类干径在40公分以上，落叶慢长乔木干径在60公分以上的树木计算为古树。

1. 一级古树指树龄在300年以上的树木。

2. 二级古树指树龄在100年以上的树木。

十七、城市及风景区内国家级保护植物：指城市绿地及风景区内栽培或自然分布生长的国家一、二、三级濒危保护植物。

十八、孤立树绿地面积计算：孤立树乔木按实际绿化面积计算；孤立树灌木按树堰占地面积计算。

十九、孤立树绿化覆盖面积：按树木垂直投影计算。

二十、植被类型：指风景名胜区内的原始森林，自然次生林、人工乔木混生林、人工乔木纯林、人工乔灌木混生林、灌木为主的杂木林，草甸，草坡。

2000年8月

2000年北京市城市园林绿化普查编报说明及指标解释（补充说明）

一、行道树绿地面积的计算

行道树：指人行步道上成排栽植的树木。

行道树绿地的计算原则：新路新算法，老路老算法，并逐年压缩原步道计算在行道树绿地的比例。

具体计算方法为：

新建、改造道路行道树绿地：按照1.5米乘以行道树长度计算；

原有行道树绿地：凡已将步道算在行道树绿地面积内的，原则上可继续按照此计算方法进行统计，但要逐步压缩步道绿地面积，使行道树绿地面积逐步接近实际占地面积；近郊区、远郊区县行道树绿地面积原则上按1.5米乘以行道树长度计算；

每条路行道树绿地面积的计算方法要有记录。

二、孤立树绿地面积的计算

孤立树乔木每株按10～30平方米计算；孤立树灌木按每株2平方米计算。居民、单位院内可根据具体情况而定。

三、上报图纸

1. 各区县万分之一绿地现状分布图，报市普查办公室。

2. 各区县绿化专业部门的绿地现状图及道路断图，报各区县普查办公室备用。

3. 社会各单位绿地现状分布图，报各区县普查办公室备用。

4. 局属各单位绿地现状图，报市普查办公室。

四、报表

101表中，取消外单位占地指标，公园自管部分及外单位占地分别填报101表，再汇总生成101表。

即：公园总面积＝公园自管面积＋外单位占地面积

2000年9月

2000年北京市城市园林绿化普查工作总结

2000年北京市城市园林绿化普查工作，根据市园林局京园绿发［2000］338号《关于开展2000年北京市城市园林绿化普查工作的通知》、《2000年北京市城市园林绿化普查实施方案》，于2000年9月至12月在全市展开。在经历四个月紧张的外业调查和大量的数据汇总工作后，目前各区县和各部门的数据汇总工作已经结束。此次城市绿化普查是经市政府批准，由北京市园林局负责牵头，统一部署组织实施。是历次普查涉及范围最广、参与人员最多的一次。有近千人亲自参加了绿化实地普查和汇总工作。绿化普查工作得到了中央、国家机关在京单位、驻京部队以及市公路局、水利局、市首发公司、亦庄经济开发区及外交人员服务局等市各有关单位和部门的支持和帮助，特别是各区县政府和各街道办事处对绿化普查工作给予了全力支持和大力配合。在此，对支持、配合此次城市绿化普查工作的各级政府、社会各有关单位和部门以及园林、林业专业部门的同志表示由衷的感谢。

一、城市绿化普查结果

“九五”期间，北京的城市园林绿化建设在市委、市政府的正确领导下，按照国务院批复的《北京城市总体规划》确定的目标，加大了城市园林绿化建设速度，使城市绿化取得了突破性进展。截止到2000年12月，全市主要绿化指标均有不同程度提高，具体情况是：

园林绿地面积：26680公顷，比1995年增长6056公顷（其中：城近郊区21152公顷，比1995年增长4575公顷；远郊区县5528公顷，比1995年增长1482公顷）。

绿化覆盖面积：26790公顷，比1995年增长6182公顷（其中：城近郊区20625公顷，比1995年增长4615公顷；远郊区县6165公顷，比1995年增长1567公顷）。

公共绿地面积：7139公顷，比1995年增长2122公顷（其中：城近郊区5512公顷，比1995年增长1446公顷；远郊区县1627公顷，比1995年增长677公顷）。

绿地率：36.39%，比1995年增长3.68%(其中:城近郊区37.27%,比1995年增长3.71%,远郊区县33.39%,比1995年增长3.78%)。

绿化覆盖率：36.54%，比1995年增长3.86%（其中：城近郊区36.34%，比1995年增长3.92%；远郊区县37.23%，比1995年增长3.59%）。

人均绿地：36.08m^2，比1995年增长5.33m^2（其中：城近郊区33.32m^2，比1995年增长4.45m^2；远郊区县52.84m^2，比1995年增长10.91m^2）。

人均公共绿地：9.66m^2，比1995年增长2.18m^2（其中：城近郊区8.68m^2，比1995年增长1.60m^2；远郊区县15.55m^2，比1995年增长5.71m^2）。

建成区面积：73316公顷，比1995年增长10260公顷（其中：城近郊区56760公顷，比1995年增长7370公顷；远郊区县16556公顷，比1995年增长2890公顷）。

建成区人口：739.37万人，比1995年增长68.75万人（其中：城近郊区634.75万人，比1995年增长60.65万人；远郊区县104.62万人，比1995年增长8.10万人）。

实有树木：4148万株，比1995年增长300万株（其中：城近郊区3190万株，比1995年增长180万株；远郊区县959万株，比1995年增长121万株）。

实有草坪：5642万平方米，比1995年增长2281万平方米（其中：城近郊区4567万平方米，比1995年增长1759万平方米；远郊区县1075万平方米，比1995年增长522万平方米）。

实有公园：139个，比1995年增加19个。其中建成区内128个（城近郊区96个，比1995年增加11个；远郊区县32个，比1995年增加10个）。

区（县）级以上风景名胜区26处。

此次普查范围涉及到全市十八个区县及亦庄经济开发区建成区范围内的公共绿地、道路绿地、单位附属绿地、居住区绿地、生产绿地及城市防护绿地、风景名胜区。共调查公共绿地583处，防护绿地200多处，单位附属绿地6710个，居住区近3000处（含平房居住区），生产绿地26个，风景区26处，道路（含公路、河岸、街巷）2700余条。

二、普查目的和意义

北京作为首都和国际化大都市，创造良好的城市生态环境，是政治的需要，也是首都地位的需要。为了把首都建设成生态环境达到世界第一流水平的现代化国际城市，市委、市政府把城市绿化作为城市生态建设和城市基础设施的重要组成部分来抓，特别在“九五”期间，加大了城市园林绿化建设的速度，使城市绿化取得了突飞猛进的发展。

为了能够更全面、准确、客观地了解北京城市绿化建设五年来取得的成果和所发生的变化，如实反映北京城市绿化的总体水平，为各级政府和有关部门制定、实施社会经济发展和城市发展规划提供详实的统计资料和可靠依据，不断促进首都园林绿化事业的发展，根据市政府的决定，由北京市园林局统一部署，组织实施了2000年城市园林绿化普查工作。

三、抓好普查动员和组织落实工作

园林绿化普查是一项较为复杂细致和专业性较强的复杂系统工程，涉及范围广，不仅是园林专业部门管辖的范围，而且还涵盖中央、国家机关在京单位、驻京部队、涉外单位、市各有关部门以及社会的各个单位。绿化普查大量的工作在社会单位，需要发动全社会来共同参与完成。为了使普查工作做到深入、普及、扎实，市园林局专门召开了有各区县市政管委、绿办、园林局和局直属单位等专业部门领导参加的绿化普查动员大会，对全市绿化普查工作进行了统一部署，加深了各级领导对城市绿化普查目的意义的认识。

为了充分发挥市园林局的政府职能作用，调动市、区县、街道三级管理的积极性，共同搞好此次绿化普查工作，市园林局专门成立了以王仁凯局长为普查领导小组组长，郑西平、郭晓梅副局长为普查领导小组副组长的普查领导班子，城市绿化处、计财处、公园处、风景名胜处、规划建设处、法规处、科技处、检查执法处等有关处室参与了此次绿化普查工作，下设绿化普查办公室，负责全市绿化普查工作的具体组织实施、标准制定、指标解释、落实方案、数据核实及全市汇总等工作。

市绿化普查动员大会后，各区县也相继组织召开了绿化普查动员大会，对辖区内各单位进行了广泛动员，成立了以主管区县长挂帅的普查领导班子，并专门抽出有一定实际工作经验、责任心强的骨干组成普查领导小组，具体负责普查工作。各街道办事处和各园林、林业专业部门也成立了由主管领导亲自挂帅的普查领导班子。

各级领导不仅在组织、人员等方面给予了大力支持，在财力、物力方面也给予了很大帮助，为搞好此次城市绿化普查工作奠定了坚实基础。

四、做好绿化普查培训工作

搞好绿化普查工作需要掌握一定的园林绿化专业知识。此次绿化普查，为了适应园林绿化建设和发展的需要，满足我市园林行业管理的要求，对部分指标重新进行了修改，并设置了各类表格40余种，统计指标近百项。为了使普查工作人员全面掌握普查的各种技术要求和统计指标，按照市园林局部署的普查方案开展工作，使普查做到不重复，不落项，资料完整可靠，数据真实准确，市园林局专门对绿化骨干分期分批进行了培训。除了各区县、园林专业部门参加了培训外，各街道办事处、市水利局、公路局也派人参加了普查培训班。参加培训的共有210余人。

为了提高工作效率，此次绿化普查要求从办事处一级开始，全部采用计算机汇总，并专门编制了程序软件。市园林局普查办公室利用一周时间，对普查程序的使用组织了五期培训班，参加计算机普查培训人员有150人。

五、做好实地调查和数据汇总，保证普查质量

由于城市绿化涉及范围广，除园林专业部门管辖范围外，需要全社会来参与此项工作，因此绿化普查采取了以块为主、条块结合、专群结合、分类指导的办法。根据各区县园林绿化管理体制的不同，绿化普查机构有的设在区县市政管委，有的设在园林部门。负责绿化普查的同志，以高度的责任感和对工作认真负责的精神，积极开展普查工作，根据本地区的具体情况，想尽各种办法认真做好辖区的绿化普查工作。如东城区，区园林部门派专业人员到每个街道办事处，协助支持绿化普查工作；西城区为了增强普查工作人员的责任感，便于深入社会单位调查，专门为绿化普查员定做了胸牌；崇文区采取的方法是，区业务科室人员分别包管几个办事处，协助搞好普查工作，并且在原有调查表的基础上，根据本区的实际，自制了实地调查表。宣武区对普查工作也非常重视，为了使普查工作不受干扰，另选址临时设立普查办公室；石景山区园林局为了支持各街道的绿化普查工作，专门为每个街道办事处各配备了一台计算机。朝阳、海淀、丰台是我市辖区面积最大的三个区，普查范围大，内容还多了农口的防护绿地等普查项目，由于有的区普查机构是设在园林部门，为了做好全区的绿化普查及汇总工作，他们积极主动与区林业部门取得联系，取得数据和资料，区林业部门积极配合支持此项工作，保证了全市、全区绿化普查工作的顺利实施。

各街道办事处在绿化普查中，充分发挥了一级政府的管理职能作用，所做的工作是专业部门无法代替的。因机构改革，办事处人员变化较大，有的绿化管理人员身兼多职，但这些同志不辞辛苦，工作认真负责，不仅要调查自管的道路街巷、居住区，还要深入到辖区内的各个单位，发放调查表，指导普查工作。根据此次普查要求，基础数据全部输入电脑。办事处负责普查的同志多数没有接触过电脑，但为了按要求完成普查工作，自己不会，专门请外人或家里人帮忙输机，虽然普查工作量很大，但仍保证按时完成了实地普查和输机汇总任务。

十个远郊区县的绿化普查工作与城近郊区不同的是，街道办事处没有参加市普查培训，由区县普查领导小组全面负责专业和群植开展绿化普查工作。特别是此次绿化普查新增加了风景名胜区调查，是历次普查不包括的，因多数区县的市政管委或园林部门的日常管理工作不含风景名胜区，此次普查，市园林局又责成他们全权负责风景名胜区的绿化普查工作，无疑给区县普查工作增加了很大难度和工作量。但区县负责普查的同志，对工作非常认真负责，不怕麻烦，通过各种渠道找到管理单位，取得了风景名胜区的普查数据和资料。虽然普查人手少，但远郊区县绝大多数都按规定时间完成了普查汇总工作，而且报表认真细致，报送及时。

市水利局、公路局在历次绿化普查中，都积极支持参与了我市绿化普查工作，此次城市绿化普查，他们继续给予了大力支持和协助。市首发公司虽然新成立，接到绿化普查的通知较晚，但仍尽最大努力，为我们提供资料；亦庄经济开发区也是第一次参加全市绿化普查，但工作做得认真细致，按规定时间和要求上报了数据资料。由于各有关单位和部门的大力支持和协助，使此次绿化普查的资料较为全面。

市园林局绿化处管辖着我市重点地区的绿化，绿化管理范围覆盖全市城近郊七个区，普查工作量很大，基础数据上来后需要先全面汇总，再按地块所在区分别汇总返给各区，汇总工作也很复杂。为了使绿化普查工作走在各区的前面，不耽误各区汇总，他们将准备工作做在了前头，加班加点进行实地调查和汇总工作。而且普查工作认真细致，对有疑问的数据都逐一进行实地核实，确保了普查数据的准确性，保证了按时将普查资料反馈给了各区。不仅如此，绿化处普查资料做的规范完整，对资料的编纂和今后存档都打下良好基础。

局属各公园绿化普查工作认真细致，在确保普查数据无误后，及时将普查结果返馈给各区，保证了所在辖区的普查汇总工作。

六、增加科技含量，提高绿化普查工作效率

为了提高城市科学化和现代化管理手段，提高工作效率，便于今后对全市绿化工作的统一管理，为今后的城市绿化统计工作打好基础，此次绿化普查采用了计算机汇总，由此减少了手工汇总易出现的错误，提高了工作效率。同时此次绿化普查还采用了更先进的科技手段——利用遥感技术测定城市绿化覆盖率，这也是对人工普查测定绿化覆盖率的进一步验证，随着科技的不断发展，利用遥感技术测定城市绿化覆盖率将成为城市绿化普查的重要手段。

七、定期召开会议，及时解决普查中出现的问题

在普查工作开展过程中，我们虽然做了较充分的准备工作，但由于实际情况复杂，普查也不全是专业人员，仍出现了很多意想不到的问题。为了及时解决这些问题，保证普查工作的顺利进行，市普查办公室多次召集有关处室和各区县普查人员，召开定期和不定期会议，及时讨论解决普查中存在问题，并且抽出时间到各区县和街道办事处，检查、指导各单位绿化普查工作，保证了普查工作的顺利进行。

八、绿化普查总结汇总工作

2000 年城市绿化普查，是历次绿化普查涉及范围最广、内容最多、工作量最大的一次。通过大量的实地调查，我们获取了全市绿化的第一手资料，各区县为了保证普查数据的真实性和可靠性，反复认真核实，加班加点进行汇总，目前各区县已将绿化普查汇总数据报到市普查办公室。下一阶段将进行全市普查资料的整理汇总等工作，包括数据的全面汇总、资料整理、普查结果调研分析、编报“2000 年北京市城市园林绿化普查资料汇编”及航空遥感等工作，各区县结合本单位的具体情况，安排好本区县 2000 年城市绿化普查资料的汇编和普查总结工作。通过绿化普查，不仅提高了园林职工的业务素质，锻炼了统计队伍，同时也培养了一批业务骨干，对加强园林队伍建设起到了积极作用。

此次绿化普查取得了一定成绩，也达到了预期效果，但仍存在许多今后需加以改进和引以借鉴的地方，如具体指标还需进一步完善和细化；应该充分利用宣传媒介，加大宣传力度，做到人人皆知，积极支持参与城市绿化普查活动；准备工作还应该再充分一些等，我们将认真总结经验，为做好今后绿化普查奠定基础。

2001 年 12 月

北京市城市园林绿化普查领导小组及普查办公室成员名单

领导小组

组　　长　王仁凯　北京市园林局局长

副 组 长　郑西平　北京市园林局副局长

　　　　　郭晓梅　北京市园林局副局长

普查办公室

主　　任　郑西平　北京市园林局副局长

副 主 任　童锐荣　北京市园林局局长助理兼城市绿化处处长

　　　　　强　健　北京市园林局局长助理兼办公室主任

　　　　　王福忠　北京市园林局计财处处长

　　　　　张济和　北京市园林局规划建设处处长

　　　　　景长顺　北京市园林局公园处处长兼风景名胜处处长

　　　　　孙志远　北京市园林局法规处处长

　　　　　邓其胜　北京市园林局科技处处长

　　　　　李云峰　北京市园林局检查执法处主管处长

成　　员　于力维　北京市园林局计财处干部

　　　　　牛玉玲　北京市园林局城市绿化处干部

　　　　　朱　虹　北京市园林局规划建设处干部

　　　　　孟庆红　北京市园林局公园处干部

　　　　　吴西蒙　北京市园林局科技处干部

北京市各区、县城市园林绿化普查领导小组及普查办公室成员名单

东 城 区

领导小组

组　长　王建清　东城区副区长

副组长　乔世怀　东城区建委主任

　　　　朱宪一　东城区园林局局长

　　　　李荣庆　东城区建委副主任

普查办公室

主　任　朱宪一

副主任　王思进　田建军　王建培　李铁生　党方荣　贾俊峰　马秀英

　　　　赵明杰　冯世彩　耿学森　朱宝森　王中华　张苏晶　杨桂林

　　　　周　焰　王世杰　刘　模　赵　伟

联络员　李建春

西 城 区

领导小组

组　长　隋振江　西城区副区长

副组长　王祥杰　西城区市政管理委员会主任

　　　　杨　月　西城区园林市政管理局局长

　　　　宋丽云　西城区市政管理委员会副主任

　　　　姚宝生　西城区园林市政管理局副局长

　　　　董沛斌　西城区园林市政管理局副局长

普查办公室

主　任　杨　月　（兼）

副主任　宋丽云　（兼）

　　　　董沛斌　（兼）

　　　　姚宝生　（兼）

　　　　关白山　西城区月坛街道办事处城建主任

　　　　王占荣　西城区阜外街道办事处城建主任

　　　　李树海　西城区展览路街道办事处城建主任

朴建来　西城区德外街道办事处城建主任
姜文龙　西城区新街口街道办事处城建主任
钱宝栓　西城区厂桥街道办事处城建主任
唐宝生　西城区丰盛街道办事处城建主任
王国建　西城区二龙路街道办事处城建主任
朱玉宝　西城区西长安街街道办事处城建主任
王新景　西城区福绥靖街道办事处城建主任

联络员　肖福来　刘　彤

崇　文　区

领导小组

组　长　陆海军　崇文区副区长

副组长　吴金涛　崇文区园林市政管理局局长
韩占龙　崇文区建委副主任
程珊莲　崇文区园林市政管理局副局长

成　员　张秀明　崇文区绿化办公室副主任
彭　影　崇文区园林市政管理局园林科科长
王有明　前门街道办事处副主任
丁永利　崇文门街道办事处副主任
贾章斌　东花市街道办事处副主任
刘宪文　龙潭街道办事处副主任
常启世　体育馆街道办事处副主任
刘振海　天坛街道办事处副主任
任继明　永外街道办事处副主任
金　龙　崇文区教委基建科科长

普查办公室

主　任　程珊莲

成　员　张秀明　彭　影　褚玉红　邢　艳　石冬梅　马志强　王　昆
孔昭文　程　源　王树春　刘德祥　陈枫森　郝志强　姜文成
刘秀花　李凤鸣　董波林

联络员　彭　影

宣　武　区

领导小组

组　长　金　炎　宣武区副区长

副组长　税　勇　宣武区市政管理委员会主任
杨同发　宣武区园林市政管理局局长

普查办公室

主　任　孔建军　宣武区市政委副主任（兼）区绿化办主任

副主任　徐鹤鸣　宣武区绿化办公室副主任
　　　　王都伟　宣武区园林市政管理局副局长
　　　　朱俊芳　白纸坊街道办事处副主任
　　　　贡伟业　牛街街道办事处副主任
　　　　顾兰涛　广内街道办事处副主任
　　　　寇志东　广外街道办事处副主任
　　　　张洪刚　陶然亭街道办事处副主任
　　　　吴晋宁　椿树街道办事处副主任
　　　　宋　伟　大栅栏街道办事处副主任
　　　　洪树成　天桥街道办事处副主任
　　　　郭根存　宣武区教委主任助理
成　员　区绿化办、区园林局、广内绿化办、牛街绿化办、白纸坊绿化办、陶然亭绿化办、大栅栏绿化办、椿树绿化办、天桥绿化办、广外绿化办、区教育局房管所绿化办
联络员　牛　英　吴　伟

朝　阳　区

领导小组
组　长　周良洛　朝阳区常务副区长
副组长　魏克林　朝阳区市政管委主任
　　　　刘乃辰　朝阳区街办副主任
　　　　桑达来　朝阳区园林局局长
　　　　赵志远　朝阳区农林局副局长
普查办公室
主　任　杨树旗　朝阳区市政管委副主任
副主任　郝建国　朝阳区园林局副局长
　　　　白景芬　朝阳区绿办副主任
　　　　翟胜利　朝阳公园开发公司副总经理
成　员　刘铁柱　朝阳林业局林业科科长
　　　　杨丽新　朝阳区绿办综合统计
　　　　杨子沛　朝阳区绿办干部
　　　　崔杏栾　朝阳区园林局综合统计

海　淀　区

领导小组
组　长　许　健　海淀区副区长
副组长　周培芳　海淀区园林市政管理局局长
　　　　张鸿奎　海淀区农业管理局局长
普查办公室
主　任　杨　信　海淀区园林市政管理局副局长

成　员　林　燕　海淀区园林市政管理局绿化办主任
　　　　赵丽霞　海淀区园林市政管理局绿化办副主任
　　　　王晓宇　海淀区农业管理局林业科副科长
　　　　曹　臻　海淀区园林市政管理局园林科科长
　　　　崔天雄　海淀区园林市政管理局监察科科长
联络员　赵丽霞

丰　台　区

领导小组
组　长　朱建民　丰台区政府副区长
副组长　张渝生　丰台区绿化委员会办公室主任
　　　　苗　华　丰台区市政园林局局长
　　　　张建国　丰台区农林局局长
成　员　田　仲　丰台区市政园林局副局长
　　　　奚凤才　丰台区农林局副局长
　　　　李锐敏　丰台区绿化委员会办公室
　　　　刘武庆　丰台区市政园林局副处调研员
　　　　薛　萍　丰台区市政园林局园林科科长
　　　　郭　宏　丰台区农林局林业科科长
普查办公室
主　任　张渝生　丰台区绿化委员会办公室主任
副主任　苗　华　丰台区市政园林局局长
成　员　薛　萍　丰台区市政园林局园林科科长
　　　　刘武庆　丰台区市政园林局公园科科长
　　　　李锐敏　丰台区绿化委员会办公室
　　　　郭　宏　丰台区农林局林业科科长
　　　　吴建才　丰台区绿化委员会办公室
联络员　吴建才　陈育颖

石　景　山　区

领导小组
组　长　孟令友　石景山区副区长、区绿化委员会副主任
副组长　赵洪如　石景山区园林局局长、区绿委会办公室主任
　　　　梁仕民　石景山区园林局副局长
　　　　付建国　石景山区园林局副局长、区绿委会办公室常务副主任
普查办公室
主　任　付建国
副主任　王　珊　石景山区园林局绿化办公室副主任
　　　　陈丽俐　石景山区园林局办公室主任

王士荣　石景山区园林局园林科科长
成　员　高振华　石景山区园林科干部
陈　伟　石景山区园林局绿化办公室干部
联络员　陈　伟

昌　平　区

领导小组
组　长　张文祥　昌平区副区长
副组长　张荣禄　昌平区市政管委主任
殷永增　昌平区绿化办主任
成　员　苏绍福　昌平区市政管委副主任
李志文　城北办事处副主任
谷天庆　南口镇副镇长
姚善环　沙河镇副镇长
冯景福　阳坊镇副镇长
韩国玲　流村镇副镇长
刘长永　小汤山镇副镇长
石　岩　兴寿镇副镇长
普查办公室
主　任　苏绍福
副主任　董连启　高俊良
成　员　李秀清　李长利　金　环　黄小红
联络员　李秀清

门　头　沟　区

领导小组
组　长　李　建　门头沟区绿办主任兼区园林局长
副组长　石　研　门头沟区园林局副局长
成　员　规划局、林业局、水利局、统计局、公路局主管局长；
绿化办、大峪办事处、城子办事处主管主任；
龙泉镇、永定镇主管镇长、石龙工业区负责人。
普查办公室
主　任　石　研
成　员　杨素华　王晓霞　任全青　刘美美　王进恺
联络员　杨素华

顺 义 区

领导小组
组　长　孙绍洲
副组长　刘占生　殷树勤　贾秋霞　马　强　单继革　赵文生　王得田　徐晓武　郭守芝
普查办公室
主　任　刘占生
副主任　孙仲秀
联络员　王宏青

通 州 区

领导小组
组　长　季连俊　通州区城市园林绿化处主任
副组长　程丹棣　通州区城市园林绿化处管理科科长
普查办公室
主　任　程丹棣　（兼）
成　员　刘秀燕　田　锋　郝宝茹　李　娟
联络员　程丹棣

房 山 区

领导小组
组　长　张　英　房山区市政管理委员会主任
副组长　王春菊　房山区市政管理委员会副主任
普查办公室
主　任　闫其杰　房山区市政管委业务科科长
副主任　张战鹏　房山区市政管委业务科副科长
成　员　赵玉萍　房山区市政管委业务科
　　　　陈文霞　房山区市政管委业务科
　　　　杨　静　房山区市政管委业务科
联络员　杨　静

大 兴 县

领导小组
组　长　张力兵　大兴县副县长
副组长　王文启　大兴县建委主任
　　　　李文影　大兴县市政园林局局长
　　　　刘凤芝　大兴县绿办主任
　　　　苗元明　大兴县市政园林局副局长
成　员　肖　正　钟德全　刘　娟　黄小波　张书华　李恭勋

联络员　何宝琴

怀　柔　县

领导小组

组　长　周志安　怀柔县市政管委副主任

副组长　马春秀　怀柔县园林科副科长

　　　　喻永刚　怀柔县绿化处主任

　　　　董学军　怀柔县绿化处副主任

　　　　王春明　怀柔县园林科科员

联络员　马春秀

密　云　县

领导小组

组　长　张　文　密云县县委常委、副书记、常务副县长

副组长　赵　龙　密云县市政管委主任

　　　　雷亚军　密云县市政管委副主任

普查办公室

主　任　丁立权　密云县园林处处长

副主任　王常金　刘书云　彭光存

成　员　娄桂娟

平　谷　县

领导小组

组　长　刘福春　平谷县市政管委主任　绿办主任

副组长　熊万强　平谷县绿办副主任

　　　　费宝林　平谷县市政管委副主任

成　员　陈焕玲　平谷县市政管委业务科科长

　　　　张希荣　平谷县市政管委绿化科科长

普查办公室

主　任　陈焕玲

成　员　马文坡　崔二维　于向阳　张宏伟

联络员　张宏伟

延　庆　县

领导小组

组　长　郭振清　延庆县副县长

副组长　董　文　延庆县市政管理局局长

　　　　张晓敏　延庆县旅游事业管理局局长

成　员　刘景华　延庆镇主管副镇长

王文良　北京市公路局延庆分局副局长
刘广明　延庆县水资源局副局长
封晓方　延庆县林业局副局长
赵国旺　八达岭特区办事处副主任
孙仲彬　龙庆峡旅游公司副经理
许亚民　松山管理处副主任
田龙海　古崖居旅游度假区副经理
徐　围　延庆县住宅开发区副经理
郭玉善　延庆县市政园林管理所所长

普查办公室

主　任　董　文　（兼）
副主任　郭玉善　（兼）
罗克鹏　县市政管理局办公室副主任
联络员　张淑娟

亦庄经济开发区

领导小组

成　员　门京春　李小红

市水利局

领导小组

成　员　李宝威　市水利局水管处高工
张梅英　市水利局城市河湖管理处高工

北京市园林局局属单位城市园林绿化普查领导小组及普查办公室成员名单

颐和园

领导小组
主管领导　耿刘同　颐和园总工程师
组　　长　马德才　颐和园园林部主任
副 组 长　白文东　颐和园园林部副主任
　　　　　戴全胜　颐和园园艺队队长
成　　员　韩　凌　颐和园助理工程师
　　　　　张小丽　颐和园技术员
联 络 员　韩　凌

动物园

领导小组　马　玉　动物园副园长
　　　　　舒毓琳　动物园管理科科长
　　　　　徐　震　动物园园艺队副队长
联 络 员　舒毓琳

中山公园

领导小组
组　　长　杨晓东　中山公园园长
副 组 长　姜振鹏　中山公园副园长
普查办公室
主　　任　姜振鹏　中山公园副园长
副 主 任　高吉田　中山公园园林基建科科长

赵天禄 中山公园园林基建科副科长
冯 玲 中山公园计财科副科长
成 员 袁承江 中山公园园艺队副队长
谢际平 中山公园园林基建科干部
杨 扬 中山公园园林基建科干部
联络员 王燕明 中山公园园艺队内勤

北 海 公 园

领导小组
组 长 李振西 北海公园园长
副组长 沈 方 北海公园副园长
普查办公室
成 员 李 安 北海公园计财科科长
杨宪河 北海公园园林科科长
付正杰 北海公园计财科副科长
罗 威 北海公园园林科副科长
宗 波 北海公园园艺一队副队长
宋 恺 北海公园景山队副队长
杜红霞 北海公园园艺一队副队长
邓 敏 北海公园文化队工程师
联络员 宋利培 北海公园园林科科员

天 坛 公 园

领导小组
组 长 刘 英 天坛公园园长
副组长 高 嵩 天坛公园副园长
普查办公室
主 任 高 嵩 天坛公园副园长
副主任 李恩进 天坛公园园容绿化科科长
万淑霞 天坛公园管理科副科长
成 员 牛建忠 天坛公园园容绿化科副科长
马宪红 天坛公园科技科副科长
张 伟 天坛公园园容绿化科干部
联络员 张 伟 天坛公园园容绿化科干部

陶 然 亭 公 园

领导小组

组　　长　伦永立　陶然亭公园园长

副 组 长　丛曰培　陶然亭公园副园长

成　　员　张　青　陶然亭公园绿化科科长

　　　　　徐凤良　陶然亭公园园艺队队长

　　　　　杨文博　陶然亭公园助理工程师

　　　　　付　颖　陶然亭公园助理工程师

　　　　　郎书萍　陶然亭公园综合统计

联 络 员　付　颖

紫 竹 院 公 园

领导小组

组　　长　赵国勋　紫竹院公园园长

副 组 长　吴玉明　紫竹院公园副园长

成　　员　范卓敏　紫竹院公园绿化科科长

　　　　　姜立枝　紫竹院公园计财科科长

　　　　　翟敬宇　紫竹院公园绿化科干部

　　　　　尹淑春　紫竹院公园园艺队干部

　　　　　许芳春　紫竹院公园计财科干部

联 络 员　范卓敏

玉 渊 潭 公 园

领导小组

组　　长　薄　星　玉渊潭公园园长

　　　　　刘少英　玉渊潭公园党委书记

副 组 长　毕颐和　玉渊潭公园党委副书记

　　　　　孙召良　玉渊潭公园副园长

　　　　　张修良　玉渊潭公园规划室主任工程师

普查办公室

主　　任　张秀琴　玉渊潭公园财务科科长

副 主 任　鲁　勇　玉渊潭公园绿化科科长

李汝诚　玉渊潭公园绿化队队长
周立祥　玉渊潭公园绿化队书记
赵博音　玉渊潭公园财务科综合统计
成　　员　徐晓波　刘玉英　孙玉红　王　燕　齐会娟
绿化队普查人员10名
联络员　鲁　勇

香山公园

领导小组
组　　长　王鹏训　香山公园园长
副组长　白明杰　香山公园主管绿化副园长
普查办公室
主　　任　白明杰　香山公园主管绿化副园长
副主任　李铁生　香山公园绿化科长
李文英　香山公园行政办公室主任
成　　员　高云昆　香山公园园艺工程师
麻淑敏　香山公园综合统计
联络员　高云昆

北京植物园

领导小组
组　　长　张佐双　北京植物园园长
副组长　李炜民　北京植物园副园长
成　　员　赵世伟　北京植物园总工
贺省艳　北京植物园财务科科长
胡东燕　北京植物园科技科科长
徐博汶　北京植物园园林科科长
郭　翎　北京植物园种苗中心副主任
李　浩　北京植物园养护队队长
王　薇　北京植物园综合统计
联络员　林　华

绿 化 处

领导小组

组　　长　张顺喜　绿化处处长

副 组 长　田黎明　绿化处副处长

　　　　　张东林　绿化处副处长

普查办公室

主　　任　田黎明　绿化处副处长

副 主 任　李忆有　绿化处财务科科长

　　　　　吴永励　绿化处工程科科长

　　　　　王安敏　绿化处育苗科科长

　　　　　高宝林　绿化处执法科科长

　　　　　孙　龙　绿化处基建科科长

成　　员　吴佐英　绿化处综合统计

　　　　　陈　薇　绿化处育苗科统计

　　　　　阎淑瑜　绿化处三大队统计

　　　　　张印宝　绿化处小汤山苗圃统计

联 络 员　吴佐英

花 木 公 司

领导小组

组　　长　胡亚荣　花木公司经理

成　　员　孙宇红　花木公司综合统计

北京市园林绿化普查工作先进个人名单

东城区 朱宝森 赵　伟 李建春 薛丽萍 李　静 高洪雷 付长全 吴元成 郝　建 王　强 单志航 栾英麟 吴凤英 程围青 王铁志

西城区 杨　月 宋丽云 肖福来 刘　彤 槐静文 赵淑梅 隆国祥 田淑民 陈银忠 刘玉华 杨　勇 董克平 葛桂成 高宗江 贾富侠

崇文区 张秀明 褚玉红 彭　影 石冬梅 邢　艳 王　昆 孔昭文 程　源 王树春 刘德祥 陈枫森 郝志强

宣武区 张　顺 商志刚 焦国生 李小菊 郭存明 徐景复 谭纪国 龙红艳 张宏旋 吴志强 李荫林 牛　英 吴　伟

朝阳区 魏克林 杨丽新 杨子沛 郝建国 崔杏栾 翟胜利 丁　勤 钏　辉 宋燕萍 李　成 卢　红 遆红宇 王　萍 靳玉芹 杨丽华 刘艳君 李艳君 李晓蒙 杨宝龙 郑　明 韩亚维 高文明 徐凤英 魏　东 白景森 高树林 贾冬云 凌　云 李连科 赵建红 侯宝祥 杨兰霞 谷金玮 王振宏 彭秀清

海淀区 杨　信 赵丽霞 纪永惠 卢先豪 孙晓燕 许文玲 向　卫 高金河 丁玉芹 刘洪霞 袁　进 张锁来 李柏树 李玉芳 王秀茹 贾建清 赵玉秋 马国秀 王淑霞 葛德军 孙学连 张维明 李秀玲 刘　萍 王凤英 刘光辉 张耀鸿 穆玉明 姜玉田 王晓宇

丰台区 薛　萍 陈育颖 谢彩霞 康凤琴 路中国 李锐敏 吴建才 吴启航 李晓晨 付朝晖 毛艳杰 赵惠珍 张　萍 王　芳 李兆江 李淑红 程朝晖 丛卫民 肖和平 吴京花 王建芝 刘旭阳 马嘉斌 宋　莉

石景山区 赵洪如 王世荣 付建国 王　珊 陈　伟 王建军 姜　红 南　宁 许兆丰 兰　岚 黄丽勤 霍秀娟 孙　凤 畅忠杰

昌平区 张荣禄 刘雪川 高俊良 李秀清 黄小红

门头沟区 石　研 任全青 王晓霞 刘美美 王进恺

顺义区 孙绍洲 刘占生 孙仲秀 王宏青 侯瑞林

通州区 季连俊 程丹棣 刘秀燕 刘立新 王兰柱

房山区 杨　静 赵学东 赵长永 蔡亚军 郭秀旗

大兴县	李文影	苗元明	李艳春	易艳平	何宝琴		
怀柔县	马春秀	王春明	肖立文	王桂梅	梁丽萍		
密云县	丁立权	王常金	娄桂娟	王红梅	郭丽莉		
平谷县	刘福春	费宝林	陈焕伶	于向阳	张宏伟		
延庆县	董　文	张淑娟	王纪梅	杨中华	郎秀利		
亦庄开发区	门京春	李小红					
颐和园	耿刘同	韩　凌	戴全胜				
动物园	马　玉	徐　震	梁孟存				
中　山	姜振鹏	冯　玲	杨　扬				
北　海	沈　方	孙仪璐	罗　威				
天　坛	高　嵩	万淑霞	张　伟				
陶然亭	丛日培	付　颖	郎书萍				
紫竹院	吴玉明	翟敬宇	尹淑春				
玉渊潭	毕颐和	赵博音	王　燕				
香　山	白明杰	麻淑敏	高云昆				
北　植	张佐双	王　薇	徐博汶				
花木公司	胡亚荣	孙宇红					
绿化处	田黎明	吴佐英	尚士琴	张建华	朱　咏	闫淑瑜	梁鹏威
	张印宝	聂亚芳	夏俊伟				
市普查办	朱开明	王恩铭	毛　剑				
市水利局	张梅英	李　捷					
市公路局	李春红						

二

北京市城市园林绿化普查主要指标

北京市城市园林绿地指标

区县名称	园林绿地（公顷）	公共绿地	道路绿地	居住区绿地	单位附属绿地	城市防护绿地	生产绿地
甲	1＝2＋3＋4＋5＋6＋7	2	3	4	5	6	7
合　　计	**26679.92**	**7139.39**	**2829.56**	**3495.70**	**7873.19**	**4928.73**	**413.35**
城近郊区	**21151.90**	**5512.48**	**2233.42**	**2180.00**	**6330.65**	**4568.85**	**326.51**
东城区	603.67	149.42	110.90	184.96	158.39		
西城区	782.42	277.87	122.79	167.49	214.27		
崇文区	517.29	326.15	62.97	72.68	54.10		1.40
宣武区	322.27	110.76	56.61	78.03	76.87		
朝阳区	7227.19	1460.98	1034.17	758.94	1685.80	2192.72	94.57
海淀区	6071.52	1877.52	338.24	432.36	2337.96	916.41	169.03
丰台区	3714.26	595.09	411.30	362.25	1123.48	1188.30	33.85
石景山区	1913.28	714.69	96.44	123.29	679.78	271.42	27.66
远郊区县	**5528.02**	**1626.91**	**596.14**	**1315.70**	**1542.54**	**359.88**	**86.84**
昌平区	346.65	132.41	57.79	22.94	133.51		
门头沟区	455.83	198.16	22.06	32.96	162.65		40.00
顺义区	480.70	165.15	107.32	118.28	89.95		
通州区	1261.18	192.88	110.04	727.90	225.40		4.96
房山区	1011.42	177.22	55.07	144.47	452.64	169.00	13.02
大兴县	536.16	91.46	68.78	90.15	263.43		22.34
怀柔县	252.32	138.14	57.53	31.03	25.62		
密云县	224.81	112.15	20.83	19.61	72.22		
平谷县	480.78	137.18	50.30	116.62	58.64	111.52	6.52
延庆县	478.17	282.16	46.42	11.74	58.49	79.36	

北京市城市公共绿地指标

区县名称	公共绿地（公顷）	公园	街头绿地	居住区花园	已征城市片林
甲	1=2+3+4+5	2	3	4	5
合　计	**7139.39**	**4847.89**	**725.21**	**140.12**	**1426.17**
城近郊区	**5512.48**	**4192.00**	**445.40**	**112.40**	**762.68**
东城区	149.42	127.42	21.50	0.50	
西城区	277.87	250.21	27.66		
崇文区	326.15	319.43	6.72		
宣武区	110.76	83.71	24.95	2.10	
朝阳区	1460.98	926.36	64.69	85.76	384.17
海淀区	1877.52	1633.48	107.08	2.68	134.28
丰台区	595.09	401.74	79.19	14.06	100.10
石景山区	714.69	449.65	113.61	7.30	144.13
远郊区县	**1626.91**	**655.89**	**279.81**	**27.72**	**663.49**
昌平区	132.41	25.35	22.13		84.93
门头沟区	198.16	3.69	64.47		130.00
顺义区	165.15	41.43	16.27	0.40	107.04
通州区	192.88	23.20	63.70	1.30	104.68
房山区	177.22	108.99	44.93	20.33	2.96
大兴县	91.46	56.12	30.37	4.98	
怀柔县	138.14	29.54	12.06		96.54
密云县	112.15	106.66	5.49		
平谷县	137.18	18.47	9.05		109.65
延庆县	282.16	242.44	11.33	0.71	27.67

北京市城市道路绿地指标

区县名称	道路绿地（公顷）	道　路	河　岸	街　巷
甲	1=2+3+4	2	3	4
合　计	**2829.56**	**2355.12**	**403.69**	**70.75**
城近郊区	**2233.42**	**1841.38**	**333.53**	**58.51**
东城区	110.90	88.44	1.73	20.73
西城区	122.79	108.11	3.11	11.57
崇文区	62.97	44.10	7.61	11.26
宣武区	56.61	33.73	14.85	8.03
朝阳区	1034.17	911.35	118.83	3.99
海淀区	338.24	304.72	33.30	0.22
丰台区	411.30	305.26	105.63	0.41
石景山区	96.44	45.67	48.47	2.30
远郊区县	**596.14**	**513.74**	**70.16**	**12.24**
昌平区	57.79	57.79		
门头沟区	22.06	11.36	9.79	0.91
顺义区	107.32	105.68	1.64	
通州区	110.04	71.79	38.25	
房山区	55.07	50.41	3.60	1.06
大兴县	68.78	49.91	8.60	10.27
怀柔县	57.53	49.25	8.28	
密云县	20.83	20.83		0.01
平谷县	50.30	50.30		
延庆县	46.42	46.42		

北京市城市居住区绿地指标

区县名称	居住区绿地（公顷）	楼房居住区	平房居住区	备　注
甲	1=2+3	2	3	乙
合　　计	**3495.70**	**2199.00**	**1296.70**	
城近郊区	**2179.99**	**1783.61**	**396.38**	
东城区	184.95	22.54	162.41	
西城区	167.49	106.12	61.37	
崇文区	72.68	38.65	34.03	
宣武区	78.03	54.14	23.89	
朝阳区	758.94	724.02	34.92	
海淀区	432.36	385.34	47.02	
丰台区	362.25	343.85	18.40	
石景山区	123.29	108.95	14.34	
远郊区县	**1315.71**	**415.39**	**900.32**	
昌平区	22.94	22.94		
门头沟区	32.96	8.08	24.88	
顺义区	118.28	49.37	68.91	
通州区	727.90	74.98	652.92	
房山区	144.47	104.32	40.15	
大兴县	90.15	68.87	21.28	
怀柔县	31.03	19.69	11.34	
密云县	19.61	16.59	3.01	
平谷县	116.62	40.29	76.34	
延庆县	11.74	10.27	1.48	

北京市城市单位

区县名称	单位附属绿地（公顷）	工　厂	机　关	学　校	部　队
甲	1＝2＋3＋…＋12	2	3	4	5
合　　计	**7873.19**	**2170.89**	**1496.46**	**1122.31**	**1708.54**
城近郊区	**6330.65**	**1387.85**	**1311.23**	**952.66**	**1499.25**
东城区	158.39	12.00	35.98	9.05	29.57
西城区	214.27	7.62	127.71	37.68	19.50
崇文区	54.10	8.07	18.63	9.63	2.95
宣武区	76.87	21.16	14.61	17.57	0.34
朝阳区	1685.80	571.24	185.32	148.73	100.10
海淀区	2337.96	136.31	700.10	649.02	674.98
丰台区	1123.48	337.26	184.79	44.07	454.74
石景山区	679.78	294.19	44.09	36.91	217.07
远郊区县	**1542.54**	**783.04**	**185.23**	**169.66**	**209.29**
昌平区	133.51	20.70	8.09	34.75	40.08
门头沟区	162.65	74.03	5.95	4.79	52.99
顺义区	89.95	31.36	18.18	13.52	9.83
通州区	225.40	119.99	30.40	40.96	23.39
房山区	452.64	286.56	57.77	19.95	62.81
大兴县	263.43	148.16	12.48	29.15	19.91
怀柔县	25.62	3.71	9.28	5.24	0.02
密云县	72.22	44.25	15.76	7.50	0.02
平谷县	58.64	33.16	11.55	5.82	0.24
延庆县	58.49	21.12	15.76	7.97	

附属绿地指标

医 院	宾 馆	使 馆	公共场所	开放单位	仓 库	其 他
6	7	8	9	10	11	12
164.02	**177.89**	**49.44**	**180.67**	**70.73**	**126.63**	**605.60**
123.96	**158.63**	**49.44**	**120.91**	**68.07**	**102.99**	**555.67**
12.00	6.44	8.16	35.29	2.36		7.55
12.22	1.41		5.77	1.82	0.15	0.39
3.80	0.74		2.91	0.12	4.29	2.96
4.06	2.71		6.24	0.08	7.81	2.29
24.37	76.09	41.28	18.76	47.87	43.59	428.45
19.59	55.05		5.86	12.44	6.94	77.67
25.78	12.17		5.42	3.01	38.56	17.68
22.14	4.02		40.66	0.37	1.65	18.68
40.06	**19.26**		**59.76**	**2.66**	**23.64**	**49.93**
1.07			5.43			23.38
11.93	1.60		2.83	0.44	0.05	8.05
2.00	2.22		1.21		0.02	11.60
9.16	0.12		0.01		0.95	0.41
5.85	0.96		1.65	1.14	13.76	2.19
2.81	0.62		42.72		7.59	
1.93	4.41			0.65		0.37
1.03	0.46				0.91	2.30
2.13	2.62		0.80	0.44	0.24	1.63
2.14	6.25		5.11		0.12	

北京市城市绿地率、覆盖率指标

区县名称	建成区面积（公顷）	园林绿地面积（公顷）	绿地率（%）	绿化覆盖面积（公顷）	绿化覆盖率（%）
甲	1	2	3 = 2/1	4	5 = 4/1
合　计	**73316**	**26679.92**	**36.39**	**26790.08**	**36.54**
城近郊区	**56760**	**21151.90**	**37.27**	**20625.88**	**36.34**
东城区	2538	603.67	23.79	664.51	26.18
西城区	3166	782.42	24.71	808.46	25.54
崇文区	1646	517.29	31.43	505.64	30.72
宣武区	1850	322.27	17.42	402.32	21.75
朝阳区	18799	7227.19	38.44	6808.21	36.22
海淀区	13436	6071.52	45.19	5689.50	42.34
丰台区	10585	3714.26	35.09	3804.26	35.94
石景山区	4740	1913.28	40.36	1942.98	40.99
远郊区县	**16556**	**5528.02**	**33.39**	**6164.20**	**37.23**
昌平区	1091	346.65	31.77	379.96	34.83
门头沟区	1158	455.83	39.36	463.24	40.00
顺义区	1465	480.70	32.81	560.25	38.24
通州区	3646	1261.18	34.59	1382.64	37.92
房山区	3460	1011.42	29.23	1252.99	36.21
大兴县	2000	536.16	26.81	604.47	30.22
怀柔县	521	252.32	48.43	277.58	53.28
密云县	935	224.81	24.04	234.97	25.13
平谷县	1360	480.78	35.35	546.72	40.20
延庆县	920	478.17	51.98	461.38	50.15

北京市城市人均绿地、公共绿地指标

区县名称	建成区城市人口（万人）	园林绿地面积（公顷）	人均绿地（平方米）	公共绿地面积（公顷）	人均公共绿地（平方米）
甲	1	2	3 = 2/1	4	5 = 4/1
合　计	**739.37**	**26679.92**	**36.08**	**7139.39**	**9.66**
城近郊区	**634.75**	**21151.90**	**33.32**	**5512.48**	**8.68**
东城区	62.86	603.67	9.60	149.42	2.38
西城区	78.11	782.42	10.02	277.87	3.56
崇文区	41.40	517.29	12.49	326.15	7.88
宣武区	56.00	322.27	5.75	110.76	1.98
朝阳区	152.48	7227.19	47.40	1460.98	9.58
海淀区	145.20	6071.52	41.81	1877.52	12.93
丰台区	67.30	3714.26	55.19	595.09	8.84
石景山区	31.40	1913.28	60.93	714.69	22.76
远郊区县	**104.62**	**5528.02**	**52.84**	**1626.91**	**15.55**
昌平区	7.90	346.65	43.88	132.41	16.76
门头沟区	11.37	455.83	40.09	198.16	17.43
顺义区	10.06	480.70	47.78	165.15	16.42
通州区	18.05	1261.18	69.87	192.88	10.69
房山区	18.20	1011.42	55.57	177.22	9.74
大兴县	11.60	536.16	46.22	91.46	7.88
怀柔县	6.10	252.32	41.36	138.14	22.65
密云县	7.10	224.81	31.66	112.15	15.80
平谷县	6.74	480.78	71.33	137.18	20.35
延庆县	7.50	478.17	63.76	282.16	37.62

北京市城市实有树木指标（一）

区县名称	实有树木（万株）	乔木	灌木	其　他		
				小计	月季	攀缘
甲	1=2+3+4	2	3	4=5+6	5	6
合　计	**4148.41**	**1702.70**	**1055.00**	**1390.71**	**799.64**	**591.07**
城近郊区	**3189.69**	**1299.19**	**785.54**	**1104.96**	**631.95**	**473.02**
东城区	81.12	14.62	13.02	53.48	32.32	21.16
西城区	113.41	20.03	31.62	61.76	29.28	32.48
崇文区	57.15	11.86	10.29	35.00	16.56	18.43
宣武区	54.52	8.63	12.22	33.67	10.31	23.36
朝阳区	983.97	431.14	201.34	351.49	223.40	128.09
海淀区	824.01	371.58	234.71	217.73	121.08	96.64
丰台区	747.90	288.65	179.32	279.93	161.59	118.34
石景山区	327.61	152.68	103.02	71.90	37.39	34.51
远郊区县	**958.72**	**403.51**	**269.46**	**285.75**	**167.69**	**118.06**
昌平区	71.69	23.37	29.30	19.02	11.07	7.95
门头沟区	87.69	19.15	56.53	12.01	8.58	3.43
顺义区	65.51	27.63	13.37	24.51	17.13	7.37
通州区	263.74	131.75	80.56	51.43	34.14	17.28
房山区	227.38	95.89	40.06	91.43	24.63	66.80
大兴县	89.61	23.14	19.48	46.99	43.13	3.86
怀柔县	27.03	13.58	3.81	9.64	6.47	3.18
密云县	46.19	10.16	18.82	17.20	14.29	2.91
平谷县	34.65	25.93	2.19	6.53	5.88	0.65
延庆县	45.23	32.91	5.33	6.99	2.37	4.62

北京市城市实有树木指标（二）

区县名称	竹子 （万株）	绿篱 （万株）	色块 （万株）	宿根花卉 （万株）	草坪 （万平方米）	濒危植物 （万株）
甲	1	2	3	4	5	6
合　计	**350.62**	**2911.66**	**825.22**	**473.53**	**5642.02**	**122.74**
城近郊区	**319.69**	**2086.77**	**570.42**	**320.83**	**4567.13**	**116.74**
东城区	14.33	69.59	69.52	22.26	124.67	0.31
西城区	18.68	94.87	39.54	14.58	211.29	0.70
崇文区	3.65	26.37	3.86	8.86	100.73	0.49
宣武区	7.40	47.39	11.49	3.92	97.24	0.49
朝阳区	39.04	485.47	152.40	71.59	1596.87	69.10
海淀区	195.10	645.28	174.47	70.90	1451.42	21.26
丰台区	27.59	426.78	50.70	91.13	744.71	19.19
石景山区	13.92	291.01	68.43	37.60	240.19	5.19
远郊区县	**30.92**	**824.90**	**254.80**	**152.71**	**1074.89**	**6.00**
昌平区	5.69	97.41	51.18	76.94	96.83	0.66
门头沟区	0.84	14.33	19.95	7.43	69.71	0.89
顺义区	3.98	55.68	48.05	11.68	142.95	0.52
通州区	1.34	107.11	38.91	11.21	155.58	0.45
房山区	3.90	200.64	27.46	7.93	199.61	0.90
大兴县	4.33	119.61	25.36	9.74	144.04	1.95
怀柔县	6.38	82.72	20.82	8.42	64.57	0.10
密云县	3.55	43.94	4.92	7.36	90.81	0.22
平谷县	0.87	69.73	11.99	1.13	49.72	0.16
延庆县	0.04	33.73	6.16	10.88	61.07	0.15

北京市城市实有古树指标

区县名称	古树（株）	一级	二级	备注
甲	1=2+3	2	3	乙
合　计	**21375**	**3537**	**17838**	
城近郊区	**21375**	**3537**	**17838**	
东城区	3091	1134	1957	
西城区	2616	198	2418	
崇文区	3662	1171	2491	
宣武区	480	167	313	
朝阳区	337	45	292	
海淀区	9849	697	9152	
丰台区	48	4	44	
石景山区	1292	121	1171	
远郊区县				
昌平区				
门头沟区				
顺义区				
通州区				
房山区				
大兴县				
怀柔县				
密云县				
平谷县				
延庆县				

绿化普查、遥感测定城市绿化覆盖率指标

区县名称	绿化普查数据			遥感测定数据		
	建成区面积（公顷）	绿化覆盖面积（公顷）	绿化覆盖率（%）	建成区面积（公顷）	绿化覆盖面积（公顷）	绿化覆盖率（%）
全市合计	**73316.00**	**26798.16**	**36.54**	**73280.78**	**25146.91**	**34.32**
城近郊区	**56760.00**	**20633.96**	**36.34**	**56844.68**	**19374.80**	**34.08**
东城区	2538.00	664.51	26.18	2534.43	652.55	25.75
西城区	3166.00	808.46	25.54	3184.10	800.38	25.14
崇文区	1646.00	505.64	30.27	1646.98	469.72	28.52
宣武区	1850.00	402.32	21.75	1892.04	361.27	19.09
朝阳区	18799.00	6806.21	36.22	18571.42	6283.88	33.84
海淀区	13436.00	5699.60	42.34	13740.54	5440.31	39.59
丰台区	10585.00	3804.26	35.94	10635.47	3552.34	33.40
石景山区	4740.00	1942.96	40.99	4639.70	1814.35	39.10
远郊区县	**16556.00**	**6164.20**	**37.23**	**16436.10**	**5772.11**	**35.12**
昌平区	1091.00	379.96	34.83	1096.95	379.53	34.60
门头沟区	1158.00	463.24	40.00	1157.87	347.59	30.02
顺义区	1465.00	560.25	38.24	1466.47	561.14	38.26
通州区	3646.00	1382.64	37.92	3645.72	1319.28	36.19
房山区	3460.00	1252.99	36.21	3330.38	1184.31	35.56
大兴县	2000.00	604.47	30.22	2002.48	590.59	29.49
怀柔县	521.00	277.58	53.25	523.69	258.77	49.41
密云县	935.00	234.97	25.13	934.34	229.61	24.57
平谷县	1360.00	546.72	40.20	1360.49	517.65	38.05
延庆县	920.00	461.38	50.16	917.71	383.64	41.80

遥感允许误差值为3%

北京市城市园林绿地主要指标

	1995 年	2000 年	增减(+、-)
园林绿地面积(公顷)	20624	26680	6056
城近郊区	16577	21152	4575
远郊区县	4047	5528	1481
城市绿地率(%)	32.71	36.39	3.68
城近郊区	33.56	37.27	3.71
远郊区县	29.61	33.39	3.78

北京市城市园林绿地面积

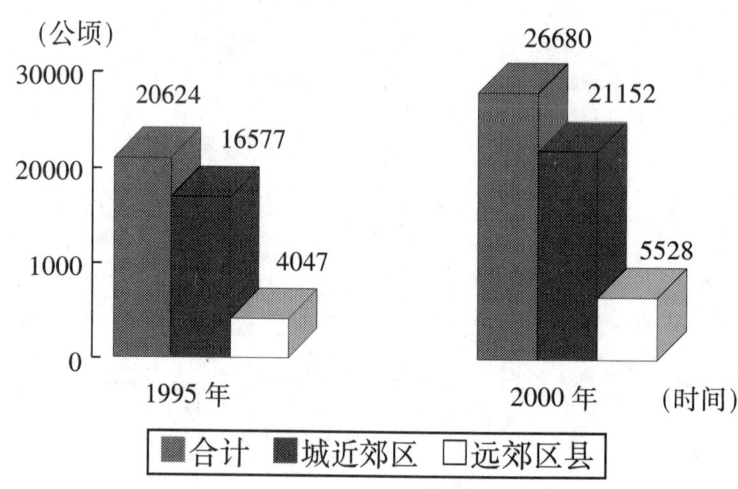

北京市城市绿地率

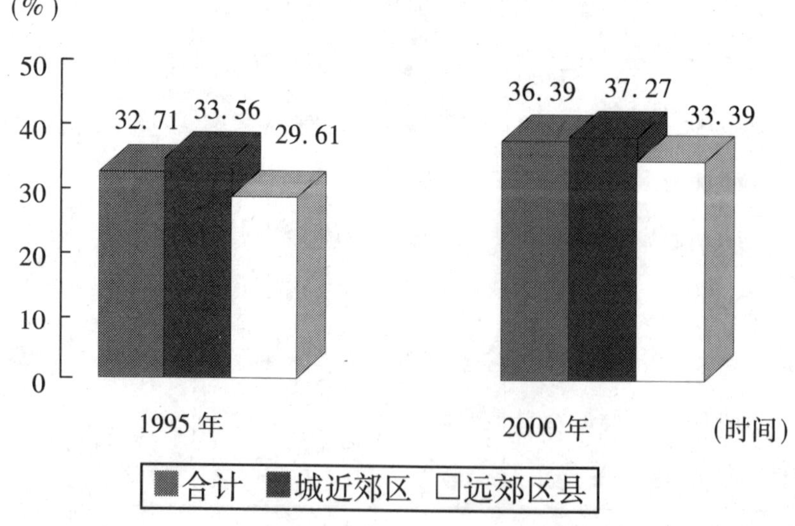

北京市城市绿地面积分类

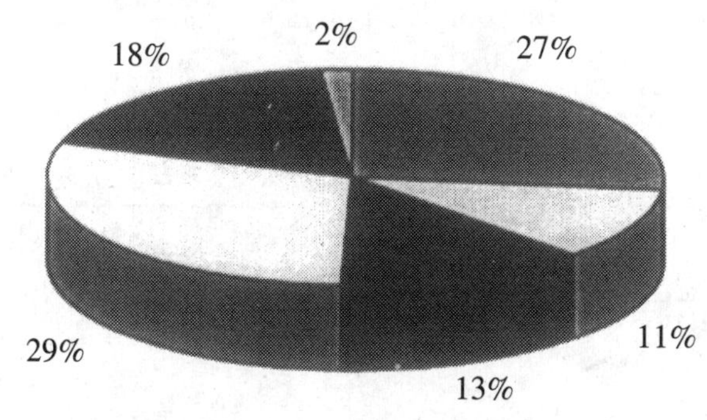

公共绿地 7139.39 公顷	道路绿地 2829.56 公顷
居住区绿地 3495.7 公顷	单位附属绿地 7873.19 公顷
防护绿地 4928.73 公顷	生产绿地 413.35 公顷

北京市城市人均绿地面积

	1995 年	2000 年	增减(+、-)
合计	30.75	36.08	5.33
城近郊区	28.87	33.32	4.45
远郊区县	41.93	52.84	10.91

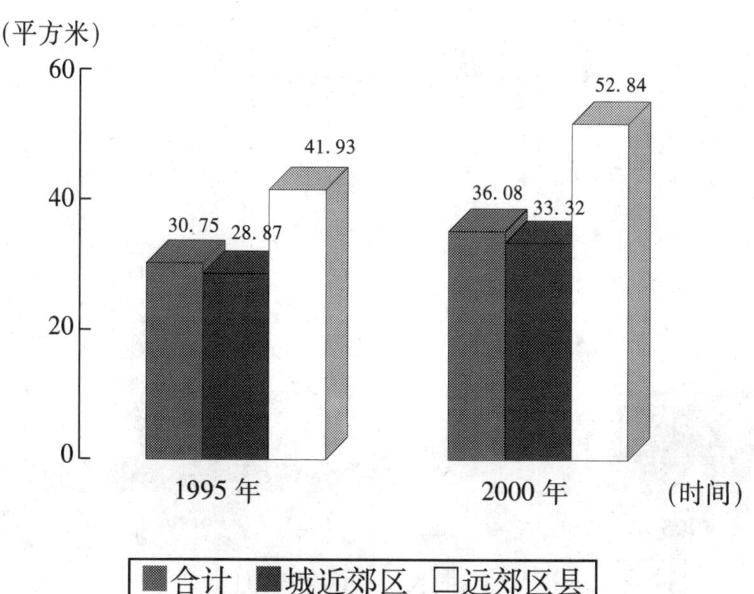

北京市城市园林绿化覆盖面积主要指标

	1995 年	2000 年	增减(+、-)
园林绿化覆盖面积(公顷)	20607	26790	6183
城近郊区	16010	20626	4616
远郊区县	4597	6164	1567
城市绿化覆盖率(%)	32.68	36.54	3.86
城近郊区	32.42	36.34	3.92
远郊区县	33.64	37.23	3.59

北京市城市园林绿化覆盖面积

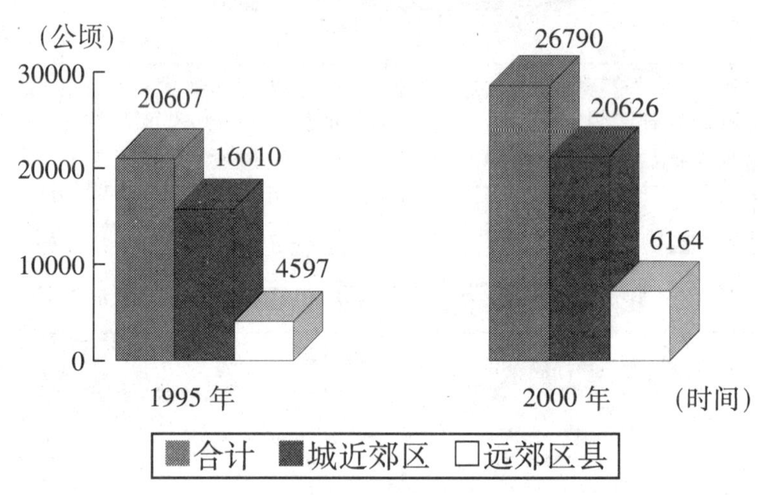

北京市城市绿化覆盖率

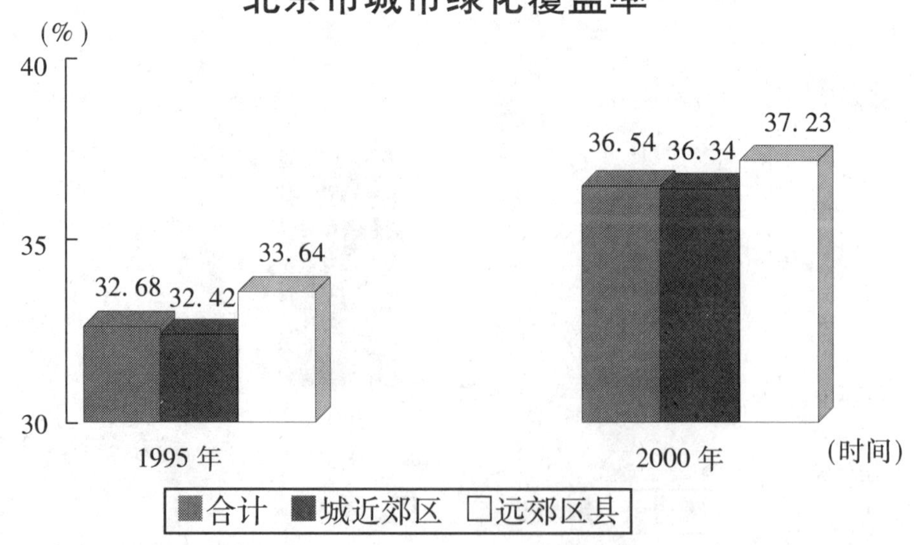

北京市城市公共绿地主要指标

	1995 年	2000 年	增减(+ 、-)
公共绿地面积(公顷)	5016	7139	2123
城近郊区	4066	5512	1446
远郊区县	950	1627	677
人均公共绿地(平方米)	7.48	9.66	2.18
城近郊区	7.08	8.68	1.60
远郊区县	9.84	15.55	5.71

北京市城市公共绿地面积

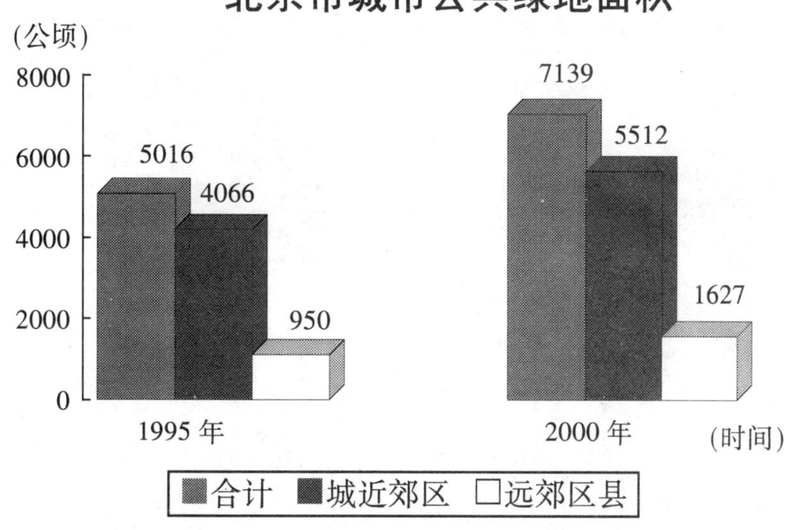

北京市城市人均公共绿地面积

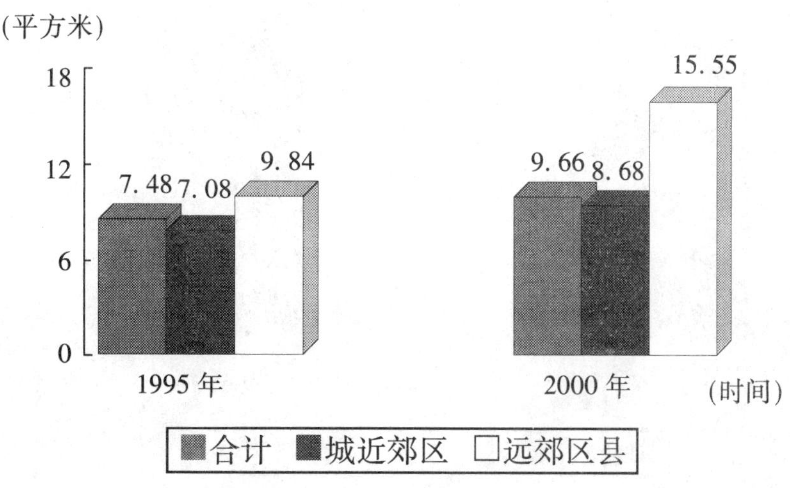

北京市城市道路绿地主要指标

	1995 年	2000 年	增减(+、-)
道路绿化总长度(公里)	2181	2297	116
城近郊区	1761	1796	35
远郊区县	419	501	82
道路绿地面积(公顷)	2568	2830	262
城近郊区	1996	2233	237
远郊区县	571	596	25

北京市城市道路绿化长度

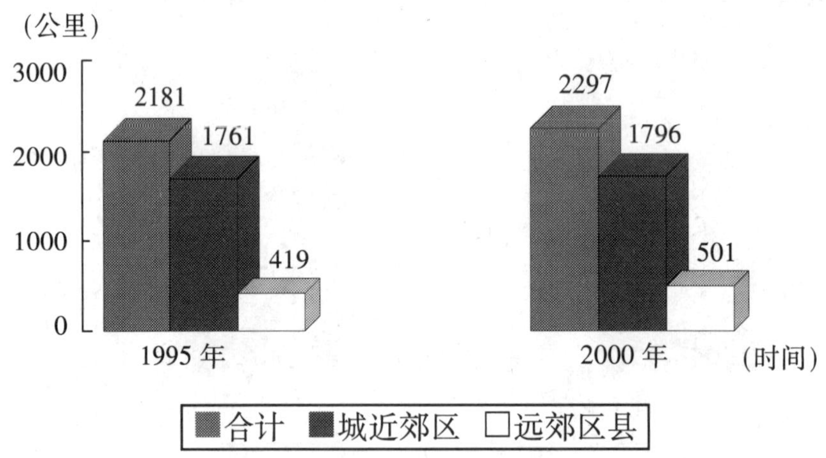

北京市城市道路绿地面积

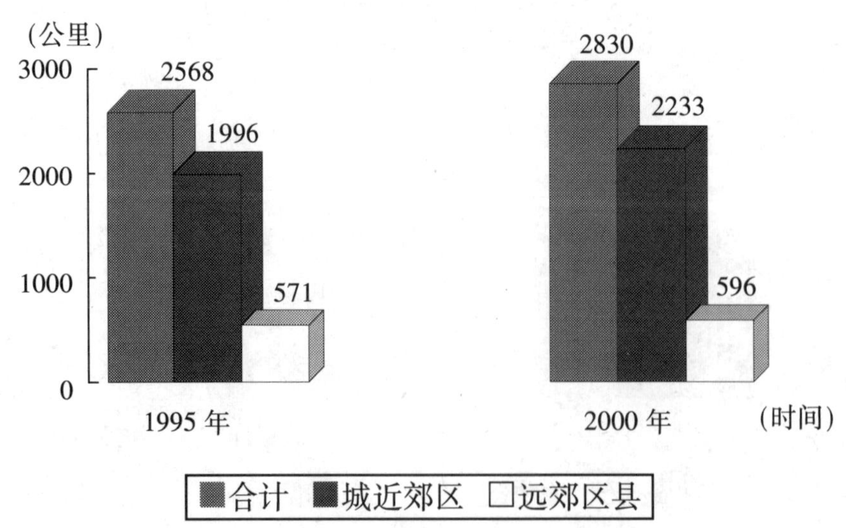

北京市城市道路绿化长度分类

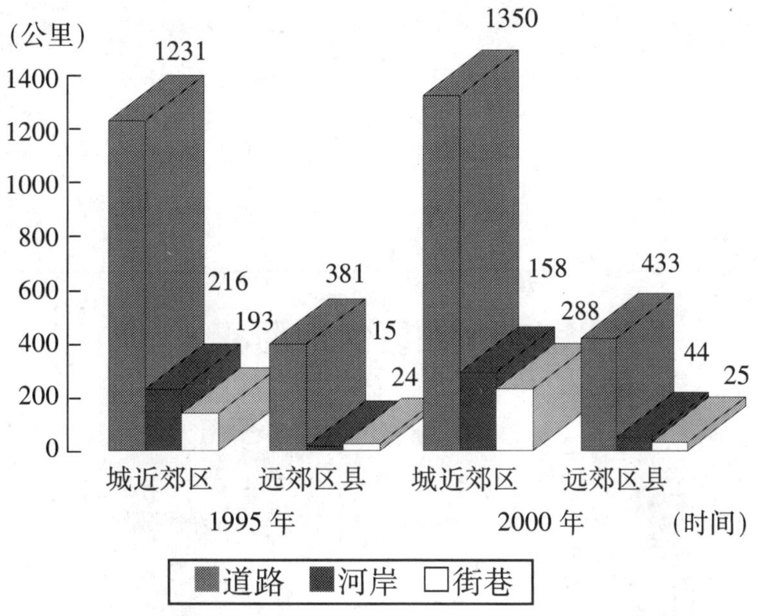

北京市城市道路绿地面积分类

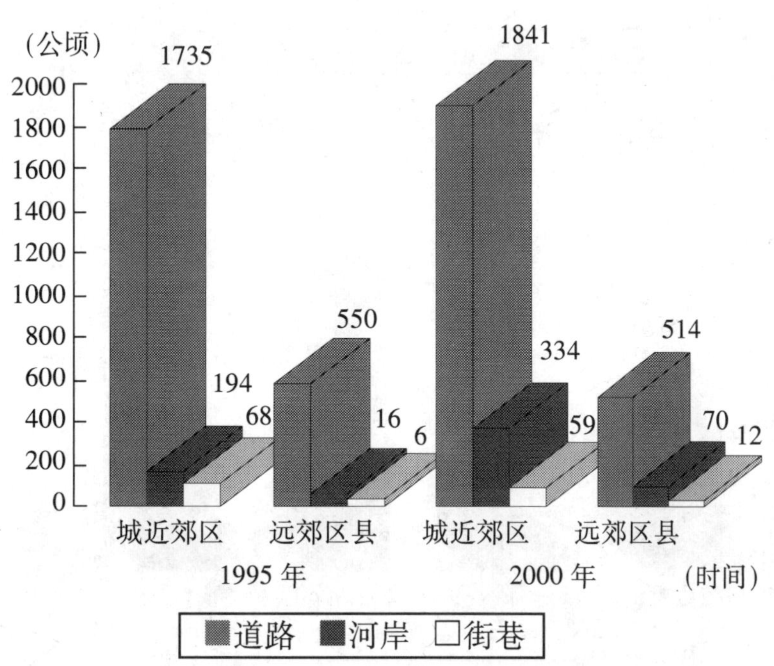

北京市城市居住区绿地主要指标

	1995 年	2000 年	增减(+、-)
合计(公顷)	2554	3496	942
楼房	1358	2199	841
平房	1196	1297	101
城近郊区	1640	2180	540
楼房	1165	1784	619
平房	475	396	-79
远郊区县	914	1316	402
楼房	193	415	222
平房	721	901	180

北京市居住区绿地面积

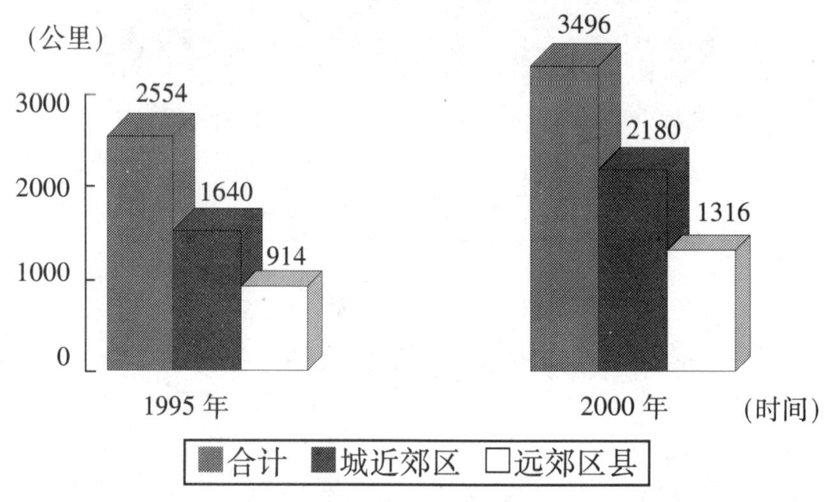

北京市城市居住区绿地面积分类

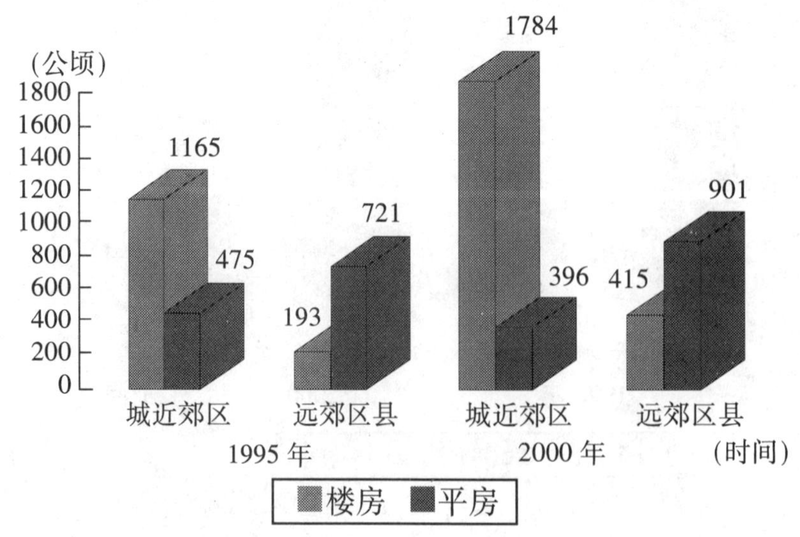

北京市城市单位附属绿地主要指标

	1995 年	2000 年	增减(+、-)
单位附属绿地面积(公顷)	8075	7873	-202
城近郊区	6464	6331	-133
远郊区县	1611	1542	-69
单位绿地率(%)	29.31	29.06	-0.25
城近郊区	30.71	31.36	0.65
远郊区县	24.84	22.35	-2.49

北京市城市单位附属绿地面积

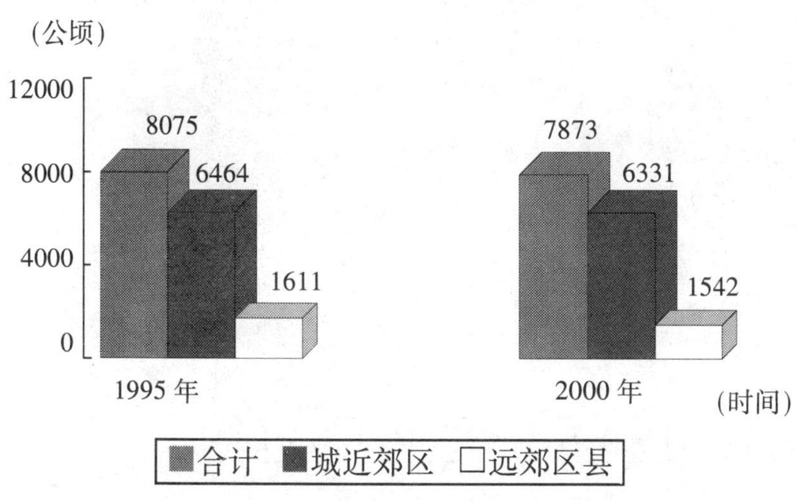

北京市城市单位绿地率

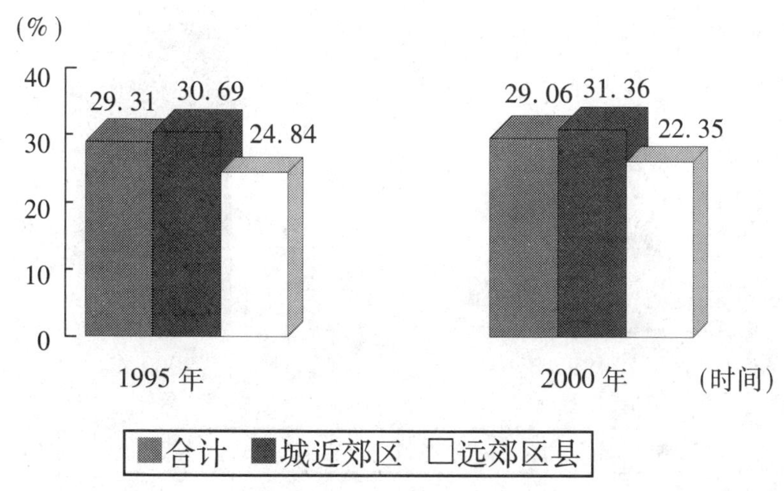

北京市城市实有树木草坪主要指标

	1995年	2000年	增减(+、-)
实有树木(万株)	3848	4148	300
城近郊区	3010	3190	180
远郊区县	838	959	121
实有草坪(万平方米)	3361	5642	2281
城近郊区	2808	4567	1759
远郊区县	553	1075	522

北京市城市实有树木

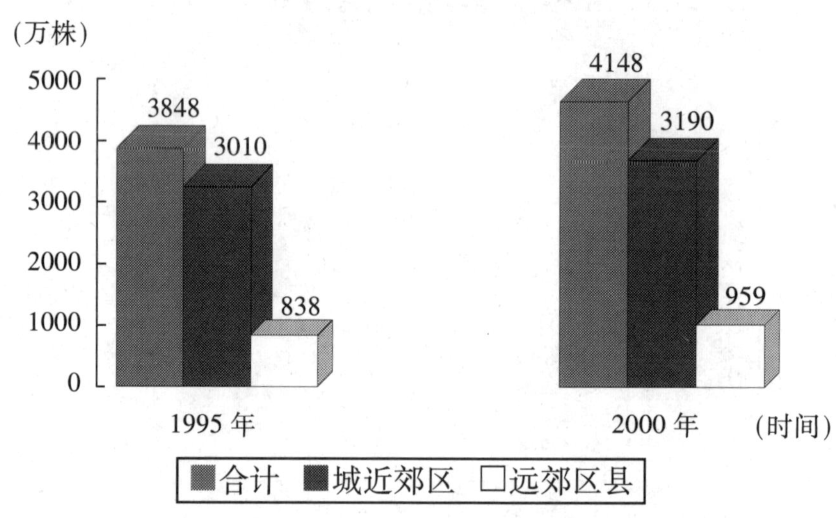

北京市城市实有草坪

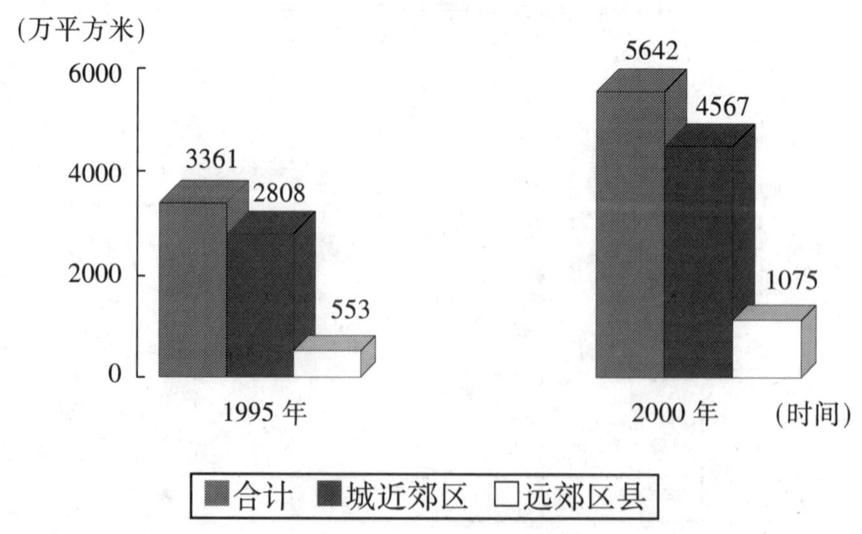

三

北京市城市园林绿化普查资料

北京市城市绿

区县名称	行政区面积（公顷）	建成区面积（公顷）	建成区城市人口（万人）	园林		
				合计（公顷）	公共绿地	道路绿地
甲	1	2	3	4=5+6+7+8+9+10	5	6
合　计	**1127574**	**73316**	**739.37**	**26679.92**	**7139.39**	**2829.56**
城近郊区	**138770**	**56760**	**634.75**	**21151.90**	**5512.48**	**2233.42**
东城区	2538	2538	62.86	603.67	149.42	110.90
西城区	3166	3166	78.11	782.42	277.87	122.79
崇文区	1646	1646	41.40	517.29	326.15	62.97
宣武区	1850	1850	56.00	322.27	110.76	56.61
朝阳区	47600	18799	152.48	7227.19	1460.98	1034.17
海淀区	42600	13436	145.20	6071.52	1877.52	338.24
丰台区	30800	10585	67.30	3714.26	595.09	411.30
石景山区	8570	4740	31.40	1913.28	714.69	96.44
远郊区县	**988804**	**16556**	**104.62**	**5528.02**	**1626.91**	**596.14**
昌平区	135200	1091	7.90	346.65	132.41	57.79
门头沟区	1455	1158	11.37	455.83	198.16	22.06
顺义区	101600	1465	10.06	480.70	165.15	107.32
通州区	90700	3646	18.05	1261.18	192.88	110.04
房山区	6500	3460	18.20	1011.42	177.22	55.07
大兴县	103912	2000	11.60	536.16	91.46	68.78
怀柔县	21287	521	6.10	252.32	138.14	57.53
密云县	222650	935	7.10	224.81	112.15	20.83
平谷县	107500	1360	6.74	480.78	137.18	50.30
延庆县	198000	920	7.50	478.17	282.16	46.42
亦庄				52.32	9.39	35.29

地面积汇总表

绿地				绿地率（%）	人均绿地（平方米）	人均公共绿地（平方米）	绿化覆盖面积（公顷）	绿化覆盖率（%）
居住区绿地	单位附属绿地	城市防护绿地	生产绿地					
7	8	9	10	11 = 4/2	12 = 4/3	13 = 5/3	14	15 = 14/2
3495.70	**7873.19**	**4928.73**	**413.35**	**36.39**	**36.08**	**9.66**	**26790.08**	**36.54**
2180.00	**6330.64**	**4568.85**	**326.51**	**37.27**	**33.32**	**8.68**	**20625.88**	**36.34**
184.96	158.39			23.79	9.60	2.38	664.51	26.18
167.49	214.27			24.71	10.02	3.56	808.46	25.54
72.68	54.09		1.40	31.43	12.49	7.88	505.64	30.72
78.03	76.87			17.42	5.75	1.98	402.32	21.75
758.94	1685.81	2192.72	94.57	38.44	47.40	9.58	6808.21	36.22
432.36	2337.96	916.41	169.03	45.19	41.81	12.93	5689.50	42.35
362.25	1123.47	1188.30	33.85	35.09	55.19	8.84	3804.26	35.94
123.29	679.78	271.42	27.66	40.36	60.93	22.76	1942.98	40.99
1315.70	**1542.55**	**359.88**	**86.84**	**33.39**	**52.84**	**15.55**	**6164.20**	**37.23**
22.94	133.51			31.77	43.88	16.76	379.96	34.83
32.96	162.65		40.00	39.36	40.09	17.43	463.24	40.00
118.28	89.95			32.81	47.78	16.42	560.25	38.24
727.90	225.40		4.96	34.59	69.87	10.69	1382.64	37.92
144.47	452.64	169.00	13.02	29.23	55.57	9.74	1252.99	36.21
90.15	263.43		22.34	26.81	46.22	7.88	604.47	30.22
31.03	25.62			48.43	41.36	22.65	277.58	53.28
19.61	72.22			24.04	31.66	15.80	234.97	25.13
116.62	58.64	111.52	6.52	35.35	71.33	20.35	546.72	40.20
11.74	58.49	79.36		51.98	63.76	37.62	461.38	50.15
7.64								

北京市城市绿

区县名称	实有树木										
	合计（株）	乔木			灌木			其他			
		小计	常绿乔木	落叶乔木	小计	常绿灌木	落叶灌木	小计	月季	攀缘	
										（株）	（米）
甲	1=2+5+8	2=3+4	3	4	5=6+7	6	7	8=9+10	9	10	11
合　计	**41484125**	**17026961**	**4800923**	**12226038**	**10550048**	**4003914**	**6546134**	**13907116**	**7996388**	**5910728**	**1526673**
城近郊区	**31896936**	**12991904**	**3962114**	**9029790**	**7855413**	**3270961**	**4584452**	**11049619**	**6319469**	**4730150**	**1223786**
东城区	811225	146200	46015	100185	130182	55146	75036	534843	323195	211648	55065
西城区	1134062	200252	74689	125563	316213	133722	182491	617597	292819	324778	97094
崇文区	571464	118617	47730	70887	102883	35447	67436	349964	165626	184338	50673
宣武区	545208	86312	24563	61749	122203	45871	76332	336693	103130	233563	45288
朝阳区	9839684	4311376	569372	3742004	2013399	926055	1087344	3514909	2234005	1280904	313053
海淀区	8240147	3715789	1409286	2306503	2347087	1104263	1242824	2177271	1210825	966446	278350
丰台区	7479009	2886510	982222	1904288	1793204	668114	1125090	2799295	1615945	1183350	279370
石景山区	3276137	1526848	808237	718611	1030242	302343	727899	719047	373924	345123	104893
远郊区县	**9587189**	**4035057**	**838809**	**3196248**	**2694635**	**732953**	**1961682**	**2857497**	**1676919**	**1180578**	**302887**
昌平区	716944	233686	46480	187206	293029	142952	150077	190229	110715	79514	23282
门头沟区	876932	191489	112794	78695	565327	62864	502463	120116	85767	34349	12209
顺义区	655084	276334	39931	236403	133692	51669	82023	245058	171347	73711	26130
通州区	2637389	1317473	134501	1182972	805648	278924	526724	514268	341432	172836	63788
房山区	2273812	958888	349236	609652	400646	64076	336570	914278	246270	668008	117257
大兴县	896068	231394	37047	194347	194783	58711	136072	469891	431327	38564	17882
怀柔县	270346	135823	43896	91927	38079	9215	28864	96444	64650	31794	19178
密云县	461850	101577	21104	80473	188247	55541	132706	172026	142880	29146	2935
平谷县	346501	259318	15529	243779	21874	5694	16180	65319	58844	6475	6306
延庆县	452263	329085	38291	290794	53310	3307	50003	69868	23687	46181	13920
亦庄	171819	23777	9858	13919	70108	37029	33079	77934	74732	3202	1375

地树木汇总表

	竹子		绿篱		色块		宿根花卉		草坪（平方米）	古树（株）	濒危植物（株）
（平方米）	（株）	（平方米）	（株）	（米）	（株）	（平方米）	（株）	（平方米）			
12	13	14	15	16	17	18	19	20	21	22	23
5841340	**3506152**	**380418**	**29116648**	**4785160**	**8252175**	**687304**	**4735330**	**1292552**	**56420180**	**21375**	**1227356**
4737154	**3196940**	**335204**	**20867688**	**3626152**	**5704198**	**511652**	**3208278**	**1153563**	**45671310**	**21375**	**1167310**
190027	143272	15237	695905	133746	695233	58527	222578	26856	1246734	3091	3092
436837	186795	21053	948723	198269	395351	48888	145786	24090	2112914	2616	6985
196057	36521	5792	263723	47386	38634	4378	88572	21789	1007326	3662	4947
173905	73984	5246	473852	69033	114926	11332	39157	5279	972368	480	4833
1257531	390352	37371	4854747	832197	1524040	122317	715946	72893	15968716	337	691026
1315163	1950970	201978	6452802	999146	1744706	170421	708962	839644	14514228	9849	212641
808066	275877	31639	4267833	903647	507011	49498	911288	119501	7447106	48	191902
359568	139169	16888	2910103	442728	684297	46291	375989	43511	2401918	1292	51884
1104186	**309212**	**45214**	**8248960**	**1159008**	**2547977**	**175652**	**1527052**	**138989**	**10748870**		**60046**
55884	56923	7714	974141	108833	511768	29497	769354	24036	968307		6642
37292	8403	1731	143287	24117	199450	23858	74276	6136	697090		8949
85064	39760	7431	556787	71929	480524	34392	116823	24412	1429458		5237
209182	13395	3442	1071060	197034	389086	23063	112116	18097	1555777		4468
450077	38997	6436	2006428	306088	274634	14343	79273	14027	1996063		8992
67672	43340	4689	1196075	176808	253570	19607	97436	11952	1440401		19529
51417	63820	7135	827159	77457	208168	9069	84199	12209	645664		967
60275	35532	5023	439389	65201	49227	8360	73550	11966	908145		2212
46096	8687	1488	697315	92075	119945	7737	11258	1684	497234		1579
41227	355	125	337319	39466	61605	5726	108767	14470	610731		1471
2248	505	152	127199	19233	96155	9366	26088	2128	1081875		2285

北京市东城区园林

区县名称	行政区面积（公顷）	建成区面积（公顷）	建成区人口（万人）	人均绿地（平方米/人）
东城区	2538	2538	62.86	9.60

项目分类	调查总面积（公顷）			建成区园林绿地						绿化覆盖面（公顷）	
				个　　数			面积(公顷)				
	合计	区属	市属	合计	区属	市属	合计	区属	市属	合计	区属
合　　计	2537.78	2356.53	181.24	644	585	59	603.67	519.52	84.15	664.51	579.49
一、公共绿地	149.42	108.92	40.50	34	17	17	149.42	108.92	40.50	110.23	77.06
1. 公园	127.41	99.44	27.98	7	5	2	127.41	99.44	27.98	90.95	68.29
2. 街头绿地	21.50	8.98	12.52	26	11	15	21.50	8.98	12.52	18.88	8.37
3. 居住区花园	0.50	0.50		1	1		0.50	0.50		0.39	0.39
4. 已征片林											
二、道路绿地	398.35	257.61	140.74	90	48	42	110.90	67.26	43.65	189.00	137.15
1. 道路	301.14	162.60	138.54	89	48	41	88.44	46.53	41.92	138.16	89.65
2. 河岸	2.20		2.20	1		1	1.73		1.73	3.34	
3. 街巷	95.01	95.01					20.73	20.73		47.50	47.50
三、单位附属绿地	779.81	779.81		444	444		158.39	158.39		200.99	200.99
1. 工厂	86.15	86.15		30	30		12.00	12.00		15.98	15.98
2. 机关	208.59	208.59		190	190		35.98	35.98		49.80	49.80
3. 学校	81.81	81.81		121	121		9.05	9.05		15.02	15.02
4. 部队	91.39	91.39		23	23		29.57	29.57		36.22	36.22
5. 医院	62.83	62.83		19	19		12.00	12.00		15.77	15.77
6. 宾馆	66.73	66.73		39	39		6.44	6.44		9.33	9.33
7. 使馆	16.21	16.21		2	2		8.16	8.16		10.21	10.21
8. 公共场所	103.95	103.95		8	8		35.29	35.29		35.62	35.62
9. 开放单位	11.70	11.70		5	5		2.36	2.36		4.54	4.54
10. 仓库											
11. 其他	50.48	50.48		7	7		7.54	7.54		8.51	8.51
四、居住区绿地	1210.19	1210.19		76	76		184.96	184.96		164.29	164.29
1. 楼房居住区	97.91	97.91		76	76		22.54	22.54		30.46	30.46
2. 平房居住区	1112.28	1112.28					162.41	162.41		133.83	133.83
五、生产绿地											

绿化普查总表

人均公共绿地（平方米/人）	绿地率（%）	绿化覆盖率（%）	古树（株）	濒危植物（株）
2.38	23.79	26.18	3091	3092

积	绿化覆盖率（%）			树木（株）			草坪（平方米）			宿根花卉（株）		
市属	合计	区属	市属	合计	区属	市属	合计	区属	市属	合计	区属	市属
85.02	26.18			811225	653661	157564	1246734	891622	355112	222578	184336	38242
33.17	73.77	70.75	81.90	129192	100612	28580	382335	235256	147079	56122	47215	8907
22.66	71.38	68.68	80.98	82155	70332	11823	263046	195149	67897	42298	35889	6409
10.51	87.81	93.20	83.95	42153	25396	16757	116889	37707	79182	11264	8766	2498
	78.88	78.88		4884	4884		2400	2400		2560	2560	
51.85	47.45	53.24	36.84	276661	147677	128984	330173	122140	208033	73849	44514	29335
48.51	45.88	55.13	35.02	246802	118300	128502	306752	116011	190742	73507	44172	29335
3.34	151.65		151.65	482		482	17291		17291			
	50.00	50.00		29377	29377		6130	6130		342	342	
	25.77	25.77		271253	271253		457316	457316		75328	75328	
	18.55	18.55		12911	12911		9700	9700		34594	34594	
	23.88	23.88		91646	91646		108546	108546		9023	9023	
	18.36	18.36		38716	38716		17288	17288		2273	2273	
	39.63	39.63		33972	33972		143791	143791		6834	6834	
	25.10	25.10		28791	28791		33748	33748		8396	8396	
	13.98	13.98		33519	33519		44620	44620		3446	3446	
	63.01	63.01		2912	2912		200	200				
	34.27	34.27		5790	5790		55901	55901		620	620	
	38.80	38.80		1552	1552		12365	12365		4570	4570	
	16.85	16.85		21444	21444		31157	31157		5572	5572	
	13.58	13.58		134119	134119		76910	76910		17279	17279	
	31.11	31.11		85564	85564		61807	61807		15275	15275	
	12.03	12.03		48555	48555		15103	15103		2004	2004	

北京市西城区园林

区县名称	行政区面积（公顷）	建成区面积（公顷）	建成区人口（万人）	人均绿地（平方米/人）
西城区	3166	3166	78.11	10.02

项目分类	调查总面积（公顷）			建成区园林绿地						绿化覆盖面（公顷）	
				个数			面积(公顷)				
	合计	区属	市属	合计	区属	市属	合计	区属	市属	合计	区属
合计	3069.71	2700.55	369.16	1520	1465	55	782.42	567.02	215.40	808.46	644.94
一、公共绿地	277.87	114.92	162.95	34	22	12	277.87	114.92	162.95	144.04	57.72
1. 公园	250.21	95.53	154.68	13	9	4	250.21	95.53	154.68	122.04	43.16
2. 街头绿地	27.66	19.39	8.27	21	13	8	27.66	19.39	8.27	22.00	14.56
3. 居住区花园											
4. 已征片林											
二、道路绿地	601.19	394.98	206.21	630	587	43	122.79	70.34	52.45	176.02	98.82
1. 道路	501.02	304.71	196.31	209	168	41	108.11	58.77	49.34	148.86	75.97
2. 河岸	9.90		9.90	2		2	3.11		3.11	4.31	
3. 街巷	90.27	90.27		419	419		11.57	11.57		22.85	22.85
三、单位附属绿地	898.58	898.58		577	577		214.27	214.27		253.67	253.67
1. 工厂	88.15	88.15		49	49		7.62	7.62		11.08	11.08
2. 机关	398.16	398.16		224	224		127.71	127.71		130.43	130.43
3. 学校	208.86	208.86		187	187		37.68	37.68		57.28	57.28
4. 部队	71.63	71.63		29	29		19.50	19.50		28.96	28.96
5. 医院	51.31	51.31		22	22		12.22	12.22		14.01	14.01
6. 宾馆	20.44	20.44		26	26		1.41	1.41		2.27	2.27
7. 使馆											
8. 公共场所	40.26	40.26		15	15		5.77	5.77		6.85	6.85
9. 开放单位	9.27	9.27		9	9		1.82	1.82		2.02	2.02
10. 仓库	3.97	3.97		2	2		0.15	0.15		0.19	0.19
11. 其他	6.53	6.53		14	14		0.39	0.39		0.58	0.58
四、居住区绿地	1292.07	1292.07		279	279		167.49	167.49		234.73	234.73
1. 楼房居住区	481.45	481.45		143	143		106.12	106.12		130.56	130.56
2. 平房居住区	810.62	810.62		136	136		61.37	61.37		104.17	104.17
五、生产绿地											

绿化普查总表

人均公共绿地（平方米/人）	绿地率（%）	绿化覆盖率（%）	古树（株）	濒危植物（株）
3.56	24.71	25.54	2616	6985

积	绿化覆盖率（%）			树木（株）			草坪（平方米）			宿根花卉（株）		
市属	合计	区属	市属	合计	区属	市属	合计	区属	市属	合计	区属	市属
163.52	25.54			1134062	948738	185324	2112914	1511962	600952	145786	101749	44037
86.32	51.84	50.23	52.97	164523	86365	78158	655662	282447	373215	52360	19670	32690
78.88	48.78	45.18	51.00	110317	57468	52849	498929	183692	315237	35148	17070	18078
7.44	79.54	75.09	89.96	54206	28897	25309	156733	98755	57978	17212	2600	14612
77.20	29.28	25.02	37.44	247254	140088	107166	404761	177024	227737	23954	12607	11347
72.89	29.71	24.93	37.13	226357	119703	106654	384012	174377	209635	22165	10818	11347
4.31	43.54		43.54	512		512	18102		18102			
	25.31	25.31		20385	20385		2647	2647		1789	1789	
	28.23	28.23		465896	465896		640058	640058		54104	54104	
	12.57	12.57		14189	14189		22136	22136		218	218	
	32.76	32.76		241338	241338		356338	356338		24151	24151	
	27.43	27.43		117358	117358		89646	89646		10290	10290	
	40.43	40.43		46598	46598		83739	83739		6952	6952	
	27.30	27.30		23968	23968		60760	60760		1756	1756	
	11.11	11.11		4934	4934		3527	3527		94	94	
	17.01	17.01		6688	6688		21514	21514		88	88	
	21.79	21.79		9667	9667		892	892		10555	10555	
	4.79	4.79		107	107							
	8.88	8.88		1049	1049		1506	1506				
	18.17	18.17		256389	256389		412433	412433		15368	15368	
	27.12	27.12		199554	199554		403285	403285		10936	10936	
	12.85	12.85		56835	56835		9148	9148		4432	4432	

北京市崇文区园林

区县名称	行政区面积（公顷）	建成区面积（公顷）	建成区人口（万人）	人均绿地（平方米/人）
崇文区	1646	1646	41.40	12.49

项目分类	调查总面积（公顷）			建成区园林绿地						绿化覆盖面（公顷）	
				个　数			面积(公顷)				
	合计	区属	市属	合计	区属	市属	合计	区属	市属	合计	区属
合　计	1647.40	1361.32	286.08	826	811	15	517.29	292.03	225.26	505.64	307.27
一、公共绿地	326.15	115.95	210.20	10	9	1	326.15	115.95	210.20	246.73	69.39
1. 公园	319.43	109.23	210.20	4	3	1	319.43	109.23	210.20	241.45	64.10
2. 街头绿地	6.72	6.72		6	6		6.72	6.72		5.29	5.29
3. 居住区花园											
4. 已征片林											
二、道路绿地	275.76	199.88	75.88	371	357	14	62.97	49.31	13.66	95.91	74.88
1. 道路	179.60	149.39	30.21	48	40	8	44.10	38.05	6.05	65.20	55.28
2. 河岸	45.67		45.67	6		6	7.61		7.61	11.11	
3. 街巷	50.49	50.49		317	317		11.26	11.26		19.59	19.59
三、单位附属绿地	347.37	347.37		385	385		54.09	54.09		72.09	72.09
1. 工厂	101.06	101.06		86	86		8.07	8.07		12.10	12.10
2. 机关	69.27	69.27		73	73		18.63	18.63		22.42	22.42
3. 学校	60.76	60.76		99	99		9.63	9.63		14.48	14.48
4. 部队	15.24	15.24		12	12		2.95	2.95		3.86	3.86
5. 医院	14.65	14.65		11	11		3.79	3.79		4.50	4.50
6. 宾馆	12.01	12.01		20	20		0.74	0.74		1.18	1.18
7. 使馆											
8. 公共场所	15.60	15.60		12	12		2.91	2.91		4.45	4.45
9. 开放单位	0.58	0.58		1	1		0.12	0.12		0.15	0.15
10. 仓库	16.64	16.64		1	1		4.30	4.30		4.54	4.54
11. 其他	41.56	41.56		70	70		2.96	2.96		4.42	4.42
四、居住区绿地	696.72	696.72		59	59		72.68	72.68		90.92	90.92
1. 楼房居住区	136.60	136.60		52	52		38.65	38.65		49.94	49.94
2. 平房居住区	560.12	560.12		7	7		34.03	34.03		40.98	40.98
五、生产绿地	1.40		1.40	1	1		1.40		1.40		

绿化普查总表

人均公共绿地（平方米/人）	绿地率（%）	绿化覆盖率（%）	古树（株）	濒危植物（株）
7.88	31.43	30.72	3662	4947

积	绿化覆盖率（%）			树木（株）			草坪（平方米）			宿根花卉（株）		
市属	合计	区属	市属	合计	区属	市属	合计	区属	市属	合计	区属	市属
198.38	30.72			571464	480332	91132	1007326	772612	234714	88572	86187	2385
177.35	75.65	59.84	84.37	145879	91274	54605	450593	293392	157201	72805	70420	2385
177.35	75.59	58.68	84.37	134697	80092	54605	413797	256596	157201	67925	65540	2385
	78.67	78.67		11182	11182		36796	36796		4880	4880	
21.03	34.78	37.46	27.72	114878	78351	36527	171973	94460	77513	3091	3091	
9.92	36.30	37.00	32.84	73357	63260	10097	114879	91888	22991	3091	3091	
11.11	24.33		24.33	26430		26430	54522		54522			
	38.81	38.81		15091	15091		2572	2572				
	20.75	20.75		143940	143940		151247	151247		6860	6860	
	11.97	11.97		24912	24912		6932	6932		2112	2112	
	32.36	32.36		23973	23973		71807	71807		1194	1194	
	23.84	23.84		38768	38768		10695	10695		928	928	
	25.30	25.30		10050	10050		22598	22598		390	390	
	30.69	30.69		8489	8489		10882	10882		312	312	
	9.79	9.79		5829	5829		6995	6995		170	170	
	28.52	28.52		7888	7888		4040	4040		442	442	
	25.86	25.86		147	147		32	32				
	27.28	27.28		12370	12370		8240	8240		1200	1200	
	10.64	10.64		11514	11514		9026	9026		112	112	
	13.05	13.05		166767	166767		233513	233513		5816	5816	
	36.56	36.56		153118	153118		230201	230201		5811	5811	
	7.32	7.32		13649	13649		3312	3312		5	5	

北京市宣武区园林

区县名称	行政区面积（公顷）	建成区面积（公顷）	建成区人口（万人）	人均绿地（平方米/人）
宣武区	1850	1850	56.00	5.75

项目分类	调查总面积（公顷）			建成区园林绿地						绿化覆盖面（公顷）	
				个　数			面积(公顷)				
	合计	区属	市属	合计	区属	市属	合计	区属	市属	合计	区属
合　计	2031.47	1921.50	109.97	1145	1138	7	322.27	242.41	79.86	402.32	339.53
一、公共绿地	110.76	51.47	59.29	39	37	2	110.76	51.47	59.29	86.72	45.45
1. 公园	83.71	24.66	59.06	4	3	1	83.71	24.66	59.06	59.85	18.74
2. 街头绿地	24.95	24.71	0.24	34	33	1	24.95	24.71	0.24	25.14	24.99
3. 居住区花园	2.10	2.10		1	1		2.10	2.10		1.73	1.73
4. 已征片林											
二、道路绿地	303.95	253.28	50.68	330	325	5	56.61	36.04	20.57	86.96	65.44
1. 道路	207.77	195.03	12.74	75	72	3	33.73	28.01	5.72	52.42	45.74
2. 河岸	37.94		37.94	2		2	14.85		14.85	14.84	
3. 街巷	58.25	58.25		253	253		8.03	8.03		19.70	19.70
三、单位附属绿地	519.70	519.70		315	315		76.87	76.87		125.50	125.50
1. 工厂	138.98	138.98		43	43		21.16	21.16		44.06	44.06
2. 机关	111.85	111.85		107	107		14.61	14.61		22.08	22.08
3. 学校	92.21	92.21		87	87		17.57	17.57		24.65	24.65
4. 部队	3.80	3.80		5	5		0.34	0.34		0.46	0.46
5. 医院	23.06	23.06		8	8		4.06	4.06		6.62	6.62
6. 宾馆	22.37	22.37		25	25		2.71	2.71		3.68	3.68
7. 使馆											
8. 公共场所	23.07	23.07		8	8		6.24	6.24		11.13	11.13
9. 开放单位	4.93	4.93		2	2		0.08	0.08		0.10	0.10
10. 仓库	73.97	73.97		11	11		7.81	7.81		10.33	10.33
11. 其他	25.47	25.47		19	19		2.29	2.29		2.38	2.38
四、居住区绿地	1097.05	1097.05		461	461		78.03	78.03		103.16	103.16
1. 楼房居住区	221.81	221.81		142	142		54.14	54.14		65.41	65.41
2. 平房居住区	875.24	875.24		319	319		23.89	23.89		37.74	37.74
五、生产绿地											

绿化普查总表

人均公共绿地（平方米/人）	绿地率（%）	绿化覆盖率（%）	古树（株）	濒危植物（株）
1.98	17.42	21.75	480	4883

积	绿化覆盖率（%）			树木（株）			草坪（平方米）			宿根花卉（株）		
市属	合计	区属	市属	合计	区属	市属	合计	区属	市属	合计	区属	市属
62.79	21.75			545208	507082	38126	972368	625054	347314	39157	37811	1346
41.27	78.29	88.30	69.60	176847	144348	32499	438783	266434	172349	22558	21212	1346
41.11	71.49	75.99	69.61	63871	31496	32375	234580	63448	171132	18634	17288	1346
0.16	100.79	101.12	66.31	112291	112167	124	187942	186725	1217	3924	3924	
	82.11	82.11		685	685		16261	16261				
21.52	28.61	25.84	42.47	41723	36096	5627	198643	23678	174965	94	94	
6.68	25.23	23.45	52.47	28456	25355	3101	48699	22180	26519			
14.84	39.11		39.11	2526		2526	148446		148446			
	33.82	33.82		10741	10741		1498	1498		94	94	
	24.15	24.15		210265	210265		155545	155545		10590	10590	
	31.70	31.70		43565	43565		33319	33319		60	60	
	19.74	19.74		70333	70333		49543	49543		1183	1183	
	26.73	26.73		35527	35527		28168	28168		8395	8395	
	12.14	12.14		946	946		288	288				
	28.71	28.71		23241	23241		8416	8416		215	215	
	16.44	16.44		18006	18006		13662	13662		485	485	
	48.27	48.27		5284	5284		10555	10555				
	2.03	2.03		26	26		507	507				
	13.97	13.97		9125	9125		6546	6546				
	9.33	9.33		4212	4212		4541	4541		252	252	
	9.40	9.40		116373	116373		179397	179397		5915	5915	
	29.49	29.49		94258	94258		175090	175090		5902	5902	
	4.31	4.31		22115	22115		4307	4307		13	13	

北京市朝阳区园林

区县名称	行政区面积 (公顷)	建成区面积 (公顷)	建成区人口 (万人)	人均绿地 (平方米/人)
朝阳区	47600	18799	152.48	47.40

项目分类	调查总面积 (公顷)			建成区园林绿地						绿化覆盖面 (公顷)	
				个　　数			面积(公顷)				
	合计	区属	市属	合计	区属	市属	合计	区属	市属	合计	区属
合　　计	14090.05	12729.31	1360.74	2216	2169	47	7227.19	6470.93	756.26	6808.21	6095.63
一、公共绿地	1460.98	1411.35	49.62	106	96	10	1460.98	1411.35	49.62	1129.97	1083.25
1. 公园	926.36	897.36	29.00	27	26	1	926.36	897.36	29.00	628.76	602.54
2. 街头绿地	64.69	44.06	20.62	32	23	9	64.69	44.06	20.62	49.92	29.42
3. 居住区花园	85.76	85.76		37	37		85.76	85.76		73.11	73.11
4. 已征片林	384.17	384.17		10	10		384.17	384.17		378.17	378.17
二、道路绿地	2350.59	1078.28	1272.31	309	273	36	1034.17	366.34	667.83	1139.32	501.07
1. 道路	2011.86	981.87	1029.99	271	241	30	911.35	347.85	563.50	992.62	476.03
2. 河岸	327.57	85.24	242.32	14	8	6	118.83	14.50	104.33	141.04	19.38
3. 街巷	11.16	11.16		24	24		3.99	3.99		5.65	5.65
三、单位附属绿地	5124.48	5124.48		1232	1232		1685.81	1685.81		1890.19	1890.19
1. 工厂	2155.42	2155.42		283	283		571.25	571.25		702.47	702.47
2. 机关	577.43	577.43		238	238		185.32	185.32		189.77	189.77
3. 学校	488.03	488.03		245	245		148.73	148.73		165.31	165.31
4. 部队	222.18	222.18		31	31		100.10	100.10		114.62	114.62
5. 医院	79.38	79.38		32	32		24.37	24.37		28.39	28.39
6. 宾馆	273.51	273.51		128	128		76.09	76.09		86.24	86.24
7. 使馆	41.28	41.28		116	116		41.28	41.28			
8. 公共场所	63.30	63.30		25	25		18.76	18.76		26.11	26.11
9. 开放单位	143.91	143.91		26	26		47.87	47.87		47.45	47.45
10. 仓库	186.27	186.27		40	40		43.59	43.59		60.02	60.02
11. 其他	893.78	893.78		68	68		428.45	428.45		469.80	469.80
四、居住区绿地	2866.71	2866.71		506	506		758.94	758.94		992.79	992.79
1. 楼房居住区	2577.51	2577.51		462	462		724.02	724.02		946.89	946.89
2. 平房居住区	289.20	289.20		44	44		34.92	34.92		45.90	45.90
五、防护绿地	2192.72	2192.72		61	61		2192.72	2192.72		1586.25	1586.25
1. 隔离地区	1650.82	1650.82		47	47		1650.82	1650.82		1048.08	1048.08
2. 非隔离地区	541.90	541.90		14	14		541.90	541.90		538.16	538.16
六、生产绿地	94.57	55.77	38.80	2	1	1	94.57	55.77	38.80	69.69	42.08

绿化普查总表

人均公共绿地（平方米/人）	绿地率（%）	绿化覆盖率（%）	古树（株）	濒危植物（株）
9.58	38.44	36.22	337	691026

积	绿化覆盖率（%）			树木（株）			草坪（平方米）			宿根花卉（株）		
市属	合计	区属	市属	合计	区属	市属	合计	区属	市属	合计	区属	市属
712.58	36.22			9839684	8965079	874605	15968716	14606983	1361733	715946	647065	68881
46.72	77.34	76.75	94.15	1530383	1495406	34977	1672083	1251443	420640	103583	99602	3981
26.22	67.87	67.15	90.41	968588	967643	945	1130398	868198	262200	72222	72222	
20.50	77.17	66.78	99.39	143280	109248	34032	383781	225341	158440	20811	16830	3981
	85.25	85.25		76316	76316		157904	157904		10550	10550	
	98.44	98.44		342199	342199							
638.25	48.47	46.47	50.16	1467197	627569	839628	5223599	4282506	941093	107653	42753	64900
516.59	49.34	48.48	50.16	1419810	614474	805336	5110511	4267323	843188	107653	42753	64900
121.65	43.06	22.74	50.20	41789	7497	34292	105405	7500	97905			
	50.67	50.67		5598	5598		7683	7683				
	36.89	36.89		2036112	2036112		4784762	4784762		323064	323064	
	32.59	32.59		851907	851907		1265473	1265473		72732	72732	
	32.86	32.86		287716	287716		505686	505686		56392	56392	
	33.87	33.87		249994	249994		641840	641840		118969	118969	
	51.59	51.59		134412	134412		263752	263752		5821	5821	
	35.77	35.77		50552	50552		116801	116801		12263	12263	
	31.53	31.53		213792	213792		519686	519686		34569	34569	
	41.26	41.26		10785	10785		47497	47497		1000	1000	
	32.97	32.97		117065	117065		271405	271405		18761	18761	
	32.22	32.22		37871	37871		108866	108866		325	325	
	52.56	52.56		82018	82018		1043756	1043756		2232	2232	
	34.63	34.63		1375121	1375121		3629784	3629784		181646	181646	
	36.74	36.74		1363770	1363770		3621017	3621017		181640	181640	
	15.87	15.87		11351	11351		8767	8767		6	6	
	72.34	72.34		3430871	3430871		658488	658488				
	63.49	63.49		2457671	2457671		658488	658488				
	99.31	99.31		973200	973200							
27.61	73.69	75.45	71.16									

北京市海淀区园林

区县名称	行政区面积（公顷）	建成区面积（公顷）	建成区人口（万人）	人均绿地（平方米/人）
海淀区	42600	13436	145.20	41.81

项目分类	调查总面积（公顷）			建成区园林绿地						绿化覆盖面（公顷）	
				个　　数			面积(公顷)				
	合计	区属	市属	合计	区属	市属	合计	区属	市属	合计	区属
合　　计	12858.22	11249.51	1608.71	1634	1586	48	6071.52	4813.80	1257.73	6091.39	5164.50
一、公共绿地	1877.52	733.70	1143.82	65	54	11	1877.52	733.70	1143.82	1286.10	524.66
1. 公园	1633.48	513.94	1119.55	12	7	5	1633.48	513.94	1119.55	1067.44	327.29
2. 街头绿地	107.08	82.81	24.27	38	32	6	107.08	82.81	24.27	83.40	62.11
3. 居住区花园	2.68	2.68		4	4		2.68	2.68		2.46	2.46
4. 已征片林	134.28	134.28		11	11		134.28	134.28		132.80	132.80
二、道路绿地	1318.30	859.91	458.40	230	195	35	338.24	224.62	113.62	492.60	332.61
1. 道路	1181.22	858.36	322.86	217	190	27	304.72	224.40	80.32	442.74	332.20
2. 河岸	135.54		135.54	8		8	33.30		33.30	49.44	
3. 街巷	1.55	1.55		5	5		0.22	0.22		0.42	0.42
三、单位附属绿地	6061.20	6061.20		889	889		2337.96	2337.96		2751.15	2751.15
1. 工厂	761.83	761.83		126	126		136.31	136.31		179.17	179.17
2. 机关	1430.34	1430.34		234	234		700.10	700.10		771.37	771.37
3. 学校	1721.15	1721.15		198	198		649.02	649.02		767.19	767.19
4. 部队	1498.24	1498.24		143	143		674.98	674.98		823.10	823.10
5. 医院	75.29	75.29		22	22		19.59	19.59		22.45	22.45
6. 宾馆	136.29	136.29		43	43		55.05	55.05		62.44	62.44
7. 使馆											
8. 公共场所	21.90	21.90		11	11		5.86	5.86		6.74	6.74
9. 开放单位	42.99	42.99		14	14		12.44	12.44		21.91	21.91
10. 仓库	73.10	73.10		14	14		6.94	6.94		8.34	8.34
11. 其他	300.09	300.09		84	84		77.67	77.67		88.45	88.45
四、居住区绿地	2515.76	2515.76		424	424		432.36	432.36		518.72	518.72
1. 楼房居住区	1426.50	1426.50		366	366		385.34	385.34		455.89	455.89
2. 平房居住区	1089.26	1089.26		58	58		47.02	47.02		62.84	62.84
五、防护绿地	916.41	909.92	6.49	24	22	2	916.41	916.12	0.29	915.38	909.92
1. 隔离地区	592.50	586.01	6.49	22	20	2	592.50	592.21	0.29	591.47	586.01
2. 非隔离地区	323.91	323.91		2	2		323.91	323.91		323.91	323.91
六、生产绿地	169.03	169.03		2	2		169.03	169.03		127.44	127.44

绿化普查总表

人均公共绿地（平方米/人）	绿地率（%）	绿化覆盖率（%）	古树（株）	濒危植物（株）
12.93	45.19	42.34	9849	212641

积	绿化覆盖率（%）			树木（株）			草坪（平方米）			宿根花卉（株）		
市属	合计	区属	市属	合计	区属	市属	合计	区属	市属	合计	区属	市属
926.89	42.34			8240147	5787686	2452461	14514228	11801247	2712981	708962	601077	107885
761.44	68.50	71.51	66.57	2376286	308554	2067732	2699963	784762	1915201	169787	115159	54628
740.15	65.35	63.68	66.11	2219224	172966	2046258	1941555	127322	1814233	141173	90302	50871
21.29	77.88	75.00	87.72	112304	90830	21474	714729	613761	100968	28568	24811	3757
	91.78	91.78		2454	2454		21706	21706		46	46	
	98.90	98.90		42304	42304		21973	21973				
159.98	37.37	38.68	34.90	694809	312950	381859	1486657	716561	770096	90654	37397	53257
110.55	37.48	38.70	34.24	680750	312655	368095	1284813	716561	568252	71884	37397	34487
49.44	36.48		36.48	13764		13764	201844		201844	18770		18770
	26.97	26.97		295	295							
	45.39	45.39		2783627	2783627		7786665	7786665		355340	355340	
	23.52	23.52		144448	144448		406266	406266		10449	10449	
	53.93	53.93		782460	782460		1379051	1379051		74534	74534	
	44.57	44.57		650574	650574		1808448	1808448		89590	89590	
	54.94	54.94		888678	888678		3348810	3348810		123567	123567	
	29.82	29.82		20219	20219		93852	93852		7058	7058	
	45.81	45.81		52064	52064		336776	336776		8903	8903	
	30.77	30.77		12486	12486		50574	50574		1056	1056	
	50.97	50.97		37411	37411		44121	44121		12662	12662	
	11.41	11.41		6762	6762		12040	12040		1800	1800	
	29.47	29.47		188525	188525		306727	306727		25721	25721	
	20.62	20.62		793092	793092		1974698	1974698		93181	93181	
	31.96	31.96		752975	752975		1971227	1971227		92336	92336	
	5.77	5.77		40117	40117		3471	3471		845	845	
5.46	99.89	100.00	84.14	1592333	1589463	2870	566245	538561	27684			
5.46	99.83	100.00	84.14	1122674	1119804	2870	276795	249111	27684			
	100.00	100.00		469659	469659		289450	289450				
	75.39	75.39										

北京市丰台区园林

区县名称	行政区面积（公顷）	建成区面积（公顷）	建成区人口（万人）	人均绿地（平方米/人）
丰台区	30800	10585	67.30	55.19

项目分类	调查总面积（公顷）			建成区园林绿地						绿化覆盖面（公顷）	
				个　　数			面积(公顷)				
	合计	区属	市属	合计	区属	市属	合计	区属	市属	合计	区属
合　　计	9672.10	9364.86	307.24	1723	1714	9	3714.26	3620.21	94.05	3804.26	3697.09
一、公共绿地	595.09	595.09		57	57		595.09	595.09		512.65	512.65
1. 公园	401.73	401.73		20	20		401.73	401.73		322.74	322.74
2. 街头绿地	79.19	79.19		19	19		79.19	79.19		77.38	77.38
3. 居住区花园	14.06	14.06		17	17		14.06	14.06		12.43	12.43
4. 已征片林	100.10	100.10		1	1		100.10	100.10		100.10	100.10
二、道路绿地	2049.43	1751.56	297.87	208	201	7	411.30	326.62	84.68	493.00	394.48
1. 道路	986.95	822.22	164.73	184	180	4	305.26	255.90	49.36	371.16	321.24
2. 河岸	1060.38	927.24	133.14	12	9	3	105.63	70.31	35.32	121.38	72.78
3. 街巷	2.10	2.10		12	12		0.41	0.41		0.46	0.46
三、单位附属绿地	4174.24	4174.24		906	906		1123.48	1123.48		1155.55	1155.55
1. 工厂	1580.15	1580.15		286	286		337.26	337.26		341.32	341.32
2. 机关	564.54	564.54		136	136		184.79	184.79		195.53	195.53
3. 学校	214.96	214.96		148	148		44.07	44.07		49.59	49.59
4. 部队	1234.87	1234.87		104	104		454.74	454.74		463.98	463.98
5. 医院	66.54	66.54		22	22		25.78	25.78		26.13	26.13
6. 宾馆	48.32	48.32		34	34		12.17	12.17		11.55	11.55
7. 使馆											
8. 公共场所	30.85	30.85		22	22		5.43	5.43		5.56	5.56
9. 开放单位	9.20	9.20		7	7		3.01	3.01		3.37	3.37
10. 仓库	215.90	215.90		48	48		38.56	38.56		39.17	39.17
11. 其他	208.92	208.92		99	99		17.68	17.68		19.36	19.36
四、居住区绿地	1631.20	1631.20		420	420		362.25	362.25		425.11	425.11
1. 楼房居住区	1412.00	1412.00		329	329		343.85	343.85		401.56	401.56
2. 平房居住区	219.20	219.20		91	91		18.40	18.40		23.55	23.55
五、防护绿地	1188.30	1185.87	2.43	125	124	1	1188.30	1185.87	2.43	1186.45	1184.02
1. 隔离地区	1188.30	1185.87	2.43	125	124	1	1188.30	1185.87	2.43	1186.45	1184.02
2. 非隔离地区											
六、生产绿地	33.85	26.91	6.94	7	6	1	33.85	26.91	6.94	31.50	25.28

绿化普查总表

人均公共绿地（平方米/人）	绿地率（%）	绿化覆盖率（%）	古树（株）	濒危植物（株）
8.84	35.09	35.94	48	191902

积	绿化覆盖率（%）			树木（株）			草坪（平方米）			宿根花卉（株）		
市属	合计	区属	市属	合计	区属	市属	合计	区属	市属	合计	区属	市属
107.17	35.94			7479009	7232025	246984	7447106	7070234	376872	911288	911288	
	86.15	86.15		1399102	1399102		1129738	1129738		272299	272299	
	80.34	80.34		983233	983233		961836	961836		249465	249465	
	97.72	97.72		151259	151259		102667	102667		16834	16834	
	88.34	88.34		26836	26836		65235	65235		6000	6000	
	100.00	100.00		237774	237774							
98.53	24.06	22.52	33.08	1247447	1002950	244497	1328722	951850	376872	373400	373400	
49.93	37.61	39.07	30.31	1119415	924746	194669	1322454	948590	373864	373400	373400	
48.60	11.45	7.85	36.50	127124	77296	49828	6268	3260	3008			
	21.96	21.96		908	908							
	27.68	27.68		2038125	2038125		2244309	2244309		155415	155415	
	21.60	21.60		600990	600990		533935	533935		34794	34794	
	34.64	34.64		298904	298904		360972	360972		34026	34026	
	23.07	23.07		211054	211054		159607	159607		8829	8829	
	37.57	37.57		734887	734887		931198	931198		63754	63754	
	39.26	39.26		47432	47432		77002	77002		7608	7608	
	23.91	23.91		34710	34710		47310	47310		2065	2065	
	18.03	18.03		5321	5321		25863	25863				
	36.61	36.61		4168	4168		18153	18153		1450	1450	
	18.14	18.14		33632	33632		29723	29723		649	649	
	9.27	9.27		67027	67027		60546	60546		2240	2240	
	26.06	26.06		958471	958471		2159064	2159064		61162	61162	
	28.44	28.44		929734	929734		2158754	2158754		60964	60964	
	10.74	10.74		28737	28737		310	310		198	198	
2.43	99.84	99.84	100.00	1835864	1833377	2487	585273	585273		49012	49012	
2.43	99.84	99.84	100.00	1835864	1833377	2487	585273	585273		49012	49012	
6.21	93.05	93.96	89.56									

北京市石景山区园林

区县名称	行政区面积（公顷）	建成区面积（公顷）	建成区人口（万人）	人均绿地（平方米/人）
石景山区	8570	4740	31.40	60.93

项目分类	调查总面积（公顷）			建成区园林绿地						绿化覆盖面（公顷）	
				个数			面积(公顷)				
	合计	区属	市属	合计	区属	市属	合计	区属	市属	合计	区属
合计	4150.93	4123.27	27.66	536	535	1	1913.28	1885.62	27.66	1942.99	1922.39
一、公共绿地	714.69	714.69		32	32		714.69	714.69		643.95	643.95
1. 公园	449.65	449.65		9	9		449.65	449.65		425.37	425.37
2. 街头绿地	113.61	113.61		14	14		113.61	113.61		104.52	104.52
3. 居住区花园	7.30	7.30		3	3		7.30	7.30		5.01	5.01
4. 已征片林	144.13	144.13		6	6		144.13	144.13		109.05	109.05
二、道路绿地	336.95	336.95		69	69		96.44	96.44		151.48	151.48
1. 道路	195.62	195.62		60	60		45.67	45.67		93.73	93.73
2. 河岸	135.57	135.57		2	2		48.47	48.47		55.45	55.45
3. 街巷	5.76	5.76		7	7		2.30	2.30		2.30	2.30
三、单位附属绿地	2282.34	2282.34		337	337		679.78	679.78		799.39	799.39
1. 工厂	1262.88	1262.88		73	73		294.19	294.19		365.80	365.80
2. 机关	144.26	144.26		77	77		44.09	44.09		56.23	56.23
3. 学校	153.02	153.02		84	84		36.91	36.91		49.40	49.40
4. 部队	482.95	482.95		28	28		217.07	217.07		234.48	234.48
5. 医院	62.88	62.88		18	18		22.14	22.14		23.18	23.18
6. 宾馆	14.97	14.97		9	9		4.02	4.02		4.11	4.11
7. 使馆											
8. 公共场所	77.80	77.80		12	12		40.66	40.66		44.89	44.89
9. 开放单位	1.46	1.46		3	3		0.37	0.37		0.51	0.51
10. 仓库	15.41	15.41		4	4		1.65	1.65		1.70	1.70
11. 其他	66.71	66.71		29	29		18.68	18.68		19.09	19.09
四、居住区绿地	517.87	517.87		77	77		123.29	123.29		141.73	141.73
1. 楼房居住区	406.23	406.23		63	63		108.95	108.95		121.62	121.62
2. 平房居住区	111.64	111.64		14	14		14.34	14.34		20.11	20.11
五、防护绿地	271.42	271.42		20	20		271.42	271.42		185.84	185.84
1. 隔离地区	29.99	29.99		3	3		29.99	29.99		160.74	160.74
2. 非隔离地区	241.43	241.43		17	17		241.43	241.43		25.10	25.10
六、生产绿地	27.66		27.66	1		1	27.66		27.66	20.60	

绿化普查总表

人均公共绿地（平方米/人）	绿地率（%）	绿化覆盖率（%）	古树（株）	濒危植物（株）
22.76	40.36	40.99	1292	51884

积	绿化覆盖率（%）			树木（株）			草坪（平方米）			宿根花卉（株）		
市属	合计	区属	市属	合计	区属	市属	合计	区属	市属	合计	区属	市属
20.60	40.99			3276137	3276137		2401918	2401918		375989	375989	
	90.10	90.10		988521	988521		510439	510439		223774	223774	
	94.60	94.60		665937	665937		246411	246411		10786	10786	
	92.00	92.00		174592	174592		176032	176032		200788	200788	
	68.63	68.63		15635	15635		37236	37236		4200	4200	
	75.66	75.66		132357	132357		50760	50760		8000	8000	
	44.96	44.96		148735	148735		145633	145633		25038	25038	
	47.91	47.91		73287	73287		91276	91276		24488	24488	
	40.90	40.90		65709	65709		38477	38477		550	550	
	39.93	39.93		9739	9739		15880	15880				
	35.03	35.03		1739712	1739712		1282083	1282083		89900	89900	
	28.97	28.97		930123	930123		465993	465993		46670	46670	
	38.98	38.98		110335	110335		224585	224585		9036	9036	
	32.28	32.28		99345	99345		81799	81799		11652	11652	
	48.55	48.55		363543	363543		427364	427364		17090	17090	
	36.86	36.86		31879	31879		28390	28390		670	670	
	27.45	27.45		29552	29552		10373	10373		70	70	
	57.70	57.70		43357	43357		31271	31271		840	840	
	34.93	34.93		1123	1123		3547	3547				
	11.03	11.03		2705	2705		500	500				
	28.62	28.62		127750	127750		8261	8261		3872	3872	
	27.37	27.37		200607	200607		463763	463763		37277	37277	
	29.94	29.94		191643	191643		462635	462635		37277	37277	
	18.01	18.01		8964	8964		1128	1128				
	68.47	68.47		198562	198562							
	535.98	535.98		7152	7152							
	10.40	10.40		191410	191410							
20.60	74.48		74.48									

北京市昌平区园林

区县名称	行政区面积（公顷）	建成区面积（公顷）	建成区人口（万人）	人均绿地（平方米/人）
昌平区	135200	1091	7.90	43.88

项目分类	调查总面积（公顷）			建成区园林绿地						绿化覆盖面（公顷）	
				个　数			面积(公顷)				
	合计	区属	市属	合计	区属	市属	合计	区属	市属	合计	区属
合　计	938.03	938.03		214	214		346.65	346.65		379.96	379.96
一、公共绿地	132.41	132.41		13	13		132.41	132.41		113.59	113.59
1. 公园	25.35	25.35		3	3		25.35	25.35		19.59	19.59
2. 街头绿地	22.13	22.13		6	6		22.13	22.13		11.74	11.74
3. 居住区花园											
4. 已征片林	84.93	84.93		4	4		84.93	84.93		82.26	82.26
二、道路绿地	165.98	165.98		31	31		57.79	57.79		76.90	76.90
1. 道路	165.98	165.98		31	31		57.79	57.79		76.90	76.90
2. 河岸											
3. 街巷											
三、单位附属绿地	518.72	518.72		145	145		133.51	133.51		155.62	155.62
1. 工厂	175.62	175.62		21	21		20.70	20.70		23.20	23.20
2. 机关	36.41	36.41		51	51		8.09	8.09		9.15	9.15
3. 学校	133.57	133.57		26	26		34.75	34.75		46.58	46.58
4. 部队	85.12	85.12		5	5		40.08	40.08		40.81	40.81
5. 医院	7.10	7.10		4	4		1.07	1.07		1.47	1.47
6. 宾馆											
7. 使馆											
8. 公共场所	16.12	16.12		5	5		5.43	5.43		6.63	6.63
9. 开放单位											
10. 仓库											
11. 其他	64.78	64.78		33	33		23.38	23.38		27.79	27.79
四、居住区绿地	120.91	120.91		25	25		22.94	22.94		33.86	33.86
1. 楼房居住区	120.91	120.91		25	25		22.94	22.94		33.86	33.86
2. 平房居住区											
五、防护绿地											
1. 隔离地区											
2. 非隔离地区											
六、生产绿地											

绿化普查总表

人均公共绿地（平方米/人）	绿地率（%）	绿化覆盖率（%）	古树（株）	濒危植物（株）
16.76	31.77	34.83	40	6642

积	绿化覆盖率（%）			树木（株）			草坪（平方米）			宿根花卉（株）		
市属	合计	区属	市属	合计	区属	市属	合计	区属	市属	合计	区属	市属
	34.83	34.83		716944	716944		968307	968307		769354	769354	
	85.78	85.78		366317	366317		112345	112345		719235	719235	
	77.29	77.29		50026	50026		63613	63613		525985	525985	
	53.02	53.02		63193	63193		48732	48732				
	96.86	96.86		253098	253098					193250	193250	
	46.33	46.33		134370	134370		166542	166542		16635	16635	
	46.33	46.33		134370	134370		166542	166542		16635	16635	
	30.00	30.00		186793	186793		556662	556662		31996	31996	
	13.21	13.21		20175	20175		47668	47668		400	400	
	25.12	25.12		13988	13988		56372	56372		2470	2470	
	34.87	34.87		65842	65842		171821	171821		12456	12456	
	47.94	47.94		43322	43322		138221	138221		9414	9414	
	20.68	20.68		3018	3018		3780	3780				
	41.11	41.11		4188	4188		2560	2560		334	334	
	42.89	42.89		36260	36260		136240	136240		6922	6922	
	28.01	28.01		29464	29464		132758	132758		1488	1488	
	28.01	28.01		29464	29464		132758	132758		1488	1488	

北京市门头沟区园林

区县名称	行政区面积（公顷）	建成区面积（公顷）	建成区人口（万人）	人均绿地（平方米/人）
门头沟区	1455	1158	11.37	40.09

项目分类	调查总面积（公顷）			建成区园林绿地						绿化覆盖面（公顷）	
				个数			面积（公顷）				
	合计	区属	市属	合计	区属	市属	合计	区属	市属	合计	区属
合　计	1328.77	1328.77		361	361		455.83	455.83		463.24	463.24
一、公共绿地	198.16	198.16		9	9		198.16	198.16		195.18	195.18
1. 公园	3.69	3.69		1	1		3.69	3.69		2.99	2.99
2. 街头绿地	64.47	64.47		7	7		64.47	64.47		62.19	62.19
3. 居住区花园											
4. 已征片林	130.00	130.00		1	1		130.00	130.00		130.00	130.00
二、道路绿地	136.20	136.20		15	15		22.06	22.06		31.53	31.53
1. 道路	77.04	77.04		10	10		11.36	11.36		14.20	14.20
2. 河岸	29.87	29.87		1	1		9.79	9.79		16.22	16.22
3. 街巷	29.29	29.29		4	4		0.91	0.91		1.11	1.11
三、单位附属绿地	597.12	597.12		241	241		162.65	162.65		193.69	193.69
1. 工厂	309.13	309.13		64	64		74.03	74.03		88.89	88.89
2. 机关	42.17	42.17		67	67		5.95	5.95		8.34	8.34
3. 学校	44.57	44.57		40	40		4.79	4.79		7.48	7.48
4. 部队	93.40	93.40		6	6		52.99	52.99		61.02	61.02
5. 医院	24.30	24.30		11	11		11.93	11.93		12.74	12.74
6. 宾馆	6.95	6.95		1	1		1.60	1.60		1.80	1.80
7. 使馆											
8. 公共场所	14.92	14.92		14	14		2.83	2.83		3.22	3.22
9. 开放单位	28.68	28.68		6	6		0.44	0.44		0.62	0.62
10. 仓库	5.01	5.01		4	4		0.05	0.05		0.15	0.15
11. 其他	28.00	28.00		28	28		8.05	8.05		9.44	9.44
四、居住区绿地	357.29	357.29		94	94		32.96	32.96		42.84	42.84
1. 楼房居住区	88.14	88.14		44	44		8.08	8.08		8.84	8.84
2. 平房居住区	269.15	269.15		50	50		24.88	24.88		34.00	34.00
五、防护绿地											
1. 隔离地区											
2. 非隔离地区											
六、生产绿地	40.00	40.00		2	2		40.00	40.00			

绿化普查总表

人均公共绿地（平方米/人）	绿地率（%）	绿化覆盖率（%）	古树（株）	濒危植物（株）
17.43	39.36	40	84	8949

积	绿化覆盖率（%）			树木（株）			草坪（平方米）			宿根花卉（株）		
市属	合计	区属	市属	合计	区属	市属	合计	区属	市属	合计	区属	市属
	39.36	39.36		876932	876932		697090	697090		74276	74276	
	98.49	98.49		151261	151261		311975	311975		64135	64135	
	80.85	80.85		1503	1503		5000	5000		4120	4120	
	96.47	96.47		60958	60958		306975	306975		60015	60015	
	100.00	100.00		88800	88800							
	23.15	23.15		17989	17989		75600	75600		300	300	
	18.44	18.44		13553	13553		74100	74100				
	54.30	54.30		4213	4213		1500	1500		300	300	
	3.78	3.78		223	223							
	32.44	32.44		674730	674730		287891	287891		9429	9429	
	28.76	28.76		73189	73189		135330	135330		370	370	
	19.77	19.77		9371	9371		16779	16779		1966	1966	
	16.78	16.78		11537	11537		13009	13009		697	697	
	65.33	65.33		485022	485022		66505	66505		4455	4455	
	52.42	52.42		23373	23373		7555	7555		1304	1304	
	25.89	25.89		7455	7455		2840	2840		208	208	
	21.60	21.60		1709	1709		22920	22920		5	5	
	2.16	2.16		288	288		300	300				
	2.94	2.94		238	238		90	90				
	33.72	33.72		62548	62548		22563	22563		424	424	
	11.99	11.99		32952	32952		21624	21624		412	412	
	10.03	10.03		14206	14206		21624	21624		112	112	
	12.63	12.63		18746	18746					300	300	

北京市顺义区园林

区县名称	行政区面积（公顷）	建成区面积（公顷）	建成区人口（万人）	人均绿地（平方米/人）
顺义区	101600	1465	10.06	47.78

项目分类	调查总面积（公顷）			建成区园林绿地						绿化覆盖面（公顷）	
				个　数			面积(公顷)				
	合计	区属	市属	合计	区属	市属	合计	区属	市属	合计	区属
合　计	1434.21	1434.21		245	245		480.70	480.70		560.25	560.25
一、公共绿地	165.15	165.15		17	17		165.15	165.15		155.52	155.52
1. 公园	41.43	41.43		3	3		41.43	41.43		33.60	33.60
2. 街头绿地	16.27	16.27		7	7		16.27	16.27		14.65	14.65
3. 居住区花园	0.40	0.40		1	1		0.40	0.40		0.23	0.23
4. 已征片林	107.04	107.04		6	6		107.04	107.04		107.04	107.04
二、道路绿地	272.39	272.39		35	35		107.32	107.32		142.97	142.97
1. 道路	253.21	253.21		33	33		105.68	105.68		140.55	140.55
2. 河岸	19.18	19.18		2	2		1.64	1.64		2.42	2.42
3. 街巷											
三、单位附属绿地	480.30	480.30		158	158		89.95	89.95		123.45	123.45
1. 工厂	252.14	252.14		37	37		31.36	31.36		43.34	43.34
2. 机关	78.59	78.59		70	70		18.18	18.18		21.12	21.12
3. 学校	50.79	50.79		21	21		13.52	13.52		21.79	21.79
4. 部队	37.04	37.04		1	1		9.83	9.83		15.53	15.53
5. 医院	7.43	7.43		4	4		2.00	2.00		2.25	2.25
6. 宾馆	8.75	8.75		5	5		2.22	2.22		2.62	2.62
7. 使馆											
8. 公共场所	4.36	4.36		4	4		1.21	1.21		1.37	1.37
9. 开放单位											
10. 仓库	2.96	2.96		1	1		0.02	0.02		0.02	0.02
11. 其他	38.24	38.24		15	15		11.60	11.60		15.41	15.41
四、居住区绿地	516.37	516.37		35	35		118.28	118.28		138.31	138.31
1. 楼房居住区	207.78	207.78		21	21		49.37	49.37		59.34	59.34
2. 平房居住区	308.59	308.59		14	14		68.91	68.91		78.97	78.97
五、防护绿地											
1. 隔离地区											
2. 非隔离地区											
六、生产绿地											

绿化普查总表

人均公共绿地（平方米/人）	绿地率（%）	绿化覆盖率（%）	古树（株）	濒危植物（株）
16.42	32.81	38.24	5	5237

积	绿化覆盖率（%）			树木（株）			草坪（平方米）			宿根花卉（株）		
市属	合计	区属	市属	合计	区属	市属	合计	区属	市属	合计	区属	市属
	38.24	38.24		655084	655084		1429458	1429458		116823	116823	
	94.17	94.17		121233	121233		297546	297546		3343	3343	
	81.08	81.08		40582	40582		173340	173340		723	723	
	90.01	90.01		7095	7095		121906	121906		2520	2520	
	57.50	57.50		427	427		2300	2300		100	100	
	100.00	100.00		73129	73129							
	52.49	52.49		97509	97509		236951	236951		33700	33700	
	55.51	55.51		93897	93897		236881	236881		33700	33700	
	12.62	12.62		3612	3612		70	70				
	25.70	25.70		249073	249073		481562	481562		55428	55428	
	17.19	17.19		70503	70503		176120	176120		12793	12793	
	26.88	26.88		47809	47809		82273	82273		8198	8198	
	42.89	42.89		47298	47298		67184	67184		7642	7642	
	41.94	41.94		52700	52700		71642	71642		22000	22000	
	30.24	30.24		2421	2421		17445	17445		720	720	
	29.95	29.95		5699	5699		18056	18056		848	848	
	31.45	31.45		1427	1427		10622	10622		300	300	
	0.74	0.74		29	29		100	100				
	40.29	40.29		21187	21187		38120	38120		2927	2927	
	26.79	26.79		187269	187269		413399	413399		24352	24352	
	28.56	28.56		109505	109505		413327	413327		17796	17796	
	25.59	25.59		77764	77764		72	72		6556	6556	

北京市通州区园林

区县名称	行政区面积（公顷）	建成区面积（公顷）	建成区人口（万人）	人均绿地（平方米/人）
通州区	90700	3646	18.05	69.87

项目分类	调查总面积（公顷）			建成区园林绿地						绿化覆盖面（公顷）	
				个　数			面积(公顷)				
	合计	区属	市属	合计	区属	市属	合计	区属	市属	合计	区属
合　计	3685.63	3685.63		231	231		1261.18	1261.18		1382.64	1382.64
一、公共绿地	192.88	192.88		22	22		192.88	192.88		180.56	180.56
1. 公园	23.20	23.20		3	3		23.20	23.20		19.30	19.30
2. 街头绿地	63.70	63.70		15	15		63.70	63.70		54.35	54.35
3. 居住区花园	1.30	1.30		3	3		1.30	1.30		1.22	1.22
4. 已征片林	104.68	104.68		1	1		104.68	104.68		105.68	105.68
二、道路绿地	381.40	381.40		37	37		110.04	110.04		137.97	137.97
1. 道路	216.15	216.15		34	34		71.79	71.79		99.72	99.72
2. 河岸	165.25	165.25		3	3		38.25	38.25		38.25	38.25
3. 街巷											
三、单位附属绿地	696.66	696.66		128	128		225.40	225.40		255.02	255.02
1. 工厂	411.99	411.99		34	34		119.99	119.99		134.16	134.16
2. 机关	74.78	74.78		34	34		30.40	30.40		32.67	32.67
3. 学校	123.74	123.74		45	45		40.96	40.96		49.68	49.68
4. 部队	58.00	58.00		5	5		23.39	23.39		26.06	26.06
5. 医院	22.08	22.08		5	5		9.16	9.16		10.73	10.73
6. 宾馆	2.02	2.02		1	1		0.12	0.12		0.15	0.15
7. 使馆											
8. 公共场所	0.99	0.99		1	1		0.01	0.01		0.05	0.05
9. 开放单位											
10. 仓库	1.63	1.63		1	1		0.95	0.95		1.00	1.00
11. 其他	1.44	1.44		2	2		0.41	0.41		0.52	0.52
四、居住区绿地	2408.47	2408.47		42	42		727.90	727.90		809.08	809.08
1. 楼房居住区	239.23	239.23		35	35		74.98	74.98		94.11	94.11
2. 平房居住区	2169.24	2169.24		7	7		652.92	652.92		714.98	714.98
五、防护绿地											
1. 隔离地区											
2. 非隔离地区											
六、生产绿地	6.21	6.21		2	2		4.96	4.96			

绿化普查总表

人均公共绿地（平方米/人）	绿地率（%）	绿化覆盖率（%）	古树（株）	濒危植物（株）
10.69	34.59	37.92	70	4468

积	绿化覆盖率（%）			树木（株）			草坪（平方米）			宿根花卉（株）		
市属	合计	区属	市属	合计	区属	市属	合计	区属	市属	合计	区属	市属
	37.92	37.92		2637389	2637389		1555777	1555777		112116	112116	
	93.61	93.61		460711	460711		499828	499828		4700	4700	
	83.21	83.21		23239	23239		38508	38508		4440	4440	
	85.33	85.33		132638	132638		452387	452387		260	260	
	93.94	93.94		764	764		8933	8933				
	100.96	100.96		304070	304070							
	36.18	36.18		387689	387689		158565	158565				
	46.14	46.14		351739	351739		158565	158565				
	23.15	23.15		35950	35950							
	36.61	36.61		645067	645067		561470	561470		65304	65304	
	32.56	32.56		427204	427204		184681	184681		44880	44880	
	43.69	43.69		52648	52648		46596	46596		4956	4956	
	40.14	40.14		77188	77188		169189	169189		11735	11735	
	44.93	44.93		70758	70758		97004	97004		3234	3234	
	48.62	48.62		14268	14268		54450	54450		40	40	
	7.43	7.43		424	424		994	994		126	126	
	5.03	5.03		132	132		36	36		12	12	
	61.54	61.54		103	103		8000	8000				
	36.23	36.23		2342	2342		520	520		321	321	
	33.59	33.59		1143922	1143922		335914	335914		42112	42112	
	39.34	39.34		244287	244287		315165	315165		42112	42112	
	32.96	32.96		899635	899635		20749	20749				

北京市房山区园林

区县名称	行政区面积（公顷）	建成区面积（公顷）	建成区人口（万人）	人均绿地（平方米/人）
房山区	6500	3460	18.20	55.57

项目分类	调查总面积（公顷）			建成区园林绿地						绿化覆盖面（公顷）	
				个　数			面积(公顷)				
	合计	区属	市属	合计	区属	市属	合计	区属	市属	合计	区属
合　计	5173.33	5173.33		460	460		1011.42	1011.42		1252.95	1252.95
一、公共绿地	177.22	177.22		42	42		177.22	177.22		162.10	162.10
1. 公园	108.99	108.99		8	8		108.99	108.99		102.56	102.56
2. 街头绿地	44.93	44.93		25	25		44.93	44.93		37.06	37.06
3. 居住区花园	20.33	20.33		6	6		20.33	20.33		19.71	19.71
4. 已征片林	2.96	2.96		3	3		2.96	2.96		2.78	2.78
二、道路绿地	215.20	215.20		70	70		55.07	55.07		80.73	80.73
1. 道路	194.06	194.06		53	53		50.41	50.41		73.45	73.45
2. 河岸	17.62	17.62		5	5		3.60	3.60		5.50	5.50
3. 街巷	3.52	3.52		12	12		1.06	1.06		1.78	1.78
三、单位附属绿地	1983.63	1983.63		258	258		452.64	452.64		635.42	635.42
1. 工厂	1167.74	1167.74		56	56		286.56	286.56		404.07	404.07
2. 机关	207.73	207.73		99	99		57.77	57.77		69.55	69.55
3. 学校	119.44	119.44		43	43		19.95	19.95		25.73	25.73
4. 部队	191.48	191.48		8	8		62.81	62.81		94.28	94.28
5. 医院	25.35	25.35		9	9		5.85	5.85		7.63	7.63
6. 宾馆	4.46	4.46		2	2		0.96	0.96		1.17	1.17
7. 使馆											
8. 公共场所	161.97	161.97		12	12		1.65	1.65		2.89	2.89
9. 开放单位	8.30	8.30		15	15		1.14	1.14		1.36	1.36
10. 仓库	88.82	88.82		5	5		13.76	13.76		24.77	24.77
11. 其他	8.34	8.34		9	9		2.19	2.19		3.97	3.97
四、居住区绿地	1091.80	1091.80		85	85		144.47	144.47		209.70	209.70
1. 楼房居住区	401.05	401.05		54	54		104.32	104.32		138.02	138.02
2. 平房居住区	690.75	690.75		31	31		40.15	40.15		71.68	71.68
五、防护绿地	1690.00	1690.00		2	2		169.00	169.00		165.00	165.00
1. 隔离地区	1690.00	1690.00		2	2		169.00	169.00		165.00	165.00
2. 非隔离地区											
六、生产绿地	15.49	15.49		3	3		13.02	13.02			

绿化普查总表

人均公共绿地（平方米/人）	绿地率（%）	绿化覆盖率（%）	古树（株）	濒危植物（株）
9.74	29.23	36.21	37	8992

积	绿化覆盖率（%）			树木（株）			草坪（平方米）			宿根花卉（株）		
市属	合计	区属	市属	合计	区属	市属	合计	区属	市属	合计	区属	市属
	36.21	36.21		2273812	2273812		1996063	1996063		79273	79273	
	91.47	91.47		174210	174210		289342	289342		8945	8945	
	94.10	94.10		116014	116014		42404	42404		5542	5542	
	82.47	82.47		41947	41947		232411	232411		3403	3403	
	96.92	96.92		7738	7738		14527	14527				
	93.89	93.89		8511	8511							
	37.51	37.51		69202	69202		80230	80230		560	560	
	37.85	37.85		65940	65940		80230	80230		560	560	
	31.21	31.21		2605	2605							
	50.43	50.43		657	657							
	32.03	32.03		1257879	1257879		972180	972180		58081	58081	
	34.60	34.60		853833	853833		548346	548346		22346	22346	
	33.48	33.48		203063	203063		253383	253383		21270	21270	
	21.54	21.54		33661	33661		56562	56562		6366	6366	
	49.24	49.24		15099	15099		17835	17835		4920	4920	
	30.09	30.09		14196	14196		14293	14293		946	946	
	26.18	26.18		1181	1181		5200	5200				
	1.78	1.78		1696	1696		7785	7785		40	40	
	16.33	16.33		1560	1560		7436	7436		100	100	
	27.89	27.89		117257	117257		57760	57760		2078	2078	
	47.64	47.64		16333	16333		3580	3580		15	15	
	19.21	19.21		305671	305671		654311	654311		11687	11687	
	34.41	34.41		242118	242118		640261	640261		10657	10657	
	10.38	10.38		63553	63553		14050	14050		1030	1030	
	9.76	9.76		466850	466850							
	9.76	9.76		466850	466850							

北京市大兴县园林

区县名称	行政区面积（公顷）	建成区面积（公顷）	建成区人口（万人）	人均绿地（平方米/人）
大兴县	103912	2000	11.60	46.22

项目分类	调查总面积（公顷）			建成区园林绿地						绿化覆盖面（公顷）	
				个数			面积(公顷)				
	合计	区属	市属	合计	区属	市属	合计	区属	市属	合计	区属
合计	2123.57	2123.57		621	621		536.16	536.16		604.47	604.47
一、公共绿地	91.46	91.46		41	41		91.46	91.46		72.43	72.43
1. 公园	56.12	56.12		4	4		56.12	56.12		40.74	40.74
2. 街头绿地	30.36	30.36		27	27		30.36	30.36		27.38	27.38
3. 居住区花园	4.98	4.98		10	10		4.98	4.98		4.31	4.31
4. 已征片林											
二、道路绿地	214.83	214.83		82	82		68.78	68.78		114.72	114.72
1. 道路	140.15	140.15		38	38		49.91	49.91		87.67	87.67
2. 河岸	34.40	34.40		1	1		8.60	8.60		8.60	8.60
3. 街巷	40.28	40.28		43	43		10.27	10.27		18.45	18.45
三、单位附属绿地	1333.26	1333.26		420	420		263.43	263.43		306.67	306.67
1. 工厂	814.96	814.96		218	218		148.16	148.16		175.14	175.14
2. 机关	52.40	52.40		81	81		12.48	12.48		14.86	14.86
3. 学校	129.30	129.30		55	55		29.15	29.15		34.30	34.30
4. 部队	77.35	77.35		9	9		19.91	19.91		25.08	25.08
5. 医院	9.26	9.26		7	7		2.81	2.81		2.94	2.94
6. 宾馆	3.74	3.74		4	4		0.62	0.62		0.94	0.94
7. 使馆											
8. 公共场所	139.14	139.14		34	34		42.71	42.71		44.04	44.04
9. 开放单位											
10. 仓库	107.11	107.11		12	12		7.59	7.59		9.36	9.36
11. 其他											
四、居住区绿地	460.42	460.42		73	73		90.15	90.15		110.65	110.65
1. 楼房居住区	300.32	300.32		69	69		68.87	68.87		84.65	84.65
2. 平房居住区	160.10	160.10		4	4		21.28	21.28		26.00	26.00
五、防护绿地											
1. 隔离地区											
2. 非隔离地区											
六、生产绿地	23.60	23.60		5	5		22.34	22.34			

绿化普查总表

人均公共绿地（平方米/人）	绿地率（%）	绿化覆盖率（%）	古树（株）	濒危植物（株）
7.88	26.81	30.22	128	19529

积	绿化覆盖率（%）			树木（株）			草坪（平方米）			宿根花卉（株）		
市属	合计	区属	市属	合计	区属	市属	合计	区属	市属	合计	区属	市属
	30.22	30.22		896068	896068		1440401	1440401		97436	97436	
	79.19	79.19		165078	165078		156593	156593		36686	36686	
	72.59	72.59		65998	65998		70216	70216		7402	7402	
	90.18	90.18		94661	94661		73730	73730		28160	28160	
	86.55	86.55		4419	4419		12647	12647		1124	1124	
	53.40	53.40		91155	91155		47471	47471		465	465	
	62.55	62.55		44976	44976		29057	29057		465	465	
	25.00	25.00		34790	34790							
	45.80	45.80		11389	11389		18414	18414				
	23.00	23.00		314023	314023		840626	840626		19540	19540	
	21.49	21.49		133712	133712		243459	243459		13056	13056	
	28.36	28.36		20849	20849		41196	41196		889	889	
	26.53	26.53		59651	59651		168208	168208		2607	2607	
	32.42	32.42		63378	63378		100480	100480		1511	1511	
	31.75	31.75		1219	1219		12730	12730		173	173	
	25.13	25.13		1101	1101		2500	2500				
	31.65	31.65		27841	27841		262447	262447		1096	1096	
	8.74	8.74		6272	6272		9606	9606		208	208	
	24.03	24.03		325812	325812		395711	395711		40745	40745	
	28.19	28.19		306988	306988		395711	395711		40745	40745	
	16.24	16.24		18824	18824							

北京市怀柔县园林

区县名称	行政区面积（公顷）	建成区面积（公顷）	建成区人口（万人）	人均绿地（平方米/人）
怀柔县	21287	521	6.10	41.36

项目分类	调查总面积（公顷）			建成区园林绿地						绿化覆盖面（公顷）	
				个　数			面积(公顷)				
	合计	区属	市属	合计	区属	市属	合计	区属	市属	合计	区属
合　计	661.03	661.03		179	179		252.32	252.32		277.58	277.58
一、公共绿地	138.14	138.14		19	19		138.14	138.14		128.42	128.42
1. 公园	29.54	29.54		4	4		29.54	29.54		20.95	20.95
2. 街头绿地	12.06	12.06		5	5		12.06	12.06		10.93	10.93
3. 居住区花园											
4. 已征片林	96.54	96.54		10	10		96.54	96.54		96.54	96.54
二、道路绿地	135.39	135.39		26	26		57.53	57.53		69.46	69.46
1. 道路	111.38	111.38		25	25		49.25	49.25		61.18	61.18
2. 河岸	24.01	24.01		1	1		8.28	8.28		8.28	8.28
3. 街巷											
三、单位附属绿地	116.43	116.43		94	94		25.62	25.62		37.76	37.76
1. 工厂	12.10	12.10		3	3		3.71	3.71		4.67	4.67
2. 机关	36.68	36.68		44	44		9.28	9.28		12.39	12.39
3. 学校	33.27	33.27		14	14		5.24	5.24		11.64	11.64
4. 部队	0.60	0.60		1	1		0.02	0.02		0.04	0.04
5. 医院	5.30	5.30		5	5		1.93	1.93		2.44	2.44
6. 宾馆	15.14	15.14		10	10		4.41	4.41		5.11	5.11
7. 使馆											
8. 公共场所											
9. 开放单位	4.51	4.51		6	6		0.65	0.65		0.93	0.93
10. 仓库											
11. 其他	8.84	8.84		11	11		0.37	0.37		0.53	0.53
四、居住区绿地	271.07	271.07		40	40		31.03	31.03		41.95	41.95
1. 楼房居住区	88.42	88.42		29	29		19.69	19.69		19.69	19.69
2. 平房居住区	182.65	182.65		11	11		11.34	11.34		22.26	22.26
五、防护绿地											
1. 隔离地区											
2. 非隔离地区											
六、生产绿地											

绿化普查总表

人均公共绿地（平方米/人）	绿地率（%）	绿化覆盖率（%）	古树（株）	濒危植物（株）
22.65	48.43	53.28	4	967

积	绿化覆盖率（%）			树木（株）			草坪（平方米）			宿根花卉（株）		
市属	合计	区属	市属	合计	区属	市属	合计	区属	市属	合计	区属	市属
	53.28	53.28		270346	270346		645664	645664		84199	84199	
	92.96	92.96		107112	107112		261553	261553		1117	1117	
	70.92	70.92		15954	15954		204085	204085		597	597	
	90.63	90.63		6578	6578		57468	57468		520	520	
	100.00	100.00		84580	84580							
	51.30	51.30		54595	54595		103747	103747		8729	8729	
	54.93	54.93		50957	50957		97306	97306		8379	8379	
	34.49	34.49		3638	3638		6441	6441		350	350	
	32.43	32.43		52084	52084		124774	124774		29640	29640	
	38.64	38.64		5847	5847		24992	24992		7557	7557	
	33.78	33.78		18988	18988		39537	39537		14283	14283	
	35.00	35.00		14499	14499		20814	20814		2402	2402	
	6.67	6.67		58	58							
	45.99	45.99		3650	3650		4746	4746		3300	3300	
	33.76	33.76		5128	5128		29267	29267		1153	1153	
				2994	2994		4373	4373		745	745	
	20.67	20.67										
				920	920		1045	1045		200	200	
	5.99	5.99										
	15.47	15.47		56555	56555		155590	155590		44713	44713	
	22.27	22.27		20944	20944		137680	137680		3922	3922	
	12.19	12.19		35611	35611		17910	17910		40791	40791	

北京市密云县园林

区县名称	行政区面积（公顷）	建成区面积（公顷）	建成区人口（万人）	人均绿地（平方米/人）
密云县	222650	935	7.10	31.66

项目分类	调查总面积（公顷）			建成区园林绿地						绿化覆盖面（公顷）	
				个数			面积(公顷)				
	合计	区属	市属	合计	区属	市属	合计	区属	市属	合计	区属
合计	935.63	935.63		396	396		224.81	224.81		234.95	234.95
一、公共绿地	112.15	112.15		17	17		112.15	112.15		85.77	85.77
1. 公园	106.66	106.66		3	3		106.66	106.66		80.59	80.59
2. 街头绿地	5.49	5.49		14	14		5.49	5.49		5.18	5.18
3. 居住区花园											
4. 已征片林											
二、道路绿地	112.23	112.23		91	91		20.83	20.83		34.89	34.89
1. 道路	109.88	109.88		57	57		20.83	20.83		34.87	34.87
2. 河岸											
3. 街巷	2.35	2.35		34	34		0.01	0.01		0.03	0.03
三、单位附属绿地	559.68	559.68		257	257		72.22	72.22		91.25	91.25
1. 工厂	329.19	329.19		67	67		44.25	44.25		56.53	56.53
2. 机关	87.06	87.06		99	99		15.76	15.76		18.55	18.55
3. 学校	61.87	61.87		40	40		7.50	7.50		10.34	10.34
4. 部队	0.68	0.68		2	2		0.02	0.02		0.02	0.02
5. 医院	8.91	8.91		8	8		1.03	1.03		1.35	1.35
6. 宾馆	3.66	3.66		3	3		0.46	0.46		0.52	0.52
7. 使馆											
8. 公共场所											
9. 开放单位											
10. 仓库	30.26	30.26		9	9		0.91	0.91		1.11	1.11
11. 其他	38.05	38.05		29	29		2.30	2.30		2.83	2.83
四、居住区绿地	151.56	151.56		31	31		19.61	19.61		23.03	23.03
1. 楼房居住区	109.52	109.52		22	22		16.59	16.59		18.92	18.92
2. 平房居住区	42.04	42.04		9	9		3.01	3.01		4.11	4.11
五、防护绿地											
1. 隔离地区											
2. 非隔离地区											
六、生产绿地											

绿化普查总表

人均公共绿地（平方米/人）	绿地率（%）	绿化覆盖率（%）	古树（株）	濒危植物（株）
15.80	24.04	25.13	3	2212

积	绿化覆盖率（%）			树木（株）			草坪（平方米）			宿根花卉（株）		
市属	合计	区属	市属	合计	区属	市属	合计	区属	市属	合计	区属	市属
	25.13	25.13		461850	461850		908145	908145		73550	73550	
	76.48	76.48		144682	144682		413613	413613		45210	45210	
	75.55	75.55		141595	141595		370271	370271		44832	44832	
	94.47	94.47		3087	3087		43342	43342		378	378	
	31.09	31.09		20573	20573		33497	33497				
	31.73	31.73		20552	20552		33497	33497				
	1.08	1.08		21	21							
	16.30	16.30		225396	225396		332370	332370		22308	22308	
	17.17	17.17		146378	146378		233126	233126		10526	10526	
	21.31	21.31		41510	41510		51246	51246		7120	7120	
	16.71	16.71		19884	19884		32174	32174		4186	4186	
	3.09	3.09		55	55		90	90				
	15.18	15.18		6569	6569		4515	4515		316	316	
	14.34	14.34		550	550		4100	4100		40	40	
	3.66	3.66		1174	1174		3569	3569				
	7.43	7.43		9276	9276		3550	3550		120	120	
	15.20	15.20		71199	71199		128665	128665		6032	6032	
	17.28	17.28		66913	66913		128665	128665		5806	5806	
	9.78	9.78		4286	4286					226	226	

北京市平谷县园林

区县名称	行政区面积（公顷）	建成区面积（公顷）	建成区人口（万人）	人均绿地（平方米/人）
平谷县	107500	1360	6.74	71.33

项目分类	调查总面积（公顷）			建成区园林绿地						绿化覆盖面（公顷）	
				个　　数			面积(公顷)				
	合计	区属	市属	合计	区属	市属	合计	区属	市属	合计	区属
合　　计	1162.80	1162.80		453	453		480.78	480.78		546.72	546.72
一、公共绿地	137.18	137.18		16	16		137.18	137.18		131.58	131.58
1. 公园	18.47	18.47		1	1		18.47	18.47		12.97	12.97
2. 街头绿地	9.05	9.05		9	9		9.05	9.05		8.96	8.96
3. 居住区花园											
4. 已征片林	109.65	109.65		6	6		109.65	109.65		109.65	109.65
二、道路绿地	194.93	194.93		45	45		50.30	50.30		92.75	92.75
1. 道路	194.93	194.93		45	45		50.30	50.30		92.75	92.75
2. 河岸											
3. 街巷											
三、单位附属绿地	359.28	359.28		336	336		58.64	58.64		65.99	65.99
1. 工厂	176.63	176.63		106	106		33.16	33.16		35.40	35.40
2. 机关	59.15	59.15		112	112		11.55	11.55		14.27	14.27
3. 学校	43.14	43.14		17	17		5.82	5.82		7.44	7.44
4. 部队	2.99	2.99		5	5		0.24	0.24		0.49	0.49
5. 医院	13.01	13.01		10	10		2.13	2.13		2.61	2.61
6. 宾馆	15.98	15.98		16	16		2.62	2.62		1.96	1.96
7. 使馆											
8. 公共场所	10.66	10.66		20	20		0.80	0.80		1.14	1.14
9. 开放单位	16.94	16.94		14	14		0.44	0.44		0.42	0.42
10. 仓库	4.35	4.35		5	5		0.24	0.24		0.28	0.28
11. 其他	16.44	16.44		31	31		1.63	1.63		1.98	1.98
四、居住区绿地	353.23	353.23		49	49		116.62	116.62		144.87	144.87
1. 楼房居住区	120.68	120.68		35	35		40.29	40.29		44.22	44.22
2. 平房居住区	232.55	232.55		14	14		76.34	76.34		100.65	100.65
五、防护绿地	111.52	111.52		6	6		111.52	111.52		111.52	111.52
1. 隔离地区	111.52	111.52		6	6		111.52	111.52		111.52	111.52
2. 非隔离地区											
六、生产绿地	6.67	6.67		1	1		6.52	6.52			

绿化普查总表

人均公共绿地（平方米/人）	绿地率（%）	绿化覆盖率（%）	古树（株）	濒危植物（株）
20.35	35.35	40.20		1579

积	绿化覆盖率（%）			树木（株）			草坪（平方米）			宿根花卉（株）		
市属	合计	区属	市属	合计	区属	市属	合计	区属	市属	合计	区属	市属
	40.20	40.20		346501	346501		497234	497234		11258	11258	
	95.92	95.92		97863	97863		139789	139789		1964	1964	
	70.21	70.21		4812	4812		78806	78806		1152	1152	
	98.99	143.29		5379	5379		60983	60983		812	812	
	100.00	8.17		87672	87672							
	47.58	47.58		31550	31550		126753	126753		65	65	
	47.58	47.58		31550	31550		126753	126753		65	65	
	18.37	18.37		47653	47653		194973	194973		8633	8633	
	20.04	20.04		16443	16443		101974	101974		1337	1337	
	24.12	24.12		14703	14703		38566	38566		3529	3529	
	17.26	17.26		6791	6791		25666	25666		307	307	
	16.42	16.42		420	420		815	815		317	317	
	20.06	20.06		3789	3789		9795	9795		111	111	
	12.23	12.23		2159	2159		12648	12648		1806	1806	
	10.72	10.72		1287	1287		848	848		973	973	
	2.50	2.50		343	343					36	36	
	6.53	6.53		282	282							
	12.03	12.03		1436	1436		4661	4661		217	217	
	41.01	41.01		86807	86807		35719	35719		596	596	
	36.64	36.64		21585	21585		30589	30589		18	18	
	43.28	43.28		65222	65222		5130	5130		578	578	
	100.00	100.00		82628	82628							
	100.00	100.00		82628	82628							

北京市延庆县园林

区县名称	行政区面积（公顷）	建成区面积（公顷）	建成区人口（万人）	人均绿地（平方米/人）
延庆县	198000	920	7.50	63.76

项目分类	调查总面积（公顷）			建成区园林绿地						绿化覆盖面（公顷）	
				个数			面积(公顷)				
	合计	区属	市属	合计	区属	市属	合计	区属	市属	合计	区属
合计	919.28	919.28		225	225		478.17	478.17		461.38	461.38
一、公共绿地	282.16	282.16		10	10		282.16	282.16		223.28	223.28
1. 公园	242.44	242.44		2	2		242.44	242.44		189.79	189.79
2. 街头绿地	11.33	11.33		2	2		11.33	11.33		5.11	5.11
3. 居住区花园	0.71	0.71		2	2		0.71	0.71		0.71	0.71
4. 已征片林	27.67	27.67		4	4		27.67	27.67		27.67	27.67
二、道路绿地	137.26	137.26		45	45		46.42	46.42		62.82	62.82
1. 道路	135.20	135.20		27	27		46.42	46.42		62.82	62.82
2. 河岸											
3. 街巷	2.06	2.06		18	18						
三、单位附属绿地	257.67	257.67		148	148		58.49	58.49		76.41	76.41
1. 工厂	69.48	69.48		22	22		21.12	21.12		26.45	26.45
2. 机关	75.91	75.91		85	85		15.76	15.76		21.58	21.58
3. 学校	35.91	35.91		16	16		7.97	7.97		12.92	12.92
4. 部队											
5. 医院	5.91	5.91		7	7		2.14	2.1445		2.54	2.543
6. 宾馆	22.12	22.12		9	9		6.25	6.25		7.14	7.14
7. 使馆											
8. 公共场所	27.13	27.13		7	7		5.11	5.11		5.65	5.65
9. 开放单位											
10. 仓库	8.30	8.30		1	1		0.12	0.12		0.13	0.13
11. 其他	12.91	12.91		1	1						
四、居住区绿地	162.84	162.84		19	19		11.74	11.74		19.51	19.51
1. 楼房居住区	90.53	90.53		15	15		10.27	10.27		16.50	16.50
2. 平房居住区	72.31	72.31		4	4		1.48	1.48		3.01	3.01
五、防护绿地	79.36	79.36		3	3		79.36	79.36		79.36	79.36
1. 隔离地区											
2. 非隔离地区	79.36	79.36		3	3		79.36	79.36		79.36	79.36
六、生产绿地											

绿化普查总表

人均公共绿地（平方米/人）	绿地率（%）	绿化覆盖率（%）	古树（株）	濒危植物（株）
37.62	51.98	50.15		1471

积	绿化覆盖率（%）			树木（株）			草坪（平方米）			宿根花卉（株）		
市属	合计	区属	市属	合计	区属	市属	合计	区属	市属	合计	区属	市属
	50.19	50.19		452263	452263		610731	610731		108767	108767	
	79.13	79.13		253954	253954		219753	219753		57234	57234	
	78.28	78.28		207653	207653		183478	183478		30154	30154	
	45.12	45.12		6925	6925		30250	30250		26740	26740	
	100.00	100.00		986	986		6025	6025		340	340	
	100.00	100.00		38390	38390							
	45.77	45.77		29221	29221		81460	81460		25152	25152	
	46.46	46.46		29221	29221		81460	81460		25152	25152	
	29.65	29.65		88581	88581		253094	253094		25951	25951	
	38.07	38.07		16859	16859		71555	71555		618	618	
	28.43	28.43		42826	42826		91162	91162		6980	6980	
	35.98	35.98		17641	17641		27333	27333		14977	14977	
	43.03	43.03		3365	3365		10084	10084		2031	2031	
	32.27	32.27		3678	3678		51731	51731		1145	1145	
	20.82	20.82		4151	4151		4	4		200	200	
	1.60	1.60		61	61		1225	1225				
	11.98	11.98		13707	13707		56424	56424		430	430	
	18.22	18.22		12704	12704		56424	56424		430	430	
	4.16	4.16		1003	1003							
	100.00	100.00		66800	66800							
	100.00	100.00		66800	66800							

北京市城市公共

区县名称	合计（公顷）	个	水面积	公园		
					个	水面积
甲	1=4+7+10+13	2=5+8+11+14	3=6+9+12+15	4	5	6
合　计	**7139.39**	**583**	**868.99**	**4847.89**	**128**	**848.96**
城近郊区	**5512.48**	**377**	**745.44**	**4192.00**	**96**	**729.29**
东城区	149.42	34	18.58	127.42	7	18.58
西城区	277.87	34	80.12	250.21	13	80.12
崇文区	326.15	10	36.50	319.43	4	36.50
宣武区	110.76	39	20.44	83.71	4	20.43
朝阳区	1460.98	106	129.65	926.36	27	123.01
海淀区	1877.52	65	416.64	1633.48	12	415.18
丰台区	595.09	57	31.36	401.74	20	29.99
石景山区	714.69	32	12.15	449.65	9	5.48
远郊区县	**1626.91**	**206**	**123.55**	**655.89**	**32**	**119.67**
昌平区	132.42	13	2.76	25.35	3	1.00
门头沟区	198.16	9	0.21	3.69	1	0.18
顺义区	165.15	17	8.44	41.43	3	8.44
通州区	192.88	22	6.58	23.20	3	5.42
房山区	177.22	42	1.52	108.99	8	1.25
大兴县	91.46	41	7.23	56.12	4	7.01
怀柔县	138.14	19	7.45	29.53	4	7.18
密云县	112.15	17	20.53	106.66	3	20.51
平谷县	137.18	16	0.79	18.47	1	0.79
延庆县	282.16	10	68.05	242.44	2	67.90

绿地面积汇总表(1)

公共绿地								
街头绿地			居住区花园			已征城市片林		
	个	水面积		个	水面积		个	水面积
7	8	9	10	11	12	13	14	15
725.21	**307**	**4.97**	**140.12**	**85**	**0.73**	**1426.17**	**63**	**14.33**
445.40	**190**	**2.76**	**112.40**	**63**	**0.73**	**762.68**	**28**	**12.66**
21.50	26		0.50	1				
27.66	21							
6.72	6							
24.95	34	0.01	2.1	1				
64.69	32	0.21	85.76	37	0.43	384.17	10	6.00
107.08	38	1.43	2.68	4	0.03	134.28	11	
79.19	19	1.10	14.06	17	0.27	100.10	1	
113.61	14	0.01	7.30	3		144.13	6	6.66
279.81	**117**	**2.21**	**27.72**	**22**		**663.49**	**35**	**1.67**
22.14	6	0.09				84.93	4	1.67
64.47	7	0.03				130.00	1	
16.27	7		0.40	1		107.04	6	
63.70	15	1.16	1.30	3		104.68	1	
44.93	25	0.27	20.33	6		2.96	3	
30.37	27	0.22	4.98	10				
12.06	5	0.27				96.54	10	
5.49	14	0.02						
9.05	9					109.65	6	
11.33	2	0.15	0.71	2		27.67	4	

北京市城市公共

区县名称	个	合计（平方米）	水面积	小计	绿地面积
					总
甲		1=2+3	2	3=4+5+8+9	4
合　计	**583**	**71393859**	**8689865**	**62703994**	**54051460**
公园	128	48478852	8489575	39989277	32554859
街头绿地	307	7252003	49675	7202328	6257438
居住区花园	85	1401366	7340	1394026	1270342
已征城市片林	63	14261638	143275	14118363	13968821
城近郊区	**377**	**55124773**	**7454423**	**47670350**	**40035052**
公园	96	41919941	7292900	34627041	27722208
街头绿地	190	4453924	27583	4426341	3935731
居住区花园	63	1124117	7340	1116777	1014650
已征城市片林	28	7626791	126600	7500191	7362463
东城区	**34**	**1494167**	**185784**	**1308383**	**916286**
公园	7	1274145	185784	1088361	742084
街头绿地	26	215022		215022	170377
居住区花园	1	5000		5000	3825
西城区	**34**	**2778747**	**801213**	**1977534**	**1204714**
公园	13	2502124	801213	1700911	991037
街头绿地	21	276623		276623	213677
崇文区	**10**	**3261520**	**364975**	**2896545**	**2225237**
公园	4	3194330	364975	2829355	2182467
街头绿地	6	67190		67190	42770
宣武区	**39**	**1107609**	**204440**	**903169**	**746199**
公园	4	837133	204356	632777	495116
街头绿地	34	249461	84	249377	233827
居住区花园	1	21015		21015	17256
朝阳区	**106**	**14609783**	**1296555**	**13313228**	**10929412**
公园	27	9263563	1230147	8033416	5852782
街头绿地	32	646879	2090	644789	492773
居住区花园	37	857641	4318	853323	802157
已征城市片林	10	3841700	60000	3781700	3781700

绿地面积汇总表(2)

面积					绿地面积占陆地面积(%)	绿化覆盖面积(平方米)	绿化覆盖率(%)
陆地面积							
建筑占地面积			铺装面积	其他面积			
	建筑面积	其中:古建面积					
5	6	7	8	9	10=4/3	11	12=11/1
2580770	**2000471**	**241328**	**3397034**	**2674730**	**86.20**	**56088278**	**78.56**
2336351	1888587	240992	2586761	2511306	81.41	34816758	71.82
125713	90202	231	708501	110676	86.88	6240821	86.06
25422	21642	105	90967	7295	91.13	1213177	86.57
93284	40		10805	45453	98.94	13817522	96.89
2460814	**1839292**	**239225**	**2623239**	**2551245**	**83.98**	**41603916**	**75.47**
2246341	1758831	239048	2217696	2440796	80.06	29586014	70.58
99506	63480	72	330272	60832	88.92	3865403	86.79
21803	16941	105	75271	5053	90.86	951335	84.63
93164	40			44564	98.16	7201164	94.42
145807	**82773**	**18690**	**194570**	**51720**	**70.03**	**1102270**	**73.77**
144991	82132	18690	149746	51540	68.18	909510	71.38
816	641		43649	180	79.24	188816	87.81
			1175		76.50	3944	78.88
193071	**189949**	**48108**	**402966**	**176783**	**60.92**	**1440468**	**51.84**
177855	177368	48108	357721	174298	58.27	1220435	48.78
15216	12581		45245	2485	77.24	220033	79.54
212274	**170578**	**70961**	**425042**	**33992**	**76.82**	**2467319**	**75.65**
211533	169837	70961	401363	33992	77.14	2414454	75.59
741	741		23679		63.66	52865	78.68
67000	**63813**	**2804**	**89970**		**82.62**	**867153**	**78.29**
62284	59097	2804	75377		78.24	598455	71.49
4716	4716		10834		93.76	251442	100.79
			3759		82.11	17256	82.11
311915	**471047**	**1826**	**512610**	**1559291**	**82.09**	**11299688**	**77.34**
256703	421300	1726	382633	1541298	72.86	6287635	67.87
38209	38146		96639	17168	76.42	499223	77.17
17003	11601	100	33338	825	94.00	731130	85.25
					100.00	3781700	98.44

区县名称	个	合计 （平方米）			总
			水面积	小计	绿地面积
甲		1＝2＋3	2	3＝4＋5＋8＋9	4
海淀区	**65**	**18775225**	**4166386**	**14608839**	**12502425**
公园	12	16334831	4151757	12183074	10158959
街头绿地	38	1070804	14314	1056490	978991
居住区花园	4	26821	315	26506	21706
已征城市片林	11	1342769		1342769	1342769
丰台区	**57**	**5950872**	**313575**	**5637297**	**5015141**
公园	20	4017347	299868	3717479	3119888
街头绿地	19	791879	11000	780879	774436
居住区花园	17	140646	2707	137939	119857
已征城市片林	1	1001000		1001000	1000960
石景山区	**32**	**7146850**	**121495**	**7025355**	**6495638**
公园	9	4496468	54800	4441668	4179875
街头绿地	14	1136066	95	1135971	1028880
居住区花园	3	72994		72994	49849
已征城市片林	6	1441322	66600	1374722	1237034
远郊区县	**206**	**16269086**	**1235442**	**15033644**	**14016408**
公园	32	6558911	1196675	5362236	4832651
街头绿地	117	2798079	22092	2775987	2321707
居住区花园	22	277249		277249	255692
已征城市片林	35	6634847	16675	6618172	6606358
昌平区	**13**	**1324124**	**27575**	**1296549**	**1132837**
公园	3	253467	10000	243467	195636
街头绿地	6	221365	900	220465	114589
已征城市片林	4	849292	16675	832617	822612
门头沟区	**9**	**1981638**	**2050**	**1979588**	**1927347**
公园	1	36921	1750	35171	9000
居住区花园					
街头绿地	7	644717	300	644417	618347
已征城市片林	1	1300000		1300000	1300000
顺义区	**17**	**1651496**	**84360**	**1567136**	**1506725**
公园	3	414335	84360	329975	294825
街头绿地	7	162723		162723	139162

续表一

面积					绿地面积占陆地面积（%）	绿化覆盖面积（平方米）	绿化覆盖率（%）
陆地面积							
建筑占地面积	建筑面积	其中：古建面积	铺装面积	其他面积			
5	6	7	8	9	10＝4/3	11	12＝11/1
1247902	**708329**	**78326**	**574301**	**284211**	**85.58**	**12860981**	**68.50**
1240922	703354	78254	503506	279687	83.39	10674419	65.35
6980	4975	72	66895	3624	92.66	833993	77.88
			3900	900	81.89	24616	91.78
					100.00	1327953	98.90
94336	**77177**	**675**	**217226**	**310594**	**88.96**	**5126492**	**86.15**
90110	73017	670	200215	307266	83.92	3227446	80.34
1136	380		5307		99.17	773836	97.72
3050	3740	5	11704	3328	86.89	124250	88.34
40	40				100.00	1000960	100.00
188509	**75626**	**17835**	**206554**	**134654**	**92.46**	**6439545**	**90.10**
61943	72726	17835	147135	52715	94.11	4253660	94.60
31692	1300		38024	37375	90.57	1045195	92.00
1750	1600		21395		68.29	50139	68.69
93124				44564	89.98	1090551	75.66
119956	**161179**	**2103**	**773795**	**123485**	**93.23**	**14484362**	**89.03**
90010	129756	1944	369065	70510	90.12	5230744	79.75
26207	26722	159	378229	49844	83.64	2375418	84.89
3619	4701		15696	2242	92.22	261842	94.44
120			10805	889	99.82	6616358	99.72
8459	**8459**		**150433**	**4820**	**87.37**	**1135882**	**85.78**
6109	6109		39562	2160	80.35	195901	77.29
2350	2350		100866	2660	51.98	117369	53.02
			10005		98.80	822612	96.86
5508	**1655**		**31698**	**15035**	**97.36**	**1951779**	**98.49**
5018	1025		6118	15035	25.59	29852	80.85
490	630		25580		95.95	621927	96.47
					100.00	1300000	100.00
5654	**6045**	**680**	**54157**	**600**	**96.15**	**1555171**	**94.17**
5245	6045	680	29905		89.35	335960	81.08
409			22552	600	85.52	146473	90.01

区县名称	个	合计（平方米）	总		
			水面积	小计	绿地面积
甲		1=2+3	2	3=4+5+8+9	4
居住区花园	1	4000		4000	2300
已征城市片林	6	1070438		1070438	1070438
通州区	**22**	**1928803**	**65763**	**1863040**	**1713897**
公园	3	231983	54188	177795	117303
街头绿地	15	636981	11575	625406	537543
居住区花园	3	13007		13007	12219
已征城市片林	1	1046832		1046832	1046832
房山区	**42**	**1772156**	**15168**	**1756988**	**1523314**
公园	8	1089918	12481	1077437	943751
街头绿地	25	449303	2687	446616	357274
居住区花园	6	203326		203326	194489
已征城市片林	3	29609		29609	27800
大兴县	**41**	**914619**	**72321**	**842298**	**740270**
公园	4	561172	70104	491068	441696
街头绿地	27	303672	2217	301455	258025
居住区花园	10	49775		49775	40549
怀柔县	**19**	**1381384**	**74507**	**1306877**	**1279277**
公园	4	295342	71760	223582	205178
街头绿地	5	120611	2747	117864	108668
已征城市片林	10	965431		965431	965431
密云县	**17**	**1121519**	**205324**	**916195**	**856285**
公园	3	1066649	205124	861525	805865
街头绿地	14	54870	200	54670	50420
平谷县	**16**	**1371779**	**7920**	**1363859**	**1308482**
公园	1	184714	7920	176794	122285
街头绿地	9	90517		90517	89649
已征城市片林	6	1096548		1096548	1096548
延庆县	**10**	**2821568**	**680454**	**2141114**	**2027974**
公园	2	2424410	678988	1745422	1697112
街头绿地	2	113320	1466	111854	48030
居住区花园	2	7141		7141	6135
已征城市片林	4	276697		276697	276697

续表二

面积					绿地面积占陆地面积（%）	绿化覆盖面积（平方米）	绿化覆盖率（%）
陆地面积							
建筑占地面积			铺装面积	其他面积			
	建筑面积	其中:古建面积					
5	6	7	8	9	10 = 4/3	11	12 = 11/1
			1700		57.50	2300	57.50
					100.00	1070438	100.00
33598	**51202**		**115545**		**91.99**	**1805634**	**93.61**
29695	46217		30797		65.98	193043	83.21
3485	3485		84378		85.95	543540	85.33
418	1500		370		93.94	12219	93.94
					100.00	1056832	100.96
30249	**29823**	**1035**	**116500**	**86925**	**86.70**	**1621037**	**91.47**
18762	18762	876	69004	45920	87.59	1025624	94.10
11325	11019	159	39901	38116	80.00	370553	82.47
42	42		6795	2000	95.65	197060	96.92
120			800	889	93.89	27800	93.89
19342	**18954**	**388**	**76614**	**6072**	**87.89**	**724316**	**79.19**
14439	14051	388	34909	24	89.95	407457	72.61
2355	2355		35269	5806	85.59	273737	90.14
2548	2548		6436	242	81.46	43122	86.63
4030	**3714**		**17426**	**6144**	**97.89**	**1284158**	**92.96**
2880	2685		9409	6115	91.77	209476	70.93
1150	1029		8017	29	92.20	109251	90.58
					100.00	965431	100.00
3108	**3202**		**53283**	**3519**	**93.46**	**857702**	**76.48**
2364	1202		52040	1256	93.54	805865	75.55
744	2000		1243	2263	92.23	51837	94.47
1769	**1818**		**53608**		**95.94**	**1315845**	**95.92**
1590	1684		52919		69.17	129696	70.21
179	134		689		99.04	89601	98.99
					100.00	1096548	100.00
8239	**36307**		**104531**	**370**	**94.72**	**2232838**	**79.13**
3908	31976		44402		97.23	1897870	78.28
3720	3720		59734	370	42.94	51130	45.12
611	611		395		85.91	7141	100.00
					100.00	276697	100.00

北京市城市公共

区县名称	实有树木										
	合计（株）	乔木			灌木			其他			
		小计	常绿乔木	落叶乔木	小计	常绿灌木	落叶灌木	小计	月季	攀缘	
										（株）	（米）
甲	1=2+5+8	2=3+4	3	4	5=6+7	6	7	8=9+10	9	10	11
合　计	**8953154**	**5219056**	**2007585**	**3211471**	**2028035**	**629864**	**1398171**	**1706063**	**1158660**	**547403**	**129458**
公园	5895398	3645640	1424243	2221397	1226200	258861	967339	1023558	609458	414100	102454
街头绿地	1223728	314000	129413	184587	381046	192554	188492	528682	403197	125485	24480
居住区花园	141144	21271	7016	14255	25252	5656	19596	94621	87228	7393	2384
已征城市片林	1692884	1238145	446913	791232	395537	172793	222744	59202	58777	425	140
城近郊区	**6910733**	**4171272**	**1733830**	**2437442**	**1357479**	**323352**	**1034127**	**1381982**	**878263**	**503719**	**116200**
公园	5228022	3363027	1377556	1985471	1020887	223788	797099	844108	460355	383753	93491
街头绿地	801267	201461	107267	94194	212747	79856	132891	387059	274759	112300	20685
居住区花园	126810	12525	4871	7654	22001	4872	17129	92284	85043	7241	1884
已征城市片林	754634	594259	244136	350123	101844	14836	87008	58531	58106	425	140
东城区	**129192**	**24395**	**14612**	**9783**	**24613**	**10081**	**14532**	**80184**	**46524**	**33660**	**5377**
公园	82155	19561	12480	7081	16680	7757	8923	45914	16127	29787	4443
街头绿地	42153	4725	2092	2633	7377	2311	5066	30051	26597	3454	817
居住区花园	4884	109	40	69	556	13	543	4219	3800	419	117
西城区	**164523**	**36033**	**19114**	**16919**	**51400**	**14779**	**36621**	**77090**	**32629**	**44461**	**5585**
公园	110317	30349	16718	13631	35701	8499	27202	44267	9415	34852	4124
街头绿地	54206	5684	2396	3288	15699	6280	9419	32823	23214	9609	1461
崇文区	**145879**	**56057**	**37615**	**18442**	**18380**	**3436**	**14944**	**71442**	**15599**	**55843**	**15075**
公园	134697	54851	37112	17739	13529	3220	10309	66317	13843	52474	14072
街头绿地	11182	1206	503	703	4851	216	4635	5125	1756	3369	1003
宣武区	**176847**	**23359**	**12557**	**10802**	**48373**	**11760**	**36613**	**105115**	**25759**	**79356**	**15397**
公园	63871	16349	10005	6344	21880	3149	18731	25642	7136	18506	4930
街头绿地	112291	6696	2520	4176	26237	8543	17694	79358	18508	60850	10467
居住区花园	685	314	32	282	256	68	188	115	115		
朝阳区	**1530383**	**798025**	**81915**	**716110**	**268185**	**91321**	**176864**	**464173**	**397291**	**66882**	**38454**
公园	968588	541774	52470	489304	152109	71199	80910	274705	218257	56448	35832
街头绿地	143280	11282	4200	7082	46901	13668	33233	85097	78551	6546	1278
居住区花园	76316	5763	2193	3570	11085	2527	8558	59468	56005	3463	1204
已征城市片林	342199	239206	23052	216154	58090	3927	54163	44903	44478	425	140
海淀区	**2376286**	**1660727**	**812221**	**848506**	**422686**	**94612**	**328074**	**292873**	**129205**	**163668**	**25352**
公园	2219224	1603081	786947	816134	377164	67405	309759	238979	81747	157232	23963
街头绿地	112304	25384	8926	16458	34719	18854	15865	52201	45866	6335	1343
居住区花园	2454	479	219	260	810	117	693	1165	1064	101	46
已征城市片林	42304	31783	16129	15654	9993	8236	1757	528	528		

绿地树木汇总表

	竹子		绿篱		色块		宿根花卉		草坪	古树	濒危植物
(平方米)	(株)	(平方米)	(株)	(米)	(株)	(平方米)	(株)	(平方米)	(平方米)	(株)	(株)
12	13	14	15	16	17	18	19	20	21	22	23
528116	**1869996**	**134665**	**1355645**	**220287**	**1685260**	**127334**	**1915857**	**855523**	**10641933**	**16010**	**87222**
453742	1791075	127974	659326	103301	342407	22536	1262598	807250	6920273	15900	36528
68617	31774	3356	504369	91123	1133273	93656	427089	36353	3303753	108	10254
5547	47147	3335	162675	22479	164355	7915	24920	3277	345174	2	476
210			29275	3384	45225	3227	201250	8643	72733		39964
460690	**1807543**	**129188**	**935460**	**163372**	**806382**	**71085**	**973288**	**817007**	**7939596**	**16010**	**78750**
399815	1734677	123100	472616	79631	204062	16720	637651	787919	5690552	15900	33987
55920	25874	2798	317483	64062	406806	44143	304281	25271	1875569	108	5042
4745	46992	3290	134211	18449	150829	7022	23356	2957	300742	2	373
210			11150	1230	44685	3200	8000	860	72733		39348
19484	**101176**	**7814**	**50331**	**10785**	**101702**	**10009**	**56122**	**6146**	**382335**	**1483**	**1381**
16150	101176	7814	25465	5004	32202	873	42298	4359	263046	1483	912
3204			22030	5214	64400	8932	11264	1467	116889		469
130			2836	567	5100	204	2560	320	2400		
24187	**111544**	**10312**	**78930**	**13418**	**80262**	**6816**	**52360**	**7593**	**655662**	**1568**	**1203**
18881	111544	10312	68133	10871	47190	3012	35148	6204	498929	1568	981
5306			10797	2547	33072	3804	17212	1389	156733		222
25559	**31111**	**4337**	**54290**	**10131**	**4906**	**640**	**72805**	**18371**	**450593**	**3572**	**2785**
23611	31111	4337	32864	6680	4358	597	67925	17524	413797	3571	2756
1948			21426	3451	548	43	4880	847	36796	1	29
32914	**66948**	**3852**	**128466**	**13361**	**57324**	**5203**	**22558**	**3547**	**438783**	**25**	**2043**
16461	66507	3753	10273	1389	17375	1670	18634	3090	234580	6	1395
16453	441	99	117713	11852	35849	3305	3924	457	187942	18	631
			480	120	4100	228			16261	1	17
81878	**131421**	**10006**	**164085**	**23722**	**169380**	**12616**	**103583**	**10620**	**1672083**	**57**	**21520**
76555	88482	6974	27037	5517	31757	3322	72222	7133	1130398	56	13301
1842	1409	222	55363	9305	71248	6808	20811	2239	383781		1170
3271	41530	2810	70685	7700	66375	2486	10550	1248	157904	1	215
210			11000	1200							6834
234406	**1181537**	**79517**	**167762**	**29890**	**140643**	**20147**	**169787**	**734102**	**2699963**	**8265**	**10133**
229407	1157552	77014	137856	25530	39696	3248	141173	730203	1941555	8180	6567
4953	23524	2377	16736	2825	98132	16559	28568	3868	714729	85	1231
46	461	126	13020	1505	2815	340	46	31	21706		20
			150	30					21973		2315

区县名称	实有树木										
	合计（株）	乔木			灌木			其他			
		小计	常绿乔木	落叶乔木	小计	常绿灌木	落叶灌木	小计	月季	攀缘（株）	攀缘（米）
甲	1=2+5+8	2＝3＋4	3	4	5＝6＋7	6	7	8＝9＋10	9	10	11
丰台区	**1399102**	**835088**	**361168**	**473920**	**351114**	**72440**	**278674**	**212900**	**170536**	**42364**	**7877**
公园	983233	541236	166236	375000	310033	53584	256449	131964	104657	27307	4807
街头绿地	151259	52103	11776	40327	35991	17376	18615	63165	51366	11799	2553
居住区花园	26836	3975	1284	2691	5090	1480	3610	17771	14513	3258	517
已征城市片林	237774	237774	181872	55902							
石景山区	**988521**	**737588**	**394628**	**342960**	**172728**	**24923**	**147805**	**78205**	**60720**	**17485**	**3083**
公园	665937	555826	295588	260238	93791	8975	84816	16320	9173	7147	1320
街头绿地	174592	94381	74854	19527	40972	12608	28364	39239	28901	10338	1763
居住区花园	15635	1885	1103	782	4204	667	3537	9546	9546		
已征城市片林	132357	85496	23083	62413	33761	2673	31088	13100	13100		
远郊区县	**2042421**	**1047784**	**273755**	**774029**	**670556**	**306512**	**364044**	**324081**	**280397**	**43684**	**13258**
公园	667376	282613	46687	235926	205313	35073	170240	179450	149103	30347	8963
街头绿地	422461	112539	22146	90393	168299	112698	55601	141623	128438	13185	3795
居住区花园	14334	8746	2145	6601	3251	784	2467	2337	2185	152	500
已征城市片林	938250	643886	202777	441109	293693	157957	135736	671	671		
昌平区	**366317**	**132338**	**15489**	**116849**	**204385**	**105902**	**98483**	**29594**	**23568**	**6026**	**2107**
公园	50026	5632	2077	3555	24234	20864	3370	20160	19365	795	647
街头绿地	63193	53208	1144	52064	1152	129	1023	8833	3602	5231	1460
已征城市片林	253098	73498	12268	61230	178999	84909	94090	601	601		
门头沟区	**151261**	**77968**	**70733**	**7235**	**48479**	**15757**	**32722**	**24814**	**23755**	**1059**	**1520**
公园	1503	741	51	690	221	25	196	541	240	301	1210
街头绿地	60958	15067	8522	6545	21618	15732	5886	24273	23515	758	310
已征城市片林	88800	62160	62160		26640		26640				
顺义区	**121233**	**99283**	**3434**	**95849**	**8473**	**2939**	**5534**	**13477**	**11308**	**2169**	**957**
公园	40582	25422	2847	22575	7835	2715	5120	7325	5156	2169	957
街头绿地	7095	790	170	620	403	154	249	5902	5902		
居住区花园	427	25	8	17	152	70	82	250	250		
已征城市片林	73129	73046	409	72637	83		83				
通州区	**460711**	**237700**	**11496**	**226204**	**186338**	**158356**	**27982**	**36673**	**32545**	**4128**	**1647**
公园	23239	5170	1548	3622	6953	551	6402	11116	9089	2027	494
街头绿地	132638	9474	3805	5669	97864	84669	13195	25300	23307	1993	947
居住区花园	764	166	73	93	341	91	250	257	149	108	206
已征城市片林	304070	222890	6070	216820	81180	73045	8135				
房山区	**174210**	**71359**	**19793**	**51566**	**84417**	**13480**	**70937**	**18434**	**9749**	**8685**	**2191**
公园	116014	40858	12630	28228	68783	5160	63623	6373	1712	4661	1703
街头绿地	41947	15128	4334	10794	14888	8289	6599	11931	7909	4022	486

续表一

	竹子		绿篱		色块		宿根花卉		草坪	古树	濒危植物
(平方米)	(株)	(平方米)	(株)	(米)	(株)	(平方米)	(株)	(平方米)	(平方米)	(株)	(株)
12	13	14	15	16	17	18	19	20	21	22	23
23894	**148261**	**9963**	**195639**	**29695**	**45239**	**5161**	**272299**	**20732**	**1129738**	**6**	**7302**
14071	143260	9609	147953	20253	31484	3998	249465	18293	961836	2	7099
8525			15222	3241			16834	1893	102667	4	178
1298	5001	354	32464	6201	13755	1163	6000	546	65235		25
18368	**35545**	**3387**	**95957**	**32370**	**206926**	**10493**	**223774**	**15896**	**510439**	**1034**	**32383**
4679	35045	3287	23035	4387			10786	1113	246411	1034	976
13689	500	100	58196	25627	103557	4692	200788	13111	176032		1112
			14726	2356	58684	2601	4200	812	37236		96
					44685	3200	8000	860	50760		30199
67426	**62453**	**5477**	**420185**	**56915**	**878878**	**56249**	**942569**	**38516**	**2702337**		**8472**
53927	56398	4874	186710	23670	138345	5816	624947	19331	1229721		2541
12697	5900	558	186886	27061	726467	49513	122808	11082	1428184		5212
802	155	45	28464	4030	13526	893	1564	320	44432		103
			18125	2154	540	27	193250	7783			616
7204	**31220**	**1441**	**81982**	**8787**	**151440**	**4883**	**719235**	**15646**	**112345**		**1320**
1364	31220	1441	59965	5728	98300	3304	525985	7863	63613		690
5840			11562	1752	52600	1552			48732		14
			10455	1307	540	27	193250	7783			616
833	**1**	**2**	**1325**	**273**	**106779**	**9682**	**64135**	**3820**	**311975**		**25**
603	1	2	765	143	500	20	4120	60	5000		
230			560	130	106279	9662	60015	3760	306975		25
1950	**3633**	**1051**	**13255**	**1791**	**146705**	**7274**	**3343**	**510**	**297546**		**206**
1950	3353	1007	6840	831			723	205	173340		78
	280	44	5100	770	142795	7139	2520	300	121906		128
			515	30	3910	135	100	5	2300		
			800	160							
5521	**1352**	**265**	**19199**	**4758**	**212690**	**13410**	**4700**	**832**	**499828**		**63**
2141	1352	265	9401	2427	1100	95	4440	822	38508		52
2978			7923	1811	211590	13315	260	10	452387		11
402			1875	520					8933		
7520	**1218**	**98**	**86987**	**15062**	**27080**	**1966**	**8945**	**1628**	**289342**		**1981**
5160	1218	98	24513	4744	1330	846	5542	754	42404		943
2356			62474	10318	25750	1120	3403	874	232411		1036

区县名称	实有树木										
	合计（株）	乔木			灌木			其他			
		小计	常绿乔木	落叶乔木	小计	常绿灌木	落叶灌木	小计	月季	攀缘	
										（株）	（米）
甲	1=2+5+8	2=3+4	3	4	5=6+7	6	7	8=9+10	9	10	11
居住区花园	7738	6862	1491	5371	746	31	715	130	128	2	2
已征城市片林	8511	8511	1338	7173							
大兴县	**165078**	**22581**	**6305**	**16276**	**36065**	**4198**	**31867**	**106432**	**104522**	**1910**	**1198**
公园	65998	7959	2846	5113	8345	2502	5843	49694	47890	1804	874
街头绿地	94661	13333	2993	10340	26173	1164	25009	55155	55064	91	72
居住区花园	4419	1289	466	823	1547	532	1015	1583	1568	15	252
怀柔县	**107112**	**90374**	**32093**	**58281**	**8905**	**2516**	**6389**	**7833**	**6991**	**842**	**300**
公园	15954	7575	1605	5970	2703	752	1951	5676	5608	68	23
街头绿地	6578	1180	338	842	3311	1761	1550	2087	1313	774	277
已征城市片林	84580	81619	30150	51469	2891	3	2888	70	70		
密云县	**144682**	**13678**	**3547**	**10131**	**58920**	**2090**	**56830**	**72084**	**60014**	**12070**	**44**
公园	141595	12865	3238	9627	58037	1989	56048	70693	58653	12040	12
街头绿地	3087	813	309	504	883	101	782	1391	1361	30	32
平谷县	**97863**	**92385**	**88963**	**3422**	**2828**	**819**	**2009**	**2650**	**2062**	**588**	**609**
公园	4812	1429	843	586	1582	370	1212	1801	1219	582	598
街头绿地	5379	3284	448	2836	1246	449	797	849	843	6	11
已征城市片林	87672	87672	87672								
延庆县	**253954**	**210118**	**21902**	**188216**	**31746**	**455**	**31291**	**12090**	**5883**	**6207**	**2685**
公园	207653	174962	19002	155960	26620	145	26475	6071	171	5900	2445
街头绿地	6925	262	83	179	761	250	511	5902	5622	280	200
居住区花园	986	404	107	297	465	60	405	117	90	27	40
已征城市片林	38390	34490	2710	31780	3900		3900				

续表二

	竹子		绿篱		色块		宿根花卉		草坪	古树	濒危植物
（平方米）	（株）	（平方米）	（株）	（米）	（株）	（平方米）	（株）	（平方米）	（平方米）	（株）	（株）
12	13	14	15	16	17	18	19	20	21	22	23
4									14527		2
1192	**1755**	**408**	**101348**	**12723**	**152425**	**13266**	**36686**	**3909**	**156593**		**4330**
854	785	158	29722	3434	14686	619	7402	771	70216		302
182	820	210	50692	6371	130603	12044	28160	2840	73730		3943
156	150	40	20934	2918	7136	603	1124	298	12647		85
765	**4535**	**267**	**40852**	**4017**	**26394**	**847**	**1117**	**117**	**261553**		**46**
57	135	9	24628	2456	12369	436	597	83	204085		36
708	4400	258	9354	874	14025	411	520	34	57468		10
			6870	687							
36501	**18272**	**1846**	**14405**	**2277**	**7158**	**1856**	**45210**	**6078**	**413613**		**127**
36436	18232	1836	10152	1546			44832	6000	370271		116
65	40	10	4253	731	7158	1856	378	78	43342		11
2425	**462**	**94**	**35884**	**4364**	**16787**	**1189**	**1964**	**438**	**139789**		**156**
2387	102	58	2736	342			1152	282	78806		132
38	360	36	33148	4022	16787	1189	812	156	60983		24
3515	**5**	**5**	**24948**	**2863**	**31420**	**1876**	**57234**	**5538**	**219753**		**218**
2975			17988	2019	10060	496	30154	2491	183478		192
300			1820	282	18880	1225	26740	3030	30250		10
240	5	5	5140	562	2480	155	340	17	6025		16

北京市城市公共绿地

市序号	区序号	公园名称	合计（平方米）	总面			
				水面积	小计	陆地	
						绿地面积	建筑占地面积
甲	乙	丙	1=2+3	2	3=4+5+8+9	4	5
		合　计	**48478852**	**8489575**	**39989277**	**32554859**	**2336351**
		城近郊区	**41919941**	**7292900**	**34627041**	**27722208**	**2246341**
		东城区	**1274145**	**185784**	**1088361**	**742084**	**144991**
		区属	994351	147504	846847	590895	110226
1	1	地坛公园	430476	1325	429151	269066	68387
2	2	青年湖公园	169800	61100	108700	76045	5818
3	3	柳荫公园	170696	62725	107971	97254	5761
4	4	南馆公园	26174		26174	22130	2917
5	5	劳动人民文化宫	197205	22354	174851	126400	27344
		市属	279794	38280	241514	151189	34765
6	6	东单公园	41468		41468	31251	1000
7	7	中山公园	238326	38280	200046	119938	33765
		西城区	**2502125**	**801213**	**1700912**	**991037**	**177855**
		区属	955328	355213	600115	379901	54375
8	1	北滨河公园	66300		66300	54547	3358
9	2	人定湖公园	92000	8663	83337	57453	3102
10	3	月坛公园	79653		79653	52905	4002
11	4	南礼士路公园	22900		22900	13796	1054
12	5	官园公园	16167		16167	15358	
13	6	什刹海	546000	340000	206000	115000	11200
14	7	恭王府花园	28000	2800	25200	16900	5600
15	8	宋庆龄故居	20108	3500	16608	11000	5372
16	9	中国儿童中心	84200	250	83950	42942	20687
		市属	1546797	446000	1100797	611136	123480
17	10	北海公园	682000	390000	292000	183046	46771
18	11	景山公园	230000		230000	165852	20620
19	12	北京动物园(西城界)	561898	56000	505898	207494	52748
20	13	双秀公园	72899		72899	54744	3341
		崇文区	**3194330**	**364975**	**2829355**	**2182467**	**211533**
		区属	1092330	364975	727355	452223	50046
21	1	龙潭公园	492000	194700	297300	128652	19318
22	2	北京游乐园	495505	113300	382205	287623	28878
23	3	龙潭西湖公园	104825	56975	47850	35948	1850
		市属	2102000		2102000	1730244	161487

—公园面积明细表

积				绿地面积占陆地面积（%）	绿化覆盖面积（平方米）	绿化覆盖率（%）
面　　积		铺装面积	其他面积			
建筑面积	其中:古建面积					
6	7	8	9	10＝4/3	11	12＝11/1
1888588	**240992**	**2586760**	**2511306**	**81.41**	**34816759**	**71.82**
1758832	**239048**	**2217695**	**2440796**	**80.06**	**29586015**	**70.58**
82132	**18690**	**149746**	**51540**	**68.18**	**909510**	**71.38**
40434	14021	101186	44540	69.78	682945	68.68
18534	3681	49831	41867	62.70	312121	72.51
6874		26837		69.96	108315	63.79
8119		4956		90.07	98254	57.56
6907		1127		84.55	24395	93.20
	10340	18435	2673	72.29	139860	70.92
41698	4669	48560	7000	62.60	226565	80.98
1000		9217		75.36	37810	91.18
40698	4669	39343	7000	59.96	188755	79.20
177368	**48108**	**357721**	**174298**	**58.27**	**1220435**	**48.78**
21403	9600	160123	5715	63.30	431613	45.18
		8395		82.27	42431	64.00
2481		22782		68.94	72156	78.43
		22746		66.42	77262	97.00
212		8050		60.24	21755	95.00
		808		95.00	15358	95.00
13110		79800		55.83	120000	21.98
5600	5600	500	2200	67.06	22000	78.57
	4000		236	66.23	13000	64.65
		17042	3279	51.15	47651	56.59
155965	38508	197598	168583	55.52	788822	51.00
67709	33409	62183		62.69	241291	35.38
7309	3011	42728	800	72.11	191259	83.16
76599	2088	80656	165000	41.01	290492	51.70
4348		12031	2783	75.10	65780	90.23
169837	**70961**	**401363**	**33992**	**77.14**	**2414454**	**75.59**
19809	4410	225086		62.17	640994	58.68
17959	4410	149330		43.27	252400	51.30
		65704		75.25	346854	70.00
1850		10052		75.13	41740	39.82
150028	66551	176277	33992	82.31	1773460	84.37

市序号	区序号	公园名称	合计（平方米）	总面			
				水面积	小计	陆地	
						绿地面积	建筑占地面积
甲	乙	丙	1=2+3	2	3=4+5+8+9	4	5
24	4	天坛公园	2102000		2102000	1730244	161487
		宣武区	**837133**	**204356**	**632777**	**495116**	**62284**
		区属	246563	27700	218863	166182	26274
25	1	大观园	125900	24000	101900	80600	11300
26	2	宣武艺园	73663	3344	70319	57582	5587
27	3	万寿公园	47000	356	46644	28000	9387
		市属	590570	176656	413914	328934	36010
28	4	陶然亭公园	590570	176656	413914	328934	36010
		朝阳区	**9263563**	**1230147**	**8033416**	**5852782**	**256703**
		区属	8973563	1214147	7759416	5590582	254903
29	1	日坛公园	206200	4700	201500	124274	14788
30	2	团结湖公园	123247	54000	69247	42734	5510
31	3	红领巾公园	389734	160820	228914	175090	8504
32	4	元大都遗址公园(朝阳界)	438491		438491	361632	15315
33	5	牌坊体育公园	213786	7326	206460	198400	60
34	6	镇海公园	99900	43290	56610	52778	1332
35	7	银杏园	233000		233000	233000	
36	8	碧玉公园	380000	20000	360000	280100	
37	9	窑洼湖公园	282000	15667	266333	265808	525
38	10	个园	90000		90000	74760	1255
39	11	黄渠公园	86731	3335	83396	80250	600
40	12	姚家园公园	75600	6350	69250	13500	2183
41	13	兴隆公园	673000	12000	661000	661000	
42	14	北花公园	77950	3000	74950	69567	933
43	15	立水桥公园	73000	20000	53000	48100	200
44	16	朝来都市森林公园	600000	31000	569000	483650	420
45	17	北湖公园	440000	1000	439000	356400	200
46	18	望京公园	150000	7000	143000	125400	1800
47	19	桑梓公园	224112	26680	197432	167822	20010
48	20	清洋湖公园	197432	70000	127432	100000	2000
49	21	四得公园	167000	5979	161021	131601	668
50	22	北京中华民族园	328000	43000	285000	168000	89000
51	23	朝阳公园	3200000	670000	2530000	1175921	84142
52	24	北京焦化厂公园	28414	5000	23414	18181	1698
53	25	丽都公园	62666	4000	58666	49314	3760
54	26	南湖公园	133300		133300	133300	

积				绿地面积占陆地面积（%）	绿化覆盖面积（平方米）	绿化覆盖率（%）
面　积		铺装面积	其他面积			
建筑面积	其中:古建面积					
6	7	8	9	10＝4/3	11	12＝11/1
150028	66551	176277	33992	82.31	1773460	84.37
59097	**2804**	**75377**		**78.24**	**598455**	**71.49**
35486		26407		75.93	187351	75.99
24910		10000		79.10	80600	64.02
5833		7150		81.89	69494	94.34
4743		9257		60.03	37257	79.27
23611	2804	48970		79.47	411104	69.61
23611	2804	48970		79.47	411104	69.61
421300	**1726**	**382633**	**1541298**	**72.86**	**6287635**	**67.87**
419200	1726	372633	1541298	72.05	6025435	67.15
12972	1726	55858	6580	61.67	173192	83.99
8731		18275	2728	61.71	76548	62.11
13261		40451	4869	76.49	175089	44.93
17369		45583	15961	82.47	410741	93.67
60		8000		96.10	198400	92.80
332		2500		93.23	52778	52.83
				100.00	233000	100.00
			79900	77.81	280100	73.71
525				99.80	265808	94.26
1255		13985		83.07	74760	83.07
529		2546		96.23	80250	92.53
2183		9400	44167	19.49	13500	17.86
				100.00	661000	98.22
933		4450		92.82	56900	73.00
200		4700		90.75		
420		15000	69930	85.00	386920	64.49
200		12000	70400	81.18		
1800		8800	7000	87.69	125400	83.60
20010		9600		85.00	167822	74.88
700			25432	78.47	125000	63.31
		12086	16666	81.73	134601	80.60
249000		28000		58.95	250000	76.22
84142		72272	1197665	46.48	1869875	58.43
1698		3535		77.65	21545	75.83
2880		5592		84.06	58906	94.00
				100.00	133300	100.00

市序号	区序号	公园名称	合计（平方米）	总面			
				水面积	小计	陆地	
						绿地面积	建筑占地面积
甲	乙	丙	1＝2＋3	2	3＝4＋5＋8＋9	4	5
		市属	290000	16000	274000	262200	1800
55	27	顺景园休闲公园	290000	16000	274000	262200	1800
		海淀区	**16334831**	**4151757**	**12183074**	**10158959**	**1240922**
		区属	5139363	1187749	3951614	3015484	788792
56	1	会城门公园	25137	318	24819	17539	1514
57	2	玲珑园	71060	3365	67695	48695	5018
58	3	圆明园	4085100	1177400	2907700	2191200	716500
59	4	四季青公园	73333		73333	67933	400
60	5	西山公园	73333	6666	66667	64617	50
61	6	万泉公园	55000		55000	55000	
62	7	科学院植物园	756400		756400	570500	65310
		市属	11195468	2964008	8231460	7143475	452130
63	8	颐和园	2901300	2133000	768300	549089	72451
(19)	9	北京动物园（海淀界）	300000	30243	269757	101144	40000
64	10	紫竹院公园	473500	161517	311983	259591	23478
65	11	玉渊潭公园	1366900	614700	752200	552307	71193
66	12	香山公园	1805038	8712	1796326	1679310	65499
67	13	北京市植物园	4000000	15836	3984164	3708497	176023
(32)	14	元大都遗址公园（海淀界）	348730		348730	293537	3486
		丰台区	**4017347**	**299868**	**3717479**	**3119888**	**90110**
		区属	4017347	299868	3717479	3119888	90110
68	1	丰台花园	100000	9600	90400	74277	4257
69	2	南苑公园	89566		89566	78815	2320
70	3	长辛店公园	67280		67280	62562	1311
71	4	万芳亭公园	106000	3000	103000	83000	1982
72	5	莲花池公园	446161	152240	293921	177434	7650
73	6	世界公园	467000	38500	428500	267000	14760
74	7	花乡公园	753500	13320	740180	681118	38162
75	8	鹰山森林公园	800001	3080	796921	775798	3360
76	9	北京益泽公园	92100	3000	89100	87100	1000
77	10	万泉寺公园	86610	6766	79844	74673	524
78	11	南宫苑	100000	10667	89333	32500	6000
79	12	石榴庄公园	124006	12700	111306	100000	600
80	13	福海公园	66670	1382	65288	59788	500
81	14	槐房钓鱼公园	73333	34668	38665	35000	710
82	15	东高地桃园公园	12740	760	11980	9546	783

续表二

积				绿地面积占陆地面积（%）	绿化覆盖面积（平方米）	绿化覆盖率（%）
面　　积		铺装面积	其他面积			
建筑面积	其中:古建面积					
6	7	8	9	10＝4/3	11	12＝11/1
2100		10000		95.69	262200	90.41
2100		10000		95.69	262200	90.41
703354	**78254**	**503506**	**279687**	**83.39**	**10674419**	**65.35**
158965	1575	109248	38090	76.31	3272909	63.68
2914		5766		70.67	24620	97.94
3351	775	13982		71.93	55033	77.45
152700	800			75.36	2410300	59.00
		5000		92.64	67933	92.64
		2000		96.93	64617	88.11
				100.00	55000	100.00
		82500	38090	75.42	595406	78.72
544389	76679	394258	241597	86.78	7401510	66.11
75976	66760	96600	50160	71.47	639555	22.04
68000		39084	89529	37.49	116284	38.76
29066	1016	28914		83.21	307448	64.93
84524		75900	52800	73.43	563734	41.24
95303	6543	46091	5426	93.49	1731205	95.91
188014	2360	99644		93.08	3742240	93.56
3506		8025	43682	84.17	301044	86.33
73017	**670**	**200215**	**307266**	**83.92**	**3227446**	**80.34**
73017	670	200215	307266	83.92	3227446	80.34
		11866		82.16	79900	79.90
2457		8431		88.00	85581	95.55
1775		3407		92.99	61590	91.54
2498		12390	5628	80.58	91018	85.87
		25837	83000	60.37	185880	41.66
14760		13000	133740	62.31	267000	57.17
38162			20900	92.02	681118	90.39
		5452	12311	97.35	774766	96.85
1000		1000		97.76	96147	104.39
524	74	4647		93.52	74673	86.22
1700	496	26000	24833	36.38	48250	48.25
		8000	2706	89.84	99600	80.32
600		5000		91.58	64788	97.18
710		2955		90.52	29950	40.84
1566		1651		79.68	9546	74.93

市序号	区序号	公园名称	合计（平方米）	总面			
				水面积	陆地		
					小计	绿地面积	建筑占地面积
甲	乙	丙	1＝2＋3	2	3＝4＋5＋8＋9	4	5
83	16	方庄体育公园	78300		78300	43000	695
84	17	抗日战争纪念雕塑园	140000		140000	111240	1043
85	18	云岗森林公园	324060		324060	311363	140
86	19	云岗街心公园	21020	185	20835	16589	298
87	20	丰台园区公园	69000	10000	59000	39085	4015
		石景山区	**4496468**	**54800**	**4441668**	**4179875**	61943
		区属	4496468	54800	4441668	4179875	61943
88	1	古城公园	23310	1800	21510	13116	1880
89	2	石景山游乐园	266640	15150	251490	176491	21062
90	3	雕塑公园	36630	5000	31630	23252	880
91	4	八角松林公园	171937		171937	164280	1048
92	5	八角公园	125000	5800	119200	98854	3863
93	6	八大处公园	2530001	7150	2522851	2414953	24793
94	7	石景山希望公园	89050	13000	76050	63710	1240
95	8	四海公园	72000	5000	67000	53119	3777
96	9	法海寺森林公园	1181900	1900	1180000	1172100	3400
		远郊区县	**6558911**	**1196675**	**5362236**	**4832651**	**90010**
		昌平区	**253467**	**10000**	**243467**	**195636**	**6109**
97	1	昌平公园	166667	10000	156667	137170	4309
98	2	赛场公园	46780		46780	38780	1800
99	3	亢山公园	40020		40020	19686	
		门头沟区	36921	1750	35171	9000	5018
100	1	黑山公园	36921	1750	35171	9000	5018
		顺义区	**414335**	**84360**	**329975**	**294825**	**5245**
101	1	顺义公园	243335	43356	199979	175979	4000
102	2	怡园	52000	1004	50996	45446	645
103	3	卧龙公园	119000	40000	79000	73400	600
		通州区	**231983**	**54188**	**177795**	**117303**	**29695**
104	1	西海子公园	140006	53336	86670	56628	19766
105	2	北京齐天乐园	71877		71877	45000	9590
106	3	漫春园	20100	852	19248	15675	339
		房山区	**1089918**	**12481**	**1077437**	**943751**	**18762**
107	1	迎宾公园	73370	363	73007	67790	160
108	2	朝曦公园	14901	340	14561	9288	1068
109	3	燕山公园	160000	4350	155650	130388	5487
110	4	燕华园	16398	400	15998	13062	1019

续表三

积				绿地面积占陆地面积（%）	绿化覆盖面积（平方米）	绿化覆盖率（%）
面　　积		铺装面积	其他面积			
建筑面积	其中:古建面积					
6	7	8	9	10 = 4/3	11	12 = 11/1
695		12589	22016	54.92	43000	54.92
1043		27717		79.46	138957	99.26
140	100	12557		96.08	324060	100.00
298		3816	132	79.62	20537	97.70
5089		13900	2000	66.25	51085	74.04
72726	**17835**	**147135**	**52715**	**94.11**	**4253660**	**94.60**
72726	17835	147135	52715	94.11	4253660	94.60
2380		6514		60.98	18120	77.73
22162		53937		70.18	226664	85.01
809		7498		73.51	29630	80.89
830		6609		95.55	170000	98.87
2212		3163	13320	82.93	103796	83.04
35963	15504	43710	39395	95.72	2414953	95.45
1730		11100		83.77	64710	72.67
3277		10104		79.28	53119	73.78
3363	2331	4500		99.33	1172668	99.22
129756	**1944**	**369065**	**70510**	**90.12**	**5230744**	**79.75**
6109		**39562**	**2160**	**80.35**	**195901**	**77.29**
4309		13028	2160	87.56	137435	82.46
1800		6200		82.90	38780	82.90
		20334		49.19	19686	49.19
1025		6118	15035	25.59	29852	80.85
1025		6118	15035	25.59	29852	80.85
6045	**680**	**29905**		**89.35**	**335960**	**81.08**
4800	680	20000		88.00	202960	83.41
645		4905		89.12	49600	95.38
600		5000		92.91	83400	70.08
46217		**30797**		**65.98**	**193043**	**83.21**
26466		10276		65.34	122063	87.18
19412		17287		62.61	52287	72.75
339		3234		81.44	18693	93.00
18762	**876**	**69004**	**45920**	**87.59**	**1025624**	**94.10**
160		4737	320	92.85	70478	96.06
1068	416	4205		63.79	10046	67.42
5487		19775		83.77	148525	92.83
1019		1917		81.65	14859	90.61

市序号	区序号	公园名称	合计（平方米）	总面			
				水面积	小计	陆地	
						绿地面积	建筑占地面积
甲	乙	丙	1=2+3	2	3=4+5+8+9	4	5
111	5	青年园	16179	178	16001	12807	376
112	6	双泉河公园	13320		13320	11027	330
113	7	白水寺公园	562750	850	561900	556389	322
114	8	昊天公园	233000	6000	227000	143000	10000
		大兴县	**561172**	**70104**	**491068**	**441696**	**14439**
115	1	团河行宫遗址公园	330666	46666	284000	273636	5545
116	2	大兴县康庄公园	146757	10700	136057	115206	2499
117	3	黄村儿童游乐园	66600	12738	53862	39882	6068
118	4	街心公园	17149		17149	12972	327
		怀柔县	**295342**	**71760**	**223582**	**205178**	**2880**
119	1	城南公园	44670		44670	42000	155
120	2	水上公园	118684	70270	48414	44553	689
121	3	体育公园	32719		32719	25645	
122	4	迎宾环岛公园	99269	1490	97779	92980	2036
		密云县	**1066649**	**205124**	**861525**	**805865**	**2364**
123	1	宾阳公园	46239		46239	36484	312
124	2	郊野公园	365416	85124	280292	271937	1102
125	3	新世纪绿岛公园	654994	120000	534994	497444	950
		平谷县	**184714**	**7920**	**176794**	**122285**	**1590**
126	1	世纪广场	184714	7920	176794	122285	1590
		延庆县	**2424410**	**678988**	**1745422**	**1697112**	**3908**
127	1	夏都公园	2334500	667000	1667500	1628514	2576
128	2	香水苑	89910	11988	77922	68598	1332

全市实有公园139个，其中建成区内128个，建成区外11个。建成区外公园未在普查范围之内。

建成区外公园有：

丰台区：青龙湖公园467公顷；

昌平区：南口公园8公顷；

顺义区：张镇公园13.5公顷、天竺公园10公顷、木林公园10公顷、农民公园（李各庄）16.7公顷、金粟公园6.7公顷；

房山区：韩村河公园10公顷；

大兴县：北菩陀影视城、半壁店森林公园；

怀柔县：雁栖湖公园。

续表四

积				绿地面积占陆地面积（%）	绿化覆盖面积（平方米）	绿化覆盖率（%）
面　　积		铺装面积	其他面积			
建筑面积	其中:古建面积					
6	7	8	9	10 = 4/3	11	12 = 11/1
376		2818		80.04	13600	84.06
330		1963		82.79	11527	86.54
322	100	3589	1600	99.02	556389	98.87
10000	360	30000	44000	63.00	200200	85.92
14051	**388**	**34909**	**24**	**89.95**	**407457**	**72.61**
5157	388	4819		96.35	226970	68.64
2499		18352		84.67	116206	79.18
6068		7912		74.04	48132	72.27
327		3826	24	75.64	16149	94.17
2685		**9409**	**6115**	**91.77**	**209476**	**70.93**
65		2515		94.02	42437	95.00
664		2481	691	92.03	48414	40.79
		1650	5424	78.38	25645	78.38
1956		2763		95.09	92980	93.66
1202		**52040**	**1256**	**93.54**	**805865**	**75.55**
		8187	1256	78.90	36484	78.90
1202		7253		97.02	271937	74.42
		36600		92.98	497444	75.95
1684		**52919**		**69.17**	**129696**	**70.21**
1684		52919		69.17	129696	70.21
31976		**44402**		**97.23**	**1897870**	**78.28**
30644		36410		97.66	1816951	77.83
1332		7992		88.03	80919	90.00

北京市城市公共绿地

市序号	区序号	公园名称	实有树木								
			合计（株）	乔木			灌木			其	
				小计	常绿乔木	落叶乔木	小计	常绿灌木	落叶灌木	小计	月季
甲	乙	丙	1=2+5+8	2=3+4	3	4	5=6+7	6	7	8=9+10	9
		合　计	**5895398**	**3645640**	**1424243**	**2221397**	**1226200**	**258861**	**967339**	**1023558**	**609458**
		城近郊区	**5228022**	**3363027**	**1377556**	**1985471**	**1020887**	**223788**	**797099**	**844108**	**460355**
		东城区	**82155**	**19561**	**12480**	**7081**	**16680**	**7757**	**8923**	**45914**	**16127**
		区属	70332	14148	8593	5555	13343	7177	6166	42841	15581
1	1	地坛公园	25290	6891	4999	1892	3952	1863	2089	14447	7816
2	2	青年湖公园	29726	2739	1331	1408	4700	2840	1860	22287	4275
3	3	柳荫公园	9946	2480	714	1766	3554	2335	1219	3912	2196
4	4	南馆公园	2477	563	259	304	514	137	377	1400	700
5	5	劳动人民文化宫	2893	1475	1290	185	623	2	621	795	594
		市属	11823	5413	3887	1526	3337	580	2757	3073	546
6	6	东单公园	4389	2492	1679	813	1380	101	1279	517	336
7	7	中山公园	7434	2921	2208	713	1957	479	1478	2556	210
		西城区	**110317**	**30349**	**16718**	**13631**	**35701**	**8499**	**27202**	**44267**	**9415**
		区属	57468	11993	5149	6844	14381	2117	12264	31094	4774
8	1	北滨河公园	1809	849	372	477	559	80	479	401	400
9	2	人定湖公园	11464	1424	592	832	1443	700	743	8597	2634
10	3	月坛公园	7064	3084	1299	1785	2107	166	1941	1873	15
11	4	南礼士路公园	2173	1075	614	461	940	306	634	158	30
12	5	官园公园	1964	347	60	287	1317	1	1316	300	300
13	6	什刹海	29659	3342	1316	2026	7546	823	6723	18771	519
14	7	恭王府花园	782	364	118	246	193		193	225	215
15	8	宋庆龄故居	694	389	113	276	97	20	77	208	200
16	9	中国儿童中心	1859	1119	665	454	179	21	158	561	461
		市属	52849	18356	11569	6787	21320	6382	14938	13173	4641
17	10	北海公园	11188	4705	3084	1621	3238	852	2386	3245	1091
18	11	景山公园	14696	5080	4351	729	7856	559	7297	1760	1515
19	12	北京动物园(西城界)	18936	6525	2701	3824	5996	1827	4169	6415	1493
20	13	双秀公园	8029	2046	1433	613	4230	3144	1086	1753	542
		崇文区	**134697**	**54851**	**37112**	**17739**	**13529**	**3220**	**10309**	**66317**	**13843**
		区属	80092	16171	6979	9192	8004	2187	5817	55917	8147
21	1	龙潭公园	34515	7513	3424	4089	4409	1314	3095	22593	6880
22	2	北京游乐园	42286	7379	2851	4528	1838	230	1608	33069	1042
23	3	龙潭西湖公园	3291	1279	704	575	1757	643	1114	255	225
		市属	54605	38680	30133	8547	5525	1033	4492	10400	5696

—公园树木明细表

他			竹子		绿篱		色块		宿根花卉		草坪	古树	濒危植物
攀缘													
（株）	（米）	（平方米）	（株）	（平方米）	（株）	（米）	（株）	（平方米）	（株）	（平方米）	（平方米）	（株）	（株）
10	11	12	13	14	15	16	17	18	19	20	21	22	23
414100	**102453**	**453741**	**1791075**	**127974**	**659326**	**103300**	**342407**	**22536**	**1262598**	**807250**	**6920273**	**15901**	**36528**
383753	**93490**	**399814**	**1734677**	**123100**	**472616**	**79630**	**204062**	**16720**	**637651**	**787919**	**5690552**	**15901**	**33987**
29787	**4443**	**16150**	**101176**	**7814**	**25465**	**5004**	**32202**	**873**	**42298**	**4359**	**263046**	**1484**	**912**
27260	3615	12447	34414	2174	14365	3121	4152	275	35889	3641	195149	882	683
6631	829	4050	8780	887	4596	1035			5068	774	93082	168	379
18012	2036	5090	350	50	2213	440	4100	255	1071	198	49373		263
1716	381	1143	21579	800	245	73	52	20	24330	1729	32051		
700	154	293	660	132	5394	598			4752	695	4227		41
201	215	1871	3045	305	1917	975			668	244.9	16416	714	
2527	828	3703	66762	5640	11100	1883	28050	598	6409	718	67897	602	229
181	140	321	162	140	971	268			80	36	14897		46
2346	688	3382	66600	5500	10129	1615	28050	598	6329	682	53000	602	183
34852	**4124**	**18881**	**111544**	**10312**	**68133**	**10871**	**47190**	**3012**	**35148**	**6204**	**498929**	**1568**	**981**
26320	1367	5484	23084	1339	42932	5424	40411	2161	17070	2251	183692	85	247
1	1	4	2000	100	600	171	6994	777	5030	559	38500		40
5963	994	3975	261	13	3704	1058	5396	600	8338	926	53876		48
1858	310	1239	16574	829	7114	2033	7059	784			15200		50
128	21	85	140	7	1021	292					13796		26
					1970	563					15358		7
18252			1390		22688		20962		2450		16506	14	
10	11	41	1519	230					1000	636	4106	20	22
8	10	80	200	30	1080	180			52	40	1350	23	
100	20	60	1000	130	4755	1127			200	90	25000	28	54
8532	2757	13397	88460	8973	25201	5447	6779	851	18078	3953	315237	1483	734
2154	796	2879	17428	2237	603	126			3023	881	85930	580	129
245	145	275	9815	1065	6100	1471			2861	1167	70000	865	134
4922	1412	7013	53730	4172	13061	3319	6779	851	6279	1248	120657	38	415
1211	404	3230	7487	1499	5437	531			5915	657	38650		56
52474	**14072**	**23611**	**31111**	**4337**	**32864**	**6680**	**4358**	**597**	**67925**	**17524**	**413797**	**3571**	**2756**
47770	10310	15549	7404	1685	21633	3247	4358	597	65540	14446	256596	9	573
15713	3870	5804	5514	1463	9458	1612	434	87	48354	10905	115800	2	294
32027	6430	9645	1620	180	10796	1295	3924	510	16915	3383	115796	7	244
30	10	100	270	42	1379	340			271	158	25000		35
4704	3762	8062	23707	2652	11231	3433			2385	3078	157201	3562	2183

市序号	区序号	公园名称	实有树木								
			合计（株）	乔木			灌木			其	
				小计	常绿乔木	落叶乔木	小计	常绿灌木	落叶灌木	小计	月季
甲	乙	丙	1=2+5+8	2＝3＋4	3	4	5＝6＋7	6	7	8＝9＋10	9
24	4	天坛公园	54605	38680	30133	8547	5525	1033	4492	10400	5696
		宣武区	**63871**	**16349**	**10005**	**6344**	**21880**	**3149**	**18731**	**25642**	**7136**
		区属	31496	4812	2113	2699	13469	719	12750	13215	2730
25	1	大观园	6312	1518	623	895	1989	42	1947	2805	300
26	2	宣武艺园	18034	2454	1066	1388	9810	254	9556	5770	800
27	3	万寿公园	7150	840	424	416	1670	423	1247	4640	1630
		市属	32375	11537	7892	3645	8411	2430	5981	12427	4406
28	4	陶然亭公园	32375	11537	7892	3645	8411	2430	5981	12427	4406
		朝阳区	**968588**	**541774**	**52470**	**489304**	**152109**	**71199**	**80910**	**274705**	**218257**
		区属	967643	540885	51667	489218	152053	71149	80904	274705	218257
29	1	日坛公园	10849	5397	3219	2178	3637	667	2970	1815	1486
30	2	团结湖公园	8676	2038	1244	794	3237	1253	1984	3401	2130
31	3	红领巾公园	8624	3599	781	2818	2405	1071	1334	2620	1201
32	4	元大都遗址公园(朝阳界)	59343	18261	8196	10065	28925	19142	9783	12157	3746
33	5	牌坊体育公园	20744	14854	3920	10934	5890		5890		
34	6	镇海公园	7820	3320	830	2490	1470		1470	3030	3030
35	7	银杏园	1962	1962		1962					
36	8	碧玉公园	3843	2600	688	1912	1243	1200	43		
37	9	窑洼湖公园	132536	23475	5467	18008	10791	255	10536	98270	67770
38	10	个园	6310	4290	680	3610	720	20	700	1300	1300
39	11	黄渠公园	1502	927	172	755	575	30	545		
40	12	姚家园公园	5263	2598	403	2195	665		665	2000	2000
41	13	兴隆公园	49322	36968	5148	31820	8754	4470	4284	3600	3000
42	14	北花公园	14326	1193	377	816	333		333	12800	12800
43	15	立水桥公园	7449	5609	598	5011	855		855	985	800
44	16	朝来都市森林公园	283163	281770	1932	279838	1393	1393			
45	17	北湖公园	3818	3818	757	3061					
46	18	望京公园	76138	20188	2107	18081	10950	3408	7542	45000	45000
47	19	桑梓公园	24501	22005	633	21372	856		856	1640	1240
48	20	清洋湖公园	12928	3850	192	3658	3518	189	3329	5560	1540
49	21	四得公园	15197	5149	1623	3526	1072	343	729	8976	8976
50	22	北京中华民族园	23175	4961	1774	3187	11559	1953	9606	6655	4025
51	23	朝阳公园	179876	70260	10235	60025	49442	35236	14206	60174	55047
52	24	北京焦化厂公园	3339	478	84	394	1061	271	790	1800	1746
53	25	丽都公园	6939	1315	607	708	2702	248	2454	2922	1420
54	26	南湖公园									

续表一

他			竹子		绿篱		色块		宿根花卉		草坪	古树	濒危植物
攀缘													
（株）	（米）	（平方米）	（株）	（平方米）	（株）	（米）	（株）	（平方米）	（株）	（平方米）	（平方米）	（株）	（株）
10	11	12	13	14	15	16	17	18	19	20	21	22	23
4704	3762	8062	23707	2652	11231	3433			2385	3078	157201	3562	2183
18506	**4930**	**16461**	**66507**	**3753**	**10273**	**1389**	**17375**	**1670**	**18634**	**3091**	**234580**	**6**	**1395**
10485	3240	9672	13809	728	573	79	1675	210	17288	2883	63448	3	567
2505	1570	5380	6100	400					1400	700	9300		
4970	905	2762	1209	48	420	47			10532	1234	27500		424
3010	765	1530	6500	280	153	32	1675	210	5356	949	26648	3	143
8021	1690	6789	52698	3025	9700	1310	15700	1460	1346	207	171132	3	828
8021	1690	6789	52698	3025	9700	1310	15700	1460	1346	208	171132	3	828
56448	**35832**	**76555**	**88482**	**6974**	**27037**	**5517**	**31757**	**3322**	**72222**	**7133**	**1130398**	**56**	**13301**
56448	35832	76555	88482	6974	25737	5387	31757	3322	72222	7133	868198	56	13261
329	305	648	1930	61	5862	1702	3286	218	2534	395	83147	44	405
1271	167	403	10847	1441	2726	451	2152	202	1446	332	36970	2	121
1419	353	822	180	18	875	205	3545	573	102	147	62211		222
8411	1793	5340	500	50	3611	685			24090	2409	121066		549
					2000	400							
													1962
													67
30500	6100	12200			800	160					7000		1170
									1000	180			20
													31
			100	50							24744		24
600	200	1800	631	300									1698
													17
185	120				50	10					21000		20
											73300		635
									690	650	2000		127
400													381
4020	12060	8020	2000	1000	470	94					3500		
			220	24	3831	334	4128	258	5850	234	60000		714
2630	13200	44490	65000	3250	1000	450			34800	2600	68210		481
5127	1027	2004	6574	730			18646	2071	1470	161	274112	10	4594
54	27	108			2171	323					6338		
1502	480	720	500	50	2341	573			240	25	24600		23

市序号	区序号	公园名称	实有树木								
			合计（株）	乔木			灌木			其	
				小计	常绿乔木	落叶乔木	小计	常绿灌木	落叶灌木	小计	月季
甲	乙	丙	1=2+5+8	2=3+4	3	4	5=6+7	6	7	8=9+10	9
		市属	945	889	803	86	56	50	6		
55	27	顺景园休闲公园	945	889	803	86	56	50	6		
		海淀区	**2219224**	**1603081**	**786947**	**816134**	**377164**	**67405**	**309759**	**238979**	**81747**
		区属	172966	109635	38653	70982	50334	7139	43195	12997	11702
56	1	会城门公园	1155	759	387	372	387	90	297	9	
57	2	玲珑园	13947	1541	467	1074	6303	2015	4288	6103	5469
58	3	圆明园	123894	93695	32671	61024	25366	646	24720	4833	4433
59	4	四季青公园	6999	5130	1464	3666	1869		1869		
60	5	西山公园	4938	3127	370	2757	1811		1811		
61	6	万泉公园	6146	698	167	531	5448	1503	3945		
62	7	科学院植物园	15887	4685	3127	1558	9150	2885	6265	2052	1800
		市属	2046258	1493446	748294	745152	326830	60266	266564	225982	70045
63	8	颐和园	198020	30252	19510	10742	58185	1499	56686	109583	2113
(19)	9	北京动物园(海淀界)	10147	2177	818	1359	1657	276	1381	6313	6139
64	10	紫竹院公园	29007	5437	2724	2713	11194	5377	5817	12376	263
65	11	玉渊潭公园	64722	19416	7184	12232	22584	7072	15512	22722	8208
66	12	香山公园	223564	103020	83425	19595	110143	6031	104112	10401	1168
67	13	北京市植物园	1484731	1320330	626299	694031	112052	32672	79380	52349	46916
(32)	14	元大都遗址公园(海淀界)	36067	12814	8334	4480	11015	7339	3676	12238	5238
		丰台区	**983233**	**541236**	**166236**	**375000**	**310033**	**53584**	**256449**	**131964**	**104657**
		区属	983233	541236	166236	375000	310033	53584	256449	131964	104657
68	1	丰台花园	6115	2051	727	1324	1714	266	1448	2350	1330
69	2	南苑公园	7953	4241	2488	1753	2014	439	1575	1698	16
70	3	长辛店公园	18861	8151	4477	3674	7132	49	7083	3578	2670
71	4	万芳亭公园	6386	3124	1037	2087	1629	227	1402	1633	1385
72	5	莲花池公园	8845	3414	1482	1932	3260	413	2847	2171	1738
73	6	世界公园	51050	13950	6250	7700	18700	13000	5700	18400	16000
74	7	花乡公园	299000	105000	5000	100000	160000	10000	150000	34000	30000
75	8	鹰山森林公园	260799	198747	87504	111243	59440	699	58741	2612	600
76	9	北京益泽公园	18259	2561	1047	1514	4398	3200	1198	11300	8300
77	10	万泉寺公园	20408	1268	350	918	17940	17350	590	1200	1200
78	11	南宫苑	15444	2320	604	1716	1124	490	634	12000	12000
79	12	石榴庄公园	21439	4239	582	3657	7080	2014	5066	10120	10000
80	13	福海公园	8300	2106	463	1643	1994	94	1900	4200	3500
81	14	槐房钓鱼公园	16328	2790	1293	1497	8210	208	8002	5328	5160

续表二

他			竹子		绿篱		色块		宿根花卉		草坪	古树	濒危植物
攀缘													
（株）	（米）	（平方米）	（株）	（平方米）	（株）	（米）	（株）	（平方米）	（株）	（平方米）	（平方米）	（株）	（株）
10	11	12	13	14	15	16	17	18	19	20	21	22	23
					1300	130					262200		40
					1300	130					262200		40
157232	**23963**	**229407**	**1157552**	**77014**	**137856**	**25530**	**39696**	**3248**	**141173**	**730203**	**1941555**	**8180**	**6567**
1295	549	563	965	4783	71404	8427	15050	602	90302	720420	127322	22	524
9	9	54	60	10	2461	433					537		95
634	235	509	436	83	3773	472			13924	1371	41000		429
400	305		469	4690	18000	3600			71869	718699	49904	22	
					7400	1480					6666		
					570	114					15215		
					38200	1528	15050	602	3636				
252					1000	800			873	350	14000		
155937	23414	228844	1156587	72231	66452	17103	24646	2646	50871	9783	1814233	8158	6043
107470	13544	194485	196123	12472	8196	1639			5733	1146	240000	1608	209
174	84	55	4600	284	2731	340	4949	885	264	33	100854	5	212
12113	993	8555	808979	43630	236	45			1783	659	109723	3	386
14514	4720	7714	61286	6810	3395	534	72	10	16968	1885	402000	14	1895
9233	1356	3998	37441	5868			900	603	14581	2323	84792	5890	389
5433	1972	5517	48158	3168	49590	13968	18725	1148	9521	3262	803864	638	2901
7000	745	8520			2304	577			2021	475	73000		51
27307	**4807**	**14071**	**143260**	**9609**	**147953**	**20253**	**31484**	**3998**	**249465**	**18293**	**961836**	**2**	**7099**
27307	4807	14071	143260	9609	147953	20253	31484	3998	249465	18293	961836	2	7099
1020	382	1986	31605	2107	7420	1060			7127	813	61700	2	98
1682	201	432	5650	680	653	150			1042	190	27969		167
908	208	5850					820	82	8138	820	15610		7
248	93	427	1500	92	1282	203			2020	535	30086		38
433	135	177	1500	150	3609	555	1048	221	16867	742	141430		157
2400	800		17000	1200	103000	8300			14000	1910	218900		927
4000			4000	800	10000	2200			150000	6000	20000		2710
2012	440	820	57860	1150	2653	3800			3936	1200	18250		844
3000	1000		100	20	1000	300			3695	700	80130		5
											30000		
			1200	200	880		540		5000	400	36250		55
120		300	11000	2000	2800	1200			13000	2000	30000		15
700	200	500	2400	240	1830	300			6000	1310	15000		97
168	55	200	500		1540	308							

市序号	区序号	公园名称	实有树木							其	
			合计（株）	乔木			灌木			其	
				小计	常绿乔木	落叶乔木	小计	常绿灌木	落叶灌木	小计	月季
甲	乙	丙	1=2+5+8	2＝3＋4	3	4	5＝6＋7	6	7	8＝9＋10	9
82	15	东高地桃园公园	6652	615	278	337	1949	420	1529	4088	60
83	16	方庄体育公园	9891	4079	3010	1069	4732	2320	2412	1080	1000
84	17	抗日战争纪念雕塑园	16816	1640	436	1204	4070	1152	2918	11106	4898
85	18	云岗森林公园	4389	1575	793	782	2814	1180	1634		
86	19	云岗街心公园	184666	178597	48167	130430	1347		1347	4722	4422
87	20	丰台园区公园	1632	768	248	520	486	63	423	378	378
		石景山区	**665937**	**555826**	**295588**	**260238**	**93791**	**8975**	**84816**	**16320**	**9173**
		区属	665937	555826	295588	260238	93791	8975	84816	16320	9173
88	1	古城公园	2365	586	242	344	894	70	824	885	547
89	2	石景山游乐园	1877	560	202	358	393	87	306	924	88
90	3	雕塑公园	49507	48798	48515	283	329		329	380	380
91	4	八角松林公园	6194	5209	535	4674	495		495	490	490
92	5	八角公园	9420	3987	1071	2916	2820	214	2606	2613	1453
93	6	八大处公园	401917	329013	141431	187582	68364	8059	60305	4540	361
94	7	石景山希望公园	5172	562	52	510	1376	425	951	3234	2800
95	8	四海公园	3465	342	192	150	123	5	118	3000	3000
96	9	法海寺森林公园	186020	166769	103348	63421	18997	115	18882	254	54
		远郊区县	**667376**	**282613**	**46687**	**235926**	**205313**	**35073**	**170240**	**179450**	**149103**
		昌平区	**50026**	**5632**	**2077**	**3555**	**24234**	**20864**	**3370**	**20160**	**19365**
97	1	昌平公园	24067	4234	1483	2751	4673	1538	3135	15160	14365
98	2	赛场公园	10393	1158	494	664	4235	4000	235	5000	5000
99	3	亢山公园	15566	240	100	140	15326	15326			
		门头沟区	**1503**	**741**	**51**	**690**	**221**	**25**	**196**	**541**	**240**
100	1	黑山公园	1503	741	51	690	221	25	196	541	240
		顺义区	**40582**	**25422**	**2847**	**22575**	**7835**	**2715**	**5120**	**7325**	**5156**
101	1	顺义公园	12010	3716	1299	2417	5054	1582	3472	3240	2190
102	2	怡园	7034	1638	658	980	2263	938	1325	3133	2914
103	3	卧龙公园	21538	20068	890	19178	518	195	323	952	52
		通州区	**23239**	**5170**	**1548**	**3622**	**6953**	**551**	**6402**	**11116**	**9089**
104	1	西海子公园	7821	1949	925	1024	1474	388	1086	4398	2874
105	2	北京齐天乐园	5275	2667	390	2277	1433		1433	1175	1015
106	3	漫春园	10143	554	233	321	4046	163	3883	5543	5200
		房山区	**116014**	**40858**	**12630**	**28228**	**68783**	**5160**	**63623**	**6373**	**1712**
107	1	迎宾公园	3332	2026	682	1344	1276	169	1107	30	30
108	2	朝曦公园	2874	326	112	214	720	37	683	1828	590
109	3	燕山公园	8876	5036	1516	3520	1005	102	903	2835	433

续表三

他			竹子		绿篱		色块		宿根花卉		草坪	古树	濒危植物
攀缘													
（株）	（米）	（平方米）	（株）	（平方米）	（株）	（米）	（株）	（平方米）	（株）	（平方米）	（平方米）	（株）	（株）
10	11	12	13	14	15	16	17	18	19	20	21	22	23
4028	403	1209	6240	390	900	225			500	84	6000		
80	30	18			3100	330	1045	139	1000	120	30000		88
6208	800	2032	2600	550	2006	262	4050	750	4600	975	27700		1849
							23981	2806	12000	460	88200		42
300	60	120			2565	513					71941		
			105	30	2715	547			540	34	12670		
7147	**1320**	**4679**	**35045**	**3287**	**23035**	**4387**			**10786**	**1113**	**246411**	**1034**	**976**
7147	1320	4679	35045	3287	23035	4387			10786	1113	246411	1034	976
338	60		330	226	5149	955			116	85	4526		171
836	185	475	251	150	3255	651			350	50	12503		24
			25000	2000									15
					980	180			1600		16650		65
1160	383	1199	5100	176	4604	1534			4200	417	112453		262
4179	563	2580	3864	727	7972	894			2260	281	21079	472	176
434	89	305			1075	173					5200		245
									2260	280	49000		
200	40	120	500	8							25000	562	18
30347	**8963**	**53927**	**56398**	**4874**	**186710**	**23670**	**138345**	**5816**	**624947**	**19331**	**1229721**		**2541**
795	**647**	**1364**	**31220**	**1441**	**59965**	**5728**	**98300**	**3304**	**525985**	**7863**	**63613**		**690**
795	647	1364	24020	1201	20673	2186			525985	7863	12711		532
					34562	2954	17600	960			34902		110
			7200	240	4730	588	80700	2344			16000		48
301	**1210**	**603**	**1**	**2**	**765**	**143**	**500**	**20**	**4120**	**60**	**5000**		
301	1210	603	1	2	765	143	500	20	4120	60	5000		
2169	**957**	**1950**	**3353**	**1007**	**6840**	**831**			**723**	**205**	**173340**		**78**
1050	520	1056	1586	480	4313	409			157	82	150000		22
219	112	244	1215	315	1185	182			534	112	5480		4
900	325	650	552	212	1342	240			32	11	17860		52
2027	**494**	**2141**	**1352**	**265**	**9401**	**2427**	**1100**	**95**	**4440**	**822**	**38508**		**52**
1524	336	1601	215	25	6603	1886	1100	95	4335	818	10323		35
160	80	400	450	150	240	120					15000		2
343	78	140	687	90	2558	421			105	4	13185		15
4661	**1703**	**5160**	**1218**	**98**	**24513**	**4744**	**1330**	**846**	**5542**	**754**	**42404**		**943**
					21	7			500	125	6679		210
1238	654	2034			4431	633	580	96	225	69	320		226
2402	676	2162	658	30	1740	296			1928	140	6905		160

市序号	区序号	公园名称	实有树木								
			合计（株）	乔木			灌木			其	
				小计	常绿乔木	落叶乔木	小计	常绿灌木	落叶灌木	小计	月季
甲	乙	丙	1=2+5+8	2=3+4	3	4	5=6+7	6	7	8=9+10	9
110	4	燕华园	1981	391	153	238	461	85	376	1129	251
111	5	青年园	1289	894	190	704	196	29	167	199	108
112	6	双泉河公园	1227	723	161	562	452	24	428	52	
113	7	白水寺公园	69835	13462	3616	9846	56373	214	56159		
114	8	昊天公园	26600	18000	6200	11800	8300	4500	3800	300	300
		大兴县	**65998**	**7959**	**2846**	**5113**	**8345**	**2502**	**5843**	**49694**	**47890**
115	1	团河行宫遗址公园	20320	4978	1608	3370	2790	446	2344	12552	12200
116	2	大兴县康庄公园	12821	1204	403	801	1838	1593	245	9779	9759
117	3	黄村儿童游乐园	31022	1169	627	542	3264	429	2835	26589	25176
118	4	街心公园	1835	608	208	400	453	34	419	774	755
		怀柔县	**15954**	**7575**	**1605**	**5970**	**2703**	**752**	**1951**	**5676**	**5608**
119	1	城南公园	3383	2509	423	2086	846	6	840	28	28
120	2	水上公园	4006	3295	832	2463	711	59	652		
121	3	体育公园	2047	763	184	579	724	453	271	560	560
122	4	迎宾环岛公园	6518	1008	166	842	422	234	188	5088	5020
		密云县	**141595**	**12865**	**3238**	**9627**	**58037**	**1989**	**56048**	**70693**	**58653**
123	1	宾阳公园	3368	887	124	763	1550	806	744	931	931
124	2	郊野公园	12796	6687	1213	5474	2569	1135	1434	3540	3500
125	3	新世纪绿岛公园	125431	5291	1901	3390	53918	48	53870	66222	54222
		平谷县	**4812**	**1429**	**843**	**586**	**1582**	**370**	**1212**	**1801**	**1219**
126	1	世纪广场	4812	1429	843	586	1582	370	1212	1801	1219
		延庆县	**207653**	**174962**	**19002**	**155960**	**26620**	**145**	**26475**	**6071**	**171**
127	1	夏都公园	194373	165080	18522	146558	24993		24993	4300	
128	2	香水苑	13280	9882	480	9402	1627	145	1482	1771	171

续表四

他			竹子		绿篱		色块		宿根花卉		草坪	古树	濒危植物
攀缘													
（株）	（米）	（平方米）	（株）	（平方米）	（株）	（米）	（株）	（平方米）	（株）	（平方米）	（平方米）	（株）	（株）
10	11	12	13	14	15	16	17	18	19	20	21	22	23
878	326	827	500	56	6331	1088	750	750	1689	120	6727		18
91	31	84			6428	1485			600	200	7400		39
52	16	53	60	12	4362	1085					8373		
					1200	150							170
									600	100	6000		120
1804	**874**	**854**	**785**	**158**	**29722**	**3434**	**14686**	**619**	**7402**	**771**	**70216**		**302**
352	374	752			9420	1290			1910	210	70		73
20	10	30					10630	529	3120	318	27606		128
1413	471		770	154	17904	2005	4056	90	2372	243	29640		58
19	19	72	15	4	2398	139					12900		43
68	**23**	**57**	**135**	**9**	**24628**	**2456**	**12369**	**436**	**597**	**83**	**204085**		**36**
					2240	224					41760		34
					8540	854			288	40	44553		
					4948	488	2430	81	135	15	24792		2
68	23	57	135	9	8900	890	9939	355	174	28	92980		
12040	**12**	**36436**	**18232**	**1836**	**10152**	**1546**			**44832**	**6000**	**370271**		**116**
			32	16	3628	439					24323		10
40	9	436			1854	327			24620	4000	225948		6
12000	3	36000	18200	1820	4670	780			20212	2000	120000		100
582	**598**	**2387**	**102**	**58**	**2736**	**342**			**1152**	**282**	**78806**		**132**
582	598	2387	102	58	2736	342			1152	282	78806		132
5900	**2445**	**2975**			**17988**	**2019**	**10060**	**496**	**30154**	**2491**	**183478**		**192**
4300	1975	1975			4848	795	1860	216	20400	1320	121000		41
1600	470	1000			13140	1224	8200	280	9754	1171	62478		151

北京市城市公共绿地

市序号	区序号	绿地名称	合计（平方米）	总面			
				水面积	小计	陆地	
						绿地面积	建筑占地面积
甲	乙	丙	1=2+3	2	3=4+5+8+9	4	5
		合　计	**7284968**	**49675**	**7235293**	**6257438**	**125713**
		城近郊区	**4486889**	**27583**	**4459306**	**3935731**	**99506**
		东城区	**215022**		**215022**	**170377**	**816**
		区属	89805		89805	76380	558
1	1	百花深处	26858		26858	21131	
2	2	坝桥金色	4978		4978	4978	
3	3	工人体育场北路花园	5400		5400	4167	33
4	4	潘家坡	8910		8910	8538	
5	5	桃花岭至北官厅	7050		7050	7050	
6	6	建国门西北西南角	13192		13192	8920	453
7	7	和平里小花园	3300		3300	2778	72
8	8	安贞桥东侧	4200		4200	4200	
9	9	安贞桥西侧	10800		10800	10067	
10	10	昌蒲河绿地	3063		3063	2521	
11	11	五十五中门前绿地	2054		2054	2030	
		市属	125217		125217	93997	258
12	12	安东绿地	5405		5405	3435	
13	13	安西绿地	2685		2685	1882	
14	14	古观象台绿地	11026		11026	8740	
15	15	建国门绿地	8964		8964	5841	20
16	16	景山东街绿地	7778		7778	5948	220
17	17	景山前街绿地	7531		7531	6376	
18	18	历史博物馆绿地	6188		6188	4939	
19	19	美术馆绿地	3752		3752	2271	18
20	20	十条绿地	2364		2364	1633	
21	21	水泡子绿地	14614		14614	10424	
22	22	苏东绿地	9693		9693	8009	
23	23	天安门观礼台绿地	6611		6611	6611	
24	24	天安门广场绿地	16108		16108	14586	
25	25	天安门两翼绿地	9424		9424	3719	
26	26	正义路绿地	13074		13074	9583	
		西城区	**276623**		**276623**	**213677**	**15216**
		区属	193905		193905	146033	15070
27	1	西单文化广场	14700		14700	8670	

—街头绿地面积明细表

积				绿地面积占陆地面积（%）	绿化覆盖面积（平方米）	绿化覆盖率（%）
面　积		铺装面积	其他面积			
建筑面积	其中:古建面积					
6	7	8	9	10 = 4/3	11	12 = 11/1
90092	**231**	**708501**	**110677**	**86.48**	**6456588**	**88.63**
63370	**72**	**330272**	**60832**	**88.26**	**4081170**	**90.96**
641		**43649**	**180**	**79.24**	**188816**	**87.81**
558		12867		85.05	83694	93.20
		5727		78.68	26858	100.00
				100.00	4978	100.00
33		1200		77.17	3567	66.06
		372		95.82	8910	100.00
				100.00	7050	100.00
453		3819		67.62	8920	67.62
72		450		84.18	2778	84.18
				100.00	4200	100.00
		733		93.21	10800	100.00
		542		82.32	3273	106.87
		24		98.83	2360	114.90
83		30782	180	75.07	105122	83.95
		1887	83	63.55	4500	83.26
		746	57	70.09	2685	100.00
		2286		79.27	8840	80.17
20		3103		65.16	6602	73.65
45		1610		76.47	8119	104.38
		1155		84.66	6376	84.66
		1249		79.82	5089	82.24
18		1463		60.53	3946	105.17
		731		69.08	2178	92.13
		4184	6	71.33	10646	72.85
		1650	34	82.63	7910	81.61
				100.00	6611	100.00
		1522		90.55	14586	90.55
		5705		39.46	3860	40.96
		3491		73.30	13174	100.76
12581		**45245**	**2485**	**77.24**	**220033**	**79.54**
12500		31503	1299	75.31	145573	75.07
		6030		58.98	10200	69.39

市序号	区序号	绿地名称	合计（平方米）	总面			
				水面积	小计	陆地	
						绿地面积	建筑占地面积
甲	乙	丙	1=2+3	2	3=4+5+8+9	4	5
28	2	北二环北侧(一轧钢—紫竹大厦)	7682		7682	7682	
29	3	北二环北侧(学院路——轧钢)	5220		5220	5220	
30	4	北二环北侧(紫竹大厦—44路总站)	5698		5698	5150	
31	5	天银大厦	10600		10600	9314	
32	6	金融街绿地	24736		24736	18836	2200
33	7	西滨河绿地	4501		4501	1452	900
34	8	南礼士路街心绿地	732		732	682	20
35	9	西便门绿地	47000		47000	18191	11750
36	10	广电部绿地	11990		11990	11090	
37	11	马甸绿地	44730		44730	43730	200
38	12	马甸三八林	11979		11979	11679	
39	13	曦园春早	4337		4337	4337	
		市属	82718		82718	67644	146
40	14	二里沟绿地	5243		5243	3956	20
41	15	广播电视部绿地	7588		7588	5274	
42	16	和平门绿地	1896		1896	1386	
43	17	经委三角地	18047		18047	15116	
44	18	景山前街绿地	9365		9365	8228	
45	19	三里河绿地	33426		33426	29334	126
46	20	天安门两翼绿地	3960		3960	1578	
47	21	新街口三角地	3193		3193	2772	
		崇文区	**67190**		**67190**	**42770**	**741**
		区属	67190		67190	42770	741
48	1	前门箭楼绿地	17502		17502	15002	
49	2	蟠桃宫绿地	8743		8743	7105	110
50	3	广渠春晓	3561		3561	2859	
51	4	永定门东大街绿地	27750		27750	15188	
52	5	马家堡绿地	2486		2486	1886	
53	6	安乐林绿地	7148		7148	730	631
		宣武区	**282427**	**84**	**282343**	**233827**	**4716**
		区属	247098	84	247014	232610	4716
54	1	翠芳园	10580		10580	9130	150
55	2	天宁寺塔前区绿地	2770		2770	2363	
56	3	西滨河绿地	39507	84	39423	35092	1975
57	4	南滨河绿地	37950		37950	36350	1600
58	5	莲花河东岸绿地	20738		20738	16086	783

续表一

积				绿地面积占陆地面积(%)	绿化覆盖面积(平方米)	绿化覆盖率(%)
面　积		铺装面积	其他面积			
建筑面积	其中:古建面积					
6	7	8	9	10 = 4/3	11	12 = 11/1
				100.00	7682	100.00
				100.00	5220	100.00
		548		90.38	5698	99.99
		1286		87.87	7860	74.15
		3700		76.15	15890	64.24
750		850	1299	32.26	1864	41.42
		30		93.17	732	100.00
11750		17059		38.70	18191	38.70
		900		92.49	11990	100.00
		800		97.76	43930	98.21
		300		97.50	11979	100.00
				100.00	4337	100.00
81		13742	1186	81.78	74460	90.02
15		1251	16	75.45	5008	95.52
		2314		69.50	5374	70.82
		510		73.10	1696	89.45
		1761	1170	83.76	16052	88.95
		1137		87.86	8228	87.86
66		3966		87.76	30125	90.12
		2382		39.85	3967	100.18
		421		86.81	4010	125.59
741		**23679**		**63.66**	**52865**	**78.68**
741		23679		63.66	52865	78.68
		2500		85.72	16298	93.12
110		1528		81.27	7520	86.01
		702		80.29	3272	91.88
		12562		54.73	18038	65.00
		600		75.86	2234	89.86
631		5787		10.21	5503	76.99
4716		**10834**		**82.82**	**290042**	**102.70**
4716		9688		94.17	249875	101.12
150		1300		86.29	9775	92.39
		407		85.31	2565	92.60
1975		2356		89.01	37293	94.40
1600				95.78	36350	95.78
783		3869		77.57	17623	84.98

市序号	区序号	绿地名称	合计（平方米）	总面			
				水面积	小计	陆地	
						绿地面积	建筑占地面积
甲	乙	丙	1=2+3	2	3=4+5+8+9	4	5
59	6	莲花河西岸绿地(南段)	8746		8746	7624	196
60	7	红莲园	3200		3200	2358	12
61	8	北纬路	1000		1000	1000	
62	9	永安路	2500		2500	2500	
63	10	虎坊路	290		290	290	
64	11	太平街	4469		4469	4469	
65	12	陶然亭路	2500		2500	2500	
66	13	里仁街	1750		1750	1750	
67	14	白纸坊东街	5360		5360	5360	
68	15	白纸坊西街	4870		4870	4870	
69	16	右安门内大街	11000		11000	11000	
70	17	牛街	240		240	240	
71	18	白广路大街	12380		12380	12380	
72	19	南菜园路	5852		5852	5852	
73	20	菜园街	1040		1040	1040	
74	21	槐柏树街	300		300	300	
75	22	宣外大街	430		430	430	
76	23	半步桥街	330		330	330	
77	24	广安门桥区	666		666	666	
78	25	广安门桥东侧绿地	1300		1300	1300	
79	26	红莲南路	6181		6181	6181	
80	27	广外大街	2560		2560	2560	
81	28	手帕口北街	12046		12046	12046	
82	29	广安门南顺城街	5766		5766	5766	
83	30	莲花池东路	2034		2034	2034	
84	31	天宁寺桥区	5050		5050	5050	
85	32	右内西街西段	727		727	727	
		办事处合计(莲花河西岸)	32966		32966	32966	
		市属	2363		2363	1217	
86	33	宣武绿地	2363		2363	1217	
		朝阳区	**646879**	**2090**	**644789**	**492773**	**38209**
		区属	440639	2090	438549	320765	36261
87	1	亮马河绿地	2957		2957	2957	
88	2	燕莎绿地	8527		8527	8527	
89	3	坝河绿地	78272		78272	77629	
90	4	多味斋绿地	2252		2252	2252	

续表二

积				绿地面积占陆地面积（%）	绿化覆盖面积（平方米）	绿化覆盖率（%）
面　积		铺装面积	其他面积			
建筑面积	其中:古建面积					
6	7	8	9	10＝4/3	11	12＝11/1
196		926		87.17	8490	97.07
12		830		73.69	2358	73.69
				100.00	7000	700.00
				100.00	2500	100.00
				100.00	290	100.00
				100.00	4469	100.00
				100.00	2500	100.00
				100.00	1750	100.00
				100.00	5360	100.00
				100.00	4870	100.00
				100.00	11000	100.00
				100.00	480	200.00
				100.00	12380	100.00
				100.00	5852	100.00
				100.00	1040	100.00
				100.00	300	100.00
				100.00	430	100.00
				100.00	330	100.00
				100.00	666	100.00
				100.00	1300	100.00
				100.00	6181	100.00
				100.00	2560	100.00
				100.00	12046	100.00
				100.00	5706	98.96
				100.00	2034	100.00
				100.00	5050	100.00
				100.00	727	100.00
				100.00	38600	117.09
		1146		51.50	1567	66.31
		1146		51.50	1568	66.36
38146		**96639**	**17168**	**76.42**	**499224**	**77.17**
36261		74643	6880	73.14	294237	66.78
				100.00	2957	100.00
				100.00	8527	100.00
		643		99.18	77629	99.18
				100.00	2202	97.78

市序号	区序号	绿地名称	合计（平方米）	总　　　面			
				水面积	陆　　地		
					小计	绿地面积	建筑占地面积
甲	乙	丙	1＝2＋3	2	3＝4＋5＋8＋9	4	5
91	5	和平街绿地	15399		15399	15399	
92	6	东大桥三角地	5000		5000	1548	40
93	7	二环路绿地	42711		42711	41317	
94	8	工体北绿地	20812		20812	16360	
95	9	风之广场	10000		10000	8565	435
96	10	水碓子绿地	35000		35000	20000	200
97	11	小关斜街	1738		1738	1358	
98	12	小关东街绿地	6000		6000	3500	
99	13	市长之家路绿地	10040		10040	4400	
100	14	太阳宫路绿地	10125		10125	7000	
101	15	安苑路绿地	11200		11200	2000	
102	16	休闲广场	4400	40	4360	3200	
103	17	高碑店路口绿地	8241		8241	7140	
104	18	太阳宫绿色文化家园	13890		13890	12860	
105	19	机场宿舍区街心花园	4160		4160	1409	89
106	20	机场职工俱乐部门前绿地	2744		2744	1219	
107	21	国航办公楼绿地	7307		7307	4010	1066
108	22	老候机楼前绿地	50763	1635	49128	45041	630
109	23	新航站楼前绿地	89101	415	88686	33074	33801
		市属	206240		206240	172008	1948
110	24	安贞西北角绿地	10980		10980	10477	
111	25	朝阳门绿地	8535		8535	6226	60
112	26	东坝河绿地	18115		18115	18106	
113	27	东花园绿地	3770		3770	2334	190
114	28	花家地绿地	38400		38400	37670	
115	29	酒仙桥绿地	6180		6180	2750	242
116	30	西花园绿地	25190		25190	20200	
117	31	小关绿地	66370		66370	48710	1456
118	32	新源里绿地	28700		28700	25535	
		海淀区	**1070804**	**14314**	**1056490**	**978991**	**6980**
		区属	828072	14314	813758	771145	3827
119	1	白果园	2225		2225	2163	
120	2	三角地	1200		1200	1150	
121	3	小营绿地	10560		10560	9612	90
122	4	广济桥绿地	5520		5520	4847	
123	5	供电局宿舍绿地	1903		1903	1310	

续表三

积				绿地面积占陆地面积（%）	绿化覆盖面积（平方米）	绿化覆盖率（%）
面　积		铺装面积	其他面积			
建筑面积	其中:古建面积					
6	7	8	9	10 = 4/3	11	12 = 11/1
				100.00	15399	100.00
40		2942	470	30.96	2436	48.72
		1394		96.74	42711	100.00
		4452		78.61	18676	89.74
435		1000		85.65	8765	87.65
200		8870	5930	57.14	20000	57.14
		200	180	78.14	1420	81.70
		2200	300	58.33	3520	58.67
		5640		43.82		
		3125		69.14	7100	70.12
		9200		17.86	2164	19.32
		1160		73.39	3350	76.14
		1101		86.64	7140	86.64
		1030		92.58	12860	92.58
89		2662		33.87	2909	69.93
		1525		44.42	1619	59.00
1066		2231		54.88	4040	55.29
630		3457		91.68	15540	30.61
33801		21811		37.29	33273	37.34
1885		21996	10288	83.40	204987	99.39
		503		95.42	10980	100.00
60		2196	53	72.95	7282	85.32
			9	99.95	18115	100.00
127		254	992	61.91	3770	100.00
		100	630	98.10	38400	100.00
242		3147	41	44.50	6180	100.00
		3626	1364	80.19	25190	100.00
1456		9385	6819	73.39	66370	100.00
		2785	380	88.97	28700	100.00
4975	**72**	**66895**	**3624**	**92.66**	**1011159**	**94.43**
1822		38466	320	94.76	798245	96.40
		62		97.21	2163	97.21
		50		95.83	1150	95.83
		858		91.02	10200	96.59
		673		87.81	5147	93.24
		593		68.84	1510	79.35

市序号	区序号	绿地名称	合计 （平方米）	总面			
				水面积	小计	陆地	
						绿地面积	建筑占地面积
甲	乙	丙	1 = 2 + 3	2	3 = 4 + 5 + 8 + 9	4	5
124	6	商服绿地	5400		5400	5400	
125	7	八千平方米绿地	7500		7500	6946	48
126	8	上地公园	13620	4850	8770	6115	
127	9	秀慧园	94784		94784	88981	1353
128	10	名仕外绿地	5950		5950	5950	
129	11	滨河二期	21886		21886	20708	
130	12	滨河一期	25066		25066	23969	
131	13	罗道庄绿地	4041		4041	4041	
132	14	翠微园	3200		3200	3200	
133	15	变电站南侧绿地	9146		9146	8579	
134	16	小天鹅绿地	7915		7915	6066	206
135	17	木樨地绿地	4088		4088	4088	
136	18	罗道庄桥头绿地	998		998	998	
137	19	万业源绿化带	24200		24200	20096	
138	20	长河	208235		208235	201444	
139	21	万泉河三角地	12565		12565	7800	520
140	22	红领巾绿地	6467		6467	5320	
141	23	当代花园	11452		11452	7815	
142	24	中关村大街绿地	87759		87759	87359	
143	25	海淀南路	29606		29606	29606	
144	26	祁家豁子绿地	13200		13200	12800	100
145	27	清华东路	32200		32200	32200	
146	28	纺织机械厂绿地	6380		6380	6380	
147	29	体院绿地	15000		15000	14400	
148	30	紫薇入画绿地	41431		41431	37631	1400
149	31	昆玉段	57671		57671	57671	
150	32	碧水风荷绿地	56904	9464	47440	46500	110
		市属	242732		242732	207846	3153
151	33	滨河绿地	13708		13708	8270	824
152	34	翠薇烟雨绿地	128906		128906	124693	896
153	35	公主坟绿地	57910		57910	39639	703
154	36	科技会堂绿地	6190		6190	4377	
155	37	马甸绿地	16708		16708	13102	730
156	38	清河三角地	19310		19310	17765	
		丰台区	**791879**	**11000**	**780879**	**774436**	**1136**
		区属	791879	11000	780879	774436	1136

续表四

积				绿地面积占陆地面积（%）	绿化覆盖面积（平方米）	绿化覆盖率（%）
面　积		铺装面积	其他面积			
建筑面积	其中:古建面积					
6	7	8	9	10 = 4/3	11	12 = 11/1
				100.00	5400	100.00
48		186	320	92.61	6966	92.88
		2655		69.73	7705	56.57
1048		4450		93.88	94784	100.00
				100.00	5950	100.00
		1178		94.62	21736	99.31
		1097		95.62	24469	97.62
				100.00	4041	100.00
				100.00	3200	100.00
		567		93.80	9146	100.00
206		1643		76.64	6886	87.00
				100.00	4088	100.00
				100.00	998	100.00
		4104		83.04	20096	83.04
		6791		96.74	201444	96.74
520		4245		62.08	7800	62.08
		1147		82.26	5320	82.26
		3637		68.24	7815	68.24
		400		99.54	87759	100.00
				100.00	29906	101.01
		300		96.97	13200	100.00
				100.00	32200	100.00
				100.00	6380	100.00
		600		96.00	15000	100.00
		2400		90.83	45031	108.69
				100.00	57671	100.00
		830		98.02	53084	93.29
3153	72	28429	3304	85.63	212914	87.72
824		2882	1732	60.33	8943	65.24
896		2645	672	96.73	124693	96.73
703	72	17568		68.45	40639	70.18
		1813		70.71	4587	74.10
730		1976	900	78.42	15102	90.39
		1545		92.00	18950	98.14
380		**5307**		**99.17**	**773836**	**97.72**
380		5307		99.17	773836	97.72

市序号	区序号	绿地名称	合计（平方米）	总　　面			
				水面积	小计	陆　　地	
						绿地面积	建筑占地面积
甲	乙	丙	1 = 2 + 3	2	3 = 4 + 5 + 8 + 9	4	5
157	1	新发地海子墙	226440	11000	215440	215440	
158	2	世界风情园	307000		307000	307000	
159	3	六一八厂绿地	8107		8107	4300	100
160	4	卢沟桥绿地	1400		1400	1400	
161	5	木樨园三角地	9276		9276	8390	886
162	6	三建料库绿地	9600		9600	9600	
163	7	二十二亩地绿地	17500		17500	17500	
164	8	冷冻厂	14600		14600	14600	
165	9	翠林万米绿化带	24390		24390	24390	
166	10	万柳小区花园	15140		15140	15140	
167	11	百米芳华园	138700		138700	138700	
168	12	长辛店火车站花园	1140		1140	1070	70
169	13	340 车站绿地	160		160	160	
170	14	祠堂口绿地	671		671	671	
171	15	大三角地	3499		3499	3499	
172	16	丰南路公共绿地	7800		7800	7000	
173	17	丰台区造甲村绿地	230		230	230	
174	18	云岗街头金三角	1226		1226	926	
175	19	南苑北里绿地	5000		5000	4420	80
		石景山区	**1136066**	**95**	**1135971**	**1028880**	**31692**
		区属	1136066	95	1135971	1028880	31692
176	1	人民渠绿地	30000		30000	19000	8825
177	2	石景山路绿地	218138		218138	218138	
178	3	老山绿地	463400		463400	440400	
179	4	骨灰堂绿地	69000		69000	49800	13600
180	5	八宝山绿地	145188		145188	135188	
181	6	老山居住区绿地	28451		28451	28451	
182	7	石景山绿色广场	66700		66700	41000	795
183	8	十四院和小山	10810		10810	6108	2170
184	9	八角北路绿地	9600		9600	9038	
185	10	七色园绿地	34790		34790	33200	
186	11	杨庄绿地	17002		17002	13330	52
187	12	西黄村三角地	12987		12987	8457	3750
188	13	工疗绿地	10000	95	9905	8705	1200
189	14	小青山绿地	20000		20000	18065	1300

续表五

积				绿地面积占陆地面积（%）	绿化覆盖面积（平方米）	绿化覆盖率（%）
面　积		铺装面积	其他面积			
建筑面积	其中:古建面积					
6	7	8	9	10 = 4/3	11	12 = 11/1
				100.00	215440	95.14
				100.00	307000	100.00
		3707		53.04	6450	79.56
				100.00	1680	120.00
				90.45	9200	99.18
				100.00	9600	100.00
				100.00	17500	100.00
				100.00	15600	106.85
				100.00	20740	85.03
				100.00	13140	86.79
				100.00	138700	100.00
				93.86	1140	100.00
				100.00	160	100.00
				100.00	671	100.00
				100.00	3499	100.00
		800		89.74	7400	94.87
				100.00	270	117.39
300		300		75.53	1226	100.00
80		500		88.40	4420	88.40
1300		**38024**	**37375**	**90.57**	**1045195**	**92.00**
1300		38024	37375	90.57	1045195	92.00
			2175	63.33	19000	63.33
				100.00	191961	88.00
			23000	95.04	454132	98.00
		3600	2000	72.17	54510	79.00
			10000	93.11	143736	99.00
				100.00	28451	100.00
		24905		61.47	46360	69.51
		2532		56.50	10270	95.00
		562		94.15	9408	98.00
		1590		95.43	33746	97.00
		3620		78.40	15812	93.00
		780		65.12	11039	85.00
				87.88	8705	87.05
1300		435	200	90.33	18065	90.33

市序号	区序号	绿地名称	合计（平方米）	总面			
				水面积	小计	陆地	
						绿地面积	建筑占地面积
甲	乙	丙	1=2+3	2	3=4+5+8+9	4	5
		远郊区县	**2798079**	**22092**	**2775987**	**2321707**	**26207**
		昌平区	**221365**	**900**	**220465**	**114589**	**2350**
190	1	学府花园	5980		5980	4430	
191	2	昌平游乐园	16460	900	15560	7214	2350
192	3	西关花园	9068		9068	7500	
193	4	城角绿地	10894		10894	10894	
194	5	西大三角树木园	5803		5803	4631	
195	6	昌平西环岛	173160		173160	79920	
		门头沟区	**644717**	**300**	**644417**	**618347**	**490**
196	1	滨河世纪广场	570000	300	569700	547430	270
197	2	滨河公园绿地	54690		54690	51270	220
198	3	亚能绿地	1775		1775	1475	
199	4	三角地绿地	500		500	420	
200	5	新桥大街向阳绿地	300		300	300	
201	6	龙泉宾馆绿地	14452		14452	14452	
202	7	城子灯岗绿地	3000		3000	3000	
		顺义区	**162723**		**162723**	**139162**	**409**
203	1	滨河郊野公园	46023		46023	42423	
204	2	燕京绿地广场	39950		39950	39950	
205	3	北京醇绿地	11150		11150	9260	
206	4	光明文化广场	52200		52200	34742	409
207	5	区委东侧绿地	4000		4000	3387	
208	6	东大桥环岛西北角绿地	5400		5400	5400	
209	7	五里仓环岛西北角绿地	4000		4000	4000	
		通州区	**636981**	**11575**	**625406**	**537543**	**3485**
210	1	万春园	15200	1500	13700	8887	3243
211	2	玉春园	21145		21145	19718	
212	3	漪春园	6398	3375	3023	1947	96
213	4	大光园	4607		4607	4329	78
214	5	同心花园	2475	40	2435	1642	68
215	6	运河文化广场	332788	6660	326128	256128	
216	7	东关建材市场绿地	18080		18080	13080	
217	8	运河大街绿化带	190069		190069	190069	
218	9	玉带路东头三角地	2300		2300	2300	
219	10	九棵树三角地	919		919	919	
220	11	玉桥西路北端三角地	1628		1628	1568	
221	12	玉带路三角地	3152		3152	3076	

续表六

积				绿地面积占陆地面积（%）	绿化覆盖面积（平方米）	绿化覆盖率（%）
面　积		铺装面积	其他面积			
建筑面积	其中:古建面积					
6	7	8	9	10 = 4/3	11	12 = 11/1
26722	**159**	**378229**	**49845**	**83.64**	**2375418**	**84.89**
2350		**100866**	**2660**	**51.98**	**117369**	**53.02**
		1550		74.08	4625	77.34
2350		3336	2660	46.36	8477	51.50
		1568		82.71	7650	84.36
				100.00	10894	100.00
		1172		79.80	5803	100.00
		93240		46.15	79920	46.15
630		**25580**		**95.95**	**621927**	**96.47**
410		22000		96.09	547430	96.04
220		3200		93.75	54470	99.60
		300		83.10	1775	100.00
		80		84.00	500	100.00
				100.00	300	100.00
				100.00	14452	100.00
				100.00	3000	100.00
		22552	**600**	**85.52**	**146473**	**90.01**
		3600		92.18	42423	92.18
				100.00	39950	100.00
		1890		83.05	9500	85.20
		16449	600	66.56	41760	80.00
		613		84.68	3440	86.00
				100.00	5400	100.00
				100.00	4000	100.00
3485		**84378**		**85.95**	**543540**	**85.33**
3243		1570		64.87	9880	65.00
		1427		93.25	20964	99.14
96		980		64.41	3000	46.89
78		200		93.97	4514	97.98
68		725		67.43	1642	66.34
		70000		78.54	256128	76.96
		5000		72.35	13080	72.35
				100.00	190069	100.00
				100.00	2690	116.96
				100.00	919	100.00
		60		96.31	1808	111.06
		76		97.59	3076	97.59

市序号	区序号	绿地名称	合计（平方米）	总		面	
				水面积	小计	陆	地
						绿地面积	建筑占地面积
甲	乙	丙	1＝2＋3	2	3＝4＋5＋8＋9	4	5
222	13	果园环岛	24770		24770	20430	
223	14	北苑环岛	3450		3450	3450	
224	15	北关环岛绿地	10000		10000	10000	
		房山区	**449303**	**2687**	**446616**	**357274**	**11325**
225	1	窗口	3614		3614	3442	
226	2	碧桃园	2932		2932	2630	
227	3	永乐园	6432		6432	5466	106
228	4	迎宾亭	3403		3403	3129	105
229	5	北关环岛	2461		2461	2461	
230	6	中心环岛	201		201	197	4
231	7	东关环岛	1808		1808	1808	
232	8	直属库门前绿地	1100		1100	1100	
233	9	凤凰亭绿地	15963		15963	13790	783
234	10	前进绿地	8592		8592	7103	104
235	11	月季园	11100		11100	9460	
236	12	中心绿岛	1332		1332	1295	37
237	13	燕东路北侧绿地	57400		57400	57400	
238	14	北庄三角地	658		658	658	
239	15	燕化公司机关门前	18427		18427	16667	312
240	16	东风三角地和公司机关前	5900		5900	5500	
241	17	设备制造公司	6421		6421	4986	
242	18	滨河园	47133	2687	44446	28798	9124
243	19	北关环岛	24914		24914	10894	
244	20	滨河公园	100417		100417	91780	750
245	21	府前广场一期工程	76285		76285	65000	
246	22	五朵金花	790		790	790	
247	23	府前广场二期工程	50300		50300	21200	
248	24	彩云追月	1020		1020	1020	
249	25	峰	700		700	700	
		大兴县	**303672**	**2217**	**301455**	**258025**	**2355**
250	1	工业开发区绿带	104250	2000	102250	97650	
251	2	王立庄绿地	31069		31069	27775	593
252	3	电视塔绿地	1400		1400	1400	
253	4	威顿公司南绿地	11304		11304	8068	1256
254	5	童车二厂西绿地	18282		18282	17262	20
255	6	宾馆绿地	1849		1849	1666	

积				绿地面积占陆地面积（%）	绿化覆盖面积（平方米）	绿化覆盖率（%）
面　积		铺装面积	其他面积			
建筑面积	其中:古建面积					
6	7	8	9	10＝4/3	11	12＝11/1
		4340		82.48	22320	90.11
				100.00	3450	100.00
				100.00	10000	100.00
11019	**159**	**39901**	**38116**	**80.00**	**370553**	**82.47**
			172	95.24	3558	98.45
		302		89.70	2706	92.29
106	54	843	17	84.98	5620	87.38
105	105	169		91.95	3255	95.65
				100.00	2461	100.00
				98.01	197	98.01
				100.00	1808	100.00
				100.00	1100	100.00
		1390		86.39	16080	100.73
		1385		82.67	7795	90.72
		1640		85.23	9360	84.32
				97.22	1295	97.22
				100.00	59600	103.83
				100.00	658	100.00
99		1448		90.45	18167	98.59
		400		93.22	5630	95.42
		1435		77.65	5639	87.82
10159		6524		64.79	30624	64.97
		3100	10920	43.73	10894	43.73
550		5680	2207	91.40	95396	95.00
		11285		85.21	65000	85.21
				100.00	790	100.00
		4300	24800	42.15	21200	42.15
				100.00	1020	100.00
				100.00	700	100.00
2355		**35269**	**5807**	**85.59**	**273737**	**90.14**
		4600		95.50	102250	98.08
593			2701	89.40	30476	98.09
				100.00	1400	100.00
1256			1980	71.37	9856	87.19
20			1000	94.42	18250	99.82
		183		90.10	1749	94.59

市序号	区序号	绿地名称	合计（平方米）	总 面			
				水面积	小计	陆 地	
						绿地面积	建筑占地面积
甲	乙	丙	1 = 2 + 3	2	3 = 4 + 5 + 8 + 9	4	5
256	7	站前广场绿地	25265		25265	9491	
257	8	站前广场西绿地	17724		17724	4544	346
258	9	大机处楼北绿地	297		297	297	
259	10	政府憩园	856		856	736	
260	11	南三角绿地	3963	217	3746	3207	35
261	12	清真寺绿地	290		290	290	
262	13	街心公园东门外绿地	1327		1327	1031	
263	14	建委绿地	1643		1643	1406	
264	15	西黄村转盘	4998		4998	4998	
265	16	防疫站绿地	908		908	908	
266	17	三小绿地	1148		1148	1134	
267	18	小乐园绿地	4692		4692	4587	105
268	19	赛奥门前绿地	1309		1309	1309	
269	20	埝坛开发区中心花园	2128		2128	1296	
270	21	五中绿地	2133		2133	2133	
271	22	兴华南路西侧绿化带	5672		5672	5672	
272	23	兴华中路西侧绿带	13048		13048	13048	
273	24	兴华北路两侧绿带	14327		14327	14327	
274	25	清源路两侧公共绿地	13040		13040	13040	
275	26	京开公路东侧绿带	17550		17550	17550	
276	27	观音寺街绿地	3200		3200	3200	
		怀柔县	**120611**	**2747**	**117864**	**108668**	**1150**
277	1	青春绿地	3459	177	3282	2746	57
278	2	滨湖绿地	64067	2198	61869	54516	935
279	3	迎宾绿地	5085	200	4885	4000	158
280	4	祝福绿地	1300	172	1128	706	
281	5	东关绿地	46700		46700	46700	
		密云县	**54870**	**200**	**54670**	**50420**	**744**
282	1	工业局绿地	744		744	744	
283	2	中医后绿地	3510		3510	3510	
284	3	体委南绿地	19560		19560	19560	
285	4	密溪路绿地	12223		12223	12223	
286	5	云光绿地	2010		2010	1340	
287	6	街心公园	6840	200	6640	5782	744
288	7	101 绿地	286		286	286	
289	8	教师楼后绿地	882		882	882	

续表八

积				绿地面积占陆地面积(%)	绿化覆盖面积(平方米)	绿化覆盖率(%)
面积		铺装面积	其他面积			
建筑面积	其中:古建面积					
6	7	8	9	10 = 4/3	11	12 = 11/1
		15774		37.57	10356	40.99
346		12834		25.64	7400	41.75
				100.00	297	100.00
		81	39	85.98	850	99.30
35		418	87	85.61	3800	95.89
				100.00	290	100.00
		296		77.69	1031	77.69
		237		85.58	1644	100.06
				100.00	4998	100.00
				100.00	908	100.00
		14		98.78	1188	103.48
105				97.76	4587	97.76
				100.00	1309	100.00
		832		60.90	2128	100.00
				100.00	2133	100.00
				100.00	5672	100.00
				100.00	13048	100.00
				100.00	14327	100.00
				100.00	13040	100.00
				100.00	17550	100.00
				100.00	3200	100.00
1029		**8017**	**29**	**92.20**	**109251**	**90.58**
43		450	29	83.67	2746	79.39
841		6418		88.12	54516	85.09
145		727		81.88	4000	78.66
		422		62.59	1289	99.15
				100.00	46700	100.00
2000		**1243**	**2263**	**92.23**	**51837**	**94.47**
				100.00	744	100.00
				100.00	3510	100.00
				100.00	19560	100.00
				100.00	12223	100.00
		670		66.67	2010	100.00
2000		114		87.08	6326	92.49
				100.00	286	100.00
				100.00	882	100.00

市序号	区序号	绿地名称	合计（平方米）	总面			
				水面积	小计	陆地	
						绿地面积	建筑占地面积
甲	乙	丙	1 = 2 + 3	2	3 = 4 + 5 + 8 + 9	4	5
290	9	光阳南三角地	3105		3105	1242	
291	10	清洁队花坛绿地	373		373	373	
292	11	光阳外绿地	1522		1522	1522	
293	12	宾阳北里绿地	2000		2000	1600	
294	13	云洞前绿地	156		156	156	
295	14	拓荒牛绿地	1659		1659	1200	
		平谷县	**90517**		**90517**	**89649**	**179**
296	1	府前西街绿地	22853		22853	22853	
297	2	迎宾街两侧公共绿地	18684		18684	18684	
298	3	林荫街两侧绿地	4417		4417	4417	
299	4	府前大街绿地	1000		1000	906	
300	5	北环路街头绿地	15440		15440	15440	
301	6	平谷大街	20648		20648	20648	
302	7	柳荫公园	3243		3243	2876	115
303	8	街心公园	2074		2074	1777	19
304	9	儿童乐园	2158		2158	2048	45
		延庆县	**113320**	**1466**	**111854**	**48030**	**3720**
305	1	妫川广场	100000	726	99274	41000	20
306	2	儿童游乐园	13320	740	12580	7030	3700

积				绿地面积占陆地面积（%）	绿化覆盖面积（平方米）	绿化覆盖率（%）
面　积		铺装面积	其他面积			
建筑面积	其中:古建面积					
6	7	8	9	10 = 4/3	11	12 = 11/1
			1863	40.00	1397	44.99
				100.00	373	100.00
				100.00	1522	100.00
			400	80.00	1600	80.00
				100.00	156	100.00
		459		72.33	1248	75.23
134		**689**		**99.04**	**89601**	**98.99**
				100.00	22853	100.00
				100.00	18672	99.94
				100.00	4417	100.00
		94		90.60	1000	100.00
				100.00	15440	100.00
				100.00	19758	95.69
115		252		88.68	3202	98.74
19		278		85.68	2159	104.10
		65		94.90	2100	97.31
3720		**59734**	**370**	**42.94**	**51130**	**45.12**
20		58254		41.30	41800	41.80
3700		1480	370	55.88	9330	70.05

北京市城市公共绿地

市序号	区序号	绿地名称	实有树木								
			合计（株）	乔木			灌木			其	
				小计	常绿乔木	落叶乔木	小计	常绿灌木	落叶灌木	小计	月季
甲	乙	丙	1=2+5+8	2=3+4	3	4	5=6+7	6	7	8=9+10	9
		合　计	**1225180**	**314126**	**129480**	**184646**	**382372**	**192564**	**189808**	**528682**	**403197**
		城近郊区	**802719**	**201587**	**107334**	**94253**	**214073**	**79866**	**134207**	**387059**	**274759**
		东城区	**42153**	**4725**	**2092**	**2633**	**7377**	**2311**	**5066**	**30051**	**26597**
		区属	25396	2367	1192	1175	3531	1457	2074	19498	18304
1	1	百花深处	13467	610	347	263	1230	643	587	11627	11627
2	2	坝桥金色	2366	133	29	104	248	5	243	1985	1958
3	3	工体北路花园	195	146	44	102	49	1	48		
4	4	潘家坡	3228	220	97	123	361	108	253	2647	2647
5	5	桃花岭至北官厅	1718	211	114	97	202	43	159	1305	605
6	6	建国门西北西南角	591	55	32	23	26	26		510	50
7	7	和平里小花园	600	54	33	21	99	44	55	447	440
8	8	安贞桥东侧	829	295	251	44	534	491	43		
9	9	安贞桥西侧	1536	369	123	246	447	66	381	720	720
10	10	五十五中绿地	414	111	18	93	157	5	152	146	146
11	11	昌蒲河绿地	452	163	104	59	178	25	153	111	111
		市属	16757	2358	900	1458	3846	854	2992	10553	8293
12	12	安东绿地	462	125	53	72	62	35	27	275	275
13	13	安西绿地	84	52	25	27	32		32		
14	14	古观象台绿地	2724	109	50	59	500	106	394	2115	2115
15	15	建国门绿地	1815	218	53	165	277	34	243	1320	200
16	16	景山东街绿地	365	208	83	125	157		157		
17	17	景山前街绿地	205	177	33	144	28		28		
18	18	历史博物馆绿地	263	142	81	61	121	6	115		
19	19	美术馆绿地	178	147	30	117	31		31		
20	20	十条绿地	543	139	59	80	161	110	51	243	243
21	21	水泡子绿地	3919	306	105	201	784	79	705	2829	2829
22	22	苏东绿地	3458	195	111	84	301		301	2962	1822
23	23	天安门观礼台绿地	1839	23	23		1088	448	640	728	728
24	24	天安门广场绿地	92	16	16		76	30	46		
25	25	天安门两翼绿地	283	197	21	176	47		47	39	39
26	26	正义路绿地	527	304	157	147	181	6	175	42	42
		西城区	**55658**	**5810**	**2463**	**3347**	**17025**	**6290**	**10735**	**32823**	**23214**
		区属	30349	3880	1700	2180	9167	2267	6900	17302	10432
27	1	西单文化广场	329	59	19	40	270	16	254		

一街头绿地树木明细表

他			竹子		绿篱		色块		宿根花卉		草坪	古树	濒危植物
攀缘													
（株）	（米）	（平方米）	（株）	（平方米）	（株）	（米）	（株）	（平方米）	（株）	（平方米）	（平方米）	（株）	（株）
10	11	12	13	14	15	16	17	18	19	20	21	22	23
125485	**24480**	**68617**	**31774**	**3356**	**505059**	**91320**	**1133273**	**93656**	**428089**	**36354**	**2977609**	**108**	**10255**
112300	**20685**	**55920**	**25874**	**2798**	**318173**	**64259**	**406806**	**44143**	**305281**	**25271**	**1879906**	**108**	**5043**
3454	**817**	**3204**			**22030**	**5214**	**64400**	**8932**	**11264**	**1467**	**116889**		**469**
1194	377	834			3478	958	39972	3891	8766	1030	37707		145
					72	18	7296	608	3656	412	12722		26
27	27	41									3990		
					336	84	996	83	1152	128	58		1
					200	50			3451	431	4558		24
700	251	599					3336	278	507	59	3721		70
460	92	184			679	169	22920	1910			7905		23
7	7	10			240	67					1648		1
					333	103	624	52			1071		
					651	186	4800	960			2034		
					754	210							
					213	71							
2260	440	2370			18552	4256	24428	5041	2498	437	79182		324
					1704	284			278	28	3097		1
					48	16					1800		
					2808	956	2330	434			6900		8
1120	60	90			687	138	61	7	1870	374	5700		25
					2140	535					4143		71
							4250	350			4408		34
					2940	480					4375		
					1221	407					1652		69
					2670	454					1500		5
					612	153					8986		56
1140	380	2280							350	35	7514		49
					2050	409	5266	2688			3374		
					1630	412					14312		
							12296	1537			1838		
					42	12	225	25			9583		6
9609	**1461**	**5306**			**11487**	**2744**	**33072**	**3804**	**17212**	**1389**	**161070**		**223**
6870	1148	4610			6142	1755	22577	2509	2600	290	103092		89
							2600	289			8670		32

市序号	区序号	绿地名称	实有树木								
			合计（株）	乔木			灌木			其	
				小计	常绿乔木	落叶乔木	小计	常绿灌木	落叶灌木	小计	月季
甲	乙	丙	1=2+5+8	2＝3＋4	3	4	5＝6＋7	6	7	8＝9＋10	9
28	2	北二环北侧(一轧钢—紫竹大厦)	1352	264	160	104	828	300	528	260	70
29	3	北二环北侧(一轧钢—学院路)	1147	250	128	122	697	125	572	200	200
30	4	北二环北侧(紫竹大厦—44路总站)	2094	423	127	296	837	150	687	834	146
31	5	天银大厦	1690	78	43	35	212		212	1400	1400
32	6	金融街绿地	2252	142	94	48	10	2	8	2100	2100
33	7	西滨河绿地	1036	147	85	62	579	151	428	310	256
34	8	南礼士路街心绿地	46	20	13	7	12		12	14	10
35	9	西便门绿地	6279	412	215	197	1032	344	688	4835	1679
36	10	广电部绿地	3514	568	372	196	887	205	682	2059	965
37	11	马甸绿地	6115	1170	277	893	1655	900	755	3290	1606
38	12	马甸三八林	3043	221	100	121	822	64	758	2000	2000
39	13	曦园春早	1452	126	67	59	1326	10	1316		
		市属	25309	1930	763	1167	7858	4023	3835	15521	12782
40	14	二里沟绿地	782	199	71	128	293	213	80	290	280
41	15	广播电视部绿地	645	97	43	54	396	19	377	152	152
42	16	和平门绿地	139	53	25	28	57		57	29	29
43	17	经委三角地	2190	389	147	242	1106	780	326	695	476
44	18	景山前街绿地	194	172	55	117	22		22		
45	19	三里河绿地	20657	873	382	491	5429	2568	2861	14355	11845
46	20	天安门两翼绿地	91	75	16	59	16		16		
47	21	新街口三角地	611	72	24	48	539	443	96		
		崇文区	**11182**	**1206**	**503**	**703**	**4851**	**216**	**4635**	**5125**	**1756**
		区属	11182	1206	503	703	4851	216	4635	5125	1756
48	1	前门箭楼绿地	71	71		71					
49	2	蟠桃宫绿地	1820	214	56	158	541	110	431	1065	588
50	3	广渠春晓绿地	276	118	45	73	130		130	28	28
51	4	永定门东大街绿地	5589	428	152	276	3831	80	3751	1330	928
52	5	马家堡绿地	1233	64	31	33	37	14	23	1132	82
53	6	安乐林绿地	2193	311	219	92	312	12	300	1570	130
		宣武区	**112291**	**6696**	**2520**	**4176**	**26237**	**8543**	**17694**	**79358**	**18508**
		区属	109742	5663	2244	3419	25111	8454	16657	78968	18118
54	1	翠芳园	740	210	93	117	478	346	132	52	50
55	2	天宁寺塔前区绿地	2056	82	18	64	1974	1880	94		
56	3	西滨河绿地	14439	729	293	436	6495	487	6008	7215	1215

续表一

他			竹子		绿篱		色块		宿根花卉		草坪	古树	濒危植物
攀缘													
（株）	（米）	（平方米）	（株）	（平方米）	（株）	（米）	（株）	（平方米）	（株）	（平方米）	（平方米）	（株）	（株）
10	11	12	13	14	15	16	17	18	19	20	21	22	23
190	31	127							2500	278	6850		
											5150		15
688	115	459									5150		15
							1560	173			6760		
							11410	1268			15090		
54	9	36			655	187					1452		11
4	4	32			148	43					682		
3156	526	2104			1149	328	7007	779	80	9	18191		4
1094	182	729			1960	560					4171		
1684	281	1123			690	197			20	3	14910		9
					850	243					11679		2
					690	197					4337		1
2739	313	696			5345	989	10495	1295	14612	1099	57978		134
10											1404		16
					1960	392					5274		
					593	119					1386		
219	45	135			692	108	1025	250			12281		8
							3350	280			6452		30
2510	268	561			1400	137			14612	1099	28484		71
							6120	765			547		
					700	233					2150		9
3369	**1003**	**1948**			**21426**	**3451**	**548**	**43**	**4880**	**847**	**36796**	**1**	**29**
3369	1003	1948			21426	3451	548	43	4880	847	36796	1	29
											14570		23
477	76	152					548	43	110	55	6242	1	
											1200		
402	146	466			20226	3331			4500	725	12488		
1050	421	610							170	17	1886		
1440	360	720			1200	120			100	50	410		6
60850	**10467**	**16453**	**441**	**99**	**117713**	**11852**	**35849**	**3305**	**3924**	**457**	**187942**	**18**	**631**
60850	10467	16453	441	99	115895	11585	35849	3305	3924	457	186725	18	631
2	3	3									6975		1
							235	15			1500		5
6000	600	900	300	80	3965	520			1800	334	24853		155

市序号	区序号	绿地名称	合计（株）	实有树木							
				乔木			灌木			其	
				小计	常绿乔木	落叶乔木	小计	常绿灌木	落叶灌木	小计	月季
甲	乙	丙	1=2+5+8	2=3+4	3	4	5=6+7	6	7	8=9+10	9
57	4	南滨河绿地	1056	736	274	462	245		245	75	70
58	5	莲花河东岸绿地	1909	401	111	290	674	479	195	834	215
59	6	莲花河西岸绿地	1043	296	64	232	417	183	234	330	330
60	7	红莲园	170	69	11	58	101	6	95		
61	8	北纬路	43	3		3	40		40		
62	9	永安路	1935				1885	1720	165	50	
63	10	虎坊路	35	9	9		26		26		
64	11	太平街	809	148	85	63	205		205	456	450
65	12	陶然亭路	356	7	7		279	160	119	70	
66	13	里仁街	14	14	14						
67	14	白纸坊东街	530	48	48		440	130	310	42	42
68	15	白纸坊西街	1086	53	53		1033	397	636		
69	16	右内大街	1436	159	108	51	657	205	452	620	510
70	17	牛街	84	61		61	23	23			
71	18	白广路	6355	237	146	91	1118	40	1078	5000	
72	19	南菜园路	5898	61	61		237	10	227	5600	550
73	20	菜园街	211	81	4	77	130	130			
74	21	槐柏树街	42				42		42		
75	22	宣外大街	194				194	114	80		
76	23	半步桥街	95	19		19	76	50	26		
77	24	广安门桥区	19034	671	240	431	1575	720	855	16788	5388
78	25	广安门东侧绿地	356	62	13	49	94	94		200	200
79	26	红莲南路	1501	120	66	54	798	612	186	583	23
80	27	广外大街	4006	225	22	203	539	255	284	3242	
81	28	手帕口北街	1648	299	159	140	489	249	240	860	120
82	29	广安门南顺城街	297	51	51		111	10	101	135	135
83	30	莲花池东路	6292	134		134	3158		3158	3000	150
84	31	天宁寺桥区	36053	671	287	384	1566	150	1416	33816	8670
85	32	右内西街西段	19	7	7		12	4	8		
		办事处(莲花河西岸)	2425	984	260	724	1096	87	1009	345	345
		市属	124	49	16	33	30	2	28	45	45
86	33	宣武绿地	124	49	16	33	30	2	28	45	45
		朝阳区	**143280**	**11282**	**4200**	**7082**	**46901**	**13668**	**33233**	**85097**	**78551**
		区属	109248	6027	2364	3663	38014	8170	29844	65207	60655
87	1	亮马河绿地	278	75	40	35	66	15	51	137	137
88	2	燕莎绿地	1366	14	7	7	1352	1154	198		

续表二

他			竹子		绿篱		色块		宿根花卉		草坪（平方米）	古树（株）	濒危植物（株）
攀缘													
（株）	（米）	（平方米）	（株）	（平方米）	（株）	（米）	（株）	（平方米）	（株）	（平方米）			
10	11	12	13	14	15	16	17	18	19	20	21	22	23
5	15	80	25	8	550	124	6441	709			15100		36
619	111	240	96	8	651	93			244	30	14246		43
									180	30	2541	8	1
					200	40	600	20	1500	30	2370		60
					122	35					130		1
50	20	10					1885	172					
6	3	30			160	50					3700		22
70	20	50									2400		7
											3800		1
					1300	212					2830		23
110	37	50			7300	1760					7000		27
5000	1700	850			910	208					8400		143
5050	1380	650									5000		32
											900		
											300		
											400		28
											60		
11400	2850	2400			37743	4443	16806	1681			36977	2	
											100		
560	112	280							200	33	3291	7	
3242	648	1426									2300		
740	185	555	20	3	340	31	2882	107			9365		9
					88	11	7000	601			5165		1
2850	935	2805			27844	1260					7450		
25146	1848	6124			34202	2753					19187	1	36
					520	45					385		
					1818	267							
											1217		
											1217		
6546	**1278**	**1842**	**1409**	**222**	**55363**	**9305**	**71248**	**6808**	**20811**	**2239**	**383781**		**1170**
4552	1001	1216	1395	197	50112	8113	71248	6808	16830	1665	225341		871
											2942		22
					2210	552					8527		

市序号	区序号	绿地名称	实有树木								
			合计（株）	乔木			灌木			其	
				小计	常绿乔木	落叶乔木	小计	常绿灌木	落叶灌木	小计	月季
甲	乙	丙	1=2+5+8	2=3+4	3	4	5=6+7	6	7	8=9+10	9
89	3	坝河绿地	33754	2288	808	1480	12576	130	12446	18890	18854
90	4	多味斋绿地	243	35	7	28	8	6	2	200	200
91	5	和平街绿地	1388	405	214	191	695	411	284	288	288
92	6	东大桥三角地	198	137	71	66	59	16	43	2	
93	7	二环路绿地	16223	1149	505	644	3277	1156	2121	11797	10017
94	8	工体北绿地	3262	333	153	180	1154	507	647	1775	1765
95	9	风之广场	2360	96	64	32	1014	338	676	1250	1250
96	10	水碓子绿地	8803	64	35	29	2509	221	2288	6230	6230
97	11	小关斜街	540	40		40				500	500
98	12	小关东街绿地	3665	165	37	128				3500	2000
99	13	市长之家路绿地	5127	127	6	121				5000	5000
100	14	太阳宫路绿地	2639	209	88	121	630		630	1800	600
101	15	安苑路绿地	2401	341	39	302	2060	2000	60		
102	16	休闲广场	174	39	20	19	66	17	49	69	55
103	17	高碑店路口绿地	519	6	4	2	13	10	3	500	500
104	18	太阳宫绿色文化家园	6623	23	19	4	6600	1500	5100		
105	19	机场宿舍区街心花园	166	109	34	75	40		40	17	17
106	20	机场职工俱乐部门前绿地	245	68	40	28	75	14	61	102	102
107	21	国航办公楼绿地	2092	2	2		24		24	2066	2066
108	22	老候机楼前绿地	2022	137	84	53	736	675	61	1149	1139
109	23	新航站楼前绿地	15160	165	87	78	5060		5060	9935	9935
		市属	34032	5255	1836	3419	8887	5498	3389	19890	17896
110	24	安贞西北角绿地	7723	334	80	254	2217	1855	362	5172	5172
111	25	朝阳门绿地	1101	245	83	162	821	665	156	35	
112	26	东坝河绿地	1835	733	148	585	752	120	632	350	350
113	27	东花园绿地	5657	135	43	92	508	400	108	5014	3084
114	28	花家地绿地	2563	969	214	755	536		536	1058	1040
115	29	酒仙桥绿地	589	165	71	94	420	202	218	4	
116	30	西花园绿地	4916	517	181	336	599	323	276	3800	3800
117	31	小关绿地	5188	1322	629	693	1362	580	782	2504	2500
118	32	新源里绿地	4460	835	387	448	1672	1353	319	1953	1950
		海淀区	**112304**	**25384**	**8926**	**16458**	**34719**	**18854**	**15865**	**52201**	**45866**
		区属	90830	22239	7671	14568	23678	12624	11054	44913	42588
119	1	白果园	180	83	35	48	79	42	37	18	18
120	2	三角地	110	7	7		3		3	100	100
121	3	小营绿地	1927	558	67	491	923	52	871	446	37

续表三

他			竹子		绿篱		色块		宿根花卉		草坪	古树	濒危植物
攀缘													
（株）	（米）	（平方米）	（株）	（平方米）	（株）	（米）	（株）	（平方米）	（株）	（平方米）	（平方米）	（株）	（株）
10	11	12	13	14	15	16	17	18	19	20	21	22	23
36	27	54	980	140	13347	2240	12900	1290	1348	158	66725		597
											2202		
					7531	1332							2
2	3		95	2	539	159	569	46			1179		3
1780	356	712			84	28	10314	846	1404	162	29901		154
10	10	25			678	114	2198	141	900	90	5579		
					1505	301			12430	1243	5000		11
			300	50	18332	2619					18340		
											1200		
1500	350	175					2000	230			3300		
							10000	1156			2300		
1200	200	80					5523	620			5800		
											1200		
14	50	150			1518	138					2150		
											8600		
							7900	494	700		12063		
					1875	263	278	29			1200		
					1613	323					1450		
							9156	915			1800		
10	5	20	20	5					48	12	12540		17
					880	44	10410	1041			31343		65
1994	277	626	14	25	5251	1192			3981	574	158440		299
					923	176			3699	411	3828		
35	33	110			1583	308					5600		4
											14484		
1930	193	386									2333		
18	8	25							76	130	35000		203
4	10	20			280	40					2750		
					226	62			190	13	20200		29
4	25	75			712	184			16	20	48710		44
3	8	10	14	25	1527	422					25535		19
6335	**1343**	**4953**	**23524**	**2377**	**16736**	**2825**	**98132**	**16559**	**28568**	**3868**	**714729**	**85**	**1231**
2325	688	1720	324	57	14730	2497	95562	16415	24811	3493	613761	2	1108
											1536	2	30
											1150		
409	37	74							1890	210	3000		29

市序号	区序号	绿地名称	实有树木								
			合计（株）	乔木			灌木			其	
				小计	常绿乔木	落叶乔木	小计	常绿灌木	落叶灌木	小计	月季
甲	乙	丙	1=2+5+8	2=3+4	3	4	5=6+7	6	7	8=9+10	9
122	4	广济桥绿地	382	227	69	158	130		130	25	25
123	5	供电局宿舍绿地	257	86	60	26	104	47	57	67	57
124	6	商服绿地	7821	82	40	42	332	289	43	7407	7407
125	7	八千平方米绿地	2325	143	20	123	162	134	28	2020	2020
126	8	上地公园	1779	217	102	115	243	6	237	1319	900
127	9	秀慧园	5294	2172	1371	801	1980	51	1929	1142	866
128	10	名仕外绿地	806	227	161	66	64	14	50	515	110
129	11	滨河二期	2163	1788	933	855	335		335	40	40
130	12	滨河一期	1182	642	199	443	270	23	247	270	270
131	13	罗道庄绿地	1061	59		59	658	159	499	344	344
132	14	翠微园	342	106	40	66	236	136	100		
133	15	变电站南侧绿地	1349	239	137	102	327	49	278	783	624
134	16	小天鹅绿地	597	322	130	192	235	47	188	40	40
135	17	木樨地绿地	418	418	308	110					
136	18	罗道庄桥头绿地	227	18	18		209	200	9		
137	19	万业源绿化带	4711	449	129	320	779	570	209	3483	3483
138	20	祁家豁子绿地	1830	319	153	166	268		268	1243	847
139	21	清华东路绿地	3027	672	263	409	1233	615	618	1122	1122
140	22	长河	4615	1417	472	945	1408	294	1114	1790	1790
141	23	万泉河三角地	1511	210	37	173	653	612	41	648	648
142	24	红领巾绿地	354	184	76	108	134	33	101	36	35
143	25	当代花园	1443	157	32	125	378	183	195	908	908
144	26	海淀南路绿地	1709	607	268	339	626	343	283	476	226
145	27	中关村大街绿地	24802	1391	665	726	6466	5854	612	16945	16945
146	28	纺织机械厂绿地	872	615	199	416	257	97	160		
147	29	体院绿地	1029	778	173	605	251	5	246		
148	30	紫薇入画绿地	4700	1155	280	875	1445		1445	2100	2100
149	31	碧水风荷绿地	3558	1211	339	872	721		721	1626	1626
150	32	昆玉段	8449	5680	888	4792	2769	2769			
		市属	21474	3145	1255	1890	11041	6230	4811	7288	3278
151	33	滨河绿地	2188	263	54	209	583	432	151	1342	1330
152	34	翠薇烟雨绿地	11788	1630	619	1011	8657	5553	3104	1501	869
153	35	公主坟绿地	3135	612	339	273	1023	4	1019	1500	204
154	36	科技会堂绿地	2922	57	35	22	18		18	2847	777
155	37	马甸绿地	970	235	76	159	637	241	396	98	98
156	38	清河三角地	471	348	132	216	123		123		

续表四

他			竹子		绿篱		色块		宿根花卉		草坪	古树	濒危植物
攀缘													
（株）	（米）	（平方米）	（株）	（平方米）	（株）	（米）	（株）	（平方米）	（株）	（平方米）	（平方米）	（株）	（株）
10	11	12	13	14	15	16	17	18	19	20	21	22	23
											2000		4
10	5	2			130	26					800		
							1881	238	10750	1075	3900		10
					1133	161					6666		13
419	42	76	160	16	286	41	524	58			3729		
276	92	184	164	41					5275	904	82124		78
405	135	405			2360	674			455	76	5400		
					154	22							3
					550	137			48	8	18670		5
					2450	350	2034	102			2987		
											3012		23
159	53	132							12	2	7695		2
									376	94	5656		10
													71
							459	37			911		
						50	15634	1303	460	77	15800		
396	198	396			330	110			750	150	9589		56
					650	130			1153	231	22275		27
							6120	382			186330		71
					600		160		200	80	5000		3
1	1	1									5000		
					192	24	8808	551			23445		13
250	125	450			1511	208	512	32	385	128	17085		
					4174	522	59430	13712			74690		129
											1450		
									560	80	13500		10
					210	42			1527	245	33029		15
									970	133	46185		60
											11147		446
4010	655	3233	23200	2320	2006	328	2570	144	3757	375	100968	83	123
12	28	75			205	35	2570	144			6201		12
632	66	1567	23200	2320	709	137			3757	375	33299		
1296	446	1361			1092	156					38042	83	98
2070	115	230									4077		3
													5
											19349		5

市序号	区序号	绿地名称	实有树木								
			合计（株）	乔木			灌木			其	
				小计	常绿乔木	落叶乔木	小计	常绿灌木	落叶灌木	小计	月季
甲	乙	丙	1=2+5+8	2=3+4	3	4	5=6+7	6	7	8=9+10	9
		丰台区	**151259**	**52103**	**11776**	**40327**	**35991**	**17376**	**18615**	**63165**	**51366**
		区属	151259	52103	11776	40327	35991	17376	18615	63165	51366
157	1	新发地海子墙	59000	5549	1286	4263	23451	16451	7000	30000	30000
158	2	世界风情园	31268	31268	6254	25014					
159	3	六一八厂绿地	549	457	319	138	92		92		
160	4	卢沟桥绿地	177	177	166	11					
161	5	木樨园三角地	3070	602	164	438	1064	150	914	1404	1404
162	6	三建料库绿地	1318	715	363	352	603	8	595		
163	7	二十二亩地绿地	9305	657	181	476	63		63	8585	8585
164	8	冷冻厂	2761	674	222	452	2087	37	2050		
165	9	翠林万米绿化带	4986	541	136	405	745	11	734	3700	3700
166	10	万柳小区花园	3253	376	70	306	270	200	70	2607	2600
167	11	百米芳华园	29772	10613	2336	8277	7018	409	6609	12141	3000
168	12	长辛店火车站花园	127	6	2	4	121	22	99		
169	13	340车站绿地	9	5	1	4	4	4			
170	14	祠堂口绿地	65	35	5	30	30		30		
171	15	大三角地	4683	134	53	81	119	41	78	4430	1950
172	16	丰南路公共绿地	661	188	138	50	284	43	241	189	41
173	17	造甲村绿地	41	6		6	9		9	26	6
174	18	云岗街头金三角	136	53	33	20				83	80
175	19	南苑北里绿地	78	47	47		31		31		
		石景山区	**174592**	**94381**	**74854**	**19527**	**40972**	**12608**	**28364**	**39239**	**28901**
		区属	174592	94381	74854	19527	40972	12608	28364	39239	28901
176	1	石景山路绿地	43760	4812	1160	3652	17371	9320	8051	21577	16732
177	2	人民渠绿地	694	359	86	273	172	2	170	163	160
178	3	老山绿地	51090	51090	43475	7615					
179	4	骨灰堂绿地	10160	10160	9200	960					
180	5	八宝山绿地	38642	23402	19370	4032	15240		15240		
181	6	老山居住区绿地	5289	1012	429	583	1019	52	967	3258	643
182	7	石景山绿色广场	764	340	63	277	124	124		300	300
183	8	十四院和小山	1905	349	73	276	1556	359	1197		
184	9	八角北路绿地	2421	222	127	95	364	60	304	1835	
185	10	七色园绿地	10287	1257	375	882	1900	653	1247	7130	7130
186	11	杨庄绿地	3716	465	299	166	951	262	689	2300	1800
187	12	西黄村三角地	3508	170	100	70	702	276	426	2636	2096
188	13	工疗绿地	1633	51		51	1542	1500	42	40	40

续表五

他			竹子		绿篱		色块		宿根花卉		草坪	古树	濒危植物
攀缘													
（株）	（米）	（平方米）	（株）	（平方米）	（株）	（米）	（株）	（平方米）	（株）	（平方米）	（平方米）	（株）	（株）
10	11	12	13	14	15	16	17	18	19	20	21	22	23
11799	**2553**	**8525**			**15222**	**3241**			**16834**	**1893**	**102667**	**4**	**178**
11799	2553	8525			15222	3241			16834	1893	102667	4	178
											4500		
					1020	175					320		
					144	57							
									2284	228	5000		
											6300		54
									2800	360	4140		8
					3230	1050			3700	500	520		28
					650	110			550	55	21000		14
7	2								6500	650	9000		
9141	2284	7395			4000	524			1000	100	44200		74
					600	200					310		
											110		
2480	168	992									3141		
148	75	100			4616	951					200		
20	10	10			167	15						4	
3	14	28			795	159					926		
											3000		
10338	**1763**	**13689**	**500**	**100**	**58196**	**25627**	**103557**	**4692**	**201788**	**13111**	**176032**		**1112**
10338	1763	13689	500	100	58196	25627	103557	4692	201788	13111	176032		1112
4845	907	10188			23880	6616	400	80	51610	5582	107303		299
3	6	18			1028	257							6
					15000	15000							
													140
2615	275	1653			7743	1391	7	13	50	7	11038		58
							100420	4368	124434	4466	28592		32
					1180	236			6500	750	3200		94
1835	367	918			7460	1492	200	15	144	16	8344		21
									15050	1740			193
500	100	750			1905	635	2530	216	500	50	4655		233
540	108	162							3500	500	6900		16
			500	100							6000		20

市序号	区序号	绿地名称	实有树木									
			合计（株）	乔木			灌木			其	
				小计	常绿乔木	落叶乔木	小计	常绿灌木	落叶灌木	小计	月季
甲	乙	丙	1=2+5+8	2=3+4	3	4	5=6+7	6	7	8=9+10	9
189	14	小青山绿地	723	692	97	595	31		31		
		远郊区县	**422461**	**112539**	**22146**	**90393**	**168299**	**112698**	**55601**	**141623**	**128438**
		昌平区	**63193**	**53208**	**1144**	**52064**	**1152**	**129**	**1023**	**8833**	**3602**
190	1	学府花园	1864	304	122	182	90	24	66	1470	1000
191	2	昌平游乐园	1626	276	42	234	130	50	80	1220	1000
192	3	西关花园	1073	53	39	14				1020	1020
193	4	城角绿地	83	83	71	12					
194	5	西大三角树木园	676	462	169	293	91	5	86	123	82
195	6	昌平西环岛	57871	52030	701	51329	841	50	791	5000	500
		门头沟区	**60958**	**15067**	**8522**	**6545**	**21618**	**15732**	**5886**	**24273**	**23515**
196	1	滨河世纪广场	54282	13282	7996	5286	19600	14900	4700	21400	21400
197	2	滨河公园绿地	3611	1442	432	1010	289	6	283	1880	1280
198	3	亚能绿地	167	17	4	13	125	14	111	25	25
199	4	三角地绿地	779	10	3	7	579	272	307	190	190
200	5	新桥大街向阳绿地	120							120	120
201	6	龙泉宾馆绿地	1909	226	71	155	1025	540	485	658	500
202	7	城子灯岗绿地	90	90	16	74					
		顺义区	**7095**	**790**	**170**	**620**	**403**	**154**	**249**	**5902**	**5902**
203	1	滨河郊野公园									
204	2	燕京绿地广场	280	249	35	214	31		31		
205	3	北京醇绿地	289	103	19	84	184	134	50	2	2
206	4	光明文化广场	3739	189	53	136				3550	3550
207	5	区委东侧绿地	2369	19		19				2350	2350
208	6	东大桥环岛西北角绿地	262	92	35	57	170	20	150		
209	7	五里仓环岛西北角绿地	156	138	28	110	18		18		
		通州区	**132638**	**9474**	**3805**	**5669**	**97864**	**84669**	**13195**	**25300**	**23307**
210	1	万春园	1176	302	95	207	174		174	700	700
211	2	玉春园	3281	1352	499	853	1819	37	1782	110	68
212	3	漪春园	785	137	61	76	298		298	350	50
213	4	大光园	733	95	38	57	238		238	400	400
214	5	同心花园	142	54	20	34	50		50	38	18
215	6	运河文化广场	1172	1145	128	1017	27		27		
216	7	东关建材市场绿地	1							1	
217	8	运河大街绿化带	105257	6028	2763	3265	94149	84285	9864	5080	3940
218	9	玉带路东头三角地	275	71	28	43	54		54	150	150

续表六

他			竹子		绿篱		色块		宿根花卉		草坪	古树	濒危植物
攀缘													
(株)	(米)	(平方米)	(株)	(平方米)	(株)	(米)	(株)	(平方米)	(株)	(平方米)	(平方米)	(株)	(株)
10	11	12	13	14	15	16	17	18	19	20	21	22	23
13185	**3795**	**12697**	**5900**	**558**	**186886**	**27061**	**726467**	**49513**	**122808**	**11083**	**1097703**		**5212**
5231	**1460**	**5840**			**11562**	**1752**	**52600**	**1552**			**48732**		**14**
470	330	690			160	10					3000		
220	150	450			4500	500					600		
							52600	1552			6000		
					4205	635					10349		8
41	80	200			1347	337							6
4500	900	4500			1350	270					28783		
758	**310**	**230**			**560**	**130**	**106279**	**9662**	**60015**	**3761**	**306975**		**25**
							105000	9450	60000	3751	300000		
600	210	210			40	30	354	112			2500		25
					520	100	925	100	15	10	1075		
											300		
											200		
158	100	20									800		
											2100		
			280	**44**	**5100**	**770**	**142795**	**7139**	**2520**	**300**	**121906**		**128**
											46000		
					4920	710	98800	4940	720	240	32100		31
							8585	430			6270		8
							24620	1292			32500		82
			280	44	60	12	8390	357	1800	60	3300		7
					120	48							
							2400	120			1736		
1993	**947**	**2978**			**7923**	**1811**	**211590**	**13315**	**260**	**10**	**121906**		**11**
					1890	540					8000		
42	23	46							260	10	2500		
300	300	1600			226	76					600		2
					1020	205					850		
20	20	10			538	97					1580		4
							188300	11969			250000		
1											13080		
1140	114	342					5105	313			135660		2
											2100		

市序号	区序号	绿地名称	实有树木								
			合计（株）	乔木			灌木			其	
				小计	常绿乔木	落叶乔木	小计	常绿灌木	落叶灌木	小计	月季
甲	乙	丙	1=2+5+8	2=3+4	3	4	5=6+7	6	7	8=9+10	9
219	10	九棵树三角地	35	5	5		30		30		
220	11	玉桥西路北端三角地	279	59	23	36	190		190	30	30
221	12	玉带路三角地	75	34	12	22	41		41		
222	13	果园环岛	15611	187	128	59	783	336	447	14641	14151
223	14	北苑环岛	3816	5	5		11	11		3800	3800
224	15	北关环岛绿地									
		房山区	**41947**	**15128**	**4334**	**10794**	**14888**	**8289**	**6599**	**11931**	**7909**
225	1	窗口	1310	20	20		28		28	1262	1262
226	2	碧桃园	224	55	17	38	149	34	115	20	20
227	3	永乐园	280	127	50	77	139	109	30	14	
228	4	迎宾亭	248	93	30	63	155	112	43		
229	5	北关环岛	1110				950	950		160	160
230	6	中心环岛	370							370	370
231	7	东关环岛	821	1	1					820	820
232	8	直属库门前绿地	47	18	17	1	29		29		
233	9	凤凰亭绿地	756	630	82	548	114	1	113	12	
234	10	前进绿地	774	333	94	239	388	40	348	53	52
235	11	月季园	1729	280	74	206	176	18	158	1273	1108
236	12	中心绿岛	44				44	8	36		
237	13	燕东路北侧绿地	6283	5685	1837	3848	598		598		
238	14	北庄三角地	94	18	15	3	76	43	33		
239	15	燕化公司机关门前	1316	601	404	197	453	56	397	262	210
240	16	东风三角地和公司机关前	37	17	3	14	20		20		
241	17	设备制造公司	4055	212	23	189	45		45	3798	20
242	18	滨河园	15797	3934	700	3234	9483	6530	2953	2380	2380
243	19	北关环岛	17	17	15	2					
244	20	滨河公园	5172	2964	848	2116	1916	323	1593	292	292
245	21	府前广场一期工程	1264	40	33	7	24		24	1200	1200
246	22	五朵金花	108	36	36		72	36	36		
247	23	府前广场二期工程	35	35	35						
248	24	彩云追月	33	9		9	9	9		15	15
249	25	峰	23	3		3	20	20			
		大兴县	**94661**	**13333**	**2993**	**10340**	**26173**	**1164**	**25009**	**55155**	**55064**
250	1	工业开发区绿带	56075	1217	197	1020	4858	249	4609	50000	50000
251	2	王立庄绿地	20332	6085	581	5504	10265	761	9504	3982	3972
252	3	电视塔绿地	5	5	5						

他			竹子		绿篱		色块		宿根花卉		草坪	古树	濒危植物
攀缘													
（株）	（米）	（平方米）	（株）	（平方米）	（株）	（米）	（株）	（平方米）	（株）	（平方米）	（平方米）	（株）	（株）
10	11	12	13	14	15	16	17	18	19	20	21	22	23
					600	120					719		
					1043	181					1268		
					788	229					2500		
490	490	980			1818	363	785	195			21430		3
							17400	838			2100		
											10000		
4022	**486**	**2356**			**62474**	**10318**	**25750**	**1120**	**3403**	**874**	**232411**		**1036**
					6384	1064			130	31			
					330	55			60	20	2166		
14	9	22			2316	386					814		
					1740	290					2969		
					800	176	3214	200			3627		
					800	100							
							1880	120			1600		
					320	53					800		
12	3	6			720	180			30	15	1230		
1	1	12			2012	528					3520		140
165	55	165			5340	1140			143	98	1850		
					1280	160	310	35			1138		
					7812	1953							
					218	69							
52	80	640			16966	1604					15000		7
							900	180			5500		
3778	338	1511			4624	1005					581		
											15640		
					2832	383	12356	285			9245		
					7820	1140			40	10	83139		882
											60882		7
					160	32					790		
							7090	300	3000	700	20200		
											1020		
											700		
91	**72**	**182**	**820**	**210**	**50692**	**6371**	**130603**	**12044**	**28160**	**2840**	**73730**		**3943**
			800	200			89818	10110	8000	800	55000		38
10	20	40							160	40			3804
											1400		

市序号	区序号	绿地名称	实有树木								
			合计（株）	乔木			灌木			其	
				小计	常绿乔木	落叶乔木	小计	常绿灌木	落叶灌木	小计	月季
甲	乙	丙	1=2+5+8	2=3+4	3	4	5=6+7	6	7	8=9+10	9
253	4	威顿公司南绿地	228	130	21	109	98		98		
254	5	童车二厂西绿地	1063	1006	944	62	57		57		
255	6	宾馆绿地	595	38	11	27	37	9	28	520	502
256	7	站前广场绿地	3321	295	203	92	3026	19	3007		
257	8	站前广场西绿地	437	437	216	221					
258	9	大机处楼北绿地	26	9	3	6	17		17		
259	10	政府憩园	72	10	6	4	14	9	5	48	48
260	11	南三角绿地	283	77	60	17	105	6	99	101	86
261	12	清真寺绿地	38	17	4	13	5		5	16	16
262	13	街心公园东门外绿地	23	23	23						
263	14	建委绿地	216	57	49	8	29		29	130	130
264	15	西黄村转盘	285	285	285						
265	16	防疫站绿地	16	10	5	5	6		6		
266	17	三小绿地	17	12	3	9	5		5		
267	18	小乐园绿地	374	221	11	210	78	58	20	75	75
268	19	赛奥门前绿地	59	59	33	26					
269	20	埝坛开发区中心花园	140	22		22	28		28	90	42
270	21	五中绿地	53	23	16	7	30		30		
271	22	兴华南路西侧绿化带	769	249	153	96	477	8	469	43	43
272	23	兴华中路西侧绿带	732	556		556	176		176		
273	24	兴华北路两侧绿带	4128	672	72	600	3456		3456		
274	25	清源路两侧绿地	3912	356	92	264	3406	45	3361	150	150
275	26	京开公路东侧绿带	1262	1262		1262					
276	27	观音寺街绿地	200	200		200					
		怀柔县	**6578**	**1180**	**338**	**842**	**3311**	**1761**	**1550**	**2087**	**1313**
277	1	青春绿地	132	22	4	18	37	8	29	73	70
278	2	滨湖绿地	2223	383	153	230	272	76	196	1568	950
279	3	迎宾绿地	1277	88	32	56	933	868	65	256	253
280	4	祝福绿地	103	25	5	20	48	26	22	30	30
281	5	东关绿地	2843	662	144	518	2021	783	1238	160	10
		密云县	**3087**	**813**	**309**	**504**	**883**	**101**	**782**	**1391**	**1361**
282	1	工业局绿地	810	18	18					792	792
283	2	中医后绿地	683	107	20	87	7		7	569	569
284	3	体委南绿地	89	61	17	44	28		28		
285	4	密溪路绿地	126	126	72	54					
286	5	云光绿地	90	45	26	19	45		45		

续表八

他			竹子		绿篱		色块		宿根花卉		草坪	古树	濒危植物
攀缘													
（株）	（米）	（平方米）	（株）	（平方米）	（株）	（米）	（株）	（平方米）	（株）	（平方米）	（平方米）	（株）	（株）
10	11	12	13	14	15	16	17	18	19	20	21	22	23
									20000	2000			8
18	21	57									1600		
							27000	1284			7376		42
													40
											297		
			20	10							800		2
15	15	45			854	122					2000		7
					2256	282							
					1616	202							
					144	16							
							13245	605			1004		
48	16	40					540	45			1266		
					44576	5572							2
											1937		
					606	87							
					640	90					1050		
774	**277**	**708**	**4400**	**258**	**9354**	**874**	**14025**	**411**	**520**	**34**	**57468**		**10**
3	7	16			480	40	6600	180	100	8	2746		10
618	206	515			3874	327	7425	231	410	25	51122		
3	14	52	3000	188	3150	315					3400		
					1350	142			10	1	200		
150	50	125	1400	70	500	50							
30	**32**	**65**	**40**	**10**	**4253**	**731**	**7158**	**1856**	**378**	**78**	**43342**		**11**
			40	10	500	72	48	6	240	30	564		
					672	96					2340		
							5000	1410	120	30	18000		
											12200		8
											1300		

市序号	区序号	绿地名称	实有树木								
			合计（株）	乔木			灌木			其	
				小计	常绿乔木	落叶乔木	小计	常绿灌木	落叶灌木	小计	月季
甲	乙	丙	1=2+5+8	2＝3＋4	3	4	5＝6＋7	6	7	8＝9＋10	9
287	6	街心公园	49	41	29	12	8	8			
288	7	101 绿地	35	5	5		30		30		
289	8	教师楼后绿地	36	12	11	1	24		24		
290	9	光阳南三角地	309	304	50	254	5	5			
291	10	清洁队花坛绿地	124	11	5	6	83	82	1	30	
292	11	光阳外绿地	53	48	36	12	5		5		
293	12	宾阳北里绿地	655	13	13		642		642		
294	13	云洞前绿地									
295	14	拓荒牛绿地	28	22	7	15	6	6			
		平谷县	**5379**	**3284**	**448**	**2836**	**1246**	**449**	**797**	**849**	**843**
296	1	府前西街绿地	854	275	148	127	288	118	170	291	291
297	2	迎宾街两侧绿地	501	209	97	112	246	182	64	46	46
298	3	林荫街两侧绿地	450	270	54	216	155	108	47	25	25
299	4	府前大街绿地	221	36	21	15	129	37	92	56	56
300	5	北环路街头绿地	2437	2132	28	2104	116	4	112	189	189
301	6	平谷大街	448	234	48	186	209		209	5	5
302	7	柳荫公园	116	58	17	41	43		43	15	15
303	8	街心公园	240	55	35	20	48		48	137	131
304	9	儿童乐园	112	15		15	12		12	85	85
		延庆县	**6925**	**262**	**83**	**179**	**761**	**250**	**511**	**5902**	**5622**
305	1	妫川广场	5804	22	13	9	340		340	5442	5442
306	2	儿童游乐园	1121	240	70	170	421	250	171	460	180

续表九

他			竹子		绿篱		色块		宿根花卉		草坪	古树	濒危植物
攀缘													
（株）	（米）	（平方米）	（株）	（平方米）	（株）	（米）	（株）	（平方米）	（株）	（平方米）	（平方米）	（株）	（株）
10	11	12	13	14	15	16	17	18	19	20	21	22	23
					1568	237	484	123			5470		3
					220	55					15		
					420	84					820		
30	32	65							18	18	200		
					294	42					1400		
					579	145							
							454	156					
							1172	161			1033		
6	**11**	**38**	**360**	**36**	**33148**	**4022**	**16787**	**1189**	**812**	**156**	**60983**		**24**
					15542	1943	10837	678			14011		10
											18572		
					6664	739	768	48			4291		
					624	78			225	25			
					5964	709	630	105			1675		1
					210	35	4552	358			18658		
									378	42	2576		6
6	11	38	360	36	2504	313			209	89	300		7
					1640	205					900		
280	**200**	**300**			**1820**	**282**	**18880**	**1225**	**26740**	**3030**	**30250**		**10**
					960	80	18760	1210	24700	2420	29950		2
280	200	300			860	202	120	15	2040	610	300		8

北京市城市公共绿地

市序号	区序号	绿地名称	合计（平方米）	总面			
				水面积	小计	陆地	
						绿地面积	建筑占地面积
甲	乙	丙	1=2+3	2	3=3+4+8+9	4	5
		合　计	**1402966**	**7340**	**1395626**	**1271942**	**25422**
		城近郊区	**1124117**	**7340**	**1116777**	**1014650**	**21803**
		东城区	**5000**		**5000**	**3825**	
1	1	和平里小黄庄	5000		5000	3825	
		宣武区	**21015**		**21015**	**17256**	
2	1	椿树园小区	21015		21015	17256	
		朝阳区	**857641**	**4318**	**853323**	**802157**	**17003**
3	1	安华西里一区中心花园	34000		34000	28175	5525
4	2	安贞西里中西花园	20612		20612	20212	
5	3	憩园	5145	40	5105	3607	224
6	4	沁春园	5000	200	4800	3617	263
7	5	望京西园花园	73243		73243	73243	
8	6	南湖东园	40841		40841	40841	
9	7	方舟苑花园	10100		10100	10100	
10	8	花家地小区花园	37800		37800	37800	
11	9	花家地北小区花园	36400		36400	36400	
12	10	南湖西园花园	51000		51000	51000	
13	11	南湖中园花园	53000		53000	53000	
14	12	高家园小区花园	10000	223	9777	8310	101
15	13	春园	5747		5747	4428	140
16	14	夏园	8402	261	8141	6544	126
17	15	秋园	3084		3084	2436	
18	16	冬园	2790		2790	2220	170
19	17	建材院花园	5542		5542	5542	
20	18	生物制品研究所花园	24000		24000	24000	
21	19	呼家楼北里小绿地	3880		3880	3880	
22	20	机场宿舍区 157 花园	4241		4241	2430	162
23	21	南路东里花园	1650		1650	989	115
24	22	东平里街心花园	4624		4624	2535	970
25	23	北平里街心花园	3658		3658	1987	120
26	24	南平里花园	3931		3931	2089	150
27	25	北辰集团中心花园	157000	1894	155106	147066	2040
28	26	安慧里中心花园	52000	1700	50300	41959	
29	27	红庙北里小区花园	5000		5000	5000	
30	28	劲松二区花园	3299		3299	1857	100

—居住区花园面积明细表

积				绿地面积占陆地面积（%）	绿化覆盖面积（平方米）	绿化覆盖率（%）
面　积		铺装面积	其他面积			
建筑面积	其中:古建面积					
6	7	8	9	10 = 4/3	11	12 = 11/1
21642	**105**	**90967**	**7295**	**91.14**	**1214777**	**86.59**
16941	**105**	**75271**	**5053**	**90.86**	**951335**	**84.63**
		1175		**76.50**	**3944**	**78.88**
		1175		76.50	3944	78.88
		3759		**82.11**	**17256**	**82.11**
		3759		82.11	17256	82.11
11601	**100**	**33338**	**825**	**94.00**	**731130**	**85.25**
		300		82.87	28220	83.00
		400		98.06	20200	98.00
1054	60	1274		70.66	4630	89.99
1606		920		75.35	4700	94.00
				100.00	60000	81.92
				100.00	40000	97.94
				100.00	10000	99.01
				100.00	31000	82.01
				100.00	31000	85.16
				100.00	41000	80.39
				100.00	43000	81.13
101		1366		85.00	8810	88.10
		1179		77.05	5422	94.34
		1471		80.38	7275	86.59
		648		78.99	2536	82.23
		400		79.57	2520	90.32
				100.00	4542	81.96
				100.00	19000	79.17
				100.00	3000	77.32
		1649		57.30	3030	71.45
		546		59.94	1385	83.94
		1119		54.82	3398	73.49
		1156	395	54.32	2311	63.18
		1262	430	53.14	2263	57.57
2040	40	6000		94.82	123497	78.66
		8341		83.42	48750	93.75
				100.00	4500	90.00
		1342		56.29	1912	57.96

市序号	区序号	绿地名称	合计（平方米）	总面积			
				水面积	小计	陆地	
						绿地面积	建筑占地面积
甲	乙	丙	1＝2＋3	2	3＝4＋5＋8＋9	4	5
31	29	劲松五区花园	6325		6325	4263	297
32	30	松榆里小区绿地	12000		12000	12000	
33	31	双龙南里中心绿地	9500		9500	8000	500
34	32	世纪村花园	4179		4179	4179	
35	33	安慧北里小区绿地	48746		48746	48746	
36	34	慧忠北里小区绿地	70318		70318	70318	
37	35	慧忠里 A 区绿地	15100		15100	15100	
38	36	豹方南里 917 绿地	7484		7484	7484	
39	37	小营小区绿地	18000		18000	10800	6000
		海淀区	**26821**	**315**	**26506**	**21706**	
41	1	中科院黄庄小区	6616		6616	6616	
42	2	中科院东南小区	6105	15	6090	6090	
43	3	双榆树公园	9600	300	9300	6200	
44	4	知春里公园	4500		4500	2800	
		丰台区	**140646**	**2707**	**137939**	**119857**	**3050**
45	1	装工院生活区	6660	600	6060	5418	140
46	2	梅园公园	7748	453	7295	5996	320
47	3	东营房花园	6079	380	5699	3553	400
48	4	万源路中心花园	7556	583	6973	4855	1275
49	5	六营门花园	4785	363	4422	4270	97
50	6	蒲黄榆怡心园	16800		16800	13940	70
51	7	西罗园三区花园	6140		6140	5000	500
52	8	西罗园十一区花园	4610	200	4410	3660	150
53	9	云岗翠园花园	3200		3200	2200	
54	10	云岗塔西花园	3575	128	3447	3113	30
55	11	太西里小区联建公园	8000		8000	5920	
56	12	太平桥小区公园	4500		4500	4267	68
57	13	海慧寺邮局小区花园	8260		8260	8260	
58	14	西马物业小区花园	12000		12000	12000	
59	15	方群园一区花园	13493		13493	10165	
60	16	晨新园小区花园	18000		18000	18000	
61	17	马家堡西区	9240		9240	9240	
		石景山区	**72994**		**72994**	**49849**	**1750**
62	1	半月园	43000		43000	30850	150
63	2	八角北路小游园	8994		8994	7994	
64	3	海特广场	21000		21000	11005	1600

续表一

积				绿地面积占陆地面积（%）	绿化覆盖面积（平方米）	绿化覆盖率（%）
面　积		铺装面积	其他面积			
建筑面积	其中:古建面积					
6	7	8	9	10＝4/3	11	12＝11/1
		1765		67.40	4893	77.36
				100.00	11000	91.67
1000		1000		84.21	8000	84.21
				100.00	3970	95.00
				100.00	46309	95.00
				100.00	66802	95.00
				100.00	14345	95.00
				100.00	7110	95.00
5800		1200		60.00	10800	60.00
		3900	**900**	**81.89**	**24616**	**91.78**
				100.00	6616	100.00
				100.00	6090	99.75
		2200	900	66.67	9600	100.00
		1700		62.22	2310	51.33
3740	**5**	**11704**	**3328**	**86.89**	**124250**	**88.34**
		502		89.41	5528	83.00
320		979		82.19	6500	83.89
700		1746		62.34	3553	58.45
1875		843		69.63	6125	81.06
97		55		96.56	4293	89.72
50		2790		82.98	13800	82.14
450		640		81.43	5100	83.06
150		600		82.99	4260	92.41
		1000		68.75	2400	75.00
30	5	304		90.31	3575	100.00
		2080		74.00	7104	88.80
68		165		94.82	4432	98.49
				100.00	8000	96.85
				100.00	11520	96.00
			3328	75.34	13000	96.35
				100.00	17280	96.00
				100.00	7780	84.20
1600		**21395**		**68.29**	**50139**	**68.69**
		12000		71.74	30500	70.93
		1000		88.88	8634	96.00
1600		8395		52.40	11005	52.40

市序号	区序号	绿地名称	合计（平方米）	总面			
				水面积	陆地		
					小计	绿地面积	建筑占地面积
甲	乙	丙	1=2+3	2	3=4+5+8+9	4	5
		远郊区县	**282849**		**282849**	**259592**	**3619**
		门头沟区	**1600**		**1600**	**1600**	
65	1	永定镇	1600		1600	1600	
		顺义区	**4000**		**4000**	**2300**	
66	1	五里仓小区花园	4000		4000	2300	
		通州区	**13007**		**13007**	**12219**	**418**
67	1	西小区花园	3800		3800	3512	168
68	2	中仓小区共建花园	2000		2000	1650	200
69	3	中仓小区红领巾花园	7207		7207	7057	50
		房山区	**203326**		**203326**	**194489**	**42**
70	1	燕化星城条状绿地	58424		58424	56362	
71	2	羊耳峪北里	100000		100000	95000	
72	3	杏花园	7560		7560	5785	42
73	4	西潞园	18218		18218	18218	
74	5	北潞春花园	14124		14124	14124	
75	6	北太平庄花园	5000		5000	5000	
		大兴县	**49775**		**49775**	**40549**	**2548**
76	1	富强小区居住区花园	3600		3600	3296	124
77	2	富强小区(北区)	3363		3363	3213	
78	3	枣园小区中心花园	4590		4590	3260	
79	4	夏槐院	2660		2660	2190	
80	5	春苑	2660		2660	2207	
81	6	秋苑	4095		4095	3711	
82	7	鹤冬苑	2821		2821	2408	88
83	8	清源西里中心花园	9100		9100	7964	
84	9	郁花园中心花园	4900		4900	4300	150
85	10	化纤厂生活区中心绿地	11986		11986	8000	2186
		延庆县	**7141**		**7141**	**6135**	**611**
86	1	新兴小区中心公园	3776		3776	3400	230
87	2	石河营居住区中心公园	3365		3365	2735	381

续表二

积				绿地面积占陆地面积（%）	绿化覆盖面积（平方米）	绿化覆盖率（%）
面　积		铺装面积	其他面积			
建筑面积	其中:古建面积					
6	7	8	9	10 = 4/3	11	12 = 11/1
4701		**17396**	**2242**	**91.78**	**265742**	**93.95**
				100.00	**1600**	**100.00**
				100.00	1600	100.00
		1700		**57.50**	**2300**	**57.50**
		1700		57.50	2300	57.50
1500		**370**		**93.94**	**12219**	**93.94**
		120		92.42	3512	92.42
1200		150		82.50	1650	82.50
300		100		97.92	7057	97.92
42		**6795**	**2000**	**95.65**	**197060**	**96.92**
		2062		96.47	57645	98.67
		3000	2000	95.00	96000	96.00
42		1733		76.52	6073	80.33
				100.00	18218	100.00
				100.00	14124	100.00
				100.00	5000	100.00
2548		**6436**	**242**	**81.46**	**43122**	**86.63**
124		180		91.56	3410	94.72
		120	30	95.54	3290	97.83
		1330		71.02	3380	73.64
		470		82.33	2410	90.60
		320	133	82.97	2430	91.35
		310	74	90.62	3840	93.77
88		320	5	85.36	2580	91.46
		1136		87.52	7982	87.71
150		450		87.76	4800	97.96
2186		1800		66.74	9000	75.09
611		**395**		**85.91**	**7141**	**100.00**
230		146		90.04	3776	100.00
381		249		81.28	3365	100.00

北京市城市公共绿地

市序号	区序号	绿地名称	实有树木								
			合计（株）	乔木			灌木			其	
				小计	常绿乔木	落叶乔木	小计	常绿灌木	落叶灌木	小计	月季
甲	乙	丙	1=2+5+8	2=3+4	3	4	5=6+7	6	7	8=9+10	9
		合　　计	**141144**	**21271**	**7016**	**14255**	**25252**	**5656**	**19596**	**94621**	**87228**
		城近郊区	**127495**	**12839**	**4903**	**7936**	**22257**	**4940**	**17317**	**92399**	**85158**
		东城区	**4884**	**109**	**40**	**69**	**556**	**13**	**543**	**4219**	**3800**
1	1	和平里小黄庄	4884	109	40	69	556	13	543	4219	3800
		宣武区	**685**	**314**	**32**	**282**	**256**	**68**	**188**	**115**	**115**
2	1	椿树园小区	685	314	32	282	256	68	188	115	115
		朝阳区	**76316**	**5763**	**2193**	**3570**	**11085**	**2527**	**8558**	**59468**	**56005**
3	1	安华西里1区中心花园	1460	476	110	366	603	70	533	381	231
4	2	安贞西里中西花园	2604	649	241	408	1595	600	995	360	50
5	3	憩园	298	153	79	74	89	30	59	56	55
6	4	沁春园	1092	113	28	85	185	57	128	794	782
7	5	望京西园花园	45	45	45						
8	6	南湖东园	26	26	26						
9	7	方舟苑花园	10	10	10						
10	8	花家地小区花园	20	20	20						
11	9	花家地北小区花园	35	35	35						
12	10	南湖西园花园	7	7		7					
13	11	南湖中园花园	10	10	10						
14	12	高家园小区花园	2171	387	127	260	821	7	814	963	757
15	13	春园	877	156	59	97	178	20	158	543	354
16	14	夏园	1948	247	96	151	101	18	83	1600	960
17	15	秋园	480	163	22	141	238	16	222	79	5
18	16	冬园	313	138	71	67	40	19	21	135	30
19	17	建材院花园									
20	18	生物制品研究所花园									
21	19	呼家楼北里小绿地									
22	20	机场宿舍区157花园	234	83	46	37	40		40	111	111
23	21	南路东里花园	174	55	16	39	72	12	60	47	43
24	22	东平里街心花园	1069	146	39	107	259	40	219	664	644
25	23	北平里街心花园	461	80	25	55	211	73	138	170	170
26	24	南平里花园	503	31	10	21	72	27	45	400	400
27	25	北辰集团中心花园	37582	664	328	336	2065	642	1423	34853	34089
28	26	安慧里中心花园	9171	1299	506	793	2994	20	2974	4878	4878
29	27	红庙北里小区花园									

一居住区花园树木明细表

他			竹子		绿篱		色块		宿根花卉		草坪	古树	濒危植物
攀缘													
（株）	（米）	（平方米）	（株）	（平方米）	（株）	（米）	（株）	（平方米）	（株）	（平方米）	（平方米）	（株）	（株）
10	11	12	13	14	15	16	17	18	19	20	21	22	23
7393	**2384**	**5547**	**47147**	**3335**	**162675**	**22479**	**164355**	**7915**	**24920**	**3277**	**345174**	**2**	**476**
7241	**1884**	**4745**	**46992**	**3290**	**134691**	**18569**	**154929**	**7250**	**23356**	**2957**	**317003**	**2**	**390**
419	**117**	**130**			**2836**	**567**	**5100**	**204**	**2560**	**320**	**2400**		
419	117	130			2836	567	5100	204	2560	320	2400		
					480	**120**	**4100**	**228**			**16261**	**1**	**17**
					480	120	4100	228			16261	1	17
3463	**1204**	**3271**	**41530**	**2810**	**70685**	**7700**	**66375**	**2486**	**10550**	**1248**	**157904**	**1**	**215**
150	50	90			1855	371					3270		54
310	110	230			500	100			5000	500		1	7
1	1	2	40	30	1125	125			250	60			
12	19	70	360	120	3650	452			738	265	1165		
206	150				175	35			275	30	6500		
189	49	232			5205	711					4142		6
640	128				3830	595	640	98	150	15	6500		2
74	34	164			1864	233	104	13			2422		25
105	21	53			1600	200					2184		
					1490	298					1737		
4	10	40	72	12	370	74					1296		
20	30	150	60	20	1244	173	1496	212			1858		
			33	12	650	65	750	150			1225		
			35	11	500	50	520	31	20	10	1504		
764	190	780	38480	2405	26096	2321	38507	1815	3080	190	44106		
					12241	1077	24358	167	37	28	58875		71

市序号	区序号	绿地名称	实有树木								
			合计（株）	乔木			灌木			其	
				小计	常绿乔木	落叶乔木	小计	常绿灌木	落叶灌木	小计	月季
甲	乙	丙	1=2+5+8	2=3+4	3	4	5=6+7	6	7	8=9+10	9
30	28	劲松二区花园	1329	118	43	75	67	14	53	1144	838
31	29	劲松五区花园	4179	140	68	72	109	72	37	3930	3608
32	30	松榆里小区绿地	1967	240	42	198	177		177	1550	1500
33	31	双龙南里中心绿地									
34	32	世纪村花园									
35	33	安慧北里小区绿地									
36	34	慧忠北里小区绿地									
37	35	慧忠里A区绿地									
38	36	豹方南里917绿地									
39	37	小营小区绿地	8251	272	91	181	1169	790	379	6810	6500
		海淀区	**2454**	**479**	**219**	**260**	**810**	**117**	**693**	**1165**	**1064**
41	1	中科院黄庄小区	437	106	40	66	112	15	97	219	210
42	2	中科院东南小区	101	67	32	35	30	2	28	4	4
43	3	双榆树公园	769	229	120	109	188	100	88	352	350
44	4	知春里公园	1147	77	27	50	480		480	590	500
		丰台区	**26836**	**3975**	**1284**	**2691**	**5090**	**1480**	**3610**	**17771**	**14513**
45	1	装工院生活区	461	162	46	116	229	4	225	70	70
46	2	梅园公园	1734	210	56	154	674	130	544	850	400
47	3	东营房花园	618	143	30	113	275	57	218	200	
48	4	万源路中心花园	3109	594	341	253	914	168	746	1601	1574
49	5	六营门花园	1629	175	53	122	165	14	151	1289	320
50	6	怡心园	1492	498	173	325	199	37	162	795	10
51	7	西罗园三区花园	1102	261	55	206	201		201	640	640
52	8	西罗园十一区花园	1478	224	36	188	344	22	322	910	95
53	9	云岗翠园花园	768	41	12	29	48	3	45	679	679
54	10	云岗塔西花园	757	120	66	54	92	8	84	545	545
55	11	太西里小区联建公园	382	270	40	230	19		19	93	93
56	12	太平桥小区公园	3236	191	90	101	66	1	65	2979	2967
57	13	马家堡西区	1737	121	31	90	56	48	8	1560	1560
58	14	晨新园小区花园	3865	95	25	70	270	70	200	3500	3500
59	15	海慧寺邮局小区花园	258	140	20	120	58	8	50	60	60
60	16	西马物业小区花园	2400	300	100	200	1100	800	300	1000	1000
61	17	方群园一区花园	1810	430	110	320	380	110	270	1000	1000
		石景山区	**15635**	**1885**	**1103**	**782**	**4204**	**667**	**3537**	**9546**	**9546**
62	1	半月园	12743	1316	757	559	2688	666	2022	8739	8739
63	2	八角北路小游园	878	205	62	143	558	1	557	115	115

续表一

他			竹子		绿篱		色块		宿根花卉		草坪	古树	濒危植物
攀缘													
（株）	（米）	（平方米）	（株）	（平方米）	（株）	（米）	（株）	（平方米）	（株）	（平方米）	（平方米）	（株）	（株）
10	11	12	13	14	15	16	17	18	19	20	21	22	23
306	82	570			450	90					1857		
322	80	640	370		1800						4263		
50	50	150	2080	200	1100	150			1000	150	5000		50
310	200	100			4940	580					10000		
101	**46**	**46**	**461**	**126**	**13020**	**1505**	**2815**	**340**	**46**	**31**	**21706**		**20**
9	12	30	130	10	1020	255			46	31	6616		15
			251	36							6090		5
2	4	16			8500	890	15	20			6200		
90	30		80	80	3500	360	2800	320			2800		
3258	**517**	**1298**	**5001**	**354**	**32464**	**6201**	**13755**	**1163**	**6000**	**546**	**65235**		**25**
											100		
450	45	135	1506	95					594	99	4197		
200	20	60	2700	169					15	2	3419		
27	21	63	280	18	10873	2719			258	65	2175		
969	97	291	300	19	1304	430			793		3207		
785	157	314	20	3							10100		16
					2040	340							
815	171	363	20	10	1680	336			60	30			
			105	30			2124	84			2200		
			70	10					480	120	2713		
					4395	879	8	14			4000		7
12	6	72			512	117					2524		2
					11660	1380			3800	230	5600		
							730	94			9000		
											2000		
							9611	640			8000		
							1282	331			6000		
					14726	**2356**	**58684**	**2601**	**4200**	**812**	**37236**		**96**
					7326	506	38614	1302			29450		66
							3370	255	200	12	2300		13

市序号	区序号	绿地名称	实有树木								
			合计（株）	乔木			灌木			其	
				小计	常绿乔木	落叶乔木	小计	常绿灌木	落叶灌木	小计	月季
甲	乙	丙	1=2+5+8	2 = 3 + 4	3	4	5 = 6 + 7	6	7	8 = 9 + 10	9
64	3	海特广场	2014	364	284	80	958		958	692	692
		远郊区县	**14761**	**8771**	**2153**	**6618**	**3403**	**854**	**2549**	**2587**	**2435**
		门头沟区									
65	1	永定镇									
		顺义区	**427**	**25**	**8**	**17**	**152**	**70**	**82**	**250**	**250**
66	1	五里仓小区花园	427	25	8	17	152	70	82	250	250
		通州区	**764**	**166**	**73**	**93**	**341**	**91**	**250**	**257**	**149**
67	1	西小区花园	348	100	53	47	169	15	154	79	69
68	2	中仓小区共建花园	139	19	7	12	60	36	24	60	40
69	3	中仓小区红领巾花园	277	47	13	34	112	40	72	118	40
		房山区	**7738**	**6862**	**1491**	**5371**	**746**	**31**	**715**	**130**	**128**
70	1	燕化星城条状绿地	1942	1530	785	745	410	31	379	2	
71	2	羊耳峪北里	5100	5100	600	4500					
72	3	杏花园	696	232	106	126	336		336	128	128
73	4	西潞园花园									
74	5	北潞春花园									
75	6	北太平庄花园									
		大兴县	**4419**	**1289**	**466**	**823**	**1547**	**532**	**1015**	**1583**	**1568**
76	1	富强小区居住区花园	215	174	96	78	41		41		
77	2	富强小区(北区)	350	162	117	45	188	38	150		
78	3	枣园小区中心花园	552	86	21	65	166	113	53	300	300
79	4	夏槐院	442	60	19	41	80	31	49	302	302
80	5	春苑	445	55	29	26	132		132	258	255
81	6	秋苑	442	72	21	51	144	81	63	226	226
82	7	鹤冬苑	211	92	24	68	119	42	77		
83	8	清源西里中心花园	356	52	35	17	187	120	67	117	115
84	9	郁花园中心花园	780	178	52	126	352	97	255	250	250
85	10	化纤厂生活区中心绿地	626	358	52	306	138	10	128	130	120
		延庆县	**986**	**404**	**107**	**297**	**465**	**60**	**405**	**117**	**90**
86	1	新兴小区中心公园	729	312	77	235	387	60	327	30	30
87	2	石河营居住区中心公园	257	92	30	62	78		78	87	60

续表二

他			竹子		绿篱		色块		宿根花卉		草坪	古树	濒危植物
攀缘													
(株)	(米)	(平方米)	(株)	(平方米)	(株)	(米)	(株)	(平方米)	(株)	(平方米)	(平方米)	(株)	(株)
10	11	12	13	14	15	16	17	18	19	20	21	22	23
					7400	1850	16700	1044	4000	800	5486		17
152	**500**	**802**	**155**	**45**	**28979**	**4060**	**17436**	**1028**	**1664**	**325**	**46732**		**103**
					515	**30**	**3910**	**135**	**100**	**5**	**2300**		
					515	30	3910	135	100	5	2300		
108	**206**	**402**			**1875**	**520**					**8933**		
10	10	30			1435	410					1133		
20	40	60			120	30					1600		
78	156	312			320	80					6200		
2	**2**	**4**									**14527**		**2**
2	2	4									8742		
											5785		2
15	**252**	**156**	**150**	**40**	**20934**	**2918**	**7136**	**603**	**1124**	**298**	**12647**		**85**
			60	10	665	95			60	12			
					630	90							
					1190	125					2360		
					2961	423					1140		
3	6	18			1820	260			524	131	365		43
					2758	394					410		2
					3584	512	116	18	540	155	150		3
2	6	18			3586	499					4022		
			90	30	840	120	7020	585			4200		33
10	240	120			2900	400							4
27	**40**	**240**	**5**	**5**	**5140**	**562**	**2480**	**155**	**340**	**17**	**6025**		**16**
					1920	240					3400		12
27	40	240	5	5	3220	322	2480	155	340	17	2625		4

北京市城市公共绿地

市序号	区序号	绿地名称	合计（平方米）	总面			
				水面积	小计	陆地	
						绿地面积	建筑占地面积
甲	乙	丙	1=2+3	2	3=4+5+8+9	4	5
		合　计	**14261638**	**143275**	**14118363**	**13968821**	**93284**
		城近郊区	**7626791**	**126600**	**7500191**	**7362463**	**93164**
		朝阳区	**3841700**	**60000**	**3781700**	**3781700**	
1	1	龙门片林	200000		200000	200000	
2	2	洼里片林	1333000	60000	1273000	1273000	
3	3	辛店片林	400000		400000	400000	
4	4	黄草湾片林	73000		73000	73000	
5	5	富成片林	272000		272000	272000	
6	6	紫玉片林	357700		357700	357700	
7	7	安家楼片林	603000		603000	603000	
8	8	太阳宫片林	173000		173000	173000	
9	9	四元桥片林	30000		30000	30000	
10	10	天安门招待所片林	400000		400000	400000	
		海淀区	**1342769**		**1342769**	**1342769**	
11	1	京密引水片林	22866		22866	22866	
12	2	永定河引水片林	46500		46500	46500	
13	3	滨河南片林	2100		2100	2100	
14	4	水系昆玉段绿化带	44516		44516	44516	
15	5	永泰庄片林	57650		57650	57650	
16	6	小月河片林	75641		75641	75641	
17	7	沙阳路中段	52976		52976	52976	
18	8	北航林带	10080		10080	10080	
19	9	上庄苗圃	59940		59940	59940	
20	10	玉东绿地（农口）	800000		800000	800000	
21	11	六郎庄片林（农口）	170500		170500	170500	
		丰台区	**1001000**		**1001000**	**1000960**	**40**
22	1	云岗 03、07 森林区	1001000		1001000	1000960	40
		石景山区	**1441322**	**66600**	**1374722**	**1237034**	**93124**
23	1	玉泉片林	409400		409400	374470	11766
24	2	老山片林	364782		364782	364782	
25	3	阜石路环保林	80540		80540	80540	
26	4	北辛安片林	133200		133200	133200	
27	5	麻峪片林	186700	66600	120100	38742	81358
28	6	潭峪片林	266700		266700	245300	

—已征城市片林面积明细表

积				绿地面积占陆地面积（%）	绿化覆盖面积（平方米）	绿化覆盖率（%）
面　积		铺装面积	其他面积			
建筑面积	其中:古建面积					
6	7	8	9	10 = 4/3	11	12 = 11/1
40		**10805**	**45453**	**98.94**	**13317522**	**93.38**
40			**44564**	**98.16**	**7201164**	**94.42**
				100.00	**3781700**	**98.44**
				100.00	200000	100.00
				100.00	1273000	95.50
				100.00	400000	100.00
				100.00	73000	100.00
				100.00	272000	100.00
				100.00	357700	100.00
				100.00	603000	100.00
				100.00	173000	100.00
				100.00	30000	100.00
				100.00	400000	100.00
				100.00	**1327953**	**98.90**
				100.00	22866	100.00
				100.00	46500	100.00
				100.00	2100	100.00
				100.00	29700	66.72
				100.00	57650	100.00
				100.00	75641	100.00
				100.00	52976	100.00
				100.00	10080	100.00
				100.00	59940	100.00
				100.00	800000	100.00
				100.00	170500	100.00
40				**100.00**	**1000960**	**100.00**
40				100.00	1000960	100.00
			44564	**89.98**	**1090551**	**75.66**
			23164	91.47	374470	91.47
				100.00	346543	95.00
				100.00	32216	40.00
				100.00	53280	40.00
				32.26	38742	20.75
			21400	91.98	245300	91.98

市序号	区序号	绿地名称	合计（平方米）	总面			
				水面积	陆地		
					小计	绿地面积	建筑占地面积
甲	乙	丙	1=2+3	2	3=4+5+8+9	4	5
		远郊区县	**6634847**	**16675**	**6618172**	**6606358**	**120**
		昌平区	**849292**	**16675**	**832617**	**822612**	
29	1	北山片林	376188		376188	376188	
30	2	水库路片林	171500		171500	171500	
31	3	昌平科技园区片林 1	34804		34804	34804	
32	4	昌平科技园区片林 2	266800	16675	250125	240120	
		门头沟区	**1300000**		**1300000**	**1300000**	
33	1	环城片林一期工程	1300000		1300000	1300000	
		顺义区	**1070438**		**1070438**	**1070438**	
34	1	减河片林	271469		271469	271469	
35	2	中心广场片林	202768		202768	202768	
36	3	卧龙环岛片林	117392		117392	117392	
37	4	滨河片林	137402		137402	137402	
38	5	七分干片林	247657		247657	247657	
39	6	复兴片林	93750		93750	93750	
		通州区	**1046832**		**1046832**	**1046832**	
40	1	八里桥隔离片林	1046832		1046832	1046832	
		房山区	**29609**		**29609**	**27800**	**120**
41	1	铁塔公园	16675		16675	14866	120
42	2	国槐片林	9600		9600	9600	
43	3	柏林	3334		3334	3334	
		怀柔县	**965431**		**965431**	**965431**	
44	1	龙山片林	69035		69035	69035	
45	2	东担子山片林	52026		52026	52026	
46	3	西担子山片林	55028		55028	55028	
47	4	开放路铁路桥两侧片林	28681		28681	28681	
48	5	长副坝至进水闸片林	532759		532759	532759	
49	6	跃进桥左岸片林	14018		14018	14018	
50	7	东环路片林	49800		49800	49800	
51	8	跃进桥右岸片林	14018		14018	14018	
52	9	迎宾路北环岛片林	27066		27066	27066	
53	10	石厂环岛片林	123000		123000	123000	
		平谷县	**1096548**		**1096548**	**1096548**	
54	1	岳各庄县城片林	84042		84042	84042	
55	2	上纸寨县城片林	200100		200100	200100	
56	3	洳河县城片林(第四期)	253460		253460	253460	

续表一

积				绿地面积占陆地面积（%）	绿化覆盖面积（平方米）	绿化覆盖率（%）
面　积		铺装面积	其他面积			
建筑面积	其中:古建面积					
6	7	8	9	10＝4/3	11	12＝11/1
		10805	**889**	**99.82**	**6116358**	**92.19**
		10005		**98.80**	**822612**	**96.86**
				100.00	376188	100.00
				100.00	171500	100.00
				100.00	34804	100.00
		10005		96.00	240120	90.00
				100.00	**800000**	**61.54**
				100.00	800000	61.54
				100.00	**1070438**	**100.00**
				100.00	271469	100.00
				100.00	202768	100.00
				100.00	117392	100.00
				100.00	137402	100.00
				100.00	247657	100.00
				100.00	93750	100.00
				100.00	**1056832**	**100.96**
				100.00	1056832	100.96
		800	**889**	**93.89**	**27800**	**93.89**
		800	889	89.15	14866	89.15
				100.00	9600	100.00
				100.00	3334	100.00
				100.00	**965431**	**100.00**
				100.00	69035	100.00
				100.00	52026	100.00
				100.00	55028	100.00
				100.00	28681	100.00
				100.00	532759	100.00
				100.00	14018	100.00
				100.00	49800	100.00
				100.00	14018	100.00
				100.00	27066	100.00
				100.00	123000	100.00
				100.00	**1096548**	**100.00**
				100.00	84042	100.00
				100.00	200100	100.00
				100.00	253460	100.00

市序号	区序号	绿地名称	合计（平方米）	总面			
				水面积	小计	陆地	
						绿地面积	建筑占地面积
甲	乙	丙	1＝2＋3	2	3＝4＋5＋8＋9	4	5
57	4	洳河县城片林(第三期)	333500		333500	333500	
58	5	洳河县城片林(第二期)	106720		106720	106720	
59	6	洳河县城片林(第一期)	118726		118726	118726	
		延庆县	**276697**		**276697**	**276697**	
60	1	莲花池河套片林	100000		100000	100000	
61	2	妫水河下游两岸绿化	26622		26622	26622	
62	3	石河营桥东绿化	133400		133400	133400	
63	4	京张公路片林	16675		16675	16675	

续表二

积				绿地面积占陆地面积（%）	绿化覆盖面积（平方米）	绿化覆盖率（%）
面　积		铺装面积	其他面积			
建筑面积	其中:古建面积					
6	7	8	9	10 = 4/3	11	12 = 11/1
				100.00	333500	100.00
				100.00	106720	100.00
				100.00	118726	100.00
				100.00	**276697**	**100.00**
				100.00	100000	100.00
				100.00	26622	100.00
				100.00	133400	100.00
				100.00	16675	100.00

北京市城市公共绿地

市序号	区序号	绿地名称	实有树木								
			合计（株）	乔木			灌木			其	
				小计	常绿乔木	落叶乔木	小计	常绿灌木	落叶灌木	小计	月季
甲	乙	丙	1=2+5+8	2=3+4	3	4	5=6+7	6	7	8=9+10	9
		合　计	**2631134**	**1882031**	**474346**	**1407685**	**689230**	**330750**	**358480**	**59873**	**59448**
		城近郊区	**1692884**	**1238145**	**359241**	**878904**	**395537**	**172793**	**222744**	**59202**	**58777**
		朝阳区	**342199**	**239206**	**23052**	**216154**	**58090**	**3927**	**54163**	**44903**	**44478**
1	1	龙门片林	20564	13412	826	12586	1152	82	1070	6000	6000
2	2	洼里片林	95735	84662	6093	78569	11073		11073		
3	3	辛店片林	52486	49276	8400	40876	3210		3210		
4	4	黄草湾片林	11000	11000	2000	9000					
5	5	富成片林	30588	9553	2270	7283	7637	1788	5849	13398	13398
6	6	紫玉片林	29006	2465	999	1466	17919	1172	16747	8622	8197
7	7	安家楼片林	75807	58285	1305	56980	11639	165	11474	5883	5883
8	8	太阳宫片林	24881	8421	1159	7262	5460	720	4740	11000	11000
9	9	四元桥片林	2132	2132		2132					
10	10	天安门招待所片林									
		海淀区	**42304**	**31783**	**16129**	**15654**	**9993**	**8236**	**1757**	**528**	**528**
11	1	京密引水片林	1436	1385	1344	41	51	51			
12	2	永定河引水片林	4318	4286	3136	1150	32	29	3		
13	3	滨河南片林	727	727		727					
14	4	水系昆玉段绿化带	4508	3201	1824	1377	849	800	49	458	458
15	5	永泰庄片林	6472	6472	3757	2715					
16	6	小月河片林	5366	4957	1903	3054	339	45	294	70	70
17	7	沙阳路中段	1500	1500		1500					
18	8	北航林带	632	589	299	290	43		43		
19	9	上庄苗圃	17345	8666	3866	4800	8679	7311	1368		
		丰台区	**237774**	**237774**	**181872**	**55902**					
20	1	云岗03、07森林区	237774	237774	181872	55902					
		石景山区	**132357**	**85496**	**23083**	**62413**	**33761**	**2673**	**31088**	**13100**	**13100**
21	1	玉泉片林	41568	40483	3000	37483	1085		1085		
22	2	老山片林	34825	13339	2448	10891	21486		21486		
23	3	阜石路环保林	9164	6186	2430	3756	1878	1643	235	1100	1100
24	4	北辛安片林	33172	11932	4322	7610	9240	1030	8210	12000	12000
25	5	麻峪片林	1557	1540	864	676	17		17		
26	6	潭峪片林	12071	12016	10019	1997	55		55		
		远郊区县	**938250**	**643886**	**115105**	**528781**	**293693**	**157957**	**135736**	**671**	**671**
		昌平区	**253098**	**73498**	**12268**	**61230**	**178999**	**84909**	**94090**	**601**	**601**

一已征城市片林树木明细表

他			竹子		绿篱		色块		宿根花卉		草坪	古树	濒危植物
攀缘													
（株）	（米）	（平方米）	（株）	（平方米）	（株）	（米）	（株）	（平方米）	（株）	（平方米）	（平方米）	（株）	（株）
10	11	12	13	14	15	16	17	18	19	20	21	22	23
425	**140**	**210**			**47400**	**5538**	**45765**	**3254**	**394500**	**16426**	**72733**		**40580**
425	**140**	**210**			**29275**	**3384**	**45225**	**3227**	**201250**	**8643**	**72733**		**39964**
425	**140**	**210**			**11000**	**1200**							**6834**
													610
													976
													2425
													1000
425	140	210			11000	1200							
													1788
													35
					150	**30**					**21973**		**2315**
					150	30					5093		
													214
													2
													41
											16880		2058
							44685	**3200**	**8000**	**860**	**50760**		**30199**
													29357
													400
							11885	1020	6800	760	5360		10
							32800	2180	1200	100	45400		
													432
					18125	**2154**	**540**	**27**	**193250**	**7783**			**616**
					10455	**1307**	**540**	**27**	**193250**	**7783**			**616**

市序号	区序号	绿地名称	实有树木								
			合计（株）	乔木			灌木			其	
				小计	常绿乔木	落叶乔木	小计	常绿灌木	落叶灌木	小计	月季
甲	乙	丙	1=2+5+8	2＝3＋4	3	4	5＝6＋7	6	7	8＝9＋10	9
27	1	北山片林	58223	53723	10500	43223	4500		4500		
28	2	水库路片林	165348	5272	806	4466	159926	78000	81926	150	150
29	3	科技园区片林 1	8711	4164	356	3808	4247	2040	2207	300	300
30	4	科技园区片林 2	20816	10339	606	9733	10326	4869	5457	151	151
		门头沟区	**88800**	**62160**	**62160**		**26640**		**26640**		
31	1	环城片林—期工程	88800	62160	62160		26640		26640		
		顺义区	**73129**	**73046**	**409**	**72637**	**83**		**83**		
32	1	减河片林	13620	13620		13620					
33	2	中心广场片林	7340	7340	400	6940					
34	3	卧龙环岛片林	13046	13009		13009	37		37		
35	4	滨河片林	7890	7844	9	7835	46		46		
36	5	七分干片林	25428	25428		25428					
37	6	复兴片林	5805	5805		5805					
		通州区	**304070**	**222890**	**6070**	**216820**	**81180**	**73045**	**8135**		
38	1	八里桥隔离片林	304070	222890	6070	216820	81180	73045	8135		
		房山区	**8511**	**8511**	**1338**	**7173**					
39	1	国槐片林	3200	3200		3200					
40	2	柏林	907	907	907						
41	3	铁塔公园	4404	4404	431	3973					
		怀柔县	**84580**	**81619**	**30150**	**51469**	**2891**	**3**	**2888**	**70**	**70**
42	1	龙山片林	20493	20493	20493						
43	2	东担子山片林	13728	13728		13728					
44	3	西担子山片林	13860	13860	6900	6960					
45	4	开放路铁路桥两侧片林	6635	6635		6635					
46	5	长副坝至进水闸片林	10945	10945	1518	9427					
47	6	跃进桥左岸片林	1045	1045	150	895					
48	7	东环路片林	2509	2509	92	2417					
49	8	跃进桥右岸片林	988	988	146	842					
50	9	迎宾路北环岛片林	6292	5972	6	5966	320		320		
51	10	石厂环岛片林	8085	5444	845	4599	2571	3	2568	70	70
		平谷县	**87672**	**87672**		**87672**					
52	1	岳各庄县城片林	13860	13860		13860					
53	2	上纸寨县城片林	12300	12300		12300					
54	3	洳河县城片林(第四期)	16000	16000		16000					
55	4	洳河县城片林(第三期)	20500	20500		20500					

续表一

他			竹子		绿篱		色块		宿根花卉		草坪	古树	濒危植物（株）
攀缘													
（株）	（米）	（平方米）	（株）	（平方米）	（株）	（米）	（株）	（平方米）	（株）	（平方米）	（平方米）	（株）	
10	11	12	13	14	15	16	17	18	19	20	21	22	23
													73
							540	27	193250	7783			
					10455	1307							543
					800	**160**							
					800	160							
					6870	**687**							
					6870	687							

市序号	区序号	绿地名称	实有树木							其	
			合计（株）	乔木			灌木				
				小计	常绿乔木	落叶乔木	小计	常绿灌木	落叶灌木	小计	月季
甲	乙	丙	1=2+5+8	2=3+4	3	4	5=6+7	6	7	8=9+10	9
56	5	沩河县城片林(第二期)	11840	11840		11840					
57	6	沩河县城片林(第一期)	13172	13172		13172					
		延庆县	**38390**	**34490**	**2710**	**31780**	**3900**		**3900**		
58	1	莲花池河套片林	26230	22330	270	22060	3900		3900		
59	2	妫水河下游两岸绿化	2600	2600		2600					
60	3	石河营桥东绿化	8120	8120	1600	6520					
61	4	京张公路片林	1440	1440	840	600					

续表二

他			竹子		绿篱		色块		宿根花卉		草坪（平方米）	古树（株）	濒危植物（株）
攀缘													
（株）	（米）	（平方米）	（株）	（平方米）	（株）	（米）	（株）	（平方米）	（株）	（平方米）			
10	11	12	13	14	15	16	17	18	19	20	21	22	23

北京市城市道路

区县名称	条	合计 （公顷）	
			条
甲	1＝3＋5＋7	2＝4＋6＋8	3
合　计	**2723**	**2829.56**	**1506**
城近郊区	**2246**	**2233.42**	**1153**
东城区	99	110.90	89
西城区	630	122.79	209
崇文区	371	62.97	48
宣武区	330	56.61	75
朝阳区	309	1034.17	271
海淀区	230	338.24	217
丰台区	208	411.30	184
石景山区	69	96.44	60
远郊区县	**477**	**596.14**	**353**
昌平区	31	57.79	31
门头沟区	15	22.06	10
顺义区	35	107.32	33
通州区	37	110.04	34
房山区	70	55.07	53
大兴县	82	68.78	38
怀柔县	26	57.53	25
密云县	91	20.83	57
平谷县	45	50.30	45
延庆县	45	46.42	27

绿地面积汇总表(1)

道路绿地				
道路	条	河岸	条	街巷
4	5	6	7	8
2355.12	**60**	**403.69**	**1157**	**70.75**
1841.38	**47**	**333.53**	**1046**	**58.51**
88.44	1	1.73	9	20.73
108.11	2	3.11	419	11.57
44.10	6	7.61	317	11.26
33.73	2	14.85	253	8.03
911.35	14	118.83	24	3.99
304.72	8	33.30	5	0.22
305.26	12	105.63	12	0.41
45.67	2	48.47	7	2.30
513.74	**13**	**70.16**	**111**	**12.24**
57.79				
11.36	1	9.79	4	0.91
105.68	2	1.64		
71.79	3	38.25		
50.41	5	3.60	12	1.06
49.91	1	8.60	43	10.27
49.25	1	8.28		
20.83			34	0.01
50.30				
46.42			18	

北京市城市道路

区县名称	道路条数	道路长度（公里）	道路宽度（米）	绿化长度（公里）	绿化宽度（米）	道路用地总面积（平方米）	合计（平方米）
甲	乙	1	2	3	4	5	6=7+8+9+10+11
合　计	**2714**	**2810.71**		**2297.29**		**96003461**	**28295704**
城近郊区	**2237**	**2220.47**		**1796.33**		**76345310**	**22334233**
道路	1153	1520.37		1349.89		55651887	18413829
河岸	47	176.69		158.32		17547652	3335270
街巷	1037	523.41		288.12		3145771	585134
东城区	**90**	**228.13**		**148.63**		**3983515**	**1109025**
道路	89	86.81		79.30		3011405	884427
河岸	1	2.20		2.10		22000	17294
街巷		139.12		67.23		950110	207304
西城区	**630**	**204.23**		**124.79**		**6011921**	**1227912**
道路	209	136.63		107.14		5010234	1081096
河岸	2	4.70		4.58		99032	31078
街巷	419	62.90		13.07		902655	115738
崇文区	**371**	**171.47**		**89.71**		**2757609**	**629666**
道路	48	57.55		40.94		1796043	440997
河岸	6	11.97		10.94		456685	76111
街巷	317	101.95		37.83		504881	112558
宣武区	**330**	**149.76**		**90.48**		**3039524**	**566090**
道路	75	58.18		49.43		2077668	337324
河岸	2	10.09		10.09		379406	148446
街巷	253	81.49		30.96		582450	80320
朝阳区	**309**	**438.27**		**390.27**		**23505922**	**10341707**
道路	271	374.26		333.90		20118637	9113504
河岸	14	54.83		45.56		3275680	1188295
街巷	24	9.18		10.81		111605	39908
海淀区	**230**	**552.05**		**524.05**		**13183039**	**3382417**
道路	217	391.54		366.25		11812175	3047181
河岸	8	39.23		36.77		1355364	333021
街巷	5	121.28		121.03		15500	2215
丰台区	**208**	**347.24**		**323.27**		**20494315**	**4113048**
道路	184	307.58		288.30		9869510	3052644
河岸	12	37.04		32.58		10603775	1056325
街巷	12	2.62		2.39		21030	4079
石景山区	**69**	**129.32**		**105.13**		**3369465**	**964368**
道路	60	107.82		84.63		1956215	456656

绿地面积汇总表(2)

道路绿地面积					绿化覆盖面积（平方米）	绿化覆盖率（%）	绿地率（%）
中心隔离带绿地	分车带绿地	行道树绿地	立交桥绿地	道路两侧绿地			
7	8	9	10	11	12	13 = 12/5	14 = 6/5
549591	**2367913**	**8619063**	**2143871**	**14615266**	**36691465**	**38.22**	**29.47**
450947	**1610449**	**7044301**	**1922836**	**11305700**	**28243979**	**37.00**	**29.25**
448829	1609068	5847125	1922836	8585971	23050005	41.42	33.09
		744587		2590683	4009194	22.85	19.01
2118	1381	452589		129046	1184780	37.66	18.60
4435	**113021**	**623013**	**56313**	**312243**	**1890020**	**47.45**	**27.84**
4435	113021	418089	56313	292569	1381611	45.88	29.37
				17294	33362	151.65	78.61
		204924		2380	475047	50.00	21.82
2550	**91117**	**538136**	**61357**	**534752**	**1761259**	**29.30**	**20.42**
2550	91117	496902	61357	429170	1489672	29.73	21.58
				31078	43144	43.57	31.38
		41234		74504	228443	25.31	12.82
4406	**35186**	**393915**	**66110**	**130049**	**959074**	**34.78**	**22.83**
4406	35186	288164	66110	47131	652015	36.30	24.55
				76111	111110	24.33	16.67
		105751		6807	195949	38.81	22.29
8790	**71041**	**254364**	**50950**	**180945**	**869620**	**28.61**	**18.62**
6672	69923	185182	50950	24597	524190	25.23	16.24
				148446	148446	39.13	39.13
2118	1118	69182		7902	196984	33.82	13.79
206477	**506351**	**2450833**	**797456**	**6380590**	**11393212**	**48.47**	**44.00**
206477	506088	2405865	797456	5197618	9926236	49.34	45.30
		21357		1166938	1410430	43.06	36.28
	263	23611		16034	56546	50.67	35.76
50156	**425321**	**773582**	**362504**	**1770854**	**4925975**	**37.37**	**25.66**
50156	425321	772952	362504	1436248	4427413	37.48	25.80
		630		332391	494382	36.48	24.57
				2215	4180	26.97	14.29
163133	**322912**	**1704661**	**522529**	**1399813**	**4930049**	**24.06**	**20.07**
163133	322912	1009396	522529	1034674	3711638	37.61	30.93
		692900		363425	1213792	11.45	9.96
		2365		1714	4619	21.96	19.40
11000	**45500**	**305797**	**5617**	**596454**	**1514770**	**44.96**	**28.62**
11000	45500	270575	5617	123964	937230	47.91	23.34

区县名称	道路条数	道路长度（公里）	道路宽度（米）	绿化长度（公里）	绿化宽度（米）	道路用地总面积（平方米）	合计（平方米）
甲	乙	1	2	3	4	5	6 = 7 + 8 + 9 + 10 + 11
河岸	2	16.63		15.70		1355710	484700
街巷	7	4.87		4.80		57540	23012
远郊区县	**477**	**590.24**		**500.96**		**19658151**	**5961471**
道路	353	486.14		432.51		15979757	5137417
河岸	13	48.84		43.87		2903324	701594
街巷	111	55.26		24.58		775070	122460
昌平区	**31**	**37.70**		**37.69**		**1659840**	**577855**
道路	31	37.70		37.69		1659840	577855
门头沟区	**15**	**56.15**		**22.82**		**1361974**	**220580**
道路	10	33.07		15.31		770350	113600
河岸	1	6.09		6.09		298704	97922
街巷	4	16.99		1.42		292920	9058
顺义区	**35**	**63.80**		**53.39**		**2723900**	**1073180**
道路	33	56.91		51.12		2532100	1056820
河岸	2	6.89		2.27		191800	16360
通州区	**37**	**91.50**		**91.50**		**3814025**	**1100436**
道路	34	81.70		81.70		2161525	717936
河岸	3	9.80		9.80		1652500	382500
房山区	**70**	**80.81**		**78.58**		**2152000**	**550682**
道路	53	69.21		67.55		1940592	504073
河岸	5	7.66		7.31		176200	36000
街巷	12	3.94		3.72		35208	10609
大兴县	**82**	**81.29**		**73.50**		**2148265**	**687792**
道路	38	49.97		45.46		1401485	499081
河岸	1	8.60		8.60		344000	86000
街巷	43	22.72		19.44		402780	102711
怀柔县	**26**	**38.01**		**33.69**		**1353890**	**575333**
道路	25	28.21		23.89		1113770	492521
河岸	1	9.80		9.80		240120	82812
密云县	**91**	**50.31**		**30.37**		**1122332**	**208347**
道路	57	43.48		30.37		1098800	208265
街巷	34	6.83				23532	82
平谷县	**45**	**52.77**		**46.99**		**1949328**	**503029**
道路	45	52.77		46.99		1949328	503029
延庆县	**45**	**37.90**		**32.43**		**1372597**	**464237**
道路	27	33.12		32.43		1351967	464237
街巷	18	4.78				20630	

续 表

道路绿地面积					绿化覆盖面积（平方米）	绿化覆盖率（%）	绿地率（%）
中心隔离带绿地	分车带绿地	行道树绿地	立交桥绿地	道路两侧绿地			
7	8	9	10	11	12	13 = 12/5	14 = 6/5
		29700		455000	554528	40.90	35.75
		5522		17490	23012	39.99	39.99
98644	**757464**	**1574762**	**221035**	**3309566**	**8447486**	**42.97**	**30.33**
98644	748344	1475701	221035	2593693	7441119	46.57	32.15
		13440		688154	792715	27.30	24.17
	9120	85621		27719	213652	27.57	15.80
13670	**73452**	**112101**	**23230**	**355402**	**768954**	**46.33**	**34.81**
13670	73452	112101	23230	355402	768954	46.33	34.81
38300	**20379**	**48979**	**15000**	**97922**	**315301**	**23.15**	**16.20**
38300	20379	39921	15000		142022	18.44	14.75
				97922	162203	54.30	32.78
		9058			11076	3.78	3.09
25200	**70806**	**141960**	**32040**	**803174**	**1429728**	**52.49**	**39.40**
25200	70806	140520	32040	788254	1405528	55.51	41.74
		1440		14920	24200	12.62	8.53
	243144	**281430**	**25200**	**550662**	**1379740**	**36.18**	**28.85**
	243144	281430	25200	168162	997240	46.14	33.21
				382500	382500	23.15	23.15
	35287	**285007**	**900**	**229488**	**807288**	**37.51**	**25.59**
	35287	262962	900	204924	734533	37.85	25.98
		12000		24000	55000	31.21	20.43
		10045		564	17755	50.43	30.13
9634	**40548**	**265577**		**372033**	**1147235**	**53.40**	**32.02**
9634	31428	199141		258878	876669	62.55	35.61
				86000	86000	25.00	25.00
	9120	66436		27155	184566	45.82	25.50
8240	**44726**	**71196**	**54147**	**397024**	**694627**	**51.31**	**42.49**
8240	44726	71196	54147	314212	611815	54.93	44.22
				82812	82812	34.49	34.49
	34779	**129329**	**2512**	**41727**	**348925**	**31.09**	**18.56**
	34779	129247	2512	41727	348670	31.73	18.95
		82			255	1.08	0.35
	124595	**134451**	**54382**	**189601**	**927502**	**47.58**	**25.81**
	124595	134451	54382	189601	927502	47.58	25.81
3600	**69748**	**104732**	**13624**	**272533**	**628186**	**45.77**	**33.82**
3600	69748	104732	13624	272533	628186	46.46	34.34

北京市城市道路

区县名称	实有树木										
	合计（株）	乔木			灌木			其他			
		小计	常绿乔木	落叶乔木	小计	常绿灌木	落叶灌木	小计	月季	攀缘	
										（株）	（米）
甲	1=2+5+8	2=3+4	3	4	5=6+7	6	7	8=9+10	9	10	11
合　计	**5172557**	**1222653**	**207310**	**1015343**	**1112603**	**293543**	**819060**	**2837301**	**1563998**	**1273303**	**231765**
城近郊区	**4238704**	**899655**	**166351**	**733304**	**776028**	**244940**	**531088**	**2563021**	**1442260**	**1120761**	**207584**
道路	3868234	668858	118750	550108	711486	239713	471773	2487890	1411036	1076854	198605
河岸	278336	183960	38010	145950	54138	3051	51087	40238	16918	23320	2830
街巷	92134	46837	9591	37246	10404	2176	8228	34893	14306	20587	6149
东城区	**276661**	**44637**	**6507**	**38130**	**27660**	**15094**	**12566**	**204364**	**135532**	**68832**	**12519**
道路	246802	30336	5701	24635	24265	14455	9810	192201	125783	66418	12065
河岸	482	280	20	260	202	20	182				
街巷	29377	14021	786	13235	3193	619	2574	12163	9749	2414	454
西城区	**247254**	**48212**	**8538**	**39674**	**46146**	**19797**	**26349**	**152896**	**73788**	**79108**	**16774**
道路	226357	40966	7178	33788	44170	19207	24963	141221	72706	68515	12963
河岸	512	320	46	274	192		192				
街巷	20385	6926	1314	5612	1784	590	1194	11675	1082	10593	3811
崇文区	**114878**	**23236**	**2558**	**20678**	**15046**	**3762**	**11284**	**76596**	**32257**	**44339**	**10368**
道路	73357	14648	1674	12974	6514	3444	3070	52195	21548	30647	7740
河岸	26430	1497	603	894	6933		6933	18000	9800	8200	1280
街巷	15091	7091	281	6810	1599	318	1281	6401	909	5492	1348
宣武区	**41723**	**20546**	**1821**	**18725**	**3872**	**456**	**3416**	**17305**	**6772**	**10533**	**1752**
道路	28456	12898	1038	11860	1612	129	1483	13946	5000	8946	1356
河岸	2526	1347	178	1169	1179		1179				
街巷	10741	6301	605	5696	1081	327	754	3359	1772	1587	396
朝阳区	**1467197**	**319071**	**52723**	**266348**	**282721**	**95124**	**187597**	**865405**	**504239**	**361166**	**68234**
道路	1419810	292555	50155	242400	265674	92400	173274	861581	503080	358501	67606
河岸	41789	24429	2290	22139	14379	2428	11951	2981	817	2164	488
街巷	5598	2087	278	1809	2668	296	2372	843	342	501	140
海淀区	**694809**	**133114**	**21489**	**111625**	**127787**	**66499**	**61288**	**433908**	**174598**	**259310**	**33429**
道路	680750	124240	20560	103680	127048	66162	60886	429462	170162	259300	33409
河岸	13764	8632	873	7759	688	311	377	4444	4434	10	20
街巷	295	242	56	186	51	26	25	2	2		
丰台区	**1247447**	**223990**	**59367**	**164623**	**239792**	**26708**	**213084**	**783665**	**494937**	**288728**	**62680**
道路	1119415	132508	29455	103053	217555	26651	190904	769352	493420	275932	61688
河岸	127124	91052	29910	61142	22209	57	22152	13863	1067	12796	992
街巷	908	430	2	428	28		28	450	450		
石景山区	**148735**	**86849**	**13348**	**73501**	**33004**	**17500**	**15504**	**28882**	**20137**	**8745**	**1828**

绿地树木汇总表

	竹子		绿篱		色块		宿根花卉		草坪	古树	濒危植物
(平方米)	(株)	(平方米)	(株)	(米)	(株)	(平方米)	(株)	(平方米)	(平方米)	(株)	(株)
12	13	14	15	16	17	18	19	20	21	22	23
809825	**96239**	**8676**	**3175692**	**446123**	**2489455**	**186722**	**783339**	**96640**	**10400977**	**303**	**33857**
735508	**92131**	**8049**	**1965190**	**306845**	**1839578**	**146753**	**697733**	**90490**	**9290161**	**303**	**30452**
696620	91659	7876	1927702	300641	1799999	133744	676188	88311	8663397	192	27158
19548	310	152	9657	890	25519	11445	19320	1904	590355	2	2984
19341	162	21	27831	5314	14060	1564	2225	275	36410	109	310
28608			**139897**	**29590**	**299532**	**27915**	**73849**	**9496**	**330173**	**50**	**1711**
27357			127956	27596	295732	27750	73507	9423	306753	23	1711
									17291		
1251			11941	1994	3800	165	342	73	6130	27	
46868	**510**	**43**	**162303**	**35736**	**157029**	**16406**	**23954**	**2490**	**404761**	**174**	**1777**
33985	360	38	151419	33560	156789	16362	22165	2307	384012	104	1762
									18102		
12883	150	5	10884	2176	240	44	1789	183	2647	70	15
33233			**61368**	**8313**	**12460**	**1039**	**3091**	**946**	**171973**	**2**	**634**
24883			59794	7771	12460	1039	3091	946	114879	1	594
3840									54522		
4510			1574	542					2572	1	40
6515	**12**	**16**	**10883**	**2985**	**357**	**23**	**94**	**19**	**198643**	**14**	**590**
5968			8589	2453	357	23			48699	4	563
									148446		
547	12	16	2294	532			94	19	1498	10	27
212476	**22985**	**2736**	**639194**	**80161**	**721967**	**44828**	**107653**	**12509**	**5223599**	**28**	**14381**
209074	22985	2736	636661	79829	721657	44813	107653	12509	5110511	26	14381
3252			2095	332	310	15			105405	2	
150			438						7683		
123866	**41114**	**2412**	**454528**	**56322**	**526752**	**45300**	**90654**	**18712**	**1486657**	**27**	**5620**
123826	41114	2412	454528	56322	501543	33870	71884	16835	1284813	27	5620
40					25209	11430	18770	1877	201844		
277192	**27270**	**2718**	**470206**	**89075**	**70702**	**7470**	**373400**	**43873**	**1328722**	**6**	**716**
264956	27200	2690	469019	88812	70702	7470	373400	43873	1322454	5	716
12236	70	28	1187	263					6268		
										1	
6751	**240**	**124**	**26811**	**4663**	**50779**	**3772**	**25038**	**2445**	**145633**	**2**	**5023**

区县名称	实有树木										
	合计（株）	乔木			灌木			其他			
		小计	常绿乔木	落叶乔木	小计	常绿灌木	落叶灌木	小计	月季	攀缘	
										（株）	（米）
甲	1=2+5+8	2＝3＋4	3	4	5＝6＋7	6	7	8＝9＋10	9	10	11
道路	73287	20707	2989	17718	24648	17265	7383	27932	19337	8595	1778
河岸	65709	56403	4090	52313	8356	235	8121	950	800	150	50
街巷	9739	9739	6269	3470							
远郊区县	**933853**	**322998**	**40959**	**282039**	**336575**	**48603**	**287972**	**274280**	**121738**	**152542**	**24181**
道路	836755	241677	39303	202374	326318	47158	279160	268760	116964	151796	23806
河岸	84808	74019	634	73385	10001	1238	8763	788	758	30	17
街巷	12290	7302	1022	6280	256	207	49	4732	4016	716	358
昌平区	**134370**	**36114**	**6432**	**29682**	**36034**	**21383**	**14651**	**62222**	**15722**	**46500**	**3900**
道路	134370	36114	6432	29682	36034	21383	14651	62222	15722	46500	3900
门头沟区	**17989**	**8794**	**1550**	**7244**	**5213**	**2204**	**3009**	**3982**	**1982**	**2000**	
道路	13553	4827	981	3846	5092	2187	2905	3634	1634	2000	
河岸	4213	3744	553	3191	121	17	104	348	348		
街巷	223	223	16	207							
顺义区	**97509**	**42884**	**3468**	**39416**	**22839**	**11443**	**11396**	**31786**	**26356**	**5430**	**2927**
道路	93897	39332	3468	35864	22839	11443	11396	31726	26326	5400	2910
河岸	3612	3552		3552				60	30	30	17
通州区	**387689**	**55176**	**2259**	**52917**	**224213**	**2721**	**221492**	**108300**	**47675**	**60625**	**4625**
道路	351739	27826	2259	25567	215813	2721	213092	108100	47475	60625	4625
河岸	35950	27350		27350	8400		8400	200	200		
房山区	**69202**	**35912**	**6965**	**28947**	**7395**	**1620**	**5775**	**25895**	**1806**	**24089**	**6411**
道路	65940	32651	6805	25846	7394	1620	5774	25895	1806	24089	6411
河岸	2605	2604	37	2567	1		1				
街巷	657	657	123	534							
大兴县	**91155**	**71485**	**3915**	**67570**	**14288**	**2128**	**12160**	**5382**	**4665**	**717**	**358**
道路	44976	30294	3036	27258	14032	1921	12111	650	649	1	
河岸	34790	34790		34790							
街巷	11389	6401	879	5522	256	207	49	4732	4016	716	358
怀柔县	**54595**	**23867**	**5937**	**17930**	**11910**	**2959**	**8951**	**18818**	**9137**	**9681**	**4760**
道路	50957	21888	5893	15995	10431	1738	8693	18638	8957	9681	4760
河岸	3638	1979	44	1935	1479	1221	258	180	180		
密云县	**20573**	**10774**	**2141**	**8633**	**4828**	**2350**	**2478**	**4971**	**4971**		
道路	20552	10753	2137	8616	4828	2350	2478	4971	4971		
街巷	21	21	4	17							
平谷县	**31550**	**17200**	**3794**	**13406**	**5304**	**1299**	**4005**	**9046**	**9046**		
道路	31550	17200	3794	13406	5304	1299	4005	9046	9046		
延庆县	**29221**	**20792**	**4498**	**16294**	**4551**	**496**	**4055**	**3878**	**378**	**3500**	**1200**
道路	29221	20792	4498	16294	4551	496	4055	3878	378	3500	1200

续 表

	竹子		绿篱		色块		宿根花卉		草坪	古树	濒危植物
(平方米)	(株)	(平方米)	(株)	(米)	(株)	(平方米)	(株)	(平方米)	(平方米)	(株)	(株)
12	13	14	15	16	17	18	19	20	21	22	23
6571			19736	4298	40759	2417	24488	2418	91276	2	1811
180	240	124	6375	295			550	27	38477		2984
			700	70	10020	1355			15880		228
74317	**4108**	**627**	**1210502**	**139278**	**649877**	**39969**	**85606**	**6150**	**1110816**		**3405**
73501	2108	127	1171483	133850	649877	39969	84956	6098	1084391		3134
100	2000	500	1880	157			650	52	8011		40
716			37139	5271					18414		231
9300			**318843**	**30547**	**293214**	**18192**	**16635**	**2222**	**166542**		**326**
9300			318843	30547	293214	18192	16635	2222	166542		326
500	**2000**	**500**			**11950**	**1325**	**300**	**30**	**75600**		
500					11950	1325			74100		
	2000	500					300	30	1500		
9740			**53910**	**5138**	**139798**	**8036**	**33700**	**1081**	**236951**		**344**
9640			53910	5138	139798	8036	33700	1081	236881		344
100									70		
21269			**161549**	**26004**	**35303**	**2528**			**158565**		**781**
21269			161549	26004	35303	2528			158565		781
24240			**99309**	**12055**	**504**	**42**	**560**	**71**	**80230**		**535**
24240			99309	12055	504	42	560	71	80230		495
											40
716			**43159**	**6151**			**465**	**45**	**47471**		**623**
			6020	880			465	45	29057		393
716			37139	5271					18414		230
8552	**2108**	**127**	**193833**	**19829**	**86954**	**2654**	**8729**	**586**	**103747**		**394**
8552	2108	127	191953	19672	86954	2654	8379	564	97306		394
			1880	157			350	22	6441		
			21219	**3172**	**16305**	**2519**			**33497**		**325**
			21219	3172	16305	2519			33497		324
											1
			179675	**21877**	**55854**	**3489**	**65**	**19**	**126753**		**15**
			179675	21877	55854	3489	65	19	126753		15
			139005	**14505**	**9995**	**1184**	**25152**	**2096**	**81460**		**62**
			139005	14505	9995	1184	25152	2096	81460		62

北京市城市道路

市序号	区序号	道路名称	起止地点	道路长度（公里）	道路宽度（米）	绿化长度（公里）	绿化宽度（米）	道路用地总面积（平方米）
甲	乙	丙	丁	1	2	3	4	5
		东城区						
		道路		**86.81**		**79.30**		**3011405**
		区属		50.85		45.90		1578740
1	1	北京站前街	北京站—建国门内大街	0.37	76	0.37	28	28120
2	2	北京站东街	建国门南大街—北京站街	0.61	37	0.24	9	22264
3	3	崇文门内大街	东单北大街—崇文门外大街	0.80	46	0.70	3	37040
4	4	东单北大街	东单—金鱼胡同	1.28	30	1.22	18	38535
5	5	交道口南大街	交道口—宽街	0.80	33	0.70	14	26560
6	6	地安门东大街	地安门—宽街	0.68	42	0.60	3	28382
7	7	交道口东大街	交道口—北新桥	0.70	27	0.70	14	18900
8	8	张自忠路	交道口—地东大街	0.90	39	0.85	3	35010
9	9	鼓楼东大街	鼓楼—交道口	1.01	28	0.97	15	28078
10	10	安定门内大街	安定门桥—交道口南大街	0.88	22	0.80	10	19712
11	11	国子监大街	雍和宫—安内大街	0.70	15	0.67	9	10220
12	12	金鱼胡同	东四北大街—王府井大街	0.57	37	0.47	11	21204
13	13	王府井大街	美术馆—东长安街	1.75	35	1.72	6	61425
14	14	东皇城根北街	地东大街—沙滩北街	1.01	16	1.00	8	16261
15	15	美术馆后街	宽街—美术馆东街	0.70	34	0.60	15	23800
16	16	美术馆东街	灯市口大街—美术馆后街	0.32	30	0.30	10	9664
17	17	北河沿大街	地东大街—沙滩北街	1.01	24	1.00	10	23735
18	18	东直门内南小街	东内大街—东四十条	0.80	14	0.70	7	11120
19	19	东四北大街	东四—北新桥	1.82	32	0.71	19	57330
20	20	东直门内大街	东直门立交桥—北新桥	1.48	41	1.45	22	61124
21	21	东直门内北中街	东内大街—俄使馆	0.40	20	0.40	11	8120
22	22	雍和宫大街	北二环—北新桥	0.90	20	0.85	8	18180
23	23	东二环路		2.40		2.20		25417
24	24	春秀路	工体北路—东外大街	0.84	30	0.72	12	25116
25	25	工体北路	春秀路—东四十条桥	0.78	64	0.76	42	49764
26	26	东直门外大街	春秀路—东直门桥	0.72	70	0.70	47	49836
27	27	东四南大街	东四—金鱼胡同	0.64	23	0.54	11	15005
28	28	东四十条	东四北大街—十条立交	1.50	42	1.40	3	63450

绿地面积明细表

道 路 绿 地 面 积						绿化覆盖面积（平方米）	绿化覆盖率（%）	绿地率（%）	实有树木（株）	实有草坪（平方米）
合计（平方米）	中心隔离带绿地	分车带绿地	行道树绿地	立交桥绿地	道路两侧绿地					
6=7+8+9+10+11	7	8	9	10	11	12	13=12/5	14=6/5	15	16
884427	**4435**	**113021**	**418089**	**56313**	**292569**	**1381611**	**45.88**	**29.37**	**246802**	**306753**
427552	2835	34308	225341		165068	855855	54.21	27.08	101045	105517
13290		6630			6660	13290	47.26	47.26	189	7356
710			710			2400	10.78	3.19	59	
5693			2130		3563	8143	21.98	15.37	115	1742
5150			5150			26974	70.00	13.36	182	
4400			4400			16000	60.24	16.57	319	230
1968			1600		368	3368	11.87	6.93	271	242
3290			2800		490	9890	52.33	17.41	447	789
3347			2400		947	5197	14.84	9.56	172	629
6126			5000		1126	29406	104.73	21.82	340	600
3934			3500		434	10994	55.77	19.96	352	197
2800			2800			12060	118.00	27.40	145	
2660			2660			4280	20.18	12.54	92	
8152			3324		4828	22065	35.92	13.27	3507	1944
4000			4000			12120	74.53	24.60	237	
3500			3500			13700	57.56	14.71	245	
600			600			7170	74.19	6.21	59	
6029			4000		2029	16529	69.64	25.40	3135	700
3200			3200			10008	90.00	28.78	161	
6800			6800			38414	67.01	11.86	417	
8800			8800			34229	56.00	14.40	669	449
3200			3200			9100	112.07	39.41	247	
4642			3600		1042	11842	65.14	25.53	171	537
25417					25417	25417	100.00	100.00	14773	17986
13982			11400		2582	15110	60.16	55.67	2728	1611
19210		3100	6200		9910	42625	85.65	38.60	1863	4089
19306		6273	9100		3933	24384	48.93	38.74	2751	6707
1900			1900			10880	72.51	12.66	213	
7298			3900		3398	10398	16.39	11.50	1016	1504

市序号	区序号	道路名称	起止地点	道路长度（公里）	道路宽度（米）	绿化长度（公里）	绿化宽度（米）	道路用地总面积（平方米）
甲	乙	丙	丁	1	2	3	4	5
29	29	朝内北小街	东四十条—朝内大街	1.00	12	0.80	4	12400
30	30	安德路	安外大街—旧鼓楼外大街	1.23	28	1.18	19	34563
31	31	安定门西滨河路	旧鼓楼外大街—东土城路	3.70	23	3.29	15	67000
32	32	外馆斜街	安外大街—青年湖北街	0.07	33	0.07	9	2338
33	33	青年沟路	和平里东街—安外大街	1.47	34	1.40	20	49980
34	34	和平里中街	和平里东街—安外大街	1.40	29	1.30	22	40600
35	35	和平里东街	和平北路—北护城河	1.03	41	1.01	19	42539
36	36	和平里南街	和平东路—地坛	0.52	31	0.52	24	16016
37	37	和平里北街	安外大街—和平里东街	1.47	56	1.47	41	81585
38	38	安外大街	安定门桥—安贞桥	2.06	55	1.89	18	113506
39	39	鼓楼外大街	北二环—安华桥	1.79	62	1.62	23	110807
40	40	安德里北街	旧鼓楼外大街—安外大街	1.23	19	1.20	9	23247
41	41	柳荫东路	安外大街—青年湖北街	0.19	57	0.17	13	10509
42	42	黄寺大街	安德里北街—外馆斜街	1.41	26	1.33	16	37224
43	43	青年湖南街	安德路—旧鼓楼外大街	0.81	18	0.72	11	14535
44	44	小黄庄路	和平西街—安外大街	0.89	16	0.89	11	14596
45	45	兴化路	小黄庄路—和平里北街	0.63	19	0.63	14	12159
46	46	旧鼓楼外大街	北护—黄寺	0.80	26	0.70	17	20480
47	47	青年湖北街	外馆斜街—安德里北街	0.56	12	0.52	6	6496
48	48	和平里西街	和平里北街—安东东滨河路	2.23	16	1.85	8	34788
		区属群植		5.89		5.55		47263
		市属		30.07		27.85		1385402
49	49	东直门外斜街	左家庄—东直门	1.30	29	1.28	6	37814
50	50	香河园路	北香河园路—东直门	0.65	16	0.62	3	10400
51	51	北池子大街	五四大街西口—东华门	0.90	17	0.90	3	15300
52	52	北河沿大街	沙滩—东华门	0.98	23	0.98	3	29106
53	53	北京站西街	北京站—崇文门	0.62	32	0.62	3	19840
54	54	朝内大街	东四—朝阳门	1.35	55	1.35	11	73710
55	55	朝阳门北大街	朝阳门—东四十条桥	0.65	91	0.65	14	58825
56	56	朝阳门南大街	朝阳门—雅宝路	0.87	91	0.87	14	79170
57	57	崇文门西大街	台基厂大街南口—崇文门	0.57	80	0.21	20	22800
58	58	大华路	东长安街—东交民巷	0.65	22	0.42	8	14300
59	59	灯市口大街	王府井—灯市东口	0.53	30	0.53	5	15794
60	60	地内大街	平安大街—景山后街	0.52	50	0.18	12	13390

续表一

道路绿地面积						绿化覆盖面积（平方米）	绿化覆盖率（%）	绿地率（%）	实有树木（株）	实有草坪（平方米）
合计（平方米）	中心隔离带绿地	分车带绿地	行道树绿地	立交桥绿地	道路两侧绿地					
6=7+8+9+10+11	7	8	9	10	11	12	13=12/5	14=6/5	15	16
3520			3520			8060	65.00	28.39	223	
10100			7300		2800	29379	85.00	29.22	1138	3424
27161			6400		20761	42480	63.40	40.54	15669	13062
749			749			187	8.00	32.04	8	
2370			1400		970	24770	49.56	4.74	448	
5789			5600		189	16989	41.84	14.26	360	189
13669		4100	4100		5469	28583	67.19	32.13	1505	3028
5600			3600		2000	13900	86.79	34.97	1012	1750
46969			10621		36348	48108	58.97	57.57	4884	6573
25751	2835	6813	14020		2083	22126	19.49	22.69	19073	1175
46571		6432	17679		22460	42610	38.45	42.03	12994	24062
4900			4900			13680	58.85	21.08	1528	
2831		960	1537		334	3387	32.23	26.94	842	1061
12855			8034		4821	22535	60.54	34.53	4658	3340
2006			1900		106	13910	95.70	13.80	248	10
1700			1700			14596	100.00	11.65	233	
3100			3100			9787	80.49	25.50	241	
3200			3200			20000	97.66	15.63	283	
2200			2200			4400	67.73	33.87	86	
17107			17107			30375	87.31	49.18	737	531
37701			15877		21824	40608	85.92	79.77	17255	10494
419174	1600	78713	176871	56313	105677	485148	35.02	30.26	128502	190742
5188		1303	3885			13170	34.83	13.72	402	
1950			1950			3900	37.50	18.75	106	
7200			7200			16848	110.12	47.06	216	
14406			14406			17400	59.78	49.49	580	
4769			4769			2700	13.61	24.04	135	
12318	1600	8100	2618			14083	19.11	16.71	551	5000
24400		12250	4793	7357		19107	32.48	41.48	5155	12522
10894		10894				6300	7.96	13.76	349	4400
6313		3948	1863		502	4987	21.87	27.69	702	2502
1230			855		375	3799	26.57	8.60	542	375
9871			9871			7345	46.51	62.50	124	
6233			4015		2218	6246	46.65	46.55	283	2218

市序号	区序号	道路名称	起止地点	道路长度（公里）	道路宽度（米）	绿化长度（公里）	绿化宽度（米）	道路用地总面积（平方米）
甲	乙	丙	丁	1	2	3	4	5
61	61	东安门大街	南河沿北口—王府井大街	0.36	29	0.30	3	10440
62	62	东长安街	天安门—东单路口	1.49	127	1.34	51	181780
63	63	东华门大街	东华门—南河沿大街北口	0.39	29	0.35	5	11310
64	64	东交民巷	公安后街—崇文门内大街	1.39	15	1.39	3	20294
65	65	东筒子河	午门—故宫外东北角	1.32	21	1.14	12	27456
66	66	东直门南大街	东直门桥—东四十条桥	0.55	91	0.55	14	49775
67	67	端门内	午门—天安门	0.39	10	0.39	5	3900
68	68	公安后街	天安门广场—东交民巷	0.16	8	0.10	3	2880
69	69	恒基东侧路	北京站东街—建内大街	0.31	22	0.31	4	6820
70	70	建国门北大街	建国门桥—雅宝路	0.48	91	0.48	15	43430
71	71	建国门南大街	建国门桥—东便门桥	0.37	91	0.37	14	33485
72	72	建国门内大街	东单—建国门桥	0.80	117	0.80	65	94240
73	73	景山东街	景山后街东口—景山前街	0.55	44	0.41	3	24310
74	74	景山后街	景山东街北口—地内大街	0.21	35	0.21	23	7350
75	75	景山前街	景山公园南门—北池子大街北口	0.38	37	0.38	6	14060
76	76	南池子大街	东华门—东长安街	0.75	17	0.75	3	12750
77	77	南河沿大街	东华门大街东口—东长安街	0.77	23	0.77	3	17710
78	78	前门东大街	前门—台基厂	1.13	80	1.03	19	45200
79	79	台基厂大街	东长安街—前门东大街东口	0.87	25	0.87	8	21750
80	80	台基厂二条	台基厂—大华路	0.37	8	0.37	2	3320
81	81	台基厂三条	台基厂—东交民巷	0.37	8	0.37	3	2960
82	82	台基厂一条	台基厂—大华路	0.37	9	0.37	2	3330
83	83	天安门广场东侧路	东长安街—前门东大街	0.64	67	0.50	5	42880
84	84	天安门广场西侧路	西长安街—前门西大街	0.64	67	0.50	5	42880
85	85	东四大街	美术馆—沙滩北街南口	0.63	31	0.63	3	20538
86	86	正义路大街	东长安街—前门东大街	0.79	50	0.79	4	39105
87	87	安定门东大街	安定门桥—水泡子绿地	2.30	50	2.27	19	115000
88	88	安定门西大街	中轴路—安定门桥	1.00	61	0.90	13	61000
89	89	东直门北大街	水泡子绿地—东直门桥	0.70	50	0.60	11	35000
		河岸		**2.20**		**2.10**		**22000**
90	1	北护城河河岸(市属)	鼓楼桥—水泡子	2.20	20	2.10	18	22000
91—99		**街巷**		**139.12**		**67.23**		**950110**
	1	北新桥办事处		22.87		11.49		87215
	2	东四办事处		21.08		8.58		130790

续表二

道 路 绿 地 面 积						绿化覆盖面积（平方米）	绿化覆盖率（%）	绿地率（%）	实有树木（株）	实有草坪（平方米）
合计（平方米）	中心隔离带绿地	分车带绿地	行道树绿地	立交桥绿地	道路两侧绿地					
6=7+8+9+10+11	7	8	9	10	11	12	13 = 12/5	14 = 6/5	15	16
3697			3697			3600	34.48	35.41	76	
34892			3051		31841	52281	28.76	19.19	2596	24721
4004			4004			5600	49.51	35.40	95	
8964			8964			22680	111.76	44.17	378	
13197			5670		7527	13527	49.27	48.07	361	7527
37143		8726		28417		33925	68.16	74.62	41818	31660
1110			1110			4440	113.85	28.46	149	
1344			1344			1056	36.67	46.67	22	
1860			1240		620	1860	27.27	27.27	60	1272
14876		7693	703		6480	12791	29.45	34.25	1885	11991
21372		4125	575	16672		19328	57.72	63.83	8987	18432
51275		4447	2828		44000	54415	57.74	54.41	35988	41381
3493			3493			6600	27.15	14.37	165	
3902			1125		2777	5837	79.41	53.09	231	2777
2456			1263		1193	6140	43.67	17.47	200	1193
3375			3375			13575	106.47	26.47	181	
5775			5775			8600	48.56	32.61	215	
14388		6790	3932		3666	12795	28.31	31.83	1213	7665
11061			9003		2058	4830	22.21	50.86	2085	2058
90			90			480	14.46	2.71	10	
45			45			330	11.15	1.52	5	
108			108			648	19.46	3.24	12	
18500			18500			12000	27.99	43.14	293	
18500			18500			7224	16.85	43.14	172	
7374			7374			11040	53.75	35.90	184	
11962			11411		551	21837	55.84	30.59	3080	150
11429		4155	1538	3867	1869	15417	13.41	9.94	16171	7368
4108		3283	825			8099	13.28	6.73	2494	2696
4102		2999	1103			8308	23.74	11.72	231	2834
17294					**17924**	**33362**	**151.65**	**78.61**	**482**	**17291**
17294					17294	33362	151.65	78.61	482	17291
207304			**204924**		**2380**	**475047**	**50.00**	**21.82**	**29377**	**6130**
20625			20625			85540	98.08	23.65	5721	3680
14036			14036			79461	60.75	10.73	2261	

市序号	区序号	道路名称	起止地点	道路长度（公里）	道路宽度（米）	绿化长度（公里）	绿化宽度（米）	道路用地总面积（平方米）
甲	乙	丙	丁	1	2	3	4	5
	3	交道口办事处		14.72		7.11		87979
	4	安定门办事处		11.64		11.64		158172
	5	景山办事处		12.18		5.67		53273
	6	朝阳办事处		12.21		6.37		75708
	7	东直门办事处		5.50		4.78		67766
	8	建国门办事处		23.00		8.26		152259
	9	东华门办事处		15.92		3.31		136949
		西城区						
		道路		**136.63**		**107.14**		**5010234**
		区属		94.86		74.12		3047132
		区属专业		64.32		64.11		2327020
100	1	西皇城根南街	西安门—灵境胡同	0.85	11	0.85	4	9350
101	2	北新华街	和平门—长安街	0.84	15	0.84	3	12600
102	3	西交民巷	人大会堂—北新华街	0.92	11	0.92	3	10120
103	4	西什库大街	西安门—厂桥	1.30	14	1.30	3	18200
104	5	文津街	西安门大街—305 医院	0.23	13	0.23	3	2990
105	6	西皇城根北街	地安门西大街—西四东大街	1.00	29	1.00	10	29000
106	7	地安门外大街	地安门—鼓楼	0.70	28	0.70	3	19600
107	8	德内大街	德胜门—地安门西大街	1.55	13	1.55	3	20150
108	9	平安大街	官园桥—地安门大街	2.80	61	2.80	10	170800
109	10	西直门内大街	西直门—新街口	1.20	26	1.20	3	31200
110	11	鼓楼西大街	德胜门—鼓楼	1.50	27	1.50	3	40800
111	12	赵登禹路	阜内大街—西直门内大街	1.55	13	1.55	3	20460
112	13	阜内北街	阜内大街—鲁迅博物馆	0.15	12	0.15	3	1725
113	14	西直门南小街	西直门内大街—西二环	1.30	28	1.30	6	36400
114	15	太平桥大街	阜内大街—西长安街	1.80	33	1.80	3	59400
115	16	佟麟阁路	复内大街—南二环	1.03	18	1.03	3	18540
116	17	南闹市口	长安街—宣武门西大街	1.10	51	1.10	8	56100
117	18	新文化街	宣内大街—民族宫南侧	1.12	9	1.12	3	10080
118	19	白云路	复兴门外大街—小马厂	2.44	45	2.44	10	109800
119	20	月坛北街	西二环—三里河路	1.70	50	1.70	15	85000
120	21	二七路	月坛南街—复兴门外大街	0.72	25	0.72	7	18000
121	22	西便门外东大街	复兴南大街—西便门东街	0.31	21	0.31	3	6510
122	23	真武庙二条	西便门大街—总工会东	0.52	34	0.52	11	17680

续表三

道路绿地面积						绿化覆盖面积（平方米）	绿化覆盖率（%）	绿地率（%）	实有树木（株）	实有草坪（平方米）
合计（平方米）	中心隔离带绿地	分车带绿地	行道树绿地	立交桥绿地	道路两侧绿地					
6=7+8+9+10+11	7	8	9	10	11	12	13 = 12/5	14 = 6/5	15	16
22286			22286			26351	29.95	25.33	5825	130
25912			25386		526	26348	16.66	16.38	1148	600
10229			10229			33982	63.79	19.20	2359	700
17873			17873			75275	99.43	23.61	1902	
37176			37176			49352	72.83	54.86	1753	
49780			49780			49780	32.69	32.69	1627	
9388			7534		1854	48958	35.75	6.85	6781	1020
1081096	**2550**	**91117**	**496902**	**61357**	**429170**	**1489672**	**29.73**	**21.58**	**226357**	**384012**
587737		34868	293546		259323	759730	24.93	19.29	119703	174377
455328		34868	239609		180851	493404	21.20	19.57	81395	130570
3014			2550		464	4714	50.42	32.24	205	464
4184			4184			4200	33.33	33.21	162	
4582			4582			4600	45.45	45.28	89	
6474			6474			6500	35.71	35.57	160	
690			690			1150	38.46	23.08	152	
7238			4980		2258	7258	25.03	24.96	2656	2258
2100			2100			3500	17.86	10.71	86	
4650			4650			7750	38.46	23.08	353	
11400			8400		3000	17000	9.95	6.67	3587	3000
5976			5976			6000	19.23	19.15	488	
7470			7470			7500	18.38	18.31	446	
4650			4650			7750	37.88	22.73	809	
450			450			750	43.48	26.09	60	
6514			5178		1336	7836	21.53	17.90	2704	1336
6192			6192			9000	15.15	10.42	357	
5130			5130			5150	27.78	27.67	311	
5457		1327	3300		830	7657	13.65	9.73	224	830
5578			5578			5600	55.56	55.34	212	
18731			12152		6579	18779	17.10	17.06	634	6579
19525		5780	10200		3545	17825	20.97	22.97	7655	3545
4950			3586		1364	4964	27.58	27.50	375	1364
930			930			1550	23.81	14.29	110	
3755			1560		2195	4795	27.12	21.24	1736	2195

市序号	区序号	道路名称	起止地点	道路长度（公里）	道路宽度（米）	绿化长度（公里）	绿化宽度（米）	道路用地总面积（平方米）
甲	乙	丙	丁	1	2	3	4	5
123	24	真武庙四条	西便门大街—总工会东	0.54	26	0.54	3	14040
124	25	南礼士路公园墙外	南礼士路大街—西二环	0.35	13	0.35	3	4550
125	26	西便门滨河路	西便门—天宁寺	0.53	13	0.53	5	6890
126	27	南礼士路	阜外大街—滨河路口	2.16	30	2.16	8	64800
127	28	三里河东街	长安街—阜外大街	1.83	62	1.83	9	113460
128	29	月坛北小街	月坛北街—阜城门外大街	0.51	29	0.51	10	14790
129	30	北礼士路	阜外大街—车公庄	2.00	30	2.00	6	60000
130	31	百万庄大街	二环路—甘家口	0.94	40	0.94	15	37600
131	32	西直门南便线	西二环路—甘家口路	1.80	21	1.80	6	37980
132	33	车公庄大街	西二环路—三里河路	2.00	66	2.00	30	132000
133	34	西直门外大街	西直门立交桥—甘家口大街	0.54	15	0.54	3	8316
134	35	六铺炕一巷	安德路—安德里北街	0.50	20	0.50	3	9750
135	36	人定湖北巷	人定湖北门—黄寺大街	0.70	7	0.70	3	4900
136	37	新风街	新街口外大街—德外大街	0.50	18	0.30	3	8900
137	38	新康街	德外大街—新德街	0.50	11	0.50	3	5450
138	39	新德街	德外大街—新外大街	0.80	15	0.80	3	11840
139	40	五路通	德外大街—人定湖西门	0.50	14	0.50	1	7150
140	41	安德里中街	旧鼓楼大街—六铺炕一巷	0.60	27	0.60	3	16200
141	42	大井胡同	安德路—安德里南街	0.20	16	0.20	3	3160
142	43	冰窖口	德外大街—新外大街	0.87	16	0.86	3	14219
143	44	安德路	旧鼓楼大街—德外大街	1.10	20	1.10	3	21450
144	45	安德里南街	旧鼓楼大街—教场口	0.90	25	0.90	3	22320
145	46	北护城河	新外地铁大修厂—旧鼓楼大街	2.30	12	2.30	11	27600
146	47	三局路	裕民路—三环路	0.48	45	0.48	8	21600
147	48	裕民路	中轴路—德清路	1.10	24	1.10	9	26290
148	49	德外大街	德胜门—马甸立交桥	1.80	23	1.80	6	40860
149	50	安德里北街	旧鼓楼外大街—自动化研究所	0.60	18	0.60	3	10560
150	51	六铺炕二巷	安德路—六铺炕小区	0.40	27	0.40	6	10840
151	52	北二环南侧	旧鼓楼大街—西内大街	3.24	68	3.24	6	220320
152	53	西二环	西直门桥—复兴门桥	4.80	68	4.80	8	367880
153	54	南二环	前门—音乐学院	2.60	68	2.60	8	176800
154—267	55—168	区属群植		30.54		10.01		720112
		月坛街道办事处						205138
		展览路街道办事处		2.29	35	2.13	13	25901

续表四

道路绿地面积						绿化覆盖面积（平方米）	绿化覆盖率（%）	绿地率（%）	实有树木（株）	实有草坪（平方米）
合计（平方米）	中心隔离带绿地	分车带绿地	行道树绿地	立交桥绿地	道路两侧绿地					
6=7+8+9+10+11	7	8	9	10	11	12	13=12/5	14=6/5	15	16
2690			2690			2700	19.23	19.16	160	
1050			1050			1750	38.46	23.08	150	
4741			1590		3151	5801	84.19	68.81	517	2830
27138			9965		17173	27973	43.17	41.88	1699	3434
20630		8710	5490		6430	24290	21.41	18.18	434	15140
5558			3060		2498	5048	34.13	37.58	705	2498
7790			6990		800	10800	18.00	12.98	343	350
9582			3692		5890	8390	22.31	25.48	807	11780
8964			8964			9000	23.70	23.60	374	
78088		18000	18000		42088	70088	53.10	59.16	18684	31498
1620			1620			2700	32.47	19.48	100	
2490			2490			2500	25.64	25.54	125	
2100			2100			3500	71.43	42.86	32	
900			900			1500	16.85	10.11	105	
1500			1500			2500	45.87	27.52	301	
2400			2400			4000	33.78	20.27	149	
115					115	2615	36.57	1.61	46	
1800			1800			3000	18.52	11.11	130	
600			600			1000	31.65	18.99	92	
3460			3460			4335	30.49	24.33	179	
3300			3300			5500	25.64	15.38	974	
3591			3591			4500	20.16	16.09	335	
25638			17250		8388	19888	72.06	92.89	3495	4194
6070		1051	2391		2628	6079	28.14	28.10	2002	2229
7101			5478		1623	7123	27.09	27.01	526	1623
5400			5400			9000	22.03	13.22	640	
2988			2988			3000	28.41	28.30	308	
1916			1596		320	2320	21.40	17.68	141	320
31693			8292		23401	35901	16.29	14.38	9793	6205
28714					28714	28714	7.81	7.81	10729	16068
16061					16061	16061	9.08	9.08	3749	10830
132409			53937		78472	266326	36.98	18.39	38308	43807
62181			22790		39391	98348	47.94	30.31	12066	33324
6040			5720		320	7250	27.99	23.32	4364	

市序号	区序号	道路名称	起止地点	道路长度（公里）	道路宽度（米）	绿化长度（公里）	绿化宽度（米）	道路用地总面积（平方米）
甲	乙	丙	丁	1	2	3	4	5
		厂桥街道办事处		4.93	112	3.63	36	62868
		福绥境街道办事处		1.47		0.98		15130
		二龙路街道办事处		9.02	324			146786
		丰盛街道办事处						45472
		新街口街道办事处		10.22	219	3.27	3004	182768
		阜外街道办事处		2.61	97			36049
		市属		41.77		33.02		1963102
268	169	八达岭高速路	马甸桥—裕民路	0.40	31	0.40	11	12400
269	170	北长街	景山前街—西华门	0.81	22	0.81	3	17820
270	171	北三环中路	安华桥—马甸桥	0.75	77	0.75	24	70425
271	172	德胜门东大街	中轴路—德胜门桥(二环)	1.41	60	1.35	14	84600
272	173	德胜门西大街	德胜门桥—西直门桥	1.56	60	1.51	17	93600
273	174	地安门内大街	平安大街—景山后街	0.52	38—52	0.18	12	13390
274	175	府右街	西长安街—西安门大街	1.70	32	1.59	8	54400
275	176	复兴门北大街	月坛南桥—复兴门桥	0.39	40	0.20	4	15600
276	177	复兴门内大街	复兴门桥—西单	1.45	71—126	1.14	10—81	149355
277	178	复兴门外大街	复兴门桥—木樨地	1.99	115	1.72	46	156980
278	179	阜成门北大街	平安里西大街—阜成门桥	1.15	62	1.08	10	71300
279	180	阜成门南大街	阜成门桥—复兴门桥	1.30		0.10		70240
280	181	阜成门内大街	阜成门桥—西四	1.31	26	0.82	3	33667
281	182	阜成门外大街	阜成门桥—甘家口	1.93	66	1.54	7	127380
282	183	景山后街	景山西街北口—地内大街	0.29	35	0.29	23	10150
283	184	景山前街	北长街北口—景山公园南门	0.36	37	0.36	5	13320
284	185	景山西街	景山后街西口—景山前街	0.58	28	0.17	12	16240
285	186	南长街	西华门—西长安街	0.75	22	0.75	3	16500
286	187	平安里西大街	官园桥—赵登禹路	1.20	65	1.10	21	78000
287	188	前门西大街	前门—和平门	0.94	84	0.79	7	39292
288	189	人大南侧路	人大西侧路—广场西侧路	0.37	30	0.37	5	11100
289	190	人大西侧路	西长安街—前门西大街	0.70	76	0.70	11	52920
290	191	三里河路	西直门外大街—木樨地	4.00	48	3.44	13	89910
291	192	文津街	府右街北口—北长街北口	0.77	35	0.32	8	27258
292	193	西安门大街	西四南大街北口—府右街北口	0.73	35	0.62	5	25842
293	194	西长安街	西单—天安门	1.69	57—117	1.39	12—31	138917
294	195	西单北大街	西四南大街南口—西单路口	1.26	28—58	0.75	5	41580

续表五

道路绿地面积						绿化覆盖面积（平方米）	绿化覆盖率（%）	绿地率（%）	实有树木（株）	实有草坪（平方米）
合计（平方米）	中心隔离带绿地	分车带绿地	行道树绿地	立交桥绿地	道路两侧绿地					
6=7+8+9+10+11	7	8	9	10	11	12	13=12/5	14=6/5	15	16
26146					26146	33202	52.81	41.59	11102	4994
3455			2195		1260	7528	49.76	22.84	2114	798
12135			5415		6720	21585	14.71	8.27	4309	3056
5884			5424		460	22458	49.39	12.94	1321	95
6822			3720		3102	62441	34.16	3.73	2162	622
9746			8673		1073	13514	37.49	27.04	870	918
493359	2550	56249	203356	61357	169847	729942	37.18	25.13	106654	209635
3660		1005	600		2055	4260	34.35	29.52	104	
7200			7200			16068	90.17	40.40	206	
18808	1022	2046	1073	12150	2517	26854	38.13	26.71	4592	10722
9820		5464	615	3741		19255	22.76	11.61	8426	7983
20090		1494	1853	16743		29027	31.01	21.46	16853	10497
6233			4015		2218	4846	36.19	46.55	529	2218
26350			17850		8500	37779	69.45	48.44	799	2518
149		149				351	2.25	0.96	1467	
39157			4665		34492	85670	57.36	26.22	7060	29187
28472			2753		25719	38699	24.65	18.14	19846	22302
16994		280	623	13083	3008	26315	36.91	23.83	4236	13343
15702		62		15640		15702	22.35	22.35	5017	15540
8777			8777			16700	49.60	26.07	225	
10162	1528	3519	3113		2002	11814	9.27	7.98	12734	5520
5689			1125		4564	6535	64.38	56.05	287	3115
1914			1263		651	5251	39.42	14.37	167	651
7830			3190		4640	7356	45.30	48.21	178	1231
7299			7299			12000	72.73	44.24	197	
12294		2740	2124		7430	12294	15.76	15.76	3114	8199
8473		4178	4295			11612	29.55	21.56	228	2933
555			555			3330	30.00	5.00	75	
13969			12526		1443	11348	21.44	26.40	454	1443
26988		7674	3630		15684	49673	55.25	30.02	4000	16620
9269			4361		4908	7664	28.12	34.00	961	1695
9069			9069			17086	66.12	35.09	229	
29605			4412		25193	58566	42.16	21.31	5782	23589
13845			13845			18300	44.01	33.30	246	

市序号	区序号	道路名称	起止地点	道路长度（公里）	道路宽度（米）	绿化长度（公里）	绿化宽度（米）	道路用地总面积（平方米）
甲	乙	丙	丁	1	2	3	4	5
295	196	西华门大街	中南海东门—西华门	0.25	29	0.25	5	7250
296	197	西皇城根北街	西四东大街—西安门大街	0.17	21	0.14	3	3502
297	198	西四北大街	西四南大街北口—平安里大街	0.96	35	0.83	5	33696
298	199	西四东大街	西四—西皇城根北街	0.30	20	0.11	3	5940
299	200	西四南大街	西四北大街南口—西单北大街北口	0.54	28—33	0.52	5	17820
300	201	西筒子河	故宫外西北角—午门	1.32	21	1.09	12	27456
301	202	西直门南大街	西直门桥—平安里西大街	0.88	61	0.83	7	53680
302	203	西直门外大街	三里河路口—展览馆	0.93	44	0.91	9	40900
303	204	新街口北大街	积水潭桥—新街口	0.91	26	0.45	3	23842
304	205	新街口南大街	新街口—平安里	0.84	31	0.70	3	25620
305	206	宣武门东大街	和平门—宣武门	0.79	104	0.70	7	41080
306	207	宣武门内大街	西单—宣武门	0.80	33	0.73	5	26640
307	208	宣武门西大街	宣武门—西便门	1.27	74	0.49	3	46990
308	209	展览馆路	北京展览路—阜成门外大街	1.50	51	1.03	9	76500
		河岸		**4.70**		**4.58**		**99032**
		市属		4.70		4.58		99032
309	1	永定河引水渠玉西段	甘雨桥—木樨地	3.20	26	3.20	4	84032
310	2	北护城河岸路	德胜门立交桥—鼓楼桥	1.50	10	1.38	8	15000
311—729		**街巷**		**62.90**		**13.07**		**902655**
	1	展览路办事处		1.51		1.03		9120
	2	厂桥办事处		16.48		3.82		70565
	3	福绥境办事处		18.16		4.65		93578
	4	二龙路办事处		11.02				58905
	5	丰盛办事处						84935
	6	新街口办事处		13.43		2.13		61035
	7	德外办事处		2.31		1.45		13986
	8	西长安街办事处						510531
		崇文区						
		道路		**57.55**		**40.94**		**1796043**
		区属		49.41		34.58		1493958
730	1	体育馆西路	法华寺街—龙潭路	1.00	13	0.46	4	13000
731	2	花市大街	崇文门外大街—白桥大街	1.78	20	0.80	6	35600
732	3	夕照寺大街	广渠门内大街—龙潭路	1.34	28	1.10	6	37576
733	4	花市斜街	白桥三角地—花市大街	0.66	15	0.35	6	9570

续表六

道路绿地面积 合计（平方米）	道路绿地面积 中心隔离带绿地	道路绿地面积 分车带绿地	道路绿地面积 行道树绿地	道路绿地面积 立交桥绿地	道路绿地面积 道路两侧绿地	绿化覆盖面积（平方米）	绿化覆盖率（%）	绿地率（%）	实有树木（株）	实有草坪（平方米）
6=7+8+9+10+11	7	8	9	10	11	12	13=12/5	14=6/5	15	16
5025			5025			4000	55.17	69.31	102	
1462			1462			2923	83.47	41.75	38	
17670			17670			21151	62.77	52.44	360	
1829			1829			1480	24.92	30.79	14	
9375			9375			12468	69.97	52.61	157	
13612			5400		8212	14152	51.54	49.58	321	8100
648		648				2653	4.94	1.21	2915	490
8769			1609		7160	17293	42.28	21.44	579	
4140			4140			10092	42.33	17.36	159	
11424			11424			15350	59.91	44.59	214	
11761		7423	3808		530	9251	22.52	28.63	366	2928
11440			11440			15974	59.96	42.94	226	
15192		8708	6484			5863	12.48	32.33	173	
22639		10859	2859		8921	42937	56.13	29.59	3018	18811
31078					**31078**	**43144**	**43.57**	**31.38**	**512**	**18102**
31078					31078	43144	43.57	31.38	512	18102
26432					26432	34148	40.64	31.45	271	13750
4646					4646	8996	59.97	30.97	241	4352
115738			**41234**		**74504**	**228443**	**25.31**	**12.82**	**20385**	**2647**
1351			1261		90	1728	18.95	14.81	243	90
16803					16803	26040	36.90	23.81	2892	
15973			12761		3212	30264	32.34	17.07	5358	6
5653			4713		940	12463	21.16	9.60	1433	252
9478			8621		857	35216	41.46	11.16	611	
3311			2604		707	36873	60.41	5.42	1699	64
7056			4706		2350	9390	67.14	50.45	3599	300
56113			6568		49545	76469	14.98	10.99	4550	1935
440997	**4406**	**35186**	**288164**	**66110**	**47131**	**652015**	**36.30**	**24.55**	**73357**	**114879**
380502	4406	24448	256161	66110	29377	552812	37.00	25.47	63260	91888
5600			5290		310	6134	47.18	43.08	832	590
7320			7320			12000	33.71	20.56	270	
20250			17560		2690	21602	57.49	53.89	1501	2690
2688			2688			4608	48.15	28.09	128	

市序号	区序号	道路名称	起止地点	道路长度（公里）	道路宽度（米）	绿化长度（公里）	绿化宽度（米）	道路用地总面积（平方米）
甲	乙	丙	丁	1	2	3	4	5
734	5	福光路	幸福大街副食店—铁路桥	0.28	9	0.16	3	2520
735	6	左安门内大街	光明路—左安门桥	1.49	26	1.28	3	38740
736	7	幸福大街	广渠门内大街—体育馆路东口	1.12	23	1.08	8	25760
737	8	天坛东路	天坛东门—玉蜓桥	1.42	70	0.29	3	99400
738	9	崇文门外大街	崇文门西大街东口—红桥十字路口	1.58	70	0.52	3	110600
739	10	龙潭路	体育馆西路—龙潭闸	1.72	21	1.17	3	35260
740	11	法华寺街	红桥十字路口—文章胡同南口	0.67	13	0.23	6	8710
741	12	培新街	幸福大街—安化南里	0.42	12	0.31	6	5040
742	13	天坛路	前门大街南口—天坛东门	2.10	29	1.60	6	70980
743	14	龙潭东路	龙潭闸—玉蜓桥	3.00	15	3.00	2	45000
744	15	台南路	西打么厂—崇文门西大街	0.13	30	0.08	2	3750
745	16	体育馆路	幸福大街南口—天坛东门	0.95	52	0.64	3	49590
746	17	光明路	光明立交桥—幸福大街南口	1.10	53	0.50	3	58300
747	18	安乐林中街	安乐林路—刘家窑	0.30	16	0.18	6	4800
748	19	沙子口路	安乐林路—火柴厂	1.00	25	0.81	8	24900
749	20	革新里南路	永定门外大街—马家堡路	0.90	11	0.45	4	9900
750	21	琉璃井路	琉璃井东路—永定门外大街	0.87	12	0.87	4	10614
751	22	桃杨路	李村中街—民主北街	1.08	14	0.50	5	15120
752	23	杨家园路	安乐林路—京津铁路	0.75	14	0.40	3	10125
753	24	景泰路	安乐林路口—京津铁路	0.65	20	0.65	3	13000
754	25	马家堡路	西滨河路西口—马家堡铁路桥	0.43	25	0.32	3	22446
755	26	旧马家堡路	西滨河路—马家堡路	0.43	11	0.26	3	4515
756	27	琉璃井路	安乐林路—京津铁路	0.78	14	0.72	5	10608
757	28	安乐林路	蒲黄榆路—永外大街	1.82	29	1.79	8	52234
758	29	民主北街	安乐林路—桃杨路	0.98	18	0.98	5	17640
759	30	天桥南大街	天桥十字路口—南纬路东口	0.83	41	0.19	4	33615
760	31	永定门内大街	南纬路东口—永定门桥头	0.71	41	0.51	4	28755
761	32	永定门外大街	永定门桥头—木樨园立交桥	1.49	37	0.65	4	55130
762	33	永定门东街	永定门内大街南口—玉蜓桥	1.85	29	1.80	3	53650
763	34	永定门西滨河	永定门外大街北口—太平街南口	0.96	70	0.50	2	67200
764	35	永定门东滨河	蒲黄榆路—永定门外大街北口	1.01	70	1.01	2	70700
765	36	白桥大街	东便门立交桥—广渠门内大街	0.68	17	0.45	6	11560
766	37	东河道西岸	光明立交桥—东便门立交桥	0.70	7	0.70	2	4900
767	38	广渠门北滨河路	东便门铁路桥—广渠门立交桥	1.54	66	0.90	5	100900

续表七

道路绿地面积						绿化覆盖面积（平方米）	绿化覆盖率（%）	绿地率（%）	实有树木（株）	实有草坪（平方米）
合计（平方米）	中心隔离带绿地	分车带绿地	行道树绿地	立交桥绿地	道路两侧绿地					
6=7+8+9+10+11	7	8	9	10	11	12	13＝12/5	14＝6/5	15	16
1200			1200			2184	86.67	47.62	79	
15700			10041		5659	21979	56.73	40.53	2693	5659
9150			9150			17244	66.94	35.52	452	
4831	832	2063	864		1072	5692	5.73	4.86	1652	3135
9430		7864	1566			10996	9.94	8.53	3596	6013
16870		420	14536		1914	20682	58.66	47.84	2984	1914
1392			1392			3096	35.55	15.98	81	
3021			3021			3924	77.86	59.94	104	
15406		3886	10470		1050	29244	41.20	21.70	1210	1924
4800			1800		3000	12239	27.20	10.67	1391	
1026	900		126			1152	30.72	27.36	241	900
16521		3035	10960		2526	17965	36.23	33.32	932	5561
14350		2880	4506	4450	2514	20620	35.37	24.61	4689	7473
1080			1080			2400	50.00	22.50	71	
7000			7000			8650	34.74	28.11	117	
1800			1800			7200	72.73	18.18	96	
3480			3480			5400	50.88	32.79	113	
2500			2500			9000	59.52	16.53	150	
1200			1200			5400	53.33	11.85	107	
1950			1950			5369	41.30	15.00	91	
3350		1800	1345		205	3625	16.15	14.92	4613	
1290			1290			1560	34.55	28.57	43	
3600			3600			9360	88.24	33.94	163	
23970	310		23660			30740	58.85	45.89	723	310
4900			4900			12000	68.03	27.78	138	
3240			3240			3381	10.06	9.64	69	
7040			7040			8379	29.14	24.48	171	
5960			5960			8400	15.24	10.81	159	
22240			15710	1903	4627	35123	65.47	41.45	4643	6041
21400	1152	800	9142	8106	2200	21778	32.41	31.85	2780	11106
25400	1212	1700	13134	8004	1350	26506	37.49	35.93	6430	8014
2700			2700			9152	79.17	23.36	143	
1660			1400		260	2225	45.41	33.88	913	
48147			4500	43647		49947	49.50	47.72	16876	30558

市序号	区序号	道路名称	起止地点	道路长度（公里）	道路宽度（米）	绿化长度（公里）	绿化宽度（米）	道路用地总面积（平方米）
甲	乙	丙	丁	1	2	3	4	5
768	39	京古铁路	东便门立交桥—光华木材厂	0.65	25	0.13	2	16250
769	40	京津铁路	永定门火车站—东便门立交桥	8.24	25	6.24	2	206000
		市属		8.14		6.36		302085
770	41	崇文门东大街	崇文门—东便门	1.12	49	1.12	15	54880
771	42	崇文门西大街	台基厂大街南口—崇文门	0.57	80	0.50	16	22800
772	43	前门大街	前门—珠市口	0.80	29	0.80	3	22800
773	44	前门东大街	前门—台基厂	1.13	40	1.03	18	45200
774	45	前门环路		0.71	47	0.49	3	33370
775	46	天桥南大街	珠市口—天桥商场	0.51	29	0.50	3	14535
776	47	永定门内大街	天桥—永定门桥	1.60	37	0.90	5	59200
777	48	永定门外大街	永定门—木樨园环岛	1.70	29	1.02	3	49300
		河岸		**11.97**		**10.94**		**456685**
		市属		11.97		10.94		456685
778	1	南护 1	南站—蒲黄榆铁路桥(右)	3.46	25	3.46	5	86575
779	2	南护 2	蒲黄榆铁路桥—永定门桥(左)	1.98	39	1.98	3	71719
780	3	南护 3	龙潭闸—蒲黄榆铁路桥	2.90	39	2.90	3	103206
781	4	东护 1	广渠门—东便门桥	1.53	75	1.20	25	113985
782	5	东护 2	广渠门—龙潭闸(右)	1.10	42	1.10	8	46200
783	6	通惠河	东便门—面粉厂桥(右)	1.00	35	0.30	9	35000
784—1100		**街巷**		**101.95**		**37.83**		**504881**
	1	前门办事处		21.12		2.26		97542
	2	崇文门办事处		11.89		3.63		57708
	3	东花市办事处		11.89		5.5		48793
	4	龙潭办事处		10.18		6.95		63613
	5	体育馆办事处		18.06		8.46		96807
	6	天坛办事处		12.86		4.06		64358
	7	永外办事处		15.95		6.97		76060
		宣武区						
		道路		**58.18**		**49.43**		**2077668**
		区属		55.18		46.53		1950306
		区属专业		50.25		38.56		1853283
1101	1	南纬路	永定门内大街—禄长街	0.68	21	0.50	10	13838
1102	2	北纬路	天桥南大街—虎坊路	1.18	22	0.90	10	25916

续表八

道路绿地面积						绿化覆盖面积（平方米）	绿化覆盖率（%）	绿地率（%）	实有树木（株）	实有草坪（平方米）
合计（平方米）	中心隔离带绿地	分车带绿地	行道树绿地	立交桥绿地	道路两侧绿地					
6=7+8+9+10+11	7	8	9	10	11	12	13=12/5	14=6/5	15	16
1950			1950			7956	48.96	12.00	221	
35090			35090			67900	32.96	17.03	1595	
60495		10738	32003		17754	99203	32.84	20.03	10097	22991
16684			4297		12387	17087	31.14	30.40	4830	10391
8281		3870	2838		1573	9760	42.81	36.32	2636	4180
11875			11875			9600	42.11	52.08	222	
15636		6868	4974		3794	18200	40.27	34.59	1234	8420
840			840			5040	15.10	2.52	115	
1500			1500			6000	41.28	10.32	169	
2700			2700			21600	36.49	4.56	560	
2979			2979			11916	24.17	6.04	331	
76111					**76111**	**111110**	**24.33**	**16.67**	**26430**	**54522**
76111					76110	111110	24.33	16.67	26430	54522
16861					16861	16861	19.48	19.48	4860	16822
5884					5884	5883	8.20	8.20	1803	5800
8466					8466	8466	8.20	8.20	2593	
29880					29880	53400	46.85	26.21	14132	21600
12320					12320	22000	47.62	26.67	2641	8800
2700					2700	4500	12.86	7.71	401	1500
112558			**105751**		**6807**	**195949**	**38.81**	**22.29**	**15091**	**2572**
5966			5425		541	10811	11.08	6.12	738	
6033			6033			16089	27.88	10.45	756	112
16743			16743			23940	49.06	34.31	1587	
20615			16724		3891	45682	71.81	32.41	1133	1380
26503			24128		2375	42794	44.21	27.38	3928	1080
17797			17797			24075	37.41	27.65	5422	
18901			18901			32558	42.81	24.85	1527	
337324	**6672**	**69923**	**185182**	**50950**	**24597**	**524190**	**25.23**	**16.24**	**28456**	**48699**
280082	6672	44782	167320	50950	10358	457368	23.45	14.36	25355	22180
255527	6672	44782	153123	50950		404867	21.85	13.79	13802	16200
5000			5000			7000	50.59	36.13	71	
7200			7200			12600	48.62	27.78	235	

市序号	区序号	道路名称	起止地点	道路长度（公里）	道路宽度（米）	绿化长度（公里）	绿化宽度（米）	道路用地总面积（平方米）
甲	乙	丙	丁	1	2	3	4	5
1103	3	东经路	永安路—南纬路南巷	0.79	19	0.60	10	13610
1104	4	西经路	永安路—北纬路	0.30	23	0.20	15	6900
1105	5	永安路	天桥南大街—虎坊路	1.18	28	0.90	15	30800
1106	6	虎坊路	珠市口西大街—北纬路	0.70	59	0.60	25	34300
1107	7	南新华街	和平门—珠市口西大街	1.17	20	0.50	5	23400
1108	8	骡马市大街	菜市口—虎坊路	0.87	41	0.35	10	35875
1109	9	永内西街	永定门—太平街	0.90	37	0.70	12	33300
1110	10	太平街	北纬路—陶然亭桥	1.24	28	0.70	15	34100
1111	11	陶然亭路	太平街—菜市口大街	1.28	27	1.00	15	27584
1112	12	里仁街	菜市口大街—右内大街	0.78	11	0.65	6	8525
1113	13	白纸坊东街	菜市口大街—右内大街	0.83	18	0.80	12	14922
1114	14	白纸坊西街	右内大街—广安门南顺城街	1.17	18	0.90	14	19800
1115	15	右安门内大街	南横西街—右安门	1.50	30	1.30	20	45000
1116	16	牛街	广内大街—南横西街	0.65	11	0.30	3	6773
1117	17	白广路大街	广内大街—白纸坊西街	1.20	29	1.10	18	34200
1118	18	南菜园路	白纸坊西街—右安门西顺城根	0.95	20	0.90	13	18525
1119	19	菜园街	枣林街—白纸坊西街	0.52	27	0.50	3	13700
1120	20	槐柏树街	长椿街—西便门内大街	0.86	15	0.75	8	12900
1121	21	长椿街	宣武门西大街—广内大街	1.27	20	0.80	5	15400
1122	22	广内大街	广安门—菜市口	2.20	70	1.80	13	154000
1123	23	宣武门外大街	宣武门—菜市口	1.09	44	0.90	5	32300
1124	24	西珠市口大街	前门外大街—虎坊路	1.15	20	0.90	5	33263
1125	25	万明路	西珠市口大街—永安路	0.30	15	0.30	5	4500
1126	26	菜市口大街	菜市口—南护城河	2.04	70	1.74	8	142800
1127	27	长椿里	长椿街—宣武艺园东门	0.15	15	0.15	5	2250
1128	28	半步桥街	白纸坊东街—右内大街	1.10	14	0.80	5	15400
1129	29	教子胡同	广内大街—南横西街	0.66	10	0.50	5	6600
1130	30	自新路	白纸坊西街—里仁街	0.27	6	0.25	3	1620
1131	31	南线阁路	广内大街—枣林前街	0.66	24	0.60	3	15864
1132	32	粉坊琉璃街	骡马市大街—南横东街	0.69	6	0.60	6	4110
1133	33	北线阁路	核桃园东街—广内大街	0.40	12	0.35	12	4800
1134	34	西便门内大街	西便门大街桥—核桃园东街	0.89	30	0.80	3	26700
1135	35	广安门桥区	广安门桥北匝道—白纸坊桥南	2.50	129	2.40		322500
1136	36	红莲南路	莲花河西岸—马连道路	1.25	16	0.97	16	20000

续表九

道路绿地面积						绿化覆盖面积（平方米）	绿化覆盖率（%）	绿地率（%）	实有树木（株）	实有草坪（平方米）
合计（平方米）	中心隔离带绿地	分车带绿地	行道树绿地	立交桥绿地	道路两侧绿地					
6=7+8+9+10+11	7	8	9	10	11	12	13=12/5	14=6/5	15	16
6000			6000			8400	61.72	44.09	138	
1600			1600			3600	52.17	23.19	107	
6000			6000			8400	27.27	19.48	418	
8000			8000			12000	34.99	23.32	301	
230			230			575	2.46	0.98	23	
1750			1750			4200	11.71	4.88	147	
6800		2600	4200			13600	40.84	20.42	304	
8100		1800	6300			16200	47.51	23.75	353	
5200		1200	4000			9200	33.35	18.85	17	
1400			1400			2800	32.84	16.42	60	
3450		1050	2400			7600	50.93	23.12	279	
5080		580	4500			7500	37.88	25.66	373	
7800			7800			15600	34.67	17.33	346	
810			810			2190	32.33	11.96	31	
8800			8800			15400	45.03	25.73	369	
4800			4800			8000	43.18	25.91	269	
1500			1500			1500	10.95	10.95	76	
3000			3000			5700	44.19	23.26	273	
4000			4000			7000	45.45	25.97	195	
14600		9200	5400			14600	9.48	9.48	733	9200
5425		925	4500			11725	36.30	16.80	405	
870			870			4350	13.08	2.62	87	
630			630			2520	56.00	14.00	63	
10964		5750	5214			13000	9.10	7.68	4302	7000
600			600			1200	53.33	26.67	53	
1200			1200			6000	38.96	7.79	177	
1500			1500			5000	75.76	22.73	111	
1000			1000			1300	80.25	61.73	47	
300			300			300	1.89	1.89	52	
2400			2400			3600	87.59	58.39	178	
1050			1050			1050	21.88	21.88	67	
2400			2400			2400	8.99	8.99	154	
53765	2550	2000	2662	46553		59089	18.32	16.67	300	
3076			3076			9288	46.44	15.38	268	

市序号	区序号	道路名称	起止地点	道路长度（公里）	道路宽度（米）	绿化长度（公里）	绿化宽度（米）	道路用地总面积（平方米）
甲	乙	丙	丁	1	2	3	4	5
1137	37	马连道南街甲	红莲北里15号—马连道路	0.39	13	0.19	4	5070
1138	38	广外大街	广安门—湾子路口	2.23	53	2.12	9	122960
1139	39	小马厂路	莲花池东路—手帕口北街	0.80	9	0.35	6	7200
1140	40	马连道路	湾子路口—红莲南路	1.46	22	1.14	8	32120
1141	41	手帕口北街	莲花池东路—手帕口桥	0.90	17	0.81	37	26986
1142	42	青年湖路	白纸坊桥—广安门火车站南门	0.70	18	0.08	5	12600
1143	43	广安门南顺城街	南线里—59路大观园总站	1.75	19	1.54	5	33892
1144	44	南滨河路	陶然亭桥—59路大观园总站	2.67	15	0.44	2	78565
1145	45	莲花池东路	天宁寺桥—北蜂窝桥	1.40	58	1.30	10	81200
1146	46	天宁寺桥区	西便门—广安门北匝道	2.40	125	2.40		194995
1147	47	右内西街西段	一建宿舍北门—员外山庄	0.18	9	0.18	9	1620
1148—1172	48—72	区属群植		4.93		7.97		97023
		广内街道办事处		2.21		0.93		39847
		广外街道办事处		2.27		4.57		38372
		白纸坊街道办事处		0.45		2.47		18804
		市属		3.00		2.90		127362
1173	73	前门西大街	前门—和平门	0.94	84	0.91	17	39292
1174	74	宣武门东大街	和平门—宣武门	0.79	104	0.76	17	41080
1175	75	宣武门西大街	宣武门—西便门	1.27	74	1.23	21	46990
		河岸		**10.09**		**10.09**		**379406**
		市属		10.09		10.09		379406
1176	1	莲花河	莲花池出口—万泉寺铁路桥	2.30	48	2.30	12	110400
1177	2	广安门护城河	北滨河路—永定门大街	7.79	34	7.79	16	269006
1178—1430		**街巷**		**81.49**		**30.96**		**582450**
	1	天桥办事处		14.62		3.15		103972
	2	广内办事处		13.37		4.45		95922
	3	广外办事处		10.35		4.69		76088
	4	牛街办事处		9.73		5.01		77055
	5	大栅栏办事处		8.90		1.29		78754
	6	白纸坊办事处		4.75		3.51		35155
	7	陶然亭办事处		10.19		4.1		64674
	8	椿树办事处		9.58		4.77		50830
		朝阳区						
		道路		**374.26**		**333.90**		**20118637**

续表十

道路绿地面积						绿化覆盖面积（平方米）	绿化覆盖率（%）	绿地率（%）	实有树木（株）	实有草坪（平方米）
合计（平方米）	中心隔离带绿地	分车带绿地	行道树绿地	立交桥绿地	道路两侧绿地					
6=7+8+9+10+11	7	8	9	10	11	12	13=12/5	14=6/5	15	16
454			454			1482	29.23	8.95	46	
8423		2363	6060			16178	13.16	6.85	436	
1029			1029			3367	46.76	14.29	98	
9236			9236			17696	55.09	28.75	395	
2700			2700			2820	10.45	10.01	98	
400			400			1460	11.59	3.17	43	
1545			1545			5540	16.35	4.56	226	
666			666			2997	3.81	0.85	74	
11321	1890	5672	3759			16980	20.91	13.94	637	
23159	2232	11642	4888	4397		31387	16.10	11.88	300	
294			294			473	29.20	18.15	67	
24555			14197		10358	52501	54.11	25.31	11553	5980
10240			3464		6776	18166	45.59	25.70	4107	2897
3888			3888			15900	41.44	10.13	460	
10427			6845		3582	18435	98.04	55.45	6986	3083
57242		25141	17862		14239	66822	52.47	44.94	3101	26519
18789		9010	6568		3211	22035	56.08	47.82	1383	9165
16478		7423	3920		5135	17061	41.53	40.11	672	6869
21975		8708	7374		5893	27726	59.00	46.77	1046	10485
148446					**148446**	**148446**	**39.13**	**39.13**	**2526**	**148446**
148446					148446	148446	39.13	39.13	2526	148446
27600					27600	27600	25.00	25.00	590	27600
120846					120846	120846	44.92	44.92	1936	120846
80320	**2118**	**1118**	**69182**		**7902**	**196984**	**33.82**	**13.79**	**10741**	**1498**
10993			10993			24316	23.39	10.57	1074	
18413		478	14042		3893	57284	59.72	19.20	1754	764
7053			7053			30974	40.71	9.27	1213	
11452	2118		7505		1829	21744	28.22	14.86	1389	230
5755			5755			5755	7.31	7.31	1773	
9461		640	8821			13744	39.10	26.91	457	
9159			8179		980	27480	42.49	14.16	1144	
8034			6834		1200	15687	30.86	15.81	1937	504
9113504	**206477**	**506088**	**2405865**	**797456**	**5197618**	**9926236**	**49.34**	**45.30**	**1419810**	**5110511**

市序号	区序号	道路名称	起止地点	道路长度（公里）	道路宽度（米）	绿化长度（公里）	绿化宽度（米）	道路用地总面积（平方米）
甲	乙	丙	丁	1	2	3	4	5
		区属		265.70		227.95		9818739
		区园林局		150.74		125.46		6868617
1431	1	新东路	左家庄—三里屯	1.99	48	1.25	10	95280
1432	2	东外大街	春秀路—三环路	1.43	70	1.30	28	99820
1433	3	三里屯路	亮马河南路—工体北路	1.28	43	1.19	23	54825
1434	4	三里屯东一街	东三环—挪威使馆	0.14	17	0.14	3	2414
1435	5	三里屯东二街	东三环—苏丹使馆	0.08	13	0.06	3	1008
1436	6	三里屯东三街	东三环—三里屯路	0.50	20	0.43	3	10000
1437	7	三里屯东四街	东三环—三里屯路	0.50	20	0.40	3	10000
1438	8	三里屯东五街	东三环—三里屯路	0.50	21	0.44	7	10400
1439	9	三里屯东六街	东三环—三里屯路	0.50	25	0.50	9	12500
1440	10	亮马河南路	东三环—春秀路	1.63	25	1.22	9	40650
1441	11	三里屯六横街	亮马河南路—东六街	0.15	20	0.14	6	3000
1442	12	三里屯西六街	新东路—三里屯路	0.40	25	0.40	6	10000
1443	13	三里屯北小街	亮马河南路—东外大街	0.49	21	0.44	6	10290
1444	14	三里屯中街	东四街—东三街	0.12	15	0.12	3	1815
1445	15	三里屯东街	东五街—东外大街	0.25	20	0.24	6	4900
1446	16	三里屯中街	东三街—东外大街	0.33	15	0.30	3	4890
1447	17	新工八号路	三里屯路—新东路	0.40	23	0.38	8	9000
1448	18	新源街	亮马河—机场路	1.12	42	1.03	16	47334
1449	19	顺源街	新源街—东三环	0.51	30	0.48	11	15300
1450	20	中日南路	樱花东街—服装学院	0.57	15	0.52	3	8475
1451	21	青年沟路	和平里东街—火车站	0.52	29	0.51	4	15080
1452	22	土城南路	北中轴路—服装学院	2.03	20	2.00	4	41229
1453	23	樱花西街	北三环—土城南路	0.65	67	0.61	20	43550
1454	24	樱花东街	北三环—土城南路	0.65	42	0.59	13	27300
1455	25	惠新东街	北四环—小关东路	1.32	46	1.23	14	60720
1456	26	和平里东街	和平里北街—北三环	1.01	48	0.96	14	47975
1457	27	安立路	成府路—大屯路	0.79	68	0.75	16	53291
1458	28	曙光西路	东三环—铁桥	1.30	44	0.73	10	57504
1459	29	机场辅线	东三环北路—大山子	4.43	37	3.27	11	163910
1460	30	中轴路(安华桥)	安华桥东北角					15293
1461	31	新源南街	新东路—东三环	0.95	44	0.83	3	41800
1462	32	亮马桥路	东三环—酒仙桥	2.90	25	2.40	7	72500

续表十一

道路绿地面积						绿化覆盖面积（平方米）	绿化覆盖率（%）	绿地率（%）	实有树木（株）	实有草坪（平方米）
合计（平方米）	中心隔离带绿地	分车带绿地	行道树绿地	立交桥绿地	道路两侧绿地					
6=7+8+9+10+11	7	8	9	10	11	12	13=12/5	14=6/5	15	16
3478456	138669	391488	707670	271577	1969052	4760291	48.48	35.43	614474	4267323
2430418	124332	351345	436398	271577	1246766	3516831	51.20	35.38	457707	972044
14743		3304	4538		6901	35615	37.38	15.47	9161	4022
36463		17718	3903		14842	65423	65.54	36.53	6287	24173
27168			4737		22431	55113	100.53	49.55	3872	9176
583			336		247	1904	78.87	24.15	30	
360			210		150	620	61.51	35.71	26	
1487			1487			6556	65.56	14.87	137	1487
1207			1207			9654	96.54	12.07	150	
2982			1293		1689	9755	93.80	28.67	3605	1289
4496			1338		3158	13110	104.88	35.97	2206	900
10935			3662		7273	19361	47.63	26.90	4158	5215
786			393		393	2017	67.23	26.20	1088	
3274			924		2350	6492	64.92	32.74	1393	938
2672			1077		1595	8185	79.54	25.97	808	120
363			363			1452	80.00	20.00	65	
1553			475		1078	5603	114.35	31.69	1870	1552
449			449			4485	91.72	9.18	100	
3012			1260		1752	8158	90.64	33.47	2069	1488
16820			3039		13781	31058	65.61	35.53	484	10281
5651			1423		4228	7630	49.87	36.93	358	1166
1620			1620			6200	73.16	19.12	200	
2020			2020			10300	68.30	13.40	180	
6637			6637			33785	81.94	16.10	690	
13407		3509	2618		7280	20239	46.47	30.79	685	1769
7418		2668	2390		2360	14939	54.72	27.17	529	2668
17034		5280	4336		7418	37258	61.36	28.05	14234	4664
9406		3629	2820		2957	25037	52.19	19.61	760	5055
12269		3378	2244		6647	29687	55.71	23.02	9101	3350
8224		3443	2300		2481	12978	22.57	14.30	17681	6696
37900		15350	10176	5156	7218	77594	47.34	23.12	14690	14639
15293				15293		15293	100.00	100.00	3440	4215
2476			2476			7440	17.80	5.92	248	
15547		3886	7945		3716	54173	74.72	21.44	4065	7062

市序号	区序号	道路名称	起止地点	道路长度（公里）	道路宽度（米）	绿化长度（公里）	绿化宽度（米）	道路用地总面积（平方米）
甲	乙	丙	丁	1	2	3	4	5
1463	33	西坝河路	华夏出版社—民族职高	2.49	32	2.43	7	79023
1464	34	东土城路	和平里北街—河边	0.98	42	0.96	8	41160
1465	35	大屯南路	安立路—北苑路	0.78	30	0.75	3	23556
1466	36	澳北街	新东路—东外大街	0.41	22	0.39	5	8954
1467	37	煤气用具厂路	东三环—煤气用具厂	1.20	14	0.71	3	16680
1468	38	北苑路	小关—立水桥	7.19	57	6.42	14	409602
1469	39	小关西路	北苑路—德清公路	2.22	16	2.20	3	35456
1470	40	小关东路	北苑路—太阳宫南路	3.70	16	2.70	3	59200
1471	41	太阳宫南路	北三环—太阳宫乡政府	0.49	19	0.34	3	9253
1472	42	大屯路	北苑路—德清公路	3.97	37	3.70	11	146890
1473	43	南湖渠路	太阳宫路—北四环	0.41	12	0.39	3	4944
1474	44	惠新西街	土城—北四环	1.27	65	1.19	19	82550
1475	45	和平里北街	和平里十字路口—铁桥	0.82	30	0.71	5	24600
1476	46	左家庄西街	曙光西街—造纸厂	1.25	26	0.94	2	31799
1477	47	女子学院路	小营路—女子学院东墙	1.22	40	1.06	17	48640
1478	48	小营路	北四环—女子学院路	0.48	34	0.23	16	16286
1479	49	土城北路	德清路—安立路	1.97	40	1.89	24	78092
1480	50	东大桥路	东大桥—永安里	1.40	59	1.31	20	82040
1481	51	工体东路	东大桥—三里屯	1.05	60	1.01	17	62475
1482	52	工体北路	工体西路—东三环	1.40	60	1.18	30	63818
1483	53	工体西路	工体北路—工体南路	0.70	48	0.54	28	33810
1484	54	工体南路	工体西路—工体东路	0.55	34	0.48	17	18892
1485	55	工人体育场路	工体南路—朝外大街	0.35	20	0.32	3	7085
1486	56	朝外大街东段	东大桥—呼家楼	0.90	33	0.80	17	29325
1487	57	朝外大街西段	东大桥—朝阳门	1.30	52	0.95	8	67860
1488	58	芳草地西街	日坛北路—朝外大街	0.50	22	0.40	22	11124
1489	59	日坛北路	东大桥路—日坛西路	0.80	26	0.68	13	21050
1490	60	日坛西路	日坛北路—建外大街	1.00	40	0.90	17	57200
1491	61	秀水南街	日坛西路—秀水东街	0.74	20	0.65	8	14430
1492	62	秀水东街	日坛东街—建外大街	0.86	17	0.71	7	14574
1493	63	日坛东一街	秀水东街—日坛东路	0.24	18	0.24	6	4248
1494	64	日坛东二街	秀水东街—日坛东路	0.24	20	0.24	8	4728
1495	65	光华路西段	日坛西路—西七圣庙路	0.30	32	0.25	10	9450
1496	66	光华路中段	日坛西路—东大桥路	0.80	28	0.70	9	22400

续表十二

道路绿地面积						绿化覆盖面积（平方米）	绿化覆盖率（%）	绿地率（%）	实有树木（株）	实有草坪（平方米）
合计（平方米）	中心隔离带绿地	分车带绿地	行道树绿地	立交桥绿地	道路两侧绿地					
6=7+8+9+10+11	7	8	9	10	11	12	13=12/5	14=6/5	15	16
16292			6506		9786	25194	31.88	20.62	8541	2136
8610			2820		5790	17480	42.47	20.92	489	2859
2250			2250			8250	35.02	9.55	178	
2112			1146		966	6112	68.26	23.59	123	
1712			1712			11294	67.71	10.26	152	
85521	53360		19601		12560	179485	43.82	20.88	11108	30590
6480			6480			9550	26.93	18.28	191	
1764			1764			4720	7.97	2.98	93	
704			704			7480	80.84	7.61	85	
42378		6748	7486		28144	64697	44.04	28.85	1972	
590			590			1530	30.95	11.93	51	
22548		5688	3570		13290	21596	26.16	27.31	1603	19002
3410	1850		1560			8248	33.53	13.86	243	
1406			1406			9370	29.47	4.42	157	
18876			3162		15714	16462	33.84	38.81	6841	14594
3919			1155		2764	4840	29.72	24.06	218	
46500					46500	4897	6.27	59.55	2964	
29920		14635	8527		6758	59684	72.75	36.47	6079	19017
17515		7121	2858		7536	37228	59.59	28.04	3472	12236
16962		3815	5680		7467	40330	63.20	26.58	2090	4516
17919			2333		15586	20574	60.85	53.00	3009	5156
9052			1514		7538	12164	64.39	47.91	2309	2626
1008			1008			5145	72.62	14.23	98	
8540			2960		5580	23960	81.71	29.12	424	2365
6431		3790	1710		931	12695	18.71	9.48	5492	2720
5800			1433		4367	9393	84.44	52.14	355	1042
11232			3600		7632	18604	88.38	53.36	1063	1194
34400			3806		30594	39057	68.28	60.14	3847	9151
5644			2380		3264	12266	85.00	39.11	291	1680
3922			2257		1665	12679	87.00	26.91	2328	578
1249			713		536	4121	97.01	29.40	1535	431
2283			503		1780	4713	99.68	48.29	1951	1051
4846			808		4038	4932	52.19	51.28	2145	1536
6350			2208		4142	17316	77.30	28.35	5741	3232

市序号	区序号	道路名称	起止地点	道路长度（公里）	道路宽度（米）	绿化长度（公里）	绿化宽度（米）	道路用地总面积（平方米）
甲	乙	丙	丁	1	2	3	4	5
1497	67	光华路东段	东大桥—东三环路	1.00	30	0.80	12	30050
1498	68	日坛东路	日坛北路—秀水南街	0.88	20	0.76	6	17600
1499	69	秀水北街	秀水东街—西七圣庙路	0.95	21	0.78	8	20250
1500	70	建华路	光华路—建外大街	0.45	24	0.40	6	10980
1501	71	秀水街	秀水北街—建外大街	0.30	15	0.30	3	4560
1502	72	西七圣庙路	秀水北街—光华路	0.16	24	0.16	9	3872
1503	73	工体东停车场	工体东路北段路东					11049
1504	74	工体北停车场	工体北路西段路北					15721
1505	75	光华木材厂北门	光华木材厂北门—忠实里	0.18	12	0.18	6	2070
1506	76	关东店北街	东大桥—东三环路	0.50	28	0.30	4	13850
1507	77	白家庄路	东三环—工体东路	1.00	27	0.90	8	27100
1508	78	南三里屯路	关东店北街—白家庄路	0.45	19	0.40	3	8685
1509	79	雅宝路	二环路—日坛西路	0.45	32	0.41	18	14360
1510	80	朝阳路	呼家楼—十里堡	4.60	61	3.20	29	279660
1511	81	朝阳路	十里堡—青年路	1.00	40	0.82	22	44200
1512	82	朝阳路	青年路—大黄庄	1.95	50	1.40	21	96720
1513	83	团结湖	农展南路—朝阳北路	1.30	33	1.30	17	42770
1514	84	姚家园	东三环—六里屯南街	0.90	41	0.73	19	36450
1515	85	六里屯南街	姚家园—体育馆南墙	0.15	29	0.13	10	4410
1516	86	针织路	朝阳路—朝阳北路	0.70	38	0.66	17	26320
1517	87	金台路	朝阳路—二道沟	0.80	41	0.58	7	32920
1518	88	朝阳北路	针织路—金台路	0.70	21	0.70	3	14700
1519	89	光华路东二段	东三环—西大望路	1.25	35	1.10	7	43875
1520	90	二道沟	金台路—针织路	0.64	35	0.64	7	22202
1521	91	青年路	朝阳路—姚家园路	2.40	18	2.10	4	42000
1522	92	六里屯东路	六里屯南街—青年路	2.70	17	1.10	4	45900
1523	93	高碑店北路	朝阳路—京通路	0.90	33	0.83	20	29700
1524	94	西大望路	红庙—八王坟	0.80	21	0.61	15	34400
1525	95	枣子营路	姚家园—农展南路	0.25	15	0.22	3	3750
1526	96	农展南路	三环路—郡王府	2.00	73	1.70	45	146600
1527	97	外二环	广渠门—左安门	2.00	64	1.82	24	128750
1528	98	劲松路	光明桥—东三环	1.10	58	0.82	19	64240
1529	99	劲松东路	劲松路—化工南路	1.30	60	0.85	13	77610
1530	100	西大望路中段	八王坟—化工路西口	1.50	41	0.80	8	62010

道 路 绿 地 面 积						绿化覆盖面积（平方米）	绿化覆盖率（%）	绿地率（%）	实有树木（株）	实有草坪（平方米）
合计（平方米）	中心隔离带绿地	分车带绿地	行道树绿地	立交桥绿地	道路两侧绿地					
6=7+8+9+10+11	7	8	9	10	11	12	13=12/5	14=6/5	15	16
2639			2310		329	11474	38.18	8.78	1446	
3846			2580		1266	12881	73.19	21.85	4184	
5477			2543		2934	17010	84.00	27.05	4651	1470
2257			953		1304	5114	46.58	20.56	1719	140
828			828			4380	96.05	18.16	105	
974			345		629	1693	43.72	25.15	67	
8049			8049			8500	76.93	72.85	269	
12721			12721			7380	46.94	80.92	165	
798			798			2070	100.00	38.55	144	
1515			1515			4720	34.08	10.94	2831	954
4307			2325		1982	13402	49.45	15.89	287	
1547			1547			4400	50.66	17.81	87	
5290			1330		3960	8230	57.31	36.84	199	
116659		15860	15704		85095	167948	60.05	41.71	6279	23560
12448	195		1575		10678	18274	41.34	28.16	2116	9802
16628			5560		11068	19935	20.61	17.19	3789	9040
7600			2085		5515	16245	37.98	17.77	628	5500
12080			2175		9905	25561	70.13	33.14	5628	7880
1236			465		771	2631	59.66	28.03	1611	100
9993			1783		8210	17730	67.36	37.97	471	
3534		1731	1803			11263	34.21	10.74	322	1855
3960			3960			10560	71.84	26.94	209	
7418			3128		4290	24895	56.74	16.91	647	
12906			3292		9614	11165	50.29	58.13	268	
10896			10896			13476	32.09	25.94	435	
6400			6400			8145	17.75	13.94	181	
6390			3070		3320	16852	56.74	21.52	1840	2799
8270		1234	1948		5088	20328	59.09	24.04	7076	2286
375			375			2250	60.00	10.00	50	
52538	3425	18555	3580		26978	80609	54.99	35.84	8933	16553
47817	3640	5517	4660	10979	23021	78569	61.02	37.14	24338	17529
14085		4339	2294		7452	21835	33.99	21.93	5886	9990
11384		8789	2595			28605	36.86	14.67	928	7664
10565		2297	3055		5213	29769	48.01	17.04	686	

市序号	区序号	道路名称	起止地点	道路长度（公里）	道路宽度（米）	绿化长度（公里）	绿化宽度（米）	道路用地总面积（平方米）
甲	乙	丙	丁	1	2	3	4	5
1531	101	西大望路南段	化工路西口—工业大学	1.50	17	0.85	3	25500
1532	102	广渠门外大街	广渠门—双井	1.10	42	0.90	6	46200
1533	103	广渠路	双井—大郊亭	2.60	36	2.20	6	93220
1534	104	华能路	东四环—半壁店	3.20	60	2.90	19	192640
1535	105	化工路	大郊亭—焦化厂	5.20	37	5.00	12	194480
1536	106	百子湾路	东三环—建筑木材厂	4.00	12	2.60	4	48000
1537	107	左安路	左安门—南三环	1.40	11	0.70	4	15400
1538	108	劲松南路	外二环—劲松医院	0.50	25	0.42	5	12300
1539	109	双桥东路	八里桥环岛—双会桥	0.16	49	0.16	7	7872
1540	110	双桥路	三间房—双桥	0.40	34	0.40	13	13424
1541	111	朝阳路	八里桥—大黄庄	7.50	58	6.00	22	433500
1542	112	朝阳路	管庄—老八里桥	2.20	11	1.00	4	24200
1543	113	东四环路	四元桥—四慧桥	7.80	160	7.50	108	1248000
		南四环路	十八里店桥—朝阳丰台分界	4.50	71	4.10	14	321300
		区属群植		114.96		102.49		2950122
	一	双井办事处		8.61		8.61		191290
1544	114	广渠路	三环路—四环路	2.23	20	2.23	6	44600
1545	115	广和路北段	广和路三角地—广外大街	0.59	10	0.59	3	2950
1546	116	垂杨柳中街	垂杨柳南街—广外大街	0.63	26	0.63	4	16380
1547	117	垂杨柳南街	广和路—东三环路	0.60	23	0.60	8	13800
1548	118	广外大街	起重机器厂—东三环路	0.97	47	0.97	21	45590
1549	119	黄木厂路	东三环路—钢琴厂	0.42	12	0.42	3	5250
1550	120	广和路	二环路—广和路三角地	0.87	11	0.87	3	5220
1551	121	百子湾路	东三环—东四环	2.30	25	2.30	6	57500
	二	垡头街道办事处		6.47		6.47		83476
1552	122	武警路	老军堂村南—向阳村	1.80	6	1.80	4	21300
1553	123	垡头东街	垡头北里 14 楼西—垡头西	0.87	6	0.87	4	9135
1554	124	金蝉路	焦化厂平房—化工路	0.86	6	0.86	5	9460
1555	125	垡头街	中建二局门前—钢琴厂宿舍	0.83	6	0.83	8	11620
1556	126	金蝉南路	市化工学校西墙—化工路	0.78	6	0.78	4	7800
1557	127	金蝉中路	垡头二中西墙—化工路	0.55	6	0.55	16	12512
1558	128	垡头西街	金蝉北里 14 楼—化工联大	0.52	6	0.52	10	8789
1559	129	金蝉小街	滤清器厂—化工路	0.26	6	0.26	5	2860
	三	望京街道办事处		5.22		3.65		308208

续表十四

道路绿地面积						绿化覆盖面积（平方米）	绿化覆盖率（%）	绿地率（%）	实有树木（株）	实有草坪（平方米）
合计（平方米）	中心隔离带绿地	分车带绿地	行道树绿地	立交桥绿地	道路两侧绿地					
6=7+8+9+10+11	7	8	9	10	11	12	13=12/5	14=6/5	15	16
3390			3390			6811	26.71	13.29	139	
12555		4030	2145		6380	30965	67.02	27.18	658	
13406			6480		6926	36970	39.66	14.38	790	
62984	45584		17400			63545	32.99	32.70	3376	
39570			39570			79728	41.00	20.35	3059	
6030			6030			14400	30.00	12.56	603	
1350			1350			4774	31.00	8.77	135	
4120			1720		2400	3010	24.47	33.50	237	
1147		632	515			1730	21.98	14.57	110	
3581		748	2833			5098	37.98	26.68	709	
126669	16278	60254	21980	11876	16281	169025	38.99	29.22	88921	13524
1070			1070			3120	12.89	4.42	149	
828110		64763	16697	172800	573850	829575	66.47	66.35	53698	433897
170606		58634	11065	55473	45434	167001	51.98	53.10	35040	157864
1048038	14337	40143	271272		722286	1243460	42.15	35.53	156767	3295279
41796			4665		37131	51555	26.95	21.85	11277	19850
6900					6900	7950	17.83	15.47	2369	6592
1015			885		130	1615	54.75	34.41	299	124
3535			945		2590	4480	27.35	21.58	1701	2360
5840			900		4940	7440	53.91	42.32	382	1540
15261					15261	17300	37.95	33.47	3541	3346
630			630			2300	43.81	12.00	332	
1625			1305		320	3190	61.11	31.13	265	352
6990					6990	7280	12.66	12.16	2388	5536
43517			19995		23522	57134	68.44	52.13	4788	7739
9600			7200		2400	11700	54.93	45.07	973	2400
3915			716		3199	4924	53.90	42.86	115	126
4300			4300			5780	61.10	45.45	148	
6640			1245		5395	9490	81.67	57.14	938	1779
3120			3120			4990	63.97	40.00	209	
9213			1245		7968	10790	86.24	73.63	1576	3223
5429			869		4560	7260	82.60	61.77	754	211
1300			1300			2200	76.92	45.45	75	
56428	7187	8360	10081		30800	41567	13.49	18.31	12052	59893

市序号	区序号	道路名称	起止地点	道路长度（公里）	道路宽度（米）	绿化长度（公里）	绿化宽度（米）	道路用地总面积（平方米）
甲	乙	丙	丁	1	2	3	4	5
1560	130	广顺南大街		2.20	69	0.22	16	152020
1561	131	阜通东大街		1.47	62	1.08	7	91140
1562	132	花家地街		0.76	56	0.52	6	43244
1563	133	望花路		0.79	27	1.83	2	21804
	四	酒仙桥街道办事处		9.37		6.22		216255
1564	134	彩虹路	酒北路—机场辅路	0.60	39	0.55	17	23400
1565	135	球场路	401 总站—球场	0.23	21	0.15	5	4830
1566	136	酒仙桥大街南段	电子影院—跃进桥	0.90	19	0.20	3	17100
1567	137	酒仙桥中路	酒仙桥大街—酒仙桥东路	0.80	17	0.75	4	14080
1568	138	将台东路	将台路口—酒仙桥东路	0.80	14	0.75	6	11200
1569	139	红霞中路	酒仙桥大街—十一街坊副食店	0.40	21	0.37	8	8400
1570	140	二光路	大山子环岛—南湖渠桥	0.50	35	0.45	5	17500
15710	141	酒仙桥南路	商场路口—东风桥	0.80	29	0.35	4	23360
1572	142	万红路	大山子环岛—联运站	0.80	15	0.26	4	12400
1573	143	酒仙桥东路	联运站—将台东路东口	0.80	30	0.75	4	24640
1574	144	酒仙桥驼房营大街	星火车站—驼房营	1.30	10	0.80	2	13000
1575	145	红霞路	酒仙桥南路—红霞中路	0.29	23	0.22	8	6670
1576	146	酒仙桥北路	大山子路口—物资站	1.15	34	0.62	9	39675
	五	左家庄街道办事处		2.98		2.98		59965
1577	147	静安东街	东三环路口—左家庄东街路口	0.50	29	0.50	4	14900
1578	148	党校路	静安东街—柳芳东街	0.35	20	0.35	2	7000
1579	149	中旅二号路	中旅后门—静安东街	0.27	19	0.27	1	5130
1580	150	左家庄东街	京顺路—柳芳东街	0.86	15	0.86		13042
1581	151	左家庄前街	百灵饭店路口—左西街	0.38	11	0.38	3	4443
1582	152	左家庄中街	左西街—左东街	0.62	25	0.62	3	15450
	六	团结湖街道办事处		3.23		3.23		85820
1583	153	团结湖北路	原物资局大门—三环东路	0.70	6	0.70	12	14350
1584	154	团结湖中路	团结湖路—水碓子路	0.55	7	0.55	24	17174
1585	155	团结湖南路	团结湖路—水碓子中路	0.52	7	0.52	4	11960
1586	156	朝阳北路	9 路汽车总站—团结湖路	0.90	15	0.90	6	31500
1587	157	团结湖北四条路	团结湖北路—姚家园路	0.17	6	0.17	4	2604
1588	158	团结湖东路	朝阳北路—城建学校原大门	0.39	7	0.39	4	8232
	七	呼家楼街道办事处		1.75		1.74		39584
1589	159	东大桥斜街	东大桥路口—朝阳医院西北口	0.34	11	0.34	4	3944

道路绿地面积						绿化覆盖面积（平方米）	绿化覆盖率（%）	绿地率（%）	实有树木（株）	实有草坪（平方米）
合计（平方米）	中心隔离带绿地	分车带绿地	行道树绿地	立交桥绿地	道路两侧绿地					
6=7+8+9+10+11	7	8	9	10	11	12	13=12/5	14=6/5	15	16
36561	2200	880	2681		30800	9515	6.26	24.05	3294	38610
9044		5400	3644			14145	15.52	9.92	7699	11388
3555		2080	1475			5620	13.00	8.22	419	8295
7268	4987		2281			12287	56.35	33.33	640	1600
52283			27638		24645	79213	36.63	24.18	6522	13976
9350			2200		7150	11000	47.01	39.96	324	
1235			440		795	4175	86.44	25.57	74	794
3740			3000		740	5610	32.81	21.87	559	470
5250			3000		2250	6050	42.97	37.29	2503	2050
5625			3525		2100	8250	73.66	50.22	319	
4059			1059		3000	6088	72.48	48.32	128	2950
1440			1000		440	1640	9.37	8.23	81	360
2668			818		1850	3950	16.91	11.42	535	1629
1820			1820			4850	39.11	14.68	106	
5625			5305		320	6750	27.39	22.83	209	200
1600			1600			2400	18.46	12.31	119	
2431			931		1500	6050	90.70	36.45	77	1422
7440			2940		4500	12400	31.25	18.75	1488	4101
7461			589		6872	7459	12.44	12.44	4935	
2404			104		2300	2404	16.13	16.13	2268	
802			67		735	802	11.46	11.46	350	
441			36		405	441	8.60	8.60	441	
562			133		429	562	4.31	4.31	259	
1271			122		1149	1269	28.56	28.61	126	
1981			127		1854	1981	12.82	12.82	1491	
38314			11436		26878	63497	73.99	44.64	7933	11327
9525			2100		7425	12250	85.37	66.38	4983	5240
13296			1662		11634	15824	92.14	77.42	1884	6087
7220			1560		5660	9920	82.94	60.37	259	
4481			3600		881	18881	59.94	14.23	305	
1512			504		1008	1932	74.19	58.06	395	
2280			2010		270	4690	56.97	27.70	107	
11433			6256		5177	11456	28.94	28.88	1179	1075
1360			1360			1360	34.48	34.48	66	

市序号	区序号	道路名称	起止地点	道路长度（公里）	道路宽度（米）	绿化长度（公里）	绿化宽度（米）	道路用地总面积（平方米）
甲	乙	丙	丁	1	2	3	4	5
1590	160	关东店南街	朝外大街—光华路口	0.72	21	0.72	3	15120
1591	161	呼家楼北街	金台西路北口—东三环路口	0.69	30	0.68	18	20520
	八	建外街道办事处		1.90	29	1.89	13	33209
1592	162	永安中街	建华南路—通惠河桥头	0.61	6	0.60	1	5654
1593	163	建华南路	建外大街—砖厂胡同	0.46	8	0.46	8	11823
1594	164	西大望路亮丽街	朝阳路—建国路	0.83	15	0.83	4	15732
	九	机场街道办事处		10.07		8.23		399789
1595	165	机场工作区货运路	天竺立交桥北—货运路北线	2.30	12	2.20	28	96600
1596	166	机场工作区附线	天竺立交桥—航管楼	2.70	10	2.40	20	67500
1597	167	宿舍区机场南路	机场道路口—宿舍区南浴池	1.90	8	1.10	7	34200
1598	168	机场宿舍区南路	红房子—成都酒家	0.69	7	0.20	2	7245
1599	169	机场宿舍区南平街	林燕楼—体育馆	0.53	5	0.40	5	12455
1600	170	西平街	机场办事处北—林燕楼	0.45	5	0.43	3	6300
1601	171	机场一号路	门岗—老候机场	1.50	24	1.50	96	175489
	十	亚运村街道办事处		4.32		3.18		40086
1602	172	北苑路		2.30	8	2.30	6	18400
1603	173	民族园路		0.88	15	0.20	13	13230
1604	174	大气物理所		0.37	8	0.37	1	2960
1605	175	音乐学院东侧		0.44	8	0.15	5	3504
1606	176	北科院路东侧		0.33	6	0.16	3	1992
	十一	八里庄街道办事处		2.49		2.49		15237
1607	177	大望路	红庙路口—八王坟路口	1.56	5	1.56		8000
1608	178	三构路	朝阳路—河边	0.93	7	0.93	1	7237
	十二	香河园街道办事处		7.00		5.91		177275
1609	179	左家庄西街	柳北路口—造纸厂	4.97	25	4.87	7	127685
1610	180	柳北街	左家庄西街—西坝河路	0.42	24	0.21	11	11580
1611	181	展中后街	燕丰路口—三环路	0.47	17	0.41	2	9490
1612	182	七圣路	皇家饭店—三环路口	1.14	18	0.42	5	28520
	十三	太阳宫地区办事处		3.76		3.39		48393
1613	183	胶印厂路	龙道路—太北村路	0.37	4	0.30	3	2590
1614	184	惠中路	太阳宫路—曹惠路	0.67	11	0.67	4	14550
1615	185	利康路	龙道路—太北村路	0.40	6	0.30	9	6000
1616	186	西坝河路	三环路—太阳宫路	1.10	6	1.10	3	14300
1617	187	龙道路	利康路西口—太阳宫路	0.60	6	0.50	3	5400

道路绿地面积						绿化覆盖面积（平方米）	绿化覆盖率（%）	绿地率（%）	实有树木（株）	实有草坪（平方米）
合计（平方米）	中心隔离带绿地	分车带绿地	行道树绿地	立交桥绿地	道路两侧绿地					
6=7+8+9+10+11	7	8	9	10	11	12	13=12/5	14=6/5	15	16
2160			2160			2160	14.29	14.29	67	
7913			2736		5177	7936	38.67	38.56	1046	1075
10221		600	3861		5760	18050	54.35	30.78	2894	3964
2020			1720		300	4190	74.11	35.73	213	
5226			1166		4060	7560	63.94	44.20	1232	3064
2975		600	975		1400	6300	40.05	18.91	1449	900
262305		17532	6422		238351	280115	70.07	65.61	20578	62890
61977		3400			58577	62977	65.19	64.16	8252	27886
49440					49440	54400	80.59	73.24	3056	1580
7700		2500	900		4300	18200	53.22	22.51	1373	5457
400			400			500	6.90	5.52	17	
2000			2000			2850	22.88	16.06	88	
1290			1290			1690	26.83	20.48	75	
139498		11632	1832		126034	139498	79.49	79.49	7717	27967
19943			1814		18129	25029	62.44	49.75	6560	5965
14400			600		13800	16200	88.04	78.26	5628	4771
3444			870		2574	5774	43.64	26.03	739	
462					462	462	15.61	15.61	55	
1169			344		825	2125	60.64	33.36	86	726
468					468	468	23.49	23.49	52	468
7795			1395		6400	8400	55.13	51.16	4724	1400
6400					6400	6400	80.00	80.00	4624	1400
1395			1395			2000	27.64	19.28	100	
67821			20046		47775	69863	39.41	38.26	4519	43666
40025			7305		32720	40025	31.35	31.35	1910	32720
5443			3540		1903	6603	57.02	47.00	678	3230
4723			721		4002	5605	59.06	49.77	466	6900
17630			8480		9150	17630	61.82	61.82	1465	816
17951		4251	3300		10400	24153	49.91	37.09	4312	3650
									110	
4500					4500			30.93	1617	3650
2700		2700						45.00	161	
7700			3300		4400	15000	104.90	53.85	2126	
1500					1500	4500	83.33	27.78	98	

市序号	区序号	道路名称	起止地点	道路长度（公里）	道路宽度（米）	绿化长度（公里）	绿化宽度（米）	道路用地总面积（平方米）
甲	乙	丙	丁	1	2	3	4	5
1618	188	太北村路	利康路东口—太阳宫路	0.62	6	0.52	3	5553
	十四	六里屯街道办事处		13.27		11.79		488820
1619	189	红领巾公园东路	公园东小桥—园星路口	0.65	11	0.60	4	7150
1620	190	石佛营路	星火路—五建仓库	0.55	47	0.55	10	25850
1621	191	大成路	星火路—东铁路桥	0.59	60			35400
1622	192	延西路	朝北路—小桥	0.30	12			3600
1623	193	二轻工业学校路	红领巾公园—小桥	0.38	11	0.31	4	4125
1624	194	枣营路	姚家园—农展南路	0.29	18	0.24	4	5249
1625	195	八里庄南里三角地	红领巾桥—东星火路口	1.32	60	1.32	45	79200
1626	196	马道口路	马道口—管委	0.95	27	0.95	27	25650
1627	197	甜水园路	姚家园路—马道口	0.85	16	0.83	16	13600
1628	198	画院路	农展南路—妇女干部学校	0.75	15	0.75	5	11250
1629	199	二道沟路	西大望路—四环路	0.70	78	0.70	28	54740
1630	200	园星路	星火路—园星路西口	0.51	30	0.51	20	15504
1631	201	星火路	二建桥—石佛营	1.27	45	1.27	10	57150
1632	202	水碓子东路	西大望路—东百发建材丁子路	0.60	52	0.60	20	31200
1633	203	团结湖中路延长线	城建学校—花卉中心	0.40	28	0.40	21	11360
1634	204	热电厂北路	团结湖中路—朝阳北路	0.55	27	0.55	6	14850
1635	205	西大望路	9路总站—朝阳公园南门	1.15	50	1.15	26	57500
1636	206	姚家园路	朝阳体西门—六里屯东	1.46	24	1.06	5	35442
	十五	麦子店办事处		5.13		4.57		107900
1637	207	枣营路北段	亮酒路—亮马河桥	0.27	30	0.27	7	8940
1638	208	亮酒路	东三环—东四环	1.20	37	1.20	4	44400
1639	209	霄云路	东三环—大通公司	0.75	30	0.75	3	22500
1640	210	农展北路	长城饭店—煤气用具厂	1.02	10	1.02	5	10200
1641	211	三全公寓路	东三环—龙宝大厦	0.36	9	0.36	2	3240
1642	212	东方路	东三环路—劳动局	0.56	9			5040
1643	213	莱太路	大通公司—莱太花卉	0.97	14	0.97	1	13580
	十六	潘家园办事处		12.70		11.40		423400
1644	214	潘家园路	东三环路口—外二环路	1.30	40	1.20	10	52000
1645	215	华威路	劲松路—368总站	1.20	30	1.10	6	36000
1646	216	潘家园东路	劲松路—潘家园大厦	1.10	30	1.00	6	33000
1647	217	劲松南路	劲松医院—三环路	0.80	28	0.80	6	22400
1648	218	松榆路	潘家园桥—松榆东里	1.40	30	1.30	7	42000

道路绿地面积						绿化覆盖面积（平方米）	绿化覆盖率（%）	绿地率（%）	实有树木（株）	实有草坪（平方米）
合计（平方米）	中心隔离带绿地	分车带绿地	行道树绿地	立交桥绿地	道路两侧绿地					
6=7+8+9+10+11	7	8	9	10	11	12	13=12/5	14=6/5	15	16
1551		1551				4653	83.79	27.93	200	
207752	3250	4600	80998		118904	257470	52.67	42.50	27563	29029
2400			2400			3200	44.76	33.57	40	
5500			2880		2620	7420	28.70	21.28	684	3000
1220			1220			1530	37.09	29.58	58	
968			968			2100	40.01	18.44	70	
59400			3600		55800	61800	78.03	75.00	2974	6400
25650			9360		16290	31890	124.33	100.00	1546	4000
13280			13280			14280	105.00	97.65	119	
3750					3750	4500	40.00	33.33	638	1283
19740	3250		6510		9980	23710	43.31	36.06	1063	4000
10404			7020		3384	14667	94.60	67.11	4391	2300
12700			12700			17350	30.36	22.22	347	
5370			5370			18080	57.95	17.21	4845	6500
8560			2295		6265	9883	87.00	75.35	1578	1546
3300			2130		1170	6182	41.63	22.22	1037	
29900		4600	8400		16900	34408	59.84	52.00	8147	
5610			2865		2745	6470	18.26	15.83	26	
29284		4800	12052		12432	17170	15.91	27.14	10727	80362
5604			2802		2802	4440	49.66	62.68	1840	2802
14400		4800	4800		4800	4800	10.81	32.43	7568	74400
3000			1500		1500	4000	17.78	13.33	494	1500
2900			1450		1450	1450	14.22	28.43	370	760
2550			900		1650	1650	50.93	78.70	91	900
230					230	230	4.56	4.56	264	
600			600			600	4.42	4.42	100	
138710			34700		104010	158410	37.41	32.76	22062	2944393
15600			3600		12000	7200	13.85	30.00	3380	10000
11160			3300		7860	14460	40.17	31.00	695	4000
10890			3000		7890	13890	42.09	33.00	764	903000
7400			2400		5000	9800	43.75	33.04	700	3000
14700			3900		10800	18600	44.29	35.00	12620	2007893

市序号	区序号	道路名称	起止地点	道路长度（公里）	道路宽度（米）	绿化长度（公里）	绿化宽度（米）	道路用地总面积（平方米）
甲	乙	丙	丁	1	2	3	4	5
1649	219	武圣路	农光里—松榆南路	1.40	30	1.30	7	42000
1650	220	武圣东路	农光南路—松榆南路	1.40	30	1.30	6	42000
1651	221	华威南路	二环路—三环路	1.30	40	1.00	6	42000
1652	222	松榆南路	西大望路—三环路	1.40	40	1.20	7	56000
1653	223	西大望路	农光南路—松榆南路	1.40	40	1.20	7	56000
	十七	劲松街道办事处		3.99		7.98		28490
1654	224	虎城中学路	工大路—武圣路	0.60	3	1.20	1	2100
1655	225	化建路	四环路—化工建筑工程公司	0.60	6	1.20	1	3600
1656	226	古建路	四环路—化工实验厂	0.60	8	1.20	1	4800
1657	227	农光里路	三环路—武圣路	0.50	8	1.00	1	4000
1658	228	武圣路	东沿路—虎城路	0.58	6	1.16	1	3480
1659	229	农光东里路	东沿路—武圣路	0.58	12	1.16	1	6960
1660	230	劲松一区中路	劲松一区中路—劲松中街	0.14	7	0.29	1	1030
1661	231	劲松三区东路	劲松路—垂一中前	0.07	7	0.14	1	504
1662	232	劲松一区东路	劲松路—垂杨柳路	0.32	6	0.63	1	2016
	十八	三里屯街道办事处		0.60				29875
1663	233	三里屯南路	工体北路—白家庄路	0.60	9		3	29875
	十九	南磨房办事处		4.30		3.66		126250
1664	234	左安东路	华威桥—四环路	1.25	25	1.00	1	31250
1665	235	西大望路	南磨房路—弘燕路	2.30	38	2.10	3	70000
1666	236	弘燕路	西大望路—东四环路	0.50	30	0.45	1	15000
1667	237	西大望路	通惠河—铁路桥	0.25	40	0.11	3	10000
	二十	大屯地区办事处		7.80		5.10		46800
1668	238	辛店路	北苑路—来广营	1.80	6	1.00	3	10800
1669	239	关庄路	北苑路—少管所南端	2.70	6	2.10	3	16200
1670	240	北顶路	北辰东路—四环路	2.20	6	1.00	3	13200
1671	241	小关路	北辰中路—安立路	1.10	6	1.00	3	6600
		市属		108.56		105.95		10299898
1672	242	安定路	安贞桥—安慧桥	1.95	60	1.90	15	116849
1673	243	安华路	北三环中路—外馆斜街	0.67	39	0.65	28	26311
1674	244	安立路	安慧桥—慧中路	0.51	60	0.49	8	30199
1675	245	安苑路	场馆东门—消防队	0.20	42	0.18	3	8450
1676	246	安贞路	北三环中路—土城南路	0.67	39	0.65	26	26311
1677	247	北辰东路	北四环路—慧忠路	0.64	50	0.63	27	32320

续表十八

道路绿地面积						绿化覆盖面积（平方米）	绿化覆盖率（%）	绿地率（%）	实有树木（株）	实有草坪（平方米）
合计（平方米）	中心隔离带绿地	分车带绿地	行道树绿地	立交桥绿地	道路两侧绿地					
6=7+8+9+10+11	7	8	9	10	11	12	13=12/5	14=6/5	15	16
14700			3900		10800	18600	44.29	35.00	1260	4000
14700			3900		10800	18600	44.29	35.00	475	2500
12600			3000		9600	12600	30.00	30.00	130	
17360			3800		13560	21160	37.79	31.00	1478	5000
19600			3900		15700	23500	41.96	35.00	1560	5000
11964			11964			33039	115.97	41.99	1834	3300
1800			1800			1924	91.62	85.71	202	
1800			1800			3080	85.56	50.00	85	
1800			1800			4010	83.54	37.50	385	
1500			1500			1986	49.65	37.50	404	1500
1740			1740			3450	99.14	50.00	441	1800
1740			1740			6260	89.94	25.00	160	
429			429			978	94.95	41.65	69	
210			210			389	77.18	41.67	20	
945			945			1962	97.32	46.88	68	
1800			1800			4000	13.39	6.03	238	
1800			1800			4000	13.39	6.03	238	
9060	3900		5160			35880	28.42	7.18	853	2800
1500			1500			4500	14.40	4.80	175	
6555	3900		2655			26220	37.46	9.36	529	2800
675			675			4500	30.00	4.50	85	
330			330			660	6.60	3.30	64	
12200			7100		5100			26.07	1219	
4000			3000		1000			37.04	299	
4200			2100		2100			25.93	498	
2000			1000		1000			15.15	170	
2000			1000		1000			30.30	252	
5635048	67808	114600	1698195	525879	3228566	5165945	50.16	54.71	805336	843188
25877		7963	4170		13744	30760	26.32	22.15	4744	8646
11986	10936		1050			15046	57.19	45.56	13652	1200
2844		1899	945			6525	21.61	9.42	2118	1899
300			300			900	10.65	3.55	60	
14360	10935		1028		2397	17397	66.12	54.58	4039	11851
14119			1557		12562	15676	48.50	43.69	9514	12562

市序号	区序号	道路名称	起止地点	道路长度（公里）	道路宽度（米）	绿化长度（公里）	绿化宽度（米）	道路用地总面积（平方米）
甲	乙	丙	丁	1	2	3	4	5
1678	248	北辰路	北辰桥—北土城环岛	1.19	102	1.12	102	209582
1679	249	北三环东路	安贞桥—三元桥	4.33	78	4.03	24	384279
1680	250	北三环中路	安贞桥—安华桥	0.72	78	0.72	24	78703
1681	251	北四环东路	安慧桥—四元桥	5.74	77	5.64	7	626941
1682	252	北四环中路	健翔桥—安慧桥	2.31	77	2.29	7	248484
1683	253	昌平路	裕民路—清河桥	3.89	31	3.57	11	120590
1684	254	厂西路	王爷坟—酒仙桥头	1.50	40	1.47	2	60600
1685	255	东三环北路	三元桥—光华桥	4.25	98	4.12	29	416500
1686	256	东三环南路	双井—分钟寺	3.60	85	3.60	24	306000
1687	257	东三环中路	双井—光华桥	2.45	92	2.43	24	214200
1688	258	东直门外斜街	左家庄—三元桥	0.81	28	0.80	7	22218
1689	259	法制日报社路	京顺路—望京路	0.60	32	0.59	9	19200
1690	260	鼓楼外大街	安华桥—北土城环岛	0.64	71	0.62	26	45728
1691	261	慧忠路	左慧路—安慧北里	1.34	41	1.28	15	54701
1692	262	机场辅路	大三子—老候机楼	13.52	60	13.01	49	1275211
1693	263	机场高速路	三元桥—天竺道口	16.30	99	15.99	65	2659410
1694	264	建国路	国贸桥—四惠桥	1.12	94	1.12	37	105392
1695	265	建国门外大街	建国门桥—国贸桥	2.06	96	2.06	41	196730
1696	266	将台路	六公坟—将台路	1.23	33	1.20	15	40614
1697	267	京津塘高速路	分钟寺立交桥—京津塘高速路	1.96	70	1.96	10	137200
1698	268	京顺路	三元桥—孙河	13.25	28	12.82	3	387908
1699	269	香河园路	北香河园—三元桥	1.25	60	1.17	16	74375
1700	270	中华女子学院路	四环路—姜庄	1.12	34	1.10	13	38192
1701	271	机场路	三元桥—机场	18.74	35	18.74	100	2336700
		河岸		**54.83**		**45.56**		**3275680**
		区属		25.43		16.95		852439
1702	1	亮马河	东三环—窑口村	0.75	40	0.75	10	30000
1703	2	亮马河河岸	东城交界—三环	1.67	65	1.67	20	108550
1704	3	西坝河河岸	煤炭医院—民族职高	1.43	13	1.25	14	18889
1705	4	北循环水	红领巾公园—朝阳路	7.30	38	0.40	4	277400
1706	5	通惠河	大北窑—东便门	1.90	11	0.50	2	20900
1707	6	坝河	和平里—将台乡	6.30	10	6.30	3	201600
1708	7	肖太后路	南磨房乡界内	0.18	10	0.18	3	6300
1709	8	亮马河	左家庄—将台乡	5.90	10	5.90	3	188800

续表十九

道路绿地面积						绿化覆盖面积（平方米）	绿化覆盖率（%）	绿地率（%）	实有树木（株）	实有草坪（平方米）
合计（平方米）	中心隔离带绿地	分车带绿地	行道树绿地	立交桥绿地	道路两侧绿地					
6=7+8+9+10+11	7	8	9	10	11	12	13=12/5	14=6/5	15	16
124367		7764	5749	11003	99851	132174	63.07	59.34	20456	77426
110772	3590	8135	6570	47838	44639	145280	37.81	28.83	68103	81912
28953	687	1816	1358	22759	2333	38080	48.38	36.79	22174	19809
219654	7281	15345	10575	186453		209079	33.35	35.04	60658	135267
83057	2047	5570	4440	71000		78617	31.64	33.43	28159	53707
48127		28520	5347		14260	53475	44.34	39.91	9511	6640
8620		1750			6870	11020	18.18	14.22	368	1790
84126	1650	2410	12750	10241	57075	109626	26.32	20.20	172649	58704
106195	7802		5300	55093	38000	114555	37.44	34.70	53766	79983
31013	600	115	5300	17827	7171	37653	17.58	14.48	18485	19909
5270		2855	2415			12800	57.61	23.72	652	2570
4200			1800		2400	7200	37.50	21.88	762	2000
17578		2625	1808		13145	20960	45.84	38.44	1848	13145
12389			2844		9545	14963	27.35	22.65	2121	9545
1152309	1832	12228	113521		1024728	1304878	102.33	90.36	104957	25112
1888883				103665	1785218	2125818	79.94	71.03	180689	108879
14134		1095	1298		11741	18121	17.19	13.41	6859	12947
70185		11215	4268		54702	71957	36.58	35.68	9644	49699
18970			3681		15289	22651	55.77	46.71	2220	15800
20000	20000					20000	14.58	14.58		20000
40218			40140		78	81468	21.00	10.37	2553	
9879	448	3295	3750		2386	13629	18.32	13.28	2426	2300
13035			2603		10432	15637	40.94	34.13	2149	9886
1453628			1453628			420000	17.97	62.21		
1188295			**21357**		**1166938**	**1410430**	**43.06**	**36.28**	**41789**	**105405**
145023			21357		123666	193837	22.74	17.01	7497	7500
15000			7500		7500	9000	30.00	50.00	600	7500
32620			5010		27610	31635	29.14	30.05	1149	
16410			7097		9313	21392	113.25	86.88	1660	
1750			1750			4800	1.73	0.63	75	
803					803	3210	15.36	3.84	107	
18900					18900	63000	31.25	9.38	2131	
540					540	1800	28.57	8.57	50	
59000					59000	59000	31.25	31.25	1725	

市序号	区序号	道路名称	起止地点	道路长度（公里）	道路宽度（米）	绿化长度（公里）	绿化宽度（米）	道路用地总面积（平方米）
甲	乙	丙	丁	1	2	3	4	5
		市属		29.40		28.61		2423241
1710	9	东护	龙潭闸—广渠门右岸	1.35	32	1.20	8	42525
1711	10	通惠	东便门橡胶坝—高碑店公路桥	8.02	74	7.53	18	593776
1712	11	二道沟	金台西路—延静寺桥	1.35	44	1.20	16	59180
1713	12	清河	下清河跌水—温榆河出口	13.54	95	13.54	56	1286300
1714	13	土城河	龙头—坝河出口	1.74	29	1.74	8	50460
1715	14	凉水河		3.40	115	3.40	31	391000
1716—1739		**街巷**		**9.18**		**10.81**		**111605**
	1	高碑店办事处		0.74		0.74		17020
	2	团结湖办事处		1.95		1.95		25500
	3	朝外办事处		1.24				23920
	4	麦子店办事处		0.77		0.76		9240
	5	劲松办事处		3.28		6.56		28725
	6	三里屯办事处		0.80				4000
	7	小关办事处		0.40		0.80		3200
		海淀区						
		道路		**391.54**		**366.25**		**11812175**
		区属		265.71		266.93		7748748
1740	1	东翠路	车公庄路西延—阜成路	0.90	27	0.90	6	24300
1741	2	彩科路	玉渊潭南路—复兴大街	0.42	31	0.42	2	13020
1742	3	玉泉路	田村路—石槽村桥	4.08	36	3.93	4	146880
1743	4	翠微路	翠微园—铁道	2.52	34	2.52	10	85680
1744	5	采石路	北太平路—太平路	0.89	25	0.89	3	22250
1745	6	永定路	模式口路—复兴大街	2.68	28	2.68	6	75040
1746	7	北蜂窝路(南北段)	复兴大街—莲花池路	1.10	26	0.70	4	28600
1747	8	羊坊店路	复兴大街—西客站	0.99	54	0.99	10	53460
1748	9	定慧寺路	阜石路—滨河二期	0.35	24	0.35	3	8400
1749	10	西翠路北段	恩济里小区西口—阜石路	0.85	35	0.85	14	29575
1750	11	西翠路中段	阜石路—复兴大街	1.65	40	1.65	7	66000
1751	12	西翠路南段	复兴大街—铁道	1.12	40	1.12	27	44800
1752	13	羊坊店西路	复兴大街—铁路医院路	0.90	36	0.90	6	32400
1753	14	西三环中路	航天桥—莲花桥	1.50	80	1.50	23	120000
1754	15	万寿路	翠微园—铁道	2.45	39	2.45	21	95550
1755	16	蓝靛厂南路	车道沟桥—八里庄桥	1.57	17	1.57	4	26690

续表二十

道路绿地面积						绿化覆盖面积（平方米）	绿化覆盖率（%）	绿地率（%）	实有树木（株）	实有草坪（平方米）
合计（平方米）	中心隔离带绿地	分车带绿地	行道树绿地	立交桥绿地	道路两侧绿地					
6=7+8+9+10+11	7	8	9	10	11	12	13=12/5	14=6/5	15	16
1043272					1043272	1216593	50.21	43.05	34292	97905
9600					9600	14400	33.86	22.57	1977	9951
135450					135450	208812	35.17	22.81	4561	70328
19680					19680	31080	52.52	33.25	1463	13177
758240					758240	797506	62.00	58.95	13414	
13920					13920	24360	48.28	27.59	1256	4080
106382					106382	140435	35.92	27.21	11621	369
39908		**263**	**23611**		**16034**	**56546**	**50.67**	**35.76**	**5598**	**7683**
10360					10360			60.87	1147	7400
9096			9096			17285	67.78	35.67	425	
1843		263	1580			4513	18.87	7.70	166	
948			474		474	474	5.13	10.26	79	
9891			9891			25104	87.39	34.43	1947	283
2400			2400			3800	0.95	60.00	211	
5370			170		5200	5370	1.68	167.81	1623	
3047181	**50156**	**425321**	**772952**	**362504**	**1436248**	**4427413**	**37.48**	**25.80**	**734564**	**1481944**
1975805	34450	212236	657820	195017	876282	3008087	38.82	25.50	312655	716561
5400			5400			7200	29.63	22.22	284	
3894			840		3054	7074	54.33	29.91	4387	3054
52032			16830		35202	78654	53.55	35.42	3191	28407
19588			7796		11792	18217	21.26	22.86	5149	2080
6901			3132		3769	20959	94.20	31.02	256	
20280			16080		4200	38066	50.73	27.03	671	
4400			4400			7800	27.27	15.38	96	
10890		7920	2970			8201	15.34	20.37	1324	5906
1050			1050			2800	33.33	12.50	114	
6060			5070		990	7750	26.20	20.49	273	700
12350		6600	4950		800	7734	11.72	18.71	2220	3492
18248			9434		8814	32972	73.60	40.73	7717	1908
16719			5400		11319	27719	85.55	51.60	16739	11319
26770	3000	6000	12000		5770	26770	22.31	22.31	5662	11470
40550			25547		15003	66364	69.45	42.44	6792	22493
5905			2355		3550	11400	42.71	22.12	1974	

市序号	区序号	道路名称	起止地点	道路长度（公里）	道路宽度（米）	绿化长度（公里）	绿化宽度（米）	道路用地总面积（平方米）
甲	乙	丙	丁	1	2	3	4	5
1756	17	铁路医院路	羊坊店路—羊坊店西路	0.32	23	3.24	6	7452
1757	18	玉渊潭南路西延	万寿路北段—万寿路6号	0.90	32	9.01	8	13920
1758	19	万寿西街	万寿路北段—西翠路中段	1.00	20	4.93	8	20000
1759	20	万翠路	翠微路—万寿路	1.07	12	1.07	3	12840
1760	21	太平路	万寿路—玉泉路南段	3.54	30	3.54	6	106200
1761	22	阜石路	五棵松路口—晋元庄	6.20	31	6.20	6	192200
1762	23	八里庄西段	东翠路—西翠路	0.28	32	0.28	13	8960
1763	24	玉渊潭南路	果脯厂—万寿路北段	3.37	30	3.37	14	101100
1764	25	田村路	五孔桥—石景山区界	5.70	23	5.30	3	131100
1765	26	金沟河路	五棵松路—玉泉路北段	1.79	25	1.59	4	44750
1766	27	北太平路	丰台路—玉泉路南段	2.02	26	1.82	4	52520
1767	28	北蜂窝路(东西段)	会城门公园羊坊店路	1.15	16	1.03	4	18400
1768	29	增光路	三里河路—西三环北路	1.96	39	1.96	19	76440
1769	30	小营西路	小营环岛—安宁庄西路	1.65	39	1.65	10	63525
1770	31	聋哑学校路	德昌路—花园路	1.14	20	0.90	3	22556
1771	32	龙翔路	国安剧院—龙翔饭店	0.68	31	0.68	18	21352
1772	33	学院路	清河—清华东路路口	2.86	87	2.86	64	177320
1773	34	王庄路	成府路—清华东路	0.88	30	0.68	12	26400
1774	35	汽车修理厂路	德昌路—汽车修理厂路口	0.60	12	0.60	6	7200
1775	36	师大西路	师范大学西墙外	0.57	44	0.53	31	25251
1776	37	土城北路	花园路口—学知口	0.98	46	0.95	9	45080
1777	38	体院南路	体院南门—体院西路	0.27	15	0.23	5	4050
1778	39	安宁庄西路	小营西路—安宁庄北路	1.47	15	1.47	5	22050
1779	40	北沙滩绿地	北沙滩路口南—德昌路西	0.17	25	0.13	13	4375
1780	41	西三旗东路	西三旗环岛—东小口	4.90	45	4.60	11	219520
1781	42	西三旗建中路	建材城环岛南北两侧(环岛)	1.80	45	1.80	10	80640
1782	43	西三旗绿地	西三旗环岛东西两侧	0.12	70	0.60	42	8400
1783	44	体院西路	体院南路—上地信息大道	1.00	46	1.00	22	45500
1784	45	毛纺厂路	德昌路—清毛门口—小营西路	1.58	27	1.58	9	42028
1785	46	成府路	成府路东口—清华园	1.90	44	1.80	19	52440
1786	47	安宁庄东路	小营西路—安宁庄北路	1.90	32	1.90	25	47500
1787	48	志新路	德昌路—成府路东口	1.70	44	1.60	7	59500
1788	49	志新西路	北四环—清华东路	1.50	40	1.50	16	60600
1789	50	志新东路	四环路口—志新路	0.69	52	0.69	7	35604

道路绿地面积						绿化覆盖面积（平方米）	绿化覆盖率（%）	绿地率（%）	实有树木（株）	实有草坪（平方米）
合计（平方米）	中心隔离带绿地	分车带绿地	行道树绿地	立交桥绿地	道路两侧绿地					
6=7+8+9+10+11	7	8	9	10	11	12	13=12/5	14=6/5	15	16
4189			1944		2245	7133	95.72	56.21	3499	2245
3915			2610		1305	6900	49.57	28.13	396	
9701			3040		6661	18821	94.11	48.51	574	2424
3210			3210			716	5.58	25.00	179	
50134			21240		28894	83518	78.64	47.21	4948	25017
42720		18600	18600		5520	48920	25.45	22.23	7963	27250
4590			2240		2350	4590	51.23	51.23	300	1970
35737			14268		21469	58395	57.76	35.35	22159	15354
17100			17100			37680	28.74	13.04	932	
8599			7358		1241	19919	44.51	19.22	251	1241
11638			8298		3340	23339	44.44	22.16	2330	3774
4600			4600			10400	56.52	25.00	340	
25782			2940		22842	30938	40.47	33.73	8332	19261
20625			4950		15675	23700	37.31	32.47	14625	6713
2700			2700			3050	13.52	11.97	150	
6410			2040		4370	7210	33.77	30.02	641	3888
67210			8580		58630	70148	39.56	37.90	11032	39654
9843			2040		7803	10743	40.69	37.28	2556	6903
1800			1800			2100	29.17	25.00	221	
16430					16430	17230	68.23	65.07	226	10800
8658		3812	2940		1906	9558	21.20	19.21	686	3971
1840			690		1150	2140	52.84	45.43	100	
4410			4410			5110	23.17	20.00	487	
1651					1651	1951	44.59	37.74	57	1300
49680		18400	13800		17480	52380	23.86	22.63	14078	3780
24350	7850	6000	4500		6000	27350	33.92	30.20	6743	6594
2485					2485	2515	29.94	29.58	40	2485
22700	4000		3000		15700	24700	54.29	49.89	811	13230
6750		2700	2370		1680	7650	18.20	16.06	319	
20150		1200	2850		16100	23450	44.72	38.42	5498	14276
26020			5700		20320	26620	56.04	54.78	412	19585
7900		2800	5100			8400	14.12	13.28	277	
26900			4500		22400	29200	48.18	44.39	3028	17106
4830		2760	2070			5230	14.69	13.57	449	3480

市序号	区序号	道路名称	起止地点	道路长度（公里）	道路宽度（米）	绿化长度（公里）	绿化宽度（米）	道路用地总面积（平方米）
甲	乙	丙	丁	1	2	3	4	5
1790	51	花园东路	北四环路口—北三环路	2.05	52	1.95	7	105780
1791	52	双清路	清河—清华园	3.89	24	3.89	12	77800
1792	53	清华东路	德昌路—双清路	2.70	10	2.50	4	27000
1793	54	西三环北路	苏州桥—航天桥	4.50	80	4.00	30	352762
1794	55	中关村北大街 1	清华西门—体院	3.00	35	3.00	20	105000
1795	56	中关村北大街 2	清华西门—四环	1.59	40	1.56	21	63600
1796	57	中关村大街	四环—四通桥	1.95	51	1.62	10	99450
1797	58	中关村南大街	四通桥—白石桥	3.40	51	3.00	10	224957
1798	59	魏公村路	魏公村—为公桥	1.10	27	1.00	11	29150
1799	60	温阳路	温泉桥头—阳坊	12.00	10	11.50	4	120000
1800	61	厢红旗路	厢红旗—玉泉山路	0.80	11	0.80	4	8800
1801	62	韩家川路	颐阳路—军队	1.30	10	1.30	2	13000
1802	63	香山南路	卧佛寺路口—福田桥	6.90	23	6.70	14	82800
1803	64	玉泉山路	青龙桥—万安公墓	5.50	15	5.30	7	63450
1804	65	昆明湖路	消防队—颐和园南门	2.10	14	1.90	4	29400
1805	66	东北旺路	东北旺—上地	3.00	16	3.00	6	108500
1806	67	空军医院路	阜成路—京引河边	1.10	9	0.90	3	9900
1807	68	阜成路北三街	增光路—阜成路	0.50	18	0.50	6	9000
1808	69	中关村北一街	旱冰场—中关园	0.40	24	0.40	3	9600
1809	70	海淀路	中关村—老虎洞绿地	0.75	38	0.73	4	25500
1810	71	中苑宾馆路	高粱桥路—小学校	0.24	31	0.24	14	7440
1811	72	水源三厂路	西三环—北洼路	0.71	12	0.71	3	8520
1812	73	首体南路	白石桥红绿灯—车公庄路	0.65	30	0.63	6	19500
1813	74	海淀大街	苏州街—中关村大街	0.72	24	0.60	8	16920
1814	75	巴沟路	妇产医院—长河桥	2.00	20	1.80	7	40000
1815	76	闵庄路	中坞—香山南路	4.50	11	4.30	3	49500
1816	77	京引西岸	颐和园南门—长春桥	1.90	18	1.00	6	34200
1817	78	滨河绿化带	长春桥—车道沟	3.25	14	3.00	6	45500
1818	79	成府路	中关村大街—财经东路	1.60	52	1.20	12	83200
1819	80	海淀中街	泄水湖公园—海淀南路	0.70	46	0.70	7	31200
1820	81	中直路	西苑—中直	0.31	35	0.31	27	9750
1821	82	李四光路	民族学院南墙外	0.65	20	0.65	10	12675
1822	83	车公庄西路	西三环—二里沟路	2.60	61	2.40	29	101400
1823	84	苏州街 1	海淀南路—红领巾绿地	0.33	37	0.33	11	12045

续表二十二

道路绿地面积						绿化覆盖面积（平方米）	绿化覆盖率（%）	绿地率（%）	实有树木（株）	实有草坪（平方米）
合计（平方米）	中心隔离带绿地	分车带绿地	行道树绿地	立交桥绿地	道路两侧绿地					
6=7+8+9+10+11	7	8	9	10	11	12	13=12/5	14=6/5	15	16
13650		7800	5850			14450	13.66	12.90	1819	6798
21560			15560		6000	23660	30.41	27.71	2657	4500
1800			1800			87600	324.44	6.67	706	
93950	5687	16000	12000	38246	22017	121950	34.57	26.63	6236	20441
28260		4950	6810		16500	46300	44.10	26.91	3474	18000
2542			2542			2542	4.00	4.00	260	
11684	3920	4202	3562			11684	11.75	11.75	1195	2261
17321	3860	8031	5430			17321	7.70	7.70	2435	2393
10367		820	1640		7907	15287	52.44	35.56	2032	4712
8850			8850			35400	29.50	7.38	885	
2295			2295			8800	100.00	26.08	336	
960			960			5120	39.38	7.38	128	
14492			12292		2200	51370	62.04	17.50	2088	2200
9258			7058		2200	39840	62.79	14.59	1090	2200
5790			5790			19320	65.71	19.69	483	
9450			9450			37800	34.84	8.71	945	
555			555			2960	29.90	5.61	74	
480			480			1728	19.20	5.33	48	
592			592			2370	24.69	6.17	85	
4028			2250		1778	15558	61.01	15.80	504	840
2171	1480		375		316	2921	39.26	29.18	271	1480
518			518			2070	24.30	6.08	69	
2635		1260	900		475	7955	40.79	13.51	240	475
2957			900		2057	4757	28.11	17.48	287	1860
4707			1898		2809	8501	21.25	11.77	426	2809
5589			5589			29808	60.22	11.29	621	
12983			1180		11803	16523	48.31	37.96	720	
9627			2270		7357	14167	31.14	21.16	387	
15314		5616			9698	15314	18.41	18.41	3740	6051
3783			1545		2238	5328	17.08	12.13	238	722
6875			535		6340	7945	81.49	70.51	1388	5378
6906					6906	6906	54.49	54.49	818	6450
40821		21160	2865		16796	45596	44.97	40.26	4327	33246
2010			495		1515	5955	49.44	16.69	539	320

市序号	区序号	道路名称	起止地点	道路长度（公里）	道路宽度（米）	绿化长度（公里）	绿化宽度（米）	道路用地总面积（平方米）
甲	乙	丙	丁	1	2	3	4	5
1824	85	苏州街2	海淀南路—海淀大街西口	0.80	37	0.80	7	30400
1825	86	苏州街3	苏州街三岔口—苏州桥洞	0.45	32	0.45	9	14400
1826	87	海淀南路1	中关村大街—苏州街路口	0.88	27	0.88	7	23760
1827	88	海淀南路2	苏州街口—万泉河路口	0.45	44	0.42	17	19592
1828	89	颐和园路1	虹桥—老虎洞	1.00	47	1.00	17	35000
1829	90	颐和园路2	101中学—颐和园	1.95	30	1.95	9	60133
1830	91	颐和园路3	北宫门—西苑	1.50	19	1.30	8	37500
1831	92	圆明园西路1	西苑红绿灯—原环岛	0.32	36	0.32	4	15488
1832	93	圆明园西路2	西苑—肖家河	1.40	59	1.40	41	75770
1833	94	圆明园西路3	肖家河—马连洼	2.41	31	2.20	19	44217
1834	95	北洼路	466医院—八里庄路口	1.50	17	1.30	8	23011
1835	96	三师路	大华—苏州街	0.90	10	0.90	5	9450
1836	97	北宫门路	北宫门—加油站	0.50	34	0.50	2	17000
1837	98	清华南路	清华西门—成府路	1.25	26	1.25	16	32125
1838	99	新苑路	首体南路—二里沟	0.70	12	0.67	3	9800
1839	100	北大东路	圆明园—北大小东门	0.37	16	0.24	8	5400
1840	101	大泥弯路	当代—燕山饭店	0.16	15	0.16	3	2400
1841	102	人大南路	人大南墙外—锅炉厂	0.70	10	0.70	4	7000
1842	103	六郎庄路	万泉河路—六郎庄路	2.50	9	2.30	3	24500
1843	104	蓝靛厂北路	巴沟路口—长春桥	1.20	12	1.20	4	11700
1844	105	蓝靛厂路	蓝靛厂东—空军学院	0.60	9	0.60	3	5400
1845	106	知春路	黄庄—学院路	3.00	50	2.60	14	146400
1846	107	海淀南大街	海淀教育局—黄庄	0.60	13	0.60	4	7500
1847	108	芙蓉北路	海淀体育馆—三角地东小桥	0.40	26	0.40	9	8825
1848	109	岭南路	实验小学—岭南饭店	0.98	41	0.98	19	26350
1849	110	北三环西路	苏州桥—蓟门桥	4.60	80	4.20	30	328402
1850	111	清华西路	清华西门——零一中学	0.70	47	0.70	25	26026
1851	112	万泉河路	苏州街—万泉河红绿灯	4.00	39	3.60	19	152000
1852	113	万柳东路	万泉新新家园—长春桥路	1.30	28	1.30	10	36400
1853	114	索家坟路	学院南路—小西天	2.68	14	2.00	4	37520
1854	115	万泉庄路	苏州街—原苗圃	0.60	30	0.60	5	15780
1855	116	西山路	海北设备厂—寨口村	3.00	10	3.00	4	30000
1856	117	温泉路	军庄路口—颐阳路	7.60	14	7.60	4	106400
1857	118	黑山扈路	安河桥—百望桥	3.50	12	3.20	4	42000

续表二十三

道路绿地面积						绿化覆盖面积（平方米）	绿化覆盖率（%）	绿地率（%）	实有树木（株）	实有草坪（平方米）
合计（平方米）	中心隔离带绿地	分车带绿地	行道树绿地	立交桥绿地	道路两侧绿地					
6=7+8+9+10+11	7	8	9	10	11	12	13=12/5	14=6/5	15	16
4410		3000	1410			5820	19.14	14.51	1291	990
3327			675		2652	4677	32.48	23.10	791	2612
4605		1965	2640			12832	54.01	19.38	594	1965
7118		1152			5966	8526	43.52	36.33	684	5218
9259		5917	1506		1836	15747	44.99	26.45	1107	7160
16266			3908		12358	24080	40.04	27.05	3706	4938
5630			5010		620	15650	41.73	15.01	547	
1185			785		400	2070	13.37	7.65	132	
59130					59130	59130	78.04	78.04	4369	
9770			1778		7992	11547	26.11	22.10	837	7262
4240			4240			8480	36.85	18.43	212	
4500			4500			6300	66.67	47.62	252	
938		540	398			1690	9.94	5.52	87	
17702			3402		14300	25640	79.81	55.10	4077	1565
2416			2416			7248	73.96	24.65	151	
1310			1310			1930	35.74	24.26	131	
532			532			1598	66.58	22.17	71	
360			360			1160	16.57	5.14	38	
795			795			2385	9.73	3.24	106	
2715			2715			8145	69.62	23.21	362	
1428			1428			4282	79.30	26.44	172	
33935		10400	8400		15135	55935	38.21	23.18	7951	15380
1688			1688			5062	67.49	22.51	225	
1620			795		825	3210	36.37	18.36	217	774
7375			915		6460	9205	34.93	27.99	1852	6340
63455	4653	16800	12600		29402	92855	28.27	19.32	11011	27713
8876			1748		7128	11788	45.29	34.10	2332	6674
41038			5010		36028	51058	33.59	27.00	5422	11623
12957			3855		9102	18782	51.60	35.60	2193	8398
3022			3022			12090	32.22	8.05	403	
3352			772		2580	4125	26.14	21.24	339	1940
3675			3675			14700	49.00	12.25	490	
40815			40815			57220	53.78	38.36	2128	
11708			11708			39025	92.92	27.88	1891	

市序号	区序号	道路名称	起止地点	道路长度（公里）	道路宽度（米）	绿化长度（公里）	绿化宽度（米）	道路用地总面积（平方米）
甲	乙	丙	丁	1	2	3	4	5
1858	119	颐温旧路	亮甲店—太舟坞	4.10	9	4.00	4	36900
1859	120	档案馆路	温泉苗圃—档案馆	1.10	10	1.10	2	11000
1860	121	草厂路	聂各庄大队—五七干校	2.00	10	2.00	4	20000
1861	122	军庄路	军庄路—西山路	1.00	10	1.00	4	10000
1862	123	五七干校	五七干校—北安河	3.00	10	1.30	4	13000
1863	124	皇苑外围	皇苑宾馆南侧—北侧	0.70	14	0.70	3	9800
1864	125	颐阳路	望儿山—阳坊	18.70	25	18.40	9	467500
1865	126	皇苑西路	神学院—长春桥路	0.60	21	0.60	9	12600
1866	127	小南庄路	西三环—小南庄 25 号楼	0.28	26	0.28	6	6430
1867	128	北安河路	北安河乡—军庄路口	1.70	10	1.70	4	17000
1868	129	行政学院南路	皇苑饭店—行政学院西墙	0.51	30	0.51	15	12630
1869	130	长春桥路	苏州桥—长春桥	1.15	62	1.00	17	71300
1870	131	玲珑路	花园桥—北洼路	0.70	74	0.60	25	51800
1871	132	财经东路北段	大钟寺市场—学院南路	0.60	30	0.60	3	18000
1872	133	香山路	安河桥—香山	7.35	29	6.70	12	147000
1873	134	学院南路	魏公村—小西天	4.03	34	4.00	22	190926
1874	135	高梁桥路	西外—学院南路	2.30	24	2.20		59800
1875	136	厂洼路	三环—长河	0.40	20	0.40	10	7800
1876	137	文慧园北路	学院南路—办事处	0.66	18	0.60	9	11880
1877	138	万泉河立交桥						167000
1878	139	蓝靛厂立交桥						74968
1879	140	杏石口路						97048
1880—1929	141—190	区属群植		43.78		39.71		834806
		万寿路街道		1.86	63	0.90	17	59187
		羊坊店街道		1.54	44	1.04	15	25110
		甘家口街道		7.67	180	7.67	52	130179
		紫竹院街道		5.54	99	5.15	40	63922
		双榆树街道		3.14	54	1.94	18	87060
		北下关街道		3.93	138	3.45	74	87490
		青龙桥街道		8.00	12	8.00	5	48000
		清河街道		0.50	5	0.40	4	5000
		上地街道		10.51	325	10.23	117	320204
		花园路街道		1.09	16	0.93	5	8654
		市属		82.05		59.61		3228621

续表二十四

道路绿地面积						绿化覆盖面积（平方米）	绿化覆盖率（%）	绿地率（%）	实有树木（株）	实有草坪（平方米）
合计（平方米）	中心隔离带绿地	分车带绿地	行道树绿地	立交桥绿地	道路两侧绿地					
6=7+8+9+10+11	7	8	9	10	11	12	13 = 12/5	14 = 6/5	15	16
9285			9285			24760	67.10	25.16	1238	
5242			5242			10485	95.32	47.65	699	
3015			3015			10050	50.25	15.08	402	
4400			4400			10000	100.00	44.00	440	
3158			3158			13000	100.00	24.29	733	
2450			2450			7350	75.00	25.00	245	
88400			38520		49880	126920	27.15	18.91	8313	
8745			1485		7260	12250	97.22	69.40	1585	6811
1390			450		940	1840	28.62	21.62	393	870
1912			1912			17000	100.00	11.25	255	
4230			780		3450	5010	39.67	33.49	436	3368
15448		6600	2798		6050	15448	21.67	21.67	2821	6168
17172		4200	1792		11180	17172	33.15	33.15	2280	15300
1005			1005			1005	5.58	5.58	134	
21048			5378		15670	38490	26.18	14.32	1680	3039
44019		15031	7088		21900	95343	49.94	23.06	8134	27889
9975			2355		7620	17260	28.86	16.68	1347	3723
2214			788		1426	4051	51.94	28.38	449	940
3700			1530		2170	3700	31.14	31.14	243	
58000				58000		58000	34.73	34.73	372	52000
49415				49415		49415	65.91	65.91	3411	15457
49356				49356		49356	50.86	50.86	7835	4178
268179	12752	11858	28254		215315	313870	37.60	32.12	53814	197131
10246			2311		7935	20365	34.41	17.31	1245	34503
4289					4289	4336	17.27	17.08	2562	4288
35555			1100		34455	50742	38.98	27.31	11908	9395
23267		680	11682		10905	36830	57.62	36.40	4920	10025
31085		9618	531		20936	47940	55.07	35.71	633	25200
43059			12630		30429	44079	50.38	49.22	518	
22000					22000	10500	21.88	45.83	126	
1600					1600	2000	40.00	32.00	20265	85910
94724	12752	1560			80412	94724	29.58	29.58	1755	
2354					2354	2354	27.20	27.20	9882	27810
803197	2954	201227	86878	167487	344651	1105456	34.24	24.88	368095	568252

市序号	区序号	道路名称	起止地点	道路长度（公里）	道路宽度（米）	绿化长度（公里）	绿化宽度（米）	道路用地总面积（平方米）
甲	乙	丙	丁	1	2	3	4	5
1930	191	八达岭高速路	马甸桥—西三旗环岛	11.00	62	10.03	22	549010
1931	192	板井路	车道沟桥—西四环	1.78	36	1.57	6	64080
1932	193	北三环中路	安贞桥—蓟门桥	2.20	78	1.95	24	101600
1933	194	北四环中路	健翔桥—安慧桥	1.90	79	1.00		151050
1934	195	北土城西路	学院路—昌平路	1.01	81	0.97	44	81810
1935	196	北坞村路	昆明湖—玉泉山	2.50	19	1.83	4	47500
1936	197	成府路	学院路—五道口铁路	1.75	19	1.50	2	32300
1937	198	复兴路	木樨地—玉泉路	7.00	74	4.60	28	518000
1938	199	阜成路	甘家口—五棵松路	4.00	83	3.58	35	326800
1939	200	花园北路	学院路—花园路	1.00	17	1.00	4	17000
1940	201	花园路	北三环中路—北四环中路	2.10	34	1.95	12	71400
1941	202	昆明湖路	四海桥—蓝靛厂	1.00	15	0.93	5	15000
1942	203	莲花池东路	天宁寺—莲花桥	3.10	100	0.45	20	9000
1943	204	清华东路	双清路—学院路	3.00	10	2.90	3	30075
1944	205	三里河路	西直门外大街—木樨地	4.00	48	3.01	14	124420
1945	206	五棵松路	复兴路—杏石口	5.24	17			86760
1946	207	西三环中路	莲花桥、公主坟桥					85310
1947	208	西四环中路	四海桥—杏石口	2.18	101	2.00	19	220180
1948	209	西土城路	西直门外大街北口—学院路南口	2.12	72	1.98	27	152640
1949	210	西直门北大街	西直门桥—学院南路	1.40	24	1.40	3	33600
1950	211	西直门外大街	西直门桥—首都体育馆	0.47	50	0.42	9	23500
1951	212	新街口外大街	积水潭桥—北太平庄	2.00	23	1.44	4	46000
1952	213	学院路	清华东路—学知口	2.80	33	1.68	10	92400
1953	214	紫竹院路	白石桥—车道沟桥	3.00	57	2.92	20	171000
1954	215	京门线	五路—西黄村	5.00		5.00		
1955	216	京包线	西直门—清华园	5.00				
1956	217	八达岭路	（海淀段）	5.50	14	5.50	4	178186
		河岸		**39.23**		**36.77**		**1355364**
		市属		39.23	254	36.77	84	1355364
		绿化处（永定河岸路）	木樨地—玉渊潭	0.90	10	0.90	2	9270
		（市属）河湖管理处	合计	38.33	244	35.87	82	1346094
1957	1	小月河土渠段	西直门—清河出口	5.80	48	5.80	48	275500
1958	2	永定河引水渠	五路居铁路桥—罗道庄桥	3.50	48	3.50	6	169400
1959	3	玉西段（永引右岸）	罗道庄—甘雨桥	6.40	26	6.40	4	168064

续表二十五

道路绿地面积						绿化覆盖面积（平方米）	绿化覆盖率（%）	绿地率（%）	实有树木（株）	实有草坪（平方米）
合计（平方米）	中心隔离带绿地	分车带绿地	行道树绿地	立交桥绿地	道路两侧绿地					
6=7+8+9+10+11	7	8	9	10	11	12	13=12/5	14=6/5	15	16
99083		44505	13163	13345	28070	112245	20.44	18.05	25665	107082
7911		4000	2483		1428	22935	35.79	12.35	514	
42376	1260	3550	2617	23074	11875	52779	51.95	41.71	12681	27359
12200				12200		12200	8.08	8.08	8633	5560
24779		4125	2610		18044	31514	38.52	30.29	2232	9522
8133		5110	3023			30720	64.67	17.12	644	
1050			1050			5600	17.34	3.25	140	
107197		60294	13568		33335	153976	29.73	20.69	73295	92513
71785		29900	11243	4905	25737	91158	27.89	21.97	25570	54513
4953			1973		2980	7456	43.86	29.14	377	2652
17280		3555	4125		9600	29655	41.53	24.20	4216	10528
1988			1388		600	9000	60.00	13.25	399	
9000		9000				9000	100.00	100.00	10341	4000
5025			5025			26800	89.11	16.71	670	
34464		7518	2610		24336	52336	42.06	27.70		
									4355	21608
85310				85310		85310	100.00	100.00	52551	60963
67140		10025		28653	28462	67140	30.49	30.49	15490	71462
53460			8040		45420	88300	57.85	35.02	10596	20057
3035			2475		560	13760	40.95	9.03	348	
7505			1005		6500	11663	49.63	31.94	2128	3000
6292		2730	3562			35935	78.12	13.68	839	
17257			2745		14512	29152	31.55	18.68	11727	4568
20722		14575	4173		1974	31571	18.46	12.12	2605	10997
40000					40000	40000			443	
55252	1694	2340			51218	55251	31.01	31.01	101636	61868
333021			**630**		**332391**	**494382**	**36.48**	**24.57**	**13764**	**201844**
333021			630		332391	494382	36.48	24.57	13764	201844
630			630			1008	10.90	6.80	84	
332391					332391	493374	36.65	24.69	13680	201844
46400					46400	81200	29.47	16.84	2565	
27458					27458	70712	41.74	16.21	3680	21651
52864					52864	68296	40.64	31.45	271	13750

市序号	区序号	道路名称	起止地点	道路长度（公里）	道路宽度（米）	绿化长度（公里）	绿化宽度（米）	道路用地总面积（平方米）
甲	乙	丙	丁	1	2	3	4	5
1960	4	新开渠	石槽桥—莲花池出口	6.06	17	3.63	7	103020
1961	5	昆玉段(京引)	颐和园—罗道庄	7.20	56	7.20	7	404136
1962	6	南长河	长河闸—高梁桥	6.57	24	6.54	4	156366
1963	7	双紫支渠	双紫暗沟出口—三虎桥	2.80	25	2.80	6	69608
1964—1969		**街巷**		**121.28**		**121.03**		**15500**
	1	清河街道		121.28		121.03		15500
		丰台区						
		道路		**307.58**		**288.30**		**9869510**
		区属		280.26		270.74		8222190
1970	1	西客站南路	广安路—马连道西路	0.49	43	0.47	8	21341
1971	2	银河路	三环路—太平桥路	0.50	19	0.40	2	9500
1972	3	太平桥路	广安路—银河路	0.50	20	0.40	2	9750
1973	4	西罗园路	南三环中路—马家堡东路	0.50	10	0.50	2	5000
1974	5	新建街	五爱屯东街—团河路	0.47	6	0.47		6975
1975	6	西长街	西南大道—北马路西口	0.78	5	0.78	2	7800
1976	7	警备西路东段	警备西路东口—警备西路 19 号	0.07	10	0.07	4	1155
1977	8	西二道街	新华路—井泉胡同	0.14	6	0.14	2	1904
1978	9	万源路	万源路总站至游泳池		9		19	12642
1979	10	万源南路	六营门—四小	1.00	6	1.00	7	17964
1980	11	万源中路	南大红门路—万源路		19		8	9056
1981	12	万源北路	五营门—万源路总站	0.57	15		3	8328
1982	13	东高地南街	顺一条—东高地一中		25		3	11858
1983	14	东高地斜街	顺一条—东高地一小	0.56	33	0.56	27	17920
1984	15	南大红门路	六营门—东高地	0.75	33	0.75	10	22142
1985	16	蒲北小区中心路	玉蜓桥—蒲黄榆四里		14		3	3528
1986	17	沙子口路(北段)	南三环路—十二厂门口		12		3	3600
1987	18	定安路	南三环路—刘家窑路		39		27	16984
1988	19	沙子口路(南段)	五间楼—光彩路	0.53	18	0.53	7	9540
1989	20	光彩路	南三环路—光彩体育馆		11		3	3960
1990	21	苇子坑路	横一条—地铁车辆厂	0.80	10	0.71	3	8000
1991	22	六里桥八号院南侧路	六里桥八号南侧路—悦都酒店西侧		14		7	4787
1992	23	中环路	康辛路南—海鹰路	0.89	30	0.89	9	26835
1993	24	百强路	一环路南—四环路		35		3	8750

续表二十六

道 路 绿 地 面 积						绿化覆盖面积（平方米）	绿化覆盖率（%）	绿地率（%）	实有树木（株）	实有草坪（平方米）
合计（平方米）	中心隔离带绿地	分车带绿地	行道树绿地	立交桥绿地	道路两侧绿地					
6=7+8+9+10+11	7	8	9	10	11	12	13=12/5	14=6/5	15	16
14160					14160	32685	31.73	13.74	810	
97344					97344	127707	31.60	24.09	4901	102823
54925					54925	67345	43.07	35.13	828	35200
39240					39240	45429	65.26	56.37	625	28420
2215					**2215**	**4180**	**26.97**	**14.29**	**295**	
2215					2215	4180	26.97	14.29	295	
3052644	**163133**	**322912**	**1009396**	**522529**	**1034674**	**3711638**	**37.61**	**30.93**	**1119415**	**1322454**
2558996	42322	293270	1004051	245596	973757	3212353	39.07	31.12	924746	948590
2983		2820	163			3000	14.06	13.98	1661	13733
575			151		424	575	6.05	6.05	362	
									106	
288			288			2500	50.00	5.76	200	
324			324			2490	35.70	4.65	99	
336			336			980	12.56	4.31	50	
280					280	280	24.24	24.24	1167	
282			282			1400	73.53	14.81	47	
7941			1355		6586	9456	74.80	62.81	7277	3293
6986		120	130		6736	6986	38.89	38.89	14372	2599
5299		489	2937		1873	8236	90.95	58.51	2751	200
2234			1722		512	3956	47.50	26.83	7463	
1580			200		1380	2760	23.28	13.32	59	
9846			1680		8166	11206	62.53	54.94	6467	8166
8659		1583	2256		4820	17920	80.93	39.11	17409	6771
501			501			501	14.20	14.20	123	
1525			780		745	1525	42.36	42.36	97	745
4976			1320		3656	4976	29.30	29.30	686	3656
3710			1590		2120	3392	35.56	38.89	3107	1802
645					645	645	16.29	16.29	323	645
2400			2328		72	2400	30.00	30.00	157	
116			116			140	2.92	2.42	116	
8046			2682		5364	14304	53.30	29.98	16956	1858
3000			750		2250	4750	54.29	34.29	105	2250

市序号	区序号	道路名称	起止地点	道路长度（公里）	道路宽度（米）	绿化长度（公里）	绿化宽度（米）	道路用地总面积（平方米）
甲	乙	丙	丁	1	2	3	4	5
1994	25	东区环一路	康辛路东—万寿路南延线	0.71	25	0.71	3	17775
1995	26	海鹰路	园区外环西路东—四环路	0.79	25	0.79	8	19750
1996	27	康辛路	园区外环西路东—万寿路南延线	1.45	40	1.45	9	58000
1997	28	富丰园西路	看丹路—康辛路		18		6	7200
1998	29	西区外环路	康辛路—海鹰路	1.00	20	1.00	3	20000
1999	30	航丰路	外环西路—四环路	0.82	20	0.82	3	16400
2000	31	富丰园东路	看丹路—康辛路		18		3	7200
2001	32	北区主干道	北区路口—塔西小区	0.74	8	0.74	20	20350
2002	33	云岗百货东路	339 路—云岗饭庄	0.15	6		3	2400
2003	34	东王佐北路	159 厂东门—三角地	0.56	10	0.56	4	5620
2004	35	云岗百货西路	356 车站—云岗浴池		6		5	1800
2005	36	云岗大街	云岗一中—三院西大院	2.05	11	2.05	4	31806
2006	37	云岗西里路	汽车修理厂—三院南大门		8		5	4671
2007	38	三部主干道	三部西大门—院直南大门	1.00	7	1.00	1	7000
2008	39	云岗路	赵辛店铁道口—云岗站	3.80	8	3.70	3	37000
2009	40	石油库路	京周新路—佃起铁道口	2.10	10	2.10	2	29400
2010	41	大灰厂路	云岗339路车站—建材化工厂门口	7.70	8	6.00	2	107800
2011	42	三环路	莲花铁路桥—玉泉营	7.95	72	7.95	29	568425
2012	43	西南四环路	丰葆桥—科丰桥	0.70	200	0.70	83	140000
2013	44	京周旧路	六里桥—西道口	7.90	21	7.90	12	161950
2014	45	京石公路	六里桥—小屯路南口	5.70	43	5.70	3	245100
2015	46	南四环路(南侧)	京开桥—丰葆桥	3.90	50	3.90	21	195000
2016	47	丰体南路	岔路口—丰体西路	0.65	55	0.65	24	35400
2017	48	东大街	丰北路—正阳大街东口	1.90	23	1.90	3	67150
2018	49	闸口河路	木楼村小桥—莲花池公园	0.60	8	0.26	5	4800
2019	50	游泳场北路	文体路—东大街	1.20	11	1.20	3	13200
2020	51	建国街	向阳街北口—丰台铁路桥医院	1.55	12	1.55	3	17825
2021	52	小屯西路	京周路—小屯路	2.17	8	1.52	3	17360
2022	53	小屯东路	永立桥—小屯村	0.65	14	0.30	4	9200
2023	54	东货场路	东大街—丰台货场	0.30	8	0.30	3	2250
2024	55	区工会路	丰台路—文体路	0.25	10	0.25	3	2500
2025	56	新华街	看丹桥—造甲村	1.00	18	1.00	3	18000
2026	57	七里庄老路	近园路—七里庄路	0.50	8	0.08	3	4000
2027	58	棒球场路	五里店小区—京周路	0.32	13	0.32	5	4160

续表二十七

道 路 绿 地 面 积						绿化覆盖面积（平方米）	绿化覆盖率（%）	绿地率（%）	实有树木（株）	实有草坪（平方米）
合计（平方米）	中心隔离带绿地	分车带绿地	行道树绿地	立交桥绿地	道路两侧绿地					
6=7+8+9+10+11	7	8	9	10	11	12	13=12/5	14=6/5	15	16
2173			2133		40	7150	40.23	12.23	245	
6320			2370		3950	12400	62.78	32.00	1198	1166
13050			4350		8700	24650	42.50	22.50	2558	6606
1796			1200		596	4596	63.83	24.94	578	496
3000			3000			5000	25.00	15.00	370	
2460			2460			8200	50.00	15.00	290	
1200			1200			4000	55.56	16.67	130	
12599					12599	12899	63.39	61.91	1140	11840
450			450			1340	55.83	18.75	67	
2482			234		2248	5198	92.49	44.16	234	
750					750	1350	75.00	41.67	479	
11940			10350		1590	18090	56.88	37.54	983	660
3366			780		2586	3566	76.34	72.06	1283	113
2000			400		1600	2000	28.57	28.57	780	1200
11177			9405		1772	31851	86.08	30.21	1708	
6000			6000			24000	81.63	20.41	353	
21000			21000			63000	58.44	19.48	751	
212225	15900	83850	23850	34865	53760	264260	46.49	37.34	71785	95457
60272			2100	9625	48547	63772	45.55	43.05	17280	47040
92410			86410		6000	56682.5	35.00	57.06	3501	
122872			17100		105772	154745	63.14	50.13	20496	5185
82450		29250	5850		47350	85450	43.82	42.28	5923	60100
15250	1300		1950		12000	19500	55.08	43.08	21103	10000
19920	6280		5700		7940	26849	39.98	29.66	13786	5020
1300			1300			2080	43.33	27.08	104	
3600			3600			7200	54.55	27.27	175	
4650			4650			9300	52.17	26.09	237	
3800			3800			7600	43.78	21.89	299	
1320			1320			2180	23.70	14.35	104	
900			900			1232	54.76	40.00	121	
750			750			589	23.56	30.00	28	
3750			3000		750	4250	23.61	20.83	290	700
240			240			640	16.00	6.00	16	
1472			1472			1920	46.15	35.38	118	

市序号	区序号	道路名称	起止地点	道路长度（公里）	道路宽度（米）	绿化长度（公里）	绿化宽度（米）	道路用地总面积（平方米）
甲	乙	丙	丁	1	2	3	4	5
2028	59	正阳大街	东大街南口—西仓库道口	1.75	12	1.75	5	21000
2029	60	程庄路	丰西新路—京周旧路	1.82	10	1.82	5	18200
2030	61	丰管路	丰益桥—东大街	1.85	10	1.85	5	18500
2031	62	七里庄东路	东大街—烟酒公司	0.30	14	0.30	3	4050
2032	63	莱户营南路	莱卢营桥—玉泉营	1.70	62	1.70	22	106080
2033	64	丰北路	岔路口—丽泽桥	2.30	60	2.30	14	138000
2034	65	文体路	七里庄路—丰台房管所	0.95	12	0.95	4	11400
2035	66	丰体西路	丰体南路西口—丰体北路西口	0.35	30	0.35	6	10500
2036	67	老区委路	十二中南墙—西安街	0.35	14	0.35	5	4900
2037	68	四号路	丰台路—大井村	0.53	20	0.53	4	10600
2038	69	丰体北路	丰台路—丰体西路北口	0.65	27	0.65	8	17550
2039	70	程庄西路	武装部训练基地—五里店小区	0.70	8	0.70	3	5600
2040	71	自由市场路	丰强路南口—丰台卫生所	0.30	8	0.30	3	2400
2041	72	双楼路	三路居桥—铁道	0.70	12	0.08	5	8400
2042	73	七里庄西路	丰台路—七里庄南路	0.70	21	0.70	5	14350
2043	74	西四环路	丰台铁路桥—京九铁路桥	6.75	86	6.75	13	580500
2044	75	向阳街	铁路老桥—四环路	0.40	14	0.40	4	5600
2045	76	京周新路	西道口—莲花桥	6.40	10	6.40	2	64000
2046	77	七里庄南路	烟酒公司—游泳场北路	0.60	11	0.60	4	6480
2047	78	近园路	丰台花园南—东大街	0.86	17	0.86	7	14620
2048	79	京良公路	京开路至良乡桥	4.70	14	4.70	4	65800
2049	80	丰台南路东段	造甲村至黄土岗	4.40	10	4.40	5	44000
2050	81	小屯北路	丁字路口—西南郊苗圃	0.70	14	0.50	5	9800
2051	82	丰台东路	造甲村—纪家庙	4.10	8	0.74	4	32800
2052	83	丰南路西段	看丹桥—造甲村	1.00	11	1.00	4	10500
2053	84	西安街	十二中北口—丰台医院南口	0.55	15	0.55	5	8250
2054	85	铁路党校路	菜市场—文体路	0.25	10	0.25	4	2375
2055	86	丰西旧路	看丹路口—西道口	2.85	10	2.85	5	28500
2056	87	丰西新路	程庄路南口—西道口	2.65	12	2.65	5	31800
2057	88	二环路	陶然亭立交—莱户营立交	2.70	59	2.70	19	157950
2058	89	三环路	玉泉营立交—成寿寺	7.40	76	7.40	23	564620
2059	90	四环路	大红门立交—科丰桥	7.50	101	7.50	31	753750
2060	91	蒲黄榆路	刘家窑转盘—玉蜓桥	1.10	66	1.10	21	72820
2061	92	东高地路	三营门红灯—东高地商场	1.20	41	1.20	3	49320

续表二十八

道路绿地面积						绿化覆盖面积（平方米）	绿化覆盖率（%）	绿地率（%）	实有树木（株）	实有草坪（平方米）
合计（平方米）	中心隔离带绿地	分车带绿地	行道树绿地	立交桥绿地	道路两侧绿地					
6=7+8+9+10+11	7	8	9	10	11	12	13=12/5	14=6/5	15	16
8050			8050			10000	47.62	38.33	427	
8730			8730			10920	60.00	47.97	573	
8510			5550		2960	14060	76.00	46.00	7111	
900			900			1800	44.44	22.22	102	
36730	4250	11260			21220	47738	45.00	34.62	12930	17050
32200			6900		25300	34025	24.66	23.33	15674	21810
3883			2850		1033	8633	75.73	34.06	4635	400
2100			1050		1050	3850	36.67	20.00	2072	
1750			1750			3500	71.43	35.71	107	
1961			1590		371	872	8.23	18.50	419	
5360			1950		3410	7040	40.11	30.54	5951	530
2100			2100			3220	57.50	37.50	271	
242			242			462	19.25	10.08	22	
402			402			600	7.14	4.79	29	
3150			2800		350	5950	41.46	21.95	1133	1800
126650		8200	20250	63560	34640	126650	21.82	21.82	48401	105800
1680			1680			1570	28.04	30.00	71	
14400			14400			28008	43.76	22.50	3224	
2640			1800		840	3240	50.00	40.74	3707	
6423			3746		2677	3000	20.52	43.93	2074	
19740			19740			23500	35.71	30.00	2721	
21120			21120			26400	60.00	48.00	1305	
2325			2325			4350	44.39	23.72	174	
2960			2960			3087	9.41	9.02	147	
4200			4200			6300	60.00	40.00	300	
2750			2750			6050	73.33	33.33	274	
1100			1100			1575	66.32	46.32	71	
13110			13110			17100	60.00	46.00	1048	
13250			13250			21200	66.67	41.67	797	
93750	5400	6300	4050	1500	76500	93750	59.35	59.35	56817	57800
161850	8000	44500	19500	23067	66783	161850	28.67	28.67	101887	96800
198000		60200	22500	61904	53396	198000	26.27	26.27	3830	174500
22700		4400	3300		15000	22700	31.17	31.17	16225	11855
3600			3600			6000	12.17	7.30	400	

市序号	区序号	道路名称	起止地点	道路长度（公里）	道路宽度（米）	绿化长度（公里）	绿化宽度（米）	道路用地总面积（平方米）
甲	乙	丙	丁	1	2	3	4	5
2062	93	左安门外路	方庄—左安门	1.40	32	1.40	3	44800
2063	94	玉蜓桥		0.50	95	0.50	56	47250
2064	95	马家堡南延路	西马场—铁路桥	2.50	50	2.50	14	126000
2065	96	角门北路	南延—马家堡村	1.32	36	1.32	15	47916
2066	97	永南新路	三营门红灯—木樨园	6.00	25	6.00	3	150000
2067	98	东蒲路	蒲黄榆—景泰路	0.70	30	0.70	3	21000
2068	99	东铁营横七条	三环路—顺八条	0.92	16	0.92	3	14720
2069	100	南丰路	红房子红灯—黄土岗	4.30	20	4.30	3	86000
2070	101	百米前十米	玉蜓桥—左安门	1.70	65	1.70	10	109650
2071	102	景泰路	赵公口—安乐林	0.50	47	0.50	3	23650
2072	103	西红门路	红房子红灯—福利农场	1.80	21	1.80	3	37800
2073	104	南苑新华街	大营门—北大桥	0.40	18	0.40	3	7000
2074	105	右安门外路	右外宾馆—三环路	2.10	21	2.10	3	44100
2075	106	永南旧路	红房子红灯—木樨园	5.70	24	5.70	3	136800
2076	107	团河路	五爱屯—丰兴交界	3.10	15	3.10	3	44950
2077	108	久敬庄东路	大红门立交—永南旧路	0.28	15	0.28	3	4200
2078	109	永南新路之线	永南新路—永南旧路	0.20	32	0.20	2	6400
2079	110	二传路	玉林东里—首都医科大学	1.03	14	1.03	3	14420
2080	111	右安门外大街		1.00	34	1.00	3	34000
2081	112	右外东头条	右外大街—微电机厂	0.68	12	0.68	3	8160
2082	113	右安门东二条	右外大街—西庄二街	0.58	22	0.58	3	12760
2083	114	右安门东三条	右外大街—西庄二街	0.59	22	0.59	3	12980
2084	115	右外西庄一街	右外头条—玛钢厂	0.41	15	0.41	3	6150
2085	116	右外西庄二街	右外头条—玛钢厂	0.46	20	0.46	3	9200
2086	117	右外幸福路	右外头条—永定门火车站	0.87	13	0.87	3	11310
2087	118	右外西二条	右外大街—玉林东路	0.34	28	0.34	8	9350
2088	119	黄土岗	黄土岗红灯—四环路	3.50	21	3.50	3	71750
2089	120	东铁营路	压缩机厂—四环路	0.68	18	0.68	3	11900
2090	121	东铁营横一条	三环路—顺八条	1.90	22	1.90	3	41800
2091	122	东铁营顺三条	东铁营—宋家庄	1.13	15	1.13	3	16950
2092	123	东铁营顺四条	横一条—横七条	0.83	19	0.83	3	15438
2093	124	东铁营顺五条	宋家庄—横七条	0.61	16	0.61	3	9455
2094	125	东铁营顺六条	横一条—宋家庄	0.62	17	0.62	3	10540
2095	126	东铁营横六条	顺四条—三不路	0.30	15	0.30	3	4500

道 路 绿 地 面 积						绿化覆盖面积（平方米）	绿化覆盖率（%）	绿地率（%）	实有树木（株）	实有草坪（平方米）
合计（平方米）	中心隔离带绿地	分车带绿地	行道树绿地	立交桥绿地	道路两侧绿地					
6=7+8+9+10+11	7	8	9	10	11	12	13=12/5	14=6/5	15	16
8200			4200		4000	8200	18.30	18.30	2055	2200
56580		1500	1500	38000	15580	56580	119.75	119.75	255529	20500
18000		7500	7500		3000	18000	14.29	14.29	5425	2700
11960			3960		8000	14600	30.47	24.96	12798	6000
18000			18000			30000	20.00	12.00	1633	
2100			2100			2100	10.00	10.00	181	
2760			2760			4600	31.25	18.75	238	
12900			12900			21500	25.00	15.00	788	
17000					17000	17000	15.50	15.50	3756	17000
1500			1500			3000	12.68	6.34	256	
5400			5400			9000	23.81	14.29	485	
1200			1200			2000	28.57	17.14	89	
6300			6300			10500	23.81	14.29	133	
17100			17100			28500	20.83	12.50	1203	
9300			9300			15500	34.48	20.69	384	
840			840			1680	40.00	20.00	72	
300			300			1200	18.75	4.69	61	
3090			3090			8240	57.14	21.43	106	
3000			3000			3000	8.82	8.82	114	
2040			2040			4080	50.00	25.00	175	
1740			1740			3480	27.27	13.64	108	
1770			1770			3540	27.27	13.64	72	
1230			1230			2460	40.00	20.00	70	
1380			1380			2760	30.00	15.00	67	
2610			2610			6960	61.54	23.08	28	
1470			1020		450	1470	15.72	15.72	388	350
10500			10500			17500	24.39	14.63	192	
2040			2040			3400	28.57	17.14	86	
5700			5700			14250	34.09	13.64	209	
3390			3390			8475	50.00	20.00	86	
2490			2490			6225	40.32	16.13	132	
1830			1830			4575	48.39	19.35	75	
1860			1860			4650	44.12	17.65	78	
900			900			2250	50.00	20.00	12	

市序号	区序号	道路名称	起止地点	道路长度（公里）	道路宽度（米）	绿化长度（公里）	绿化宽度（米）	道路用地总面积（平方米）
甲	乙	丙	丁	1	2	3	4	5
2096	127	东铁营顺八条	横一条—压缩机厂路	1.03	20	1.03	3	20703
2097	128	压缩机厂路	顺八条—光彩路	0.80	23	0.80	3	18000
2098	129	小红门路	分钟寺叉路口—朝阳交界	1.60	18	1.60	3	28480
2099	130	马家堡路	角门红灯—四路通	2.30	30	2.30	10	67850
2100	131	成寿寺路	三环路—肖村桥	3.00	35	3.00	3	103800
2101	132	镇国寺路	角门红灯向西	2.30	15	2.30	3	34500
2102	133	久敬庄路	久敬庄—油毡厂	0.90	15	0.90	3	13500
2103	134	红房子路	五爱屯—检查站	0.60	27	0.60	3	15900
2104	135	木材厂路	大红门立交—西马厂	1.50	22	1.50	3	33000
2105	136	玉林东路		0.34	29	0.34	11	9894
2106	137	肉联厂路	17路总站—礼花厂	0.70	14	0.70	3	9730
2107	138	缝纫机厂路	北客六厂—四环路	1.34	24	1.34	3	31490
2108	139	九龙山路	卫生院—四环路	0.20	17	0.20	3	3400
2109	140	槐房路	五爱屯—角门红灯	4.40	10	4.40	3	44000
2110	141	南苑北路	北大桥—永南新路	0.70	33	0.70	3	23100
2111	142	沙子口路	火柴厂—三环路	0.40	17	0.40	3	6800
2112	143	光彩体育馆路	光彩—游泳学校	0.80	39	0.80	33	31200
2113	144	警备路	红房子红灯—三营门	1.70	21	1.70	3	35700
2114	145	宋家庄路	三环路—肉联厂	2.00	22	2.00	3	44000
2115	146	农药二厂路	大红门货厂—角门	1.70	14	1.70	3	23800
2116	147	分钟寺路	三环路岔口—朝阳交界	0.76	19	0.76		14440
2117	148	马厂小区道路		0.44	20	0.44	7	8800
2118	149	丽泽路		1.17	80			
2119	150	弹簧厂路	京周老路—电梯厂门口	1.00	13	1.00	5	13400
2120	151	八一射击场路	京周老路—射击场门口	6.30	13	6.30	3	81900
2121	152	耐火材料厂路	卢沟桥城北街—耐火材料厂门口	2.00	12	2.00	3	24000
2122	153	张各庄路	京周老路—二七北厂东墙	0.50	12	0.50	3	6000
2123	154	派出所路	京周老路卢沟桥东门—新路弹簧厂东	0.30	16	0.30	3	4800
2124	155	西弹路	西道口立交—四机床门口	1.00	10	1.00	2	10000
2125	156	花园路	京周新路—二七公园丁字路口	1.00	13	1.00	3	13000
2126	157	云岗路	赵辛店铁道口—云岗站	3.80	13	3.80	3	49400
2127	158	京周新路	西道口南侧铁道—哑巴河桥北侧	14.50	19	14.50	3	275500
2128	159	卢沟桥桥间路	新桥东桥头—老桥东桥头	0.20	11	0.20	3	2200

续表三十

道路绿地面积						绿化覆盖面积（平方米）	绿化覆盖率（%）	绿地率（%）	实有树木（株）	实有草坪（平方米）
合计（平方米）	中心隔离带绿地	分车带绿地	行道树绿地	立交桥绿地	道路两侧绿地					
6=7+8+9+10+11	7	8	9	10	11	12	13=12/5	14=6/5	15	16
3090			3090			7725	37.31	14.93	177	
2400			2400			4000	22.22	13.33	112	
4800			4800			8000	28.09	16.85	186	
10300			6900		3400	10300	15.18	15.18	1485	2500
18800			9000		9800	24800	23.89	18.11	1462	4000
6900			6900			13800	40.00	20.00	166	
2700			2700			5400	40.00	20.00	177	
1800			1800			3600	22.64	11.32	195	
4500			4500			13500	40.91	13.64	250	
3120			1020		2100	3460	34.97	31.53	167	2000
2100			2100			4200	43.17	21.58	37	
4020			4020			8040	25.53	12.77	595	
600			600			1200	35.29	17.65	62	
14400			13200		1200	27600	62.73	32.73	1395	1200
2100			2100			6300	27.27	9.09	245	
1200			1200			2400	35.29	17.65	99	
13181			2400		10781	13181	42.25	42.25	4346	8000
5100			5100			15300	42.86	14.29	318	
6000			6000			12000	27.27	13.64	369	
5100			5100			10200	42.86	21.43	460	
330			330			330	2.29	2.29	11	
2595			1320		1275	3714	42.20	29.49	336	
3130					3130	3130				1730
9550			9550			14325	106.90	71.27	392	
37800			37800			75600	92.31	46.15	2167	
10000			10000			15000	62.50	41.67	522	
2500			2500			4000	66.67	41.67	29	
1500			1500			3500	72.92	31.25	26	
2000			2000			4500	45.00	20.00	251	
5000			5000			7200	55.38	38.46	151	
19000			19000			25000	50.61	38.46	4621	764
87000			87000			123375	44.78	31.58	4678	
1000			1000			2000	90.91	45.45	77	

市序号	区序号	道路名称	起止地点	道路长度（公里）	道路宽度（米）	绿化长度（公里）	绿化宽度（米）	道路用地总面积（平方米）
甲	乙	丙	丁	1	2	3	4	5
2129	160	二七北厂路	二七煤厂门口—二七北厂门口	1.50	13	1.50	2	19500
2130	161	长辛店大街	长辛店北口—长辛店大桥	2.60	15	2.60	3	39000
2131	162	大灰厂路	云岗 339 车站—大灰厂门口	7.70	13	7.70	3	100100
2132	163	槐树岭路	二七北厂西墙—槐树岭坡上	0.70	13	0.70	2	9100
2133	164	长辛店西路	天桥—二七机车厂门口	1.10	11	1.10	3	12100
2134	165	二老庄路	朱家坟石桥—小学校门口	0.80	9	0.80	3	7200
2135	166	石油库路	京周新路—佃起铁道桥	2.10	16	2.10	3	33600
2136	167	二七厂厂区各路	二七厂墙外宿舍—技校内外	2.00	9	2.00	2	18000
2137	168	京周老路	西道口北侧铁桥—杜家坎北口	2.90	19	2.90	3	55100
2138	169	烟酒专卖路	西道口立交—烟酒专卖路口	0.50	8	0.50	2	4000
2139	170	二七南厂路	杜家坎路—二七机车厂门口	1.70	11	1.70	3	18700
2140	171	角门北路		0.43	28	0.43	13	12040
2141	172	杜家坎立交桥	杜家坎转盘—二七北厂路	0.55	123	0.43	82	67650
	<149>	丽泽路	丽泽桥东 300 米处路南侧	0.16	80	0.16	30	12800
2142	173	马家堡立交桥		0.11	45	0.06	15	4725
2143	174	右安门立交桥西南角		0.06	70	0.06	32	4448
2144	175	鸭子桥绿地		0.14	25	0.14	6	3505.2
2145	176	丰葆路	科丰桥—世界公园墙外	1.75	46	1.75	12	80500
2146	177	西南四环路	丰台桥北路—富丰桥	1.60	115	1.60	50	184000
2147	178	三环路	成寿寺—分钟寺	0.85	80	0.85	34	67600
2148	179	广丰路	六里桥立交—湾子红绿灯	1.05	65	1.65	26	68510
	<184>	京石路	赵辛店西侧(2)					
			赵辛店西侧(1)					
			木材厂三角地					
			西道口绿地					
			西道口东侧果林					
			永定立交西北角					
			杜家坎西侧片林					
			杜家坎东侧					
			西道口铁桥片林					
			京石西坡片林					
			京石三期绿地					
2149	180	京开公路	第二清洁车辆厂门前					
		市属		27.32		17.56		1647320
2150	181	右安门西滨河路	菜户营立交桥					70000

道路绿地面积						绿化覆盖面积（平方米）	绿化覆盖率（%）	绿地率（%）	实有树木（株）	实有草坪（平方米）
合计（平方米）	中心隔离带绿地	分车带绿地	行道树绿地	立交桥绿地	道路两侧绿地					
6=7+8+9+10+11	7	8	9	10	11	12	13=12/5	14=6/5	15	16
4500			4500			6750	34.62	23.08	274	
13000			13000			15000	38.46	33.33	365	
38500			38500			41000	40.96	38.46	759	
2100			2100			3200	35.16	23.08	474	
5500			5500			6600	54.55	45.45	102	
4000			4000			5500	76.39	55.56	210	
12600			12600			16750	49.85	37.50	349	
8000			8000			15000	83.33	44.44	206	
17400			17400			25300	45.92	31.58	1905	
1000			1000			2450	61.25	25.00	120	
8500			8500			12500	66.84	45.45	251	
4500					4500	6500	53.99	37.38	3482	4500
12000				12000		12000	17.74	17.74	3838	11600
4850					4850	7275	56.84	37.89		4850
1075				1075		1075	22.75	22.75	439	
1870			96		1774	1870	42.04	42.04	1000	1240
2270					2270	2270	64.76	64.76	449	1610
15600		10350	5250			15600	19.38	19.38	5955	13500
34100		2270	3800		28030	34100	18.53	18.53	11284	27300
24640	1192	11483	2535		9430	24640	36.45	36.45	9655	10900
9945		7195	2430		320	19120	27.91	14.52	2776	6980
3800					3800	4400			276	
5800					5800	6750			395	
3250					3250	3770			170	
16996					16996	20600			6494	4420
6722					6722	7130			688	
16600					16600	18590			1395	1100
5000					5000	5560			388	
3600					3600	4170			329	
1250					1250	1560			121	
22200					22200	2350			4606	
74540					74540	82700			8095	
13400					13400	13400			646	12000
493648	120811	29642	5345	276933	60917	499285	30.31	29.97	194669	373864
70000				70000		70000	100.00	100.00	6343	2776

市序号	区序号	道路名称	起止地点	道路长度（公里）	道路宽度（米）	绿化长度（公里）	绿化宽度（米）	道路用地总面积（平方米）
甲	乙	丙	丁	1	2	3	4	5
2151	182	左安门西滨河路	左安门立交桥—玉蜓桥	1.62	61	1.56	12	99306
2152	183	玉泉营立交桥	南三环西路(玉泉营)	8.20	30			234600
2153	184	京石公路		17.50	25	16.00	3	1243414
		河岸		**37.04**		**32.58**		**10603775**
		区属		18.78		16.75		9272355
2154	1	马草河北岸	马家堡东路—凉水河	0.30	3	0.30	8	3300
2155	2	洋桥西里凉水河南岸	马家堡路—铁路桥	0.50	5	0.50	2	2500
2156	3	中心市场	南三环中路—马草河	0.40	5	0.40	5	3200
2157	4	马草河南岸	马家堡东路—凉水河	0.30	5	0.30	3	9750
2158	5	洋桥东里	马家堡路—马家堡东路	0.30		0.30		7500
2159	6	右堤	京石路桥—大宁水库南	3.50	5	3.50	2	17500
2160	7	西五环南路(左堤)	卢沟新桥—北天堂	7.24	6	7.25	2	5450740
2161	8	西五环南路	13 号桥—衙门口	1.82	6	1.82	1	988590
2162	9	射击厂路	0+986.5—5+400	4.41	6	2.38	1	2789275
		市属		18.26		15.83		1331420
2163	10	凉水河		11.40		11.40		1174000
2164	11	新开渠		6.06	17	3.63	4	103020
2165	12	泄洪渠	菜户营桥—分洪道	0.80	68	0.80	22	54400
2166—2177		**街巷**		**2.62**		**2.40**		**21030**
	1	南苑街道		0.23		0.23		2682
	2	长辛店街道		1.51		1.51		9228
	3	东铁营街道		0.88		0.66		9120
		石景山区						
		道路		**107.83**		**84.63**		**1956215**
		区属		107.83		84.63		1956215
2178	1	石景山路	玉泉路—厂东门	6.88	22	6.88	3-106	219891
2179	2	八角北路	八角东街—古城北路	1.30	12	1.30	18	18460
2180	3	杨庄大街	古城大街—苹果园路口	1.10	13	1.10	16	30490
2181	4	八宝山南路	石槽—铁路桥	1.65	9	1.65	3	25575
2182	5	玉泉北路西段	玉泉路口—科大商场	1.00	12	1.00	10	22200
2183	6	玉泉南路西段	玉泉路口—石槽北口	0.45	12	0.45	9	9450
2184	7	体育场西段	体育场南路—石景山路	0.30	9	0.30	21	9630
2185	8	体育场北段	体育场西路—石景山路	0.68	11	0.68	15	16728
2186	9	体育场南段	体育场东路—体委办公楼	0.36	9	0.36	17	10224

续表三十二

道路绿地面积						绿化覆盖面积（平方米）	绿化覆盖率（%）	绿地率（%）	实有树木（株）	实有草坪（平方米）
合计（平方米）	中心隔离带绿地	分车带绿地	行道树绿地	立交桥绿地	道路两侧绿地					
6=7+8+9+10+11	7	8	9	10	11	12	13=12/5	14=6/5	15	16
15878	1557	6836	1595	1900	3990	15733	15.84	15.99	30572	62000
93750	5888	22806	3750	61306		93750	39.96	39.96	9774	85000
314020	113366			143727	56927	319802	25.72	25.25	147980	224088
1056325			**692900**		**363425**	**1213792**	**11.45**	**9.96**	**127124**	**6268**
703141			692900		10241	727825	7.85	7.58	77296	3260
1600			1600			1600	48.48	48.48	108	
1000			1000			1725	69.00	40.00	575	
2000					2000	2500	78.13	62.50	92	
5022					5022	5500	56.41	51.51	521	
3219					3219	3300	44.00	42.92	78	
7000			7000			12704	72.59	40.00	12704	3260
481800			481800			492663	9.04	8.84	47841	
88200			88200			90963	9.20	8.92	13360	
113300			113300			116870	4.19	4.06	2017	
353184					353184	485967	36.50	26.53	49828	3008
320149					320149	422307	35.97	27.27	34948	1198
14160					14160	32685	31.73	13.74	1619	
18875					18875	30975	56.94	34.70	13261	1810
4079			**2365**		**1714**	**4619**	**21.96**	**19.40**	**908**	
522					522	1062	39.60	19.46	538	
1192					1192	1192	12.92	12.92	296	
2365			2365			2365	25.93	25.93	74	
456656	**11000**	**45500**	**270575**	**5617**	**123964**	**937230**	**47.91**	**23.34**	**73287**	**91276**
456656	11000	45500	270575	5617	123964	937230	47.91	23.34	73287	91276
39180		2700	36480			107747	49.00	17.82	2568	4500
3900			3900			8307	45.00	21.13	410	
12120			3300		8820	18294	60.00	39.75	2033	1400
4950			4950			22250	87.00	19.35	569	
7500			1500		6000	15540	70.00	33.78	138	2360
2610			675		1935	6237	66.00	27.62	130	
6210			900		5310	7223	75.01	64.49	2778	1391
7780			300		7480	9702	58.00	46.51	4308	4563
5976			1080		4896	6134	60.00	58.45	2189	3577

市序号	区序号	道路名称	起止地点	道路长度（公里）	道路宽度（米）	绿化长度（公里）	绿化宽度（米）	道路用地总面积（平方米）
甲	乙	丙	丁	1	2	3	4	5
2187	10	砂石厂路	田村路—砂石厂	1.98	6	1.20	3	17820
2188	11	鲁谷路	玉泉路—京源路	4.50	16	4.35	8	158220
2189	12	京源路	京源路口—永定河大桥	5.40	9	5.40	3	70200
2190	13	鲁谷北路	鲁谷商店—石景山路	0.38	6	0.38	3	6080
2191	14	骨灰堂东路	石景山路—绿化队家属院	0.12	4	0.12	3	624
2192	15	火化厂西路	石景山路—西郊火化厂	0.45	6	0.42	3	4050
2193	16	老山摩俱路	石景山路—训练场路	0.40	6	0.40	4	4000
2194	17	古城南大街	石景山路—水屯	1.58	8	1.58	3	20540
2195	18	八角南路	八角东街—古城南路	1.60	12	1.58	7	31200
2196	19	八角东街	八角立交桥—北方工业大学	2.30	12	2.20	10	62790
2197	20	八角路	八角东街—古城东街	1.60	12	1.60	13	42340
2198	21	住院处路	八角东路—杨庄东路	0.40	5	0.40	2	4400
2199	22	文化馆路	古城东街—卫生局	0.15	6	0.15	3	2302
2200	23	古城东街	石景山路—古城北路	0.68	12	0.68	10	20160
2201	24	古城南路	八角南路—古城大街	0.70	9	0.70	8	7700
2202	25	古城路	古城东街—古城大街	0.50	9	0.50	7	11250
2203	26	古城西路	北辛安路—古城大街	1.25	10	1.22	3	22500
2204	27	古城北路	古城路—八角北路	0.70	9	0.65	8	10570
2205	28	北辛安路	首钢厂东门—北辛安立交桥	22.14	12	2.14	3	39934
2206	29	和平街	北辛安东路—北辛安路	0.87	10	0.87	5	17400
2207	30	北辛安北岔路	金顶南路—北辛安街	0.35	6	0.35	3	3325
2208	31	杨庄东街	苹果园南路—八角西街	1.20	12	1.20	3	24960
2209	32	苹果园南路	西黄村—金顶街南路	2.50	10	2.10	3	44500
2210	33	军区东路	北空门—八大处路	0.75	6	0.75	3	7125
2211	34	香山南路	福田桥—八大处路	1.15	9		3	15525
2212	35	八大处路	西黄村—八大处	3.50	15	3.50	2-5	85380
2213	36	苹果园路	苹果园大街—首钢厂容	1.60	9	1.60	3	26880
2214	37	金顶山路	金顶北路—八大处路口	4.00	7	4.00	3	62400
2215	38	模式口大街	金顶山路—门头沟路	0.15	6	0.15	3	1605
2216	39	金顶北路	金顶东路—金顶西路	1.10	8	1.10	3	11000
2217	40	金顶南路	苹果园南路—广宁路	1.20	9	1.20	2	15360
2218	41	金顶路	金顶东街—金顶西街	1.20	9	1.20	3	20400
2219	42	金顶东街	金顶北路—金顶南路	0.70	6	0.70	3	7350
2220	43	金顶西街	北辛安桥—京门路	0.80	12	0.80	7	24160

续表三十三

道 路 绿 地 面 积						绿化覆盖面积（平方米）	绿化覆盖率（%）	绿地率（%）	实有树木（株）	实有草坪（平方米）
合计（平方米）	中心隔离带绿地	分车带绿地	行道树绿地	立交桥绿地	道路两侧绿地					
6=7+8+9+10+11	7	8	9	10	11	12	13=12/5	14=6/5	15	16
5940			5940			4255	23.88	33.33	187	
30300		17250	13050			44429	28.08	19.15	13086	10685
16200			16200			56862	81.00	23.08	999	
1140			1140			5168	85.00	18.75	94	
360			360			668	107.05	57.69	44	
1350			1350			3645	90.00	33.33	160	
1200			1200			3100	77.50	30.00	163	
4740			4740			16843	82.00	23.08	204	
6344			4740		1604	23480	75.26	20.33	314	1322
22010			6600		15410	40985	65.27	35.05	2297	2272
6960			4800		2160	20614	48.69	16.44	1584	1800
600			600			2112	48.00	13.64	41	
567			450		117	1957	85.01	24.63	111	
8840			2040		6800	14515	72.00	43.85	3981	5740
3010			2100		910	6776	88.00	39.09	2661	640
4700			1500		3200	10688	95.00	41.78	2860	2300
3660			3660			4500	20.00	16.27	254	
2550			1950		600	5196	49.16	24.12	1607	
7170		750	6420			19367	48.50	17.95	1311	
2610			2610			8700	50.00	15.00	184	
1050			1050			2427	72.99	31.58	62	
3600			3600			11981	48.00	14.42	156	
6300			6300			9790	22.00	14.16	160	
2250			2250			4346	61.00	31.58	129	
3450			3450			13507	87.00	22.22	369	
13584			10500		3084	28994	33.96	15.91	2128	2144
4800			4800			18009	67.00	17.86	272	
12000			12000			44928	72.00	19.23	833	
450			450			770	47.98	28.04	31	
3300			3300			3960	36.00	30.00	164	
1800			1800			4018	26.16	11.72	116	
3600			3600			16116	79.00	17.65	236	
2100			2100			4410	60.00	28.57	83	
2700		300	2400			16912	70.00	11.18	202	

市序号	区序号	道路名称	起止地点	道路长度（公里）	道路宽度（米）	绿化长度（公里）	绿化宽度（米）	道路用地总面积（平方米）
甲	乙	丙	丁	1	2	3	4	5
2221	44	电厂路	广宁路—门头沟路	1.23	9	1.20	3	21402
2222	45	广宁路	金安桥—漫水桥	3.50	18	3.50	3	99800
2223	46	京门路	金顶西街—门头沟	4.70	16	4.30	4	125990
2224	47	黑石头路	五里坨—黑石头村	1.72	6	1.72	3	20640
2225	48	工程兵路	门头沟路—工程兵大院	1.50	6	1.50	3	12450
2226	49	阜石路	八角东街—金安桥	3.70	14	3.70	8	118400
2227	50	鲁谷大街	铁路桥—骨灰堂	1.20	20	1.14	13	43320
2228	51	古城大街	古城路口—杨庄大街	1.20	24	1.20	20	65400
2229	52	鲁谷西路	鲁谷路—石景山路	0.31	24	0.31	9	16165
2230	53	体育场东路	体育场南路—八角立交桥	0.26	12	0.26	12	10400
2231	54	八角西街	石景山路—杨庄东路	1.60	12	1.60	12	54720
2232	55	鲁谷 1 号路		1.35	24	1.35	3	32400
2233	56	鲁谷 2 号路		0.79	24	0.79	3	18960
2234	57	鲁谷 3 号路		1.88	15	1.88	3	28200
2235	58	鲁谷 3 号路北支一段		0.30	15	0.30	2	4530
2236	59	鲁谷 255 路		0.24	15	0.24	2	3600
2237	60	晨光路		0.73	18	0.73	3	13140
		河岸		**16.63**		**15.70**		**1355710**
		区属		16.63		15.70		1355710
2238	1	永引渠道	模式口隧道—五路居铁道	10.03	97	9.10	50	972910
2239	2	永定河引水渠	福田桥—工程兵院	6.60	45	6.60	4	382800
2240—2246		**街巷**		**4.87**		**4.80**		**57540**
	1	苹果园街道办事处		4.87		4.80		57540
		昌平区						
		道路		**37.70**		**37.69**		**1659840**
2247	1	政府街	西环路—东环路	1.10	30	1.10	9	33000
2248	2	政府街西延	西环路—西关环岛	0.71	30	0.71	5	21300
2249	3	鼓楼南街	鼓楼东西街交叉口—永安环岛	1.32	40	1.32	8	52800
2250	4	鼓楼北街	昌平北站—鼓楼东西街交叉口	0.58	40	0.58	7	23200
2251	5	古楼东街	鼓楼北街—东环路	0.80	30	0.80	8	24000
2252	6	鼓楼西街	西环路—鼓楼北街	0.54	7	0.54	2	3780
2253	7	东环路	北环路口—水关环岛	1.89	32	1.89	6	60480
2254	8	西环路	自行车赛场—北环路	1.81	30	1.81	9	54300
2255	9	南环路	二毛环岛—水关环岛	1.50	60	1.50	19	90000

续表三十四

道路绿地面积						绿化覆盖面积（平方米）	绿化覆盖率（%）	绿地率（%）	实有树木（株）	实有草坪（平方米）
合计（平方米）	中心隔离带绿地	分车带绿地	行道树绿地	立交桥绿地	道路两侧绿地					
6=7+8+9+10+11	7	8	9	10	11	12	13=12/5	14=6/5	15	16
3600			3600			7919	37.00	16.82	232	
16117			10500	5617		42914	43.00	16.15	1131	5617
13800		12900	900			20158	16.00	10.95	2734	
5160			5160			10320	50.00	25.00	159	
4500			4500			10583	85.00	36.14	540	
32200		10000	22200			39600	33.45	27.20	1569	10000
14420	11000		3420			18074	41.72	33.29	7452	11000
36600			3600		33000	42000	64.22	55.96	2494	14245
2515		1600	915			2515	15.56	15.56	110	
8418			780		7638	9464	91.00	80.94	750	580
19740			4740		15000	35568	65.00	36.07	2719	4620
4050			4050			4850	14.97	12.50	251	520
3950			3950			4740	25.00	20.83	60	
6580			6580			8225	29.17	23.33	489	
755			755			1510	33.33	16.67	102	
600			600			700	19.44	16.67	70	
2190			2190			2628	20.00	16.67	219	
484700			**29700**		**455000**	**554528**	**40.90**	**35.75**	**65709**	**38477**
484700			29700		455000	554528	40.90	35.75	65709	38477
455000					455000	455000	46.77	46.77	64138	38477
29700			29700			99528	26.00	7.76	1571	
23012			**5522**		**17490**	**23012**	**39.99**	**39.99**	**9739**	**15880**
23012			5522		17490	23012	39.99	39.99	9739	15880
577855	**13670**	**73452**	**112101**	**23230**	**355402**	**768954**	**46.33**	**34.81**	**134370**	**166542**
9900			3300		6600	19620	59.45	30.00	437	
1420					1420	1420	6.67	6.67	374	2100
10440		5280	3960		1200	12520	23.71	19.77	738	1100
4060		2320	1740			8110	34.96	17.50	387	
6400	4000		2400			6455	26.90	26.67	7944	
810			810			1020	26.98	21.43	35	
11340			5670		5670	12004	19.85	18.75	947	5000
16290			5430		10860	22860	42.10	30.00	1168	2000
28500		9000	4500		15000	60840	67.60	31.67	2180	14100

市序号	区序号	道路名称	起止地点	道路长度（公里）	道路宽度（米）	绿化长度（公里）	绿化宽度（米）	道路用地总面积（平方米）
甲	乙	丙	丁	1	2	3	4	5
2256	10	南环路 永安环岛						
		南环路 水关环岛						
2257	11	北环路	西环路—东环路	1.01	40	1.01	15	40400
2258	12	府学路	东环路—东关环岛	1.77	53	1.77	18	93810
		府学路 东关环岛						
2259	13	东关路	一中路口—松园路	0.90	30	0.90	12	27000
2260	14	西关路	西关路—西关环岛	0.90	30	0.90	2	27000
2261	15	南环东路	水关环岛—砂石厂路	1.57	70	1.57	29	109900
2262	16	燕平路	南环东路—东关路	1.25	20	1.25	2	25000
2263	17	亢山路	府学路—南环东路	0.86	40	0.86	11	34400
2264	18	松园路	靶场—府学路	0.78	40	0.78	8	31200
2265	19	中石路	东环路—亢山路	0.88	20	0.88	5	17600
2266	20	龙水路	东关环岛—砂石厂	1.05	55	1.05	33	57750
2267	21	富康路(北段)	南环东路五中路口—振兴路	0.53	20	0.53	3	10600
		富康路(南段)	振兴路—白浮泉路	0.76	20	0.76	3	15240
2268	22	创新路(北段)	水关环岛—昌兴路	0.56	35	0.56	11	19600
		创新路(南段)	振兴路—京密引水渠	1.68	30	1.68	6	50400
2269	23	超前路	永安路—昌盛路	1.66	40	1.66	10	66320
2270	24	火炬街	振兴路—白浮泉路	0.73	20	0.73	3	14620
2271	25	星火街	永安路—富康路	0.87	20	0.87	3	17480
2272	26	永安路	振兴路—白浮泉路	0.79	60	0.79	30	47520
2273	27	白浮泉路	京昌高速公路—昌盛路	1.75	40	1.75	10	70120
2274	28	昌盛路	白浮泉路—振兴路	1.51	40	1.51	10	60280
2275	29	振兴路	京昌高速路—昌盛路	2.04	30	2.04	4	61140
2276	30	京张路(一)	K30+400—K34	3.60	111	3.59	40	399600
2277	31	昌平南环岛	昌平南环					
		门头沟区						
		道路		**33.07**		**15.31**		**770350**
2278	1	新桥南大街	双峪路灯岗—葡萄嘴	1.00	29	0.99	5	29000
2279	2	新桥大街	河滩灯岗—双峪灯岗	1.30	27	0.98	5	35100
2280	3	双峪路	大峪—麻峪	1.70	35	0.70	6	59500
2281	4	大峪办事处		3.27		0.24	1	29999
2282	5	城子办事处		3.74		0.56	1	23724
2283	6	龙泉镇		5.59		0.34	1	25790

续表三十五

道 路 绿 地 面 积						绿化覆盖面积（平方米）	绿化覆盖率（%）	绿地率（%）	实有树木（株）	实有草坪（平方米）
合计（平方米）	中心隔离带绿地	分车带绿地	行道树绿地	立交桥绿地	道路两侧绿地					
6=7+8+9+10+11	7	8	9	10	11	12	13=12/5	14=6/5	15	16
1500				1500		1500			6500	
2800				2800		2800			5500	
13130	2020		3030		8080	22720	56.24	32.50	1603	1800
35129			5310		29819	46039	49.08	37.45	1918	
3858				3858		3858			7120	
3780		2700			1080	3880	14.37	14.00	315	
1800		1800				1800	6.67	6.67		
45530		12560	4710		28260	50580	46.02	41.43	9514	
2500			1170		1330	2500	10.00	10.00	264	
6450		3440			3010	11435	33.24	18.75	1286	5000
5850		3120			2730	10400	33.33	18.75	2189	
4400			2640		1760	6935	39.40	25.00	510	
31950	450				31500	31950	55.32	55.32	8813	
1590			1590			658	6.21	15.00	94	
2286			2286			7620	50.00	15.00	230	
6160		2240			3920	6260	31.94	31.43	466	
10080			10080			23520	46.67	20.00	1152	
16580		6632	9948			39680	59.83	25.00	1301	6632
2193			2193			7310	50.00	15.00	208	
2622			2622			8740	50.00	15.00	203	
23760		3168	4752		15840	30096	63.33	50.00	2137	35060
17530		7012	10518			26295	37.50	25.00	1652	7012
15070		6028	9042			33154	55.00	25.00	2779	6028
8152		8152				20380	33.33	13.33	717	8152
208923	7200		14400		187323	208923	52.28	52.28	60187	62558
15072				15072		15072			3502	10000
113600	**38300**	**20379**	**39921**	**15000**		**142022**	**18.44**	**14.75**	**13553**	**74100**
5195		2198	2997			9990	34.45	17.91	2030	
5096		2156	2940			9800	27.92	14.52	2062	
4200		1500	2700			5880	9.88	7.06	233	
356			356			1480	4.93	1.19	79	
843			843			1072	4.52	3.55	322	
510			510			680	2.64	1.98	64	

市序号	区序号	道路名称	起止地点	道路长度（公里）	道路宽度（米）	绿化长度（公里）	绿化宽度（米）	道路用地总面积（平方米）
甲	乙	丙	丁	1	2	3	4	5
2284	7	三石路	三家店—石门营	8.65	47	6.40	7	412425
2285	8	门头沟路	河滩—圈门	5.22	19	3.00	3	80612
2286	9	京拉线	煤校—三家店	1.4	35	1.30	6	49000
2287	10	城子大街	城子大街—河滩	1.2	21	0.80	3	25200
		河岸		**6.09**		**6.09**		**298704**
2288	1	永定河引水渠	三家店进水闸—模式口隧洞	6.09	49	6.09	24	298704
2289—2292		**街巷**		**16.99**		**1.42**		**292920**
		顺义区						
		道路		**56.91**		**51.12**		**2532100**
2293	1	顺平路	东大桥环岛—五里仓立交桥	1.45	60	1.40	30	87000
2294	2	顺平快速路	七分干—彩虹桥	4.50	60	4.00	67	270000
2295	3	顺通路	五里仓立交桥—山子坟	3.50	60	3.40	87	210000
2296	4	顺沙路	西门铁桥—七分干	1.50	60	1.50	27	90000
2297	5	光明南街	五里仓立交桥—府前东街	1.20	50	1.14	17	60000
2298	6	光明中街	府前街—中山东街	0.72	50	0.72	9	36000
2299	7	光明北街	中山东街—减河	0.84	50	0.71	3	42000
2300	8	新顺南北大街	顺平路—浴池街	1.90	40	1.84	7	76000
2301	9	西环线	卧龙环岛—顺平路	2.50	40	2.50	19	100000
2302	10	南白路	卧龙环岛—草桥	0.40	19	0.40	3	7600
2303	11	站前南北街	西门铁桥—顺平路	2.60	14	1.80	13	36400
2304	12	中山南北街	浴池街—公安局	0.64	30	0.64	3	19200
2305	13	医专路	府前东街—拥军路	0.84	15	0.84	3	12600
2306	14	胡各庄西路	滨河路—双河路	2.20	50	1.10	6	110000
2307	15	啤酒厂东路	滨河路—双河路	2.50	40	2.00	6	100000
2308	16	啤酒厂西路	滨河路—双河路	2.80	30	0.50	10	84000
2309	17	滨河北路	光明北街—东大桥环岛	2.00	50	2.00	3	100000
2310	18	滨河南路	东大桥环岛—河南村	3.00	50	3.00	103	150000
2311	19	中山东街	光明北街—石幢环岛	0.38	30	0.38	3	11400
2312	20	中山西街	石幢环岛—铁桥	0.25	30	0.22	3	7500
2313	21	浴池街	中山南北街—站前南北街	0.34	20	0.34	3	6800
2314	22	幸福东西街	南北大街—小东庄	0.84	30	0.82	3	25200
2315	23	府前东街	东大桥环岛—新顺南北大街	1.52	40	1.47	6	60800
2316	24	府前西街	新顺南北大街—铁桥	0.46	40	0.46	3	18400
2317	25	顺榆路	铁路桥—七分干	1.20	50	1.20	3	60000

续表三十六

道路绿地面积						绿化覆盖面积（平方米）	绿化覆盖率（%）	绿地率（%）	实有树木（株）	实有草坪（平方米）
合计（平方米）	中心隔离带绿地	分车带绿地	行道树绿地	立交桥绿地	道路两侧绿地					
6=7+8+9+10+11	7	8	9	10	11	12	13＝12/5	14＝6/5	15	16
78200	38300	10625	14275	15000		90900	22.04	18.96	5858	72100
9000			9000			11440	14.19	11.16	221	
7800		3900	3900			8060	16.45	15.92	2517	2000
2400			2400			2720	10.79	9.52	167	
97922					**97922**	**162203**	**54.30**	**32.78**	**4213**	**1500**
97922					97922	162203	54.30	32.78	4213	1500
9058			**9058**			**11076**	**3.78**	**3.09**	**223**	
1056820	**25200**	**70806**	**140520**	**32040**	**788254**	**1405528**	**55.51**	**41.74**	**93897**	**236881**
25290		9240	4200	3850	8000	35090	40.33	29.07	5791	10200
39600	12000	2400	12000		13200	43600	16.15	14.67	15812	8000
253800		13600	10200		230000	277600	132.19	120.86	9717	111471
46400		6000	4500	25900	10000	49400	54.89	51.56	7066	29500
14924		4104	3420		7400	25184	41.97	24.87	444	4000
6272		2592	180		3500	6380	17.72	17.42	20	4200
2130			2130			2840	6.76	5.07	203	
26634		7360	5520		13754	65274	85.89	35.04	10079	300
53160		7500	7500	2160	36000	53160	53.16	53.16	2509	43500
1200			1200			4800	63.16	15.79	200	
14600			5400		9200	27200	74.73	40.11	1080	
2050			1920	130		12930	67.34	10.68	99	
2520			2520			8400	66.67	20.00	330	
8000					8000	11000	10.00	7.27	388	
12000					12000	16000	16.00	12.00	2000	
5000					5000	8000	9.52	5.95	625	
6000			6000			12000	12.00	6.00	901	
335800			9000		326800	356800	237.87	223.87	22282	5000
1540			1140		400	4200	36.84	13.51	120	460
660			660			1760	23.47	8.80	61	
1020			1020			4080	60.00	15.00	92	
2460			2460			16400	65.08	9.76	148	
8820		4410	4410			27930	45.94	14.51	2241	1650
1380			1380			5520	30.00	7.50	123	
3600			3600			12000	20.00	6.00	350	

市序号	区序号	道路名称	起止地点	道路长度（公里）	道路宽度（米）	绿化长度（公里）	绿化宽度（米）	道路用地总面积（平方米）
甲	乙	丙	丁	1	2	3	4	5
2318	26	站前东西街	光明街—火车站	0.90	30	0.87	3	27000
2319	27	拥军路	顺平路—光明南街	0.72	15	0.72	3	10800
2320	28	建新东西街	光明南街—站前南北街	1.02	30	0.98	3	30600
2321	29	石园北路	轻汽西路—啤酒厂东路	2.90	40	2.88	3	116000
2322	30	花园街	顺通路—胡各庄路	1.10	60	1.10	15	66000
2323	31	双河东路	顺通路—滨河南路	5.10	50	5.10	11	255000
2324	32	双河西路	顺通路—南岗路	4.80	50	4.80	20	240000
2325	33	义宾街	新顺大街—站前南北街	0.29	20	0.29	3	5800
		河岸		**6.89**	**50**	**2.27**	**18**	**191800**
2326	1	七分干	城北减河—尾水闸	1.49	20	1.49	8	29800
2327	2	减河	小中河首闸—潮白河西口	5.4	30	0.78	10	162000
		通州区						
		道路		**81.70**		**81.70**		**2161525**
2328	1	新华大街	东关—高速路口	5.70	50	5.70	30	285000
2329	2	玉带路	京津公路—滨河路	4.70	30	4.70	11	141000
2330	3	运河大街	果园环岛—滨河路	3.70	26	3.70	4	96200
2331	4	运河西大街	果园环岛—京津公路	0.50	60	0.50	7	30000
2332	5	新华南北街	北关环岛—九棵树加油站	4.20	42	4.20	4	176400
2333	6	环岛外围	果园环岛外围	0.75	28	0.75	2	25875
2334	7	通惠南北路	财政学校—玉带路	2.70	25	2.70	11	67500
2335	8	玉桥西路	玉带路—杨家洼	1.70	19	1.70	6	31450
2336	9	玉桥中路	玉带路—小街北口	1.80	38	1.80	18	68400
2337	10	车站路	新华大街—火车站	1.20	24	1.20	4	28800
2338	11	宾馆路	西海子电影院—新华大街	0.35	22	0.35	4	7700
2339	12	梨园北街	玉桥西路—玉桥中路	1.20	26	1.20	2	31200
2340	13	永顺西街	永顺商场—通惠路	0.70	9	0.70	4	6300
2341	14	故城路	新华大街—玉带路	1.60	12	1.60	4	19200
2342	15	大城街	西塔胡同东口—北大街	0.20	9	0.20	3	1720
2343	16	北机路	探矿路—京津公路	1.20	8	1.20	4	17200
2344	17	中山街	通惠路—车站路	1.20	9	1.20	4	11160
2345	18	新仓路	新华大街—玉带路	0.70	9	0.70	4	6580
2346	19	新建街	西关大街—九三八仓库	1.00	15	1.00	4	15000
2347	20	新城南关与复兴庄路	复兴庄西口—新华南街	1.00	13	1.00	2	12500
2348	21	新城南街	新仓路—县医院	0.80	7	0.80	4	5920

续表三十七

道路绿地面积						绿化覆盖面积（平方米）	绿化覆盖率（%）	绿地率（%）	实有树木（株）	实有草坪（平方米）
合计（平方米）	中心隔离带绿地	分车带绿地	行道树绿地	立交桥绿地	道路两侧绿地					
6=7+8+9+10+11	7	8	9	10	11	12	13=12/5	14=6/5	15	16
2610			2610			8700	32.22	9.67	196	
2160			2160			4320	40.00	20.00	232	
2940			2940			15680	51.24	9.61	207	
17580			8580		9000	37600	32.41	15.16	722	5000
16500	13200		3300			25200	38.18	25.00	1182	
28900		13600	15300			64600	25.33	11.33	3221	13600
110400			14400		96000	158400	66.00	46.00	5374	
870			870			3480	60.00	15.00	82	
16360			**1440**		**14920**	**24200**	**12.62**	**8.53**	**3612**	**70**
11920					11920	16400	55.03	40.00	2862	
4440			1440		3000	7800	4.81	2.74	750	70
717936		**243144**	**281430**	**25200**	**168162**	**997240**	**46.14**	**33.21**	**351739**	**158565**
78196		17990	2660		57546	97486	34.21	27.44	24864	49662
31828		4700	18800		8328	56400	40.00	22.57	5485	5200
45328		17434	27894			57720	60.00	47.12	9231	12290
4055		2055	2000			4055	13.52	13.52	3707	1760
37600			21000		16600	81840	46.39	21.32	10356	
2917		1845	1072			3989	15.42	11.27	604	1845
22140			22140			45173	66.92	32.80	792	
16540			6800		9740	16540	52.59	52.59	1136	700
32400			6840		25560	39240	57.37	47.37	1281	21298
3000			3000			4000	13.89	10.42	242	
1400			1400			1400	18.18	18.18	128	
9400			2400		7000	9400	30.13	30.13	231	
1590			1590			3180	50.48	25.24	159	
5144			2056		3088	9770	50.89	26.79	206	
800			800			754	43.84	46.51	24	
7770		1120	350		6300	8120	47.21	45.17	41	
1910			1910			3820	34.23	17.11	191	
1250			1250			4064	61.76	19.00	125	
1720			1720			4361	29.07	11.47	78	
2000			2000			4000	32.00	16.00	158	
1168			1168			1495	25.25	19.73	49	

市序号	区序号	道路名称	起止地点	道路长度（公里）	道路宽度（米）	绿化长度（公里）	绿化宽度（米）	道路用地总面积（平方米）
甲	乙	丙	丁	1	2	3	4	5
2349	22	探矿路	北机宿舍—冷冻厂南	1.40	13	1.40	4	18200
2350	23	杨庄路	北苑立交桥—探矿路	1.90	18	1.90	4	34770
2351	24	青年路	新华大街—中山街	0.80	10	0.80	4	8000
2352	25	西站路	北苑立交桥—石油公司	0.90	6	0.90	4	14400
2353	26	南站路	粮食供应站—木材厂	1.80	14	1.80	4	24300
2354	27	光华路	京津公路—张梁路	1.40	30	1.40	13	42000
2355	28	京津塘公路	北苑—梁各庄	11.00	34	11.00	8	374000
2356	29	京哈路	西马庄—三惠桥(外二环立交桥)	7.60	34	7.60	5	258400
2357	30	通顺路	北关环岛—北马桥(北马庄立桥)	3.00	34	3.00	9	102000
2358	31	大通路	大马庄—通黄路	4.30	8	4.30	3	36550
2359	32	九德路	九棵树—梨园镇	2.70	22	2.70	6	59400
2360	33	通胡路	东关大桥—胡各庄	2.70	21	2.70	6	56700
2361	34	通胡南路	东关—宋郎路	5.30	9	5.30	3	47700
		河岸		**9.80**		**9.80**		**1652500**
2362	1	北运河	北关闸—通胡南路桥	4.30	175	4.30	25	752500
2363	2	运潮减河	北关分洪闸—胡各庄路口	4.00	150	4.00	50	600000
2364	3	温榆河	温榆河桥—铁路	1.50	200	1.50	50	300000
		房山区						
		道路		**69.21**		**67.55**		**1940592**
2365	1	东西大街	老干部局路口—卧虎山	1.95	35	1.83	14	68430
2366	2	南北大街	北关环岛—直属库	2.50	26	2.30	10	61539
2367	3	兴房大街	铁路桥—立交桥	2.10	45	2.04	13	92272
2368	4	青年路	兴房大街—南北大街	1.40	14	1.38	6	19980
2369	5	城关南路	南大街—京周路	0.25	11	0.25	3	2650
2370	6	燕东路	影剧院—动力厂	3.00	12	3.00	11	210000
2371	7	燕房路	北庄红绿灯—房山转盘	2.10	12	2.10	20	52500
2372	8	体育北路	迎风五里商店—北庄桥	0.68	9	0.68	4	14960
2373	9	杏花东路	体育北路—燕山法庭	0.83	8	0.83	15	21000
2374	10	迎风南路	迎风五里商店—迎风高层	0.70	9	0.70	12	16100
2375	11	迎风街	迎风高层—中心绿岛	1.20	12	1.20	20	48000
2376	12	迎风中路	又一春饭店—迎风中路	0.48	6	0.48	4	4800
2377	13	岗南路	换乘中心—迎风五里商店	0.95	9	0.95	7	26600
2378	14	迎风北路	中心绿岛—换乘中心	0.41	13	0.36	10	12300
2379	15	凤凰亭路	重型绿岛—胜利桥车站	3.03	12	3.03	15	84840

续表三十八

道路绿地面积						绿化覆盖面积（平方米）	绿化覆盖率（%）	绿地率（%）	实有树木（株）	实有草坪（平方米）
合计（平方米）	中心隔离带绿地	分车带绿地	行道树绿地	立交桥绿地	道路两侧绿地					
6=7+8+9+10+11	7	8	9	10	11	12	13=12/5	14=6/5	15	16
2800			2800			5600	30.77	15.38	141	
4600			4600			19000	54.64	13.23	315	
968			968			3800	47.50	12.10	40	
1464			1464			9003	62.52	10.17	135	
3848			3848			11430	47.04	15.84	146	
18200		4200			14000	23800	56.67	43.33	621	
88000		22000	66000			132000	35.29	23.53	4667	22000
190000		140000	22800	7200	20000	190000	73.53	73.53	211078	16000
45000		9000	18000	18000		54000	52.94	44.12	68870	27000
12900		12900				25800	70.59	35.29	1338	
16200		8100	8100			24300	40.91	27.27	2050	810
9900		1800	8100			9900	17.46	17.46	2350	
15900			15900			31800	66.67	33.33	900	
382500					**382500**	**382500**	**23.15**	**23.15**	**35950**	
107500					107500	107500	14.29	14.29	1900	
200000					200000	200000	33.33	33.33	33200	
75000					75000	75000	25.00	25.00	850	
504073		**35287**	**262962**	**900**	**204924**	**734533**	**37.85**	**25.98**	**65940**	**80230**
25874		10800	15074			33568	49.05	37.81	1884	3400
24716			23000		1716	30809	50.06	40.16	675	
27420		8080	18440	900		32155	34.85	29.72	1832	9125
7872			7872			10246	51.28	39.40	120	
84			84			756	28.53	3.17	42	
36500			18500		18000	42500	20.24	17.38	5674	15846
13100			8400		4700	25700	48.95	24.95	1857	
3360			2040		1320	4040	27.01	22.46	1074	680
5390			2890		2500	9140	43.52	25.67	753	
2420			2420			6080	37.76	15.03	525	63
8800			8800			13600	28.33	18.33	862	1145
1920					1920	3320	69.17	40.00	299	286
4340			2850		1490	10990	41.32	16.32	1418	
4037			1640		2397	7317	59.49	32.82	236	587
32810			9100		23710	47710	56.24	38.67	5422	217

市序号	区序号	道路名称	起止地点	道路长度（公里）	道路宽度（米）	绿化长度（公里）	绿化宽度（米）	道路用地总面积（平方米）
甲	乙	丙	丁	1	2	3	4	5
2380	16	高家坡路	地税局—高家坡	0.85	9	0.85	10	21250
2381	17	栗周路	胜利桥车站—胜利桥	0.80	8	0.80	4	8000
2382	18	栗园东路	东炼中学—胜利小学	0.40	12	0.40	6	11200
2383	19	向阳路	中心绿岛—向阳红绿灯	0.90	18	0.90	20	25200
2384	20	向阳中学路	体育场路口—向阳路	0.38	10	0.38	4	6840
2385	21	岗北路	向阳红绿灯—机械厂	1.35	18	1.35	20	41850
2386	22	岗东路	北庄红绿灯—向阳红绿灯	1.45	18	1.45	10	42050
2387	23	北化建路	铁路桥—机械厂	0.61	18	0.61	7	15860
2388	24	双泉路	铁路桥—东炼东门	2.34	18	2.34	10	51480
2389	25	双泉中路	机械厂—东风街	0.45	15	0.45	7	9450
2390	26	双泉东路	北化建桥洞—东万路	0.50	13	0.50	15	10700
2391	27	东万路	东风街—东岭	1.08	9	1.08	10	21600
2392	28	丁东路	北化建—北化建东门	0.75	9	0.75	15	21000
2393	29	栗园路	胜利桥车站—东炼厂门口	0.80	7	0.80	6	16000
2394	30	北庄路	房山转盘—燕东路	1.50	12	1.50	10	45000
2395	31	北庄新路	构件厂—燕东路	0.25	9	0.25	20	4750
2396	32	燕山站路	白水寺—岗北路	1.25	8	1.25	10	21000
2397	33	拱辰南大街	城中心至京保路口	1.50	30	1.47	3	40800
2398	34	拱辰大街	北关转盘至城中心	1.20	41	1.20	6	49440
2399	35	拱辰北大街	北关环岛至飞机场路	1.10	53	1.10	8	58300
2400	36	南关市场路	西潞南大街至京保路	0.97	12	0.95	3	11604
2401	37	良黄路	京周路口至京广铁路	2.80	36	2.80	6	100800
2402	38	月华北大街	西门立交桥至修造厂红绿灯	4.70	3	4.70	3	164500
2403	39	妇幼保健路	西路大街至黄良路	0.80	18	0.40	6	14400
2404	40	良乡西路大街	护城河至京周路口三角地	1.13	38	1.00	7	42488
2405	41	北秀街	西潞大街路口至拱辰大街	0.50	20	0.50	3	10200
2406	42	文化路	北关东路至良乡中路	0.50	10	0.46	3	5250
2407	43	西潞大街	京周路北至南京保路	2.24	32	2.00	3	71680
2408	44	良乡中路	护城河至京保路	0.97	12	0.95	3	11604
2409	45	北关东路	城中心至京保路	0.40	31	0.40	8	12360
2410	46	体育场路	拱辰大街至京保路	0.53	7	0.53	3	3710
2411	47	政府北路	拱辰北大街至行宫小区	0.19	20	0.18	3	3762
2412	48	政通路	良坨路至行宫小区	1.76	25	1.75	6	43769
2413	49	行宫西路	行宫小区西门至政通路	0.18	20	0.17	8	3672

道路绿地面积 合计（平方米）	道路绿地面积 中心隔离带绿地	道路绿地面积 分车带绿地	道路绿地面积 行道树绿地	道路绿地面积 立交桥绿地	道路绿地面积 道路两侧绿地	绿化覆盖面积（平方米）	绿化覆盖率（%）	绿地率（%）	实有树木（株）	实有草坪（平方米）
6=7+8+9+10+11	7	8	9	10	11	12	13=12/5	14=6/5	15	16
4400			3400		1000	7800	36.71	20.71	365	
2380			1200		1180	4380	54.75	29.75	2480	
1680			1680			4100	36.61	15.00	120	
4666			3600		1066	10750	42.66	18.52	787	1633
1520			1520			2760	40.35	22.22	79	
16200			5400		10800	20600	49.22	38.71	2510	2750
9755			5800		3955	17550	41.74	23.20	3066	3600
4450			2440		2010	6900	43.51	28.06	1266	400
10190			9360		830	11360	22.07	19.79	5422	560
1600			1600			3200	33.86	16.93	1394	300
4000					4000	4800	44.86	37.38	428	
4980			4230		750	7230	33.47	23.06	444	500
5225					5225	6000	28.57	24.88	1241	
9600			3200		6400	12800	80.00	60.00	938	1792
17780			7380		10400	26000	57.78	39.51	3501	385
1500			1500			2000	42.11	31.58	191	
8956			656		8300	10106	48.12	42.65	777	
4425			4425			6637	16.27	10.85	359	
6800			5400		1400	10700	21.64	13.75	924	400
12108		3901	4400		3807	15988	27.42	20.77	1403	7710
2920			2850		70	3490	30.08	25.16	84	
17920		7280	8400		2240	22160	21.98	17.78	897	6240
76338			14100		62238	100463	61.07	46.41	7297	
2604			204		2400	2800	19.44	18.08	102	2400
6600		3600	3000			8740	20.57	15.53	340	150
1500			1500			2295	22.50	14.71	153	
1383			1383			3540	67.43	26.34	118	
6510			6000		510	11190	15.61	9.08	748	
2920			2850		70	3490	30.08	25.16	89	
3060		960	1200		900	4440	35.92	24.76	526	1800
274			274			489	13.18	7.39	99	
186			186			279	7.42	4.94	62	
10560		666	1394		8500	14370	32.83	24.13	802	9171
1390			510		880	1645	44.80	37.85	194	850

市序号	区序号	道路名称	起止地点	道路长度（公里）	道路宽度（米）	绿化长度（公里）	绿化宽度（米）	道路用地总面积（平方米）
甲	乙	丙	丁	1	2	3	4	5
2414	50	昊天北大街	修造厂红绿灯至长阳环岛	2.07	17	2.07	3	35190
2415	51	昊天大街	修造厂红绿灯至铁路桥	4.50	15	4.50	3	67500
2416	52	工业区道路	长虹路至铁路桥	1.94	26	1.93	6	50362
2417	53	燕房路	东关环岛—北关环岛	2.00	15	1.70	3	30000
		河岸		**7.66**		**7.31**		**176200**
2418	1	燕东路南侧河	影剧院—北庄	0.56	20	0.56	10	11200
2419	2	凤凰亭河	凤凰亭大坡—研究院	0.65	30	0.60	15	20000
2420	3	双泉河	客运公司—铁路桥	0.95	30	0.65	6	30000
2421	4	东岭河	东万路—东流水	1.50	25	1.50	8	35000
2422	5	刺猬河两岸	京石高速路至京广铁路线	4.00	20	4.00	6	80000
2423—2434		**街巷**		**3.94**		**3.72**		**35208**
		大兴县						
		道路		**49.97**		**45.46**		**1401485**
2435	1	林校南路	林校路—京开路	0.64	20	0.64	3	12800
2436	2	义平路	义和庄—车站南巷	0.66	14	0.66	3	9240
2437	3	林校北路	京开路—兴华路	1.29	40	1.25	10	51480
2438	4	兴政街	兴华路—京开路	1.18	30	1.14	13	35370
2439	5	兴政街东	京开路—观音寺街	0.24	7			1645
2440	6	永华路	义和庄—兴华路	0.60	40	0.60	18	23800
2441	7	黄村大街	京开路—铁路	2.03	40	1.92	7	81280
2442	8	黄村东大街	京开路—观音寺街	0.35	33	0.35	3	11385
2443	9	团河路一段	京开路—减河桥	0.45	20	0.00	2	900
2444	10	团河路二段	减河桥—广平大街	1.35	46	1.35	40	62100
2445	11	富强路	兴华路—龙河路	0.95	25	0.76	3	23850
2446	12	清源路	京开路—铁路	2.90	40	2.78	8	115840
2447	13	清源东路	京开路—减河	0.35	12	0.30	7	4224
2448	14	清源北路	兴业路—兴华路	0.75	30	0.75	23	22590
2449	15	小营路	兴华路—台湾街	0.61	18	0.60	3	11016
2450	16	清源北路	兴华北路—兴丰北大街	0.63	9	0.63	3	5846
2451	17	枣园路	兴华北路路口以西	1.17	14	0.37	9	16380
2452	18	丽源路	兴业路—兴华路	0.73	29	0.73	3	21054
2453	19	丽源路	兴华北路—中建一局机械化住宅楼	0.69	30	0.53	3	20580
2454	20	神学路	兴业路—铁路	0.39	30	0.39	15	11700
2455	21	康庄路	京开路—康庄村	2.20	25	2.08	9	55100

道路绿地面积						绿化覆盖面积（平方米）	绿化覆盖率（%）	绿地率（%）	实有树木（株）	实有草坪（平方米）
合计（平方米）	中心隔离带绿地	分车带绿地	行道树绿地	立交桥绿地	道路两侧绿地					
6=7+8+9+10+11	7	8	9	10	11	12	13=12/5	14=6/5	15	16
6210			6210			16050	45.61	17.65	535	
15150			13500		1650	33870	50.18	22.44	1074	1650
12590			6000		6590	26590	52.80	25.00	2000	6590
5100			5100			9040	30.13	17.00	452	
36000			**12000**		**24000**	**55000**	**31.21**	**20.43**	**2605**	
2500					2500	5000	44.64	22.32	459	
3000					3000	5000	25.00	15.00	308	
3500					3500	6500	21.67	11.67	193	
3000					3000	4500	12.86	8.57	504	
24000			12000		12000	34000	42.50	30.00	1141	
10609			**10045**		**564**	**17755**	**50.43**	**30.13**	**657**	
499081	**9634**	**31428**	**199141**		**258878**	**876669**	**62.55**	**35.61**	**44976**	**29057**
1920			1920			12700	99.22	15.00	104	
1980			990		990	7245	78.41	21.43	209	
13437		4988	3741		4708	14334	27.84	26.10	795	2000
15239	1628		3417		10194	15239	43.08	43.08	397	1628
10832		2079	1785		6968	18567	78.01	45.51	548	6261
13354			1221		12133	16453	20.24	16.43	127	9990
1035			1035			1725	15.15	9.09	43	
4			4			30	3.33	0.44	1	
54002			54002			62100	100.00	86.96	2476	
2289			2289			16156	67.74	9.60	1092	
20486		9743	6328		4415	53000	45.75	17.68	1724	2798
2320			360		1960	2816	66.67	54.92	143	
17260			2259		15001	22531	99.74	76.41	365	1540
1800			1800			2400	21.79	16.34	610	
1896			1896			3162	54.09	32.43	134	
3303			1311		1992	3733	22.79	20.16	171	1992
2178			2178			11616	55.17	10.34	240	
1641			1593		48	3211	15.60	7.97	197	48
5840			1170		4670	10130	86.58	49.91	606	
19173					19173	33117	60.10	34.80	1186	

市序号	区序号	道路名称	起止地点	道路长度（公里）	道路宽度（米）	绿化长度（公里）	绿化宽度（米）	道路用地总面积（平方米）
甲	乙	丙	丁	1	2	3	4	5
2456	22	北环西路	兴华北路路口—铁道	1.40	13	0.82	6	9765
2457	23	北环中路	兴华中路—京开路	1.04	13	1.04	8	13455
2458	24	北环东路(含广平大街北段)	京开路—液压厂东侧第一条大路	2.90	10	2.90	4	28950
2459	25	观音寺街	黄村东大街—养护队	0.98	19	0.98	10	18525
2460	26	观音寺街南段	养护队—通黄路	0.20	9	0.20	3	1755
2461	27	市场路	兴政街—黄村东大街	0.60	16			9600
2462	28	龙河路	黄村大街—滨河路	1.53	30	1.49	9	45930
2463	29	兴丰大街	林校北路—滨河北	3.07	30	2.96	6	92220
2464	30	林校路南段	九林桥—大庄市场	1.15	20	1.15	2	23000
2465	31	兴华路	林校北路—北环路	6.06	40	5.93	10	242480
2466	32	兴业路	永华路—康庄路	3.32	40	3.20	26	132840
2467	33	义和庄北路	义和庄—芦城路	1.03	14	0.43	3	14350
2468	34	天河北路	小龙河—京开路	2.04	50	2.04	37	102050
2469	35	林校路	林校北路—铁路	0.37	40	0.37	3	14960
2470	36	黄良路	京开路—埝坛	0.80	11	0.80	6	8800
2471	37	通黄路	大兴环岛—建材市场	0.75	28	0.75	12	21225
2472	38	黄徐路	京开路—王立庄铁路桥	2.60	9	2.60	3	23400
		河岸		**8.60**		**8.60**		**344000**
2473	1	减河河道	京九铁路交叉点—污水处理厂	8.60	40	8.60	10	344000
2474—2516		**街巷**		**22.72**		**19.44**		**402780**
		怀柔县						
		道路		**28.21**		**23.89**		**1113770**
2517	1	东方大街	石油公司—东环路	1.09	28	0.98	10	30380
2518	2	后横街	青春路—迎宾路	0.54	13	0.23	7	7033
2519	3	龙山东路	府前西街—南大街	0.58	10	0.50	6	6038
2520	4	滨湖南街	青春路—迎宾路	0.62	18	0.27	5	11188
2521	5	长副路	青春路—水库大坝—四中	1.49	14	1.41	9	21153
2522	6	南大街	龙山东路—迎宾路	1.06	15	0.98	2	15763
2523	7	商业街	青春路—迎宾路	0.56	17	0.55	2	9503
2524	8	府前西街	青春路—龙山东路	0.32	27	0.26	10	8535
2525	9	府前东街	迎宾路—火车站	0.77	35	0.61	10	26885
2526	10	府前街	青春路—迎宾路	0.55	35	0.51	10	19183
2527	11	青春路	南华街—富乐街	3.14	43	2.67	20	136590

续表四十一

道路绿地面积						绿化覆盖面积（平方米）	绿化覆盖率（%）	绿地率（%）	实有树木（株）	实有草坪（平方米）
合计（平方米）	中心隔离带绿地	分车带绿地	行道树绿地	立交桥绿地	道路两侧绿地					
6=7+8+9+10+11	7	8	9	10	11	12	13=12/5	14=6/5	15	16
4896			4896			9765	100.00	50.14	408	
8280			8280			13455	100.00	61.54	348	
11580			11580			28950	100.00	40.00	561	
9750			9750			9750	52.63	52.63	209	
585			585			1755	100.00	33.33	116	
12723			4473		8250	35088	76.39	27.70	987	
17784			17784			54937	59.57	19.28	1287	
1725			1725			4600	20.00	7.50	145	
59270	1256	14618	17781		25615	164066	67.66	24.44	7391	
83226			9603		73623	105633	79.52	62.65	18918	
1290			1290			3112	21.69	8.99	200	
75261			6123		69138	100009	98.00	73.75	1545	
1122			1122			5984	40.00	7.50	99	
4800			4800			7500	85.23	54.55	146	
9000	6750		2250			14000	65.96	42.40	878	2800
7800			7800			7800	33.33	33.33	570	
86000					**86000**	**86000**	**25.00**	**25.00**	**34790**	
86000					86000	86000	25.00	25.00	34790	
102711		**9120**	**66436**		**27155**	**184566**	**45.82**	**25.50**	**11389**	
492521	**8240**	**44726**	**71196**	**54147**	**314212**	**611815**	**54.93**	**44.22**	**50957**	**97306**
9800			2940		6860	12740	41.94	32.26	184	
1619			780		839	5686	80.85	23.02	504	234
2850			1500		1350	5250	86.95	47.20	521	375
2211			801		1410	5410	48.36	19.76	544	568
12267			4230		8037	13677	64.66	57.99	3426	1098
1831			908		923	2113	13.40	11.62	656	205
818			818			998	10.50	8.61	122	
2600		1560	780		260	5460	63.97	30.46	543	1255
6426		3672	1836		918	14382	53.49	23.90	880	2670
5130		3078	1539		513	11799	61.51	26.74	367	2592
55011		6400	4355	33456	10800	71887	52.63	40.27	11456	9251

市序号	区序号	道路名称	起止地点	道路长度（公里）	道路宽度（米）	绿化长度（公里）	绿化宽度（米）	道路用地总面积（平方米）
甲	乙	丙	丁	1	2	3	4	5
2528	12	迎宾路	怀丰路—迎宾南环岛	2.92	37	2.15	12	108916
2529	13	南华街	迎宾南环岛—石厂环岛	2.30	39	1.80	17	90160
2530	14	兴怀大街	青春路—开放路	1.16	39	0.98	7	43498
2531	15	北大街	青春路—开放路	1.02	50	0.90	12	51000
2532	16	富乐大街	青春路北环岛—富乐北环岛	1.04	45	0.94	21	47286
2533	17	滨湖北街	青春路—开放路	1.22	34	1.10	10	40622
2534	18	南小街	府前街—南大街	0.40	12	0.15	2	4800
2535	19	湖光中路	湖光南路—湖光小区	0.34	6	0.30	3	2040
2536	20	滨湖中路	滨湖南路—滨湖北街	0.38	14	0.35	5	5320
2537	21	开放东路	东环路—铁路桥	0.50	45	0.47	25	22400
2538	22	开放路	富乐北环岛—迎宾南环岛	4.30	87	4.12	57	372681
2539	23	怀丰路	富乐北环岛—铁路桥	1.12	21	1.06	7	23520
2540	24	杨家园街	北斜街—迎宾路	0.31	6	0.18	3	1860
2541	25	湖光南路	青春路—环湖路	0.48	15	0.42	7	7416
		河岸		**9.80**		**9.80**		**240120**
2542	1	小泉河	高两河—红螺镇	9.80	24	9.80	20	240120
		密云县						
		道路		**43.48**		**30.37**		**1098800**
2543	1	公园街	西门立交桥—啤酒厂路口	1.28	40	0.75	10	51200
2544	2	鼓楼东西大街	密古路—西门立交桥	2.35	48	1.95	17	112752
2545	3	行宫街	鼓楼东大街—旧密古路	0.36	36	0.36	17	13032
2546	4	康复路	新中街—鼓楼北大街	0.41	15	0.41	8	6150
2547	5	新北路	新东路—新西路	1.92	40	1.92	15	76800
2548	6	城后街	新中街—密溪路	0.46	25	0.46	5	11500
2549	7	建设街	行宫街—新东路	0.29	15	0.29	3	4350
2550	8	党校路	新北路—消防队	0.35	15	0.34	9	5190
2551	9	东源路	育才路—新中街	0.35	20			7000
2552	10	育才路	鼓楼东大街—东源路	0.60	11	0.20	4	6600
2553	11	东门大街	新东路—上营胡同	0.46	12	0.45	7	5460
2554	12	站西路	新中街—密溪路	1.00	19	1.00	4	19000
2555	13	站东路	新中街—京承铁路	1.15	11	0.20	4	12628
2556	14	锥塔胡同	鼓楼西大街—密云县医院南墙	0.26	11	0.26	6	2860
2557	15	百亩公园北路	百亩公园西路—党校路	0.33	20	0.33	5	6600
2558	16	巷子深酒家东路	巷子深酒家南口—京秋职工培训中心	0.44	13	0.44	5	5707

续表四十二

道路绿地面积						绿化覆盖面积（平方米）	绿化覆盖率（%）	绿地率（%）	实有树木（株）	实有草坪（平方米）
合计（平方米）	中心隔离带绿地	分车带绿地	行道树绿地	立交桥绿地	道路两侧绿地					
6=7+8+9+10+11	7	8	9	10	11	12	13＝12/5	14＝6/5	15	16
39495		8600	7050	4925	18920	45775	42.03	36.26	3728	9839
31312		8352	10440	4175	8345	36213	40.17	34.73	4799	31573
6832		3904	2928			11745	27.00	15.71	1685	
14806		5400	2700	3646	3060	26596	52.15	29.03	2188	11160
19999		3760	3120		13119	23019	48.68	42.29	2156	
11189			3291		7898	13383	32.95	27.54	1138	9000
225			225			350	7.29	4.69	46	
900			900			1200	58.82	44.12	29	
1750			1050		700	2488	46.77	32.89	119	
11730			1494		10236	14568	65.04	52.37	566	
242785	8240		12360	7945	214240	271625	72.88	65.15	13658	16808
7434			3351		4083	10895	46.32	31.61	991	
540			540			1080	58.06	29.03	183	
2961			1260		1701	3476	46.87	39.93	468	678
82812					**82812**	**82812**	**34.49**	**34.49**	**3638**	**6441**
82812					82812	82812	34.49	34.49	3638	6441
208265		**34779**	**129247**	**2512**	**41727**	**348670**	**31.73**	**18.95**	**20552**	**33497**
4667		169	1740	1256	1502	7426	14.50	9.12	288	2284
23025		12586	5850	1256	3333	48672	43.17	20.42	2850	3500
3568			1080		2488	3568	27.38	27.38	276	520
1230			1230			6150	100.00	20.00	84	
10037		1997	5760		2280	10797	14.06	13.07	818	1900
2530			1380		1150	5060	44.00	22.00	261	
435			435			870	20.00	10.00	46	
1020			1020			1020	19.65	19.65	89	
30					30	60	0.86	0.43	2	
600			600			1400	21.21	9.09	30	
1365			1365			5340	97.80	25.00	85	
3000			3000			14000	73.68	15.79	200	
600			600			2800	22.17	4.75	54	
147			147			2860	100.00	5.14	98	
990			990			5280	80.00	15.00	174	
196			196			988	17.31	3.43	73	

市序号	区序号	道路名称	起止地点	道路长度（公里）	道路宽度（米）	绿化长度（公里）	绿化宽度（米）	道路用地总面积（平方米）
甲	乙	丙	丁	1	2	3	4	5
2559	17	三联鸡场路	党校路—三联鸡场	0.14	10	0.14	5	1400
2560	18	檀营街	站东路—旧密古路	1.13	14	1.13	4	15820
2561	19	西源东巷	康复路—西源路	0.31	8	0.10		2480
2562	20	贤孝牌胡同	贤孝牌东巷—四眼井胡同	0.16	8			1240
2563	21	贤孝牌东巷	局民住宅—北至康复路	0.17	7			1155
2564	22	四眼井胡同	鼓楼东大街—二中南墙	0.34	7			2380
2565	23	新西路	新南路—液压件厂	2.35	40	2.08	9	94000
2566	24	果园西路	京密路—公园街	1.17	38	0.95	12	44460
2567	25	富泰革基布路	京密路—富泰革基布公司	0.65	30	0.58	3	19380
2568	26	棉纺厂路	兴云路—棉纺厂	0.88	30	0.72	3	26400
2569	27	南菜园路	南河路—密顺路	0.70	26	0.60	3	18200
2570	28	兴云路	新南路—聋哑学校	0.95	20	0.85	4	18900
2571	29	南更道	京密路—鼓楼西大街	0.72	20	0.62	12	14420
2572	30	果园路	新南路—利华木器厂	0.68	20	0.38	3	13560
2573	31	园林路	烈士陵园—京密路	0.90	17	0.70	5	15300
2574	32	密西路	啤酒厂路口—京承铁路	0.95	13	0.65	3	12350
2575	33	果园中街	果园北街—公园街	0.30	14	0.20	6	4200
2576	34	果园北街	西滨河路—利华木器厂	0.33	12	0.05		3960
2577	35	桃园街	果园北街—西滨河路	0.49	9	0.08	1	4410
2578	36	长安街	五桥胡同—鼓楼西大街	0.51	8	0.45	4	3876
2579	37	会馆东路	渔阳商务会馆—新南路	0.55	6	0.45	5	3575
2580	38	新中街	新南路—沙河火车站	3.03	34	1.60	6	103020
2581	39	新东路	新南路—新北路	2.25	40	1.16	5	90000
2582	40	鼓楼南北大街	新南路—密溪路	1.60	42	1.60	24	67200
2583	41	环新路	新中街—花园小区	0.11	10	0.08	2	1100
2584	42	上营胡同	鼓楼东大街—东源路	0.53	6	0.02	2	3180
2585	43	东斜街	新中街—密云饭店	0.40	10	0.09	2	4000
2586	44	小南门胡同	花园小区—鼓楼东大街	0.20	8	0.15	3	1600
2587	45	提辖庄路	新南路—白坛村	0.60	10	0.50	4	6300
2588	46	通城胡同	东斜街—鼓楼东大街	0.60	11			6360
2589	47	新南路	鼓楼东大街东口—开发区	5.10	25	5.10	9	127500
2590	48	顺城胡同	东斜街—鼓楼东大街	0.60	8			4800
2591	49	于家胡同	鼓楼北大街—锥塔胡同	0.10	5			475
2592	50	锥塔西巷	锥塔胡同—居民住房	0.09	5			450

续表四十三

道路绿地面积						绿化覆盖面积（平方米）	绿化覆盖率（%）	绿地率（%）	实有树木（株）	实有草坪（平方米）
合计（平方米）	中心隔离带绿地	分车带绿地	行道树绿地	立交桥绿地	道路两侧绿地					
6=7+8+9+10+11	7	8	9	10	11	12	13=12/5	14=6/5	15	16
420			420			1400	100.00	30.00	68	
3390			3390			9040	57.14	21.43	245	
315			315			630	25.40	12.70	21	
165			165			330	26.61	13.31	11	
188			188			372	32.21	16.28	16	
75			75			150	6.30	3.15	5	
19667		4799	14568		300	20923	22.26	20.92	2634	6639
11340			11340			12758	28.70	25.51	803	
1740			1740			1740	8.98	8.98	194	
2160			2160			2160	8.18	8.18	147	
1800			1800			1800	9.89	9.89	184	
2550			2550			3400	17.99	13.49	305	
7440			7440			7750	53.74	51.60	188	100
1134			1134			2268	16.73	8.36	55	
3500			3500			4200	27.45	22.88	97	
1950			1950			3900	31.58	15.79	168	
1200		700	500			1300	30.95	28.57	49	700
50			50			150	3.79	1.26	10	
80			80			300	6.80	1.81	25	
112			112			152	3.92	2.89	18	
450			450			450	12.59	12.59	59	
10717			4812		5905	15529	15.07	10.40	4995	2284
6218		2738	3480			8538	9.49	6.91	372	200
14522			8800		5722	16442	24.47	21.61	1378	3580
120			120			440	40.00	10.91	6	
36			36			360	11.32	1.13	9	
90			90			300	7.50	2.25	15	
450			450			1200	75.00	28.13	32	
1500			1500			3000	47.62	23.81	152	
24			24			60	0.94	0.38	13	
61407		11790	30600		19017	111307	87.30	48.16	2847	11790
15			15			30	0.63	0.31	3	

市序号	区序号	道路名称	起止地点	道路长度（公里）	道路宽度（米）	绿化长度（公里）	绿化宽度（米）	道路用地总面积（平方米）
甲	乙	丙	丁	1	2	3	4	5
2593	51	冯家胡同	鼓楼北大街—四眼井胡同	0.09	5			445
2594	52	交通巷	四眼井胡同—居民住房	0.07	5			325
2595	53	西源路	新中街—居民住房	0.14	15			2025
2596	54	南横巷	马道胡同—通城胡同	0.10	5			500
2597	55	东鱼市胡同	新中街—鼓楼南大街	0.33	5			1625
2598	56	园林东路	园林路—渔阳商务会馆	0.60	8			4800
2599	57	农机路	园林路—金属材料公司	0.60	8			4800
2660—2633		**街巷**		**6.83**				**23532**
		平谷县						
		道路		**52.77**		**46.99**		**1949328**
2634	1	建设街	新平东路—文化南街	1.02	16	1.02	3	16384
2635	2	卫平街	新平北路—北环路	0.48	11	0.07	2	5280
2636	3	幸福胡同	府前街—建设街	0.35	7	0.21	2	2450
2637	4	西环路南路东路	新平南路—航宇街	0.30	17			5220
2638	5	海关南路	西环南路—西	0.77	30	0.40	3	23070
2639	6	林荫街	新平北路—新平南路	1.17	28	1.17	15	60188
2640	7	海关南街	北环路—赵各庄北	1.30	20	0.52	3	26000
2641	8	平乐街	北环路—新平北路	0.48	15	0.48	3	7200
2642	9	保安街	新平北路—北环路	0.47	21	0.47	6	14570
2643	10	北环路	平蓟路—迎宾环岛	3.75	52	3.75	11	185640
2644	11	师范路	建设街—师范	0.12	11	0.12	4	1320
2645	12	金乡路	新平北路—北环路	0.48	42	0.48	9	20160
2646	13	红星街	新平东路—南岔子街	0.27	9			1863
2647	14	园田街	新平东路—马各庄大桥	0.77	19	0.77	3	14630
2648	15	谷丰西路	北环路—园丁小区北	1.39	40	0.36	3	55600
2649	16	市政路	新开街—41 号楼	0.15	9	0.15	2	1350
2650	17	二中西路	旧城街—二中西门	0.11	10	0.11	2	1100
2651	18	西环南路西路	航宇北街—航宇街	0.30	19	0.30	3	5580
2652	19	旧城东街	旧城街—园田街	0.35	12	0.25	3	4200
2653	20	新开街	新平东路—文化街	1.04	16	1.04	3	16640
2654	21	文化街	新平北路—新平南路	1.64	30	1.64	4	49140
2655	22	航宇北街	西环南路—西	0.75	42	0.37	3	31439
2656	23	新平南路	新平东路—西外环	2.49	25	1.21	3	61450
2657	24	新平北路	迎宾环岛—平蓟路	3.02	40	3.02	9	145056

续表四十四

道路绿地面积						绿化覆盖面积（平方米）	绿化覆盖率（%）	绿地率（%）	实有树木（株）	实有草坪（平方米）
合计（平方米）	中心隔离带绿地	分车带绿地	行道树绿地	立交桥绿地	道路两侧绿地					
6=7+8+9+10+11	7	8	9	10	11	12	13=12/5	14=6/5	15	16
82			**82**			**255**	**1.08**	**0.35**	**21**	
503029		**124595**	**134451**	**54382**	**189601**	**927502**	**47.58**	**25.81**	**31550**	**126753**
3072			3072			16084	98.17	18.75	211	
378			108		270	1872	35.45	7.16	57	
315			315			1260	51.43	12.86	35	
2715			1140		1575	4355	18.88	11.77	276	
20553		13469	2329	338	4417	34306	57.00	34.15	1221	
2244			1560		684	6924	26.63	8.63	163	
148			148			1184	16.44	2.06	74	
4751		1332	1410		2009	14229	97.66	32.61	515	
34140		23430	10710			34140	18.39	18.39	12283	
480			480			1552	117.58	36.36	32	
3833		2336	1440		57	18990	94.20	19.01	302	
2310			2310			11550	78.95	15.79	147	
69			69			621	1.12	0.12	69	
300			300			614	45.48	22.22	15	
220			220			440	40.00	20.00	8	
1332			882		450	1772	31.76	23.87	82	
33					33	275	6.55	0.79	11	
2895			2895			7168	43.08	17.40	209	
9331			4914		4417	35408	72.06	18.99	787	606
1677			1095		582	2182	6.94	5.33	212	207
4754			3299		1455	11282	18.36	7.74	672	681
28049		8265	5712		14072	87816	60.54	19.34	3318	18132

市序号	区序号	道路名称	起止地点	道路长度（公里）	道路宽度（米）	绿化长度（公里）	绿化宽度（米）	道路用地总面积（平方米）
甲	乙	丙	丁	1	2	3	4	5
2658	25	府前大街	新平东路—文化街	1.04	28	1.04	6	39520
2659	26	向阳街	新平东路—新平南路	1.33	20	1.02	3	26560
2660	27	建设南街	文化南街—西环南路	1.28	16	1.28	3	25540
2661	28	新平西路	新平北路—新平南路	1.16	15	1.16	3	17400
2662	29	旧城街	新平东路—招待所	0.70	22	0.70	3	16250
2663	30	谷丰路	北环路—平谷北街	1.39	110	1.39	10	152900
2664	31	迎宾街	岳各庄桥—迎宾环岛	0.86	46	0.86	9	53350
2665	32	西环南路	迎宾环岛—添加剂厂	1.25	27	1.25	10	65452
2666	33	府前西街	文化街—西环南路	1.36	38	1.36	10	67800
2667	34	新平东路	新平北路—寺渠大桥	1.96	28	1.96	3	58800
2668	35	航宇南街	电子管厂—西	0.93	52	0.87	3	48516
2669	36	康乐街	新平北路—北环路	0.48	18	0.48	3	8640
2670	37	新开西街	文化街—西外环	0.92	20	0.92	3	17510
2671	38	平谷北街	谷丰路—台城路	3.03	20	3.03	3	60640
2672	39	兴谷东路	平蓟路—平谷北路	1.07	60	1.07	3	64200
2673	40	兴谷西路	平谷大街—平谷北街	1.39	60	1.39	3	83400
2674	41	兴谷路	北环路—兴旺环岛—平谷北街	1.39	20	1.04	8	27800
2675	42	平翔路	北环路—平瑞路	1.89	42	1.89	3	94500
2676	43	平谷南街	谷丰路—平蓟路	2.24	20	2.24	3	44720
2677	44	平谷大街	谷丰路—平蓟路	2.74	34	2.74	3	136900
2678	45	谷丰东路	北环路—鑫座—大市场—威克瑞中间路—平北	1.39	60	1.39	3	83400
		延庆县						
		道路		**33.12**		**32.43**		**1351967**
2679	1	湖南路	康庄大桥—化肥厂大桥	3.50	30	3.25	8	105000
2680	2	阪泉路(东外大街)	京张路口—东街环岛	2.00	38	2.00	5	76000
2681	3	冠山东路	京张路—二区环岛	0.90	31	0.85	16	27900
2682	4	冠山西路	二区环岛—隆庆街	0.80	26	0.80	8	20360
2683	5	夏威夷路	京张路—三里河路	2.00	136	2.00	50	272000
2684	6	妫川路	前门环岛—度假村环岛	4.05	37	3.80	14	149665
2685	7	汉娜街	阪泉路—夏威夷路	1.08	18	1.05	5	19386
2686	8	隆庆街	冠山西路—东街头	0.75	20	0.75	3	15000
2687	9	湖北西路	南关—东关环岛	0.92	40	0.92	9	36720
2688	10	北顺城街	隆庆街—北街	0.38	19	0.38	7	7277

续表四十五

道路绿地面积						绿化覆盖面积（平方米）	绿化覆盖率（%）	绿地率（%）	实有树木（株）	实有草坪（平方米）
合计（平方米）	中心隔离带绿地	分车带绿地	行道树绿地	立交桥绿地	道路两侧绿地					
6=7+8+9+10+11	7	8	9	10	11	12	13=12/5	14=6/5	15	16
8988			3120	912	4956	18348	46.43	22.74	576	3816
3474			3300		174	16774	63.16	13.08	287	118
5897			3531		2366	7286	28.53	23.09	978	541
3480			3480			1997	11.48	20.00	333	683
2102		457	405		1240	6724	41.38	12.94	151	675
111200		9730	4170		97300	83522	54.63	72.73	456	
19840		3384	2574	13882		52618	98.63	37.19	260	17180
23518		8092	3039		12387	64703	98.86	35.93	748	8092
12914		9392	3522			51078	75.34	19.05	1058	8526
2605			2178		427	829	1.41	4.43	402	287
10068		7464	2604			9540	19.66	20.75	318	
77			77			924	10.69	0.89	77	
2754			2754			5415	30.93	15.73	189	
9898			9096		802	12881	21.24	16.32	828	
19210			3210		16000	24320	37.88	29.92	273	
388			185		203	513	0.62	0.47	132	
18934		1820	1026	7850	8238	27722	99.72	68.11	355	17708
69621		13520	22680	31400	2021	74901	79.26	73.67	805	32021
10013			6708		3305	26224	58.64	22.39	664	576
30118		21904	8214			126552	92.44	22.00	1560	8320
14331			4170		10161	20607	24.71	17.18	401	8584
464237	**3600**	**69748**	**104732**	**13624**	**272533**	**628186**	**46.46**	**34.34**	**29221**	**81460**
26000		6000	9750		10250	22040	20.99	24.76	5594	
10000			5850		4150	13050	17.17	13.16	938	3530
13606		1620	2550		9436	15866	56.87	48.77	1009	6337
6480		900	2480		3100	7925	38.92	31.83	720	490
100000		10800	6000		83200	156862	57.67	36.76	3592	9089
63783		22800	11400	11583	18000	89583	59.86	42.62	2761	18963
6142			3141	907	2094	6858	35.38	31.68	816	1731
3384			2250	1134		6294	41.96	22.56	162	
8262		5508	2754			7384	20.11	22.50	390	1916
2681			1149		1532	3212	44.14	36.84	84	

市序号	区序号	道路名称	起止地点	道路长度（公里）	道路宽度（米）	绿化长度（公里）	绿化宽度（米）	道路用地总面积（平方米）
甲	乙	丙	丁	1	2	3	4	5
2689	11	莱荫路	阪泉路—吊桥	0.68	12	0.68	3	8160
2690	12	育人巷	妫川路—看守所大门	0.20	11	0.20	5	2200
2691	13	百泉路	妫川路—百眼泉	0.53	40	0.53	9	21200
2692	14	蜂王浆南路	妫川路—铝泊厂	0.55	20	0.55	6	11000
2693	15	次仲街	冠山西路—庆隆街	1.40	23	1.40	5	32200
2694	16	东街	东街环岛—阁底下	0.38	25	0.38	6	9500
2695	17	西街	阁底下—西桥头	0.80	14	0.80	3	11200
2696	18	南斜街	南关—西关桥	0.40	7	0.40	3	2800
2697	19	三里河路	冠山西路—夏威夷路	0.74	14	0.74	3	14800
2698	20	香苑南街	阪泉路—冠山东路	0.30	27	0.26	9	8019
2699	21	香苑中街	冠山东路—夏威夷路	0.67	32	0.60	6	21440
2700	22	香苑北街	夏威夷路—庆隆街	0.73	32	0.73	15	23360
2701	23	人大街	冠山东路—二区公园	0.17	12	0.17	6	1980
2702	24	京银路县城段	姜家台铁路桥—米家堡铁路桥	5.00	59	5.00	30	295000
2703	25	延康路	南大桥—民主村南	1.00	35	1.00	13	35000
2704	26	延琉路	京张路口—八里店村西	2.00	45	2.00	3	90000
2705	27	联线	京张公路—南菜园铁路	1.20	29	1.20	6	34800
2706—2723		街巷		4.78				20630

续表四十六

道路绿地面积						绿化覆盖面积（平方米）	绿化覆盖率（%）	绿地率（%）	实有树木（株）	实有草坪（平方米）
合计（平方米）	中心隔离带绿地	分车带绿地	行道树绿地	立交桥绿地	道路两侧绿地					
6=7+8+9+10+11	7	8	9	10	11	12	13 = 12/5	14 = 6/5	15	16
2040			2040			8160	100.00	25.00	267	
1000			600		400	1300	59.09	45.45	66	
4770		2120	1590		1060	5620	26.51	22.50	225	
3300			1650		1650	5900	53.64	30.00	404	
7000			4200		2800	3184	9.89	21.74	202	338
2280			1140		1140	3800	40.00	24.00	108	
2400			2400			4000	35.71	21.43	50	
1200			1200			1944	69.43	42.86	76	
2220			2220			299	2.02	15.00	177	
2349			783		1566	5840	72.83	29.29	345	3000
7200	3600		1800		1800	6340	29.57	33.58	515	3206
10950			2190		8760	10950	46.88	46.88	363	8760
990			495		495	1125	56.82	50.00	128	
150000		10000	22500		117500	192500	65.25	50.85	7148	17100
13000		4000	9000			12750	36.43	37.14	1266	2000
6000		6000				6600	7.33	6.67		5000
7200			3600		3600	28800	82.76	20.69	1815	

北京市城市主要道

序号	道路名称	起止地点	管护单位	道路长度（公里）	道路宽度（米）	绿化长度（公里）	绿化宽度（米）
甲	乙	丙	丁	1	2	3	4
	二环路道路绿地						
1	东二环路		东城区	2.40		2.20	
2	二环路(群植)	东二环、北二环	东城区	5.89		5.55	
3	东直门北大街	水泡子绿地—东直门桥	绿化处	0.70	50	0.60	11
4	东直门南大街	东直门桥—东四十条桥	绿化处	0.55	91	0.55	14
5	朝阳门北大街	朝阳门—东四十条桥	绿化处	0.65	91	0.65	14
6	朝阳门南大街	朝阳门—雅宝路	绿化处	0.87	91	0.87	14
7	建国门北大街	建国门桥—雅宝路	绿化处	0.48	91	0.48	15
8	建国门南大街	建国门桥—东便门桥	绿化处	0.37	91	0.37	14
9	广渠门北滨河路	东便门铁路桥—广渠门立交桥	崇文区	1.54	66	0.90	5
10	东河道西岸	光明立交桥—东便门立交桥	崇文区	0.70	7	0.70	2
11	外二环	广渠门桥—左安门桥	朝阳区	2.00	64	1.82	24
12	东护 1	广渠门—东便门桥	崇文区	1.53	75	1.20	25
13	东护 2	广渠门—龙潭闸(右)	河湖处	1.10	42	1.10	8
14	东护	龙潭闸至广渠门右岸	河湖处	1.35	32	1.20	8
15	左安门西滨河路	左安门立交桥—玉蜓桥	绿化处	1.62	61	1.56	12
16	永定门东滨河	蒲黄榆路—永定门外大街北口	崇文区	1.01	70	1.01	2
17	永定门西滨河	永定门外大街北口—太平街南口	崇文区	0.96	70	0.50	2
18	永内西街	永定门—太平街	宣武区	0.90	37	0.70	12
19	南滨河路	陶然亭桥—59 路大观园总站	宣武区	2.67	15	0.44	2
20	广安门南顺城街	南线里—59 路大观园总站	宣武区	1.75	19	1.54	5
21	南二环路	陶然亭立交—菜户营立交	丰台区	2.70	59	2.70	19
22	百米前十米	玉蜓桥—左安门	丰台区	1.70	65	1.70	10
23	玉蜓桥		丰台区	0.50	95	0.50	56
24	右安门立交桥西南角		丰台区	0.06	70	0.06	32
25	右安门西滨河路	菜户营立交桥	绿化处				
26	南护 1	南站—蒲黄榆铁路桥(右)	崇文区	3.46	25	3.46	5
27	南护 2	蒲黄榆铁路桥—永定门桥(左)	崇文区	1.98	39	1.98	3
28	南护 3	龙潭闸—蒲黄榆铁路桥	崇文区	2.90	39	2.90	3
29	鸭子桥绿地		丰台区	0.14	25	0.14	6
30	广安门桥区	广安门桥北匝道—白纸坊桥南	宣武区	2.50	129	2.40	

路绿地面积明细表

道路用地总面积（平方米）	道路绿地面积						绿化覆盖面积（平方米）	绿化覆盖率（%）	绿地率（%）
	合计（平方米）	中心隔离带绿地	分车带绿地	行道树绿地	立交桥绿地	道路两侧绿地			
5	6=7+8+9+10+11	7	8	9	10	11	12	13=12/5	14=6/5
3582206	**933548**	**17743**	**101117**	**108085**	**338606**	**367996**	**1079106**	**30.12**	**26.06**
25417	25417					25417	25417	100.00	100.00
47263	37701			15877		21824	40608	85.92	79.77
35000	4102		2999	1103			8099	23.74	11.72
49775	37143		8726		28417		33925	68.16	74.62
58825	24400		12250	4793	7357		19107	32.48	41.48
79170	10894		10894				6300	7.96	13.76
43430	14876		7693	703		6480	12791	29.45	34.25
33485	21372		4125	575	16672		19328	57.72	63.83
100900	48147			4500	43647		49947	49.50	47.72
4900	1660			1400		260	2225	45.41	33.88
128750	47817	3640	5517	4660	10979	23021	78569	61.02	37.14
113985	29880					29880	53400	46.85	26.21
46200	12320					12320	22000	47.62	26.67
42525	9600					9600	14400	33.86	22.57
99306	15878	1557	6836	1595	1900	3990	15733	15.84	15.99
70700	25400	1212	1700	13134	8004	1350	26506	37.49	35.93
67200	21400	1152	800	9142	8106	2200	21778	32.41	31.85
33300	6800		2600	4200			13600	40.84	20.42
78565	666			666			2997	3.81	0.85
33892	1545			1545			5540	16.35	4.56
157950	93750	5400	6300	4050	1500	76500	93750	59.35	59.35
109650	17000					17000	17000	15.50	15.50
47250	56580		1500	1500	38000	15580	56580	119.75	119.75
4448	1870			96		1774	1870	42.04	42.04
70000	70000				70000		70000	100.00	100.00
86575	16861					16861	16861	19.48	19.48
71719	5884					5883	5883	8.20	8.20
103206	8466					8466	8466	8.20	8.20
3505	2270					2270	2270	64.76	64.76
322500	53765	2550	2000	2662	46553		59089	18.32	16.67

序号	道路名称	起止地点	管护单位	道路长度（公里）	道路宽度（米）	绿化长度（公里）	绿化宽度（米）
甲	乙	丙	丁	1	2	3	4
31	天宁寺桥区	西便门—广安门北匝道	宣武区	2.40	125	2.40	
32	西二环	西直门桥—复兴门桥	西城区	4.80	68	4.80	8
33	复兴门北大街	月坛南桥—复兴门桥	绿化处	0.39	40	0.20	4
34	阜成门南大街	阜成门桥—复兴门桥	绿化处	1.30		0.10	
35	阜成门北大街	平安里西大街—阜成门桥	绿化处	1.15	62	1.08	10
36	西直门南大街	西直门桥—平安里西大街	绿化处	0.88	61	0.83	7
37	北二环南侧	旧鼓楼大街—西内大街	西城区	3.24	68	3.24	6
38	德胜门西大街	德胜门桥—西直门桥	绿化处	1.56	60	1.51	17
39	德胜门东大街	中轴路—德胜门桥	绿化处	1.41	60	1.35	14
40	安定门西大街	中轴路—安定门桥	绿化处	1.00	61	0.90	13
41	安定门东大街	安定门桥—水泡子绿地	绿化处	2.30	50	2.27	19
42	北护城河	新外地铁大修厂—旧鼓楼大街	西城区	2.30	12	2.30	11
43	北护城河河岸	鼓氓桥—水泡子	绿化处	2.2	20	2.10	18
44	北护城河岸路	德胜门立交桥—鼓楼桥	绿化处	1.5	10	1.38	8
	三环路道路绿地			**52.45**		**42.65**	
1	东三环北路	三元桥—光华桥	绿化处	4.25	98	4.12	29
2	东三环中路	双井—光华桥	绿化处	2.45	92	2.43	24
3	东三环南路	双井—分钟寺	绿化处	3.60	85	3.60	24
4	南三环路	玉泉营立交—成寿寺	丰台区	7.40	76	7.40	23
5	西三环路	莲花铁路桥—玉泉营	丰台区	7.95	72	7.95	29
6	玉泉营立交桥	南三环西路(玉泉营)	绿化处	8.20	30		
7	西三环中路	莲花桥、公主坟桥	绿化处				
8	西三环中路	航天桥—莲花桥	海淀区	1.50	80	1.50	23
9	西三环北路	苏州桥—航天桥	海淀区	4.50	80	4.00	30
10	北三环西路	苏州桥—蓟门桥	绿化处	4.60	80	4.20	30
11	北三环中路	安贞桥—蓟门桥	绿化处	2.20	78	1.95	24
12	北三环中路	安贞桥—安华桥	绿化处	0.72	78	0.72	24
13	北三环中路	安华桥—马甸桥	绿化处	0.75	77	0.75	24
14	中轴路(安华桥)	安华桥东北角	绿化处				
15	北三环东路	安贞桥—三元桥	绿化处	4.33	78	4.03	24
	四环路道路绿地			**44.88**		**42.98**	
1	北四环中路	健翔桥—安慧桥	朝阳区	2.31	77	2.29	7

续表一

道路用地总面积（平方米）	道路绿地面积						绿化覆盖面积（平方米）	绿化覆盖率（%）	绿地率（%）
	合计（平方米）	中心隔离带绿地	分车带绿地	行道树绿地	立交桥绿地	道路两侧绿地			
5	6=7+8+9+10+11	7	8	9	10	11	12	13=12/5	14=6/5
194995	23159	2232	11642	4888	4397		31387	16.10	11.88
367880	28714					28714	28714	7.81	7.81
15600	149		149				351	2.25	0.96
70240	15702		62		15640		15702	22.35	22.35
71300	16994		280	623	13083	3008	26315	36.91	23.83
53680	648		648				2653	4.94	1.21
220320	31693			8292		23401	35901	16.29	14.38
93600	20090		1494	1853	16743		29027	31.01	21.46
84600	9820		5464	615	3741		19255	22.76	11.61
61000	4108		3283	825			8099	13.28	6.73
115000	11429		4155	1538	3867	1869	15417	13.41	9.94
27600	25638			17250		8388	19888	72.06	92.89
22000	17294					17294	33362	151.65	78.61
15000	4646					4646	8996	59.97	30.97
3841119	**1174846**	**59739**	**208028**	**118668**	**447069**	**341342**	**1386865**		
416500	84126	1650	2410	12750	10241	57075	109626	26.32	20.20
214200	31013	600	115	5300	17827	7171	37653	17.58	14.48
306000	106195	7802		5300	55093	38000	114555	37.44	34.70
564620	161850	8000	44500	19500	23067	66783	161850	28.67	28.67
568425	212225	15900	83850	23850	34865	53760	264260	46.49	37.34
234600	93750	5888	22806	3750	61306		93750	39.96	39.96
85310	85310				85310		85310	100.00	100.00
120000	26770	3000	6000	12000		5770	26770	22.31	22.31
352762	93950	5687	16000	12000	38246	22017	121950	34.57	26.63
328402	63455	4653	16800	12600		29402	92855	28.27	19.32
101600	42376	1260	3550	2617	23074	11875	52779	51.95	41.71
78703	28953	687	1816	1358	22759	2333	38080	48.38	36.79
70425	18808	1022	2046	1073	12150	2517	26854	38.13	26.71
15293	15293				15293		15293	100.00	100.00
384279	110772	3590	8135	6570	47838	44639	145280	37.81	28.83
4669205	**1882239**	**9328**	**254257**	**97277**	**661668**	**859709**	**1871584**	**40.08**	**40.31**
248484	83057	2047	5570	4440	71000		78617	31.64	33.43

序号	道路名称	起止地点	管护单位	道路长度（公里）	道路宽度（米）	绿化长度（公里）	绿化宽度（米）
甲	乙	丙	丁	1	2	3	4
2	北四环东路	安慧桥—四元桥	朝阳区	5.74	77	5.64	7
3	东四环路	四元桥—四慧桥	朝阳区	7.80	160	7.50	108
4	南四环路	十八里店桥—朝阳丰台分界	朝阳区	4.50	71	4.10	14
5	四环路	大红门立交—科丰桥	丰台区	7.50	101	7.50	31
6	南四环路(南侧)	京开桥—丰葆桥	丰台区	3.90	50	3.90	21
7	西南四环路	丰葆桥—科丰桥	丰台区	0.70	200	0.70	83
8	西南四环路	丰台桥北路—富丰桥	丰台区	1.60	115	1.60	50
9	西四环路	丰台铁路桥—京九铁路桥	丰台区	6.75	86	6.75	13
10	北四环中路	健翔桥—学院路	海淀区	1.90	79	1.00	
		学院路—四海桥	海淀区				
11	西四环中路	四海桥—杏石口	海淀区	2.18	101	2.00	19
	长安街延长线			**24.48**		**21.05**	
1	建国路	八王坟—大北窑	朝阳区	1.12	94	1.12	37
2	建国门外大街	大北窑—建国门	朝阳区	2.06	96	2.06	41
3	建国门内大街	东单—建国门桥	东城区	0.80	117	0.80	65
4	东长安街	天安门—东单路口	东城区	1.49	110—145	1.34	51
5	西长安街	西单—天安门	西城区	1.69	57—117	1.39	12—31
6	复兴门内大街	复兴门桥—西单	西城区	1.45	71—126	1.14	10—81
7	复兴门外大街	复兴门桥—木樨地	西城区	1.99	115	1.72	46
8	复兴路	木樨地—玉泉路	海淀区	7.00	74	4.60	28
9	石景山路	玉泉路—厂东门	石景山区	6.88		6.88	
	前三门大街			**8.42**		**8.03**	
1	崇文门东大街	崇文门—东便门	绿化处	1.12	49	1.12	15
2	崇文门西大街	台基厂大街南口—崇文门	绿化处	0.57	80	0.50	36
3	前门东大街	前门—台基厂	绿化处	1.13	80	1.03	37
4	前门西大街	前门—和平门	绿化处	0.94	84	0.79	24
5	宣武门东大街	和平门—宣武门	绿化处	0.79	104	0.76	24
6	宣武门西大街	宣武门—西便门	绿化处	1.27	74	1.23	24
7	宣武门西大街	前门—音乐学院	西城区	2.60	68	2.60	8

续表二

道路用地总面积（平方米）	道路绿地面积						绿化覆盖面积（平方米）	绿化覆盖率（%）	绿地率（%）
	合计（平方米）	中心隔离带绿地	分车带绿地	行道树绿地	立交桥绿地	道路两侧绿地			
5	6=7+8+9+10+11	7	8	9	10	11	12	13=12/5	14=6/5
626941	219654	7281	15345	10575	186453		209079	33.35	35.04
1248000	828110		64763	16697	172800	573850	829575	66.47	66.35
321300	170606		58634	11065	55473	45434	167001	51.98	53.10
753750	198000		60200	22500	61904	53396	198000	26.27	26.27
195000	82450		29250	5850		47350	85450	43.82	42.28
140000	60272			2100	9625	48547	63772	45.55	43.05
184000	34100		2270	3800		28030	34100	18.53	18.53
580500	126650		8200	20250	63560	34640	126650	21.82	21.82
151050	12200				12200		12200	8.08	8.08
220180	67140		10025		28653	28462	67140	30.49	30.49
1761285	**414097**		**79751**	**73323**		**261023**	**641432**	**36.42**	**23.51**
105392	14134		1095	1298		11741	18121	17.19	13.41
196730	70185		11215	4268		54702	71957	36.58	35.68
94240	51275		4447	2828		44000	54415	57.74	54.41
181780	34892			3051		31841	52281	28.76	19.19
138917	29605			4412		25193	58566	42.16	21.31
149355	39157			4665		34492	85670	57.36	26.22
156980	28472			2753		25719	38699	24.65	18.14
518000	107197		60294	13568		33335	153976	29.73	20.69
219891	39180		2700	36480			107747	49.00	17.82
622404	**170031**		**66926**	**50353**		**52752**	**172438**		
54880	16684			4297		12387	17087	31.14	30.40
45600	14594		7818	4701		2075	14747	32.34	32.00
90400	30024		13658	8906		7460	30995	34.29	33.21
78584	27262		13188	10863		3211	33647	42.82	34.69
82160	28239		14846	7728		5665	26312	32.03	34.37
93980	37167		17416	13858		5893	33589	35.74	39.55
176800	16061					16061	16061	9.08	9.08

北京市城市主要道

区序号	道路名称	实有树木									
		合计（株）	乔木			灌木			其他		
			小计	常绿乔木	落叶乔木	小计	常绿灌木	落叶灌木	小计	月季	（株）
甲	乙	1=2+5+8	2=3+4	3	4	5=6+7	6	7	8=9+10	9	10
	二环路道路绿地	**607785**	**24297**	**7017**	**17280**	**65812**	**22772**	**43040**	**517676**	**338171**	**179505**
1	东二环路	14773	766	307	459	1997	1049	948	12010	11479	531
2	群绿二环	17255	1870	797	1073	1630	402	1228	13755	3420	10335
3	东直门北大街	231	231	16	215						
4	东直门南大街	41818	561	225	336	4944	4190	754	36313	31630	4683
5	朝阳门北大街	5155	552	124	428	994	686	308	3609	9	3600
6	朝阳门南大街	349	202	84	118	147	3	144			
7	建国门北大街	1885	498	100	398	331	72	259	1056	1056	
8	建国门南大街	8987	183	57	126	1274	945	329	7530	1930	5600
9	广渠门北滨河路	17876	1209	569	640	2200	1007	1193	13467	3280	10187
10	东河道西岸	913	101	54	47	16		16	796		796
11	外二环	24338	1217	106	1111	5174	1523	3651	17947	6317	11630
12	东护 1	14132	456	241	215	2016		2016	11660	3920	7740
13	东护 2	2641	147	77	70	704		704	1790	1630	160
14	东护	1977	225	112	113	1641		1641	111	111	
15	左安门西滨河路	6343	527	167	360	786	26	760	5030		5030
16	永定门东滨河	6430	293	21	272	582	410	172	5555	1135	4420
17	永定门西滨河	2780	208	27	181	457	400	57	2115	2115	
18	永内西街	304	304		304						
19	南滨河路	74	74		74						
20	广安门南顺城街	226	226		226						
21	二环路	56817	3283	500	2783	15684	2120	13564	37850	14850	23000
22	百米前十米	3756	980	569	411	936	72	864	1840	1840	
23	玉蜓桥	255529	1126	460	666	7403	5070	2333	247000	232500	14500
24	右安门立交桥西南角	1000							1000	1000	
25	右安门西滨河路	30572	1206	242	964	668	579	89	28698	4998	23700
26	南护 1	4860	428	136	292	2137		2137	2295	2295	
27	南护 2	1803	150	48	102	851		851	802	802	
28	南护 3	2593	215	69	146	1225		1225	1153	1153	
29	鸭子桥绿地	449	49	24	25				400	400	
30	广安门桥区	300	300		300						

路绿地树木明细表

攀缘		竹子		绿篱		色块		宿根花卉		草坪	古树	濒危植物
（米）	（平方米）	（株）	平方米	（株）	（米）	（株）	（平方米）	（株）	（平方米）	（平方米）	（株）	（株）
11	12	13	14	15	16	17	18	19	20	21	22	23
38623	**99594**	**80**	**4**	**292431**	**37755**	**57653**	**4392**	**86038**	**11286**	**509452**		**1411**
119	383			2112	528	6660	555	12373	1641	17986		213
2080	2100			7032	867	100	40	5500	790	10494		
				2564	641					2834		68
1560	3210			5168	1033			11540	2308	31660		25
865	3460			5562	1113			1990	215	12522		116
				4265	853					4400		
				1880	537					11991		23
480	1680			5431	1092			8655	960	18432		
2627	9708			4364	804			3091	946	30558		9
198	594			100	20							
2326	8249			37017	3398			118	20	17529		
1100	3300									21600		
80	240									8800		
										9951		
1006	2442			30602	2605	1348	128			2776		
1300	3930			12120	1010					8014		
				15297	1590	12130	1010			11106		16
5750	11500			37200	5000			39300	3930	57800		68
										17000		
4800	28800			5780	1560					20500		336
										1240		
5929	7322			80280	5265					62000		50
										16822		
										5800		
										1610		

区序号	道路名称	实有树木									
		合计（株）	乔木			灌木			其他		
			小计	常绿乔木	落叶乔木	小计	常绿灌木	落叶灌木	小计	月季	（株）
甲	乙	1=2+5+8	2=3+4	3	4	5=6+7	6	7	8=9+10	9	10
31	天宁寺桥区	300	300		300						
32	西二环	10729	895	366	529	2667	476	2191	7167	4792	2375
33	复兴门北大街	1467	9		9				1458		1458
34	阜成门南大街	5017	206	27	179	553	414	139	4258	1802	2456
35	阜成门北大街	4236	720	264	456	770	212	558	2746	46	2700
36	西直门南大街	2915	152	6	146				2763		2763
37	北二环南侧	9793	1166	562	604	5341	1319	4022	3286	1245	2041
38	德胜门西大街	16853	650	39	611	216	35	181	15987	2199	13788
39	德胜门东大街	8426	500	115	385	127	105	22	7799	68	7731
40	安定门西大街	2494	311	50	261	23	23		2160		2160
41	安定门东大街	16171	430	105	325	1650	1598	52	14091		14091
42	北护城河	3495	952	298	654	364	16	348	2179	149	2030
43	北护城河河岸(市属)	482	280	20	260	202	20	182			
44	北护城河岸路	241	139	33	106	102		102			
	三环路道路绿地	**552666**	**30325**	**7778**	**22547**	**77911**	**47604**	**30307**	**444430**	**286122**	**158308**
1	东三环北路	172649	2857	716	2141	26850	21536	5314	142942	115265	27677
2	东三环中路	18485	856	206	650	992	792	200	16637	13602	3035
3	东三环南路	53766	4009	680	3329	13551	7560	5991	36206	21619	14587
4	南三环路	101887	8629	2311	6318	5444	7	5437	87814	53004	34810
5	西三环路	9655	1552	445	1107	3461	900	2561	4642	3642	1000
6	南三环西路(玉泉营)	9774	581	140	441	323		323	8870	8870	
7	西三环中路	52551	887	327	560	9884	7152	2732	41780	15169	26611
8	西三环中路	5662	550	81	469	412		412	4700	3800	900
9	西三环北路	6236	1861	189	1672	1291	104	1187	3084	16	3068
10	北三环西路	11011	1907	298	1609	3239	1616	1623	5865	424	5441
11	北三环中路	12681	1485	355	1130	3914	2926	988	7282	4501	2781
12	北三环中路	22174	1176	686	490	1407	859	548	19591	11381	8210
13	北三环中路	4592	591	184	407	1088	619	469	2913	1243	1670
14	中轴路(安华桥)	3440	381	97	284	2779	2509	270	280	280	
15	北三环东路	68103	3003	1063	1940	3276	1024	2252	61824	33306	28518

续表一

攀缘		竹子		绿篱		色块		宿根花卉		草坪	古树	濒危植物
（米）	（平方米）	（株）	平方米	（株）	（米）	（株）	（平方米）	（株）	（平方米）	（平方米）	（株）	（株）
11	12	13	14	15	16	17	18	19	20	21	22	23
409	1633			10813	3090	8730	970			16068		26
162	81											
459	1264			4763	1305			1150	230	15540		
300	300			222	74			1421	148	13343		51
307	625									490		
340	1361	80	4	7763	2218					6205		
3400	2870			1133	377	28385	1603	200	20	10497		21
859	288			3528	895					7983		93
230	780			2300	575					2696		55
1599	2122			5135	1305			700	78	7368		93
338	1352					300	86			4194		148
										17291		
										4352		
29789	**85944**			**364071**	**56024**	**249327**	**24444**	**74524**	**9026**	**615900**	**2**	**566**
4119	12377			20132	2441			2880	288	58704		57
677	2031			3656	314			3960	330	19909		72
4867	19450			53501	4256	24650	3851	8480	1696	79983		1
6962	15000			92000	21125			3500	350	96800		31
200	900			12000	795			22920	2292	10900		
				8660	755	36440	3522			85000		
4731	14151			54697	10940	126857	9231			60963		29
300	900			14055	1431					11470		
1061	1727			22808	2856	1240	104	807	622	20441	2	1
1827	2180			18612	2326			6021	672	27713		5
309	789			15119	2409	1828	153	5341	588	27359		279
1246	4996			8958	1906	29940	5988			19809		40
190	413			5933	968			7605	734	10722		
						22374	1243	4680	520	4215		
3300	11030			33940	3502	5998	352	8330	934	81912		51

区序号	道路名称	实有树木									
		合计（株）	乔木			灌木			其他		
			小计	常绿乔木	落叶乔木	小计	常绿灌木	落叶灌木	小计	月季	（株）
甲	乙	1＝2＋5＋8	2＝3＋4	3	4	5＝6＋7	6	7	8＝9＋10	9	10
	四环路道路绿地	**288396**	**37594**	**7886**	**29708**	**55965**	**24478**	**31487**	**194837**	**131844**	**62993**
1	北四环中路	28159	778	465	313	6241	5492	749	21140	14184	6956
2	北四环东路	60658	5321	709	4612	2509		2509	52828	16956	35872
3	东四环路	53698	19244	4096	15148	10108	2602	7506	24346	24031	315
4	南四环路	35040	2112	432	1680	7392		7392	25536	25536	
5	四环路	3830	2830	730	2100				1000		1000
6	南四环路(南侧)	5923	1528	372	1156	2775		2775	1620	1620	
7	西南四环路	17280	1462	260	1202	5108	2394	2714	10710	9350	1360
8	西南四环路	11284	1254	168	1086	5119	3277	1842	4911	3671	1240
9	西四环路	48401	2614	299	2315	8548	2827	5721	37239	22239	15000
10	北四环中路	8633	168	83	85	7215	6936	279	1250		1250
11	西四环中路	15490	283	272	11	950	950		14257	14257	
	长安街延长线										
1	建国路	6859	610	128	482	249	30	219	6000	5200	800
2	建国门外大街	9644	966	411	555	628	117	511	8050	8050	
3	建国门内大街	35988	668	203	465	893	136	757	34427	34127	300
4	东长安街	2596	596	245	351	295	53	242	1705	27	1678
5	西长安街	5782	801	193	608	703	242	461	4278	4278	
6	复兴门内大街	7060	862	108	754	1659	1316	343	4539	3956	583
7	复兴门外大街	19846	935	276	659	4428	2398	2030	14483	14483	
8	复兴路	73295	5468	1155	4313	15692	9360	6332	52135	25491	26644
9	石景山路	2568	2568	311	2257						
	前三门大街										
1	崇文门东大街	4830	432	122	310	1718	1356	362	2680	2680	
2	崇文门西大街	2636	162	53	109	248	4	244	2226	2226	
3	前门东大街	1234	398	155	243	336	9	327	500	500	
4	前门西大街	1383	400	131	269	379	19	360	604	604	
5	宣武门东大街	672	307	104	203	365		365			
6	宣武门西大街	1046	443	169	274	577	26	551	26	26	
7	宣武门西大街	173	173		173						

续表二

攀缘		竹子		绿篱		色块		宿根花卉		草坪	古树	濒危植物
(米)	(平方米)	(株)	平方米	(株)	(米)	(株)	(平方米)	(株)	(平方米)	(平方米)	(株)	(株)
11	12	13	14	15	16	17	18	19	20	21	22	23
15745	**36303**	**967**	**195**	**90526**	**7128**	**253054**	**13371**	**14256**	**1657**	**1272497**	**3**	**1270**
1974	7675			18665	3346					53707		38
6447	21968			69017	2936	177824	7287			135267	3	117
63	126	967	195	495	122	47992	2736			433897		943
										157864		125
250										174500		
										60100		
450	1575					21267	2363	9706	1202	47040		36
248	1488							4550	455	27300		
6000	3000			913	365	5971	985			105800		
313	471			1436	359					5560		
										71462		11
240	360			2221	391	12030	1336	3600	400	12947		
				17830	2772	19950	2163	3139	253	49699		92
90	72			3831	766	80937	8892	6450	716	41381		56
340	340			2132	550	68177	6570			24721		65
		5	5	2094	532	9723	1231	161	23	23589	2	43
100	294			1552	435	34136	4475	800	128	29187	1	85
				16680	1560	8117	524	10	3	22302		64
2781	6822			2900	337	21080	1558	7228	730	92513		11
										4500	2	2
										10391		
				1615	323					4180		16
				3030	1010					8420		51
				2082	694					9165		52
				1419	473					6869		63
				2718	906					10485		2

北京市城市主要街

序号	绿地名称	管护单位	合计（平方米）	总		
				水面积	小计	绿地面积
甲	乙	丙	1=2+3	2	3=4+5+8+9	4
	合　计		**939437**	**84**	**939353**	**816435**
	二环路街头绿地		**537862**	**84**	**537778**	**458756**
1	百花深处	东城区	26858		26858	21131
2	潘家坡	东城区	8910		8910	8538
3	桃花岭至北官厅	东城区	7050		7050	7050
4	建国门西北西南角	东城区	13192		13192	8920
5	古观象台绿地	绿化处	11026		11026	8740
6	建国门绿地	绿化处	8964		8964	5841
7	十条绿地	绿化处	2364		2364	1633
8	水泡子绿地	绿化处	14614		14614	10424
9	苏东绿地	绿化处	9693		9693	8009
10	北二环北侧(一轧钢—紫竹大厦)	西城区	7682		7682	7682
11	北二环北侧(学院路——轧钢)	西城区	5220		5220	5220
12	北二环北侧(紫竹大厦—44路总站)	西城区	5698		5698	5150
13	天银大厦	西城区	10600		10600	9314
14	金融街绿地	西城区	24736		24736	18836
15	西滨河绿地	西城区	4501		4501	1452
16	西便门绿地	西城区	47000		47000	18191
17	广电部绿地	西城区	11990		11990	11090
18	曦园春早	西城区	4337		4337	4337
19	广播电视部绿地	绿化处	7588		7588	5274
20	蟠桃宫绿地	崇文区	8743		8743	7105
21	广渠春晓	崇文区	3561		3561	2859
22	翠芳园	宣武区	10580		10580	9130
23	天宁寺塔前区绿地	宣武区	2770		2770	2363
24	西滨河绿地	宣武区	39507	84	39423	35092
25	南滨河绿地	宣武区	37950		37950	36350
26	广安门桥区	宣武区	666		666	666
27	广安门桥东侧绿地	宣武区	1300		1300	1300

头绿地面积明细表

面积					绿地面积占陆地面积（%）	绿化覆盖面积（平方米）	绿化覆盖率（%）
陆地面积							
建筑占地面积	建筑面积	其中:古建面积	铺装面积	其他面积			
5	6	7	8	9	10＝4/3	11	12＝11/1
22378	**18832**	**72**	**98108**	**2432**	**86.91**	**837280**	**89.13**
19218	**16758**		**58412**	**1392**	**85.31**	**470210**	**87.42**
			5727		78.68	26858	100.00
			372		95.82	8910	100.00
					100.00	7050	100.00
453	453		3819		67.62	8920	67.62
			2286		79.27	8840	80.17
20	20		3103		65.16	6602	73.65
			731		69.08	2178	92.13
			4184	6	71.33	10646	72.85
			1650	34	82.63	7910	81.61
					100.00	7682	100.00
					100.00	5220	100.00
			548		90.38	5698	99.99
			1286		87.87	7860	74.15
2200			3700		76.15	15890	64.24
900	750		850	1299	32.26	1864	41.42
11750	11750		17059		38.70	18191	38.70
			900		92.49	11990	100.00
					100.00	4337	100.00
			2314		69.50	5374	70.82
110			1528		81.27	7520	86.01
			702		80.29	3272	91.88
150	150		1300		86.29	9775	92.39
			407		85.31	2565	92.60
1975	1975		2356		89.01	37293	94.40
1600	1600				95.78	36350	95.78
					100.00	666	100.00
					100.00	1300	100.00

序号	绿地名称	管护单位	合计（平方米）	总		
				水面积	小计	绿地面积
甲	乙	丙	1=2+3	2	3=4+5+8+9	4
28	广安门南顺城街	宣武区	5766		5766	5766
29	天宁寺桥区	宣武区	5050		5050	5050
30	二环路绿地	朝阳区	42711		42711	41317
31	朝阳门绿地	绿化处	8535		8535	6226
32	百米芳华园	丰台区	138700		138700	138700
	三环路街头绿地		**379814**		**379814**	**340074**
1	坝桥金色	东城区	4978		4978	4978
2	安贞桥东侧	东城区	4200		4200	4200
3	安贞桥西侧	东城区	10800		10800	10067
4	安东绿地	绿化处	5405		5405	3435
5	安西绿地	绿化处	2685		2685	1882
6	马甸绿地	西城区	44730		44730	43730
7	马甸三八林	西城区	11979		11979	11679
8	亮马河绿地	朝阳区	2957		2957	2957
9	燕莎绿地	朝阳区	8527		8527	8527
10	坝河绿地	朝阳区	78272		78272	77629
11	风之广场	朝阳区	10000		10000	8565
12	安贞西北角绿地	绿化处	10980		10980	10477
13	小天鹅绿地	海淀区	7915		7915	6066
14	万业源绿化带	海淀区	24200		24200	20096
15	当代花园	海淀区	11452		11452	7815
16	公主坟绿地	绿化处	57910		57910	39639
17	马甸绿地	绿化处	16708		16708	13102
18	木樨园三角地	丰台区	9276		9276	8390
19	三建料库绿地	丰台区	9600		9600	9600
20	二十二亩地绿地	丰台区	17500		17500	17500
21	冷冻厂绿地	丰台区	14600		14600	14600
22	万柳小区花园	丰台区	15140		15140	15140
	前三门街头绿地		**21761**		**21761**	**17605**
1	和平门绿地	绿化处	1896		1896	1386
2	前门箭楼绿地	崇文区	17502		17502	15002
3	宣武绿地	绿化处	2363		2363	1217

面积					绿地面积占陆地面积（%）	绿化覆盖面积（平方米）	绿化覆盖率（%）
陆地面积							
建筑占地面积			铺装面积	其他面积			
	建筑面积	其中:古建面积					
5	6	7	8	9	10＝4/3	11	12＝11/1
					100.00	5706	98.96
					100.00	5050	100.00
			1394		96.74	42711	100.00
60	60		2196	53	72.95	7282	85.32
					100.00	138700	100.00
3160	**2074**	**72**	**35540**	**1040**		**347508**	
					100.00	4978	100.00
					100.00	4200	100.00
			733		93.21	10800	100.00
			1887	83	63.55	4500	83.26
			746	57	70.09	2685	100.00
200			800		97.76	43930	98.21
			300		97.50	11979	100.00
					100.00	2957	100.00
					100.00	8527	100.00
			643		99.18	77629	99.18
435	435		1000		85.65	8765	87.65
			503		95.42	10980	100.00
206	206		1643		76.64	6886	87.00
			4104		83.04	20096	83.04
			3637		68.24	7815	68.24
703	703	72	17568		68.45	40639	70.18
730	730		1976	900	78.42	15102	90.39
886					90.45	9200	99.18
					100.00	9600	100.00
					100.00	17500	100.00
					100.00	15600	106.85
					100.00	13140	86.79
			4156			**19562**	
			510		73.10	1696	89.45
			2500		85.72	16298	93.12
			1146		51.50	1568	66.36

北京市城市道路立交桥绿地明细表

序号	立交桥绿地名称	所在区县	管护单位	绿地面积（平方米）	树木（株）	草坪（平方米）
	合　计			**1922836**	**1046659**	**1428105**
	二环路			**350347**	**412232**	**217245**
1	东直门桥	东城区	绿化处	28417	41541	16890
2	东四十条桥	东城区	绿化处	7357	4608	6772
3	朝阳门桥	东城区	绿化处	5388	3885	5388
4	建国门桥	东城区	绿化处	16672	8895	16672
5	东便门桥	崇文区	崇文区	25759	8116	21692
6	广渠门桥	崇文区	崇文区	17888	6364	8866
7	光明桥	崇文区	崇文区	4450	3641	2079
	光明桥	朝阳区	朝阳区	10979	18992	7999
8	左安门桥	丰台区	绿化处	1900	5256	1520
9	玉蜓桥	丰台区	丰台区	38000	239295	8000
	玉蜓桥	崇文区	崇文区	1903	3940	1414
10	景泰桥	崇文区	崇文区	3564		3564
11	永定门桥	崇文区	崇文区	4440	3098	1400
12	陶然桥	崇文区	崇文区	8106	1105	8106
13	右安门桥	丰台区	丰台区	1500	3676	1300
14	菜户营桥	丰台区	绿化处	70000	30572	62000
15	广安门桥	宣武区	宣武区	46553	300	
16	天宁寺桥	宣武区	宣武区	4397		
17	复兴门桥	西城区	绿化处	15640	3901	15540
18	阜成门桥	西城区	绿化处	13083	1826	11942
19	西直门桥	西城区	绿化处	8325	1300	5400
	西直门小桥	西城区	绿化处	8418	10271	3851
20	德胜门桥	西城区	绿化处	3741	5912	3493
21	安定门桥	东城区	绿化处	3867	5738	3357
	三环路			**447069**	**189786**	**268861**
1	三元桥	朝阳区	绿化处	47838	50915	41944
2	国贸桥	朝阳区	绿化处	17827	5215	15950
3	分钟寺桥	朝阳区	绿化处	55093	30750	55093
4	方庄桥	丰台区	丰台区	2400	4349	1200
5	东铁营桥	丰台区	丰台区	1500	4040	1400
6	刘家窑桥	丰台区	丰台区	9027	4438	6340
7	赵公口桥	丰台区	丰台区	2400	2631	1600
8	木樨园桥	丰台区	丰台区	6000	196	4500
9	洋桥	丰台区	丰台区	1740	3314	580
10	玉泉营桥	丰台区	绿化处	61306	9774	62000
11	六里桥	丰台区	丰台区	34865	19391	31480
12	莲花桥	丰台区	绿化处	66800	43304	42694
13	新兴桥	海淀区	绿化处	18510	9247	18269

续表

序号	立交桥绿地名称	所在区县	管护单位	绿地面积（平方米）	树木（株）	草坪（平方米）
14	航天桥	海淀区	海淀区	8546		
15	紫竹桥	海淀区	海淀区	29700		
16	蓟门桥	海淀区	绿化处	19025	2349	11339
17	马甸桥	海淀区	绿化处	16199	5439	8212
18	安华桥	朝阳区	绿化处	18515	16983	11660
	安华桥	朝阳区	朝阳区	15293	3440	4215
19	安贞桥	朝阳区	绿化处	4244	3968	4000
20	东三环北路桥区		绿化处	10241	22594	7348
	四环路			**823344**	**158133**	**626887**
1	四元桥	朝阳区	绿化处	186453	45142	119922
2	四慧桥	朝阳区	朝阳区	172800	16327	162000
3	十八里店桥	朝阳区	朝阳区	55473	31859	53796
4	大红门桥	丰台区	丰台区	61904	1478	60000
5	科丰桥	丰台区	丰台区	9625	11925	9600
6	丰台大桥	丰台区	丰台区	7560	18	7560
7	岳各庄桥	丰台区	丰台区	56000	5927	56000
8	四海桥	海淀区	绿化处	28653	3339	28653
8	八里庄桥	海淀区	绿化处	4905	1662	4024
9	杏石口桥	海淀区	海淀区	49356	7835	4178
10	蓝靛厂桥	海淀区	海淀区	49415	3411	15457
11	万泉河桥	海淀区	海淀区	58000	372	52000
12	健翔桥	朝阳区	绿化处	24422	14129	11120
13	北辰桥	朝阳区	绿化处	25462	10	11541
14	安惠桥	朝阳区	绿化处	33316	14699	31036
	机场路			**108821**	**44084**	**44095**
1	大山子桥	朝阳区	绿化处	10222	11886	
2	苇沟桥	朝阳区	绿化处	9464	9019	5000
3	林荫桥	朝阳区	绿化处	4965	3990	
4	天竺桥	朝阳区	绿化处	8203	2146	
5	北皋桥	朝阳区	绿化处	70811	2353	24456
6	大山子环岛	朝阳区	朝阳区	5156	14609	14639
	其他			**198643**	**242424**	**271017**
1	北土城环岛	朝阳区	绿化处	11003	697	10416
2	小营环岛	海淀区	绿化处	6642	32	2800
3	西三旗环岛	海淀区	绿化处	6703	5	2972
4	八里桥环岛	朝阳区	朝阳区	11876	88921	13524
5	马家堡桥	丰台区	丰台区	1075	439	
6	金安桥	石景山区	石景山区	5617	512	5617
7	京石路沿线立交	丰台区	公路局	143727	147980	224088
8	杜家坎桥	丰台区	丰台区	12000	3838	11600

北京市城市居住区

区县名称	个	合　计 （公顷）
甲	1＝3＋5	2＝4＋6
合　　计	**2786**	**3495.70**
城近郊区	**2293**	**2179.99**
东城区	66	184.95
西城区	279	167.49
崇文区	59	72.68
宣武区	460	78.03
朝阳区	506	758.94
海淀区	424	432.36
丰台区	420	362.25
石景山区	79	123.29
远郊区县	**493**	**1315.71**
昌平区	25	22.94
门头沟区	94	32.96
顺义区	35	118.28
通州区	42	727.90
房山区	85	144.47
大兴县	73	90.15
怀柔县	40	31.03
密云县	31	19.61
平谷县	49	116.62
延庆县	19	11.74

绿地面积汇总表(1)

居住区绿地			
个	楼房居住区	个	平房居住区
3	4	5	6
1973	**2199.00**	**813**	**1296.70**
1624	**1783.61**	**669**	**396.38**
66	22.54		162.41
143	106.12	136	61.37
52	38.65	7	34.03
141	54.14	319	23.89
462	724.02	44	34.92
366	385.34	58	47.02
329	343.85	91	18.40
65	108.95	14	14.34
349	**415.39**	**144**	**900.32**
25	22.94		
44	8.08	50	24.88
21	49.37	14	68.91
35	74.98	7	652.92
54	104.32	31	40.15
69	68.87	4	21.28
29	19.69	11	11.34
22	16.59	9	3.01
35	40.29	14	76.34
15	10.27	4	1.48

北京市城市居住区

区县名称	个	居住区				
		合计（平方米）	建筑占地面积	铺装面积	道路用地面积	其他面积
甲		1=2+3+4+5+6	2	3	4	5
合　计	**2786**	**177215381**	**62720079**	**24223255**	**11176646**	**44138432**
楼房居住区	1973	85265771	30884753	14083566	7587685	10719694
平房居住区	813	91949610	31835326	10139689	3588961	33418738
城近郊区	**2293**	**118275792**	**44505104**	**17537794**	**8671303**	**25761690**
楼房居住区	1624	67600082	24374104	10958978	6114119	8316686
平房居住区	669	50675710	20131000	6578816	2557184	17445004
东城区	**66**	**12101943**	**6907262**	**2354839**	**220999**	**769267**
楼房居住区	66	979127	441718	128987	115350	67616
平房居住区		11122816	6465544	2225852	105649	701651
西城区	**279**	**12920738**	**6388456**	**3066188**	**1131955**	**659277**
楼房居住区	143	4814523	2102379	1033878	447001	170068
平房居住区	136	8106215	4286077	2032310	684954	489209
崇文区	**59**	**6967210**	**3053855**	**1053143**	**822266**	**1311105**
楼房居住区	52	1365977	623338	231801	85228	39086
平房居住区	7	5601233	2430517	821342	737038	1272019
宣武区	**460**	**10970535**	**973944**	**584552**	**82135**	**8549629**
楼房居住区	141	2218102	966959	576638	82135	50998
平房居住区	319	8752433	6985	7914		8498631
朝阳区	**506**	**28667130**	**11017037**	**3832963**	**2202305**	**4025484**
楼房居住区	462	25775089	9122024	3559119	2128350	3725386
平房居住区	44	2892042	1895013	273844	73955	300098
海淀区	**424**	**25157561**	**8028896**	**3623209**	**1748071**	**7433748**
楼房居住区	366	14264992	4722271	2757424	1095216	1836650
平房居住区	58	10892569	3306625	865785	652855	5597098
丰台区	**420**	**16311997**	**6302991**	**1998044**	**1811628**	**2576813**
楼房居住区	329	14119994	5036319	1836203	1575186	2233751
平房居住区	91	2192003	1266672	161841	236442	343062
石景山区	**79**	**5178678**	**1832663**	**1024856**	**651944**	**436367**
楼房居住区	65	4062278	1359096	834928	585653	193131
平房居住区	14	1116400	473567	189928	66291	243236

绿地面积汇总表(2)

面积						绿化覆盖面积（平方米）	绿化覆盖率（%）	绿地率（%）
绿地面积								
小计	楼间绿地	道路绿地	居住区花园					
			小计	绿地面积	水面积			
6=7+8+9	7	8	9=10+11	10	11	12	13=12/1	14=6/1
34956969	**33350221**	**1606748**				**42452531**	**23.96**	**19.73**
21990072	**20851946**	**1138127**				**27204905**	**31.91**	**25.79**
12966897	**12498275**	**468621**				**15247627**	**16.58**	**14.10**
21799901	**20616160**	**1183740**				**26714531**	**22.59**	**18.43**
17836194	16933041	903153				22023408	32.58	26.38
3963707	3683119	280587				4691124	9.26	7.82
1849576	**1842834**	**6742**				**1642936**	**13.58**	**15.28**
225456	218714	6742				304600	31.11	23.03
1624120	1624120					1338337	12.03	14.60
1674862	**1674862**					**2347281**	**18.17**	**12.96**
1061197	1061197					1305632	27.12	22.04
613665	613665					1041649	12.85	7.57
726841	**726841**					**909237**	**13.05**	**10.43**
386524	386524					499455	36.56	28.30
340317	340317					409782	7.32	6.08
780275	**773310**	**6965**				**1031562**	**9.40**	**7.11**
541372	534407	6965				654118	29.49	24.41
238903	238903					377444	4.31	2.73
7589341	**6928384**	**660957**				**9927938**	**34.63**	**26.47**
7240210	6771513	468697				9468900	36.74	28.09
349132	156872	192260				459038	15.87	12.07
4323637	**4108927**	**214710**				**5187241**	**20.62**	**17.19**
3853431	3683145	170286				4558887	31.96	27.01
470206	425782	44424				628354	5.77	4.32
3622521	**3345109**	**277412**				**4251073**	**26.06**	**22.21**
3438535	3205026	233509				4015621	28.44	24.35
183986	140083	43903				235452	10.74	8.39
1232848	**1215894**	**16954**				**1417263**	**27.37**	**23.81**
1089470	1072516	16954				1216195	29.94	26.82
143378	143378					201068	18.01	12.84

区县名称	个	居住区				
		合计（平方米）	建筑占地面积	铺装面积	道路用地面积	其他面积
甲		1＝2＋3＋4＋5＋6	2	3	4	5
远郊区县	**493**	**58939589**	**18214975**	**6685461**	**2505343**	**18376742**
楼房居住区	349	17665689	6510649	3124588	1473566	2403008
平房居住区	144	41273900	11704326	3560873	1031777	15973734
昌平区	**25**	**1209089**	**560766**	**85409**	**154003**	**179491**
楼房居住区	25	1209089	560766	85409	154003	179491
门头沟区	**94**	**3572910**	**1379514**	**268521**	**50968**	**1544259**
楼房居住区	44	881399	402624	86549	27812	283596
平房居住区	50	2691511	976890	181972	23156	1260663
顺义区	**35**	**5163689**	**1594593**	**872636**	**315706**	**1197975**
楼房居住区	21	2077768	744474	582878	213790	42973
平房居住区	14	3085921	850119	289758	101916	1155002
通州区	**42**	**24084746**	**5118271**	**2097864**		**9589638**
楼房居住区	35	2392317	678072	408113		556382
平房居住区	7	21692429	4440199	1689751		9033256
房山区	**85**	**10917963**	**3496223**	**915233**	**682542**	**4379267**
楼房居住区	54	4010495	1196224	743779	439342	587936
平房居住区	31	6907468	2299999	171454	243200	3791331
大兴县	**73**	**4604197**	**1949220**	**857923**	**372395**	**523159**
楼房居住区	69	3003153	1181288	353837	369595	409762
平房居住区	4	1601044	767932	504086	2800	113397
怀柔县	**40**	**2710700**	**1294175**	**518246**	**285362**	**302601**
楼房居住区	29	884187	447407	239900		
平房居住区	11	1826513	846768	278346	285362	302601
密云县	**31**	**1515625**	**698580**	**221741**	**155943**	**243291**
楼房居住区	22	1095218	454672	170510	125095	179012
平房居住区	9	420407	243908	51231	30848	64279
平谷县	**49**	**3532293**	**1320312**	**587169**	**337930**	**120644**
楼房居住区	35	1206756	431094	225815	102578	44387
平房居住区	14	2325537	889218	361354	235352	76257
延庆县	**19**	**1628377**	**803321**	**260719**	**150494**	**296417**
楼房居住区	15	905307	414028	227798	41351	119469
平房居住区	4	723070	389293	32921	109143	176948

续表

面积						绿化覆盖面积（平方米）	绿化覆盖率（%）	绿地率（%）
绿地面积								
小计	楼间绿地	道路绿地	居住区花园					
			小计	绿地面积	水面积			
6=7+8+9	7	8	9=10+11	10	11	12	13=12/1	14=6/1
13157068	**12734061**	**423008**				**15738000**	**26.70**	**22.32**
4153878	3918905	234974				5181497	29.33	23.51
9003190	8815156	188034				10556503	25.58	21.81
229420	**219820**	**9600**				**338622**	**28.01**	**18.97**
229420	219820	9600				338623	28.01	18.97
329648	**327599**	**2050**				**428405**	**11.99**	**9.23**
80818	78769	2050				88407	10.03	9.17
248830	248830					339998	12.63	9.24
1182779	**1158464**	**24315**				**1383128**	**26.79**	**22.91**
493653	469338	24315				593422	28.56	23.76
689126	689126					789706	25.59	22.33
7278973	**7278973**					**8090811**	**33.59**	**30.22**
749750	749750					941060	39.34	31.34
6529223	6529223					7149751	32.96	30.10
1444698	**1275498**	**169200**				**2097008**	**19.21**	**13.23**
1043214	931631	111583				1380207	34.41	26.01
401484	343867	57617				716801	10.38	5.81
901500	**853116**	**48384**				**1106472**	**24.03**	**19.58**
688671	650287	38384				846491	28.19	22.93
212829	202829	10000				259981	16.24	13.29
310316	**182902**	**127414**				**419456**	**15.47**	**11.45**
196880	166612	30268				196879	22.27	22.27
113436	16290	97146				222577	12.19	6.21
196070	**180770**	**15300**				**230336**	**15.20**	**12.94**
165929	159929	6000				189220	17.28	15.15
30141	20841	9300				41116	9.78	7.17
1166238	**1158738**	**7500**				**1448684**	**41.01**	**33.02**
402882	396088	6794				442201	36.64	33.39
763356	762650	706				1006483	43.28	32.82
117426	**98181**	**19245**				**195077**	**11.98**	**7.21**
102661	96681	5980				164987	18.22	11.34
14765	1500	13265				30090	4.16	2.04

北京市城市居住区

区县名称	实有树木									
	合计（株）	乔木			灌木			其他		
		小计	常绿乔木	落叶乔木	小计	常绿灌木	落叶灌木	小计	月季	（株）
甲	1=2+5+8	2=3+4	3	4	5=6+7	6	7	8=9+10	9	10
合　　计	**6254297**	**1864969**	**289584**	**1575385**	**1483877**	**564637**	**919240**	**2905451**	**1949156**	**956304**
城近郊区	**4000939**	**684210**	**205452**	**478758**	**1104245**	**435545**	**668700**	**2212484**	**1419334**	**793159**
楼房居住区	3770616	551065	197111	353954	1074846	427456	647390	2144705	1385799	758906
平房居住区	230323	133145	8341	124804	29399	8089	21310	67779	33535	34253
东城区	**134119**	**36368**	**7634**	**28734**	**23785**	**7936**	**15849**	**73966**	**51417**	**22549**
楼房居住区	85564	10305	5019	5286	18660	6763	11897	56599	41619	14980
平房居住区	48555	26063	2615	23448	5125	1173	3952	17367	9798	7569
西城区	**256389**	**57207**	**14835**	**42372**	**79995**	**31096**	**48899**	**119187**	**72210**	**46977**
楼房居住区	199554	30413	13148	17265	71288	28271	43017	97853	61274	36579
平房居住区	56835	26794	1687	25107	8707	2825	5882	21334	10936	10398
崇文区	**166767**	**22263**	**2795**	**19468**	**33507**	**7726**	**25781**	**110997**	**86284**	**24713**
楼房居住区	153118	12194	2400	9794	31849	7392	24457	109075	85390	23685
平房居住区	13649	10069	395	9674	1658	334	1324	1922	894	1028
宣武区	**116373**	**23606**	**4239**	**19367**	**31545**	**11484**	**20061**	**61222**	**25647**	**35575**
楼房居住区	94258	13552	3781	9771	28299	9464	18835	52407	23829	28578
平房居住区	22115	10054	458	9596	3246	2020	1226	8815	1818	6997
朝阳区	**1375121**	**185303**	**61177**	**124126**	**359126**	**128086**	**231040**	**830692**	**612262**	**218430**
楼房居住区	1363770	178994	60815	118179	358315	127600	230715	826461	610342	216119
平房居住区	11351	6309	362	5947	811	486	325	4231	1920	2311
海淀区	**793092**	**149501**	**45491**	**104010**	**313794**	**154269**	**159525**	**329797**	**232742**	**97064**
楼房居住区	752975	120577	44120	76457	309307	153669	155638	323091	228423	94668
平房居住区	40117	28924	1371	27553	4487	600	3887	6706	4319	2396
丰台区	**958471**	**172500**	**57406**	**115094**	**197511**	**79990**	**117521**	**588460**	**269754**	**318706**
楼房居住区	929734	152382	56279	96103	193869	79506	114363	583483	268294	315189
平房居住区	28737	20118	1127	18991	3642	484	3158	4977	1460	3517
石景山区	**200607**	**37462**	**11875**	**25587**	**64982**	**14958**	**50024**	**98163**	**69018**	**29145**
楼房居住区	191643	32648	11549	21099	63259	14791	48468	95736	66628	29108
平房居住区	8964	4814	326	4488	1723	167	1556	2427	2390	37
远郊区县	**2253358**	**1180759**	**84132**	**1096627**	**379632**	**129092**	**250540**	**692967**	**529822**	**163145**
楼房居住区	1068714	132328	36769	95559	324714	110097	214617	611672	452920	158752
平房居住区	1184644	1048431	47363	1001068	54918	18995	35923	81295	76902	4393

绿地树木汇总表

攀缘		竹子		绿篱		色块		宿根花卉		草坪	古树	濒危植物
(米)	(平方米)	(株)	(平方米)	(株)	(米)	(株)	(平方米)	(株)	(平方米)	(平方米)	(株)	(株)
11	12	13	14	15	16	17	18	19	20	21	22	23
231302	**775418**	**252674**	**30796**	**6998873**	**1265039**	**1374502**	**127925**	**590211**	**92025**	**11459677**	**1325**	**20352**
180650	**619630**	**235147**	**27137**	**4877007**	**953400**	**974017**	**92268**	**417644**	**62601**	**9129562**	**1325**	**14241**
171998	586478	228721	26468	4764034	935714	952541	90429	410141	61068	9084016	196	12229
8652	33152	6426	669	112973	17686	21476	1839	7503	1533	45546	1129	2012
4853	**15795**	**5268**	**846**	**123553**	**24650**	**15881**	**1761**	**17279**	**3357**	**76910**	**452**	
3445	9137	3030	695	67653	14414	15241	1633	15275	2838	61807	14	
1408	6658	2238	151	55900	10236	640	128	2004	519	15103	438	
15053	**63181**	**12480**	**1714**	**301880**	**61352**	**14852**	**2243**	**15368**	**3243**	**412433**	**360**	**2219**
12389	51859	8902	1328	268873	59064	12168	1693	10936	2586	403285	37	910
2664	11322	3578	386	33007	2288	2684	550	4432	657	9148	323	1309
6312	**19314**	**414**	**55**	**34355**	**7470**	**7236**	**800**	**5816**	**752**	**233513**	**58**	**677**
6034	17234	395	52	33758	7271	7236	800	5811	751	230201	15	437
278	2080	19	3	597	199			5	1	3312	43	240
6344	**19870**	**2622**	**337**	**98144**	**14776**	**37510**	**3292**	**5915**	**575**	**179397**	**139**	**321**
4758	14162	2300	252	88845	13124	37286	3236	5902	569	175090	4	178
1586	5708	322	85	9299	1652	224	56	13	6	4307	135	143
61622	**190682**	**120299**	**9460**	**1563167**	**268251**	**271076**	**24781**	**181646**	**19878**	**3629784**	**60**	**4424**
61269	190375	120179	9444	1559662	267746	270812	24748	181640	19877	3621017	58	4418
353	307	120	16	3505	505	264	33	6	1	8767	2	6
28329	**151772**	**62813**	**10409**	**945345**	**145705**	**225234**	**29293**	**93181**	**16001**	**1974698**	**228**	**3964**
27633	149980	62674	10385	937764	143448	223634	29103	92336	15676	1971227	58	3708
696	1792	139	24	7581	2257	1600	190	845	325	3471	170	256
50112	**133844**	**27186**	**3469**	**1384802**	**326452**	**155656**	**11947**	**61162**	**12475**	**2159064**	**11**	**1017**
48492	128639	27185	3468	1383582	326227	155656	11947	60964	12451	2158754	2	999
1620	5205	1	1	1220	225			198	24	310	9	18
8025	**25172**	**4065**	**847**	**425761**	**104744**	**246572**	**18151**	**37277**	**6320**	**463763**	**17**	**1619**
7978	25092	4056	844	423897	104420	230508	17269	37277	6320	462635	8	1579
47	80	9	3	1864	324	16064	882			1128	9	40
50652	**155788**	**17527**	**3659**	**2121866**	**311639**	**400485**	**35657**	**172567**	**29424**	**2330115**		**6111**
46716	120623	10342	1731	1914671	291249	340800	32047	123086	21378	2272204		4265
3936	35165	7185	1928	207195	20390	59685	3610	49481	8046	57911		1846

区县名称	实有树木									
	合计（株）	乔木			灌木			其他		
		小计	常绿乔木	落叶乔木	小计	常绿灌木	落叶灌木	小计	月季	（株）
甲	1=2+5+8	2=3+4	3	4	5=6+7	6	7	8=9+10	9	10
昌平区	**29464**	**6239**	**1103**	**5136**	**2705**	**1209**	**1496**	**20520**	**19420**	**1100**
楼房居住区	29464	6239	1103	5136	2705	1209	1496	20520	19420	1100
门头沟区	**32952**	**18417**	**981**	**17436**	**6771**	**1561**	**5210**	**7764**	**7562**	**202**
楼房居住区	14206	3889	933	2956	3793	1561	2232	6524	6420	104
平房居住区	18746	14528	48	14480	2978		2978	1240	1142	98
顺义区	**187269**	**77405**	**6145**	**71260**	**30643**	**10162**	**20481**	**79221**	**63297**	**15924**
楼房居住区	109505	14428	6051	8377	25757	10162	15595	69320	53970	15350
平房居住区	77764	62977	94	62883	4886		4886	9901	9327	574
通州区	**1143922**	**883292**	**50641**	**832651**	**164143**	**59844**	**104299**	**96487**	**88052**	**8435**
楼房居住区	244287	33475	7457	26018	127779	42449	85330	83033	74615	8418
平房居住区	899635	849817	43184	806633	36364	17395	18969	13454	13437	17
房山区	**305671**	**80305**	**9729**	**70576**	**47978**	**11419**	**36559**	**177388**	**64996**	**112392**
楼房居住区	242118	29381	8324	21057	46768	10905	35863	165969	53577	112392
平房居住区	63553	50924	1405	49519	1210	514	696	11419	11419	
大兴县	**325812**	**39056**	**5499**	**33557**	**60546**	**16184**	**44362**	**226210**	**214038**	**12172**
楼房居住区	306988	20232	5499	14733	60546	16184	44362	226210	214038	12172
平房居住区	18824	18824		18824						
怀柔县	**56555**	**13439**	**2780**	**10659**	**10367**	**2030**	**8337**	**32749**	**28738**	**4011**
楼房居住区	20944	2226	886	1340	3779	962	2817	14939	11378	3561
平房居住区	35611	11213	1894	9319	6588	1068	5520	17810	17360	450
密云县	**71199**	**7127**	**2212**	**4915**	**49217**	**25741**	**23476**	**14855**	**14036**	**819**
楼房居住区	66913	4924	2164	2760	48398	25739	22659	13591	12939	652
平房居住区	4286	2203	48	2155	819	2	817	1264	1097	167
平谷县	**86807**	**49962**	**3123**	**46839**	**4261**	**534**	**3727**	**32584**	**28842**	**3742**
楼房居住区	21585	13020	2433	10587	2188	518	1670	6377	5722	655
平房居住区	65222	36942	690	36252	2073	16	2057	26207	23120	3087
延庆县	**13707**	**5517**	**1919**	**3598**	**3001**	**408**	**2593**	**5189**	**841**	**4348**
楼房居住区	12704	4514	1919	2595	3001	408	2593	5189	841	4348
平房居住区	1003	1003		1003						

续表

攀缘		竹子		绿篱		色块		宿根花卉		草坪	古树	濒危植物
（米）	（平方米）	（株）	（平方米）	（株）	（米）	（株）	（平方米）	（株）	（平方米）	（平方米）	（株）	（株）
11	12	13	14	15	16	17	18	19	20	21	22	23
497	**1304**	**756**	**318**	**115992**	**15455**	**7241**	**1099**	**1488**	**302**	**132758**		**129**
497	1304	756	318	115992	15455	7241	1099	1488	302	132758		129
257	**544**	**2**		**18520**	**3841**	**3551**	**10298**	**412**	**43**	**21624**		**183**
98	500			18520	3841	3551	10298	112	23	21624		30
159	44	2						300	20			153
6918	**23166**	**2071**	**240**	**203061**	**27145**	**80495**	**7889**	**24352**	**7853**	**413399**		**359**
6556	22352	2017	222	203061	27145	80495	7889	17796	4642	413327		157
362	814	54	18					6556	3211	72		202
11093	**24156**	**1480**	**300**	**415364**	**83702**	**94264**	**5326**	**42112**	**8655**	**335914**		**2242**
11060	24097	280	100	357578	78724	44264	2826	42112	8655	315165		1241
33	59	1200	200	57786	4978	50000	2500			20749		1001
19558	**53566**	**1433**	**383**	**532092**	**68290**	**93100**	**4338**	**11687**	**3325**	**654311**		**612**
19558	53566	1225	331	507944	65428	93100	4338	10657	3237	640261		501
		208	52	24148	2862			1030	88	14050		111
5210	**9862**	**1007**	**416**	**346157**	**46247**	**64299**	**2782**	**40745**	**3606**	**395711**		**1629**
5210	9862	1007	416	346157	46247	64299	2782	40745	3606	395711		1629
2214	**5996**	**8897**	**1723**	**203737**	**18417**	**47085**	**2626**	**44713**	**4795**	**155590**		**208**
1781	3862	4597	185	103624	9073	37475	1519	3922	244	137680		83
433	2134	4300	1538	100113	9344	9610	1107	40791	4551	17910		125
264	**1834**	**215**	**108**	**173646**	**28353**	**3472**	**648**	**6032**	**690**	**128665**		**701**
217	944	215	108	173646	28353	3472	648	5806	620	128665		470
47	890							226	70			231
3554	**32204**	**1666**	**171**	**101676**	**17963**	**4555**	**283**	**596**	**108**	**35719**		**47**
652	980	245	51	76528	14757	4480	280	18	2	30589		24
2902	31224	1421	120	25148	3206	75	3	578	106	5130		23
1087	**3156**			**11621**	**2226**	**2423**	**368**	**430**	**47**	**56424**		**1**
1087	3156			11621	2226	2423	368	430	47	56424		1

北京市城市居住区绿地—

市序号	区序号	居住区名称	居住区					
			合计（平方米）	建筑占地面积	铺装面积	道路用地面积	其他面积	小计
甲	乙	丙	1=2+3+4+5+6	2	3	4	5	6=7+8+9
		东城区	**979127**	**441718**	**128987**	**115350**	**67616**	**225456**
		北新桥办事处	38600	13658	15389		1818	7735
1	1	民政局小区	12600	2400	6200		1000	3000
2	2	侨办小区	16573	7033	7725			1815
3	3	安全局小区	1593	790	144			659
4	4	海运仓小区	4500	2400	1120			980
5	5	北官厅小区	3334	1035	200		818	1281
		东四办事处	23361	8293	4172	2318	727	7851
6	6	烧酒3号院	7498	2397		2318		2783
7	7	中宣部	403				263	140
8	8	总后研究所宿舍	2861	1200			464	1197
9	9	总院干休所	6230	2374	2086			1770
10	10	化纤小区	6369	2322	2086			1961
		交道口办事处	12227	5303	6124			800
11	11	菊儿小区	12227	5303	6124			800
		安定门办事处	32581	20304	7282	1465		3530
12	12	园丁小区	2970	1764	706			500
13	13	教育局宿舍	9800	4000	5200			600
14	14	大格巷小区	13065	10800	1250	415		600
15	15	东公街小区	1006	540	126	50		290
16	16	二条小区	5740	3200		1000		1540
		景山办事处	11399	7450	750			3199
17	17	北河沿大街45号	4800	3100	420			1280
18	18	美术馆后街79号楼	2700	2100	60			540
19	19	小取灯8号	3899	2250	270			1379
		朝阳办事处	48168	25627	8393	4216		9932
20	20	201社科院宿舍	6235	3427	985	538		1285
21	21	203文化部宿社	22500	11200	4408	1000		5892
22	22	化纤小区	19433	11000	3000	2678		2755
		和平里办事处	348326	181129		58518	48962	59717
23	23	东河沿	21562	7000		4917	4915	4730
24	24	西河沿	35821	12425		8606	8606	6184
25	25	地坛北里	36160	20191		4327	4327	7315
26	26	一、二区	90617	54722		19592	10038	6265

居住区花园面积已计入公共绿地内

楼房居住区绿地面积明细表

面积					绿化覆盖面积（平方米）	绿化覆盖率（%）	绿地率（%）	实有树木（株）	实有草坪（平方米）
绿地面积									
楼间绿地	道路绿地	居住区花园							
		小计	绿地面积	水面积					
7	8	9＝10＋11	10	11	12	13＝12/1	14＝6/1	15	16
218714	**6742**				**304600**	**31.11**	**23.03**	**85564**	**61806**
7735					9222	23.89	20.04	11987	2930
3000					3500	27.78	23.81	8151	530
1815					2055	12.40	10.95	102	200
659					659	41.37	41.37	108	300
980					980	21.78	21.78	1404	900
1281					2028	60.83	38.42	2222	1000
7851					8528	36.50	33.61	2063	7711
2783					2900	38.67	37.12	1526	2783
140					200	49.63	34.74	7	
1197					1390	48.58	41.83	106	1197
1770					1938	31.11	28.41	55	1770
1961					2100	32.97	30.79	369	1961
800					1200	9.81	6.54	2875	
800					1200	9.81	6.54	2875	
3470	60				7060	21.67	10.83	845	1165
440	60				742	24.98	16.84	333	343
600					1320	13.47	6.12	319	576
600					1320	10.10	4.59	83	
290					290	28.83	28.83	43	246
1540					3388	59.02	26.83	67	
3199					3709	32.54	28.06	1217	1030
1280					1390	28.96	26.67	245	430
540					670	24.81	20.00	594	
1379					1649	42.29	35.37	378	600
3250	6682				16063	33.35	20.62	10886	1100
500	785				2450	39.29	20.61	4477	300
1750	4142				9923	44.10	26.19	2079	300
1000	1755				3690	18.99	14.18	4330	500
59717					106418	30.55	17.14	19311	572
4730					5089	23.60	21.94	4388	210
6184					8199	22.89	17.26	1310	
7315					12318	34.07	20.23	2207	
6265					12562	13.86	6.91	729	

市序号	区序号	居住区名称	居住区					
			合计（平方米）	建筑占地面积	铺装面积	道路用地面积	其他面积	小计
甲	乙	丙	1=2+3+4+5+6	2	3	4	5	6=7+8+9
27	27	三、四、五、六区	14103	5127		2471	2471	4034
28	28	兴化西里	32000	15289		3857	3857	8997
29	29	七区	100563	60375		9940	9940	20308
30	30	青年湖南区	17500	6000		4808	4808	1884
		东直门办事处	280922	102474	48964	35373	13639	80472
31	31	察慈小区	29900	11000	9000	1650	250	8000
32	32	华海物业有限公司	19815	6200	2000	5000	5000	1615
33	33	公用局小区	38000	6500	12500	10000		9000
34	34	聚龙花园小区	46100	16118	9640	5483	2695	12164
35	35	春秀路小区	10000	4300	1460	440	300	3500
36	36	胡家园小区	56000	24000	4203	6000	3797	18000
37	37	十字坡东里小区	13870	6722	1774	1000		4374
38	38	十字坡塔楼小区	10749	3855	2768	1000	397	2729
39	39	电信局	3480	1758	377			1345
40	40	新兴里	35768	14101	4242	4000		13425
41	41	十字坡西里小区	17240	7920	1000	800	1200	6320
		建国门办事处	73635	29036	15163			29436
42	42	后沟2号	12680	3800	880			8000
43	43	苏州胡同10号	8800	1000	745			7055
44	44	西总布55号	2064	200	1364			500
45	45	审计署招待所居住区	3300	1500	1200			600
46	46	医科院小区	8110	5195	1754			1161
47	47	公安部东堂子家委会	6526	2426	1700			2400
48	48	外交部街常委会	12600	6000	2000			4600
49	49	全国政协宿舍区	4225	1640	2035			550
50	50	中央组织部宿舍	3000	1365	1035			600
51	51	三联建小区	4150	2250	1200			700
52	52	金朗科委宿舍楼	3900	1560	740			1600
53	53	金朗宿舍区	4280	2100	510			1670
		东华门办事处	109908	48444	22750	13460	2470	22784
54	54	绍九胡同15号院	6600	1750	1200	2120		1530
55	55	中科院小区	3351	2113	428	333		477
56	56	东华门小区	5295	3176	969	499		651
57	57	台基厂三条1、5号院	7800	3500		1500	1600	1200
58	58	机械部小区	7752	3714	1523	855		1660
59	59	东厂居民院	3384	2075	546	200		563

续表一

面积					绿化覆盖面积（平方米）	绿化覆盖率（%）	绿地率（%）	实有树木（株）	实有草坪（平方米）
绿地面积									
楼间绿地	道路绿地	居住区花园							
		小计	绿地面积	水面积					
7	8	9 = 10 + 11	10	11	12	13 = 12/1	14 = 6/1	15	16
4034					7375	52.29	28.60	3030	
8997					14654	45.79	28.12	1466	
20308					43955	43.71	20.19	5035	362
1884					2266	12.95	10.77	1146	
80472					89416	31.83	28.65	22697	34799
8000					8510	28.46	26.76	542	1336
1615					1615	8.15	8.15	2281	440
9000					11000	28.95	23.68	3538	
12164					12220	26.51	26.39	6149	4625
3500					4000	40.00	35.00	403	2000
18000					20000	35.71	32.14	5846	5248
4374					4950	35.69	31.54	313	600
2729					3030	28.19	25.39	792	
1345					1786	51.32	38.65	829	675
13425					15625	43.68	37.53	1174	19345
6320					6680	38.75	36.66	830	530
29436					31526	42.81	39.98	3389	6160
8000					6900	54.42	63.09	2122	2000
7055					5606	63.70	80.17	300	3000
500					500	24.22	24.22	37	310
600					800	24.24	18.18	14	
1161					4180	51.54	14.32	98	
2400					2400	36.78	36.78	378	600
4600					4600	36.51	36.51	198	
550					800	18.93	13.02	97	
600					840	28.00	20.00	40	100
700					700	16.87	16.87	31	150
1600					2300	58.97	41.03	21	
1670					1900	44.39	39.02	53	
22784					31458	28.62	20.73	10294	6339
1530					1780	26.97	23.18	2436	1150
477					560	16.71	14.23	51	20
651					460	8.69	12.29	48	280
1200					2000	25.64	15.38	255	
1660					2640	34.06	21.41	120	
563					800	23.64	16.64	100	36

市序号	区序号	居住区名称	居住区					
			合计（平方米）	建筑占地面积	铺装面积	道路用地面积	其他面积	小计
甲	乙	丙	1＝2＋3＋4＋5＋6	2	3	4	5	6＝7＋8＋9
60	60	外交部宿舍小区	5250	2165	1334		500	1251
61	61	报房小区	6771	2069	2333	549	370	1450
62	62	银闸20号院	11000	6100	2100			2800
63	63	妇联小区	10400	2331	4690	2391		988
64	64	晨光街10号院	15544	4483	2858	4317		3886
65	65	台基厂居住小区	17917	11444	1958			4515
66	66	甘柏小区	8844	3524	2811	696		1813
		西城区	**4814523**	**2102379**	**1033879**	**447001**	**170068**	**1061196**
		月坛办事处	1633875	584916	468027		36868	544064
67	1	铁道部1、2、3、4居住区	243393	100374	61298		5248	76473
68	2	国家计委三里河北街3号院	13240	3800	5078			4362
69	3	国家计委宿舍区	8917	2400	3198			3319
70	4	三里河南3区	98232	50223	22498			25511
71	5	中土公司宿舍	16477	5300	8252			2925
72	6	真武庙四里	16900	5800	7850			3250
73	7	真武庙六里	7098	2150	1240			3708
74	8	汽北小区	68107	10400	10509		26300	20898
75	9	汽南小区	63375	25575	11000			26800
76	10	白云路七号院	9506	3100	4306			2100
77	11	中国科协小区	13097	3375	7762			1960
78	12	复北小区（乐道湾）	9188	3136	2252			3800
79	13	三里河二区（3）小区	20064	5162	6364			8538
80	14	建工局小区	13731	4680	5251			3800
81	15	地藏庵小区	9464	3100	1514			4850
82	16	三里河一区	191308	43096	62440			85772
83	17	民政局宿舍	9718	3800	5508			410
84	18	北京市五金机械公司宿舍	50700	24020	22000			4680
85	19	复外一居委会	34014	20600	11514			1900
86	20	白云观南里	23878	13648	9100			1130
87	21	公安部宿舍	15210	10250	3200			1760
88	22	二七剧场路西里	75416	49100	19726			6590
89	23	铁道部物资局小区	6202	2264	768			3170
90	24	广电总局302小区	4805	1098	2162			1545
91	25	南沙沟小区	58988	11277	26802			20909
92	26	木樨地22号楼、24号楼	12484	6897	4517			1070
93	27	市物资局建佳宿舍	4091	2830	385			876

续表二

面积					绿化覆盖面积（平方米）	绿化覆盖率（%）	绿地率（%）	实有树木（株）	实有草坪（平方米）
绿地面积									
楼间绿地	道路绿地	居住区花园							
		小计	绿地面积	水面积					
7	8	9 = 10 + 11	10	11	12	13 = 12/1	14 = 6/1	15	16
1251					1251	23.83	23.83	212	
1450					1490	22.01	21.41	311	1270
2800					3320	30.18	25.45	3937	2073
988					698	6.71	9.50	511	200
3886					9242	59.46	25.00	717	
4515					4800	26.79	25.20	656	
1813					2417	27.33	20.50	940	1310
1061196					**1305632**	**27.12**	**22.04**	**199554**	**403285**
544064					660841	40.45	33.30	51110	181696
76473					107280	44.08	31.42	6321	20973
4362					5100	38.52	32.95	2340	4300
3319					3498	39.23	37.22	854	2306
25511					31580	32.15	25.97	2688	13850
2925					3500	21.24	17.75	358	2925
3250					3900	23.08	19.23	244	2780
3708					4200	59.17	52.24	299	3708
20898					26520	38.94	30.68	93	540
26800					27900	44.02	42.29	1468	3100
2100					2400	25.25	22.09	174	1860
1960					3400	25.96	14.97	266	1960
3800					4200	45.71	41.36	2148	3760
8538					9753	48.61	42.55	1506	4615
3800					4400	32.04	27.67	189	2250
4850					5400	57.06	51.25	479	2850
85772					96853	50.63	44.83	5593	40792
410					550	5.66	4.22	69	200
4680					4800	9.47	9.23	621	2000
1900					2800	8.23	5.59	89	300
1130					1800	7.54	4.73	366	360
1760					2800	18.41	11.57	52	
6590					7300	9.68	8.74	853	430
3170					3938	63.50	51.11	3489	2066
1545					1700	35.38	32.15	1704	1400
20909					27500	46.62	35.45	6768	15758
1070					1500	12.02	8.57	54	
876					1634	39.94	21.41	216	576

市序号	区序号	居住区名称	居住区					
			合计（平方米）	建筑占地面积	铺装面积	道路用地面积	其他面积	小计
甲	乙	丙	1=2+3+4+5+6	2	3	4	5	6=7+8+9
94	28	第二清洁车辆场三里河宿舍区	12005	5130	3740			3135
95	29	京安印刷厂家属区	4730	2780	600			1350
96	30	财政部三里河宿舍	11800	3650	4700			3450
97	31	广电总局老302南院、粉楼宿舍	31150	8560	8660		5320	8610
98	32	广电总局西便门小区	20000	6237	6763			7000
99	33	广电总局复南小区	6217	1502	2000			2715
100	34	复兴门南大街1、3号楼	8252	4359	2800			1093
101	35	三里河南三区	111150	27610	24600			58940
102	36	轻工业部南礼士路四十六号院	19240	6400	3000			9840
103	37	国务院西便门宿舍	49686	16706	9860			23120
104	38	真武庙一里	16224	6024	3900			6300
105	39	真武庙三里	25480	9020	4860			11600
106	40	真武庙三里小区	55536	14516	21060			19960
107	41	三里河北二区	142452	42652	39650			60150
108	42	核工业总公司宿舍	22350	12315	5340			4695
		展览路办事处	764693	352357	202254	56805	51887	101390
109	43	展新居委会	19210	14815	1000	1185	1500	710
110	44	新兴居委会	52300	32214	8654		3932	7500
111	45	铁路巷居委会	19100	8670	3100		2700	4630
112	46	团结大院	20469	8840	4695		675	6259
113	47	文兴居委会	37890	13044	12937	1976	395	9538
114	48	朝阳庵居委会	39440	19100	6912	5581	230	7617
115	49	郝家湾居委会	35628	12570	10697	7333	2423	2605
116	50	三塔居委会	34375	23266	8334			2775
117	51	百中居委会	24189	8700	3140		6949	5400
118	52	礼中居委会	20798	12538	2202		3532	2526
119	53	榆东居委会	8200	2500	980			4720
120	54	榆西居委会	24700	11000	6768		3687	3245
121	55	车公庄东	16424	7260	1448		725	6991
122	56	车公庄西里	25972	15300	2405		1688	6579
123	57	建安居委会	20911	9111	3353	600	1417	6430
124	58	新华里	37259	21105	4500		6204	5450
125	59	新华东	16152	14612	900			640
126	60	头二三条居委会	42214	19328	9760		9326	3800
127	61	曙光居委会	25298	8900	3740		5774	6884
128	62	百万庄地区	232406	85990	99786	40130	730	5770

续表三

面积					绿化覆盖面积（平方米）	绿化覆盖率（%）	绿地率（%）	实有树木（株）	实有草坪（平方米）
绿地面积									
楼间绿地	道路绿地	居住区花园							
		小计	绿地面积	水面积					
7	8	9 = 10 + 11	10	11	12	13 = 12/1	14 = 6/1	15	16
3135					3670	30.57	26.11	111	2100
1350					1690	35.73	28.54	40	680
3450					3970	33.64	29.24	77	890
8610					12660	40.64	27.64	1115	3050
7000					7679	38.40	35.00	1696	2089
2715					2920	46.97	43.67	355	2715
1093					1396	16.92	13.25	141	1093
58940					64300	57.85	53.03	5036	8700
9840					10960	56.96	51.14	111	6400
23120					29600	59.57	46.53	829	3100
6300					8200	50.54	38.83	124	1900
11600					14600	57.30	45.53	479	120
19960					26900	48.44	35.94	499	4100
60150					71200	49.98	42.22	981	7600
4695					4890	21.88	21.01	215	1500
101390					166021	21.71	13.26	15763	9508
710					1500	7.81	3.70	103	
7500					13180	25.20	14.34	2044	3675
4630					5700	29.84	24.24	815	951
6259					7300	35.66	30.58	278	
9538					11884	31.36	25.17	1331	1152
7617					11187	28.36	19.31	1488	
2605					3200	8.98	7.31	1000	983
2775					3000	8.73	8.07	691	993
5400					6100	25.22	22.32	170	360
2526					2900	13.94	12.15	518	
4720					5100	62.20	57.56	141	
3245					4000	16.19	13.14	807	
6991					7200	43.84	42.57	171	
6579					7400	28.49	25.33	317	
6430					8000	38.26	30.75	894	
5450					10900	29.25	14.63	633	
640					700	4.33	3.96	312	200
3800					4400	10.42	9.00	558	1194
6884					7170	28.34	27.21	299	
5770					43700	18.80	2.48	3091	

市序号	区序号	居住区名称	居住区					
			合计（平方米）	建筑占地面积	铺装面积	道路用地面积	其他面积	小计
甲	乙	丙	1=2+3+4+5+6	2	3	4	5	6=7+8+9
129	63	展东居委会	11758	3494	6943			1321
		广桥办事处	47555	21825	5387		7107	13236
130	64	文津街9号院	3000	1500	500			1000
131	65	草岚子小区	12555	4564	1350		2621	4020
132	66	爱民里	32000	15761	3537		4486	8216
		福绥境办事处	213776	108914	53531		5459	45872
133	67	冠英园小区	39915	24755	5944			9216
134	68	官园2#楼	3449	2073	938			438
135	69	福绥境大楼	9316	2672	2346		2801	1497
136	70	西廊下2#楼	9744	3995	3609			2140
137	71	391家委会	6700	2300	4128			272
138	72	小后仓小区	14870	7378	4090			3402
139	73	社科院西直门住宅小区	11770	3981	6295			1494
140	74	官园公寓	11620	4186	3576			3858
141	75	富国里小区	32792	16173	8053		532	8034
142	76	玉廊园小区	6427	3120	1689			1618
143	77	中直小区	19070	12447	3777			2846
144	78	国英小区	7688	4568	1986			1134
145	79	国英园小区	20000	11500	2300			6200
146	80	广电总局住宅小区	1872	962	500			410
147	81	大乘巷教师楼	8543	4604	626			3313
148	82	成铭大厦	10000	4200	3674		2126	
		二龙路办事处	73745	65899	2536			5310
149	83	京几道小区	63541	59499	1042			3000
150	84	新中小区	10204	6400	1494			2310
		丰盛办事处	126087	52523	28719	13494	6263	25088
151	85	丰汇园小区	84363	34000	12100	12000	6263	20000
152	86	宏汇园小区	30724	15483	14153			1088
153	87	中行小区	11000	3040	2466	1494		4000
		新街口办事处	116344	63018	39138			14188
154	88	如意里小区	9198	4346	1000			3852
155	89	西绦13号楼	1150	700	355			95
156	90	故宫招待所宿舍	12000	3239	8642			119
157	91	对外经贸大学宿舍	7440	3195	4012			233
158	92	玉桃园二 三区	44719	18338	17000			9381
159	93	玉桃园一区	41837	33200	8129			508

面积					绿化覆盖面积（平方米）	绿化覆盖率（%）	绿地率（%）	实有树木（株）	实有草坪（平方米）
绿地面积									
楼间绿地	道路绿地	居住区花园							
		小计	绿地面积	水面积					
7	8	9=10+11	10	11	12	13=12/1	14=6/1	15	16
1321					1500	12.76	11.23	102	
13236					14106	29.66	27.83	5745	3684
1000					1000	33.33	33.33	2019	150
4020					4020	32.02	32.02	2210	2450
8216					9086	28.39	25.68	1516	1084
45872					47968	22.44	21.46	24214	30410
9216					9500	23.80	23.09	3859	8550
438					528	15.31	12.70	73	150
1497					1528	16.40	16.07	211	400
2140					2464	25.29	21.96	317	203
272					392	5.85	4.06	606	
3402					4102	27.59	22.88	1777	2700
1494					1644	13.97	12.69	1086	830
3858					3858	33.20	33.20	2605	3000
8034					8064	24.59	24.50	5446	6104
1618					1618	25.18	25.18	2330	1146
2846					3056	16.03	14.92	660	740
1134					1134	14.75	14.75	2071	1022
6200					6220	31.10	31.00	2621	4341
410					487	26.01	21.90	355	250
3313					3373	39.48	38.78	197	974
5310					5800	7.86	7.20	763	1910
3000					3200	5.04	4.72	139	1100
2310					2600	25.48	22.64	624	810
25088					30078	23.85	19.90	19801	13249
20000					24200	28.69	23.71	18246	10769
1088					1278	4.16	3.54	512	480
4000					4600	41.82	36.36	1043	2000
14188					23696	20.37	12.19	15129	11750
3852					4851	52.74	41.88	308	3315
95					605	52.61	8.26	42	
119					1490	12.42	0.99	94	
233					3115	41.87	3.13	135	
9381					11000	24.60	20.98	13870	7410
508					2635	6.30	1.21	680	1025

市序号	区序号	居住区名称	居住区					
			合计（平方米）	建筑占地面积	铺装面积	道路用地面积	其他面积	小计
甲	乙	丙	1=2+3+4+5+6	2	3	4	5	6=7+8+9
		德外办事处	1174855	462547	211016	275582	18493	207217
160	94	零散楼房居住区	723696	309833	133751	200627		79485
161	95	六铺炕二区 1	15201	8376		2938		3887
162	96	石油水总小区	16277	9440		2414		4423
163	97	一、二轻小区	16285	4456	2194	3125		6510
164	98	马甸南村小区	16890	5100		6590		5200
165	99	双旗杆东里	21621	8595	2100	3566	1900	5460
166	100	裕中西里小区	126900	38480	36000	16420		36000
167	101	皮鞋厂宿舍区	9450	3054	1210	700	3706	780
168	102	裕中东里小区	18400	6350	3300	4450		4300
169	103	什坊西里.什坊街.五路通北街	39264	14924	2387	1023	12719	8211
170	104	新外大街四号院	26695	4712	7420	1580		12983
171	105	新外大街甲 8 号院	48432	16846	18022	584		12980
172	106	中国科技馆宿舍区	13249	4986	600	1695	168	5800
173	107	中直新风南里小区	36000	8900	1200	13600		12300
174	108	石油天然气宿舍小区	46495	18495	2832	16270		8898
		阜外办事处	628274	374115	16527	101120	43991	92521
175	109	阜西 281 楼小区	4382	2880		960		542
176	110	物资北门西院	3541	1500	1200			841
177	111	南营房小区	78000	58000		11700	6719	1581
178	112	外交部小区	5920	1920	3100		174	726
179	113	侨办小区	37000	22500	2000	5550	1950	5000
180	114	百南小区	3872	1200	1200	1200		272
181	115	黄瓜园小区	24000	12000		2400	8400	1200
182	116	黄东小区	13600	6520		1360	4815	905
183	117	华盛小区	13524	7880		1900		3744
184	118	展览路 31 号小区	1559	960	200	320		79
185	119	露园小区	60000	36000		9000		15000
186	120	开行小区	40000	24000		6000		10000
187	121	自动化小区	4110	1500	2600			10
188	122	扣钟小区	12000	4635		4865		2500
189	123	北洪小区	33000	18000	3088	7000		4912
190	124	北街一小区	6132	3900	99	600		1533
191	125	武警小区	7500	5515		1200	750	35
192	126	万明园小区	47458	32000		12000		3458
193	127	阜外四小区	40310	26000	2000	5300	278	6732

续表五

面积					绿化覆盖面积（平方米）	绿化覆盖率（%）	绿地率（%）	实有树木（株）	实有草坪（平方米）
绿地面积									
楼间绿地	道路绿地	居住区花园							
		小计	绿地面积	水面积					
7	8	9=10+11	10	11	12	13=12/1	14=6/1	15	16
207217					265104	22.56	17.64	38335	83114
79485					109636	15.15	10.98	18616	11786
3887					5742	37.77	25.57	846	1200
4423					5654	34.74	27.17	668	600
6510					6998	42.97	39.98	700	2050
5200					5780	34.22	30.79	605	100
5460					5825	26.94	25.25	246	
36000					41500	32.70	28.37	3671	35000
780					1030	10.90	8.25	26	
4300					6300	34.24	23.37	403	116
8211					18240	46.45	20.91	288	
12983					16210	60.72	48.63	5729	8022
12980					13580	28.04	26.80	1804	10170
5800					5886	44.43	43.78	1593	1100
12300					13500	37.50	34.17	1708	9800
8898					9223	19.84	19.14	1432	3170
92521					79021	12.58	14.73	24338	56622
542					542	12.37	12.37	420	542
841					841	23.75	23.75	174	691
1581					1581	2.03	2.03	74	
726					726	12.26	12.26	353	
5000					5000	13.51	13.51	1994	4700
272					272	7.02	7.02	139	
1200					1200	5.00	5.00	774	600
905					905	6.65	6.65	1109	2688
3744					3744	27.68	27.68	1244	744
79					79	5.07	5.07	170	60
15000					1500	2.50	25.00	6349	13285
10000					10000	25.00	25.00	1755	2871
10					10	0.24	0.24		
2500					2500	20.83	20.83	518	1700
4912					4912	14.88	14.88	1822	2947
1533					1533	25.00	25.00	154	920
35					35	0.47	0.47	57	
3458					3458	7.29	7.29	609	3458
6732					6732	16.70	16.70	1118	4455

市序号	区序号	居住区名称	居住区					
			合计（平方米）	建筑占地面积	铺装面积	道路用地面积	其他面积	小计
甲	乙	丙	1=2+3+4+5+6	2	3	4	5	6=7+8+9
194	128	中组部小区	7400	3800		740	1548	1312
195	129	财政部小区	7400	3800		740	1527	1333
196	130	阜西小区	6410	3840		470		2100
197	131	四川大厦小区	4223	1800		400		2023
198	132	水电部小区	19500	11738		2900		4862
199	133	电车 7 号小区	4940	2064	640	600		1636
200	134	环保局小区	10000	3222		4265		2513
201	135	市政小区	22000	6240		3300	11830	630
202	136	地质部小区	15000	10866	400	2250		1484
203	137	北营房西里小区	26493	16440		3700		6353
204	138	北营房东里小区	48000	31800		7200	6000	3000
205	139	海洋局小区	21000	11595		3200		6205
		西长安街办事处	33901	16265	6256			11380
206	140	西黄城根南街一区	14839	5707	3752			5380
207	141	西皇城根 45 号院	11092	5438	854			4800
208	142	中央办公厅秘书局宿舍	7970	5120	1650			1200
209	143	市局自管	1418		488			930
		崇文区	**1365977**	**623338**	**231801**	**85228**	**39086**	**386524**
		前门办事处	12908	10692	1444			772
210	1	人大会堂宿舍	12908	10692	1444			772
		崇文门办事处	65372	43075	15646		118	6533
211	2	崇文门东小区	8474	4728	1474			2272
212	3	崇文门西小区	16674	8493	5605		118	2458
213	4	新世界一期	16224	14254	1467			503
214	5	新世界二期	24000	15600	7100			1300
		东花市办事处	344552	169812	44695	39508		90537
215	6	东花市北里小区	282212	135456	35275	39508		71973
216	7	崇东 6—14 号楼	6020	2270	1000			2750
217	8	卧佛寺小区	21870	10524	4446			6900
218	9	人大会堂宿舍	25250	18100	950			6200
219	10	白桥苑	9200	3462	3024			2714
		龙潭办事处	328094	138758	58841	21466	675	108354
220	11	龙潭北里小区	85534	34101	9962	7222		34249
221	12	光明楼小区	44603	20261	7666	2437		14239
222	13	板厂南里小区	17326	9621	2322	541		4842
223	14	幸福南里小区	18499	7027	2093	123		9256

面积					绿化覆盖面积（平方米）	绿化覆盖率（%）	绿地率（%）	实有树木（株）	实有草坪（平方米）
绿地面积									
楼间绿地	道路绿地	居住区花园							
		小计	绿地面积	水面积					
7	8	9＝10＋11	10	11	12	13＝12/1	14＝6/1	15	16
1312					1312	17.73	17.73	110	
1333					1333	18.01	18.01	282	1200
2100					2100	32.76	32.76	85	
2023					2023	47.90	47.90	449	2023
4862					4862	24.93	24.93	564	3458
1636					1636	33.12	33.12	1238	327
2513					2513	25.13	25.13	214	
630					630	2.86	2.86	60	120
1484					1484	9.89	9.89	497	480
6353					6353	23.98	23.98	1537	3300
3000					3000	6.25	6.25	190	1053
6205					6205	29.55	29.55	279	5000
11380					12000	35.40	33.57	3691	10905
5380					5500	37.06	36.26	2328	5380
4800					5000	45.08	43.27	1188	4347
1200					1500	18.82	15.06	175	1178
930					997	70.31	65.59	665	437
386524					**499455**	**36.56**	**28.30**	**153118**	**230201**
772					1340	10.38	5.98	1217	596
772					1340	10.38	5.98	1217	596
6533					7314	11.19	9.99	4854	4839
2272					2641	31.17	26.81	1429	2105
2458					2870	17.21	14.74	789	1834
503					503	3.10	3.10	446	300
1300					1300	5.42	5.42	2190	600
90537					104980	30.47	26.28	40704	70563
71973					83500	29.59	25.50	28821	54812
2750					2955	49.09	45.68	320	2700
6900					8200	37.49	31.55	125	6400
6200					7440	29.47	24.55	1560	4951
2714					2885	31.36	29.50	9878	1700
108354					163760	49.91	33.03	41416	54856
34249					57123	66.78	40.04	11462	32158
14239					26317	59.00	31.92	12939	13438
4842					6915	39.91	27.95	2160	
9256					10114	54.67	50.04	4129	1000

市序号	区序号	居住区名称	居住区					
			合计（平方米）	建筑占地面积	铺装面积	道路用地面积	其他面积	小计
甲	乙	丙	1=2+3+4+5+6	2	3	4	5	6=7+8+9
224	15	幸福北里小区	44412	15224	5033	977		23178
225	16	光明东里小区	11336	5690	2735	456	675	1780
226	17	安化北里	16993	7120	3611	4477		1785
227	18	夕照寺西里	12298	3735	2280	2636		3647
228	19	火桥北里	7581	3896	1760	600		1325
229	20	向新西里	4470	1280	1405	600		1185
230	21	向新东里	5494	2142	1365	547		1440
231	22	绿景苑	18000	14000	500			3500
232	23	交管局宿舍	22081	6678	10973			4430
233	24	富瑞苑	10011	4183	4972			856
234	25	夕照寺东里	9456	3800	2164	850		2642
		体育馆办事处	228702	96151	63824	3060	9947	55720
235	26	鸿运花园	23200	7280	8543			7377
236	27	法华南里小区	103968	48650	25269		1530	28519
237	28	东四块玉小区	9930	3351	3360			3219
238	29	向阳机修宿舍	18200	6157	6418		100	5525
239	30	长青园小区	28419	14467	6164		1698	6090
240	31	营房西街	16229	5622	4020	3060	1327	2200
241	32	国家体委宿舍	22000	8200	9200		3000	1600
242	33	北空家属宿舍	6756	2424	850		2292	1190
		天坛办事处	130673	49335	21219		4393	55726
243	34	天坛南里东区	28819	12890	4828		2398	8703
244	35	天坛高层小区	13984	4907	3440			5637
245	36	天坛东里小区	33883	11454	5954			16475
246	37	西园子小区	3250	1233	1216			801
247	38	天坛南里中区	23644	9683	854		1995	11112
248	39	天坛南里西区	27093	9168	4927			12998
		永外办事处	255676	115515	26132	21194	23953	68882
249	40	北京富莱茵花园小区	15365	6825	3200			5340
250	41	景泰东里	70480	58107	280	1963	1430	8700
251	42	定安北里小区	6100	2300	1100	700		2000
252	43	景泰南里	5010	1980	470	760		1800
253	44	郭庄北里	21221	8204	4907	488	4482	3140
254	45	西革新里 110 号院	14148	2880	2223	520	6101	2424
255	46	刘家窑小区	36983	8421	4707	1200	4155	18500
256	47	西革新里 104 号院	2807	1605	246	688		268

续表七

面积					绿化覆盖面积（平方米）	绿化覆盖率（%）	绿地率（%）	实有树木（株）	实有草坪（平方米）
绿地面积									
楼间绿地	道路绿地	居住区花园							
		小计	绿地面积	水面积					
7	8	9=10+11	10	11	12	13=12/1	14=6/1	15	16
23178					23500	52.91	52.19	3691	1600
1780					4474	39.47	15.70	1074	1600
1785					3570	21.01	10.50	119	
3647					6210	50.50	29.66	1833	
1325					4280	56.46	17.48	87	
1185					1975	44.18	26.51	79	
1440					2390	43.50	26.21	96	
3500					3780	21.00	19.44	322	1570
4430					4550	20.61	20.06	2838	3240
856					1722	17.20	8.55	402	250
2642					6840	72.34	27.94	185	
55720					61315	26.81	24.36	10566	41132
7377					7400	31.90	31.80	1833	7327
28519					30270	29.11	27.43	2894	20424
3219					3320	33.43	32.42	937	1500
5525					5800	31.87	30.36	1599	5000
6090					7800	27.45	21.43	2526	5081
2200					2985	18.39	13.56	313	700
1600					2400	10.91	7.27	376	1100
1190					1340	19.83	17.61	88	
55726					71634	54.82	42.65	10855	12297
8703					11255	39.05	30.20	1612	4208
5637					6835	48.88	40.31	2018	
16475					22429	66.20	48.62	4913	30
801					1230	37.85	24.65	264	
11112					13960	59.04	47.00	1089	2952
12998					15925	58.78	47.98	959	5107
68882					89112	34.85	26.94	43506	45918
5340					5700	37.10	34.75	604	4700
8700					13925	19.76	12.34	224	8700
2000					2680	43.93	32.79	471	250
1800					2000	39.92	35.93	200	
3140					5820	27.43	14.80	164	
2424					5040	35.62	17.13	1777	
18500					23000	62.19	50.02	28011	17511
268					387	13.79	9.55	8	155

市序号	区序号	居住区名称	居住区					
			合计（平方米）	建筑占地面积	铺装面积	道路用地面积	其他面积	
								小计
甲	乙	丙	1=2+3+4+5+6	2	3	4	5	6=7+8+9
257	48	西革新里108号院	23000	4560	730	12910		4800
258	49	李村东里小区	28922	10778	4049	965	1810	11320
259	50	可塞工贸宿舍二期	14000	1800	2000	1000	4400	4800
260	51	可塞工贸宿舍一期	7500	875	1200		195	5230
261	52	北京手套二厂宿舍	10140	7180	1020		1380	560
		宣武区	**2218102**	**966959**	**576638**	**82135**	**50998**	**541372**
		街道办事处	1875051	812894	486187	82135	45223	448612
		区园林局	343051	154065	90451		5775	92760
		天桥办事处	80565	40493	9310			30762
262	1	虎坊路小区	46565	21728	5060			19777
263	2	禄长街19#院	34000	18765	4250			10985
		广内办事处	291474	108820	66230	46773	18640	51011
264	3	槐柏树街1#11#院	19740	8722	3060	420	3848	3690
265	4	宣西新华社宿舍	11938	3300	3071	281	4462	824
266	5	商业街宿舍小区	7952	4815	945			2192
267	6	中医研究院广安门医院宿舍	8000	3250	4200			550
268	7	老墙根物业办公室	9497	3677	4970			850
269	8	广义街10#小区院	11562	6581	2330			2651
270	9	蓟城物业西便门管处	12760	3800	2700	2100	860	3300
271	10	广维物管公司宿舍	5258	2560	1187		361	1150
272	11	兵工集团五设计院宿舍	39726	10173	2700	24526		2327
273	12	有色综合服务公司	31000	7500	1550	1686	9029	11235
274	13	电力高度中心宿舍	3105	1885	260			960
275	14	三庙小区	29516	7400	16031	1810		4275
276	15	长椿东里小区	14727	5500	4220	3073		1934
277	16	长椿里小区	22801	15752	1335	1899		3815
278	17	长西小区	10839	3300	4192	1408		1939
279	18	宣武区2#4#6#8#	12153	4142	1153	4292		2566
280	19	槐柏树北里2—3#楼	3575	1300	585	520		1170
281	20	宣武区20—22#	14939	5220	5561	2010		2148
282	21	广义里小区	16520	6447	4420	2748		2905
283	22	岳风园小区	3070	1560	1160			350
284	23	宣武区结核病防治院	2796	1936	600		80	180
		广外办事处	954568	393554	288245		10945	261824
285	24	糖业家委会	13522	6193	6379			950
286	25	二机床宿舍	7600	2400	3712		400	1088

面积					绿化覆盖面积（平方米）	绿化覆盖率（%）	绿地率（%）	实有树木（株）	实有草坪（平方米）
绿地面积									
楼间绿地	道路绿地	居住区花园							
		小计	绿地面积	水面积					
7	8	9＝10＋11	10	11	12	13＝12/1	14＝6/1	15	16
4800					4850	21.09	20.87	592	2300
11320					14000	48.41	39.14	10427	4782
4800					5000	35.71	34.29	312	4500
5230					6100	81.33	69.73	603	3000
560					610	6.02	5.52	113	20
534407	**6965**				**654118**	**29.49**	**24.41**	**94258**	**175090**
441647	6965				557674	29.74	23.93	75104	129629
92760					96444	28.11	27.04	19154	45461
30762					50284	62.41	38.18	7829	13957
19777					37149	79.78	42.47	2864	6000
10985					13135	38.63	32.31	4965	7957
46608	4403				71995	24.70	17.50	12174	9833
2825	865				5218	26.43	18.69	472	20
454	370				1110	9.30	6.90	88	120
2192					4320	54.33	27.57	156	400
550					710	8.88	6.88	17	100
850					890	9.37	8.95	246	
2651					2651	22.93	22.93	1263	
3300					3560	27.90	25.86	1473	1000
1150					1195	22.73	21.87	937	900
2327					4388	11.05	5.86	341	
11235					12480	40.26	36.24	1684	1950
960					1060	34.14	30.92	544	390
4275					5126	17.37	14.48	868	1330
1934					2083	14.14	13.13	122	30
3138	677				8388	36.79	16.73	941	1063
1384	555				2269	20.93	17.89	237	70
2221	345				3777	31.08	21.11	971	700
1170					1220	34.13	32.73	958	500
1872	276				3797	25.42	14.38	212	
1590	1315				6555	39.68	17.58	553	760
350					350	11.40	11.40		350
180					848	30.33	6.44	91	150
261824					300630	31.49	27.43	24667	30740
950					1150	8.50	7.03	175	30
1088					1088	14.32	14.32	40	

市序号	区序号	居住区名称	居住区					
			合计（平方米）	建筑占地面积	铺装面积	道路用地面积	其他面积	
								小计
甲	乙	丙	1=2+3+4+5+6	2	3	4	5	6=7+8+9
287	26	红居南街3号	6000	3600	1550			850
288	27	红居斜街5号(市政)	4000	2700	1025			275
289	28	鸭子桥路43号	6300	2400	2200			1700
290	29	交电公司宿舍	1500	920	90			490
291	30	工艺品公司宿舍	1680	615	600			465
292	31	马连道粮库宿舍	6545	2335	1440			2770
293	32	北京市运达物业管理中心	9100	2700	4100			2300
294	33	北京第二热电厂宿舍	5210	1800	837			2573
295	34	北京市第二电厂宿舍	9600	1632	1244		300	6424
296	35	华北电管局生活服务公司	13941	8697	1200			4044
297	36	能源部家委会	6670	2325	2477			1868
298	37	冶金自动化宿舍	5202	2626	800			1776
299	38	北钢宿舍	10049	6000	1549			2500
300	39	北京市城建银地物业公司	108044	19922	54022			34100
301	40	二商局宿舍	14612	7026	4223			3363
302	41	商业部宿舍	5200	1200	2500			1500
303	42	北京市三联建家委会	22000	7200	9725		375	4700
304	43	环卫所	7400	4360	1620			1420
305	44	广外南街63号	11270	4125	2145		5000	
306	45	中国印刷物资公司宿舍	2400	1600	450			350
307	46	广外南街40号	5808	2781	2747		200	80
308	47	手帕口北街11号	7020	4320	1880		200	620
309	48	手帕口北街13号	1332	640	542			150
310	49	手帕口南街36号	4760	2380	2180		200	
311	50	广外南街67号	4072	2119	1413		540	
312	51	手帕口南街40号	3120	1515	1090		425	90
313	52	手帕口北街7号	2940	1520	1100		320	
314	53	北京列车宿舍	3916	720	3196			
315	54	带钢厂宿舍	2397	1479	818		100	
316	55	北京市运输公司宿舍	6106	3690	2416			
317	56	鸭子桥北里14号	4247	1680	1997			570
318	57	车站东街3号	3610	2472	938		100	100
319	58	红居南街8号	1974	1044	410			520
320	59	北京铁路分局北京建筑	68889	45476	17613			5800
321	60	首特公司小马厂南里宿舍	19910	13250	2853		532	3275
322	61	中国铁路物资总公司	6008	2365	935		143	2565

续表九

面积					绿化覆盖面积（平方米）	绿化覆盖率（%）	绿地率（%）	实有树木（株）	实有草坪（平方米）
绿地面积									
楼间绿地	道路绿地	居住区花园							
		小计	绿地面积	水面积					
7	8	9 = 10 + 11	10	11	12	13 = 12/1	14 = 6/1	15	16
850					910	15.17	14.17	673	100
275					315	7.88	6.88	112	
1700					1850	29.37	26.98	57	
490					490	32.67	32.67	586	
465					465	27.68	27.68	48	
2770					3170	48.43	42.32	83	
2300					2400	26.37	25.27	121	
2573					3103	59.56	49.39	227	136
6424					6424	66.92	66.92	1094	2600
4044					4850	34.79	29.01	1267	4044
1868					2100	31.48	28.01	329	1500
1776					2176	41.83	34.14	342	
2500					3150	31.35	24.88	287	
34100					39000	36.10	31.56	118	
3363					4560	31.21	23.02	506	
1500					1765	33.94	28.85	178	
4700					4700	21.36	21.36	635	1500
1420					1420	19.19	19.19	47	
					280	2.48		12	
350					500	20.83	14.58	196	200
80					100	1.72	1.38		
620					750	10.68	8.83	78	
150					210	15.77	11.26	28	
					70	1.47		37	
					475	11.67		20	
90					90	2.88	2.88	18	
					65	2.21		16	
					240	6.13		10	
					400	16.69		15	
					60	0.98		2	
570					570	13.42	13.42		
100					100	2.77	2.77	33	
520					600	30.40	26.34	205	210
5800					6300	9.15	8.42	492	3400
3275					3675	18.46	16.45	98	
2565					3065	51.02	42.69	1084	

市序号	区序号	居住区名称	居住区					
			合计（平方米）	建筑占地面积	铺装面积	道路用地面积	其他面积	小计
甲	乙	丙	1=2+3+4+5+6	2	3	4	5	6=7+8+9
323	62	北京市建筑设计院广外	8380	3860	3260			1260
324	63	北京市华安物业管理公司	19727	11000	2727			6000
325	64	北京市运达物业管理中心	6400	3040	2762			598
326	65	车站东街11号铁路宿舍	4500	2064	800		210	1426
327	66	车站西街11号	1230	650	148			432
328	67	电信小马厂宿舍	15082	2429	8153		1200	3300
329	68	北京市京工房地产宿舍	6020	4560	840			620
330	69	国家有色金属工业公司	2544	990	800			754
331	70	万佳利物业管理公司	31968	8288	13680			10000
332	71	马连道中里三区	10835	3124	3498			4213
333	72	手帕口西一巷	1276	960	316			
334	73	二轻局宿舍	3920	2530	1190		200	
335	74	北京市恒物金属公司	1800	800	850		150	
336	75	广外南街低温设备厂宿舍	5292	2646	2296		350	
337	76	广外大街4、6、8、10.	14449	7644	6805			
338	77	北京邮带厂宿舍	4200	1725	2475			
339	78	鸭子桥南里小区	21408	14428	1200			5780
340	79	鸭子桥北里小区	44850	30670	2100			12080
341	80	三义里小区	58430	21655	10880			25895
342	81	红莲小区	134220	43020	38720			52480
343	82	湾子小区	11825	4500	3971			3354
344	83	马连道北里小区	20112	7862	4694			7556
345	84	小红庙小区	38616	12868	9848			15900
346	85	红居斜街宿舍	6410	2422	2733			1255
347	86	红莲晴园小区	18735	5992	6743			6000
348	87	马连道中里三区（铁路）	7665	2240	3325			2100
349	88	天宁寺南里小区	30720	11760	7415			11545
		牛街办事处	21488	12494	3762		1192	4040
350	89	春风小区	13400	7464	2436			3500
351	90	益民巷小区	8088	5030	1326		1192	540
		大栅栏办事处	36893	36333				560
352	91	东南园小区	17521	17311				210
353	92	厂甸宿舍	19372	19022				350
		白纸坊办事处	338097	165550	85648	19751	11963	55185
354	93	迎春里小区	8500	4761	739	1200		1800
355	94	北京供电局物资处宿舍	28234	14117	7469	4978	1670	1670

续表十

面积					绿化覆盖面积（平方米）	绿化覆盖率（%）	绿地率（%）	实有树木（株）	实有草坪（平方米）
绿地面积									
楼间绿地	道路绿地	居住区花园							
		小计	绿地面积	水面积					
7	8	9＝10＋11	10	11	12	13＝12/1	14＝6/1	15	16
1260					1350	16.11	15.04	886	
6000					6700	33.96	30.42	2229	4200
598					650	10.16	9.34	27	
1426					1730	38.44	31.69	108	600
432					450	36.59	35.12	68	300
3300					3650	24.20	21.88	97	
620					620	10.30	10.30	333	620
754					1050	41.27	29.64	486	
10000					10000	31.28	31.28	651	
4213					5250	48.45	38.88	589	3500
5780					5980	27.93	27.00	399	
12080					13100	29.21	26.93	567	
25895					28895	49.45	44.32	2276	
52480					57480	42.83	39.10	2640	
3354					3954	33.44	28.36	272	
7556					8785	43.68	37.57	463	
15900					20850	53.99	41.17	976	
1255					1350	21.06	19.58	131	
6000					8000	42.70	32.03	195	
2100					2850	37.18	27.40	693	1400
11545					15300	49.80	37.58	1312	6400
4040					6437	29.96	18.80	4285	2470
3500					5310	39.63	26.12	3857	2000
540					1127	13.93	6.68	428	470
560					600	1.63	1.52	624	350
210					250	1.43	1.20	204	150
350					350	1.81	1.81	420	200
52623	2562				67665	20.01	16.32	17483	34395
1800					2000	23.53	21.18	111	1000
1670					1670	5.91	5.91	133	

市序号	区序号	居住区名称	居住区					
			合计（平方米）	建筑占地面积	铺装面积	道路用地面积	其他面积	
								小计
甲	乙	丙	1=2+3+4+5+6	2	3	4	5	6=7+8+9
356	95	轻工部宿舍右安门东里	14823	8365	3026			3432
357	96	建功南里小区	16576	5716	4042	2938	380	3500
358	97	宣武区建功北里一号	2100	900	114	200	50	836
359	98	华北电管局宣武区南菜园	1800	800	74	200	70	656
360	99	华北电管局宣武区枣林	1400	600	100	200		500
361	100	华北电管局宣武区白广路	2300	1200	200	400	90	410
362	101	华北电管局宣武区白 广路	4600	3000	200	400	80	920
363	102	右内西街家委会	56000	35000	10000		3700	7300
364	103	公安局宣武区里仁街6号	36800	8116	20233			8451
365	104	华能小区(东街1号)	8000	4000	2900		200	900
366	105	北京第四印刷机械厂宿舍	7800	4000	3158		600	42
367	106	南运巷小区	7120	3120	1600		460	1940
368	107	广电部无线局宿舍	9222	3432	4264			1526
369	108	邮票印制局家委会	9045	5374	1648			2023
370	109	北京市移动通信公司	10800	5319	1212		1229	3040
371	110	消防局家委会	7367	3747	1000	690		1930
372	111	供电局右内西街甲2号	4355	2115		948		1292
373	112	新安北里宿舍	35817	17908	14000	629	1100	2180
374	113	河北宿舍25号	16380	8190	2009	3500		2681
375	114	河北宿舍1	13024	6512	4000	630	810	1072
376	115	新安南里宿舍	8448	4810	360	648		2630
377	116	新安中里宿舍	18696	9348	2300	1500	3194	2354
378	117	西大楼宿舍	8890	5100	1000	690		2100
		陶然亭办事处	151966	55650	32992	15611	2483	45230
379	118	华北电管局电厂宿舍	3500	1600	516		150	1234
380	119	经济日报社福洲馆宿舍	2908	1354	325	474		755
381	120	姚家井小区	14000	7544	1388			5068
382	121	高家寨小区	9936	4095	966		1565	3310
383	122	黑窑厂小区	30905	12554	3050	1017		14284
384	123	红土店小区	18793	6034	2087		768	9904
385	124	四平园小区	71499	22469	24660	14120		10250
386	125	红南居民委员会	425					425
		区园林局	343051	154065	90451		5775	92760
387	126	西便门小区	23553	9087	3285			11181
388	127	公社楼小区	6514	2686	1153			2675
389	128	里仁街小区	21877	11000	6697			4180

面积					绿化覆盖面积（平方米）	绿化覆盖率（%）	绿地率（%）	实有树木（株）	实有草坪（平方米）
绿地面积									
楼间绿地	道路绿地	居住区花园							
		小计	绿地面积	水面积					
7	8	9＝10＋11	10	11	12	13＝12/1	14＝6/1	15	16
3432					5488	37.02	23.15	407	2
3500					4000	24.13	21.11	1721	3000
836					900	42.86	39.81	30	750
656					800	44.44	36.44	82	500
500					600	42.86	35.71	90	400
410					500	21.74	17.83	81	380
920					920	20.00	20.00	110	770
7300					7300	13.04	13.04	669	7300
8451					9200	25.00	22.96	1085	4911
900					900	11.25	11.25	425	800
42					50	0.64	0.54	303	42
1940					1940	27.25	27.25	227	1200
1526					2460	26.68	16.55	1056	700
2023					2260	24.99	22.37	1533	800
3040					5200	48.15	28.15	329	3040
1930					2200	29.86	26.20	794	800
1292					1292	29.67	29.67	205	100
2100	80				3100	8.66	6.09	2056	1000
1600	1081				3910	23.87	16.37	929	2000
900	172				1935	14.86	8.23	95	500
1755	875				3110	36.81	31.13	2004	2000
2000	354				3830	20.49	12.59	2949	1500
2100					2100	23.62	23.62	59	900
45230					60063	39.52	29.76	8042	37884
1234					1234	35.26	35.26	174	990
755					1123	38.62	25.96	1523	700
5068					6851	48.94	36.20	534	4813
3310					4975	50.07	33.31	352	2400
14284					17310	56.01	46.22	2823	11083
9904					11823	62.91	52.70	1049	9000
10250					16247	22.72	14.34	1553	8898
425					500	117.65	100.00	34	
92760					96444	28.11	27.04		
11181					11433	48.54	47.47	3321	2835
2675					2675	41.07	41.07	197	
4180					4400	20.11	19.11	618	2000

市序号	区序号	居住区名称	居住区					
			合计（平方米）	建筑占地面积	铺装面积	道路用地面积	其他面积	小计
甲	乙	丙	1=2+3+4+5+6	2	3	4	5	6=7+8+9
390	129	槐柏树北里小区	12000	6500	2500			3000
391	130	天宁寺北里	18423	9185	2995			6243
392	131	天宁寺东里	1623					1623
393	132	马连道西一、二区	11709					11709
394	133	槐柏树小区	49725	18671	14274		5775	11005
395	134	槐柏树3组团	8380	1400	2650			4330
396	135	建工北里	14855	8101	3237			3517
397	136	双槐里	42420	19650	16512			6258
398	137	白菜湾小区	34658	17746	7952			8960
399	138	平渊里小区	36064	18032	14035			3997
400	139	法源寺小区	27390	13695	7310			6385
401	140	万博苑小区	24000	11279	6651			6070
402	141	智德苑小区	9860	7033	1200			1627
		朝阳区	**25775089**	**9122024**	**3559119**	**2128350**	**3725386**	**7240210**
		将台办事处	347292	120582	15488	40246	51866	119110
403	1	十二所家委会家属居住区	11757	5934	1800	1200	1474	1349
404	2	电车四厂家委会	4390	1898		546	1106	840
405	3	燕莎家委会	6655	2535	480	560	2860	220
406	4	燕翔饭店宿舍	3200	1539	800	200	461	200
407	5	芳园里小区	41512	9263	1211	1500	17433	12105
408	6	芳园南里	9100	3322	1970	700	1758	1350
409	7	芳园里11号	13710	2321	5249	1000	790	4350
410	8	芳园南里西区	22700	12469	1193	2959	60	6019
411	9	驼房营教工宿舍	2707	1299	244	30	924	210
412	10	环一楼宿舍	721	541		120		60
413	11	北京嘉林花园	50000	21125	2541	6334		20000
414	12	京润水上花园	180840	58336		25097	25000	72407
		安贞办事处	2911573	788251	615656	562193	33505	911968
415	13	安华里	464100	123211	99978	92380	3167	145364
416	14	安华西里	436740	119493	91640	90447	4138	131022
417	15	安贞里	470800	115445	99110	97720	6127	152398
418	16	安贞西里	546988	143006	123160	108580	6199	166043
419	17	黄寺小区	531745	158342	106386	90922	7000	169095
420	18	裕民路小区	461200	128754	95382	82144	6874	148046
		高碑店地区	569521	158885	84269	36240	108316	181811
421	19	甘露园南里一区	100001	25400	41708	4150	7639	21104

面积					绿化覆盖面积（平方米）	绿化覆盖率（%）	绿地率（%）	实有树木（株）	实有草坪（平方米）
绿地面积									
楼间绿地	道路绿地	居住区花园							
		小计	绿地面积	水面积					
7	8	9＝10＋11	10	11	12	13＝12/1	14＝6/1	15	16
3000					3300	27.50	25.00	3070	2500
6243					6243	33.89	33.89	2034	1040
1623					1623	100.00	100.00	286	30
11709					9072	77.48	100.00	2032	5986
11005					11280	22.68	22.13	1919	6627
4330					6284	74.99	51.67	939	3599
3517					5274	35.50	23.68	541	3517
6258					6258	14.75	14.75	82	
8960					10160	29.32	25.85	1051	6027
3997					3997	11.08	11.08	575	2365
6385					6385	23.31	23.31	1047	4115
6070					6070	25.29	25.29	1103	4100
1627					1990	20.18	16.50	339	720
6771513	**468697**				**9468900**	**36.74**	**28.09**	**1363770**	**3621017**
119110					134557	38.74	34.30	15852	93982
1349					2494	21.21	11.47	58	40
840					900	20.50	19.13	231	
220					500	7.51	3.31	102	
200					300	9.38	6.25	25	
12105					15355	36.99	29.16	933	5000
1350					1490	16.37	14.84	96	
4350					7350	53.61	31.73	917	2220
6019					6635	29.23	26.52	328	1985
210					210	7.76	7.76	240	10
60					240	33.29	8.32	6	
20000					20119	40.24	40.00	5617	20000
72407					78964	43.67	40.04	7299	64727
911968					1509843	51.86	31.32	35365	35235
145364					227409	49.00	31.32	4751	1695
131022					218370	50.00	30.00	14109	7586
152398					249524	53.00	32.37	3727	9761
166043					274041	50.10	30.36	10846	6735
169095					260556	49.00	31.80	242	4271
148046					231523	50.20	32.10	1690	5187
150017	31794				196911	34.57	31.92	17884	107783
14704	6400				28484	28.48	21.10	2480	2009

市序号	区序号	居住区名称	居住区					
			合计（平方米）	建筑占地面积	铺装面积	道路用地面积	其他面积	小计
甲	乙	丙	1=2+3+4+5+6	2	3	4	5	6=7+8+9
422	20	大黄庄教工宿舍楼	4032	1390	968	105	857	712
423	21	南太平庄北巷四号楼	2293	854	214	275	122	828
424	22	甘露园南里三区	5500	1255	2430			1815
425	23	甘露园南里二区	102048	10500	23500	9800	37546	20702
426	24	兴隆公司有限公司	48720	4596	1705	410	10030	31979
427	25	中国妇联小区	73692	14392	707	6500	10805	41288
428	26	康家园小区	150000	59000	3037	15000	41317	31646
429	27	兴隆湖景别墅小区	83235	41498	10000			31737
		双井办事处	639813	376682	11915	59598	21607	170011
430	28	劲松九区一小区	22110	9800	1470		2490	8350
431	29	双花园小区	81817	44280		12450	3822	21265
432	30	钢琴厂宿舍	3349	1750	883			716
433	31	劲松嘉园	10800	7780		1500		1520
434	32	双建木家委会	5900	1500		1500	2500	400
435	33	铁道部专运处宿舍	11515	2118	2500		5337	1560
436	34	中远家委会	4150	1840		1750	300	260
437	35	劲松九区第二居委会	18490	15200	1150	650	290	1200
438	36	怡馨园	15722	7200		3186	500	4836
439	37	酱油厂宿舍	6984	1148	1380	1808	840	1808
440	38	职工开发集团	22845	10800		4165	1020	6860
441	39	广和东里1号院	9000	2396		3550	1100	1954
442	40	广渠门外大街38号楼	1000	500		210		290
443	41	城建家委会	1700	1300		220		180
444	42	垂杨柳小区	289362	186730	3232	16300		83100
445	43	德纳银通广场	10819	6560		1009		3250
446	44	九龙山家园	99100	55380		8600	3408	31712
447	45	和平村联合小区	10150	5400	1300	2700		750
448	46	北菜园居委会	15000	15000				
		垡头办事处	309226	87437	30907	15030	66180	109672
449	47	老区	117328	28492	9796	2225	39625	37190
450	48	垡头二区	62276	11382	5932	2422	20270	22270
451	49	垡头北里	36231	12682	4047	3242	1388	14872
452	50	垡头三区	26364	9744	3038	2725	1990	8867
453	51	垡头一区	24825	10095	1893	2062	1786	8989
454	52	金蝉北里	28198	9002	4711	1594	1121	11770
455	53	金蝉里	14004	6040	1490	760		5714

续表十三

面积					绿化覆盖面积（平方米）	绿化覆盖率（%）	绿地率（%）	实有树木（株）	实有草坪（平方米）
绿地面积									
楼间绿地	道路绿地	居住区花园							
		小计	绿地面积	水面积					
7	8	9=10+11	10	11	12	13=12/1	14=6/1	15	16
660	52				534	13.24	17.66	443	441
397	431				950	41.43	36.11	33	
550	1265				1815	33.00	33.00	421	1703
6100	14602				21817	21.38	20.29	5431	14602
31979					33779	69.33	65.64	522	31979
41288					42886	58.20	56.03	1584	150
25162	6484				31646	21.10	21.10	6683	25162
29177	2560				35000	42.05	38.13	287	31737
170011					217990	34.07	26.57	17802	33817
8350					10430	47.17	37.77	473	2400
21265					31050	37.95	25.99	8014	12744
716					800	23.89	21.38	281	240
1520					1930	17.87	14.07	760	1400
400					460	7.80	6.78	19	
1560					2300	19.97	13.55	265	470
260					890	21.45	6.27	32	240
1200					1300	7.03	6.49	57	
4836					5200	33.07	30.76	1964	3636
1808					2000	28.64	25.89	89	
6860					7560	33.09	30.03	358	130
1954					3200	35.56	21.71	60	
290					310	31.00	29.00	30	290
180					320	18.82	10.59	6	
83100					106530	36.82	28.72	4467	11555
3250					4110	37.99	30.04	556	12
31712					38600	38.95	32.00	222	480
750					1000	9.85	7.39	149	220
104115	5557				146365	47.33	35.47	26256	22527
36428	762				39415	33.59	31.70	1269	1000
20300	1970				29414	47.23	35.76	5833	
13931	941				19174	52.92	41.05	4864	8200
8457	410				12195	46.26	33.63	3668	4132
8239	750				15765	63.50	36.21	4386	2200
11330	440				13364	47.39	41.74	3115	5613
5430	284				7708	55.04	40.80	3121	1382

市序号	区序号	居住区名称	居住区					
			合计（平方米）	建筑占地面积	铺装面积	道路用地面积	其他面积	小计
甲	乙	丙	1=2+3+4+5+6	2	3	4	5	6=7+8+9
		望京办事处	1881115	1190311	96135	190030	163700	240939
456	54	望京西园	286073	201000	18000	28400		38673
457	55	南湖东园	142541	91000	2283	14500		34758
458	56	方舟苑小区	23453	10601	4852	2400	3500	2100
459	57	大西洋新城	437846	229710		36930	96600	74606
460	58	花家地小区	99700	26000	17500	25400	13000	17800
461	59	花家地北二区	286600	201000	17500	26500	17600	24000
462	60	南湖西园	282302	201000	18000	27300	13000	23002
463	61	南湖中园	322600	230000	18000	28600	20000	26000
		酒仙桥办事处	1347486	477498	149099	2497	394863	323529
464	62	高家园小区	142870	80754	9743		940	51433
465	63	大山子小区	252826	87217	42135	2497	44485	76492
466	64	大程控家属区	23626	6952	10334			6340
467	65	电话局家属区	5110	2183	2547			380
468	66	酒仙桥一街坊	57980	17501	12455		11871	16153
469	67	酒仙桥二街坊	64866	13563	10763		37660	2880
470	68	酒仙桥三街坊	71188	24196	15580		17331	14081
471	69	酒仙桥四街坊	101690	30160	13220		42040	16270
472	70	酒仙桥六街坊	56035	23687			18692	13656
473	71	酒仙桥七街坊	47988	18673			18854	10461
474	72	酒仙桥八街坊	64750	20193	13250		30212	1095
475	73	酒仙桥十街坊	92585	22542	4832		37324	27887
476	74	酒仙桥十一街坊	84190	28627	7560		21736	26267
477	75	酒仙桥十二街坊	55356	17550	4165		21574	12067
478	76	酒仙桥十三街坊	56047				39233	16814
479	77	酒仙桥十四街坊	58779				41141	17638
480	78	酒仙桥十五街坊	111600	83700	2515		11770	13615
		左家庄办事处	1329184	312543	54286	18938	473113	470304
481	79	首汽新源里家属宿舍	2270	1200		1070		
482	80	力鸿花园	61500	20000	1500	11000	10880	18120
483	81	朝阳区左家庄物业	79266	16643	18000	6868	16620	21135
484	82	世方豪庭	6100	1610	1838		900	1752
485	83	国际友谊花园	13400	8500	500		100	4300
486	84	三元里社区	353557	88195	14180		12939	238243
487	85	新源里社区	232428	53320	11115		11107	156886
488	86	曙光里社区	240158	43694	80		185804	10580

续表十四

面积					绿化覆盖面积（平方米）	绿化覆盖率（%）	绿地率（%）	实有树木（株）	实有草坪（平方米）
绿地面积									
楼间绿地	道路绿地	居住区花园							
		小计	绿地面积	水面积					
7	8	9＝10＋11	10	11	12	13＝12/1	14＝6/1	15	16
240937	2				375790	19.98	12.81	63242	203981
38673					13243	4.63	13.52	7335	47073
34758					841	0.59	24.38	16838	23914
2100					100	0.43	8.95	1748	8000
74606					74606	17.04	17.04	2835	59401
17800					6000	6.02	17.85	18875	39100
24000					5000	1.74	8.37	2699	5100
23000	2				10000	3.54	8.15	2124	4800
26000					10000	3.10	8.06	10788	16593
323529					388754	28.85	24.01	13013	26529
51433					51767	36.23	36.00	3898	9700
76492					95238	37.67	30.25	3436	9060
6340					6400	27.09	26.83	88	1300
380					495	9.69	7.44	81	70
16153					18090	31.20	27.86	713	130
2880					5761	8.88	4.44	271	
14081					17298	24.30	19.78	463	
16270					24406	24.00	16.00	897	2000
13656					16866	30.10	24.37	457	1979
10461					11757	24.50	21.80	280	
1095					2738	4.23	1.69	339	300
27887					32099	34.67	30.12	777	
26267					29887	35.50	31.20	700	1105
12067					14724	26.60	21.80	197	245
16814					16814	30.00	30.00		
17638					17637	30.01	30.01		
13615					17967	16.10	12.20	416	640
470304					523781	39.41	35.38	86958	222256
					45	1.98		11	
18120					22000	35.77	29.46	2678	17800
21135					23416	29.54	26.66	2518	9350
1752					2095	34.34	28.72	2292	415
4300					4154	31.00	32.09	719	4000
238243					261102	73.85	67.38	32319	84645
156886					163348	70.28	67.50	16905	46376
10580					10580	4.41	4.41	10391	21180

市序号	区序号	居住区名称	居住区					
			合计（平方米）	建筑占地面积	铺装面积	道路用地面积	其他面积	小计
甲	乙	丙	1=2+3+4+5+6	2	3	4	5	6=7+8+9
489	87	左家庄社区	340505	79381	7073		234763	19288
490	88	左家庄小区						
		团结湖办事处	489091	178216	92704	1393	17284	199494
491	89	轻工白家庄宿舍	10599	3810			6379	410
492	90	区物资局宿舍	1530	1020	510			
493	91	光华染织厂宿舍	11904	5564			6340	
494	92	国家商检局宿舍	3036	1725	1236			75
495	93	造纸厂宿舍	6534	2122			3092	1320
496	94	城建五公司宿舍	12335	5726	3109			3500
497	95	全国政协宿舍	5932	1673		1393	1473	1393
498	96	民航家委会	7850	2526	3230			2094
499	97	市水利局宿舍	9252	4105	3112			2035
500	98	朝阳税务宿舍	13247	11000	1547			700
501	99	团结湖小区—01	25840	8470	1574			15796
502	100	团结湖小区—02	18388	7119	3970			7299
503	101	团结湖小区—03	18700	7386	4421			6893
504	102	团结湖小区—04	17307	5652	2169			9486
505	103	团结湖小区—05	9398	3338	1530			4530
506	104	团结湖小区—06	22860	8417	8089			6354
507	105	团结湖小区—07	31017	15865	3518			11634
508	106	团结湖小区—08	18870	5290	2764			10816
509	107	团结湖小区—09	17524	3950	4211			9363
510	108	团结湖小区—10	14346	5982	1980			6384
511	109	团结湖小区—11	11616	3027	3940			4649
512	110	团结湖小区—12	8628	2542	1262			4824
513	111	团结湖小区—13	13300	4692	4809			3799
514	112	团结湖小区—14	12961	3760	1532			7669
515	113	团结湖小区—15	11340	3495	384			7461
516	114	团结湖小区—16	17700	5560	2288			9852
517	115	团结湖小区—17	13700	3516	5840			4344
518	116	团结湖小区—18	18792	6184	3752			8856
519	117	团结湖小区—19	71013	17844	15360			37809
520	118	团结湖小区—20	24439	10619	4380			9440
521	119	果品公司宿舍—1	2668	2100	368			200
522	120	果品公司宿舍—2	3585	1857	1419			309
523	121	果品公司宿舍—3	2880	2280	400			200

续表十五

面积					绿化覆盖面积（平方米）	绿化覆盖率（%）	绿地率（%）	实有树木（株）	实有草坪（平方米）
绿地面积									
楼间绿地	道路绿地	居住区花园							
		小计	绿地面积	水面积					
7	8	9 = 10 + 11	10	11	12	13 = 12/1	14 = 6/1	15	16
19288					19288	5.66	5.66	19125	38490
199494					215284	44.02	40.79	23715	51373
410					410	3.87	3.87	25	
75					75	2.47	2.47	3	
1320					2880	44.08	20.20	122	
3500					4000	32.43	28.37	259	3000
1393					1500	25.29	23.48	99	1000
2094					2200	28.03	26.68	161	400
2035					2235	24.16	22.00	551	300
700					850	6.42	5.28	2137	620
15796					16796	65.00	61.13	926	2591
7299					8299	45.13	39.69	353	3610
6893					7893	42.21	36.86	2857	1380
9486					10486	60.59	54.81	904	2546
4530					6097	64.88	48.20	1028	
6354					6854	29.98	27.80	875	600
11634					12634	40.73	37.51	1346	3600
10816					11816	62.62	57.32	1017	3872
9363					9863	56.28	53.43	984	1000
6384					9684	67.50	44.50	403	3000
4649					5149	44.33	40.02	332	900
4824					4824	55.91	55.91	705	1500
3799					3799	28.56	28.56	121	
7669					7669	59.17	59.17	557	2240
7461					7461	65.79	65.79	550	3000
9852					9852	55.66	55.66	534	3000
4344					4344	31.71	31.71	708	500
8856					8856	47.13	47.13	629	2674
37809					37809	53.24	53.24	3211	6474
9440					9440	38.63	38.63	896	4466
200					200	7.50	7.50	4	
309					349	9.74	8.62	112	100
200					960	33.33	6.94	1306	

市序号	区序号	居住区名称	居住区					
			合计（平方米）	建筑占地面积	铺装面积	道路用地面积	其他面积	小计
甲	乙	丙	1=2+3+4+5+6	2	3	4	5	6=7+8+9
		管庄办事处	1395716	420562	136359	147551	277985	413259
524	122	北京卷烟厂宿舍	27551	7940	1320	2396	625	15270
525	123	6901厂宿舍	56925	17836	5786	7762	14977	10564
526	124	双柳巷2号楼	1000	750		150		100
527	125	双柳巷物业小区	75000	37845	2000		17147	18008
528	126	定福花园	90298	24471	16446	12000	6092	31289
529	127	定福庄北里2号矿大家属区	49151	13374	3322		927	31528
530	128	第二外语学院宿舍	27900	8463	7930	5148	100	6259
531	129	中国建材院宿舍	202853	52530	10694	18690	45281	75658
532	130	491台宿舍	9780	3402	250	2050	1078	3000
533	131	局管庄大院	64057	22094	12521		900	28542
534	132	北内集团总公司管庄宿舍家委会	27833	5603	675	1942	14243	5370
535	133	朝阳区定福庄西里1号	34061	9814	4387	7000	1750	11110
536	134	卫生部北京生物制品研究所生活区	96786	20456	19235	9054	29451	18590
537	135	广播器材制造厂宿舍	98020	33000	3100	6932	33088	21900
538	136	绿岛苑住宅小区	25000	5816	4461	4190	3720	6813
539	137	广播学院家属区	33295	7980	1725	5337		18253
540	138	干休三所宿舍	17362	7217	1263	2172		6710
541	139	中船602院宿舍	9046	4026		1120		3900
542	140	625所宿舍	66000	12277	10544	5862	11451	25866
543	141	住宅小区	44200	11314	2350	7329	9707	13500
544	142	金星制笔公司宿舍	30211	11356	1393	5785	2679	8998
545	143	万东医疗装备公司宿舍	7800	2050	1100	360	4190	100
546	144	双桥铁路小区	65695	24830	600	5265	30741	4259
547	145	双桥西里七号院	3000	966	280	420	454	880
548	146	科技大管庄校区	5077	3647	1056	172		202
549	147	朝阳区管庄西里	82832	18000	18900	20002	924	25006
550	148	定福庄西街家属宿舍	39483	17486		8074	12083	1840
551	149	管庄教工楼	7259	2900	823	245	3171	120
552	150	勘测设计院宿舍	4284	1860	200	630	84	1510
553	151	北京联垦物资集团北院宿舍	10560	2920			5000	2640
554	152	北京联垦集团南院宿舍	8320	2732	631	1129		3828
555	153	北京文教用品厂宿舍	5197	2169		1896	1032	100
556	154	新开发小区(未绿化)	31560	7544	1860	1320	20836	
557	155	定福庄西里北齿家委会	14879	7158	102	1659	1120	4840
558	156	北京收割机厂宿舍	16913	6764		1120	4429	4600

续表十六

面积					绿化覆盖面积（平方米）	绿化覆盖率（%）	绿地率（%）	实有树木（株）	实有草坪（平方米）
绿地面积									
楼间绿地	道路绿地	居住区花园							
		小计	绿地面积	水面积					
7	8	9 = 10 + 11	10	11	12	13 = 12/1	14 = 6/1	15	16
333971	79288				612209	43.86	29.61	127726	162077
15270					17666	64.12	55.42	2568	12665
4564	6000				28805	50.60	18.56	1376	2825
	100				240	24.00	10.00	10	
18008					20043	26.72	24.01	6605	5308
11778	19511				32520	36.01	34.65	77779	10100
31528					35777	72.79	64.15	517	31528
4909	1350				7259	26.02	22.43	1008	15540
61641	14017				89807	44.27	37.30	2626	3945
1300	1700				4500	46.01	30.67	286	800
25863	2679				38730	60.46	44.56	3415	13243
3770	1600				10740	38.59	19.29	1341	
10810	300				20100	59.01	32.62	4080	5810
14814	3776				65379	67.55	19.21	2628	10835
21900					26280	26.81	22.34	3337	1200
3890	2923				13626	54.50	27.25	1908	5827
12253	6000				18666	56.06	54.82	1067	12860
6710					9870	56.85	38.65	1608	440
3900					4050	44.77	43.11	279	
24031	1835				24150	36.59	39.19	8246	16881
10125	3375				16446	37.21	30.54	1440	400
8998					10998	36.40	29.78	2064	
100					800	10.26	1.28	28	
3059	1200				6400	9.74	6.48	472	
880					1760	58.67	29.33	99	
106	96				320	6.30	3.98	59	
12500	12506				47500	57.34	30.19	951	9500
1840					6840	17.32	4.66	448	
120					430	5.92	1.65	15	
1510					1681	39.24	35.25	128	120
2640					3780	35.80	25.00	310	
3828					5780	69.47	46.01	593	
100					200	3.85	1.92	12	
4840					5858	39.37	32.53	307	
4600					9200	54.40	27.20	52	2250

市序号	区序号	居住区名称	居	住	区			
			合计（平方米）	建筑占地面积	铺装面积	道路用地面积	其他面积	小计
甲	乙	丙	1＝2＋3＋4＋5＋6	2	3	4	5	6＝7＋8＋9
559	157	武汉研究生部宿舍	6528	1972	1405	340	705	2106
		呼家楼办事处	1305313	542449	196840	129271	36520	400233
560	158	关东店居住区	304955	114783	84056	30614	4395	71107
561	159	朝阳路南居住区	468607	250945	16633	26352		174677
562	160	呼家楼南里居住区	62713	19302	17936	3712	125	21638
563	161	金台里居住区	254141	83309	40598	31548	20858	77828
564	162	呼家楼西里居住区	124466	45752	13827	26480	11028	27379
565	163	呼家楼北里居住区	90431	28358	23790	10565	114	27604
		建外办事处	667725	222208	196063	12300	110937	126217
566	164	东光路小区	22167	12498	3019			6650
567	165	光华路居住区	195364	45746	80114	7220	15600	46684
568	166	光华东里小区	86672	26000	29737	1680	20000	9255
569	167	永安东里小区	21776	5870	1885		11121	2900
570	168	永安里居住区	24000	9600	7100			7300
571	169	永安西里小区	15795	6049	6757			2989
572	170	灵通观小区	69986	23520	34085			12381
573	171	建外郎家园居住区	4614	2200	1454			960
574	172	光辉里小区	28200	14186	7914			6100
575	173	建外南郎居住区	30486	10546	10240	3400	300	6000
576	174	建外光华路 12 号院居住区	10700	5000	1000			4700
577	175	阳光 100 国际公寓	33300	21500			11800	
578	176	建外光华里 14 号院居住区	6721	2730	3480			511
579	177	器材公司宿舍	9106	5588	3050			468
580	178	盛世家园小区	20016	4975	2113		6108	6820
581	179	印刷二厂宿舍	10000	4000	2200			3800
582	180	现代城	78822	22200	1915		46008	8699
		机场办事处	410769	87603	203901	36289	2400	80576
583	181	北平里	58110	8612	34092	5336		10070
584	182	东平里	65762	14298	31999	6095		13370
585	183	机场南路西里	66021	14045	30261	5763		15952
586	184	机场南路东里	12539	5016	3642	693		3188
587	185	南平里	125565	27644	61463	11707		24751
588	186	燕翔西里	60978	12768	35154	6695		6361
589	187	西平里	21794	5220	7290		2400	6884
590	188	1.5.7 花园						
		亚运村办事处	1251518	424174	111755	120617	13500	581472

续表十七

面	积				绿化覆盖面积（平方米）	绿化覆盖率（%）	绿地率（%）	实有树木（株）	实有草坪（平方米）
绿地面积									
楼间绿地	道路绿地	居住区花园							
		小计	绿地面积	水面积					
7	8	9 = 10 + 11	10	11	12	13 = 12/1	14 = 6/1	15	16
1786	320				2466	37.78	32.26	64	
400233					454365	34.81	30.66	40761	99870
71107					83773	27.47	23.32	12591	8191
174677					176552	37.68	37.28	4989	10926
21638					23612	37.65	34.50	1489	21482
77828					89660	35.28	30.62	11443	14750
27379					31925	25.65	22.00	7388	25316
27604					45843	50.69	30.52	2861	19205
121162	5055				140578	21.05	18.90	31345	35136
6650					6850	30.90	30.00	559	980
43684	3000				51684	26.46	23.90	12437	8500
9000	255				9880	11.40	10.68	1171	2500
2600	300				3150	14.47	13.32	381	
7300					7500	31.25	30.42	535	330
2989					3200	20.26	18.92	1755	200
12381					13381	19.12	17.69	3328	2750
960					1080	23.41	20.81	291	500
6100					6500	23.05	21.63	1843	3500
4500	1500				9600	31.49	19.68	1282	2600
4700					4800	44.86	43.93	1414	3000
511					760	11.31	7.60	169	60
468					530	5.82	5.14	9	200
6820					8933	44.63	34.07	3669	
3800					3880	38.80	38.00	1340	2500
8699					8850	11.23	11.04	1162	7516
80576					95726	23.30	19.62	15231	58204
10070					12883	22.17	17.33	5719	9254
13370					10458	15.90	20.33	1280	11187
15952					17593	26.65	24.16	1542	13045
3188					2260	18.02	25.42	460	1537
24751					24191	19.27	19.71	3833	15356
6361					7274	11.93	10.43	314	3005
6884					8680	39.83	31.59	2083	4820
518089	63383				942309	75.29	46.46	199327	271743

市序号	区序号	居住区名称	居住区					
			合计（平方米）	建筑占地面积	铺装面积	道路用地面积	其他面积	小计
甲	乙	丙	1=2+3+4+5+6	2	3	4	5	6=7+8+9
591	189	丝竹园小区	45000	22500	6000	4000	500	12000
592	190	北郊管理处	9039	3173	1702	1260		2904
593	191	华严北里民族园路 11 号	21000	3700	2800	3700		10800
594	192	华严北里 2 号院	9784	3558	1030	2061		3135
595	193	健翔山庄	21872	6744	3378	3750		8000
596	194	华严北里 1202 宿舍区	12412	4600	2812	2000		3000
597	195	中科院北郊苇子坑小区	47719	13288	15502	1984		16945
598	196	中科院北郊华严里小区	39528	14666	10645	2698		11519
599	197	慧苑居住区	526600	153129	44750	66253		262468
600	198	华严北里	108400	47970	11353			49077
601	199	安苑里小区	24448	8365	2722	2911		10450
602	200	中科院苇子坑(联建)	27000	5681	3061		13000	5258
603	201	北辰集团居住区	358716	136800	6000	30000		185916
		和平街办事处	1186787	273280	98261	64837	556249	194160
604	202	和平街 8 区.10 区.11 区	238896	55804	40579	23212	18784	100517
605	203	东土城砖角楼北里南里	147140	60452	7865	12560	50078	16185
606	204	和平街 12 区.13 区.14 区	219658	35759	31975	4765	119273	27886
607	205	胜古庄南里.北里小区	286020	74492	7002	9540	170841	24145
608	206	和平街小黄庄小区	295073	46773	10840	14760	197273	25427
		朝外办事处	482095	154776	184634		38985	103700
609	207	吉庆里小区	101030	26670	24450		24450	25460
610	208	工体西里小区	14200	5040	3990			5170
611	209	吉祥里小区(东区)	18600	5310	7000		260	6030
612	210	吉祥里小区(西区)	29050	5500	10000		3950	9600
613	211	海关宿舍楼	3350	870	2170			310
614	212	工体南路家属院	7360	2600	3360			1400
615	213	体南居委会	3460	1500	1890			70
616	214	体东教工宿舍区	4580	1120	2790			670
617	215	体东路小区	22910	10650	6660			5600
618	216	朝外市场街中保宿舍楼	5280	1350	3830			100
619	217	怡景园小区	76000	27600	40000		7200	1200
620	218	天福园小区	18500	6160	8840			3500
621	219	芳草地西街宿舍楼	3120	1125	1795			200
622	220	东光路小区	30970	10650	12800			7520
623	221	迪阳公寓	5780	1500	1820			2460
624	222	芳草苑公寓	6000	2800	2650			550

续表十八

面积					绿化覆盖面积（平方米）	绿化覆盖率（%）	绿地率（%）	实有树木（株）	实有草坪（平方米）
绿地面积									
楼间绿地	道路绿地	居住区花园							
		小计	绿地面积	水面积					
7	8	9 = 10 + 11	10	11	12	13 = 12/1	14 = 6/1	15	16
10000	2000				18000	40.00	26.67	485	
2904					3583	39.64	32.13	449	1887
8800	2000				17300	82.38	51.43	8622	6000
2490	645				2823	28.85	32.04	334	
8000					9387	42.92	36.58	748	
2500	500				4000	32.23	24.17	399	3000
16945					21945	45.99	35.51	1102	1890
11519					16579	41.94	29.14	1420	610
205730	56738				337570	64.10	49.84	88882	43396
49077					54477	50.26	45.27	1646	21138
8950	1500				14537	59.46	42.74	1077	2205
5258					6400	23.70	19.47	1175	4000
185916					263461	73.45	51.83	92988	187617
194160					295402	24.89	16.36	15523	118410
100517					170879	71.53	42.08	5934	76000
16185					21040	14.30	11.00	1427	12481
27886					39040	17.77	12.70	3448	9295
24145					31388	10.97	8.44	1279	6810
25427					33055	11.20	8.62	3435	13824
103700					120070	24.91	21.51	20605	94059
25460					25460	25.20	25.20		17604
5170					6000	42.25	36.41	1933	4930
6030					6800	36.56	32.42	626	5800
9600					10000	34.42	33.05	1858	9000
310					350	10.45	9.25	361	248
1400					1500	20.38	19.02	174	1260
70					150	4.34	2.02	35	
670					720	15.72	14.63	244	360
5600					5800	25.32	24.44	351	5200
100					150	2.84	1.89	42	50
1200					1500	1.97	1.58	425	750
3500					3800	20.54	18.92	733	3100
200					260	8.33	6.41	152	150
7520					15400	49.73	24.28	2534	6400
2460					2600	44.98	42.56	566	4400
550					600	10.00	9.17	2350	350

市序号	区序号	居住区名称	居住区					
			合计（平方米）	建筑占地面积	铺装面积	道路用地面积	其他面积	小计
甲	乙	丙	1=2+3+4+5+6	2	3	4	5	6=7+8+9
625	223	芳草地居委会	21175	6560	11000		2615	1000
626	224	三丰里小区	75270	20800	30470			24000
627	225	芳南居委会	3750	1410	1000		510	830
628	226	雅宝路宿舍区	5200	3387	1313			500
629	227	雅宝里宿舍楼	4620	1860	2030			730
630	228	雅宝路宿舍楼	2050	1364	686			
631	229	雅宝里小区	19840	8950	4090			6800
		八里庄办事处	364500	141478	75583	55827	32890	58722
632	230	朝阳煤炭公司	2011	1048				963
633	231	八里庄西里311楼纺科院家委会	9293	2514	2800		2379	1600
634	232	慈云里居委会	38758	20347	1725	15769		917
635	233	红北小区	70964	12201	15284	15461		28018
636	234	公安局家委会	2310	1216			1094	
637	235	慈云寺教工委宿舍	7218	3218	3515		400	85
638	236	小庄北居委会	28832	10190	5982	3604	2764	6292
639	237	延静西里居委会	12878	5360		2769		4749
640	238	甘露园南里甘东居委会小区	25743	8199	3120	1000	9990	3434
641	239	南十里堡居委会	26897	11526	5021	10282		68
642	240	机械公司英家坟家委会	9600	4600	200		1700	3100
643	241	北仪家委会	16738	7713	7000		1435	590
644	242	机一委	10021	5765	1250	530	265	2211
645	243	小庄南居委会	16357	7334	5056	3187		780
646	244	东里北巷居委会	14000	10000	720		2740	540
647	245	化机家委会	7358	3958	2590	360		450
648	246	甘西居委会	27901	14198	4243	1985	6419	1056
649	247	国华热电厂生活区及408楼	9796	4778	600		3704	714
650	248	慈云寺小区	27825	7313	16477	880		3155
		香河园办事处	1298293	173539	78633	181557	477172	387392
651	249	柳芳南里	202960	35000	8000	21986	72994	64980
652	250	柳芳北里	194610	34363	7636	47727	55727	49157
653	251	坝河东里	323784	39188	18353	65331	96813	104099
654	252	坝河南里	102997	10192	8900	9400	46008	28497
655	253	坝河中里	160150	14359	10597	13200	71593	50401
656	254	坝河西里	141162	15437	9347	13213	64885	38280
657	255	光熙门北里	172630	25000	15800	10700	69152	51978
		太阳宫办事处	745272	370861	114360	89326	9650	161075

续表十九

面积					绿化覆盖面积（平方米）	绿化覆盖率（%）	绿地率（%）	实有树木（株）	实有草坪（平方米）
绿地面积									
楼间绿地	道路绿地	居住区花园							
		小计	绿地面积	水面积					
7	8	9 = 10 + 11	10	11	12	13 = 12/1	14 = 6/1	15	16
1000					1400	6.61	4.72	219	820
24000					28000	37.20	31.89	4751	21505
830					950	25.33	22.13	272	700
500					630	12.12	9.62	142	
730					800	17.32	15.80	189	1032
6800					7200	36.29	34.27	2648	10400
57922	800				77913	21.38	16.11	19739	40612
963					963	47.89	47.89	119	800
1600					2100	22.60	17.22	112	
917					1100	2.84	2.37	94	227
28018					35121	49.49	39.48	10892	19407
85					150	2.08	1.18	98	
6292					7944	27.55	21.82	472	4558
4749					5224	40.57	36.88	1574	4749
2830	604				3949	15.34	13.34	971	2572
68					268	1.00	0.25	28	
3100					3268	34.04	32.29	506	2069
590					700	4.18	3.52	59	
2015	196				2360	23.55	22.06	226	2210
780					880	5.38	4.77	342	600
540					850	6.07	3.86	33	
450					550	7.47	6.12	26	
1056					1584	5.68	3.78	145	
714					2931	29.92	7.29	707	714
3155					3471	12.47	11.34	3335	2706
230814	156578				466902	35.96	29.84	60971	247148
38988	25992				65221	32.13	32.02	10978	26125
29494	19663				68823	35.36	25.26	5738	13782
59370	44729				116427	35.96	32.15	15626	65000
16007	12490				31275	30.36	27.67	4999	19755
30240	20161				79622	49.72	31.47	7507	61967
25529	12751				44047	31.20	27.12	12363	20692
31186	20792				61487	35.62	30.11	3760	39827
124993	36082				253138	33.97	21.61	46797	89379

市序号	区序号	居住区名称	居住区					
			合计（平方米）	建筑占地面积	铺装面积	道路用地面积	其他面积	小计
甲	乙	丙	1=2+3+4+5+6	2	3	4	5	6=7+8+9
658	256	西坝河北里小区	27674	4932	10440		4000	8302
659	257	芍药居5号院	34581	8948	20646			4987
660	258	西坝河北里社科院宿舍	12200	4845	3705			3650
661	259	市政物业分公司芍药居甲2号	36105	13003	14095			9007
662	260	中交物业芍药居2号院	73998	56810	9868			7320
663	261	中建一局四公司芍药居9号楼	14120	4752	6358			3010
664	262	长途保修厂宿舍	15000	6939	7071			990
665	263	北京恒川公寓	18340	7790			1250	9300
666	264	劳动部32#、33#宿舍	6654	2126	2916			1612
667	265	太阳宫芍药居住二生活基地	37460	31000	6460			
668	266	尚家楼小区	15200	4220	4590		4100	2290
669	267	空军后勤部太阳宫服务处	23940	7131	8364	5000	300	3145
670	268	芍药居北里	430000	218365	19847	84326		107462
		六里屯办事处	1018210	389323	178055	63415	120646	266771
671	269	十里堡北第一居民委员会	37500	17850	10900	1810	2450	4490
672	270	十里堡北里居民委员会	34000	9220	7000	1400	4568	11812
673	271	延静里第一居委会	29000	14027	5524	749		8700
674	272	甜水园居委会	47928	42188	1850			3890
675	273	六北居民委员会	13345	3895	5490			3960
676	274	马道口北居民委员会	12900	5130	3201		4569	
677	275	甜水园西街居民委员会	7047	3194	1229		1304	1320
678	276	延静东里居民委员会	3770	2430	190	380	625	145
679	277	壁板厂房管所	3141	1299	866			976
680	278	公安部宿舍	7348	2830	1172	1142		2204
681	279	六里屯煤碳宿舍	3437	921	1146		316	1054
682	280	区政府宿舍	4940	1910	2900			130
683	281	东五建家委会	4995	1460	2120		355	1060
684	282	北京印染厂家属委员会	10185	5252	2629			2304
685	283	东安集团家委会	9500	3149	997	1870	1640	1844
686	284	外文印总家委会	12000	10350	800	255		595
687	285	北京二轻工业学校宿舍	4001	1464	916	656		965
688	286	东苑家委会	20000	6203	3215		4582	6000
689	287	纺织设计院家属委员会	5800	2472	1908		640	780

面积					绿化覆盖面积（平方米）	绿化覆盖率（%）	绿地率（%）	实有树木（株）	实有草坪（平方米）
绿地面积									
楼间绿地	道路绿地	居住区花园							
		小计	绿地面积	水面积					
7	8	9＝10＋11	10	11	12	13＝12/1	14＝6/1	15	16
8302					9201	33.25	30.00	1192	3824
4987					12436	35.96	14.42	4179	
3650					4850	39.75	29.92	3222	3650
9007					9007	24.95	24.95	4079	9007
6020	1300				9320	12.59	9.89	6821	5000
3010					3010	21.32	21.32	1334	3010
990					2760	18.40	6.60	868	800
9300					16280	88.77	50.71	2622	8270
1612					1612	24.23	24.23	344	1475
					436	1.16		252	
2290					2290	15.07	15.07	588	2945
3145					6115	25.54	13.14	3916	2945
72680	34782				175821	40.89	24.99	17380	48453
253549	13222				311495	30.59	26.20	86662	102240
4450	40				6430	17.15	11.97	159	
11812					13810	40.62	34.74	726	1200
8700					10900	37.59	30.00	278	3000
3890					5464	11.40	8.12	77	
3960					6600	49.46	29.67	130	
1320					2000	28.38	18.73	20	30
70	75				750	19.89	3.85	66	70
976					1020	32.47	31.07	204	500
2204					2204	29.99	29.99	481	2000
1054					1185	34.48	30.67	540	700
130					130	2.63	2.63	15	
1060					1390	27.83	21.22	56	
2304					2500	24.55	22.62	146	1200
1000	844				1994	20.99	19.41	506	600
595					1252	10.43	4.96	88	
965					1052	26.29	24.12	360	965
4706	1294				6462	32.31	30.00	963	
110	670				1300	22.41	13.45	26	

市序号	区序号	居住区名称	居住区					
			合计（平方米）	建筑占地面积	铺装面积	道路用地面积	其他面积	小计
甲	乙	丙	1=2+3+4+5+6	2	3	4	5	6=7+8+9
690	288	电建家委会	3018	1133	961	264		660
691	289	煤气公司家委会	11710	3152	2907	1906	232	3513
692	290	甜东五建家委会	7000	4100	1090	860	260	690
693	291	甜北家委会	15000	6007	2485		5338	1170
694	292	百货大楼家属委员会	16611	8380	2150	904		5177
695	293	交通部家委会	2050	805	1245			
696	294	市百家委会	3282	1782	760			740
697	295	朝阳区针织集团宿舍家委会	12990	3438	5713	1141		2698
698	296	蓝岛家属委员会	9782	2412	7370			
699	297	煤炭修理公司家属委员会	5181	2965	1496			720
700	298	六里屯2和3号楼	2156	1078	832			246
701	299	东百家委会	5250	2503	860	858		1029
702	300	民航家委会(六里屯北里15号楼)	3023	1062	1631			330
703	301	水碓子北里3号楼	2762	1392	800			570
704	302	东方歌舞团家委会	5913	2328	3111			474
705	303	自动化家属委员会	2396	1328	741			327
706	304	银行家委会	5660	1900	2200			1560
707	305	晨光物业(A)	73337	17090	33246	1000		22001
708	306	延静西里6和7号楼	15000	2500		1880	2150	8470
709	307	甜水园北里8号楼	4553	2243	610			1700
710	308	十里堡北区	23598	10009	4885	1625		7079
711	309	十里堡南里	18150	5843	6062	800		5445
712	310	北宇物业管理七公司八里庄站	4000	1762	938			1300
713	311	八里庄南里小区	61440	16186	1382	2500	17048	24324
714	312	八里庄北里二居	17800	11080	120	600		6000
715	313	八里庄北里一期	30000	7767	5738	5571	5404	5520
716	314	八里庄北里中区	19045	7685	2120	2120		7120
717	315	水碓子北里	120000	66821	8244	3750	5185	36000
718	316	甜水西园	21522	6612	1320	2000	2590	9000
719	317	碧水园小区	42935	12045	4000	3290	20000	3600
720	318	广播电视小区	70854	19664	11461	12132	10689	16908
721	319	三园物业管理公司	96975	18582	5115	11080	26247	35951
722	320	园林局宿舍	8480	1200	1424	872	1424	3560

续表二十一

面积					绿化覆盖面积（平方米）	绿化覆盖率（%）	绿地率（%）	实有树木（株）	实有草坪（平方米）
绿地面积									
楼间绿地	道路绿地	居住区花园							
		小计	绿地面积	水面积					
7	8	9=10+11	10	11	12	13=12/1	14=6/1	15	16
660					660	21.87	21.87	343	660
3513					4560	38.94	30.00	323	1230
200	490				790	11.29	9.86	23	
1170					1950	13.00	7.80	39	
5177					7081	42.63	31.17	1249	
740					740	22.55	22.55	50	600
2698					3038	23.39	20.77	134	
720					730	14.09	13.90	44	
246					366	16.98	11.41	12	
1029					1336	25.45	19.60	149	
330					330	10.92	10.92	107	
570					570	20.64	20.64	19	
474					1554	26.28	8.02	100	
247	80				450	18.78	13.65	41	45
1560					1690	29.86	27.56	114	1000
20001	2000				22001	30.00	30.00	40	12000
8470					8470	56.47	56.47	967	9000
1700					1700	37.34	37.34	142	660
7079					7579	32.12	30.00	104	
5445					5754	31.70	30.00	54	
1300					1300	32.50	32.50	177	1300
21824	2500				27710	45.10	39.59	2108	1750
5200	800				7000	39.33	33.71	1342	4200
5520					6628	22.09	18.40	184	
7120					8000	42.01	37.39	1341	5000
32250	3750				46834	39.03	30.00	34781	24050
9000					9000	41.82	41.82	22170	5000
3600					3600	8.38	8.38	2239	2600
16908					21300	30.06	23.86	4358	12546
35272	679				37099	38.26	37.07	7343	7334
3560					4472	52.74	41.98	1625	3000

市序号	区序号	居住区名称	居住区					
			合计（平方米）	建筑占地面积	铺装面积	道路用地面积	其他面积	小计
甲	乙	丙	1=2+3+4+5+6	2	3	4	5	6=7+8+9
723	321	八里庄北里1号楼	5900	1225	985		3030	660
		劲松办事处	855548	304698	156383	81664	7080	305723
724	322	劲松一区	62614	19425	12793	9021		21375
725	323	劲松二区	64974	28016	8351	6025		22582
726	324	劲松三区	54244	21805	10847	4959		16633
727	325	劲松四区	35224	15271	6064	3266		10623
728	326	劲松五区	44928	15644	8703	5900		14681
729	327	劲松六区	31503	14119	6633	2618		8133
730	328	劲松七区	56767	15223	6710	15935		18899
731	329	劲松八区	75894	27910	11892	9490		26602
732	330	北容住宅楼	4672	2279	1152	521		720
733	331	四家联建	14037	4107	3176	2807		3947
734	332	磨房北里房管所	65312	18650	16491	3370	3110	23691
735	333	农光里	222437	106649	32571	15060	3970	64187
736	334	宏宇小区	64680	8400	16000	1630		38650
737	335	憩美园小区	58262	7200	15000	1062		35000
		潘家园办事处	1826005	519764	329163	13456	383125	580497
738	336	潘家园南里	10000	4000	2500			3500
739	337	松榆西里小区	79260	16540	24000		16720	22000
740	338	楼房居住区	8000	2815	920		1765	2500
741	339	小区4.5.6甲5.甲6.甲7.7.8.9.10	112328	24024	14104		44200	30000
742	340	松榆西里	8920	3016	2489			3415
743	341	农光南路21、22、23、24、25、26号	148250	37288	28000		42962	40000
744	342	松榆西里小区9—14号	16000	4200	6600			5200
745	343	武圣东里第二居委会	56078	13105	650	13456	15411	13456
746	344	武圣东里小区	25973	9108	2344			14521
747	345	粮库家委会	1460	480	860			120
748	346	华威西里崇文开发小区	29055	11506	5874			11675
749	347	潘家园东里	15821	3351	4240			8230
750	348	松榆西里小区	116494	35665	13329		26500	41000
751	349	磨南二小区	25200	6943	7466		1991	8800
752	350	嘉禾园	30147	10800	6797		3350	9200
753	351	华威北里	5606	2253	1587			1766

续表二十二

面积					绿化覆盖面积（平方米）	绿化覆盖率（%）	绿地率（%）	实有树木（株）	实有草坪（平方米）
绿地面积									
楼间绿地	道路绿地	居住区花园							
		小计	绿地面积	水面积					
7	8	9 = 10 + 11	10	11	12	13 = 12/1	14 = 6/1	15	16
660					760	12.88	11.19	99	
277385	28338				387518	45.29	35.73	60149	102902
14347	7028				28575	45.64	34.14	2004	14485
16955	5627				27984	43.07	34.76	5049	12296
12376	4257				22528	41.53	30.66	2031	11589
8683	1940				14923	42.37	30.16	921	3161
11591	3090				19020	42.33	32.68	9172	13734
7773	360				11635	36.93	25.82	647	7059
15864	3035				24390	42.97	33.29	2181	12878
23601	3001				35912	47.32	35.05	5095	12500
720					1120	23.97	15.41	1222	
3947					4947	35.24	28.12	2361	
23691					29132	44.60	36.27	8508	1200
64187					84187	37.85	28.86	5972	5500
38650					40260	62.24	59.76	9706	8500
35000					36100	61.96	60.07	5280	
580497					634706	34.76	31.79	117510	191955
3500					3500	35.00	35.00	723	800
22000					22000	27.76	27.76	5385	1800
2500					2800	35.00	31.25	284	400
30000					35000	31.16	26.71	63	
3415					3415	38.28	38.28	79	1275
40000					40000	26.98	26.98	42	
5200					6000	37.50	32.50	4573	3000
13456					16926	30.18	24.00	651	
14521					14521	55.91	55.91	772	3000
120					150	10.27	8.22	36	
11675					12000	41.30	40.18	8345	9320
8230					8500	53.73	52.02	3278	7230
41000					45000	38.63	35.19	2068	6500
8800					8800	34.92	34.92	325	3000
9200					9200	30.52	30.52	793	3030
1766					2015	35.94	31.50	1574	800

市序号	区序号	居住区名称	居住区					
			合计（平方米）	建筑占地面积	铺装面积	道路用地面积	其他面积	小计
甲	乙	丙	1=2+3+4+5+6	2	3	4	5	6=7+8+9
754	352	武圣东里	7480	1993	1428		1448	2611
755	353	松榆东里	3700	900	800			2000
756	354	松榆北路七号院	27000	9240	3000		6260	8500
757	355	松榆西里小区	6367	2007	2380			1980
758	356	潘家园	12306	4900	2590		2066	2750
759	357	农光里	15978	4636	3598		2464	5280
760	358	城建小区	7800	2277	2423			3100
761	359	北化居民委员会	14600	11700	1700			1200
762	360	机施居委会	6400	2000	2300			2100
763	361	武圣西里	4000	1428	1350		322	900
764	362	工大家委会	11698	3456	4015			4227
765	363	星霓物业管理中心	102523	37755	24768			40000
766	364	武圣西里	6365	3528	2601			236
767	365	八家联建小区	52100	15200	6700		10410	19790
768	366	松榆西里	11988	2548	1800			7640
769	367	松榆里小区	226000	94000	46000		18000	68000
770	368	潘家园	3671	785	2149			737
771	369	潘家园南里	4300	570	2000		430	1300
772	370	农光南里	1334	834	300			200
773	371	华威西里	6500	2400	500			3600
774	372	潘家园	13429	6725	850		1684	4170
775	373	农光南里	4110	1250	2600			260
776	374	华威西里	6475	4985	1490			
777	375	农光南里	2879	1600	479			800
778	376	磨房南里	29771	9291	4480			16000
779	377	武圣西里	10600	3659	3108			3833
780	378	潘家园	12328	4024	4104			4200
781	379	松榆西里	18915	4992	6423			7500
782	380	潘家园	21000	6200	4800		3000	7000
783	381	华威北里	65000	24560	12470		6670	21300
784	382	松榆东里	172596	21831	26169		64596	60000
785	383	南八里庄小区	120000	15860	25000		34140	45000
786	384	报觉寺小区	128200	27536	3028		78736	18900
		麦子店办事处	222780	110947	14197	10783	32167	54686
787	385	成苑公寓	6596	1755	2120	890	531	1300
788	386	十七号宿舍楼	2342	819	138	205		1180

续表二十三

面积					绿化覆盖面积（平方米）	绿化覆盖率（%）	绿地率（%）	实有树木（株）	实有草坪（平方米）
绿地面积									
楼间绿地	道路绿地	居住区花园							
		小计	绿地面积	水面积					
7	8	9 = 10 + 11	10	11	12	13 = 12/1	14 = 6/1	15	16
2611					3111	41.59	34.91	265	1000
2000					2360	63.78	54.05	166	1000
8500					8500	31.48	31.48	5587	3000
1980					2100	32.98	31.10	347	650
2750					3100	25.19	22.35	130	500
5280					5280	33.05	33.05	232	
3100					3500	44.87	39.74	1854	500
1200					1300	8.90	8.22	301	
2100					3000	46.88	32.81	46	
900					900	22.50	22.50	50	
4227					4445	38.00	36.13	1128	2000
40000					40000	39.02	39.02	566	
236					390	6.13	3.71	56	
19790					21360	41.00	37.98	6951	4500
7640					7800	65.07	63.73	1423	1000
68000					79440	35.15	30.09	19031	50200
737					920	25.06	20.08	303	
1300					1400	32.56	30.23	198	300
200					300	22.49	14.99	19	
3600					4000	61.54	55.38	1328	1000
4170					4700	35.00	31.05	346	
260					300	7.30	6.33	39	
									800
800					800	27.79	27.79	15	
16000					18000	60.46	53.74	1544	13920
3833					3833	36.16	36.16	2040	500
4200					4500	36.50	34.07	328	500
7500					8250	43.62	39.65	1634	4000
7000					7000	33.33	33.33	98	2610
21300					22500	34.62	32.77	6222	15000
60000					65000	37.66	34.76	26074	32000
45000					45000	37.50	37.50	4714	8000
18900					20790	16.22	14.74	5484	8820
54686					67693	30.39	24.55	26980	41057
1300					2358	35.75	19.71	2357	1300
1180					1397	59.65	50.38	309	1180

市序号	区序号	居住区名称	居住区					
			合计（平方米）	建筑占地面积	铺装面积	道路用地面积	其他面积	小计
甲	乙	丙	1=2+3+4+5+6	2	3	4	5	6=7+8+9
789	387	金融学院宿舍	1972	580	692	350		350
790	388	第三居委会	39750	27900			9350	2500
791	389	市政宿舍	9440	2771			6641	28
792	390	枣北二居	23940	16500			5640	1800
793	391	旅游局小区	48039	21722	1482	362		24473
794	392	三针宿舍	7281	2328			2300	2653
795	393	外贸宿舍	11103	4347			6505	251
796	394	霞光里小区	20252	14379			1200	4673
797	395	大成小区	52065	17846	9765	8976		15478
		三里屯办事处	485163	174238	78550		44237	188138
798	396	中纺里第三居委会	18903	7937	4948			6018
799	397	白家庄小区	16786	7624	5075			4087
800	398	南三里小区	71656	28063	8579		2860	32154
801	399	东三里小区	30141	10244	5388		1637	12872
802	400	东三里小区57051部队8号院	8416	4807	2101		520	988
803	401	三里屯东三里57051宿舍东院	33053	15688	4749			12616
804	402	南楼西小区	34000	16000	7000			11000
805	403	南楼东小区	6082	3500	1160			1422
806	404	外交人员服务局宿舍	9604	5043	1671			2890
807	405	幸福一村西里小区	13710	4860	1250			7600
808	406	中纺里第一、二小区	61824	24350	4990			32484
809	407	幸福二村	62206	12642	6860		39220	3484
810	408	幸福二村西小区	13585	2720	6245			4620
811	409	太平庄北里东小区	10800	6302	2650			1848
812	410	太平庄北里西小区	14700	4898	2884			6918
813	411	首带钢宿舍	12107	4656	6048			1403
814	412	北京军区空军干休所	21250	6120	5837			9293
815	413	北楼小区	46340	8784	1115			36441
		南磨房办事处	349210	107184	66369	17156	36676	121825
816	414	平乐园一居委会	66000	16676	8076			41248
817	415	双龙南里一居委会	25840	9398	10649			5793
818	416	双龙南里二居委会	18100	8000	2000	100	8000	
819	417	双龙南里三居委会	38487	13530	13330		1003	10624
820	418	双龙南里四居委会	25541	6348	3586	3404	4770	7433
821	419	双龙南里五居委会	26029	8510	6090	3342		8087
822	420	双龙南里六居委会	37000	10637	5000	7000	663	13700

续表二十四

面　　积					绿化覆盖面积（平方米）	绿化覆盖率（%）	绿地率（%）	实有树木（株）	实有草坪（平方米）
绿　地　面　积									
楼间绿地	道路绿地	居住区花园							
		小计	绿地面积	水面积					
7	8	9 = 10 + 11	10	11	12	13 = 12/1	14 = 6/1	15	16
350					350	17.75	17.75		350
2500					3660	9.21	6.29	532	
28					28	0.30	0.30	4	
1800					1800	7.52	7.52	961	
24473					29000	60.37	50.94	15794	12905
2653					3500	48.07	36.44	904	2653
251					3000	27.02	2.26	1314	2518
4673					5800	28.64	23.07	157	4673
15478					16800	32.27	29.73	4648	15478
188138					206260	42.51	38.78	14903	283080
6018					6200	32.80	31.84	393	126378
4087					4200	25.02	24.35	168	561
32154					35000	48.84	44.87	832	
12872					15000	49.77	42.71	1072	2050
988					1100	13.07	11.74	186	
12616					14000	42.36	38.17	667	126378
11000					12000	35.29	32.35	632	11000
1422					1500	24.66	23.38	573	
2890					2900	30.20	30.09	916	
7600					8200	59.81	55.43	4578	4000
32484					37650	60.90	52.54	976	200
3484					4600	7.39	5.60	1701	2800
4620					5200	38.28	34.01	251	3000
1848					2100	19.44	17.11	328	1500
6918					7100	48.30	47.06	644	5000
1403					1600	13.22	11.59	58	
9293					9910	46.64	43.73	259	400
36441					38000	82.00	78.64	669	
118280	3545				140056	40.11	34.89	27589	72163
41248					42485	64.37	62.50	14576	15547
5793					5863	22.69	22.42	385	3800
								1754	6140
10624					10700	27.80	27.60	865	10000
7433					5208	20.39	29.10	429	
8087					8278	31.80	31.07	774	8087
11000	2700				21000	56.76	37.03	306	10000

市序号	区序号	居住区名称	居住区					
			合计（平方米）	建筑占地面积	铺装面积	道路用地面积	其他面积	小计
甲	乙	丙	1=2+3+4+5+6	2	3	4	5	6=7+8+9
823	421	南新园小区	89724	24485	12297		22240	30702
824	422	南新园东居委会	10920	3827	4038	1860		1195
825	423	汉华苑	7950	4842	306			2802
826	424	香榭舍公司	3619	931	997	1450		241
		大屯办事处	1642572	860674	90660	117184	173254	400800
827	425	世纪村	27952	12852	2000	1000		12100
828	426	安慧北里小区	503154	200000		80009	103561	119584
829	427	慧忠北里	339888	231060	38510			70318
830	428	慧忠里 B 区	37700	12600	5600	2000	900	16600
831	429	慧忠里 A 区	95800	44320	4000	2000	21980	23500
832	430	慧忠里 CD 区	170000	116939	2061	2000		49000
833	431	科学园南里	221910	150000	5693	2000	11317	52900
834	432	国管局小营小区	35257	8453	5976	5400		15428
835	433	四方小区	35500	12000	10000	7000		6500
836	434	南沙滩二居	21116	5216	6900	2000		7000
837	435	南沙滩一居	54264	10608	4620	2000	31276	5760
838	436	盛世兆业小区	4550	2000	1250			1300
839	437	亚运花园	23618	4473	450	4275	1800	12620
840	438	豹房南里 917 生活区	36992	24947	300	6600	920	4225
841	439	育慧里 5 居	20500	14000	1500	500	1500	3000
842	440	阳明公寓	14371	11206	1800	400		965
		小关办事处	443312	153861	98894	60952	41479	88126
843	441	惠新里小区	11000	2771	1113	2116		5000
844	442	小关北里第一居委会	16654	8217	1886	1216	5003	332
845	443	安苑路第一居委会	27880	10800	940	8980	4900	2260
846	444	北四环第一居委会	8756	2800	1500	1816	488	2152
847	445	惠新东街第一居委会	44968	12420	9000	6500	2700	14348
848	446	惠新里第二居委会	20000	8000	4400	4050		3550
849	447	惠新东街第二居委会	17088	6811	2553	2412	2656	2656
850	448	小关东里八号院	10130	4100	1973	1100	205	2752
851	449	小关北里第二居委会	8119	3042	862	1909	160	2146
852	450	育慧街 2 号院	9204	4716	2062			2426
853	451	安苑路第二居委会	13030	5012	1290	1316		5412
854	452	小关北里第三居委会	20560	10467	4104	1165	1794	3030
855	453	小关东街第三居委会	15200	4436	1135	1768	2761	5100
856	454	惠新东街第三居委会	12773	6303	2954	929	782	1805

面积					绿化覆盖面积（平方米）	绿化覆盖率（%）	绿地率（%）	实有树木（株）	实有草坪（平方米）
绿地面积									
楼间绿地	道路绿地	居住区花园							
		小计	绿地面积	水面积					
7	8	9 = 10 + 11	10	11	12	13 = 12/1	14 = 6/1	15	16
30702					34172	38.09	34.22	6638	18589
350	845				1195	10.94	10.94	418	
2802					2900	36.48	35.25	1444	
241					255	7.05	6.66		
370251	30549				437745	26.65	24.40	126885	757822
8000	4100				8530	30.52	43.29	11303	27200
114760	4824				73691	14.65	23.77	46781	51480
69318	1000				3516	1.03	20.69	33345	604444
12600	4000				18600	49.34	44.03	359	13500
20000	3500				24655	25.74	24.53	5156	18800
47600	1400				51000	30.00	28.82	5683	500
49400	3500				53000	23.88	23.84	6275	36500
13028	2400				16927	48.01	43.76	3701	
5700	800				6500	18.31	18.31	3076	30
6000	1000				7600	35.99	33.15	453	
5160	600				5900	10.87	10.61	175	
1000	300				1500	32.97	28.57	379	1300
11820	800				12700	53.77	53.43	453	2868
2400	1825				4790	12.95	11.42	9477	
2500	500				3500	17.07	14.63	146	1000
965					6800	47.32	6.71	123	200
73622	14504				115540	26.06	19.88	24980	55677
5000					5300	48.18	45.45	428	4000
332					964	5.79	1.99	119	
2260					2480	8.90	8.11	863	
980	1172				2552	29.15	24.58	715	800
12648	1700				16257	36.15	31.91	372	8214
1200	2350				15200	76.00	17.75	2092	8000
2506	150				2791	16.33	15.54	791	2000
2752					3637	35.90	27.17	74	
2146					5164	63.60	26.43	482	1530
2426					2426	26.36	26.36	260	2000
3200	2212				5800	44.51	41.53	4998	4700
2920	110				4260	20.72	14.74	803	2500
4744	356				6250	41.12	33.55	2952	2980
1805					1986	15.55	14.13	443	420

市序号	区序号	居住区名称	居住区					
			合计（平方米）	建筑占地面积	铺装面积	道路用地面积	其他面积	
								小计
甲	乙	丙	1=2+3+4+5+6	2	3	4	5	6=7+8+9
857	455	惠新里第三居委会	76000	12000	32400	8000	19000	4600
858	456	惠新里第四居委会	27078	12374	3966	1944		8794
859	457	安苑东里居委会	30689	10725	8721	5880		5363
860	458	国知局宿舍	8700	2775	3690	1200	250	785
861	459	高原街第一居委会	13589	8246	3407	290		1646
862	460	惠新南里5号院	25096	9136	3038	4680	630	7612
863	461	北京市小关北里24号院	10238	2810	400	1081	150	5797
864	462	家委会	16560	5900	7500	2600		560
		海淀区	**14264992**	**4722271**	**2757424**	**1095216**	**1836650**	**3853431**
		万寿路办事处	772428	269444	155046	106473	30609	210856
865	1	万寿路甲十五号二区	24000	14164	2376	1260		6200
866	2	复兴路36号院	1154	384	192	514		64
867	3	万寿路街道朱各庄居委会	3500	1100	1500	200		700
868	4	复兴路61号院物业管理中心	83678	23927	13925	30106		15720
869	5	总装备部第一干休所	22942	8667	4627	1933	4382	3333
870	6	兵种部第三管理处采石路13号院	84251	23937	16450	13623	7196	23045
871	7	万寿路28号院	183500	37000	65000	14500	2000	65000
872	8	万寿园小区	16400	4200	1100	1800	3700	5600
873	9	万寿路1号	37240	10851	1200	8559	1330	15300
874	10	电信局行政处五棵松宿舍	10320	6124	2731			1465
875	11	万寿路西街9号院	23800	11776	4067	2900		5057
876	12	复兴路甲49号院	15760	6942	6642		518	1658
877	13	燕山石化公司太平路甲16号	6250	2745	1693		387	1425
878	14	城建集团物业二处81号院家委会	14530	6384	4946			3200
879	15	翠微路小区	8190	7500	100	500		90
880	16	永定路西里	41639	16690	6050	8614		10285
881	17	西翠路三号院	32012	11996	10886	3476	1584	4070
882	18	解放军总医院金沟河干休所	20161	5758	2520	3948	4117	3818
883	19	翠微小区	76128	31346	5805	9477		29500
884	20	万寿路甲十五号五区	35000	18000	2100	3100		11800
885	21	万寿路朱各庄10、12号院	23306	18170	1136	1020		2980

续表二十六

面积									
绿地面积					绿化覆盖面积（平方米）	绿化覆盖率（%）	绿地率（%）	实有树木（株）	实有草坪（平方米）
楼间绿地	道路绿地	居住区花园							
		小计	绿地面积	水面积					
7	8	9 = 10 + 11	10	11	12	13 = 12/1	14 = 6/1	15	16
4600					4800	6.32	6.05	182	4500
6850	1944				9794	36.17	32.48	1233	
3800	1563				6450	21.02	17.48	3348	3470
450	335				900	10.34	9.02	524	300
1646					1936	14.25	12.11	117	646
6000	1612				8862	35.31	30.33	624	4820
4797	1000				6471	63.21	56.62	677	4797
560					1260	7.61	3.38	2883	
3683145	**170286**				**4558887**	**31.96**	**27.01**	**752975**	**1996182**
183416	27440				326116	42.22	27.30	44866	114883
6000	200				6900	28.75	25.83	2064	4200
64					74	6.41	5.55	32	
700					770	22.00	20.00	740	600
7885	7835				18500	22.11	18.79	541	7800
2100	1233				3705	16.15	14.53	687	1700
20741	2304				26133	31.02	27.35	3948	21471
51000	14000				154000	83.92	35.42	12798	7960
5100	500				6100	37.20	34.15	1791	5000
15300					17500	46.99	41.08	7236	1100
880	585				1915	18.56	14.20	455	700
5057					5259	22.10	21.25	461	3730
1100	558				2533	16.07	10.52	187	162
1425					1520	24.32	22.80	162	
3200					5115	35.20	22.02	427	1059
90					90	1.10	1.10	9	
10285					10285	24.70	24.70	1605	11480
4070					4926	15.39	12.71	115	537
3793	25				4221	20.94	18.94	2879	3818
29500					39850	52.35	38.75	2220	29500
11600	200				12980	37.09	33.71	6408	11086
2980					3040	13.04	12.79	62	2980

市序号	区序号	居住区名称	居住区					
			合计（平方米）	建筑占地面积	铺装面积	道路用地面积	其他面积	小计
甲	乙	丙	1=2+3+4+5+6	2	3	4	5	6=7+8+9
886	22	万寿路西街16号院	8667	1783		943	5395	546
		永定路办事处	678343	165111	146484	205230	11400	150118
887	23	七街坊	26664	6689	1672	2115	512	15676
888	24	一街坊	75601	10365	15904	21584	379	27369
889	25	二街坊	94707	21098	19752	29659	7020	17178
890	26	三街坊	129887	36927	27805	41708		23447
891	27	四街坊	92289	22625	20843	31264		17557
892	28	五街坊	61294	13805	16064	21802	383	9240
893	29	六街坊	73973	18021	17980	24456	390	13126
894	30	八街坊	55134	10692	13385	18165	319	12573
895	31	九街坊	37996	11750	7996	10852	190	7208
896	32	三北(金沟河12#院)	12998	4200	3200	800	2207	2591
897	33	田村山小区	17800	8939	1883	2825		4153
		羊坊店办事处	1956693	526709	433952	83015	550471	362546
898	34	北京市郊区旅游管理所	32683	8871		9520	2092	12200
899	35	总后翠微路休干处	5395	2076	2379	500	345	95
900	36	市测绘设计研究院宿舍	9884	6766	2700	105	220	93
901	37	勘研院普惠南里宿舍	5320	1390	1960	650	580	740
902	38	京西宾馆宿舍羊坊店56号院	3250	2050	1026		154	20
903	39	京西宾馆什坊院1号宿舍	9694	3848	5135			711
904	40	京西宾馆晾果厂1号西院	4200	1108	2181			911
905	41	北京量具刃具厂职工宿舍	7624	2904	1850		1675	1195
906	42	红楼居委会	18919	2760	2754		9640	3765
907	43	北蜂窝100号院	15045	6700	3050	4250	695	350
908	44	羊坊店15号院军博宿舍	25606	9604	3351	4714	127	7810
909	45	北蜂窝电信宿舍	76649	24882	41807	5000		4960
910	46	新华社皇亭子大院	53999	18514	16924			18561
911	47	中央电视台(合作大院)	5754	2135	2081		52	1486
912	48	科技部家属小区	22315	8800	3100	3805		6610

续表二十七

面积					绿化覆盖面积（平方米）	绿化覆盖率（%）	绿地率（%）	实有树木（株）	实有草坪（平方米）
绿地面积									
楼间绿地	道路绿地	居住区花园							
		小计	绿地面积	水面积					
7	8	9=10+11	10	11	12	13=12/1	14=6/1	15	16
546					700	8.08	6.30	39	
150118					165871	24.45	22.13	39999	105146
15676					16501	61.88	58.79	3526	11940
27369					30400	40.21	36.20	4929	21782
17178					19087	20.15	18.14	5157	13993
23447					26052	20.06	18.05	3827	4487
17557					19507	21.14	19.02	4284	10889
9240					10267	16.75	15.07	3031	8316
13126					14584	19.72	17.74	1943	11813
12573					13970	25.34	22.80	2654	11316
7208					8009	21.08	18.97	5073	6487
2591					2879	22.15	19.93	370	2073
4153					4615	25.93	23.33	5205	2050
360183	2363				462681	23.65	18.53	170160	209657
12200					14200	43.45	37.33	6405	2520
95					185	3.43	1.76	773	
93					150	1.52	0.94	5	
740					990	18.61	13.91	25	
20					300	9.23	0.62	10	
711					1351	13.94	7.33	174	400
911					1285	30.60	21.69	272	
1195					350	4.59	15.67	161	
3765					5982	31.62	19.90	1984	2540
350					850	5.65	2.33	204	320
7810					8335	32.55	30.50	422	7810
4960					18705	24.40	6.47	6235	2544
18561					21756	40.29	34.37	13612	12912
1486					1746	30.34	25.83	5375	290
6610							29.62	1228	1650

市序号	区序号	居住区名称	居住区					
			合计（平方米）	建筑占地面积	铺装面积	道路用地面积	其他面积	
								小计
甲	乙	丙	1=2+3+4+5+6	2	3	4	5	6=7+8+9
913	49	中央电视台宿舍	9441	2678	2516	707	170	3370
914	50	铁路总医院 103 家属宿舍	11825	5568	3771			2486
915	51	京铁西门住宅区	2100	1047	200	300	150	403
916	52	空司莲花池宿舍区	6954	2100		2254		2600
917	53	京铁东门住宅区	49300	19289	6000	7000	211	16800
918	54	京铁第三住宅区	9484	4742	2000	1850	192	700
919	55	京铁第一住宅区	8169	4084	700	1500	1000	885
920	56	京铁第五十七住宅区	2300	1136	500	300	264	100
921	57	京铁红六栋住宅区	4880	1880	500	1000	380	1120
922	58	复兴路甲 1 号小区	108511	38090	14784	8614	10876	36147
923	59	羊坊店水利家委会	15562	6903	809	1350	500	6000
924	60	木樨地茂林居小区	9192	2872	4320			2000
925	61	船舶系统工程部宿舍区	17044	6117	7157		1665	2105
926	62	有色冶金设研总院东区宿舍	24232	7350	1132	3250	8444	4056
927	63	有色冶金设研总院西区宿舍	39875	5514	19794	2493	10248	1826
928	64	市日用工业品批发市场家属区	18770	6440	3500	3700	2675	2455
929	65	铁道部羊坊店普惠北里	109453	48256	18520	10507	5853	26317
930	66	供电局居委会	22688	6233	8750		2440	5265
931	67	吴家场居委会	98515	7785	7250		76700	6780
932	68	物资局居委会	31973	4765	10165		11663	5380
933	69	红大栋居委会	25576	5872	6424		10000	3280
934	70	什坊院居委会	23743	1360	10490		11023	870
935	71	东木楼居委会	32917	4640	7496		14506	6275
936	72	茂林居委会	42317	16980	9132		6040	10165
937	73	军博路居委会	71222	14275	10879		39320	6748
938	74	羊坊店居委会	64689	8874	20490		30000	5325
939	75	服装一厂居委会	18414	2745	4720		7079	3870
940	76	小马厂居委会	28220	3130	5950		15900	3240
941	77	通讯处居委会	18188	4376	1228		10000	2584
942	78	自来水居委会	21205	5126	5660		5282	5137
943	79	财政局居委会	19326	3375	9435		1766	4750

面积					绿化覆盖面积（平方米）	绿化覆盖率（%）	绿地率（%）	实有树木（株）	实有草坪（平方米）
绿地面积									
楼间绿地	道路绿地	居住区花园							
		小计	绿地面积	水面积					
7	8	9 = 10 + 11	10	11	12	13 = 12/1	14 = 6/1	15	16
3370					3600	38.13	35.70	6965	1832
2486					3566	30.16	21.02	219	538
403					603	28.71	19.19	8028	
1000	1600				3000	43.14	37.39	156	1000
16800					17900	36.31	34.08	470	5600
700					1700	17.92	7.38	478	6200
885					1882	23.04	10.83	30085	300
100					160	6.96	4.35	237	
1120					1320	27.05	22.95	389	1120
36147					41262	38.03	33.31	4544	10960
6000					7668	49.27	38.56	2960	2300
1237	763				3200	34.81	21.76	125	2000
2105					766	4.49	12.35	114	1732
4056					6165	25.44	16.74	249	4056
1826					2025	5.08	4.58	36	615
2455					3200	17.05	13.08	57	
26317					54096	49.42	24.04	2707	120
5265					6265	27.61	23.21	1987	4633
6780					7780	7.90	6.88	2673	3275
5380					6380	19.95	16.83	1180	4260
3280					5280	20.64	12.82	1910	3010
870					1387	5.84	3.66	733	67
6275					7875	23.92	19.06	2580	5225
10165					8665	20.48	24.02	3105	5430
6748					7948	11.16	9.47	2360	3210
5325					7325	11.32	8.23	2375	3215
3870					4550	24.71	21.02	875	2910
3240					4580	16.23	11.48	1840	2390
2584					3584	19.71	14.21	2730	2065
5137					6137	28.94	24.23	1037	4025
4750					5750	29.75	24.58	966	4230

市序号	区序号	居住区名称	居住区					
			合计（平方米）	建筑占地面积	铺装面积	道路用地面积	其他面积	小计
甲	乙	丙	1=2+3+4+5+6	2	3	4	5	6=7+8+9
944	80	西红27居委会	40582	9824	5777		19999	4982
945	81	铁翠居委会	26718	7782	4173		10000	4763
946	82	2住宅居委会	20105	3826	2254		8905	5120
947	83	城建2居委会	24998	7320	9296		2637	5745
948	84	柳林馆居委会	48742	18543	1545		25474	3180
949	85	水科院居委会	46410	6985	4025		30000	5400
950	86	东风居委会	39970	7087	6923		20000	5960
951	87	长途局居委会	50682	21230	6992		9030	13430
952	88	教育局居委会	23350	5160	9030		4265	4895
953	89	牛奶公司居委会	24982	4917	8750		7625	3690
954	90	一机部居委会	31571	3683	1075		20881	5932
955	91	北蜂窝居委会	41907	10874	20370		3921	6742
956	92	四机部居委会	41570	5870	12700		18160	4840
957	93	普惠寺居委会	61315	16240	13148		25495	6432
958	94	普惠南里居委会	17088	2384		7856	1716	5132
959	95	铁路西居委会	16313	6468	1360	1790	826	5869
960	96	立新居委会	26160	4946	4730		9230	7254
961	97	乔建里居委会	23673	8863	6746		2670	5394
962	98	国家安全部居委会	38285	3895	11460		16150	6780
963	99	会城门居委会	49850	14802	9028		13560	12460
		甘家口办事处	575555	178122	254402	22847	6186	113998
964	100	甘东居委会	44025	14350	15584			14091
965	101	阜南居委会	25962	7730	6292		2320	9620
966	102	甘西居委会	39400	3446	31829		1425	2700
967	103	阜北居委会	12319	6950	2800	1325		1244
968	104	花园村居委会	49870	17028	9601			23241
969	105	花园村财政部宿舍	10098	1866	7182			1050
970	106	新街居委会	11690	7213	3512			965
971	107	白南居委会	77346	16120	56226			5000
972	108	新街居委会12、13号楼	9300	2472	2430		1082	3316
973	109	甘家口危改小区	43287	17463	14286			11538
974	110	西三环第三居委会	12252	4912	4973			2367
975	111	甘家口西三环第二居委会	15151	4456	6661			4034
976	112	原计算机学院宿舍区	5616	2169	1481			1966
977	113	广电局中塔园小区	24000	7382	8196			8422
978	114	首汽公司家委会	5000	4090	200			710

续表二十九

面积					绿化覆盖面积（平方米）	绿化覆盖率（%）	绿地率（%）	实有树木（株）	实有草坪（平方米）
绿地面积									
楼间绿地	道路绿地	居住区花园							
		小计	绿地面积	水面积					
7	8	9 = 10 + 11	10	11	12	13 = 12/1	14 = 6/1	15	16
4982					6982	17.20	12.28	2424	2860
4763					5763	21.57	17.83	1864	3150
5120					6720	33.42	25.47	2064	4758
5745					7745	30.98	22.98	1496	3615
3180					5245	10.76	6.52	2020	1196
5400					6400	13.79	11.64	3078	4785
5960					8070	20.19	14.91	3215	5035
13430					14830	29.26	26.50	3423	4625
4895					5895	25.25	20.96	1345	2933
3690					4909	19.65	14.77	687	3520
5932					6732	21.32	18.79	1860	4015
6742					7957	18.99	16.09	2145	5520
4840					5840	14.05	11.64	1213	2835
6432					7896	12.88	10.49	2486	6432
5132					6132	35.88	30.03	3698	4670
5869					7630	46.77	35.98	2723	5390
7254					7805	29.84	27.73	3675	6130
5394					6896	29.13	22.79	2550	5394
6780					6970	18.21	17.71	2534	5630
12460					14460	29.01	24.99	4605	9860
113998					139140	24.17	19.81	12510	60861
14091					14391	32.69	32.01	849	
9620					13400	51.61	37.05	388	1800
2700					2850	7.23	6.85	88	
1244					1874	15.21	10.10	81	
23241					25541	51.22	46.60	3274	21580
1050					1950	19.31	10.40	306	100
965					1225	10.48	8.25	129	20
5000					6000	7.76	6.46	231	
3316					3616	38.88	35.66	487	3316
11538					13470	31.12	26.65	1106	11417
2367					2757	22.50	19.32	595	2067
4034					6652	43.90	26.63	363	310
1966					2186	38.92	35.01	133	
8422					8807	36.70	35.09	1310	8422
710					940	18.80	14.20	39	

市序号	区序号	居住区名称	居住区					
			合计（平方米）	建筑占地面积	铺装面积	道路用地面积	其他面积	小计
甲	乙	丙	1=2+3+4+5+6	2	3	4	5	6=7+8+9
979	115	花园村小区	26230	11600	8369			6261
980	116	国家建材局宿舍	11000	2352	7048			1600
981	117	水利水电出版社家委会	20550	3812	15598			1140
982	118	四道口二汽家委会	12804	7315	5376			113
983	119	阜东居委会	7785	3995	3055			735
984	120	立新居委会	7300	2264	3876			1160
985	121	白中居委会	31469	2073	26838			2558
986	122	白西居委会(矿研院)	14993	5863	3130			6000
987	123	保养四厂家委会	5700	3190	2390			120
988	124	外文印刷厂家委会	17544	5921	275	9980	506	862
989	125	国家印刷厂家委会	2580	1041	1539			
990	126	海洋出版社家委会	5450	1960	2650		140	700
991	127	矿冶总院甘家口宿舍区	8512	4489	2651		602	770
992	128	紫竹院小区	18322	4600	354	11542	111	1715
		八里庄办事处	1171974	448020	267585		167757	288612
993	129	玲珑花园	62531	29216	5051			28264
994	130	恩济花园	40000	20063	7937			12000
995	131	恩济花园定慧东里1#、3#楼	12844	8000	2544			2300
996	132	西钓鱼台庄园	18099	9002	2365			6732
997	133	恩济里小区	99800	41251	20625			37924
998	134	西八里小区	155742	39878	22553		12837	80474
999	135	名仕花园	30390	5790	6610			17990
1000	136	亮甲店居住区	50000	30000	11000			9000
1001	137	美丽园西区	30608	17888	3120			9600
1002	138	海军干休所	25842	19567	3800			2475
1003	139	恩济庄96号院	10460	5020	3348			2092
1004	140	五棵松路26号	23200	12700	3500			7000
1005	141	中国银行宿舍	24440	11150	7400			5890
1006	142	八里庄供电局宿舍	19300	5150	1610		10000	2540
1007	143	八宝庄、定慧东里、西里小区	345196	117300	89429		120536	17931
1008	144	颐安嘉园	25919	6302	8040			11577
1009	145	恩济里小区46号院	8980	3474	3875			1631
1010	146	中海雅园	21878	8096	6125		240	7417
1011	147	建材局定慧东里宿舍	5390	1000	2250			2140

面积										
绿地面积					绿化覆盖面积（平方米）	绿化覆盖率（%）	绿地率（%）	实有树木（株）	实有草坪（平方米）
楼间绿地	道路绿地	居住区花园							
		小计	绿地面积	水面积					
7	8	9 = 10 + 11	10	11	12	13 = 12/1	14 = 6/1	15	16
6261					8261	31.49	23.87	755	2304
1600					1630	14.82	14.55	483	750
1140					1720	8.37	5.55	131	
113					253	1.98	0.88	36	
735					1285	16.51	9.44	105	420
1160					1560	21.37	15.89	49	294
2558					3429	10.90	8.13	239	2558
6000					6200	41.35	40.02	683	3000
120					150	2.63	2.11	4	
862					3158	18.00	4.91	91	173
700					3000	55.05	12.84	61	400
770					920	10.81	9.05	75	214
1715					1915	10.45	9.36	419	1716
288612					326138	27.83	24.63	45916	143226
28264					28264	45.20	45.20	729	23000
12000					12024	30.06	30.00	6848	10841
2300					2500	19.46	17.91	498	2000
6732					6732	37.20	37.20	471	2900
37924					39920	40.00	38.00	4431	24746
80474					80474	51.67	51.67	1851	31323
17990					20130	66.24	59.20	8139	8886
9000					9600	19.20	18.00	1443	3400
9600					9600	31.36	31.36	1300	
2475					2475	9.58	9.58	2154	1870
2092					2092	20.00	20.00	72	2000
7000					7000	30.17	30.17	673	
5890					5890	24.10	24.10	1130	2500
2540					2540	13.16	13.16	396	1500
17931					48622	14.09	5.19	4074	17035
11577					11577	44.67	44.67	2185	870
1631					1661	18.50	18.16	626	160
7417					7417	33.90	33.90	408	2589
2140					2140	39.70	39.70	929	750

市序号	区序号	居住区名称	居住区					
			合计（平方米）	建筑占地面积	铺装面积	道路用地面积	其他面积	小计
甲	乙	丙	1=2+3+4+5+6	2	3	4	5	6=7+8+9
1012	148	勘察院定慧北里宿舍	4550	1680	1650		120	1100
1013	149	测绘院家委会	3261	1519	392			1350
1014	150	定慧北里居委会	25000	4000	550		20450	
1015	151	北洼路规划局宿舍	10000	5200	2500		300	2000
1016	152	水文地质大队家属区	47173	10693	25952			10528
1017	153	核情报所岭南路家属区	8400	3000	2474			2926
1018	154	市科院八里庄房管所	26000	11700	8700		2600	3000
1019	155	市政局小区家委会	5720	3500	2100			120
1020	156	北洼路42、44、46、50号院	11087	3831	5816		324	1116
1021	157	北洼路28号院中技家委会	2406	2406				
1022	158	七贤村人行宿舍	10548	4864	4394			1290
1023	159	商汽制造厂家委会	3010	1880	1075			55
1024	160	五孔桥安装公司家委会	4200	2900	800		350	150
		紫竹院办事处	392121	158738	63170	31501	15999	122713
1025	161	中惠元物业管理有限公司	10613	2639	4791	1000		2183
1026	162	测绘局家委会	5460	3050	1900	60		450
1027	163	(厂洼小区)北京青东物业中心	29094	14994	9300	300		4500
1028	164	西三环北路23号院五矿家委会	14000	5415	3201	1000	4	4380
1029	165	北京云瑞物业公司	112000	52920	10480	10000	5000	33600
1030	166	航天三院8359所车道沟生活区	13300	4391	3000	1678		4231
1031	167	均豪物业第五分公司	11486	2536	5500	1000		2450
1032	168	厂洼小区环卫局22号楼	1725	1250	200	150		125
1033	169	房修公司慧宝物业车东里家委会	13881	7180	2500	1501		2700
1034	170	紫竹院路7号楼外贸家委会	1691	421	350	100	250	570
1035	171	北洼路环保家委会	7300	1267	1200	511	2244	2078
1036	172	紫竹院公园家属院	3511	1388	415	315	501	892
1037	173	厂洼街2号院边防局家委员会	8800	3800	2488	772		1740

面　　积					绿化覆盖面积（平方米）	绿化覆盖率（%）	绿地率（%）	实有树木（株）	实有草坪（平方米）
绿　地　面　积									
楼间绿地	道路绿地	居住区花园							
		小计	绿地面积	水面积					
7	8	9 = 10 + 11	10	11	12	13 = 12/1	14 = 6/1	15	16
1100					1100	24.18	24.18	130	280
1350					1350	41.40	41.40	33	1350
2000					2500	25.00	20.00	1078	2000
10528					11213	23.77	22.32	5564	
2926					2926	34.83	34.83	235	2626
3000					3000	11.54	11.54	109	500
120					330	5.77	2.10	41	100
1116					1566	14.12	10.07	177	
1290					1290	12.23	12.23	178	
55					55	1.83	1.83	5	
150					150	3.57	3.57	9	
103551	19162				137679	35.11	31.29	21338	61430
1383	800				2866	27.00	20.57	183	2027
450					546	10.00	8.24	24	
4300	200				4700	16.15	15.47	62	4000
4000	380				4900	35.00	31.29	1822	2300
25000	8600				38080	34.00	30.00	4010	1000
4000	231				4231	31.81	31.81	1316	700
2000	450				4250	37.00	21.33	3765	1450
100	25				160	9.28	7.25	111	20
2350	350				2915	21.00	19.45	743	2100
500	70				570	33.71	33.71	52	120
1578	500				2078	28.47	28.47	279	238
800	92				1110	31.61	25.41	141	200
1500	240				1998	22.70	19.77	360	300

市序号	区序号	居住区名称	居住区					
			合计（平方米）	建筑占地面积	铺装面积	道路用地面积	其他面积	
								小计
甲	乙	丙	1=2+3+4+5+6	2	3	4	5	6=7+8+9
1038	174	北京无线电厂宿舍区	7004	3650	648	556		2150
1039	175	规划设计院家委会	7929	2721	600	200		4408
1040	176	万寿寺北里小区	32500	14265	4942	4043		9250
1041	177	昌运宫小区	9440	3845	1586	1023		2986
1042	178	三虎桥居住区	14820	6745	2547	1592		3936
1043	179	魏公村小区南区	31612	8734	2704	2000		18174
1044	180	魏公村小区北区	55955	17527	4818	3700	8000	21910
		双榆树办事处	829598	150226	91805	32358	211308	343901
1045	181	榆苑公寓小区	15656	6506	2000	1053	3057	3040
1046	182	满庭芳苑小区	36000	7600	1698	11200	4702	10800
1047	183	双榆树小区	563267	106809	83935		98481	274042
1048	184	豪景佳苑小区	5981	1800	730	1230	426	1795
1049	185	金谷园小区	8700	4700	475	875	50	2600
1050	186	青云公司北区宿舍	46830	14202	2191	10000	12042	8395
1051	187	北圃场物业管理小区	13164	2259	776	5000		5129
1052	188	太阳园物业管理小区	140000	6350		3000	92550	38100
		北下关办事处	655782	270150	180251		33355	172026
1053	189	北京动物园家委会	50916	43078	3748			4090
1054	190	净土寺居委会	17550	4971	8261		563	3755
1055	191	办事处楼前皂君庙小区	19728	5075	8040			6613
1056	192	学院南路60号	9460	4220	2155		220	2865
1057	193	北京青云仪器厂南宿舍区	46659	15514	12000		6163	12982
1058	194	中行高粱桥斜街甲18家委会	10050	4630	2320			3100
1059	195	双榆树南里二区	23999	4150	5602		1533	12714
1060	196	北京卷烟厂家属委员会	4562	2376	1134		537	515
1061	197	四道口五号院	11075	4469	4651			1955
1062	198	北下关街道大慧寺居委会	20423	5186	13237			2000
1063	199	皂君庙小区第五居委会	7526	2383	678		3579	886
1064	200	净土寺铁路住宅28 29楼	7079	2095	2789			2195
1065	201	兽药监察所东家属区	13009	4848	3975		276	3910
1066	202	大柳树北居委会	4070	2108	1362		100	500
1067	203	卫生部机关服务局净土寺小区	20000	7100	5873		627	6400

面积					绿化覆盖面积（平方米）	绿化覆盖率（%）	绿地率（%）	实有树木（株）	实有草坪（平方米）
绿地面积									
楼间绿地	道路绿地	居住区花园							
		小计	绿地面积	水面积					
7	8	9=10+11	10	11	12	13=12/1	14=6/1	15	16
1850	300				2365	33.77	30.70	149	1650
4028	380				4600	58.01	55.59	769	2800
8340	910				11000	33.85	28.46	964	7625
2386	600				3010	31.89	31.63	188	2400
3006	930				4300	29.01	26.56	1406	700
17070	1104				19000	60.10	57.49	1315	16000
18910	3000				25000	44.68	39.16	3679	15800
310751	33150				382652	46.12	41.45	25717	68626
3040					4120	26.32	19.42	6511	2480
2800	8000				9102	25.28	30.00	8839	7460
274042					314624	55.86	48.65	9453	52645
1295	500				1392	23.27	30.01		788
2000	600				950	10.92	29.89	35	950
8395					9235	19.72	17.93	448	200
129	5000				5129	38.96	38.96	431	4103
19050	19050				38100	27.21	27.21		
172026					196497	29.96	26.23	31193	67746
4090					5090	10.00	8.03	264	1500
3755					3755	21.40	21.40	594	
6613					7000	35.48	33.52	506	5000
2865					3060	32.35	30.29	566	125
12982					14280	30.61	27.82	751	510
3100					3100	30.85	30.85	4639	1270
12714					12714	52.98	52.98	1490	1204
515					676	14.82	11.29	105	
1955					1955	17.65	17.65	1175	
2000					2000	9.79	9.79	181	700
886					886	11.77	11.77	87	
2195					2195	31.01	31.01	263	2091
3910					4100	31.52	30.06	576	2821
500					500	12.29	12.29	29	
6400					8200	41.00	32.00	1026	1600

市序号	区序号	居住区名称	居住区					
			合计（平方米）	建筑占地面积	铺装面积	道路用地面积	其他面积	小计
甲	乙	丙	1=2+3+4+5+6	2	3	4	5	6=7+8+9
1068	204	钢铁研究总院东家属区	39200	18130	12012		3003	6055
1069	205	钢铁研究总院03家属区	19999	7622	5113		1278	5986
1070	206	钢铁研究总院中家属区	34411	13539	8564		2141	10167
1071	207	北下关皂六居委会	8820	5490	2518		90	722
1072	208	北京市鑫三元服务中心	19800	7150	6427		750	5473
1073	209	皂君东里第三居委会	13323	8203	3020		1000	1100
1074	210	双榆树南里居委会	6150	2475	990		210	2475
1075	211	北方交通大学东家属区	102695	25730	28250		10819	37896
1076	212	北方交通大学西家属区	35975	21275	79			14621
1077	213	西外净土寺邮电公寓	2397	976	903		166	352
1078	214	皂君东里	4300	2050	2130			120
1079	215	中国气象局皂君庙房管科	20000	7500	8420			4080
1080	216	京华印刷厂家委会	10825	3286	4319			3220
1081	217	北京机床研究所西郊家委会	3876	1400	1676			800
1082	218	牛奶公司家委会	8000	2500	3950		300	1250
1083	219	上园饭店物业小区	16581	8421	5220			2940
1084	220	中国兽药监察所宿舍区	11500	3000	4500			4000
1085	221	皂君东里第一居委会	10000	7200	2000			800
1086	222	广通苑小区	14140	5938	3702			4500
1087	223	白石桥管理所	7684	6062	633			989
		北太平庄办事处	515540	201698	117195	34822	59795	102030
1088	224	学院南路居委会	7440	5530	1710		120	80
1089	225	明光北里	8700	3760	2571		317	2052
1090	226	红联楼东	30000	10000	450	1250	18270	30
1091	227	罗庄南里5—8号楼	14000	5500	4500		2000	2000
1092	228	索家坟小区	19050	2240	4502			12308
1093	229	6971家属区	4050	1581	2237			232
1094	230	志强南园	45760	14954	26076	1920		2810
1095	231	文慧园北路3、4、甲6号楼	8100	2980	1600	2020		1500
1096	232	太月园	54500	32500	3800		1305	16895
1097	233	志强北园	22071	10921	7925		345	2880
1098	234	三建楼	7616	2576	4267		529	244

续表三十三

面积					绿化覆盖面积（平方米）	绿化覆盖率（%）	绿地率（%）	实有树木（株）	实有草坪（平方米）
绿地面积									
楼间绿地	道路绿地	居住区花园							
		小计	绿地面积	水面积					
7	8	9 = 10 + 11	10	11	12	13 = 12/1	14 = 6/1	15	16
6055					9082	23.17	15.45	1192	2816
5986					9199	46.00	29.93	683	2405
10167					17549	51.00	29.55	1302	5202
722					722	8.19	8.19	156	
5473					5473	27.64	27.64	530	3301
1100					1100	8.26	8.26	759	
2475					2475	40.24	40.24	136	
37896					41415	40.33	36.90	8431	19129
14621					15812	43.95	40.64	2885	6955
352					532	22.19	14.69	22	352
120					140	3.26	2.79	25	70
4080					4280	21.40	20.40	1207	4080
3220					3278	30.28	29.75	244	
800					800	20.64	20.64	154	
1250					1250	15.63	15.63	79	
2940					2940	17.73	17.73	298	1076
4000					4500	39.13	34.78	587	3000
800					950	9.50	8.00	45	
4500					4500	31.82	31.82	128	1550
989					989	12.87	12.87	78	989
100649	1381				130597	25.33	19.79	44724	49641
30	50				220	2.96	1.08	20	
2052					1434	16.48	23.59	210	1350
30					3600	12.00	0.10	210	
2000					2440	17.43	14.29	76	1800
12308					13058	68.55	64.61	32046	
232					271	6.69	5.73	19	
2810					3580	7.82	6.14	52	2810
1500					1900	23.46	18.52	40	1500
16895					20710	38.00	31.00	5716	35283
2750	130				3320	15.04	13.05	642	2591
244					294	3.86	3.20	98	

市序号	区序号	居住区名称	居住区					
			合计（平方米）	建筑占地面积	铺装面积	道路用地面积	其他面积	小计
甲	乙	丙	1=2+3+4+5+6	2	3	4	5	6=7+8+9
1099	235	红联北村新华彩印厂居住区	58207	40547	7460			10200
1100	236	有研总院西院家属区	40300	11729	7079	14157		7335
1101	237	明光北里3、4、5、7号楼	8663	2517	3456		1095	1595
1102	238	铁干南楼	5800	2426	1074		984	1316
1103	239	洗印厂家属区	10000	5000	3743			1257
1104	240	罗庄南里	9840	3752	3605	2343		140
1105	241	索家坟	13910	8869	654		4387	
1106	242	红联村第二居委会	7399	4582	2136	352	329	
1107	243	文汇北园	37200	6915	4785	4500	21000	
1108	244	志强南院	2280	680	820	580		200
1109	245	蓟门小区	61276	13600	9700	6700		31276
1110	246	知春路罗庄东里	21978	4153	11645			6180
1111	247	首钢小村	17400	4386	1400	1000	9114	1500
		学院路办事处	1134035	413805	229878	35289	66100	388963
1112	248	志新西路一号院	22394	9500	63		11431	1400
1113	249	祺洋物业	15005	2972	7433			4600
1114	250	住三公司房管处	4521	1718	1453	589	490	271
1115	251	第一房管修缮公司	11517	5811	1160	2546		2000
1116	252	育新物业	39537	9180	18097		200	12060
1117	253	长捷物业	16001	7567	4596			3838
1118	254	健翔物业	28000	15800	2200	10000		
1119	255	东王庄小区	130600	64616	12000	9984		44000
1120	256	万邦物业	9000	4010	2358		169	2463
1121	257	三建物业	6600	2000	4000	600		
1122	258	弘城物业	33450	17978	12854			2618
1123	259	大华冠顶物业	7800	3967	2026			1807
1124	260	北置物业	19823	4813	723	5600	2337	6350
1125	261	中地房地产公司	114000	14129	5386			94485
1126	262	五道口居住区	53003	39703	4000	3200		6100
1127	263	建清园居住区	74543	61122	210	2400	1181	9630
1128	264	石板房居住区	29290	26910	110	370		1900
1129	265	二里庄小区	153881	40928	46987		1774	64192
1130	266	二里庄北里	17169	8024	3661			5484
1131	267	展春园小区	111763	22569	36273		22972	29949
1132	268	西王庄小区	80325	17827	21194			41304

续表三十四

面积 绿地面积 楼间绿地	面积 绿地面积 道路绿地	面积 绿地面积 居住区花园 小计	面积 绿地面积 居住区花园 绿地面积	面积 绿地面积 居住区花园 水面积	绿化覆盖面积（平方米）	绿化覆盖率（%）	绿地率（%）	实有树木（株）	实有草坪（平方米）
7	8	9=10+11	10	11	12	13=12/1	14=6/1	15	16
10200					10600	18.21	17.52	60	
6134	1201				8115	20.14	18.20	361	1844
1595					2175	25.11	18.41	155	
1316					1576	27.17	22.69	300	
1257					1680	16.80	12.57	83	1923
140					440	4.47	1.42	15	140
					440	3.16		22	
					200	2.70		10	
					180	0.48		6	
200					340	14.91	8.77	7	400
31276					46344	75.63	51.04	1042	
6180					6180	28.12	28.12	3461	
1500					1500	8.62	8.62	73	
374837	14126				403558	35.59	34.30	97341	245494
1400					1450	6.47	6.25	511	1400
4600					4600	30.66	30.66	771	2660
155	116				402	8.89	5.99	20	
2000					2000	17.37	17.37	1254	1800
12060					13460	34.04	30.50	1032	12060
3838					3838	23.99	23.99	55	3838
31000	13000				44160	33.81	33.69	4029	33250
2463					2632	29.24	27.37	594	850
2618					3458	10.34	7.83	875	2618
1807					3120	40.00	23.17	239	1022
5340	1010				6640	33.50	32.03	885	5079
94485					94485	82.88	82.88	58219	30500
6100					7950	15.00	11.51	253	2000
9630					11181	15.00	12.92	222	5500
1900					2100	7.17	6.49	12	1700
64192					64814	42.12	41.72	11748	49700
5484					6009	35.00	31.94	194	5484
29949					30800	27.56	26.80	2480	19280
41304					41865	52.12	51.42	8727	26181

市序号	区序号	居住区名称	居住区					
			合计（平方米）	建筑占地面积	铺装面积	道路用地面积	其他面积	小计
甲	乙	丙	1=2+3+4+5+6	2	3	4	5	6=7+8+9
1133	269	六道口街道宿舍楼	10792	3931	2076			4785
1134	270	27 号院居委会	4500	2207	1200			1093
1135	271	志新小区	140521	26523	39818		25546	48634
		中关村办事处	642204	196461	155168	32289	59000	199286
1136	272	物资中心宿舍区	9611	2845	2575	1101	200	2890
1137	273	中关村第十二区	13758	4917	831	2291	1556	4163
1138	274	中关村第十四区	13379	4489	375	4180	1396	2939
1139	275	中国科学院中关村北区	105630	48504	21515	1854	1392	32365
1140	276	中科院中关村南区	208300	69863	50861	6920	7383	73273
1141	277	中国科学院黄庄小区	52634	11728	15680	6002	5027	14197
1142	278	中科院中关村东南小区	169989	32305	46688	1600	37515	51881
1143	279	水清木华园小区	26645	7183	7108	4360		7994
1144	280	中科院空间中心生活小区	15985	6449	2598	490	1331	5117
1145	281	中关村东小区	26273	8178	6937	3491	3200	4467
		海淀办事处	400937	134961	77873	24818	12848	150437
1146	282	海淀路居委会	18000	7200	3600	900	1800	4500
1147	283	三义庙小区	13000	3900	1300		650	7150
1148	284	合建楼居委会	2960	1675	500			785
1149	285	厂洼小区	37844	7758	9446		250	20390
1150	286	稻香园小区	116656	36141	16910		6055	57550
1151	287	紫金庄园	35000	11600	12900			10500
1152	288	万泉庄 1 号院家委会	15700	12000	3000			700
1153	289	海淀芙蓉里小区	52120	13697	850	11530	1043	25000
1154	290	市运三公司家委会	5709	2851	1039		100	1719
1155	291	海淀区苏州街 77 号	9836	4429	526	2388	2440	53
1156	292	北京安居物业公司	40712	15410	13412			11890
1157	293	二炮家委会	17000	8300	2890		510	5300
1158	294	万泉庄南居民小区	36400	10000	11500	10000		4900
		清华园办事处	39560	14839	10784			13937
1159	295	西北小区	39560	14839	10784			13937
		香山办事处	123993	47466	20843	9694	25195	20795
1160	296	北炮家属园	21000	4800	7910	2094	2596	3600
1161	297	果树研究所家属宿舍	8000	2648	50	1000	2302	2000
1162	298	部队家属宿舍	10234	6034		1700		2500

面	积				绿化覆盖面积（平方米）	绿化覆盖率（%）	绿地率（%）	实有树木（株）	实有草坪（平方米）
绿地面积									
楼间绿地	道路绿地	居住区花园							
		小计	绿地面积	水面积					
7	8	9 = 10 + 11	10	11	12	13 = 12/1	14 = 6/1	15	16
4785					5302	49.13	44.34	1400	1600
1093					1300	28.89	24.29	126	
48634					51992	37.00	34.61	3695	38972
198452	834				260046	40.49	31.03	22507	31886
2890					2890	30.07	30.07	482	2890
3805	358				4202	30.54	30.26	471	2690
2463	476				3032	22.66	21.97	294	6
32365					37633	35.63	30.64	2415	607
73273					92853	44.58	35.18	3133	971
14197					21964	41.73	26.97	2470	1803
51881					76516	45.01	30.52	7321	8373
7994					9965	37.40	30.00	3891	6190
5117					6074	38.00	32.01	1136	4146
4467					4917	18.72	17.00	894	4210
140859	9578				154745	38.60	37.52	27915	71523
4500					4500	25.00	25.00	772	4500
7150					7150	55.00	55.00	600	7150
785					800	27.03	26.52	132	785
20390					20390	53.88	53.88	3232	11145
57550					57550	49.33	49.33	7913	10960
10500					10500	30.00	30.00	2975	6350
700					700	4.46	4.46	123	700
17800	7200				25000	47.97	47.97	935	15687
1719					1820	31.88	30.11	603	1283
53					220	2.24	0.54	8	
9512	2378				14455	35.51	29.21	2548	8063
5300					5300	31.18	31.18	4674	
4900					6360	17.47	13.46	3400	4900
13937					14945	37.78	35.23	1970	10937
13937					14945	37.78	35.23	1970	10937
20795					32876	26.51	16.77	4478	10618
3600					9300	44.29	17.14	1469	3600
2000					2600	32.50	25.00	85	
2500					2800	27.36	24.43	12	2500

市序号	区序号	居住区名称	居住区					
			合计（平方米）	建筑占地面积	铺装面积	道路用地面积	其他面积	小计
甲	乙	丙	1=2+3+4+5+6	2	3	4	5	6=7+8+9
1163	299	香山橡胶厂家属区	5000	2400	800	800	400	600
1164	300	植物园家属区	27400	5310	2500	2000	13090	4500
1165	301	西山试验林场家委会	5060	2080	2000		380	600
1166	302	蜜蜂研究所家属区	6000	2740	577		2390	293
1167	303	香山饭店生活区	28280	17984	5896	2100		2300
1168	304	香山南路红旗村六号院	13019	3470	1110		4037	4402
		清河办事处	428848	156287	81072	41623	45820	104046
1169	305	清河干休所	20001	17101	300	1500		1100
1170	306	621 小区	27365	8859	3464	5762	280	9000
1171	307	清河毛纺厂花园楼小区	19907	17548	600	1040		719
1172	308	毛纺织集团西门外小区	19225	9035	4163			6027
1173	309	市加气混凝土厂家属区	17873	4416	889	1585	9043	1940
1174	310	北京市清河安宁里小区	47614	12677	23100			11837
1175	311	北京丝绸总厂宿舍	8950	2891	3393	1454		1212
1176	312	阳光北里	19980	6859	5747	2874		4500
1177	313	清河毛纺路 16 号院	90000	28171	14182	8277	21211	18159
1178	314	北京市陶瓷厂家属院	15133	7147	1611	2188	1507	2680
1179	315	北京市砂轮厂家属院	35394	7290	14973		9951	3180
1180	316	清河毛纺住宅北小区	58337	13533	6540	5800	1124	31340
1181	317	总装备部清河小营住宅区	35999	15000	1900	8000	2100	8999
1182	318	空军清河干休所	13070	5760	210	3143	604	3353
		上地办事处	241948	85624	21395	52141		82788
1183	319	上地东里	162948	61808	1531	42514		57095
1184	320	上地西里	79000	23816	19864	9627		25693
		西三旗办事处	1134024	441940	132452	101852	190348	267432
1185	321	中国电力科研院宿舍区	64320	19020	24166		1200	19934
1186	322	九五一一工厂家属区	33270	15202	7615		472	9981
1187	323	首钢冶金研究院小区	50727	13300	7070		14223	16134
1188	324	育新小区	211000	52000	19000	71000	2000	67000
1189	325	西三旗建材城东二里小区	21193	6157	5909		482	8645
1190	326	永泰小区	82500	55000	550			26950

面积					绿化覆盖面积（平方米）	绿化覆盖率（%）	绿地率（%）	实有树木（株）	实有草坪（平方米）
绿地面积									
楼间绿地	道路绿地	居住区花园							
		小计	绿地面积	水面积					
7	8	9 = 10 + 11	10	11	12	13 = 12/1	14 = 6/1	15	16
600					700	14.00	12.00	305	
4500					5400	19.71	16.42	582	2400
600					1800	35.57	11.86	145	400
293					1133	18.88	4.88	98	200
2300					4410	15.59	8.13	625	1210
4402					4733	36.35	33.81	1157	308
95596	8450				127076	29.63	24.26	18022	43554
1100					1300	6.50	5.50	284	1100
9000					12040	44.00	32.89	500	5410
719					13930	69.98	3.61	685	
6027					7677	39.93	31.35	1443	1544
1940					2742	15.34	10.85	265	1876
11837					15864	33.32	24.86	2725	11837
1212					1890	21.12	13.54	118	
4500					5500	27.53	22.52	3323	2117
18159					25913	28.79	20.18	1659	3150
2680					3738	24.70	17.71	123	
3180					3510	9.92	8.98	90	120
22890	8450				18020	30.89	53.72	3059	13500
8999					10499	29.16	25.00	2792	1400
3353					4453	34.07	25.65	956	1500
79552	3236				83275	34.42	34.22	18624	67266
57095					57488	35.28	35.04	13697	49236
22457	3236				25787	32.64	32.52	4927	18030
267432					305051	26.90	23.58	50807	204642
19934					19934	30.99	30.99	1428	5636
9981					11242	33.79	30.00	3040	5044
16134					16520	32.57	31.81	2219	8918
67000					92000	43.60	31.75	12737	60000
8645					8645	40.79	40.79	747	8484
26950					26974	32.70	32.67	24	26850

市序号	区序号	居住区名称	居住区					
			合计（平方米）	建筑占地面积	铺装面积	道路用地面积	其他面积	小计
甲	乙	丙	1=2+3+4+5+6	2	3	4	5	6=7+8+9
1191	327	永泰园小区	149400	12000	13000	2200	114000	8200
1192	328	永泰小区	266000	185500	1400	17800	18600	42700
1193	329	市西三旗物业管理公司	73910	20123	29093		4044	20650
1194	330	宝盛里小区 A 区	49336	17891	4557	1300	5623	19965
1195	331	北京长毛绒厂宿舍	6884	2764	2760			1360
1196	332	北新家园	60775	20400	7540	9552	4668	18615
1197	333	北京电力管理干部学院	6309	2583	1792		36	1898
1198	334	海淀清河清缘里小区	58400	20000	8000		25000	5400
		马连洼办事处	1037964	327459	86857	76036	177482	370130
1199	335	兰园小区	220838	138130	12000	20000	15708	35000
1200	336	天秀花园安和园物业	70752	41063	1387	5829	853	21620
1201	337	中央党校大有家属区	115218	26900	2045	14560	21468	50245
1202	338	竹园小区	30635	12357	4778			13500
1203	339	梅园小区	56670	9501	9600		20569	17000
1204	340	菊园小区	105853	50853	23244			31756
1205	341	水利基础总队家属院	10335	5545	430	1180		3180
1206	342	马连洼北路 1 号院	39644	10493	3030	5175	16824	4122
1207	343	圆明园花园别墅	96872	12120	12447	5492	52183	14630
1208	344	百草园小区	40000	7024	1000	2800	10176	19000
1209	345	农大西校区职工居住区	251147	13473	16896	21000	39701	160077
		田村路办事处	562328	209148	23071	86561	134412	109136
1210	346	银地金沟河 3 号院	47214	7874	3442	9613	14112	12173
1211	347	晋元庄小区	15059	5000	4673	713		4673
1212	348	西郊木材厂住宅小区	98400	74000	200	1200		23000
1213	349	金沟河路三号宿舍	4655	1489	331	629		2206
1214	350	玉海园小区	304000	77585	6635	61906	104000	53874
1215	351	永金里小区	85000	40200	6000	10400	15800	12600
1216	352	北京葡萄酒厂宿舍	8000	3000	1790	2100	500	610
		花园路办事处	971117	326063	208141	118667	38565	279681
1217	353	塔院小区	198376	35412	50438	48973		63553
1218	354	西单商场花园路职工宿舍	10655	4844	2300	2421		1090
1219	355	十五所宿舍	14821	4845	2050	2330	1735	3861
1220	356	新影宿舍	7800	3400	2405			1995
1221	357	塔院消夏东里	28600	20060	280	1100	3830	3330
1222	358	海淀区花园路 1 号	44500	15185	9000	4000		16315

面积					绿化覆盖面积（平方米）	绿化覆盖率（%）	绿地率（%）	实有树木（株）	实有草坪（平方米）
绿地面积									
楼间绿地	道路绿地	居住区花园							
		小计	绿地面积	水面积					
7	8	9 = 10 + 11	10	11	12	13 = 12/1	14 = 6/1	15	16
8200					8300	5.56	5.49	6033	8100
42700					47000	17.67	16.05	1148	41000
20650					22510	30.46	27.94	9619	16430
19965					20853	42.27	40.47	7140	15457
1360					3420	49.68	19.76	102	
18615					20085	33.05	30.63	1078	2805
1898					2168	34.36	30.08	754	968
5400					5400	9.25	9.25	4738	4950
349105	21025				426112	41.05	35.66	36835	312911
35000					40000	18.11	15.85	250	35000
15670	5950				34644	48.97	30.56	13024	21620
50245					64827	56.26	43.61	4838	48377
13500					13500	44.07	44.07	434	13500
17000					19120	33.74	30.00	110	17000
31756					31756	30.00	30.00	196	31756
3180					4816	46.60	30.77	390	1780
4122					5607	14.14	10.40	67	4211
14630					16860	17.40	15.10	8954	120000
7000	12000				26901	67.25	47.50	2429	16667
157002	3075				168081	66.93	63.74	6143	3000
80187	28949				156432	27.82	19.41	18695	36804
5613	6560				36519	77.35	25.78	860	2664
4673					4673	31.03	31.03	828	4673
23000					14000	14.23	23.37	9150	
2206							47.39	149	1577
33895	19979				79240	26.07	17.72	5289	27730
10800	1800				19600	23.06	14.82	2352	
	610				2400	30.00	7.63	67	160
279089	592				327400	33.71	28.80	19358	79331
63553					79652	40.15	32.04	3485	17043
1090					1390	13.05	10.23	688	200
3861					4130	27.87	26.05	248	1800
1995					1995	25.58	25.58	114	1995
3330					3530	12.34	11.64	306	3000
16315					16330	36.70	36.66	1241	2600

市序号	区序号	居住区名称	居住区					
			合计（平方米）	建筑占地面积	铺装面积	道路用地面积	其他面积	小计
甲	乙	丙	1＝2＋3＋4＋5＋6	2	3	4	5	6＝7＋8＋9
1223	359	北京第六医院宿舍	1600	760		390		450
1224	360	总参干休所	46262	16235	14919	5100		10008
1225	361	北京市皮件厂宿舍	21920	9920	7080	2100	2000	820
1226	362	计算机一厂一号院	12476	10353	2100			23
1227	363	计算机一厂宿舍二号院	2624	1449	1035			140
1228	364	有色北院宿舍区	53833	21858	7026	14053		10896
1229	365	牡丹园小区东、西里	197550	134000	7250	9400		46900
1230	366	冠城园小区	330100	47742	102258	28800	31000	120300
		丰台区	**14119994**	**5036319**	**1836203**	**1575186**	**2233751**	**3438535**
		南苑绿化队小计	767239	179713	1725	353074		232727
1231	1	石榴庄小区	228700	55181		115719		57800
1232	2	横松园小区	24375	5351		10414		8610
1233	3	政法委九七六	24800	3891		15609		5300
1234	4	沙子口 6 号楼	11690	4107		6083		1500
1235	5	右外交电公司	9200	3231	1025	4444		500
1236	6	玛纲厂二期	4500	1718		1662		1120
1237	7	南苑北小区	51200	8656		34244		8300
1238	8	马厂北小区	8870	3660		1210		4000
1239	9	马厂小区	47900	13000		18400		16500
1240	10	东铁营横一条小区	13750	2160		7590		4000
1241	11	刘家窑小区	104170	24618		29455		50097
1242	12	马家堡小区	195900	39803		99097		57000
1243	13	亚林小区	37399	11707		8692		17000
1244	14	西罗园宝汇	4785	2630	700	455		1000
		长辛店绿化队小计	698793	215045	181866	37703	16065	248114
1245	15	翠林小区	84830	20005	25854	5980	10611	22380
1246	16	宋家庄建筑公司宿舍	2886	1415	1321			150
1247	17	马家堡西区中北段	201640	56701	54463	15216		75260
1248	18	四方房地产恒富公司草桥住宅	4715	1443	2572			700
1249	19	航天部七院宿舍楼	4069	836	2133	600		500
1250	20	城建集团草桥小区 12 楼	6325	1660	330	600	1035	2700
1251	21	太平桥小区	66352	11786	16647	4816	1019	32084
1252	22	住总六公司角门宿舍楼	9313	3272	4591			1450
1253	23	住六宿舍南区	4822	1310	1492	240		1780

续表三十八

面积					绿化覆盖面积（平方米）	绿化覆盖率（%）	绿地率（%）	实有树木（株）	实有草坪（平方米）
绿地面积									
楼间绿地	道路绿地	居住区花园							
		小计	绿地面积	水面积					
7	8	9 = 10 + 11	10	11	12	13 = 12/1	14 = 6/1	15	16
450					565	35.31	28.13	94	450
10008					10418	22.52	21.63	2422	350
820					1350	6.16	3.74	60	620
23					316	2.53	0.18	75	
140					140	5.34	5.34	74	
10304	592				6154	11.43	20.24	608	1255
46900					47130	23.86	23.74	1452	26900
120300					154300	46.74	36.44	8491	23118
3205026	**233509**				**4015621**	**28.44**	**24.35**	**929734**	**2158754.2**
232727					202470	26.39	30.33	59969	133656
57800					46800	20.46	25.27	5462	41000
8610					8100	33.23	35.32	5547	5000
5300					5300	21.37	21.37	7582	4500
1500					1500	12.83	12.83	815	700
500					500	5.43	5.43	173	350
1120					1120	24.89	24.89	380	800
8300					8300	16.21	16.21	995	7000
4000					4000	45.10	45.10	487	2700
16500					14270	29.79	34.45	1440	11700
4000					4000	29.09	29.09	136	
50097					46000	44.16	48.09	8218	14111
57000					47580	24.29	29.10	22504	34500
17000					14000	37.43	45.46	4762	10725
1000					1000	20.90	20.90	1468	570
248114					287420	41.13	35.51	84929	164530
22380					24730	29.15	26.38	8765	14100
150					290	10.05	5.20	200	100
75260					86000	42.65	37.32	24448	66600
700					700	14.85	14.85	159	30
500					620	15.24	12.29	10	190
2700					2700	42.69	42.69	70	2600
32084					33700	50.79	48.35	3992	10350
1450					1800	19.33	15.57	1099	950
1780					1780	36.91	36.91	124	1400

市序号	区序号	居住区名称	居住区					
			合计（平方米）	建筑占地面积	铺装面积	道路用地面积	其他面积	小计
甲	乙	丙	1=2+3+4+5+6	2	3	4	5	6=7+8+9
1254	24	日化一厂宿舍	13752	4086	2026	840		6800
1255	25	北人集团住宅1—5#楼	19952	3335	7717	2100	1200	5600
1256	26	市科学技术研究所宿舍楼	4752	1187	2815			750
1257	27	五里店小区	134500	68364	7300	3836		55000
1258	28	首医大宿舍楼	3944	740	2804			400
1259	29	海户西里34#院1#楼	4903	963	1600	1840		500
1260	30	西罗园五区	78000	24128	37342			16530
1261	31	建安里小区	38780	10381	4939	1430		22030
1262	32	东管头宿舍楼	2658	624	1329	205		500
1263	33	东安街危改1—3#楼	12600	2809	4591		2200	3000
		丰台绿化队	746272	181040	137371	13686	246863	167312
1264	34	莲香园小区	86999	20462	20615		30922	15000
1265	35	化建厂宿舍	45000	9536	6140		21224	8100
1266	36	丰台桥南铁路宿舍	29876	9760	2735		6381	11000
1267	37	恒富科技园区	11600	2993	1931		4506	2170
1268	38	角门小区	14884	3000	5802		40	6042
1269	39	南苑西小区	33075	9018	5312		12395	6350
1270	40	南开地小区	1581	935	149		347	150
1271	41	北大地南里小区	30639	14610	927		5610	9492
1272	42	东大街东里小区	34462	13602	1470		9635	9755
1273	43	韩庄子小区	52997	15785	2711		10538	23963
1274	44	草桥市政处宿舍	3441	1185	1536			720
1275	45	望园东里小区	48452	12814	15000		5638	15000
1276	46	青塔小区	337846	63318	68658	13686	137524	54660
1277	47	青塔小区B20#、B21#楼	7500	1955	3055			2490
1278	48	煤炭公司职工宿舍	7920	2067	1330		2103	2420
		长辛店办事处	1339128	549266	88483	115951	296138	289290
1279	49	六一八厂生活区	203270	58374	1400	32400	82602	28494
1280	50	装技所生活区	67127	21802	8093	3196	10000	24036
1281	51	二七车辆厂北片宿舍区	138577	44749	5439	16265	29058	43066
1282	52	丰台区槐树岭5号院	221477	77864	10119	12457	27685	93352
1283	53	杜家坎甲4号院	9100	2905	1501	1424	270	3000
1284	54	二七通讯工厂宿舍区	55300	18874	10928	5237	2412	17849
1285	55	装工院居民区	81544	21381	21800	13600	3363	21400
1286	56	63986部队居住区	8000	5700	400	900		1000
1287	57	朱家坟五里4号院	57452	3848	8223	7800	4141	33440

续表三十九

面积					绿化覆盖面积（平方米）	绿化覆盖率（%）	绿地率（%）	实有树木（株）	实有草坪（平方米）
绿地面积									
楼间绿地	道路绿地	居住区花园							
		小计	绿地面积	水面积					
7	8	9 = 10 + 11	10	11	12	13 = 12/1	14 = 6/1	15	16
6800					6600	47.99	49.45	1524	5800
5600					5600	28.07	28.07	2403	4500
750					860	18.10	15.78	435	170
55000					67000	49.81	40.89	26536	36400
400					400	10.14	10.14	184	380
500					500	10.20	10.20	701	400
16530					23140	29.67	21.19	2671	8760
22030					27530	70.99	56.81	11564	7600
500					470	17.68	18.81	39	4200
3000					3000	23.81	23.81	5	
163892	3420				161084	21.59	22.42	31352	111840
15000					15000	17.24	17.24	3037	9500
8100					8100	18.00	18.00	2012	5380
11000					11000	36.82	36.82	1500	7800
2170					2170	18.71	18.71	1232	1560
6042					6042	40.59	40.59	1052	3500
6350					6350	19.20	19.20	313	4762
150					150	9.49	9.49	14	130
9492					5351	17.46	30.98	4023	5351
9755					9755	28.31	28.31	3861	7585
23963					14800	27.93	45.22	3281	15801
720					720	20.92	20.92	784	600
15000					13500	27.86	30.96	1759	10500
51240	3420				63176	18.70	16.18	7526	36470
2490					2550	34.00	33.20	359	1800
2420					2420	30.56	30.56	599	1100
185007	104283				459263	34.30	21.60	56764	77128
15197	13297				58087	28.58	14.02	16123	7780
13014	11022				31694	47.21	35.81	1626	7108
34351	8715				48505	35.00	31.08	6952	25236
57110	36242				148389	67.00	42.15	11021	10294
2000	1000				4406	48.42	32.97	1998	3000
1900	15949				35698	64.55	32.28	497	1250
19000	2400				30799	37.77	26.24	4840	9000
800	200				1600	20.00	12.50	198	1000
22440	11000				49680	86.47	58.21	6994	3460

市序号	区序号	居住区名称	居住区					
			合计（平方米）	建筑占地面积	铺装面积	道路用地面积	其他面积	小计
甲	乙	丙	1=2+3+4+5+6	2	3	4	5	6=7+8+9
1288	58	二七机车厂住宅区	463981	281691	19158	14872	136207	12053
1289	59	十三干休所	33300	12078	1422	7800	400	11600
		大红门办事处	1051185	364379	136373	204973	191548	153912
1290	60	大红门苗东	20260	7816	1210	10514	400	320
1291	61	大红门苗西	43481	28211	2050	10610		2610
1292	62	建材小区	16550	7400	4582	1328	924	2316
1293	63	大红门南里小区	13708	10888	1782		866	172
1294	64	西马一居	31612	13658	6979	1656	3904	5415
1295	65	北旅小区	50000	30000	200	18300	1000	500
1296	66	西罗园一居	12905	6096	693	1673	1443	3000
1297	67	煤炭二厂小区	21704	7032	11096		2494	1082
1298	68	西罗园三居	34552	5052	16000	7600	300	5600
1299	69	南木樨园	4000	3026	400		550	24
1300	70	木樨园南里二居	2817	1667	1100			50
1301	71	马公庄小区	65000	45000	10000	5400	3000	1600
1302	72	东罗园小区	11786	8907		2354		525
1303	73	大红门医药小区	5920	1754	3368		378	420
1304	74	南顶路小区	90000	16000	18000	45500		10500
1305	75	沥青厂小区	15000	2500	5099	7099		302
1306	76	北冰洋小区	9200	3396		1440	4036	328
1307	77	市政二公司小区	11384	3416	1764		5532	672
1308	78	西马场北箱小区	8051	5767		2000		284
1309	79	邮局分检局小区	6020	4000	1500		378	142
1310	80	北内宿舍	5800	2800	1000	1000	500	500
1311	81	苗南小区	6100	2492	200	2500	908	
1312	82	康泽园小区	26862	7602	3811	4500	3689	7260
1313	83	海慧寺邮局小区	39300	15720	4200	5200	2380	11800
1314	84	西马物业小区	153613	37469	33705	29889		52550
1315	85	华远小区	46700	3530	5000	15000	1170	22000
1316	86	建欣苑小区	298860	83180	2634	31410	157696	23940
		东高地办事处	1223310	345951	340114		130794	406451
1317	87	桃园生活区	231635	62677	89561		5559	73838
1318	88	东营房小区	60171	25502	20116			14553
1319	89	六营门小区	34500	15205	7086		636	11573
1320	90	万源路生活区	423348	118572	117540		32228	155008
1321	91	万源北里	23797	5578	3595		13874	750

续表四十

面积					绿化覆盖面积（平方米）	绿化覆盖率（%）	绿地率（%）	实有树木（株）	实有草坪（平方米）
绿地面积									
楼间绿地	道路绿地	居住区花园							
		小计	绿地面积	水面积					
7	8	9=10+11	10	11	12	13=12/1	14=6/1	15	16
8195	3858				21677	4.67	2.60	5750	9000
11000	600				23200	69.67	34.83	765	
141331	12581				185305	17.63	14.64	19046	120910
320					820	4.05	1.58	34	
1810	800				3000	6.90	6.00	101	
2316					2316	13.99	13.99	184	
172					1290	9.41	1.25	43	
5415					5508	17.42	17.13	327	
500					1000	2.00	1.00	104	
3000					4500	34.87	23.25	338	2500
1082					1186	5.46	4.99	148	
3400	2200				7200	20.84	16.21	125	
24					215	5.38	0.60	12	
50					70	2.48	1.77	5	
1600					5000	7.69	2.46	618	
525					1500	12.73	4.45	77	
200	220				420	7.09	7.09	37	
10500					12000	13.33	11.67	585	4000
302					354	2.36	2.01	40	
328					900	9.78	3.57	105	
672					672	5.90	5.90	129	
284					1080	13.41	3.53	54	
84	58				570	9.47	2.36	28	
500					625	10.78	8.62	44	
6860	400				7260	27.03	27.03	499	6860
11200	600				4980	12.67	30.03	908	8000
48187	4363				53221	34.65	34.21	7821	64550
22000					25000	53.53	47.11	1188	15000
20000	3940				25098	8.40	8.01	5492	20000
406451					435781	35.62	33.23	307130	333758
73838					73946	31.92	31.88	39229	72350
14553					17335	28.81	24.19	10302	14619
11573					12100	35.07	33.54	10286	11315
155008					156800	37.04	36.61	166936	121923
750					1000	4.20	3.15	1168	500

市序号	区序号	居住区名称	居住区					
			合计（平方米）	建筑占地面积	铺装面积	道路用地面积	其他面积	小计
甲	乙	丙	1=2+3+4+5+6	2	3	4	5	6=7+8+9
1322	92	东高地生活区	311060	84497	52394		78497	95672
1323	93	梅园小区	138799	33920	49822			55057
		东铁营办事处	719219	282025	284735			152459
1324	94	蒲黄榆一里	36643	10141	21684			4818
1325	95	蒲黄榆二里	26068	14388	6700			4980
1326	96	蒲黄榆三里	33000	8464	4036			20500
1327	97	蒲黄榆四里	52613	16312	13629			22672
1328	98	蒲安北里	21570	8850	6645			6075
1329	99	工商行崇文支行家委会	13188	6186	5402			1600
1330	100	铁二家委会	25650	11086	10075			4489
1331	101	蒲安西里	21680	11696	4284			5700
1332	102	铁三家委会	22040	6102	11186			4752
1333	103	刘家窑北里(部分)	1243	460	66			717
1334	104	刘家窑南里	40516	15852	7900			16764
1335	105	新华社家委会	1872	972	830			70
1336	106	蒲黄榆路居委会(1)	3076	1447	1519			110
1337	107	经贸部家委会	1386	721	525			140
1338	108	电池厂家委会	4859	1847	1548			1464
1339	109	皮革居委会	9361	2991	6206			164
1340	110	新胡村居委会	8646	4278	3862			506
1341	111	定安东里(部分)	15396	5933	4611			4852
1342	112	定安西里(部分)	14353	8894	2686			2773
1343	113	国家体总家委会	11303	5230	3947			2126
1344	114	南三环路居委会	14438	6805	7343			290
1345	115	盐业公司家委会	3824	1802	2022			
1346	116	化运及矿务局家委会	5280	2748	2502			30
1347	117	东三居委会	10947	4905	5372			670
1348	118	十二厂家委会	2700	1064	1436			200
1349	119	东木居委会	62922	10732	48353			3837
1350	120	双城公寓家委会	12798	5362	6314			1122
1351	121	海关家委会	1370	853	487			30
1352	122	畜产家委会	2700	1132	1010			558
1353	123	赵公口小区	46278	17315	13183			15780
1354	124	供电局修试处家委会	3968	1563	2066			339
1355	125	化运公司第一家委会	1008	825	69			114
1356	126	贾家花园居委会(1)	7321	4538	2183			600

续表四十一

面积					绿化覆盖面积（平方米）	绿化覆盖率（%）	绿地率（%）	实有树木（株）	实有草坪（平方米）
绿地面积									
楼间绿地	道路绿地	居住区花园							
		小计	绿地面积	水面积					
7	8	9 = 10 + 11	10	11	12	13 = 12/1	14 = 6/1	15	16
95672					95672	30.76	30.76	67216	75672
55057					58457	41.12	39.67	11993	37379
151481	978				150062	20.86	21.20	23274	85100
4818					4818	13.15	13.15	477	821
4980					4980	19.10	19.10	504	1790
20500					19680	59.64	62.12	801	2924
22672					8872	16.86	43.09	3360	8859
6075					5832	27.04	28.16	491	986
1600					1600	12.13	12.13	679	1180
4489					4310	16.80	17.50	398	2226
5700					5500	25.37	26.29	733	3360
4752					4560	20.69	21.56	563	725
717					690	55.51	57.68	46	50
16764					16764	41.38	41.38	2466	9726
70					70	3.74	3.74	7	
110					110	3.58	3.58	8	
140					140	10.10	10.10	25	
1464					1464	30.13	30.13	135	1464
164					164	1.75	1.75	26	
506					506	5.85	5.85	151	296
4852					4852	31.51	31.51	1971	4157
1795	978				2773	19.32	19.32	1186	1495
2126					2126	18.81	18.81	1528	1156
290					290	2.01	2.01	17	
30					30	0.57	0.57	3	
670					670	6.12	6.12	67	
200					200	7.41	7.41	40	
3837					3837	6.10	6.10	896	3367
1122					1122	8.77	8.77	815	700
30					30	2.19	2.19	4	
558					558	20.67	20.67	36	
15780					15363	33.20	34.10	1638	15363
339					339	8.54	8.54	72	339
114					100	9.92	11.31	68	114
600					600	8.20	8.20	95	600

市序号	区序号	居住区名称	居住区					
			合计（平方米）	建筑占地面积	铺装面积	道路用地面积	其他面积	小计
甲	乙	丙	1=2+3+4+5+6	2	3	4	5	6=7+8+9
1357	127	同仁堂第一居委会(1)	2292	2076	76			140
1358	128	同仁堂第二家委会	7308	2880	2918			1510
1359	129	木厂北第一居委会(1)	4854	1152	426			3276
1360	130	木厂北第二居委会	1026	675	336			15
1361	131	电视配件家委会	2380	918	1452			10
1362	132	协和饮食家委会	672	495	177			
1363	133	南箱物资家委会	3236	1526	1581			129
1364	134	宋庄路居委会	26755	13213	12237			1305
1365	135	制刷厂家委会(1)	2197	1224	833			140
1366	136	化工楼家委会	5576	2700	2806			70
1367	137	横一条第二居委会	35610	19331	7971			8308
1368	138	日杂家委会	7189	2584	3957			648
1369	139	南方庄居委会	29028	8973	17243			2812
1370	140	地铁居委会(1)	12660	6227	4346			2087
1371	141	仪表小区居委会	29367	12013	14662			2692
1372	142	武警七支队家委会	9052	4544	4033			475
		方庄办事处	1573043	443909	21875	199975	633170	274114
1373	143	芳城东里小区	112000	80316	1805	12000	7005	10874
1374	144	方庄芳古园一区	170501	41850	1805	24560	80496	21790
1375	145	方庄芳古园二区	49710	8987	592	9545	23466	7120
1376	146	芳城园一区	135646	38000	4006	19100	19250	55290
1377	147	方庄芳城园二区	62456	15780	1235	8636	18485	18320
1378	148	方庄芳城园三区	119088	30652	762	13500	63334	10840
1379	149	方庄芳群园一区	168843	45850	3368	24371	81435	13819
1380	150	方庄芳群园二区	156588	30117	708	14230	60476	51057
1381	151	方庄芳群园三区	7769	2950	705	2383	1531	200
1382	152	方庄芳群园四区	149890	38850	1357	20561	76496	12626
1383	153	方庄芳星园一区	169138	40850	1727	22560	77491	26510
1384	154	方庄芳星园二区	89615	20850	989	12560	40296	14920
1385	155	方庄芳星园三区	181799	48857	2816	15969	83409	30748
		丰台办事处	850323	420722	52594	110995	60332	205680
1386	156	前泥洼小区(东大街50号)	51900	27450	1200	4500	10850	7900
1387	157	机关丰台服务部	30000	10901	5422	4495	3162	6020
1388	158	建国街一里居委会	45650	35000		6500		4150
1389	159	东安街头条18号院	68667	16111	5087	6662	5264	35543
1390	160	东大街西里	27000	19200	3300	1000		3500

面积					绿化覆盖面积（平方米）	绿化覆盖率（%）	绿地率（%）	实有树木（株）	实有草坪（平方米）
绿地面积									
楼间绿地	道路绿地	居住区花园							
		小计	绿地面积	水面积					
7	8	9 = 10 + 11	10	11	12	13 = 12/1	14 = 6/1	15	16
140					140	6.11	6.11	68	140
1510					1420	19.43	20.66	560	1510
3276					3176	65.43	67.49	251	3176
15					15	1.46	1.46	3	
10					10	0.42	0.42	1	
129					129	3.99	3.99	420	129
1305					1280	4.78	4.88	76	1305
140					140	6.37	6.37	28	140
70					70	1.26	1.26	89	70
8308					8308	23.33	23.33	1225	8308
648					648	9.01	9.01	86	648
2812					2812	9.69	9.69	454	2812
2087					2087	16.48	16.48	462	2087
2692					2602	8.86	9.17	245	2602
475					475	5.25	5.25		475
271614	2500				366840	23.32	17.43	45389	218183
8374	2500				9384	8.38	9.71	4483	8374
21790					26504	15.54	12.78	3666	10000
7120					13208	26.57	14.32	1347	5000
55290					64150	47.29	40.76	8495	55290
18320					20900	33.46	29.33	5439	18319
10840					17994	15.11	9.10	4881	10000
13819					16312	9.66	8.18	3687	12000
51057					54517	34.82	32.61	4863	50000
200					300	3.86	2.57	576	200
12626					28116	18.76	8.42	1151	10000
26510					50951	30.12	15.67	1772	4000
14920					17070	19.05	16.65	1148	5000
30748					34434	18.94	16.91	3881	30000
190140	15540				246824	29.03	24.19	35900	92278
6600	1300				12667	24.41	15.22	3593	8280
4020	2000				1000	3.33	20.07	556	600
4150					315	0.69	9.09	105	
35543					41580	60.55	51.76	5217	9152
3500					4000	14.81	12.96	1000	3932

市序号	区序号	居住区名称	居住区					
			合计（平方米）	建筑占地面积	铺装面积	道路用地面积	其他面积	小计
甲	乙	丙	1=2+3+4+5+6	2	3	4	5	6=7+8+9
1391	161	北大地西小区	64000	31000	4000	4000		25000
1392	162	北大地二、三里	37000	20000	3000	1500		12500
1393	163	丰台泥洼小区	163975	74975	17000	35000		37000
1394	164	北大地南小区	40900	20000	2000	2500		16400
1395	165	丰台镇东幸福街	10482	3200	1157	4491		1634
1396	166	北大街北里	4000	2000	696	404		900
1397	167	丰台供电局宿舍楼	4800	1500	530	800	1070	900
1398	168	文体路64号院	17406	11588	846	2809	567	1596
1399	169	干休所	45600	15800	2000	14000		13800
1400	170	南开西里	74000	58865	811	324		14000
1401	171	新华街七里	15984	12030	100	354		3500
1402	172	新华街四、六里	78000	42000	800	11146	20844	3210
1403	173	新华街二、三里	19791	6195	220	3920	1333	8123
1404	174	新华街五里	34155	5379	300	6590	17072	4814
1405	175	北京军区一干所	17013	7528	4125		170	5190
		和义办事处	456559	134819	45955	93076	73707	109002
1406	176	和义东里六区	29483	12068	3490	3125		10800
1407	177	和义东里五区	44180	13477	505	3851	25667	680
1408	178	和义东里四区	36132	11200	460	2900	19040	2532
1409	179	和义东里小区	152000	32500	17500	50000	15000	37000
1410	180	南苑北里小区	127764	48574	16000	14500	9000	39690
1411	181	和义西里小区	67000	17000	8000	18700	5000	18300
		卢沟桥办事处	912851	373416	88892	83230	76956	290357
1412	182	望园西里	179998	83419	5425	21310		69844
1413	183	青塔东里小区	36201	11396		1610	14248	8947
1414	184	青塔东里10号院	9099	3514	470	230	4635	250
1415	185	青塔东里10号院	9568	4800		628	150	3990
1416	186	青塔南里居委会308号院	11700	4220	3980	500		3000
1417	187	六里桥七号院	11250	4742	5494		540	474
1418	188	天纬爱车物业小区管理分公司	36000	17620	1045	3368	2009	11958
1419	189	八一电影制片厂	163082	39404	23084	10940		89654
1420	190	大井小区东里	17659	5686	466	1908	7078	2521
1421	191	大井东里九号楼	4889	902	764		2849	374
1422	192	大井小区北里	15397	3866	2920	2130	500	5981
1423	193	大井小区北里	18225	4501	1100	982	7342	4300

续表四十三

面积					绿化覆盖面积（平方米）	绿化覆盖率（%）	绿地率（%）	实有树木（株）	实有草坪（平方米）
绿地面积									
楼间绿地	道路绿地	居住区花园							
		小计	绿地面积	水面积					
7	8	9＝10＋11	10	11	12	13＝12/1	14＝6/1	15	16
25000					30000	46.88	39.06	3575	6242
12500					13000	35.14	33.78	398	3932
37000					40000	24.39	22.56	1776	13000
16400					20000	48.90	40.10	4131	4900
1634					1840	17.55	15.59	193	
900					1000	25.00	22.50	138	200
900					1300	27.08	18.75	237	
1596					1908	10.96	9.17	78	
13000	800				13800	30.26	30.26	3101	7100
8000	6000				16000	21.62	18.92	8075	14000
1850	1650				3954	24.74	21.90	686	3500
2200	1010				23400	30.00	4.12	556	3210
7343	780				8489	42.89	41.04	647	8123
2814	2000				6571	19.24	14.09	681	4841
5190					6000	35.27	30.51	1157	1266
96685	12317				142576	31.23	23.87	18998	107354
10800					12900	43.75	36.63	6370	2624
580	100				711	1.61	1.54	720	
2115	417				6775	18.75	7.01	466	440
29600	7400				50000	32.89	24.34	4515	35000
39290	400				49690	38.89	31.07	5530	47290
14300	4000				22500	33.58	27.31	1397	22000
267256	23101				305230	33.44	31.81	52454	178107
60000	9844				69844	38.80	38.80	2755	60000
8947					8947	24.71	24.71	1368	8947
	250				250	2.75	2.75	6	140
3990					3990	41.70	41.70	1060	3990
3000					3000	25.64	25.64	164	3000
474					664	5.90	4.21	1438	120
7198	4760				11958	33.22	33.22	1528	600
89654					105286	64.56	54.97	11939	28110
2021	500				3533	20.01	14.28	865	2525
374					1074	21.97	7.65	1716	374
5981					5981	38.85	38.85	1689	5981
4300					4448	24.41	23.59	589	4300

市序号	区序号	居住区名称	居住区					
			合计（平方米）	建筑占地面积	铺装面积	道路用地面积	其他面积	小计
甲	乙	丙	1=2+3+4+5+6	2	3	4	5	6=7+8+9
1424	194	大井小区中里	16876	6174	488	1776	1887	6551
1425	195	大井小区南里	19190	7021	345	2056	483	9285
1426	196	市体委六里桥宿舍	1900	560		540		800
1427	197	总参兵种部第三管理处	33362	5866	4837	2809	13422	6428
1428	198	卢沟桥金家村 283 号	3431	1298	256	934		943
1429	199	北京丰台汽车场宿舍	13455	4108	290	3342	3627	2088
1430	200	公交鸿运承物业管理公司二处五里店站	21144	5980	2485	2570	4823	5286
1431	201	市农资公司丰台路口 50 号院	4352	2186		1106		1060
1432	202	小屯路口东里甲 1 号家属院	23000	15000	2000	1000		5000
1433	203	卢沟桥金家村 288 号院	18957	3178	465	2800	600	11914
1434	204	中建一局丰台小区	51565	43000	2595		1000	4970
1435	205	总政莲花池离退休干所	11576	5588		3083		2905
1436	206	军队离退休第 15 干休所	18112	4856	4200		56	9000
1437	207	经贸委物资公司住宅区	54447	29410	20617		1900	2520
1438	208	六里桥发展公司家委会	10000	8160	727		815	298
1439	209	市民政局岳各庄小区	7925	3800	984	1252	165	1724
1440	210	北空六里桥离退休干休所	15025	5323	1580	4067	2433	1622
1441	211	总后郑常庄离退休干休所	24611	6903	300	8594	200	8614
1442	212	六里桥白塔 22 号院	6825	2450	1975	900	500	1000
1443	213	吴家村城建二公司家委会	44030	28485		2795	5694	7056
		马家堡办事处	193869	131129	12787	16094	500	33359
1444	214	马家堡路 55 号院	115340	106000	1260	7440		640
1445	215	戏校宿舍	3187	1100		1142		945
1446	216	公路二处宿舍	8012	2305	1662	2795		1250
1447	217	水产宿舍区	8400	4630	300	1017	500	1953
1448	218	晨新园小区	30000	7200	300			22500
1449	219	角门路 7 号	8400	3309	3112			1979

续表四十四

面积					绿化覆盖面积（平方米）	绿化覆盖率（%）	绿地率（%）	实有树木（株）	实有草坪（平方米）
绿地面积									
楼间绿地	道路绿地	居住区花园							
		小计	绿地面积	水面积					
7	8	9=10+11	10	11	12	13=12/1	14=6/1	15	16
6551					6559	38.87	38.82	1188	6551
8785	500				9285	48.38	48.38	627	9285
800					400	21.05	42.11	434	400
6428					6509	19.51	19.27	256	6286
943					943	27.48	27.48	584	942
2088					2388	17.75	15.52	110	1067
5286					6123	28.96	25.00	2017	1600
1060					1060	24.36	24.36	236	1000
4000	1000				5000	21.74	21.74	279	
5957	5957				5957	31.42	62.85	1908	5557
4680	290				4940	9.58	9.64	600	4680
2905					2904	25.09	25.10	881	2903
9000					9000	49.69	49.69	83	
2520					2520	4.63	4.63	166	2400
298					488	4.88	2.98	19	298
1724					2439	30.78	21.75	2463	702
1622					3070	20.43	10.80	9243	680
8614					8614	35.00	35.00	4830	8613
1000					1000	14.65	14.65	729	
7056					7056	16.03	16.03	684	7056
27359	6000				28013	14.45	17.21	13951	22751
640					832	0.72	0.55	869	160
945					1228	38.53	29.65	105	80
1250					1250	15.60	15.60	702	150
1953					2539	30.23	23.25	146	
16500	6000				2500	8.33	75.00	9100	18000
1979					2572	30.62	23.56	1079	1500

市序号	区序号	居住区名称	居住区					
			合计（平方米）	建筑占地面积	铺装面积	道路用地面积	其他面积	小计
甲	乙	丙	1=2+3+4+5+6	2	3	4	5	6=7+8+9
1450	220	晨宇房管部	6616	2000	854	1500		2262
1451	221	皮革小区	7914	3760	654	2200		1300
1452	222	市科研所宿舍楼	6000	825	4645			530
		南苑办事处	99026	25528	8500	8744	33046	23208
1453	223	诚苑小区	42340	6660	1800	3000	18880	12000
1454	224	西宏苑小区	32000	7830	3200	2800	10810	7360
1455	225	保修二厂家委会	11687	7452	1000	600	1305	1330
1456	226	新华里2号院	12999	3586	2500	2344	2051	2518
		太平桥办事处	371090	139702	62206	57113	623	111446
1457	227	太平桥西里(联建)	84000	21300	31032	7668		24000
1458	228	太平桥小区	117250	47956	5457	30921		32916
1459	229	天伦北里小区	52470	27970	1500	5170		17830
1460	230	万泉寺南里小区	45308	16908	9000	8600		10800
1461	231	莲花池小区	26867	9330	2970	1000		13567
1462	232	三路居公务员小区99号	13915	4986	1823	2778		4328
1463	233	电建公司水头庄宿舍	7435	3273	1187	976	623	1376
1464	234	大件公司家委会	5304	2192	2308			804
1465	235	太平桥西里小区	16500	5167	6349			4984
1466	236	太平桥东里30号楼	2041	620	580			841
		宛平办事处	307209	126993	49826	37336	28153	64901
1467	237	南里三居委会	23902	17000	400	1900	1302	3300
1468	238	南里二居委会	28348	14821	200	6031	451	6845
1469	239	农场居委会	15550	10953		1125	672	2800
1470	240	东关居委会	64280	25933	19195		12432	6720
1471	241	南里一居委会	43033	27492	8016		2901	4624
1472	242	晓月苑一里	45739	10916	10351	6860		17612
1473	243	晓月苑二里	44985	10916	8544	10525		15000
1474	244	晓月苑三里	41372	8962	3120	10895	10395	8000
		西罗园办事处	665991	191910	59014	118178	91748	205141
1475	245	西罗园二区	109296	47000	8272	7365	32595	14064
1476	246	西罗园三区	58502	13000	3000	8563	3539	30400
1477	247	西罗园四区	128152	27000	13200	27450	8051	52451
1478	248	西罗园八区	12626	2050	1750	1020	194	7612
1479	249	西罗园九区	96519	26000	8500	23088	600	38331
1480	250	西罗园十一区	123114	36106	810	27472	20686	38040

续表四十五

面积					绿化覆盖面积（平方米）	绿化覆盖率（%）	绿地率（%）	实有树木（株）	实有草坪（平方米）
绿地面积									
楼间绿地	道路绿地	居住区花园							
		小计	绿地面积	水面积					
7	8	9 = 10 + 11	10	11	12	13 = 12/1	14 = 6/1	15	16
2262					2262	34.19	34.19	990	1069
1300					1300	16.43	16.43	575	1462
530					530	8.83	8.83	385	330
17808	5400				23976	24.21	23.44	819	6130
9200	2800				12278	29.00	28.34	192	
4760	2600				7800	24.38	23.00	179	4130
1330					1380	11.81	11.38	204	
2518					2518	19.37	19.37	244	2000
109454	1992				164092	44.22	30.03	36437	90443
24000					34496	41.07	28.57	16867	28000
32916					45527	38.83	28.07	14854	27213
17830					21396	40.78	33.98	655	8500
8832	1968				16200	35.76	23.84	352	4140
13567					18852	70.17	50.50	1633	13567
4328					4425	31.80	31.10	807	3942
1376					1623	21.83	18.51	290	
780	24				1300	24.51	15.16	58	
4984					7476	45.31	30.21	613	4240
841					1261	61.78	41.21	308	841
47005	17896				87701	28.55	21.13	16933	24985
1400	1900				8280	34.64	13.81	414	
2100	4745				10260	36.19	24.15	1556	
1200	1600				4079	26.23	18.01	505	
6720					7650	11.90	10.45	306	1200
4624					6012	13.97	10.75	293	60
15676	1936				21670	47.38	38.51	5884	11925
13000	2000				19000	42.24	33.34	2900	9300
2285	5715				10750	25.98	19.34	5075	2500
199924	5217				223961	33.63	30.80	21181	159924
13970	94				15572	14.25	12.87	2362	9142
27525	2875				33514	57.29	51.96	3355	34102
51939	512				54137	42.24	40.93	4247	34093
7612					8650	68.51	60.29	447	5450
37719	612				38500	39.89	39.71	1614	22965
37020	1020				35159	28.56	30.90	3801	30299

市序号	区序号	居住区名称	居住区					
			合计（平方米）	建筑占地面积	铺装面积	道路用地面积	其他面积	
								小计
甲	乙	丙	1=2+3+4+5+6	2	3	4	5	6=7+8+9
1481	251	带钢厂家委会	7000	1956	4629		140	275
1482	252	监管局家委会	12423	4512	1822	3789	250	2050
1483	253	安泰祥物业	7628	1024	1750	2946		1908
1484	254	显像管宿舍	15260	3900	3225	3418	1524	3193
1485	255	化建家委会	11554	3000	1230	2896	2073	2355
1486	256	公交总公司宿舍	3672	1250	735	585		1102
1487	257	陶健二公司宿舍	1280	580	135	350	115	100
1488	258	市政二宿舍	3723	1440	1180	264	650	189
1489	259	无线电仪器厂家委会	9555	1500	800	3240	2895	1120
1490	260	33 号院市社家委会	23730	5000	1500	2000	9877	5353
1491	261	邮电器材家委会	8896	2000	500	1000	3848	1548
1492	262	文化局宿舍	18082	5200	3260	2532	4210	2880
1493	263	同仁医院家委会	8410	5500	560		388	1962
1494	264	京剧院宿舍	6569	3892	2156	200	113	208
		新村办事处	1007129	313114	165201	52378	252109	224327
1495	265	怡海花园	97750	24300	13550	20480		39420
1496	266	桥南小区	26670	6444	11408	2081	3044	3693
1497	267	富丰路 8 号院	20468	13708	2760			4000
1498	268	东楼宿舍区	6140	5100	724		16	300
1499	269	丰西北里家委会	12824	9662	1500		600	1062
1500	270	矿冶二部家委会	13433	5423	1156	4622		2232
1501	271	丰西北里	7000	4771	1000	269	238	722
1502	272	丰泽居 1 号院	15059	4189	5521			5349
1503	273	丰泽居 3 号院	8113	2248	2960			2905
1504	274	丰泽居 2 号院	6521	1459	3616			1446
1505	275	恒富中街 6 号院	10537	4217	989			5331
1506	276	恒富中街头号院	10000	3244	5239			1517
1507	277	丰台西站家委会	10545	8761	655		500	629
1508	278	玉泉营国菜批发中心家委会	2668	1932	476			260
1509	279	郑王坟 141 号	15133	5318	2500	3000	2190	2125
1510	280	新村一 二 三家委会	113878	41008	39864		6919	26087
1511	281	第五家委会	41280	23465	10650		785	6380
1512	282	第六家委会	17008	11148	2074		1606	2180
1513	283	第八家委会	12850	5567	2270			5013
1514	284	银地家园住宅小区	281419	16581	4815	12401	211622	36000

面积					绿化覆盖面积（平方米）	绿化覆盖率（%）	绿地率（%）	实有树木（株）	实有草坪（平方米）
绿地面积									
楼间绿地	道路绿地	居住区花园							
		小计	绿地面积	水面积					
7	8	9 = 10 + 11	10	11	12	13 = 12/1	14 = 6/1	15	16
275					475	6.79	3.93	108	75
2050					2400	19.32	16.50	822	2050
1908					2200	28.84	25.01	155	1908
3193					4000	26.21	20.92	1508	3193
2355					2500	21.64	20.38	152	2355
1102					1200	32.68	30.01	559	1102
100					150	11.72	7.81	22	100
189					250	6.72	5.08	145	189
1120					1620	16.95	11.72	128	1120
5353					6000	25.28	22.56	432	5353
1548					2000	22.48	17.40	197	1548
2880					3500	19.36	15.93	643	2880
1962					2670	31.75	23.33	455	1900
104	104				104	1.58	3.17	29	100
218177	6150				251127	24.93	22.27	33432	125614
36030	3390				44400	45.42	40.33	10418	39420
3693					5197	19.49	13.85	479	1242
4000					4300	21.01	19.54	8	3800
300					400	6.51	4.89	29	
1062					1593	12.42	8.28	356	
2232					3618	26.93	16.62	231	
722					870	12.43	10.31	170	
5349					6000	39.84	35.52	563	5037
2905					3776	46.54	35.81	544	2472
1446					1880	28.83	22.17	293	1094
5331					6930	65.77	50.59	309	5071
1517					1972	19.72	15.17	32	1410
629					755	7.16	5.96	57	
260					320	11.99	9.75	47	
2125					2125	14.04	14.04	35	
26087					26197	23.00	22.91	3072	7200
6380					8932	21.64	15.46	882	256
2180					3052	17.94	12.82	672	258
5013					5360	41.71	39.01	1523	2470
36000					42000	14.92	12.79	7101	26700

市序号	区序号	居住区名称	居住区					
			合计（平方米）	建筑占地面积	铺装面积	道路用地面积	其他面积	小计
甲	乙	丙	1=2+3+4+5+6	2	3	4	5	6=7+8+9
1515	285	阳光四季社区	15075	3156	5000	1000	643	5276
1516	286	富丰园	92700	40700	15800		800	35400
1517	287	造甲南里	23616	17710	3616	460		1830
1518	288	造甲北里小区	19858	19756	80		22	
1519	289	城市经典	18400	4815		8065		5520
1520	290	恒富花园	60000	17000	25800			17200
1521	291	造甲村客车总厂宿舍	26734	2432	278		23124	900
1522	292	帝京花园	21450	9000	900			11550
		右安门办事处	504581	379976	25141	40433	28398	30633
1523	293	玉林里小区 1	204335	183535		5800		15000
1524	294	右外玉林东里三区 15 楼	3000	1500	900	400		200
1525	295	右外大街 22 号院	4050	2800	200	200	800	50
1526	296	右外东庄	4200	1365		2635		200
1527	297	前进棉织厂祖家庄宿舍	8230	3500	860		3590	280
1528	298	原玛钢厂一区	5000	1980	840	820	1160	200
1529	299	玉林二区 8 、9 号楼	18273	16300	50	480	263	1180
1530	300	原玛钢厂二区	12256	6688	140	1000	4288	140
1531	301	玉林里小区 2	4300	1410	577	577		1736
1532	302	玉东三区	9530	5706	2564	1200		60
1533	303	右外玉东三区	10792	4599		5490		703
1534	304	玉东二区	33315	31802		1033		480
1535	305	玉东三区	2100	1348	400		282	70
1536	306	玉林里 26 号楼	2342	510	982			850
1537	307	原玛钢厂三区	34856	23377	3300	3000	2879	2300
1538	308	玉林里 57 楼	2278	578		800		900
1539	309	西三条宿舍楼	6395	2617	1567		2011	200
1540	310	雪花王麻子宿舍楼	8325	1920	828	828	4339	410
1541	311	玉东三区	44211	15896	10009	6970	8786	2550
1542	312	右外东庄(机械局)	43025	35525		5000		2500
1543	313	右外东庄	41068	35020	1524	4200		324
1544	314	右安医院宿舍楼	2700	2000	400			300
		云岗办事处	633177	237682	73545	32247	73601	216102
1545	315	三院院直居住区	126315	33462	26963			65890
1546	316	31 所居住区	88494	26843	15028		27250	19373
1547	317	731 医院居住区	29563	9192	2388	4068	227	13688

续表四十七

面积					绿化覆盖面积（平方米）	绿化覆盖率（%）	绿地率（%）	实有树木（株）	实有草坪（平方米）
绿地面积									
楼间绿地	道路绿地	居住区花园							
		小计	绿地面积	水面积					
7	8	9 = 10 + 11	10	11	12	13 = 12/1	14 = 6/1	15	16
5276					6000	39.80	35.00	2654	945
35400					37480	40.43	38.19	941	3000
1830					2200	9.32	7.75	144	
2760	2760				5520	30.00	30.00	151	4929
17200					17600	29.33	28.67	1416	8000
900					1100	4.11	3.37	221	760
11550					11550	53.85	53.85	1084	11550
30413	220				20195	4.00	6.07	31803	3230
15000					1300	0.64	7.34	627	
120	80				200	6.67	6.67	89	
50					50	1.23	1.23	30	
200					400	9.52	4.76	344	
280					280	3.40	3.40	114	
200					200	4.00	4.00	67	
1180					1180	6.46	6.46	366	980
	140				140	1.14	1.14	16	
1736					1736	40.37	40.37	876	
60					60	0.63	0.63	49	
703					703	6.51	6.51	286	
480					480	1.44	1.44	71	
70					350	16.67	3.33	115	
850					106	4.53	36.29	87	
2300					3300	9.47	6.60	9105	2250
900					1100	48.29	39.51	13600	
200					1700	26.58	3.13	56	
410					410	4.92	4.92	83	
2550					2500	5.65	5.77	408	
2500					2500	5.81	5.81	5110	
324					1200	2.92	0.79	235	
300					300	11.11	11.11	69	
200188	15914				273701	43.23	34.13	39973	102833
65890					96240	76.19	52.16	12622	42786
19373					25263	28.55	21.89	9128	5333
13688					15328	51.85	46.30	6937	3114

市序号	区序号	居住区名称	居住区					
			合计（平方米）	建筑占地面积	铺装面积	道路用地面积	其他面积	小计
甲	乙	丙	1=2+3+4+5+6	2	3	4	5	6=7+8+9
1548	318	动力站居住区	5408	1503	1025	1153		1727
1549	319	33所居住区	22600	10160	412	4000		8028
1550	320	159厂居住区	68012	24703	3001	2793	7001	30514
1551	321	三部红楼居住区	132450	64900	7590	19300	4560	36100
1552	322	云岗南区西路14号院	12900	5000	2100		5155	645
1553	323	云岗南区东里20号院	24982	7569	4250		7710	5453
1554	324	云岗南区东里22好院	9979	1771	2100		4190	1918
1555	325	南区22—24楼镇南区	12182	4425	1275		2542	3940
1556	326	建材化工厂居住区	64923	37270	5232		13853	8568
1557	327	云岗南区西里54楼	3733	2108	500		275	850
1558	328	云岗南区东里23号院	14961	5156	1238	635	452	7480
1559	329	云岗南区东里21号院	16675	3620	443	298	386	11928
		石景山区	**4062278**	**1359096**	**834928**	**585653**	**193131**	**1089470**
		八宝山办事处	1052847	300727	452011	70785	27605	201719
1560	1	鲁谷依翠园	73520	44307	6950			22263
1561	2	鲁谷五芳园	135600	18699	104065			12836
1562	3	依翠园704—709	18779	4957	6471			7351
1563	4	永乐东区	42913	11082	10516		8035	13280
1564	5	西厂宿舍小区	31688	15554	1866	8495		5773
1565	6	永乐西小区	136170	86170		20000		30000
1566	7	永乐东小区	6433	1236	2649			2548
1567	8	鲁谷永乐小区	222417	35262	172155			15000
1568	9	公汽六厂宿舍居住区	22514	6404	1054	1380	7512	6164
1569	10	永乐第四家委会居住区	21550	7277	7259			7014
1570	11	鲁谷七星园	51420	20279	2541			28600
1571	12	永乐小区二通居住区	92859	24400	11300	10011	12058	35090
1572	13	鲁谷六合园	196984	25100	125185	30899		15800
		老山办事处	324949	86399	29334	74867		134349
1573	14	老山小区	324949	86399	29334	74867		134349
		八角办事处	886815	242607	117764	112678	124932	288834
1574	15	杨庄小区	32000	13000	900	3100		15000
1575	16	八角小区	80000	37600	3026	7774		31600
1576	17	五院小区	26600	7406	5614	4200	1160	8220
1577	18	西小区	16580	4700	5280	2600		4000
1578	19	东小区	25800	5630	3200	4807	893	11270
1579	20	公园北小区	41590	10410	11683	7763		11734

续表四十八

面积					绿化覆盖面积（平方米）	绿化覆盖率（%）	绿地率（%）	实有树木（株）	实有草坪（平方米）
绿地面积									
楼间绿地	道路绿地	居住区花园							
		小计	绿地面积	水面积					
7	8	9＝10＋11	10	11	12	13＝12/1	14＝6/1	15	16
1727					1887	34.89	31.93	1387	1435
8028					10200	45.13	35.52	925	8028
21600	8914				35026	51.50	44.87	1354	7272
29100	7000				39600	29.90	27.26	3160	11800
645					745	5.78	5.00	242	400
5453					5453	21.83	21.83	654	3849
1918					2100	21.04	19.22	279	1418
3940					5910	48.51	32.34	767	2800
8568					12568	19.36	13.20	968	
850					910	24.38	22.77	40	
7480					9350	62.50	50.00	783	10380
11928					13121	78.69	71.53	727	4218
1072516	**16954**				**1216195**	**29.94**	**26.82**	**191643**	**462635**
197819	3900				255392	24.26	19.16	25596	104669
22263					29680	40.37	30.28	2591	16550
12836					15400	11.36	9.47	2348	12836
7351					7351	39.14	39.14	468	
13280					17360	40.45	30.95	2613	
5773					7173	22.64	18.22	916	2590
30000					38590	28.34	22.03	6301	
2548					3058	47.54	39.61	1545	2548
15000					18000	8.09	6.74	884	3000
6164					6564	29.16	27.38	480	200
7014					7014	32.55	32.55	144	7104
24700	3900				38100	74.10	55.62	3426	28600
35090					36203	38.99	37.79	513	342
15800					30899	15.69	8.02	3367	30899
134349					155000	47.70	41.34	9900	12790
134349					155000	47.70	41.34	9900	12790
288834					305485	34.45	32.57	30535	159808
15000					15323	47.88	46.88	1056	9331
31600					33500	41.88	39.50	1632	3610
8220					9418	35.41	30.90	1055	4000
4000					4200	25.33	24.13	343	200
11270					12000	46.51	43.68	710	4760
11734					12000	28.85	28.21	1039	9870

市序号	区序号	居住区名称	居住区					
			合计（平方米）	建筑占地面积	铺装面积	道路用地面积	其他面积	小计
甲	乙	丙	1=2+3+4+5+6	2	3	4	5	6=7+8+9
1580	21	八角北里小区	157129	38410	17680	28740	5099	67200
1581	22	八角南里小区	110800	9082	4850	1700	89868	5300
1582	23	杨庄中区	29000	8200	3009	11800		5991
1583	24	八角南里1、2号楼	11554	1754	1925	6000	625	1250
1584	25	古城南路北锅一委	29841	9791	3285	2100	12183	2482
1585	26	杨庄东路小区	5360	2780	500	300	150	1630
1586	27	八角中里小区	104245	20660	23009	20376	7200	33000
1587	28	八角北路小区	108226	30636	24122		5940	47528
1588	29	八角四小区	21517	8320	2100		1616	9481
1589	30	古城南里小区	22254	7854		4400		10000
1590	31	特钢八角大楼家属区	18963	8643	2531	1011		6778
1591	32	特钢八角北路家属区	45356	17731	5050	6007	198	16370
		古城办事处	327722	116503	58929	54123	10652	87515
1592	33	古城办事处水泥厂居民区	50400	27720	7560	5040	1008	9072
1593	34	粮食局宿舍楼	1496	816	430	100	100	50
1594	35	古城街道办事处第六居民区	27906	9324	2928		2854	12800
1595	36	古城北路环卫局宿舍楼	5400	3660		160	80	1500
1596	37	古城西路建筑公司居住区	15362	6638	5624	1600	500	1000
1597	38	特钢厂东门住宅小区	13886	6173	6000		1630	83
1598	39	古城居住区	83830	27000	12677	25353		18800
1599	40	十万平居住区	45600	14500	6000	6100		19000
1600	41	古城南里居住区	77070	20300	16000	15770		25000
1601	42	特钢单身宿舍	6772	372	1710		4480	210
		苹果园办事处	373747	155651	63995	18599		135502
1602	43	海特花园小区	111888	32197	40530			39161
1603	44	西井教工楼小区	12990	4423	4667			3900
1604	45	八大处教工楼	7800	2357	3202			2241
1605	46	苹果园一区	60000	28039	2321	4640		25000
1606	47	苹果园三区	69000	30035	8365	4700		25900
1607	48	苹果园二区	70230	32800	3230	5900		28300
1608	49	西井小区	41839	25800	1680	3359		11000
		金顶街办事处	942374	373971	97109	239005	19799	212490
1609	50	模式口南里	175730	70000	25795	35600		44335
1610	51	模式口西里	476769	155000	53939	170500		97330
1611	52	铸造村	15000	4500	670	4330		5500
1612	53	金顶街教工楼小区	11986	3614	4888			3484

续表四十九

面积									
绿地面积					绿化覆盖面积（平方米）	绿化覆盖率（%）	绿地率（%）	实有树木（株）	实有草坪（平方米）
楼间绿地	道路绿地	居住区花园							
		小计	绿地面积	水面积					
7	8	9 = 10 + 11	10	11	12	13 = 12/1	14 = 6/1	15	16
67200					68000	43.28	42.77	4561	52000
5300					6360	5.74	4.78	881	5200
5991					6000	20.69	20.66	2860	3870
1250					1300	11.25	10.82	200	
2482					2500	8.38	8.32	163	
1630					1700	31.72	30.41	2299	1000
33000					39600	37.99	31.66	3100	30106
47528					49784	46.00	43.92	4408	13910
9481					9683	45.00	44.06	1928	6300
10000					8011	36.00	44.94	386	1308
6778					7964	42.00	35.74	725	1320
16370					18142	40.00	36.09	3189	13023
87515					100321	30.61	26.70	10705	15928
9072					12600	25.00	18.00	3070	510
50					50	3.34	3.34		
12800					13020	46.66	45.87	2571	2800
1500					1500	27.78	27.78	534	
1000					1000	6.51	6.51	64	500
83					860	6.19	0.60	83	
18800					21063	25.13	22.43	1128	8300
19000					21523	47.20	41.67	1013	1266
25000					28385	36.83	32.44	1996	2552
210					320	4.73	3.10	246	
122448	13054				143462	38.38	36.26	71872	87401
26107	13054				39161	35.00	35.00	53484	31000
3900					4500	34.64	30.02	789	1500
2241					2362	30.28	28.73	411	
25000					26218	43.70	41.67	12336	13516
25900					27620	40.03	37.54	1511	15160
28300					30118	42.88	40.30	2400	17862
11000					13483	32.23	26.29	941	8363
212490					221752	23.53	22.55	38366	72800
44335					46678	26.56	25.23	21508	18000
97330					100145	21.00	20.41	7763	38600
5500					5605	37.37	36.67	218	3000
3484					3584	29.90	29.07	646	

市序号	区序号	居住区名称	居住区					
			合计（平方米）	建筑占地面积	铺装面积	道路用地面积	其他面积	
								小计
甲	乙	丙	1=2+3+4+5+6	2	3	4	5	6=7+8+9
1613	54	体委射击场住宅	7400	3169	1341		609	2281
1614	55	金福苑小区	45000	22000	4500	1000	15500	2000
1615	56	金顶街赵山2号楼	5286	1086	2100	1500		600
1616	57	电厂模式口小区	89960	35200	1760	2040		50960
1617	58	金顶街地区	105253	76102	1116	22835		5200
1618	59	金顶街赵山家属区	9990	3300	1000	1200	3690	800
		广宁办事处	137948	73378	14986	15196	8636	25752
1619	60	北山居委会	8825	5680	745	1100	60	1240
1620	61	新立街居委会	49129	43704	1001	3400	120	904
1621	62	东山居委会	14022	3607	1030	3807	5578	
1622	63	高井第一居委会	43714	12961	7164	5921	1984	15684
1623	64	高井第二居委会	22258	7426	5046	968	894	7924
		五里坨办事处	15876	9860	800	400	1507	3309
1624	65	解放军66111部队	15876	9860	800	400	1507	3309
		昌平区	**1209089**	**560766**	**85409**	**154003**	**179491**	**229420**
1625	1	水关新村	40039	15214	12012	4003	610	8200
1626	2	石坊院居民区	32983	9895	6597	5936	2428	8127
1627	3	二毛小区	160000	64000		32000	16000	48000
1628	4	东关南里小区	140078	42378	23327	24512	6790	43071
1629	5	东关管区—南小区	10450	3700	4790			1960
1630	6	东关管区—北小区	8189	1291	6447			451
1631	7	松园小区	30550	21000	2500	2600	4200	250
1632	8	永安里小区	15555	7011	5092	1279	866	1307
1633	9	东关北里小区	35000	12733	1200	4100	967	16000
1634	10	西环里小区	166750	147300	1102	7006		11342
1635	11	北环里小区	20010	8000	2400	4660		4950
1636	12	北城根小区	14207	8500	3000		1000	1707
1637	13	建明里小区	37500	8345		10000	15155	4000
1638	14	东环路四号院家属区	8724	3100	632	3378	400	1214
1639	15	乡镇经委宿舍楼	18700	14800			3700	200
1640	16	永安里甲区	17479	10000		1479		6000
1641	17	北京手表厂家属委员会	32329	7853		3380	19532	1564
1642	18	京科苑住宅小区	159000	110000	15000	20000		14000
1643	19	京科苑小区	20825	6518		10723	1001	2583
1644	20	十三陵特区家属院	14260	4000	860	3800	1900	3700

续表五十

面积					绿化覆盖面积（平方米）	绿化覆盖率（%）	绿地率（%）	实有树木（株）	实有草坪（平方米）
绿地面积									
楼间绿地	道路绿地	居住区花园							
		小计	绿地面积	水面积					
7	8	9 = 10 + 11	10	11	12	13 = 12/1	14 = 6/1	15	16
2281					2329	31.47	30.82	2030	1200
2000					2400	5.33	4.44	228	2000
600					600	11.35	11.35	15	
50960					51116	56.82	56.65	2636	6200
5200					8375	7.96	4.94	1813	3800
800					920	9.21	8.01	1509	
25752					30773	22.31	18.67	3582	6739
1240					1940	21.98	14.05	62	
904					1200	2.44	1.84	237	80
15684					17949	41.06	35.88	1405	1340
7924					9684	43.51	35.60	1878	5319
3309					4010	25.26	20.84	1087	2500
3309					4010	25.26	20.84	1087	2500
219820	**9600**				**338623**	**28.01**	**18.97**	**29464**	**132758**
8200					8200	20.48	20.48	139	5780
8127					8127	24.64	24.64	1002	500
38400	9600				57600	36.00	30.00	691	12000
43071					44391	31.69	30.75	2868	34397
1960					2110	20.19	18.76	30	1500
451					491	6.00	5.51	8	400
250					2900	9.49	0.82	145	
1307					1307	8.40	8.40	146	500
16000					16000	45.71	45.71	494	
11342					66700	40.00	6.80	6190	7000
4950					9000	44.98	24.74	370	3266
1707					5500	38.71	12.02	589	
4000					4000	10.67	10.67	165	4000
1214					1214	13.92	13.92	223	1000
200					200	1.07	1.07	10	
6000					6000	34.33	34.33	1037	5400
1564					4692	14.51	4.84	3503	300
14000					14000	8.81	8.81	6090	3000
2583					2583	12.40	12.40	759	2376
3700					3700	25.95	25.95	1311	2780

市序号	区序号	居住区名称	居住区					
			合计（平方米）	建筑占地面积	铺装面积	道路用地面积	其他面积	小计
甲	乙	丙	1=2+3+4+5+6	2	3	4	5	6=7+8+9
1645	21	忘忧山庄	8355	1691		1960	700	4004
1646	22	富泉花园	171000	34000		12000	82023	42977
1647	23	北京衡器厂宿舍楼东环路5号	3491	2491	450	100	350	100
1648	24	军队离退休干部第二休养所	4300	2100		1087		1113
1649	25	总参兵种部北京昌平干休所	39315	14846			21869	2600
		门头沟区	**881400**	**402625**	**86549**	**27812**	**283596**	**80818**
1650	1	新河	6662	4400			2232	30
1651	2	龙泉镇西宁路	19075	8359	700	1130	5886	3000
1652	3	东西排居委会	5162	4462		600		100
1653	4	大峪村梨园小区	12000	7000		200	4800	
1654	5	大峪育园小区	30000	22000		100	7900	
1655	6	城子小区	37000	20000		400	6600	10000
1656	7	三家店东南街居委会	6244	2550	400		3094	200
1657	8	后街	13146	5392	4406		3335	13
1658	9	向阳小区	36093	23414	2709		5220	4750
1659	10	桥东街小区居委会	21255	9988	2487		3625	5155
1660	11	城子西街居委会	8434	5855	2061			518
1661	12	城子大街居委会	9867	7224	2318			325
1662	13	西街居委会	8434	5855	2061			518
1663	14	城子市场街居委会	10683	7661	1144		262	1616
1664	15	广场小场	24183	11839	3335		6556	2453
1665	16	矿桥东街居委会	27668	19089	1674		4625	2280
1666	17	永安小区	51350	28500	16000	1800	700	4350
1667	18	月季园一区	32500	10741	1950	2750	13213	3846
1668	19	月季园二区	45000	15096	2260	2700	17342	7602
1669	20	月季园东里	36000	12440	2520	1100	15076	4864
1670	21	永新小区	20000	7765	1000	1920	8365	950
1671	22	南大街小区	25000	15025	2520	800	2267	4388
1672	23	峪园	18000	10225	440	1440	2234	3661
1673	24	双峪小区	22800	11720		1075	6905	3100
1674	25	双峪二区	5700	4400	80	180	535	505
1675	26	向阳小区	28200	7520	2000	990	13690	4000
1676	27	向阳东里	29999	4716	600	600	22571	1512

续表五十一

面积					绿化覆盖面积（平方米）	绿化覆盖率（%）	绿地率（%）	实有树木（株）	实有草坪（平方米）
绿地面积									
楼间绿地	道路绿地	居住区花园							
		小计	绿地面积	水面积					
7	8	9 = 10 + 11	10	11	12	13 = 12/1	14 = 6/1	15	16
4004					4004	47.92	47.92	857	3204
42977					71991	42.10	25.13	1290	42977
100					200	5.73	2.86	23	
1113					1113	25.88	25.88	1314	1078
2600					2600	6.61	6.61	210	1300
78768	**2050**				**88407**	**10.03**	**9.17**	**14206**	**21624**
30					450	6.75	0.45	15	
3000					3500	18.35	15.73	413	
100					150	2.91	1.94	136	
10000					10000	27.03	27.03		
200					3348	53.62	3.20	120	
13					120	0.91	0.10	39	
4750					4938	13.68	13.16	291	
5155					6500	30.58	24.25	563	
518					610	7.23	6.14	102	
325					450	4.56	3.29	35	
518					610	7.23	6.14	102	
1166	450				1810	16.94	15.13	144	
2453					2972	12.29	10.14	126	
2280					2500	9.04	8.24	117	
2750	1600				4350	8.47	8.47	3151	760
3846					3845	11.83	11.83	1376	
7602					7602	16.89	16.89	649	7602
4864					4864	13.51	13.51	2435	
950					1440	7.20	4.75	112	950
4388					4388	17.55	17.55	567	1278
3661					3661	20.34	20.34	365	1516
3100					3100	13.60	13.60	213	
505					505	8.86	8.86	131	505
4000					4000	14.18	14.18	1585	3000
1512					1512	5.04	5.04	100	1512

市序号	区序号	居住区名称	居住区					
			合计（平方米）	建筑占地面积	铺装面积	道路用地面积	其他面积	小计
甲	乙	丙	1=2+3+4+5+6	2	3	4	5	6=7+8+9
1677	28	向东	10350	6300	3150		300	600
1678	29	新桥小区	16800	12525		527	1569	2179
1679	30	新楼	14440	4867	655		8778	140
1680	31	剧场东街	32600	12800	1952	2300	14270	1278
1681	32	新桥街西	21120	8376	4111	2675	4558	1400
1682	33	南路一区	59330	18760		1600	38040	930
1683	34	南路二区	37320	10812	4000	1500	20088	920
1684	35	南路三区	13500	6430	2980		3225	865
1685	36	增产路东区	13525	5905	7120		500	
1686	37	黑山东街	44700	13640	2000	840	25820	2400
1687	38	电信局家委	6400	1550	2400		2450	
1688	39	煤建公司家委	2400	1485	715		80	120
1689	40	水利局家委	5080	900	2700	300	1100	80
1690	41	地勘队家委	5950	1760	249	285	3606	50
1691	42	邮局家委	2100	840	1120		140	
1692	43	局医院家委	2610	1005	492		1113	
1693	44	矿山机械厂家委	2720	1434	240		926	120
		顺义区	**2077768**	**744474**	**582878**	**213790**	**42973**	**493653**
1694	1	建新南区	135971	49709	34736	19437		32089
1695	2	建新北区	124227	47613	37975	4636	60	33943
1696	3	五里仓小区	179717	63153	64241	7410	3748	41165
1697	4	石园东区	73424	31945	12035	5902	2846	20696
1698	5	石园西区	73201	28263	20035	3035	3000	18868
1699	6	石园南区	124600	54000	28000	6000	4600	32000
1700	7	石园北区	106390	39405	29727	9411	4974	22873
1701	8	滨河小区	270000	73000	52000	80000		65000
1702	9	义宾南区	49004	16647	16288	3648	2383	10038
1703	10	义宾北区	43672	16184	11543	1482	1249	13214
1704	11	胜利小区	57991	21608	20581	1620	2630	11552
1705	12	西辛小区	240987	62923	89846	16698	2300	69220
1706	13	东兴小区	133884	63381	28877	10090	5012	26524
1707	14	幸福西区	44672	12740	20807	6000		5125
1708	15	幸福东区	67285	26182	21158	3665	1886	14394
1709	16	双兴东区	31622	12760	8688	2147	1509	6518
1710	17	双兴南北区	66916	21462	22383	4823	6276	11972
1711	18	裕龙花园	189100	83483	61179	11087		33351

续表五十二

面积					绿化覆盖面积（平方米）	绿化覆盖率（%）	绿地率（%）	实有树木（株）	实有草坪（平方米）
绿地面积									
楼间绿地	道路绿地	居住区花园							
		小计	绿地面积	水面积					
7	8	9 = 10 + 11	10	11	12	13 = 12/1	14 = 6/1	15	16
600					700	6.76	5.80	158	600
2179					2179	12.97	12.97	175	2086
140					140	0.97	0.97	7	
1278					1278	3.92	3.92	150	
1400					1400	6.63	6.63	294	1350
930					930	1.57	1.57	32	
920					920	2.47	2.47	59	
865					865	6.41	6.41	163	465
2400					2400	5.37	5.37	187	
120					120	5.00	5.00	15	
80					80	1.57	1.57	28	
50					50	0.84	0.84	46	
120					120	4.41	4.41	5	
469338	**24315**				**593422**	**28.56**	**23.76**	**109505**	**413327**
28932	3157				48755	35.86	23.60	4227	27484
32975	968				41454	33.37	27.32	4582	31457
38909	2256				49897	27.76	22.91	8398	37675
20400	296				23696	32.27	28.19	4807	12800
18000	868				22680	30.98	25.78	6046	12888
32000					35920	28.83	25.68	4980	22000
22610	263				29821	28.03	21.50	6211	16408
65000					72900	27.00	24.07	4623	65000
9006	1032				15286	31.19	20.48	3230	5476
12712	502				13343	30.55	30.26	3931	9717
10877	675				15010	25.88	19.92	4551	7972
61015	8205				90627	37.61	28.72	24257	62079
26374	150				30460	22.75	19.81	5461	21450
4063	1062				6932	15.52	11.47	852	3125
14234	160				17698	26.30	21.39	3056	12353
5935	583				7018	22.19	20.61	1038	3345
11972					11972	17.89	17.89	6200	8083
29213	4138				34738	18.37	17.64	8159	30660

市序号	区序号	居住区名称	居住区					
			合计（平方米）	建筑占地面积	铺装面积	道路用地面积	其他面积	小计
甲	乙	丙	1=2+3+4+5+6	2	3	4	5	6=7+8+9
1712	19	煤炭公司家属楼	13957	5934	804	1748		5471
1713	20	医专及卫生局家属楼	8653	5438	1975		500	740
1714	21	毓秀园别墅	42495	8644		14951		18900
		通州区	**2392317**	**678072**	**408113**		**556382**	**749750**
1715	1	梨花园小区	68756	17000	4000		25756	22000
1716	2	乔庄北街小区	48000	15000	4900		18300	9800
1717	3	富河园小区	30957	9100	4800		4728	12329
1718	4	梨园东里	8001	2374	1567			4060
1719	5	艺苑西里小区	26000	8000	6500		1700	9800
1720	6	华兴园小区	68735	16667	22235		6463	23370
1721	7	中仓小区	109793	68030	4000		1500	36263
1722	8	玉桥小区	108300	68300	4000		2000	34000
1723	9	帅府小区	34227	21350	3000		1127	8750
1724	10	果园小区	13900	8560	1000			4340
1725	11	吉祥如意小区	125875	30512	8300		79088	7975
1726	12	玉桥南里小区	50763	11649	16572		5757	16785
1727	13	西小区	26400	10165	4356			11879
1728	14	葛布店	30454	9357	4679			16418
1729	15	司空小区	60008	24175	12087			23746
1730	16	后南仓、东里、司空小区等	497049	64835	130245		130855	171114
1731	17	乔庄杨庄龙旺庄小区	534568	127942	40121		198584	167921
1732	18	芳草园	18700	8000	2200			8500
1733	19	北苑 135 号院	70028	22309	20479		600	26640
1734	20	玉带河 252 号宿舍院	3624	1120	712			1792
1735	21	探矿机器厂家属宿舍	65658	22411	11495		5552	26200
1736	22	西马庄小区	156000	24720	49440			81840
1737	23	精锻齿轮厂宿舍	8658	3500	2000		2700	458
1738	24	北方精密机械厂宿舍	65783	11148	580		42460	11595
1739	25	教育局家属宿舍	5229	1272	2951		500	506
1740	26	第一印染厂东厂宿舍	9814	3000	3700		2027	1087
1741	27	通州区干休所	7834	4200	1227		837	1570
1742	28	潞河面粉厂宿舍楼	5776	4186	340		750	500
1743	29	检察院宿舍楼	3000	1600	1000		100	300
1744	30	日化二厂宿舍楼	22924	7831	14785			308
1745	31	北光厂家属区	27712	22407	2200		1841	1264
1746	32	北京机械厂家属区	35575	9880	13820		8675	3200

续表五十三

面积					绿化覆盖面积（平方米）	绿化覆盖率（%）	绿地率（%）	实有树木（株）	实有草坪（平方米）
绿地面积									
楼间绿地	道路绿地	居住区花园							
		小计	绿地面积	水面积					
7	8	9 = 10 + 11	10	11	12	13 = 12/1	14 = 6/1	15	16
5471					5471	39.20	39.20	1474	4735
740					844	9.75	8.55	26	620
18900					18900	44.48	44.48	3396	18000
749750					**941060**	**39.34**	**31.34**	**244287**	**315165**
22000					29000	42.18	32.00	5860	19100
9800					13800	28.75	20.42	6678	9800
12329					15329	49.52	39.83	1463	12329
4060					4411	55.13	50.74	1742	2000
9800					10500	40.38	37.69	3844	5680
23370					24489	35.63	34.00	1353	20638
36263					38212	34.80	33.03	5938	37277
34000					37697	34.81	31.39	7320	31226
8750					8917	26.05	25.56	1294	7529
4340					4590	33.02	31.22	153	4340
7975					8480	6.74	6.34	19742	8659
16785					29845	58.79	33.07	2099	13657
11879					16299	61.74	45.00	354	441
16418					21300	69.94	53.91	1811	4000
23746					33746	56.24	39.57	597	723
171114					253500	51.00	34.43	107030	21500
167921					180000	33.67	31.41	14327	66500
8500					9350	50.00	45.45	3663	
26640					35577	50.80	38.04	2865	8899
1792					2000	55.19	49.45	537	1792
26200					28820	43.89	39.90	1735	8400
81840					93000	59.62	52.46	49760	26400
458					500	5.78	5.29	39	
11595					14595	22.19	17.63	1574	1461
506					206	3.94	9.68	63	
1087					1200	12.23	11.08	348	
1570					1610	20.55	20.04	301	
500					500	8.66	8.66	40	750
300					400	13.33	10.00	141	
308					1108	4.83	1.34	200	
1264					1500	5.41	4.56	345	1264
3200					3200	9.00	9.00	331	800

市序号	区序号	居住区名称	居住区					
			合计（平方米）	建筑占地面积	铺装面积	道路用地面积	其他面积	
								小计
甲	乙	丙	1=2+3+4+5+6	2	3	4	5	6=7+8+9
1747	33	物资公司宿舍楼	17742	4450	5700		6192	1400
1748	34	结研所宿舍楼	18800	8800	1000		7940	1060
1749	35	京华电器公司家属楼	7674	4222	2122		350	980
		房山区	**4010495**	**1196224**	**743779**	**439342**	**587936**	**1043214**
1750	1	农机局居委会	4001	1596	320	320	1515	250
1751	2	南沿里居住区	87933	19045	1772	1530	65350	236
1752	3	煤炭公司家委会	10500	6000	3300	200	300	700
1753	4	永乐园小区	5200	2050	1150			2000
1754	5	房山区职工住宅合作社	23000	13320	4480			5200
1755	6	南里居委会	13050	5000	1200	1000	5800	50
1756	7	房山公路分局家属院	4350	1348	450	1250	722	580
1757	8	物资局家委会	3293	794	800		1549	150
1758	9	永安西里居委会	48000	10200	26056	5400		6344
1759	10	纺织厂家委会	6821	2096	100	680	3845	100
1760	11	农林路居委会	28359	19500	8758			101
1761	12	原企业局家委会	2520	1080	1088		260	92
1762	13	房山区制桶厂家委会	17991	8361	4363	900	145	4222
1763	14	仓房小区	12000	5717	4293			1990
1764	15	福兴花园	13334	2394	10588			352
1765	16	房山城关镇北街居委会	4750	2740	528	1320		162
1766	17	北关居委会	11500	3500	990		6770	240
1767	18	北里居委会	65000	11630	21000	2850	29412	108
1768	19	园林分局家属楼	5800	1200	2500		600	1500
1769	20	高家坡居住区	30306	6224	2940	2640	11296	7206
1770	21	羊耳峪里	6192	1192	1200	300		3500
1771	22	迎风一里	74554	17241	6026	40700	560	10027
1772	23	羊耳峪北里	34142	9667	4250	16125		4100
1773	24	向阳里	126732	36698	21044	1240	45434	22316
1774	25	栗园、凤凰南里、凤凰北里	158122	46066	33254	16240	3500	59062
1775	26	迎风三里、东风南里	34861	28161	1910	1100		3690
1776	27	迎风五里生活区	81175	35796	15244	11095		19040
1777	28	东风北里	73726	40748	21982			10996
1778	29	迎风二里	74628	45533	3657	4200	1938	19300
1779	30	羊耳峪南里、东风东里	26500	10154	6796	2130		7420
1780	31	迎风四里	87629	44144	13221	4259	13631	12374
1781	32	燕化服务统管生活区	1357846	253896	337228	189174	94684	482864

续表五十四

面积					绿化覆盖面积（平方米）	绿化覆盖率（%）	绿地率（%）	实有树木（株）	实有草坪（平方米）
绿地面积									
楼间绿地	道路绿地	居住区花园							
		小计	绿地面积	水面积					
7	8	9 = 10 + 11	10	11	12	13 = 12/1	14 = 6/1	15	16
1400					1600	9.02	7.89	385	
1060					1860	9.89	5.64	177	
980					1200	15.64	12.77	178	
931631	**111583**				**1380207**	**34.41**	**26.01**	**242118**	**640261**
250					650	16.25	6.25	20	
236					1857	2.11	0.27	266	
600	100				1620	15.43	6.67	113	
1600	400				2200	42.31	38.46	60	2000
5200					5200	22.61	22.61	162	4600
50					400	3.07	0.38	80	
580					1340	30.80	13.33	38	
150					195	5.92	4.56	21	
6344					8844	18.43	13.22	470	6344
100					2260	33.13	1.47	145	100
101					2525	8.90	0.36	101	
92					310	12.30	3.65	169	26
4222					4222	23.47	23.47	44	
1990					2205	18.38	16.58	80	1662
352					511	3.83	2.64	109	
162					1620	34.11	3.41	81	
240					3600	31.30	2.09	120	
108					540	0.83	0.17	54	
1500					1800	31.03	25.86	132	1500
3840	3366				8085	26.68	23.78	472	1740
3500					4160	67.18	56.52	232	
5013	5014				14027	18.81	13.45	3993	
2000	2100				5600	16.40	12.01	1381	
8008	14308				39090	30.84	17.61	22701	1199
59062					71123	44.98	37.35	9005	4780
2430	1260				5870	16.84	10.58	505	
14002	5038				38080	46.91	23.46	1245	2668
10806	190				19323	26.21	14.91	2265	70
17500	1800				23100	30.95	25.86	1161	
5115	2305				8652	32.65	28.00	7428	1762
12374					13507	15.41	14.12	1557	
414491	68373				489753	36.07	35.56	114491	359036

市序号	区序号	居住区名称	居住区					
			合计（平方米）	建筑占地面积	铺装面积	道路用地面积	其他面积	小计
甲	乙	丙	1=2+3+4+5+6	2	3	4	5	6=7+8+9
1782	33	长虹小区	98000	18000	3440	7720	53840	15000
1783	34	月华新村	11622	6733		1346		3543
1784	35	修造厂宿舍区	316425	159429	36753	38000	60179	22064
1785	36	昊天温泉家园	76867	30115	8000	5000	23552	10200
1786	37	畜牧水产局住宅区	1757	1256	401			100
1787	38	送变电职工住宅区	132603	29173	9056	5000	43670	45704
1788	39	火电生活公司住宅区	54182	18100	10932	1600	17310	6240
1789	40	西路南里小区	30000	8833	15611			5556
1790	41	社区服务中心	21420	8695	5497			7228
1791	42	聪慧小区	11223	3701	6222			1300
1792	43	西潞园小区	205558	86000	5363	29570	20859	63766
1793	44	月华东里小区	46293	15400	20363		2030	8500
1794	45	蚕种场家属区	17582	5379	6400	1740	2419	1644
1795	46	十四局家属区	14153	4036	3818	1615	3124	1560
1796	47	宜春里小区	18000	6800	600	600	8750	1250
1797	48	北潞春家园小区	130476	25285	21000	18798	21377	44016
1798	49	昊虹小区	13227	6167	6224			836
1799	50	拱辰西里小区	5500	3000	1700			800
1800	51	电力研究所居民区	21898	5504	7900	4800	3044	650
1801	52	供电局家属区	9900	2627	3194		354	3725
1802	53	行宫园小区	213334	50000	5157	18900	39717	99560
1803	54	西潞东里小区	26660	8900	3660		400	13700
		大兴县	**3003153**	**1181288**	**353837**	**369595**	**409762**	**688671**
1804	1	枣园小区	319310	130000	24000		44222	121088
1805	2	观音寺小区	237820	45000	22160	87344	1596	81720
1806	3	金惠园小区 A 区	204500	127300		41000	19714	16486
1807	4	滨河小区	161923	57232	30292	32900	15300	26199
1808	5	郁花园一里	148000	55000	4000	11000	31700	46300
1809	6	清园西里小区	144000	45000	8665	18835	10000	61500
1810	7	郁花园西区二里	130658	50197	1500	12700	60492	5769
1811	8	新安里小区	126700	25000	19000	20000	14115	48585
1812	9	黄村西里	112446	20152		15000	72008	5286
1813	10	富强西里小区	99449	31000	16334	6686		45429
1814	11	富强东里	96591	42180	18000	1850	14598	19963
1815	12	黄村西里	78899	67000	1250	3420		7229
1816	13	福苑小区	75427	37000	6500	7280		24647

续表五十五

面积					绿化覆盖面积（平方米）	绿化覆盖率（%）	绿地率（%）	实有树木（株）	实有草坪（平方米）
绿地面积									
楼间绿地	道路绿地	居住区花园							
		小计	绿地面积	水面积					
7	8	9 = 10 + 11	10	11	12	13 = 12/1	14 = 6/1	15	16
15000					18320	18.69	15.31	9333	10000
3543					3700	31.84	30.49	189	3543
19995	2069				68869	21.76	6.97	9998	15432
10200					12200	15.87	13.27	203	10200
100					240	13.66	5.69	604	100
45704					58500	44.12	34.47	1239	
6240					11980	22.11	11.52	1150	250
5556					5855	19.52	18.52	520	5515
7228					8674	40.49	33.74	1658	6723
1300					2551	22.73	11.58	17	
63766					81722	39.76	31.02	10342	68937
8500					9000	19.44	18.36	508	8500
1644					1704	9.69	9.35	155	1574
1560					2080	14.70	11.02	104	
1250					2575	14.31	6.94	117	
44016					59082	45.28	33.73	33249	58140
836					2410	18.22	6.32	646	836
800					1000	18.18	14.55	56	650
650					820	3.74	2.97	109	650
3725					4424	44.69	37.63	340	3024
94300	5260				132472	62.10	46.67	2601	45000
13700					13700	51.39	51.39	279	13700
650287	**38384**				**846491**	**28.19**	**22.93**	**306988**	**395711**
121088					148350	46.46	37.92	112019	111416
75150	6570				102672	43.17	34.36	33354	34472
11470	5016				17545	8.58	8.06	1001	2470
18399	7800				45738	28.25	16.18	9041	6300
40300	6000				62000	41.89	31.28	30080	43800
61500					74700	51.88	42.71	40662	41260
5469	300				7100	5.43	4.42	496	4400
42555	6030				50000	39.46	38.35	4028	40000
5286					24000	21.34	4.70	2085	
45429					51260	51.54	45.68	12012	7500
19963					22160	22.94	20.67	484	900
6142	1087				8900	11.28	9.16	554	
24647					28000	37.12	32.68	5736	23110

市序号	区序号	居住区名称	居住区					
			合计（平方米）	建筑占地面积	铺装面积	道路用地面积	其他面积	
								小计
甲	乙	丙	1=2+3+4+5+6	2	3	4	5	6=7+8+9
1817	14	金惠园三里	75200	23050	21015	16370		14765
1818	15	滨河东里	64710	55260	4440	1536		3474
1819	16	兴政东里小区	52891	29447	21365			2079
1820	17	黄村镇滨河西里小区	50779	25909	655	5586	7865	10764
1821	18	黄村镇辛店小区	46700	25600	2000	15000		4100
1822	19	黄村义和庄北里小区	38650	7048	8252	150	2200	21000
1823	20	三合南里小区	35600	10086	8114	5000	300	12100
1824	21	黄村镇工业路三合南里	34899	14603	6279	1446	350	12221
1825	22	康盛园小区	33477	10900		7577	4950	10050
1826	23	三中巷小区	30000	13000	8000	1200	3000	4800
1827	24	滨河西里	29997	4188	3215		18034	4560
1828	25	兴瑞家园	29000	17000	3000	2000		7000
1829	26	丽园东里小区	25500	6675	3210	2590	5525	7500
1830	27	永华北里小区	24679	9879	5000	6000	800	3000
1831	28	团结巷小区	24000	19400	1000	600		3000
1832	29	黄村镇双河北里	22000	6000	1700	2600	9500	2200
1833	30	观音寺营区	21508	13948	1500			6060
1834	31	北京市政兴物业管理处	21300	5485		2650	6565	6600
1835	32	车站南里21—23#楼	21247	9849	8209	1294		1895
1836	33	双河南里小区	20448	7781	4863	5324	1300	1180
1837	34	滨河东里	19965	3624	1685		10906	3750
1838	35	观音寺南里小区	19698	6706	9592			3400
1839	36	车站北里小区	19557	7916	9534			2107
1840	37	兴海花园	18589	7251	9288			2050
1841	38	核工业管理干部学院住宅区	16182	4769	9382			2031
1842	39	林校北里小区	16088	7600	3325	1625	938	2600
1843	40	富强东里	15929	3624	2865		5406	4034
1844	41	车站中里小区	15241	6328	4996			3917
1845	42	盛春坊	15000	6000		1000	5870	2130
1846	43	氮肥厂宿舍楼	13986	5680	4260		2095	1951
1847	44	车站北里	13831	4067			9508	256
1848	45	海子角西里	14378	3646	1874		7191	1667
1849	46	团河路市场居住区	13390	10670	2680			40
1850	47	康颐园小区	13256	2648	4375		5396	837
1851	48	黄村镇双河北里	35521	4240	2926	25335	863	2157
1852	49	林校北里小区	10501	3711		1980	4462	348

续表五十六

面积					绿化覆盖面积（平方米）	绿化覆盖率（%）	绿地率（%）	实有树木（株）	实有草坪（平方米）
绿地面积									
楼间绿地	道路绿地	居住区花园							
		小计	绿地面积	水面积					
7	8	9=10+11	10	11	12	13=12/1	14=6/1	15	16
14765					15005	19.95	19.63	788	1200
3257	217				4300	6.65	5.37	146	
2079					3500	6.62	3.93	131	560
9700	1064				12000	23.63	21.20	872	5200
4100					4264	9.13	8.78	113	4044
21000					23000	59.51	54.33	898	17500
12100					12180	34.21	33.99	747	
12221					12421	35.59	35.02	2357	9970
10050					11000	32.86	30.02	29316	4563
1800	3000				5800	19.33	16.00	4090	
4560					7260	24.20	15.20	644	830
6000	1000				7000	24.14	24.14		7000
7500					7700	30.20	29.41	2144	7107
3000					3560	14.43	12.16	300	
3000					3900	16.25	12.50	3210	500
2200					3300	15.00	10.00	487	450
6060					7060	32.82	28.18	1115	5053
6600					6600	30.99	30.99	645	3000
1895					1925	9.06	8.92	173	
1180					1960	9.59	5.77	212	1100
3750					4056	20.32	18.78	161	
3400					5400	27.41	17.26	537	
2107					2830	14.47	10.77	911	
1750	300				2200	11.83	11.03	310	1750
2031					2031	12.55	12.55	157	1108
2600					3835	23.84	16.16	811	
4034					4140	25.99	25.32	264	
3917					3917	25.70	25.70	311	2320
2130					2500	16.67	14.20	167	
1951					2190	15.66	13.95	184	
256					1093	7.90	1.85	162	
1667					1767	12.29	11.59	80	1643
40					140	1.05	0.30	4	
837					837	6.31	6.31		837
2157					2600	7.32	6.07	314	1800
348					700	6.67	3.31	113	348

市序号	区序号	居住区名称	居住区					
			合计（平方米）	建筑占地面积	铺装面积	道路用地面积	其他面积	
								小计
甲	乙	丙	1=2+3+4+5+6	2	3	4	5	6=7+8+9
1853	50	中建一局构件厂宿舍	10000	8000		1500		500
1854	51	林校北里	8780	6000	300	80	1175	1225
1855	52	金华里小区	7485	3665	1802	275	150	1593
1856	53	自来水公司器材厂宿舍	7733	3256	4000		477	
1857	54	黄村镇双河南里 19#	7128	3368	3760			
1858	55	黄村中里	7000	4500	1200	700		600
1859	56	三合南里小区 6—7#	4092	2922		1160		10
1860	57	义和庄北里 15/17/18#	3700	300			3200	200
1861	58	义和庄北里甲 7#	5176	725		186	4265	
1862	59	车站北里甲 20#	4818	1180	3150			488
1863	60	黄村东里小区	3871	1786		310	1181	594
1864	61	三合南里 8#楼	3335	1167	2168			
1865	62	畜牧水产局宿舍	3273	1168	2025			80
1866	63	泓盛家园	3181	1500	1680			1
1867	64	车站北里 46#56#	3166	1422		412	1332	
1868	65	黄村镇兴政西里甲 1#	3100	780	1610			710
1869	66	清源东里 4#	2664	740	774		1000	150
1870	67	车站北里 44#	2038	780	568			690
1871	68	兴政东里 31#2#	1701	1601		94		6
1872	69	林校路菜站宿舍	1492	779	500		213	
		怀柔县	**884187**	**447407**	**239900**			**196880**
1873	1	西大街小区	25808	17657	4786			3365
1874	2	南城小区	14879	9902	3621			1356
1875	3	北园小区	22731	12908	6506			3317
1876	4	车站路小区	35832	20194	7712			7926
1877	5	富乐南里	52911	28624	19334			4953
1878	6	梅苑小区	10000	2594	3406			4000
1879	7	龙湖小区	29546	13741	8684			7121
1880	8	国防科委小区	36640	11245	11740			13655
1881	9	新村小区	17590	8839	5351			3400
1882	10	西园小区	32441	12650	14952			4839
1883	11	湖光小区	85703	44264	22687			18752
1884	12	于家园二区	27515	12742	6109			8664
1885	13	滨湖北街小区	17254	7671	4867			4716
1886	14	十六局四处家属区	43909	19539	7685			16685
1887	15	青春苑小区	20679	9480	7069			4130

面积					绿化覆盖面积（平方米）	绿化覆盖率（%）	绿地率（%）	实有树木（株）	实有草坪（平方米）
绿地面积									
楼间绿地	道路绿地	居住区花园							
		小计	绿地面积	水面积					
7	8	9＝10＋11	10	11	12	13＝12/1	14＝6/1	15	16
500					1920	19.20	5.00	110	
1225					1995	22.72	13.95	1405	600
1593					1700	22.71	21.28	87	1100
600					1200	17.14	8.57	54	
10					16	0.39	0.24	8	
200					390	10.54	5.41	38	
488					488	10.13	10.13	563	280
594					650	16.79	15.34	174	
80					80	2.44	2.44	17	80
1					20	0.63	0.03	1	
710					780	25.16	22.90	15	
150					160	6.01	5.63	35	140
690					690	33.86	33.86	49	
6					6	0.35	0.35	6	
166612	**30268**				**196879**	**22.27**	**22.27**	**20944**	**137680**
2827	538				3365	13.04	13.04	91	800
1006	350				1356	9.11	9.11	132	893
2825	492				3317	14.59	14.59	230	2500
7688	238				7926	22.12	22.12	995	6200
4953					4953	9.36	9.36	215	3962
3104	896				4000	40.00	40.00	2881	3000
5768	1353				7121	24.10	24.10	3573	5586
12353	1302				13655	37.27	37.27	431	12000
2944	456				3400	19.33	19.33	941	2720
4839					4839	14.92	14.92	468	3871
11252	7500				18752	21.88	21.88	2431	5625
5632	3032				8664	31.49	31.49	561	3000
3306	1410				4716	27.33	27.33	369	3200
12000	4685				16685	38.00	38.00	668	7862
3500	630				4130	19.97	19.97	826	3304

市序号	区序号	居住区名称	居住区					
			合计（平方米）	建筑占地面积	铺装面积	道路用地面积	其他面积	
								小计
甲	乙	丙	1=2+3+4+5+6	2	3	4	5	6=7+8+9
1888	16	望怀小区	17819	6146	6332			5341
1889	17	富乐东里小区	14872	8765	2107			4000
1890	18	商业街小区	21994	13473	5784			2737
1891	19	杨家园小区	31070	13577	10848			6645
1892	20	南华园二区	18727	11854	4667			2206
1893	21	金台园小区	21869	11535	7428			2906
1894	22	北里小区	32313	14285	15443			2585
1895	23	东方街小区	27403	16985	7386			3032
1896	24	南华园一区	32595	17901	12119			2575
1897	25	富乐小区	43309	27620	7821			7868
1898	26	东园小区	16850	9851	5490			1509
1899	27	滨湖小区	33271	16984	5821			10466
1900	28	南华园四区	66281	31956	11088			23237
1901	29	青春苑西区	32376	14425	3057			14894
		密云县	**1095218**	**454672**	**170510**	**125095**	**179012**	**165929**
1902	1	兴云小区	46182	18726	2442	2148	20966	1900
1903	2	兴云小区(甲区)	22000	6780	8780	1440		5000
1904	3	果园新里北区.果园西里甲区	158322	38060	8167	13750	88023	10322
1905	4	工商银行沿湖小区家属楼	4517	1560	1620		1127	210
1906	5	沿湖小区	68274	23250	18121	6660		20243
1907	6	石桥小区	19162	9161	2101	3000		4900
1908	7	果园中、南区	25810	7489	4421	4300		9600
1909	8	果园西区	80368	29788	11077	14846		24657
1910	9	花园小区	102420	36200	12750	18920		34550
1911	10	滨阳小区	10000	4100	2500			3400
1912	11	沙河小区	17008	5858		6350		4800
1913	12	宾阳北里小区	41354	32601		5317		3436
1914	13	宾阳西里小区	32016	25078		1580		5358
1915	14	宾阳里小区	157081	107000	10228	23122	4872	11859
1916	15	果园小区(新里北区 1＃楼)	1661	708	953			
1917	16	密云县果园西区 1—5 号楼	12336	5416	3840	800	1780	500
1918	17	果园北区	1311	1011		300		
1919	18	东菜园小区	85605	21201	37884		26520	
1920	19	(市政委院)北源里小区	48901	19554	6281		19544	3522
1921	20	市地矿局 101 队居住区	24022	9800	13654			568

续表五十八

面积					绿化覆盖面积（平方米）	绿化覆盖率（%）	绿地率（%）	实有树木（株）	实有草坪（平方米）
绿地面积									
楼间绿地	道路绿地	居住区花园							
		小计	绿地面积	水面积					
7	8	9 = 10 + 11	10	11	12	13 = 12/1	14 = 6/1	15	16
4901	440				5341	29.97	29.97	364	3000
3680	320				4000	26.90	26.90	215	3000
2457	280				2737	12.44	12.44	259	2100
6247	398				6645	21.39	21.39	300	5315
2074	132				2206	11.78	11.78	768	1800
2674	232				2906	13.29	13.29	416	2324
2005	580				2585	8.00	8.00	510	1900
2821	211				3032	11.06	11.06	152	2425
2344	231				2574	7.90	7.90	345	2000
7003	865				7868	18.17	18.17	1023	5600
1054	455				1510	8.96	8.96	441	1210
9315	1151				10466	31.46	31.46	701	9000
21146	2091				23236	35.06	35.06	638	18589
14894					14894	46.00	46.00		14894
159929	**6000**				**189220**	**17.28**	**15.15**	**66913**	**128665**
1900					1900	4.11	4.11	190	
5000					5000	22.73	22.73		5000
10322					14420	9.11	6.52	473	5300
210					240	5.31	4.65	306	
20243					22633	33.15	29.65	12992	20443
4900					6580	34.34	25.57	1244	1000
9600					12992	50.34	37.19	8436	7300
24657					26157	32.55	30.68	9835	24657
34550					34926	34.10	33.73	12424	34570
3400					4675	46.75	34.00	1141	
4800					4800	28.22	28.22	8655	4500
3436					3436	8.31	8.31	3851	2890
5358					5358	16.74	16.74	1556	4710
11859					11859	7.55	7.55	1216	11165
500					500	4.05	4.05		
3522					4002	8.18	7.20	1391	450
568					1673	6.96	2.36	76	

市序号	区序号	居住区名称	居住区					
			合计（平方米）	建筑占地面积	铺装面积	道路用地面积	其他面积	小计
甲	乙	丙	1=2+3+4+5+6	2	3	4	5	6=7+8+9
1922	21	康居小区	92566	26829	19691	20882	4260	20904
1923	22	行宫小区	44302	24502	6000	1680	11920	200
		平谷县	**1206756**	**431094**	**225815**	**102578**	**44387**	**402882**
1924	1	乐园西小区	178153	59972	35998	11380		70803
1925	2	兴谷园	59398	21231	9597	6466		22104
1926	3	武装部家属楼	1210	640	370			200
1927	4	太和园	16770	7050	2831	443	480	5966
1928	5	乐园东小区	46332	8208	9786	7101		21237
1929	6	平翔东园	15877	7052	1224	2191		5410
1930	7	建设街6号、8号楼	2880	1580	1200			100
1931	8	利农胡同	3600	1800	790			1010
1932	9	南岔子街	5850	3000	602	628		1620
1933	10	旧城东街	4100	2400	668			1032
1934	11	建设西街	11060	5860	796	134		4270
1935	12	大襟胡同	2600	1030	901	269		400
1936	13	建南教育局楼	3340	1350	240	500		1250
1937	14	光明西小区	12895	4727	2674	1264		4230
1938	15	一商局楼	10056	3101	1426			5529
1939	16	公安局楼	4529	2065	2464			
1940	17	新平东路5号	1060	660	400			
1941	18	向阳东里小区	8162	5037	3125			
1942	19	胜利小区	7400	1537	1035	608	600	3620
1943	20	航宇小区	11228	3344	3164		346	4374
1944	21	北小区	62251	27519	17567	4934	1800	10431
1945	22	府前大街小区	8483	2270	619	782		4812
1946	23	金谷东园小区	37195	15495	10450	879		10371
1947	24	太和东园小区	16900	7121	753	1718	1200	6108
1948	25	金海小区	35533	12229	7614	3768	3800	8122
1949	26	金谷园小区	58550	12710	18240	10070	3320	14210
1950	27	南小区	112892	33621	24960	10443	3980	39888
1951	28	粮食局家属楼	21000	7380	4262	2468		6890
1952	29	滨河小区	71780	25951	10077	3010		32742
1953	30	海关西园	97270	30269	6843	7701	22223	30234
1954	31	园丁小区	41930	19600	2855	3840		15635
1955	32	金乡西小区	112735	46366	18906	15077		32386
1956	33	幸福小区	54228	21131	16829	5036	4138	7094

续表五十九

面积					绿化覆盖面积（平方米）	绿化覆盖率（%）	绿地率（%）	实有树木（株）	实有草坪（平方米）
绿地面积									
楼间绿地	道路绿地	居住区花园							
		小计	绿地面积	水面积					
7	8	9 = 10 + 11	10	11	12	13 = 12/1	14 = 6/1	15	16
14904	6000				27769	30.00	22.58	3082	6680
200					300	0.68	0.45	45	
396088	**6794**				**442201**	**36.64**	**33.39**	**21585**	**30589**
69483	1320				73803	41.43	39.74	2204	3406
22057	47				23067	38.83	37.21	765	
200					100	8.26	16.53	43	
5966					5905	35.21	35.58	206	
21237					21624	46.67	45.84	721	
5410					5820	36.66	34.07	194	
100					150	5.21	3.47	5	
1010					1120	31.11	28.06	37	
1620					1758	30.05	27.69	58	
1032					1480	36.10	25.17	49	
4270					4370	39.51	38.61	145	
400					900	34.62	15.38	38	
1250					1250	37.43	37.43	51	
4230					4230	32.80	32.80	341	
5529					5529	54.98	54.98	285	
3620					4350	58.78	48.92	173	450
4374					4374	38.96	38.96	381	1364
10431					12045	19.35	16.76	880	370
4812					4534	53.45	56.73	476	480
10371					13623	36.63	27.88	762	4178
6108					8140	48.17	36.14	209	20
8122					11416	32.13	22.86	508	2400
14210					18975	32.41	24.27	703	
39888					45504	40.31	35.33	1350	1840
6890					7432	35.39	32.81	313	1350
32742					31822	44.33	45.61	1817	3227
24807	5427				30421	31.27	31.08	4040	890
15635					16736	39.91	37.29	862	3501
32386					37951	33.66	28.73	2122	2113
7094					12766	23.54	13.08	469	

市序号	区序号	居住区名称	居住区					
			合计（平方米）	建筑占地面积	铺装面积	道路用地面积	其他面积	小计
甲	乙	丙	1=2+3+4+5+6	2	3	4	5	6=7+8+9
1957	34	承平园	31509	17620	2948	1000	2500	7441
1958	35	园田小区	38000	10168	3601	868		23363
		延庆县	**905307**	**414028**	**227798**	**41351**	**119469**	**102661**
1959	1	新兴小区	229676	120870	70030	8000		30776
1960	2	东外小区	35330	19964	3046		9480	2840
1961	3	双路小区	30000	5000	6000	900	15900	2200
1962	4	温泉小区	38690	8620	5320	1050		23700
1963	5	京张路东家属院	9384	4225	1955	1944		1260
1964	6	西楼居民区	7294	3050	915		2609	720
1965	7	川北小区	89400	28332	21165	4800	16219	18884
1966	8	石河营居住区	60678	23662	27459		9237	320
1967	9	恒安小区	18741	2533	14207			2001
1968	10	高塔小区	175158	138528	21978	13320		1332
1969	11	莲花池小区	3566	2200	400	100	200	666
1970	12	盛芳园小区	24012	6280	17132			600
1971	13	南菜园二区	113655	27684	2500	11237	55372	16862
1972	14	小营小区	17723	2680	5203		9840	
1973	15	川北西区	52000	20400	30488		612	500

续表六十

面积					绿化覆盖面积（平方米）	绿化覆盖率（%）	绿地率（%）	实有树木（株）	实有草坪（平方米）
绿地面积									
楼间绿地	道路绿地	居住区花园							
		小计	绿地面积	水面积					
7	8	9 = 10 + 11	10	11	12	13 = 12/1	14 = 6/1	15	16
7441					9440	29.96	23.62	498	
23363					21566	56.75	61.48	880	5000
96681	**5980**				**164987**	**18.22**	**11.34**	**12704**	**56424**
30776					73293	31.91	13.40	2138	13410
2840					5000	14.15	8.04	234	
2000	200				2500	8.33	7.33	550	2000
23700					23700	61.26	61.26	1273	23700
1260					2000	21.31	13.43	723	80
720					720	9.87	9.87	26	
16484	2400				26400	29.53	21.12	1158	9194
320					320	0.53	0.53	34	
2001					2100	11.21	10.68	636	480
1332					3052	1.74	0.76	215	
666					799	22.41	18.68	560	
600					600	2.50	2.50	5	
13482	3380				16862	14.84	14.84	5077	7560
500					500	0.96	0.96	75	

北京市城市单位附属

区县名称	个	合 计（公顷）	单							
	1=3+5+7+9+11+13+15+17+19+21+23	2=4+6+8+10+12+14+16+18+20+22+24	个	工厂	个	机关	个	学校	个	部队
甲			3	4	5	6	7	8	9	10
合　计	**7270**	**7873.19**	**1604**	**2170.89**	**2021**	**1496.46**	**1486**	**1122.31**	**417**	**1708.54**
城近郊区	**5085**	**6330.65**	**976**	**1387.85**	**1279**	**1311.23**	**1169**	**952.66**	**375**	**1499.25**
东城区	444	158.39	30	12.00	190	35.98	121	9.05	23	29.57
西城区	577	214.27	49	7.62	224	127.71	187	37.68	29	19.50
崇文区	385	54.10	86	8.07	73	18.63	99	9.63	12	2.95
宣武区	315	76.87	43	21.16	107	14.61	87	17.57	5	0.34
朝阳区	1232	1685.80	283	571.24	238	185.32	245	148.73	31	100.10
海淀区	889	2337.96	126	136.31	234	700.10	198	649.02	143	674.98
丰台区	906	1123.48	286	337.26	136	184.79	148	44.07	104	454.74
石景山区	337	679.78	73	294.19	77	44.09	84	36.91	28	217.07
远郊区县	**2185**	**1542.54**	**628**	**783.04**	**742**	**185.23**	**317**	**169.66**	**42**	**209.29**
昌平区	145	133.51	21	20.70	51	8.09	26	34.75	5	40.08
门头沟区	241	162.65	64	73.89	67	5.95	40	4.79	6	52.99
顺义区	158	89.95	37	31.36	70	18.18	21	13.52	1	9.83
通州区	128	225.40	34	119.99	34	30.40	45	40.96	5	23.39
房山区	258	452.64	56	286.56	99	57.77	43	19.95	8	62.81
大兴县	420	263.43	218	148.16	81	12.48	55	29.15	9	19.91
怀柔县	94	25.62	3	3.71	44	9.28	14	5.24	1	0.02
密云县	257	72.22	67	44.25	99	15.76	40	7.50	2	0.02
平谷县	336	58.64	106	33.16	112	11.55	17	5.82	5	0.24
延庆县	148	58.49	22	21.12	85	15.76	16	7.97		

绿地面积汇总表(1)

位		附		属		绿		地					
个	医院	个	宾馆	个	使馆	个	公共场所	个	开放单位	个	仓库	个	其他
11	12	13	14	15	16	17	18	19	20	21	22	23	24
224	**164.02**	**375**	**177.89**	**118**	**49.44**	**211**	**180.67**	**108**	**70.73**	**158**	**126.63**	**548**	**605.60**
154	**123.96**	**324**	**158.63**	**118**	**49.44**	**114**	**120.91**	**67**	**68.07**	**120**	**102.99**	**389**	**555.67**
19	12.00	39	6.44	2	8.16	8	35.29	5	2.36			7	7.55
22	12.22	26	1.41			15	5.77	9	1.82	2	0.15	14	0.39
11	3.80	20	0.74			12	2.91	1	0.12	1	4.29	70	2.96
8	4.06	25	2.71			8	6.24	2	0.08	11	7.81	19	2.29
32	24.37	128	76.09	116	41.28	25	18.76	26	47.87	40	43.59	68	428.45
22	19.59	43	55.05			11	5.86	14	12.44	14	6.94	84	77.67
22	25.78	34	12.17			22	5.42	7	3.01	48	38.56	99	17.68
18	22.14	9	4.02			13	40.66	3	0.37	4	1.65	28	18.68
70	**40.06**	**51**	**19.26**			**97**	**59.76**	**41**	**2.66**	**38**	**23.64**	**159**	**49.93**
4	1.07					5	5.43					33	23.38
11	11.93	1	1.60			14	2.83	6	0.44	4	0.05	28	8.05
4	2.00	5	2.22			4	1.21			1	0.02	15	11.60
5	9.16	1	0.12			1	0.01			1	0.95	2	0.41
9	5.85	2	0.96			12	1.65	15	1.14	5	13.76	9	2.19
7	2.81	4	0.62			34	42.72			12	7.59		
5	1.93	10	4.41					6	0.65			11	0.37
8	1.03	3	0.46							9	0.91	29	2.30
10	2.13	16	2.62			20	0.80	14	0.44	5	0.24	31	1.63
7	2.14	9	6.25			7	5.11			1	0.12	1	

北京市城市单位附属

区县名称	个	单位总		
		合计（平方米）	建筑占地面积	铺装面积
甲	乙	1=2+3+4+5	2	3
合　计	**7270**	**270904697**	**80535691**	**60016926**
工厂	1604	98936003	33221813	21606779
机关	2021	42553048	13250277	8960424
学校	1486	37963914	10696792	9230865
部队	417	41669409	8996922	9009327
医院	224	5645916	2144397	1350235
宾馆	375	6774460	2805387	1658189
使馆	118	574882	28180	742
公共场所	210	7520014	2530753	1790746
开放单位	108	2824461	882402	635451
仓库	158	8336956	2411182	2540202
其他	549	18105633	3567586	3233968
城近郊区	**5085**	**201877161**	**61095165**	**42611251**
工厂	976	61746145	22358615	12920765
机关	1279	35044260	10870215	6772496
学校	1169	30207805	8903634	7357906
部队	375	36202845	8091957	7205804
医院	154	4359385	1718853	1033448
宾馆	324	5946418	2506665	1419248
使馆	118	574882	28180	742
公共场所	113	3767160	952365	1065721
开放单位	67	2240219	740393	475052
仓库	120	5852644	1983355	1885972
其他	390	15935397	2940933	2474099
东城区	**444**	**7798145**	**3314560**	**2063635**
工厂	30	861450	457044	170296
机关	190	2085819	1007391	572123
学校	121	818057	394764	249793
部队	23	913914	292270	245773
医院	19	628337	284385	173764
宾馆	39	667256	335699	243888
使馆	2	162082	28180	742
公共场所	8	1039480	271533	284738
开放单位	5	116972	51819	36509
仓库				
其他	7	504778	191476	86010
西城区	**577**	**8985762**	**3820126**	**2623109**
工厂	49	881518	489008	255153
机关	224	3981614	1679341	920660

绿地面积汇总表(2)

面　　积		屋顶花园面积（平方米）	绿　化覆盖面积（平方米）	绿化覆盖率（%）	绿地率（%）
其他面积	绿地面积				
4	5	6	7	8 = 7/1	9 = 5/1
51620300	**78731780**	**52830**	**91897593**	**33.92**	**29.06**
22398758	21708653		26637684	26.92	21.94
5377824	14964523	14671	16601099	39.01	35.17
6813141	11223116	24190	13708298	36.11	29.56
6577665	17085495		19690137	47.25	41.00
511202	1640082	1360	1877420	33.25	29.05
531848	1779037	7262	2021869	29.85	26.26
51575	494385		102101	17.76	86.00
1391760	1806756		2063477	27.44	24.03
599334	707275	1450	833792	29.52	25.04
2119154	1266418		1611330	19.33	15.19
5248039	6056040	3897	6750387	37.28	33.45
34864338	**63306407**	**40303**	**72485272**	**35.91**	**31.36**
12588371	13878394		16719548	27.08	22.48
4289399	13112150	3004	14376308	41.02	37.42
4419740	9526525	24190	11429333	37.84	31.54
5912528	14992556		17056749	47.11	41.41
367610	1239474	1360	1410448	32.35	28.43
434084	1586422	7222	1807885	30.40	26.68
51575	494385		102101	17.76	86.00
539941	1209134		1413531	37.52	32.10
344104	680671	1450	800502	35.73	30.38
953313	1030004		1243032	21.24	17.60
4963673	5556692	3077	6125836	38.44	34.87
836040	**1583911**	**779**	**2009924**	**25.77**	**20.31**
114134	119976		159781	18.55	13.93
146516	359789	3	498043	23.88	17.25
82962	90539		150167	18.36	11.07
80216	295655		362217	39.63	32.35
50164	120024		157677	25.09	19.10
23242	64429	776	93264	13.98	9.66
51575	81585		102101	62.99	50.34
130312	352897		356219	34.27	33.95
5070	23575		45388	38.80	20.15
151849	75443		85068	16.85	14.95
399794	**2142732**	**2910**	**2536665**	**28.23**	**23.85**
61201	76156		110697	12.56	8.64
104532	1277081	930	1304284	32.76	32.07

区县名称	个	单	位	总
		合计（平方米）	建筑占地面积	铺装面积
甲	乙	1=2+3+4+5	2	3
学校	187	2088607	805899	761145
部队	29	716250	292765	189481
医院	22	513116	222433	162716
宾馆	26	204417	115486	62784
使馆				
公共场所	15	402587	118532	205226
开放单位	9	92633	40681	29036
仓库	2	39699	18979	19175
其他	14	65321	37002	17734
崇文区	**385**	**3473663**	**1547224**	**1032246**
工厂	86	1010583	513822	304168
机关	73	692650	286572	161235
学校	99	607561	243113	230265
部队	12	152450	56040	34240
医院	11	146467	67254	36301
宾馆	20	120092	63835	31463
使馆				
公共场所	12	155999	53720	65425
开放单位	1	5800	3720	650
仓库	1	166445	69310	43920
其他	70	415626	189838	124579
宣武区	**315**	**5197039**	**2190288**	**1418599**
工厂	43	1389824	520158	239172
机关	107	1118479	523298	349450
学校	87	922080	351125	291503
部队	5	37960	22653	11345
医院	8	230558	117710	66368
宾馆	25	223728	123597	54508
使馆				
公共场所	8	230666	100836	43591
开放单位	2	49284	32620	13127
仓库	11	739711	251405	302854
其他	19	254749	146886	46681
朝阳区	**1232**	**51244822**	**15719866**	**8415300**
工厂	283	21554211	8008246	3014041
机关	238	5774342	1794175	984823
学校	245	4880260	1430979	1227723
部队	31	2221753	565144	268031
医院	32	793757	299987	166819
宾馆	128	2735144	1196347	569488

面积		屋顶花园面积（平方米）	绿化覆盖面积（平方米）	绿化覆盖率（%）	绿地率（%）
其他面积	绿地面积				
4	5	6	7	8 = 7/1	9 = 5/1
144786	376777		572808	27.43	18.04
38994	195010		289632	40.44	27.23
5815	122152		140132	27.31	23.81
11991	14156	530	22661	11.09	6.93
21107	57723		68501	17.02	14.34
4709	18207	1450	20248	21.86	19.65
	1545		1900	4.79	3.89
6659	3926		5802	8.88	6.01
353219	**540974**		**720916**	**20.75**	**15.57**
111891	80702		121020	11.98	7.99
58590	186253		224185	32.37	26.89
37888	96295		144847	23.84	15.85
32690	29480		38554	25.29	19.34
4952	37960		44965	30.70	25.92
17358	7436		11752	9.79	6.19
7747	29097		44487	28.52	18.65
230	1200		1500	25.86	20.69
10315	42900		45400	27.28	25.77
71558	29651		44206	10.64	7.13
819423	**768729**	**2253**	**1255016**	**24.15**	**14.79**
418935	211559		440617	31.70	15.22
99633	146098	612	220807	19.74	13.06
103727	175725	75	246531	26.74	19.06
522	3440		4614	12.15	9.06
5869	40611	660	66203	28.71	17.61
18531	27092	906	36787	16.44	12.11
23851	62388		111341	48.27	27.05
2777	760		1000	2.03	1.54
107304	78148		103345	13.97	10.56
38274	22908		23771	9.33	8.99
10251667	**16857989**	**29057**	**18901907**	**36.89**	**32.90**
4819524	5712400		7024656	32.59	26.50
1142128	1853216	200	1897708	32.86	32.09
734237	1487321	23515	1653149	33.87	30.48
387542	1001036		1146165	51.59	45.06
83281	243670		283902	35.77	30.70
208391	760918	5010	862430	31.53	27.82

区县名称	个	单位总		
		合计（平方米）	建筑占地面积	铺装面积
甲	乙	1=2+3+4+5	2	3
使馆	116	412800		
公共场所	25	632956	159068	171985
开放单位	26	1439081	435788	290937
仓库	40	1862720	648175	589060
其他	68	8937798	1181957	1132393
海淀区	**889**	**60611986**	**16877088**	**12046178**
工厂	126	7618270	2939571	1592068
机关	234	14303399	3634805	2434223
学校	198	17211479	4590550	3662648
部队	143	14982375	3958709	2944849
医院	22	752929	293887	239338
宾馆	43	1362854	387167	312717
使馆				
公共场所	11	218969	70774	39603
开放单位	14	429883	140546	77573
仓库	14	730975	274129	306854
其他	84	3000853	586950	436305
丰台区	**906**	**41742394**	**11668330**	**9266641**
工厂	286	15801520	5583126	3575176
机关	136	5645353	1546619	846752
学校	148	2149553	628301	581831
部队	104	12348677	2168909	2835252
医院	22	665438	228017	108472
宾馆	34	483191	231164	110335
使馆				
公共场所	22	308513	97493	125280
开放单位	7	91956	32500	19626
仓库	48	2159035	687529	613854
其他	99	2089158	464672	450063
石景山区	**337**	**22823350**	**5957684**	**5745543**
工厂	73	12628770	3847641	3770691
机关	77	1442604	398014	503230
学校	84	1530208	458903	352998
部队	28	4829466	735467	676833
医院	18	628783	205180	79670
宾馆	9	149736	53371	34065
使馆				
公共场所	12	778000	80409	129873
开放单位	3	14610	2719	7594

续表二

面积		屋顶花园面积（平方米）	绿化覆盖面积（平方米）	绿化覆盖率（%）	绿地率（%）
其他面积	绿地面积				
4	5	6	7	8 = 7/1	9 = 5/1
	412800				100.00
114334	187569		261141	41.26	29.63
233667	478689		474526	32.97	33.26
189581	435904		600243	32.22	23.40
2338982	4284466	332	4697987	52.56	47.94
8309120	**23379600**	**4719**	**27511496**	**45.39**	**38.57**
1723534	1363097		1791651	23.52	17.89
1233432	7000939	674	7713667	53.93	48.95
2468136	6490145	600	7671893	44.57	37.71
1328973	6749844		8231019	54.94	45.05
23778	195926	700	224511	29.82	26.02
112442	550528		624372	45.81	40.40
50003	58589		67371	30.77	26.76
87327	124437		219117	50.97	28.95
80582	69410		83409	11.41	9.50
1200913	776685	2745	884486	29.47	25.88
9572672	**11234751**	**215**	**11555484**	**27.68**	**26.91**
3270666	3372552		3413135	21.60	21.34
1404106	1847876	215	1955302	34.64	32.73
498765	440656		495892	23.07	20.50
2797094	4547422		4639753	37.57	36.83
71193	257756		261259	39.26	38.73
20009	121683		115513	23.91	25.18
31490	54250		55623	18.03	17.58
9754	30076		33663	36.61	32.71
472014	385638		391741	18.14	17.86
997581	176842		193603	9.27	8.46
4322403	**6797720**	**370**	**7993864**	**35.02**	**29.78**
2068486	2941952		3657991	28.97	23.30
100462	440898	370	562312	38.98	30.56
349239	369068		494046	32.29	24.12
1246497	2170669		2344795	48.55	44.95
122558	221375		231799	36.86	35.21
22120	40180		41106	27.45	26.83
161097	406621		448848	57.69	52.26
570	3727		5060	34.63	25.51

区县名称	个	单位总		
		合计（平方米）	建筑占地面积	铺装面积
甲	乙	1=2+3+4+5	2	3
仓库	4	154059	33828	10255
其他	29	667114	142152	180334
远郊区县	**2185**	**69027536**	**19440526**	**17405675**
工厂	628	37189858	10863198	8686014
机关	742	7508788	2380062	2187928
学校	317	7756109	1793158	1872959
部队	42	5466564	904965	1803523
医院	70	1286531	425544	316787
宾馆	51	828042	298722	238941
使馆				
公共场所	97	3752854	1578388	725025
开放单位	41	584242	142009	160399
仓库	38	2484312	427827	654230
其他	159	2170236	626653	759869
昌平区	**145**	**5187202**	**1013072**	**1135108**
工厂	21	1756185	289170	197509
机关	51	364061	127415	108771
学校	26	1335693	225614	378725
部队	5	851217	121257	230114
医院	4	70977	24612	20012
公共场所	5	161239	35943	29212
其他	33	647830	189061	170765
门头沟区	**241**	**5971188**	**1489147**	**1503873**
工厂	64	3091259	693768	927298
机关	67	421749	177277	109253
学校	40	445670	136088	150418
部队	6	934013	160437	128561
医院	11	243043	56534	46725
宾馆	1	69467	22992	8100
公共场所	14	149150	73701	33386
开放单位	6	286814	37452	12666
仓库	4	50050	18881	26108
其他	28	279973	112017	61358
顺义区	**158**	**4803016**	**1367084**	**1479075**
工厂	37	2521431	793502	799169
机关	70	785885	210105	321393
学校	21	507933	139053	112549
部队	1	370360	88590	74800
医院	4	74348	18720	34505

续表三

面积		屋顶花园面积（平方米）	绿化覆盖面积（平方米）	绿化覆盖率（%）	绿地率（%）
其他面积	绿地面积				
4	5	6	7	8 = 7/1	9 = 5/1
93517	16459		16994	11.03	10.68
157857	186771		190913	28.62	28.00
16755962	**15425373**	**12527**	**19412321**	**28.12**	**22.35**
9810387	7830259		9918136	26.67	21.05
1088425	1852373	11667	2224791	29.63	24.67
2393401	1696591		2278965	29.38	21.87
665137	2092939		2633388	48.17	38.29
143592	400608		466972	36.30	31.14
97764	192615	40	213984	25.84	23.26
851819	597622		649946	17.32	15.92
255230	26604		33290	5.70	4.55
1165841	236414		368298	14.82	9.52
284366	499348	820	624551	28.78	23.01
1703948	**1335074**		**1556176**	**30.00**	**25.74**
1062576	206930		232017	13.21	11.78
47004	80871		91468	25.12	22.21
383806	347548		465771	34.87	26.02
99020	400826		408083	47.94	47.09
15621	10732		14677	20.68	15.12
41758	54326		66282	41.11	33.69
54163	233841		277878	42.89	36.10
1351705	**1626463**	**820**	**1936483**	**32.43**	**27.24**
729915	740278		888540	28.74	23.95
75693	59526		83367	19.77	14.11
111268	47896		74789	16.78	10.75
115088	529927		610170	65.33	56.74
20534	119250		127408	52.42	49.07
22389	15986		17986	25.89	23.01
13771	28292		32220	21.60	18.97
232341	4355		6194	2.16	1.52
4558	503		1473	2.94	1.00
26148	80450	820	94336	33.69	28.73
1057361	**899496**		**1234469**	**25.70**	**18.73**
615126	313634		433362	17.19	12.44
72576	181811		211215	26.88	23.13
121117	135214		217868	42.89	26.62
108654	98316		155328	41.94	26.55
1090	20033		22483	30.24	26.94

区县名称	个	单位总		
		合计（平方米）	建筑占地面积	铺装面积
甲	乙	1=2+3+4+5	2	3
宾馆	5	87475	32692	28177
公共场所	4	43585	13492	17578
仓库	1	29597	6384	22993
其他	15	382402	64546	67911
通州区	**128**	**6966607**	**2291204**	**1433877**
工厂	34	4119926	1559301	836825
机关	34	747769	221016	109480
学校	45	1237446	279918	301898
部队	5	579984	136296	133958
医院	5	220797	67182	37454
宾馆	1	20176	11933	6126
公共场所	1	9907	8034	1772
仓库	1	16250	3745	2120
其他	2	14352	3779	4244
房山区	**258**	**19836309**	**5796798**	**5498374**
工厂	56	11677426	3240438	2813047
机关	99	2077258	628601	613955
学校	43	1194445	270328	191632
部队	8	1914823	153357	1113076
医院	9	253529	100114	52555
宾馆	2	44600	27200	5834
公共场所	12	1619699	1155240	417483
开放单位	15	82979	31346	32355
仓库	5	888176	169387	245390
其他	9	83374	20787	13047
大兴县	**420**	**13332557**	**3009821**	**2536282**
工厂	218	8149626	1913469	1603767
机关	81	524029	166668	161346
学校	55	1293038	359147	299071
部队	9	773508	229521	102250
医院	7	92549	30710	21283
宾馆	4	37375	15892	9075
公共场所	34	1391384	148620	122001
仓库	12	1071048	145794	217489
怀柔县	**94**	**1164348**	**405848**	**327580**
工厂	3	120973	55300	28652
机关	44	366849	133672	96817
学校	14	332721	77781	94314
部队	1	6000	1500	4198

续表四

面 积		屋顶花园面积（平方米）	绿 化覆盖面积（平方米）	绿化覆盖率（%）	绿地率（%）
其他面积	绿地面积				
4	5	6	7	8=7/1	9=5/1
4445	22161		26203	29.95	25.33
410	12105		13709	31.45	27.77
40	180		220	0.74	0.61
133903	116042		154081	40.29	30.35
987554	**2253972**		**2550222**	**36.61**	**32.35**
523909	1199891		1341606	32.56	29.12
113305	303968		326708	43.69	40.65
245998	409632		496752	40.14	33.10
75844	233886		260610	44.93	40.33
24518	91643		107348	48.62	41.51
897	1220		1500	7.43	6.05
	101		498	5.03	1.02
885	9500		10000	61.54	58.46
2198	4131		5200	36.23	28.78
4014739	**4526398**	**11467**	**6354187**	**32.03**	**22.82**
2758347	2865594		4040669	34.60	24.54
256960	577742	11467	695537	33.48	27.81
532985	199500		257280	21.54	16.70
20295	628095		942843	49.24	32.80
42320	58540		76288	30.09	23.09
1997	9569		11675	26.18	21.46
30492	16484		28896	1.78	1.02
7920	11358		13550	16.33	13.69
335793	137606		247733	27.89	15.49
27630	21910		39716	47.64	26.28
5152152	**2634302**		**3066645**	**23.00**	**19.76**
3150813	1481577		1751410	21.49	18.18
71236	124779		148624	28.36	23.81
343341	291479		343023	26.53	22.54
242644	199093		250840	32.43	25.74
12469	28087		29351	31.71	30.35
6208	6200		9345	25.00	16.59
693585	427178		440436	31.65	30.70
631856	75909		93616	8.74	7.09
174761	**256159**	**40**	**377578**	**32.43**	**22.00**
	37021		46741	38.64	30.60
43488	92872		123921	33.78	25.32
108222	52404		116449	35.00	15.75
100	202		400	6.67	3.37

区县名称	个	单位总		
		合计（平方米）	建筑占地面积	铺装面积
甲	乙	1=2+3+4+5	2	3
医院	5	52962	20527	10332
宾馆	10	151388	57920	35139
开放单位	6	45053	18409	14358
其他	11	88402	40739	43770
密云县	**257**	**5596761**	**2171559**	**1438760**
工厂	67	3291854	1570244	650779
机关	99	870581	271163	216328
学校	40	618670	130852	152571
部队	2	6799	3700	2249
医院	8	89146	44615	30442
宾馆	3	36598	20176	10445
仓库	9	302653	59276	112636
其他	29	380460	71533	263310
平谷县	**336**	**3592817**	**1066709**	**1418747**
工厂	106	1766331	525025	686916
机关	112	591501	199568	228053
学校	17	431383	81268	112680
部队	5	29860	10307	14317
医院	10	130074	40400	49698
宾馆	16	159792	53782	65896
公共场所	20	106593	38307	55542
开放单位	14	169396	54802	101020
仓库	5	43494	13304	23366
其他	31	164393	49946	81259
延庆县	**148**	**2576731**	**829284**	**633999**
工厂	22	694847	222981	142052
机关	85	759106	244577	222532
学校	16	359110	93109	79101
医院	7	59106	22130	13781
宾馆	9	221171	56135	70149
公共场所	7	271297	105051	48051
仓库	1	83044	11056	4128
其他	1	129050	74245	54205

面积		屋顶花园面积（平方米）	绿化覆盖面积（平方米）	绿化覆盖率（%）	绿地率（%）
其他面积	绿地面积				
4	5	6	7	8=7/1	9=5/1
2800	19303		24359	45.99	36.45
14201	44128	40	51103	33.76	29.15
5767	6519		9312	20.67	14.47
183	3710		5293	5.99	4.20
1264283	**722159**		**912541**	**16.30**	**12.90**
628345	442486		565338	17.17	13.44
225480	157610		185490	21.31	18.10
260239	75008		103367	16.71	12.12
700	150		210	3.09	2.21
3832	10257		13522	15.17	11.51
1372	4605		5248	14.34	12.58
121691	9050		11089	3.66	2.99
22624	22993		28277	7.43	6.04
520920	**586441**		**659909**	**18.37**	**16.32**
222778	331612		353955	20.04	18.77
48333	115547		142670	24.12	19.53
179218	58217		74448	17.26	13.50
2792	2444		4904	16.42	8.18
18658	21318		26097	20.06	16.39
13891	26223		19554	12.24	16.41
4748	7996		11435	10.73	7.50
9202	4372		4234	2.50	2.58
4383	2441		2842	6.53	5.61
16917	16271		19770	12.03	9.90
528539	**584909**	**200**	**764111**	**29.65**	**22.70**
118578	211236		264498	38.07	30.40
134350	157647	200	215791	28.43	20.77
107207	79693		129218	35.98	22.19
1750	21445		25439	43.04	36.28
32364	62523		71370	32.27	28.27
67055	51140		56470	20.81	18.85
66635	1225		1325	1.60	1.48
600					

北京市城市单位附

区县名称	实有树木										
	合计（株）	乔木			灌木			其他			
		小计	常绿乔木	落叶乔木	小计	常绿灌木	落叶灌木	小计	月季	攀缘	
										（株）	（米）
甲	1=2+5+8	2=3+4	3	4	5=6+7	6	7	8=9+10	9	10	11
合计	**13430209**	**3260570**	**1259661**	**2000909**	**4270785**	**1776890**	**2493895**	**5898854**	**2798208**	**3100646**	**932148**
工厂	4387188	1094856	370042	724814	1294634	422978	871656	1997698	830028	1167670	308281
机关	2372460	497183	207083	290100	715461	400570	314891	1159816	622347	537469	171098
学校	1795328	366669	142908	223761	520530	251856	268674	908129	411665	496464	178975
部队	2943898	926334	361291	565043	1130041	384969	745072	887523	487645	399878	163355
医院	310439	65831	32558	33273	68783	34382	34401	175825	89775	86050	26070
宾馆	419781	81246	58163	23083	129513	63210	66303	209022	108107	100915	31944
使馆	2912	2606	1051	1555	306	300	6				
公共场所	140030	46599	29939	16660	61603	38496	23107	31828	19990	11838	4973
开放单位	176344	29423	12461	16962	28823	10458	18365	118098	35060	83038	8200
仓库	226980	69824	11238	58586	22068	7256	14812	135088	20942	115154	20256
其他	653841	79999	32927	47072	299023	162415	136608	274819	172649	102170	18997
城近郊区	**9688930**	**2342032**	**938026**	**1404006**	**3014213**	**1528144**	**1486069**	**4332685**	**2053246**	**2279439**	**717377**
工厂	2623045	550316	192407	357909	870434	345248	525186	1202295	494373	707922	202735
机关	1906705	428212	181721	246491	618328	357204	261124	860165	465183	394982	133898
学校	1441336	285516	112274	173242	415795	217553	198242	740025	317216	422809	139747
部队	2213086	811922	311999	499923	627784	366220	261564	773380	403895	369485	154156
医院	234571	36328	15980	20348	55564	26917	28647	142679	67434	75245	20546
宾馆	392406	76414	56090	20324	122350	59359	62991	193642	97521	96121	29181
使馆	2912	2606	1051	1555	306	300	6				
公共场所	97599	37060	26682	10378	36400	14761	21639	24139	14067	10072	3576
开放单位	171159	28292	12063	16229	27599	9684	17915	115268	33464	81804	7743
仓库	102572	35254	8497	26757	12814	4505	8309	54504	16975	37529	10509
其他	503539	50112	19262	30850	226839	126393	100446	226588	143118	83470	15287
东城区	**271253**	**40800**	**17262**	**23538**	**54124**	**22035**	**32089**	**176329**	**89722**	**86607**	**32316**
工厂	12911	3506	1073	2433	1265	463	802	8140	6204	1936	1111
机关	91646	11240	4866	6374	22569	6463	16106	57837	36486	21351	9148
学校	38716	4357	1458	2899	8902	6963	1939	25457	6079	19378	6055
部队	33972	8027	3060	4967	4112	789	3323	21833	8716	13117	7720
医院	28791	3238	1272	1966	4904	2639	2265	20649	8198	12451	3466
宾馆	33519	2004	977	1027	7342	3003	4339	24173	11190	12983	2701
使馆	2912	2606	1051	1555	306	300	6				
公共场所	5790	3040	2309	731	1390	932	458	1360	1000	360	548
开放单位	1552	604	291	313	337	88	249	611	545	66	280
仓库											
其他	21444	2178	905	1273	2997	395	2602	16269	11304	4965	1287
西城区	**465896**	**58800**	**32202**	**26598**	**138672**	**68050**	**70622**	**268424**	**114192**	**154232**	**59682**
工厂	14189	2580	755	1825	3630	2862	768	7979	3830	4149	1516
机关	241338	22466	12405	10061	77366	32213	45153	141506	62326	79180	33252

属绿地树木汇总表

	竹子		绿篱		色块		宿根花卉		草坪	古树	濒危植物
(平方米)	(株)	(平方米)	(株)	(米)	(株)	(平方米)	(株)	(平方米)	(平方米)	(株)	(株)
12	13	14	15	16	17	18	19	20	21	22	23
3723172	**1228652**	**165777**	**17505328**	**2836635**	**2699358**	**245136**	**1396911**	**245659**	**22107587**	**3737**	**114136**
1347756	149458	21098	4940497	832592	460092	37479	315512	43595	4511005	162	22813
649971	461488	52095	3696072	628772	814033	82430	281200	48591	3773638	782	10359
751235	213904	39493	2580057	447775	349498	41035	314301	42156	3589451	1496	17404
490759	103668	16790	4054536	566712	448791	32317	270259	70138	5714132	250	41988
100296	36617	6839	560656	99198	122957	7183	47219	9610	569244	47	1350
116790	199288	18686	626119	91651	161045	18158	55128	18174	1110285	147	1846
									200		
17051	17212	2803	155922	25416	38463	3557	7006	1935	554437	565	504
99703	19301	2845	183063	26649	81676	7190	48879	4701	363131	274	342
91888	5584	972	210568	41843	10245	1600	6260	1377	246265	1	968
57724	22132	4156	497838	76027	212558	14188	51147	5383	1675799	13	16562
2916517	**1003528**	**130326**	**13010521**	**2185786**	**2080621**	**201359**	**1070601**	**180761**	**17501985**	**3737**	**73246**
886721	106997	14702	3040402	538799	334312	30039	201629	25094	2743754	162	8655
521571	404409	41632	2812313	504464	637626	66328	209539	36404	3056528	782	6949
638429	156220	30974	1866664	355843	217107	32671	250926	29862	2837491	1496	14660
459015	87027	13809	3724681	517417	399928	27815	224408	56885	5221540	250	29943
80587	30445	5636	353540	69450	100977	5250	38278	6206	429851	47	760
110133	171666	16390	528003	78995	151083	17416	49802	16990	982949	147	1477
									200		
13385	14846	2181	101980	19865	21459	2125	4046	1425	247215	565	463
98475	16972	2330	173480	25539	81576	7178	47998	4513	351022	274	332
61768	2992	614	97666	21544	10245	1600	3974	870	165915	1	430
46434	11954	2058	311792	53870	126308	10938	40001	2513	1465520	13	9577
126140	**36828**	**6577**	**382124**	**68720**	**278118**	**18842**	**75328**	**7858**	**457316**	**1106**	
3548	245	194	49203	9785	16803	1430	34594	426	9700	5	
46896	9900	1867	93899	17154	164076	8217	9023	1938	108546	376	
15422	1133	272	24608	5529	2251	325	2273	518	17288	58	
26906	2324	384	94424	12758	4142	1044	6834	930	143791	22	
12320	2250	400	23003	4712	6268	494	8396	1558	33748	12	
12956	8616	1670	34091	5246	14333	1647	3446	506	44620	26	
									200		
925	10000	1620	4458	1324	5000	415	620	823	55901	448	
530	670	41	16830	4060	43257	3205	4570	930	12365	159	
6637	1690	129	41608	8152	21988	2065	5572	229	31157		
302601	**62261**	**8984**	**405610**	**87763**	**143208**	**23423**	**54104**	**10764**	**640058**	**514**	**1786**
11444	451	74	14889	2761	784	132	218	24	22136	6	421
141754	30550	5394	191575	37597	107662	18560	24151	5209	356338	156	693

区县名称	实有树木										
	合计（株）	乔木			灌木			其他			
		小计	常绿乔木	落叶乔木	小计	常绿灌木	落叶灌木	小计	月季	攀缘	
										（株）	（米）
甲	1=2+5+8	2=3+4	3	4	5=6+7	6	7	8=9+10	9	10	11
学校	117358	13235	5075	8160	38927	28290	10637	65196	21171	44025	15811
部队	46598	13487	9921	3566	8357	2458	5899	24754	9267	15487	3979
医院	23968	3026	1679	1347	3662	578	3084	17280	11833	5447	881
宾馆	4934	591	229	362	439	253	186	3904	1700	2204	755
使馆											
公共场所	6688	1394	614	780	2079	1315	764	3215	1405	1810	196
开放单位	9667	1720	1483	237	4150	59	4091	3797	2417	1380	3050
仓库	107	107		107							
其他	1049	194	41	153	62	22	40	793	243	550	243
崇文区	**143940**	**17061**	**4762**	**12299**	**35950**	**20523**	**15427**	**90929**	**31486**	**59443**	**18948**
工厂	24912	3522	981	2541	3485	2416	1069	17905	4233	13672	3060
机关	23973	2980	955	2025	7821	1530	6291	13172	4584	8588	2101
学校	38768	4255	929	3326	6522	5536	986	27991	4472	23519	9018
部队	10050	1006	438	568	3395	3022	373	5649	4035	1614	878
医院	8489	881	360	521	4873	4211	662	2735	736	1999	636
宾馆	5829	321	128	193	1077	398	679	4431	2348	2083	742
使馆											
公共场所	7888	1572	568	1004	1496	477	1019	4820	3374	1446	601
开放单位	147	15	10	5	7	7		125		125	25
仓库	12370	1164	183	981	4306	593	3713	6900	2400	4500	1450
其他	11514	1345	210	1135	2968	2333	635	7201	5304	1897	437
宣武区	**210265**	**18801**	**5943**	**12858**	**38413**	**22171**	**16242**	**153051**	**44952**	**108099**	**21795**
工厂	43565	4569	1261	3308	2870	1195	1675	36126	22088	14038	2671
机关	70333	3772	1200	2572	22421	16316	6105	44140	6949	37191	6313
学校	35527	5524	1887	3637	5251	3371	1880	24752	4870	19882	4579
部队	946	149	45	104	23	11	12	774	392	382	55
医院	23241	1213	535	678	1102	172	930	20926	3590	17336	4087
宾馆	18006	528	243	285	5641	726	4915	11837	1984	9853	1764
使馆											
公共场所	5284	1311	277	1034	443	55	388	3530	498	3032	1022
开放单位	26	8		8	18	9	9				
仓库	9125	1345	394	951	365	138	227	7415	1775	5640	1192
其他	4212	382	101	281	279	178	101	3551	2806	745	112
朝阳区	**2036112**	**349079**	**132245**	**216834**	**544777**	**348792**	**195985**	**1142256**	**511730**	**630526**	**143443**
工厂	851907	136440	40184	96256	221697	145962	75735	493770	204530	289240	74650
机关	287716	51029	21340	29689	109265	84604	24661	127422	72438	54984	13449
学校	249994	42221	14670	27551	32744	13039	19705	175029	80324	94705	25430
部队	134412	29241	5688	23553	46606	24798	21808	58565	26463	32102	3393
医院	50552	6459	2585	3874	10717	5394	5323	33376	16251	17125	4971

	竹子		绿篱		色块		宿根花卉		草坪	古树	濒危植物
(平方米)	(株)	(平方米)	(株)	(米)	(株)	(平方米)	(株)	(平方米)	(平方米)	(株)	(株)
12	13	14	15	16	17	18	19	20	21	22	23
72309	6014	929	86709	15590	12536	1735	10290	2491	89646	270	279
60726	11512	460	48475	10126	30	28	6952	2375	83739	13	126
1879	5514	1391	42854	15946	2792	234	1756	472	60760	19	129
3038	2304	375	9215	3141	3166	351	94	34	3527	6	22
637	3516	146	9808	2202	6668	636	88	15	21514	21	93
9455	2400	215	1015	201	7220	1412	10555	145	892	23	23
1360			1070	199	2350	335			1506		
117951	**4996**	**1400**	**113710**	**21472**	**14032**	**1899**	**6860**	**1718**	**151247**	**30**	**851**
30412	62	37	21364	4368	100	20	2112	612	6932	3	118
16185	237	59	29324	4593	2928	269	1194	186	71807	13	233
51616	653	241	24768	4235	4022	456	928	309	10695	3	169
2145	356	20	9382	1806	3000	240	390	247	22598		24
2712	630	210	6920	1205	62	10	312	87	10882	9	40
2513	1949	680	4320	719	200	30	170	29	6995		8
5660	304	50	3679	1142	1500	500	442	57	4040		112
50									32		
4400	400	40	8114	1900			1200	170	8240		73
2258	405	63	5839	1504	2220	374	112	21	9026	2	74
114606	**4402**	**1041**	**236359**	**37911**	**19735**	**2814**	**10590**	**1137**	**155545**	**302**	**358**
26808	58	49	46334	8266	40	3	60	10	33319	45	101
35379	2421	439	85546	14089	4811	415	1183	200	49543	25	161
28980	821	143	24267	4950	2937	601	8395	662	28168	228	56
121			1470	241					288	1	
14067	525	140	28653	4019	1200	150	215	75	8416		9
3991	367	226	14416	1928	6870	690	485	130	13662		20
2532	10	4	16743	2193					10555	2	1
			644	140					507		1
2412	200	40	7440	1306					6546		
316			10846	779	3877	955	252	60	4541	1	9
770546	**115647**	**15196**	**2477183**	**459063**	**361617**	**40092**	**323064**	**29886**	**4784762**	**192**	**4539**
340099	15649	2542	1059005	195124	101504	11737	72732	9143	1265473	41	1636
77675	25419	3309	372575	62063	54951	5362	56392	4346	505686	10	778
157892	33231	3974	363366	87638	40967	5967	118969	7813	641840	92	644
15576	1274	498	131043	28090	15555	2701	5821	655	263752		153
26652	2793	624	92011	16770	2914	510	12263	1650	116801		138

区县名称	实有树木										
	合计（株）	乔木			灌木			其他			
		小计	常绿乔木	落叶乔木	小计	常绿灌木	落叶灌木	小计	月季	攀缘	
										（株）	（米）
甲	1=2+5+8	2=3+4	3	4	5=6+7	6	7	8=9+10	9	10	11
宾馆	213792	39988	30866	9122	79453	47957	31496	94351	52666	41685	13501
使馆											
公共场所	10785	3951	1212	2739	1394	1180	214	5440	4223	1217	380
开放单位	117065	10530	3247	7283	14327	4280	10047	92208	20657	71551	1574
仓库	37871	9297	2401	6896	2661	1724	937	25913	6448	19465	4045
其他	82018	19923	10052	9871	25913	19854	6059	36182	27730	8452	2050
海淀区	**2783627**	**713025**	**332068**	**380957**	**975187**	**547294**	**427893**	**1095415**	**649911**	**445504**	**191240**
工厂	144448	45309	16005	29304	28997	14284	14713	70142	30920	39222	18414
机关	782460	209698	108943	100755	305536	190520	115016	267226	187354	79872	34854
学校	650574	181127	77696	103431	184434	69213	115221	285013	131300	153713	51485
部队	888678	229436	105777	123659	324367	200468	123899	334875	196927	137948	71036
医院	20219	4954	2386	2568	3130	1318	1812	12135	10077	2058	1977
宾馆	52064	14443	9322	5121	13241	4858	8383	24380	11594	12786	6124
使馆											
公共场所	12486	979	446	533	10048	8810	1238	1459	750	709	260
开放单位	37411	13788	6380	7408	7562	4224	3338	16061	8179	7882	2614
仓库	6762	2476	632	1844	316	49	267	3970	1733	2237	881
其他	188525	10815	4481	6334	97556	53550	44006	80154	71077	9077	3595
丰台区	**2038125**	**676218**	**190891**	**485327**	**469361**	**254395**	**214966**	**892546**	**387266**	**505280**	**157996**
工厂	600990	175581	67106	108475	150340	90810	59530	275069	125463	149606	51066
机关	298904	107033	19886	87147	51651	21300	30351	140220	55712	84508	22658
学校	211054	20854	6451	14403	96400	62474	33926	93800	51530	42270	15501
部队	734887	325544	82381	243163	143466	71266	72200	265877	119157	146720	53407
医院	47432	9966	5424	4542	11065	1984	9081	26401	9343	17058	3280
宾馆	34710	5651	1921	3730	5286	2122	3164	23773	10498	13275	2734
使馆											
公共场所	5321	1668	413	1255	1474	69	1405	2179	1651	528	131
开放单位	4168	1525	621	904	987	854	133	1656	856	800	200
仓库	33632	19577	4821	14756	3861	1949	1912	10194	4547	5647	2801
其他	67027	8819	1867	6952	4831	1567	3264	53377	8509	44868	6218
石景山区	**1739712**	**468248**	**222653**	**245595**	**757729**	**244884**	**512845**	**513735**	**223987**	**289748**	**91957**
工厂	930123	178809	65042	113767	458150	87256	370894	293164	97105	196059	50247
机关	110335	19994	12126	7868	21699	4258	17441	68642	39334	29308	12123
学校	99345	13943	4108	9835	42615	28667	13948	42787	17470	25317	11868
部队	363543	205032	104689	100343	97458	63408	34050	61053	38938	22115	13688
医院	31879	6591	1739	4852	16111	10621	5490	9177	7406	1771	1248
宾馆	29552	12888	12404	484	9871	42	9829	6793	5541	1252	860
使馆											
公共场所	43357	23145	20843	2302	18076	1923	16153	2136	1166	970	438

续表二

	竹子		绿篱		色块		宿根花卉		草坪	古树	濒危植物
(平方米)	(株)	(平方米)	(株)	(米)	(株)	(平方米)	(株)	(平方米)	(平方米)	(株)	(株)
12	13	14	15	16	17	18	19	20	21	22	23
60400	27020	3085	256710	37601	57878	6972	34569	5257	519686	6	942
1110	150	50	12150	3782	1476	232	1000	100	47497	1	
67908	6892	301	93491	12343	15159	1285	18761	593	271405	38	69
17178	1360	422	35552	8098	5503	1110	325	72	108866	1	125
6056	1859	391	61280	7554	65710	4216	2232	257	1043756	3	54
805859	**619941**	**73859**	**4872097**	**766858**	**852077**	**75681**	**355340**	**70828**	**7786665**	**1329**	**22504**
124285	11818	1482	423165	72978	31255	2105	10449	2343	406266	46	1088
135294	313532	27260	1269205	217612	267156	28696	74534	18166	1379051	179	4124
232617	105751	23510	1086976	192536	114120	15257	89590	13221	1808448	804	10226
225215	51232	8837	1697778	227956	262559	15485	123567	21059	3348810	138	4967
6628	5224	1055	62922	8924	70800	2611	7058	1325	93852		209
16711	118416	8570	143809	21554	62412	7451	8903	10669	336776	109	97
575	96	170	3100	488	95	6	1056	110	50574		
20232	6312	1598	49668	5819	15910	1261	12662	2775	44121	53	165
32762	50	8	3810	735	30	30	1800	193	12040		6
11540	7510	1369	131664	18256	27740	2779	25721	967	306727		1622
369537	**60134**	**10739**	**2161864**	**443047**	**231814**	**24725**	**155415**	**39721**	**2244309**	**25**	**32024**
139837	17130	2898	611419	125495	44545	6133	34794	5777	533935	5	2650
50463	13122	1881	576573	124817	17016	2092	34026	3452	360972	3	144
36765	4102	993	143405	23951	32906	6917	8829	1695	159607	9	2883
103243	12137	2553	649687	127154	105754	7401	63754	26845	931198	7	18520
12719	2662	562	54895	10145	11609	921	7608	684	77002	1	13
7236	8704	1498	41298	5862	6129	248	2065	357	47310		263
846	520	65	2761	568	6720	336			25863		3
300	618	150	7672	1958	30	15	1450	70	18153		62
4636	982	104	42630	9446	4712	460	649	435	29723		226
13492	157	35	31524	13651	2393	202	2240	406	60546		7260
309277	**99319**	**12530**	**2361574**	**300952**	**180020**	**13884**	**89900**	**18850**	**1282083**	**239**	**11184**
210288	61584	7426	815023	120022	139281	8479	46670	6759	465993	11	2641
17925	9228	1423	193616	26539	19026	2717	9036	2908	224585	20	816
42828	4515	912	112565	21414	7368	1413	11652	3153	81799	32	403
25083	8192	1057	1092422	109286	8888	916	17090	4774	427364	69	6153
3610	10847	1254	42282	7729	5332	320	670	355	28390	6	222
3288	4290	286	24144	2944	95	27	70	8	10373		125
1100	250	76	49281	8166			840	320	31271	93	254

区县名称	实有树木										
	合计（株）	乔木			灌木			其他			
		小计	常绿乔木	落叶乔木	小计	常绿灌木	落叶灌木	小计	月季	攀缘	
										（株）	（米）
甲	1=2+5+8	2=3+4	3	4	5=6+7	6	7	8=9+10	9	10	11
开放单位	1123	102	31	71	211	163	48	810	810		
仓库	2705	1288	66	1222	1305	52	1253	112	72	40	140
其他	127750	6456	1605	4851	92233	48494	43739	29061	16145	12916	1345
远郊区县	**3741279**	**918538**	**321635**	**596903**	**1256572**	**248746**	**1007826**	**1566169**	**744962**	**821207**	**214771**
工厂	1764143	544540	177635	366905	424200	77730	346470	795403	335655	459748	105546
机关	465755	68971	25362	43609	97133	43366	53767	299651	157164	142487	37200
学校	353992	81153	30634	50519	104735	34303	70432	168104	94449	73655	39228
部队	730812	114412	49292	65120	502257	18749	483508	114143	83750	30393	9199
医院	75868	29503	16578	12925	13219	7465	5754	33146	22341	10805	5524
宾馆	27375	4832	2073	2759	7163	3851	3312	15380	10586	4794	2763
使馆											
公共场所	42431	9539	3257	6282	25203	23735	1468	7689	5923	1766	1397
开放单位	5185	1131	398	733	1224	774	450	2830	1596	1234	457
仓库	124408	34570	2741	31829	9254	2751	6503	80584	3967	77625	9747
其他	150302	29887	13665	16222	72184	36022	36162	48231	29531	18700	3710
昌平区	**186793**	**58995**	**23456**	**35539**	**49905**	**14458**	**35447**	**77893**	**52005**	**25888**	**16778**
工厂	20175	4107	1261	2846	5548	319	5229	10520	7387	3133	5171
机关	13988	1977	835	1142	2563	381	2182	9448	7113	2335	1276
学校	65842	20323	11593	8730	18366	7451	10915	27153	15010	12143	6274
部队	43322	16129	3917	12212	9584	577	9007	17609	13887	3722	1295
医院	3018	748	284	464	782	40	742	1488	1154	334	128
公共场所	4188	1302	407	895	2442	2186	256	444	304	140	400
其他	36260	14409	5159	9250	10620	3504	7116	11231	7150	4081	2234
门头沟区	**674730**	**86310**	**39530**	**46780**	**504864**	**43342**	**461522**	**83556**	**52468**	**31088**	**10432**
工厂	73189	28759	4230	24529	17767	8042	9725	26663	20825	5838	1713
机关	9371	3078	1358	1720	2463	762	1701	3830	2578	1252	1256
学校	11537	3092	1188	1904	2577	2090	487	5868	3694	2174	899
部队	485022	35080	23872	11208	425192	3902	421290	24750	8710	16040	4310
医院	23373	12542	7741	4801	3338	2167	1171	7493	2510	4983	1337
宾馆	7455	494	148	346	942		942	6019	5900	119	
使馆											
公共场所	1709	514	247	267	563	534	29	632	295	337	222
开放单位	288	210	76	134	30	4	26	48	37	11	23
仓库	238	32	3	29	20	12	8	186	103	83	430
其他	62548	2509	667	1842	51972	25829	26143	8067	7816	251	242
顺义区	**249073**	**56762**	**26884**	**29878**	**71737**	**27125**	**44612**	**120574**	**70386**	**50188**	**15328**
工厂	70503	9826	2863	6963	26565	4544	22021	34112	17575	16537	4315
机关	47809	7425	2325	5100	13563	2963	10600	26821	18276	8545	4169
学校	47298	4896	1253	3643	12080	2605	9475	30322	9851	20471	5820

续表三

	竹子		绿篱		色块		宿根花卉		草坪	古树	濒危植物
(平方米)	(株)	(平方米)	(株)	(米)	(株)	(平方米)	(株)	(平方米)	(平方米)	(株)	(株)
12	13	14	15	16	17	18	19	20	21	22	23
	80	25	4160	1018					3547	1	12
380			120	59					500		
4775	333	71	27961	3775	30	12	3872	573	8261	7	558
806655	**225124**	**35451**	**4494807**	**650849**	**618737**	**43777**	**326310**	**64898**	**4605602**		**40890**
461035	42461	6396	1900095	293793	125780	7440	113883	18501	1767251		14158
128400	57079	10463	883759	124308	176407	16102	71661	12187	717110		3410
112806	57684	8519	713393	91932	132391	8364	63375	12294	751960		2744
31744	16641	2981	329855	49295	48863	4502	45851	13253	492592		12045
19709	6172	1203	207116	29748	21980	1933	8941	3404	139393		590
6657	27622	2296	98116	12656	9962	742	5326	1184	127336		369
3666	2366	622	53942	5551	17004	1432	2960	510	307222		41
1228	2329	515	9583	1110	100	12	881	188	12109		10
30120	2592	358	112902	20299			2286	507	80350		538
11290	10178	2098	186046	22157	86250	3250	11146	2870	210279		6985
38076	**24947**	**5955**	**457324**	**54044**	**59873**	**5323**	**31996**	**5866**	**556662**		**4804**
6716	1005	205	62160	8031	740	46	400	178	47668		148
4466	2338	411	45388	4748	4830	477	2470	398	56372		87
16179	4479	1562	73910	9878	7514	560	12456	1961	171821		458
2890	11012	2210	128332	16208	32833	3083	9414	1624	138221		454
305	130	54	23748	2360	1030	100			3780		
400			17802	1921	1510	240	334	162	2560		31
7120	5983	1513	105984	10898	11416	817	6922	1543	136240		3626
35415	**6400**	**1229**	**123442**	**20003**	**77170**	**2553**	**9429**	**2242**	**287891**		**8741**
5609	1877	238	35740	4848	3694	380	370	120	135330		587
4399	332	155	11313	1556	4168	142	1966	163	16779		52
3878	202	76	5562	1870	48	2	697	152	13009		34
14020	2505	260	42480	6100	1840	190	4455	1373	66505		4737
5933	409	279	11166	2806	2254	128	1304	281	7555		155
	870	145	1224	560			208		2840		107
653	51	22	1625	235			5	1	22920		2
117	120	26							300		2
630			125	50					90		2
176	34	28	14207	1978	65166	1711	424	152	22563		3063
50208	**34056**	**6140**	**286561**	**37855**	**113526**	**11193**	**55428**	**14968**	**481562**		**4328**
20949	2535	824	129123	15776	18509	1896	12793	2090	176120		256
14134	9113	1898	69830	10074	52790	5261	8198	1930	82273		177
12456	9481	2232	39134	5553	12214	1625	7642	1769	67184		488

区县名称	合计（株）	乔木			灌木			其他			
		小计	常绿乔木	落叶乔木	小计	常绿灌木	落叶灌木	小计	月季	攀缘（株）	攀缘（米）
甲	1=2+5+8	2=3+4	3	4	5=6+7	6	7	8=9+10	9	10	11
部队	52700	28000	16000	12000	11500	11500		13200	10000	3200	500
医院	2421	573	109	464	262	24	238	1586	1540	46	21
宾馆	5699	943	339	604	3539	3133	406	1217	1003	214	120
公共场所	1427	154	24	130	54	4	50	1219	1219		
仓库	29	8	8		11	6	5	10	10		
其他	21187	4937	3963	974	4163	2346	1817	12087	10912	1175	383
通州区	**645067**	**141305**	**70105**	**71200**	**230954**	**58003**	**172951**	**272808**	**173160**	**99648**	**46423**
工厂	427204	97827	57940	39887	136930	33239	103691	192447	121045	71402	24838
机关	52648	7235	1630	5605	19712	12903	6809	25701	17789	7912	2484
学校	77188	13934	3954	9980	33989	8227	25762	29265	18264	11001	14653
部队	70758	14257	1538	12719	37154	1666	35488	19347	12330	7017	2895
医院	14268	7825	4964	2861	1237	264	973	5206	3091	2115	1388
宾馆	424	27	10	17	247	50	197	150	150		
公共场所	132				4	4		128	100	28	85
仓库	103	43		43				60	60		
其他	2342	157	69	88	1681	1650	31	504	331	173	80
房山区	**1257879**	**354962**	**106749**	**248213**	**210356**	**37557**	**172799**	**692561**	**169719**	**522842**	**89092**
工厂	853833	274979	88485	186494	170013	19903	150110	408841	83425	325416	57640
机关	203063	23049	7553	15496	20140	8355	11785	159874	64589	95285	16594
学校	33661	7853	2179	5674	7941	4121	3820	17867	8612	9255	2751
部队	15099	10411	2977	7434	363	203	160	4325	4105	220	97
医院	14196	4424	1794	2630	2963	2149	814	6809	4651	2158	2017
宾馆	1181	687	555	132	201	132	69	293	173	120	240
公共场所	1696	877	182	695	318	180	138	501	301	200	92
开放单位	1560	351	112	239	351	208	143	858	808	50	20
仓库	117257	30011	1878	28133	7560	2165	5395	79686	2397	77289	9122
其他	16333	2320	1034	1286	506	141	365	13507	658	12849	519
大兴县	**314023**	**98272**	**21328**	**76944**	**83884**	**36201**	**47683**	**131867**	**108102**	**23765**	**11116**
工厂	133712	63381	11322	52059	14861	5378	9483	55470	40180	15290	7160
机关	20849	3625	1303	2322	6185	1043	5142	11039	9096	1943	1200
学校	59651	14086	5896	8190	21352	7856	13496	24213	19061	5152	2036
部队	63378	10296	941	9355	18415	889	17526	34667	34478	189	97
医院	1219	399	164	235	354	111	243	466	332	134	47
宾馆	1101	157	46	111	284	205	79	660	500	160	75
公共场所	27841	2611	1075	1536	21246	20553	693	3984	3229	755	424
仓库	6272	3717	581	3136	1187	166	1021	1368	1226	142	77
怀柔县	**52084**	**8143**	**3086**	**5057**	**6897**	**1710**	**5187**	**37044**	**19784**	**17260**	**11904**
工厂	5847	894	318	576	299	15	284	4654	1449	3205	1415
机关	18988	2605	1101	1504	2069	604	1465	14314	9086	5228	3799

续表四

	竹子		绿篱		色块		宿根花卉		草坪	古树	濒危植物
(平方米)	(株)	(平方米)	(株)	(米)	(株)	(平方米)	(株)	(平方米)	(平方米)	(株)	(株)
12	13	14	15	16	17	18	19	20	21	22	23
1500			20000	1500			22000	8000	71642		3000
48	3421	170	11136	813	9740	815	720	45	17445		104
233	7100	773	6567	2015	219	50	848	217	18056		30
			1440	180	14900	1151	300	12	10622		
									100		
888	2406	243	9331	1944	5154	395	2927	905	38120		273
158236	**10563**	**2877**	**474948**	**82570**	**46829**	**1799**	**65304**	**8610**	**561470**		**1382**
95002	3685	921	218469	44912	27245	1102	44880	5083	184681		1054
6649	2108	356	57434	8480	5715	297	4956	912	46596		67
37467	4312	1399	126557	16191	13869	400	11735	1330	169189		215
12570	108	66	46278	7635			3234	1080	97004		34
5941	210	120	23790	4898			40	21	54450		9
	140	15	1680	260			126	50	994		2
425							12	3	36		
									8000		
182			740	194			321	131	520		1
364751	**36346**	**5955**	**1288378**	**210655**	**153950**	**7997**	**58081**	**9003**	**972180**		**5859**
271216	18580	1534	756273	125450	50035	2010	22346	3958	548346		4414
48448	9839	2775	299643	48499	63634	4286	21270	2831	253383		683
7839	4266	986	56477	7893	31635	930	6366	898	56562		173
440	1965	171	50538	6529	6740	600	4920	511	17835		310
4978	370	110	24847	2881	1290	115	946	296	14293		170
300	340	19	1200	200	516	44			5200		5
512	10	7	3438	541			40	15	7785		
100	59	9	1936	248	100	12	100	20	7436		4
28834	382	207	81676	16352			2078	468	57760		98
2084	535	137	12350	2062			15	6	3580		2
55902	**40578**	**3865**	**703473**	**111386**	**36846**	**3559**	**19540**	**4392**	**840626**		**12847**
37480	5141	944	338674	50839	11675	1093	13056	2878	243459		6674
4545	1343	321	67387	10676	3128	356	889	263	41196		1089
11975	28143	1281	150120	23589	13817	1384	2607	344	168208		1061
274	1051	274	38045	10788	7450	629	1511	629	100480		3506
127	60	20	58517	9608	776	97	173	43	12730		73
220	500	300	1900	280					2500		2
969	2180	580	22109	1949			1096	196	262447		6
312	2160	145	26721	3657			208	39	9606		436
36104	**48280**	**5018**	**388737**	**35194**	**47735**	**2942**	**29640**	**6711**	**124774**		**319**
4950	1200	155	91190	8436	2540	122	7557	1855	24992		9
15834	19099	2355	80694	10532	20894	1872	14283	3074	39537		65

区县名称	实有树木										
	合计（株）	乔木			灌木			其他			
		小计	常绿乔木	落叶乔木	小计	常绿灌木	落叶灌木	小计	月季	攀缘	
										（株）	（米）
甲	1=2+5+8	2=3+4	3	4	5=6+7	6	7	8=9+10	9	10	11
学校	14499	2494	783	1711	2078	368	1710	9927	4924	5003	4604
部队	58	46	8	38	2		2	10	10		
医院	3650	310	103	207	615	76	539	2725	2195	530	135
宾馆	5128	1104	541	563	966	110	856	3058	940	2118	1523
开放单位	2994	419	144	275	773	515	258	1802	631	1171	412
其他	920	271	88	183	95	22	73	554	549	5	16
密云县	**225396**	**69998**	**13204**	**56794**	**75282**	**25360**	**49922**	**80116**	**63859**	**16257**	**2627**
工厂	146378	50558	5978	44580	47487	4825	42662	48333	35465	12868	1225
机关	41510	6098	2046	4052	18797	14446	4351	16615	14492	2123	741
学校	19884	6530	1360	5170	2512	852	1660	10842	9852	990	433
部队	55	11		11				44	44		
医院	6569	1238	965	273	2892	2298	594	2439	2310	129	55
宾馆	550	125	59	66	105	14	91	320	280	40	10
仓库	1174	630	236	394	475	402	73	69	66	3	10
其他	9276	4808	2560	2248	3014	2523	491	1454	1350	104	153
平谷县	**47653**	**17133**	**7321**	**9812**	**9481**	**3042**	**6439**	**21039**	**18894**	**2145**	**2123**
工厂	16443	6715	3499	3216	3045	1175	1870	6683	6398	285	276
机关	14703	4528	1620	2908	3561	818	2743	6614	5749	865	916
学校	6791	3173	1251	1922	1361	447	914	2257	1996	261	249
部队	420	182	39	143	47	12	35	191	186	5	5
医院	3789	879	240	639	464	179	285	2446	2278	168	126
宾馆	2159	494	234	260	445	99	346	1220	1027	193	205
公共场所	1287	412	218	194	354	258	96	521	325	196	153
开放单位	343	151	66	85	70	47	23	122	120	2	2
仓库	282	123	29	94	1		1	158	50	108	108
其他	1436	476	125	351	133	7	126	827	765	62	83
延庆县	**88581**	**26658**	**9972**	**16686**	**13212**	**1948**	**11264**	**48711**	**16585**	**32126**	**8948**
工厂	16859	7494	1739	5755	1685	290	1395	7680	1906	5774	1793
机关	42826	9351	5591	3760	8080	1091	6989	25395	8396	16999	4765
学校	17641	4772	1177	3595	2479	286	2193	10390	3185	7205	1509
医院	3365	565	214	351	312	157	155	2488	2280	208	270
宾馆	3678	801	141	660	434	108	326	2443	613	1830	590
公共场所	4151	3669	1104	2565	222	16	206	260	150	110	21
仓库	61	6	6					55	55		
其他											

续表五

（平方米）	竹子（株）	竹子（平方米）	绿篱（株）	绿篱（米）	色块（株）	色块（平方米）	宿根花卉（株）	宿根花卉（平方米）	草坪（平方米）	古树（株）	濒危植物（株）
12	13	14	15	16	17	18	19	20	21	22	23
10674	5339	621	124065	7073	23430	918	2402	818	20814		60
			1550	155							
350	1050	360	18594	1494			3300	400	4746		3
3258	18372	921	53233	5359	871	30	1153	350	29267		179
1003	2150	480	6195	665			745	164	4373		2
35	1070	126	13216	1480			200	50	1045		1
21940	**17045**	**3069**	**230119**	**31399**	**22292**	**3337**	**22308**	**5198**	**332370**		**1059**
9962	8157	1527	71403	10099	1643	125	10526	2052	233126		783
6364	6996	1100	82397	9768	6935	2244	7120	852	51246		182
4193	1442	357	43798	7293	6634	290	4186	2186	32174		44
			840	60					90		
955	280	34	9500	1869	2980	420	316	69	4515		31
120			2550	340			40	10	4100		
20	50	6	3900	180					3569		2
326	120	45	15731	1790	4100	258	120	29	3550		17
11467	**6559**	**1223**	**380080**	**47871**	**42749**	**2776**	**8633**	**1119**	**194973**		**361**
2668	281	48	165261	20712	5976	362	1337	207	101974		72
4573	5593	1022	95011	11658	3180	247	3529	424	38566		163
1359	20	5	61195	7912	22427	1401	307	70	25666		64
50			1792	320			317	36	815		4
542	230	46	16701	2090	3792	237	111	34	9795		27
786	280	83	19366	2572	6446	427	1806	183	12648		27
678	125	13	4575	569	514	33	973	107	848		
8			1452	197			36	4			2
324			240	30							
479	30	6	14487	1811	414	69	217	54	4661		2
34556	**350**	**120**	**161745**	**19872**	**17767**	**2298**	**25951**	**6789**	**253094**		**1190**
6483			31802	4690	3723	304	618	80	71555		161
18988	318	70	74662	8317	11133	920	6980	1340	91162		845
6786			32575	4680	803	854	14977	2766	27333		147
530	12	10	9117	929	118	21	2031	2215	10084		18
1740	20	40	10396	1070	1910	191	1145	374	51731		17
29			2953	156	80	8	200	14	4		2
			240	30					1225		

北京市城市防护

区县名称	个	城市防护绿地（公顷）		
			个	小计
甲	1	2	3＝5＋7	4＝6＋8
合　计	**336**	**7118.63**	**241**	**4928.73**
城近郊区	**317**	**6001.87**	**230**	**4568.85**
朝阳区	61	2192.72	61	2192.72
海淀区	55	1545.57	24	916.41
丰台区	181	1992.16	125	1188.30
石景山区	20	271.42	20	271.42
远郊区县	**19**	**1116.76**	**11**	**359.88**
昌平区	1	400.36		
房山区	2	169.00	2	169.00
怀柔县	1	40.30		
大兴县	6	316.22		
平谷县	6	111.52	6	111.52
延庆县	3	79.36	3	79.36

绿地面积汇总表(1)

建成区内					
个	隔离地区防护绿地	个	非隔离地区防护绿地	个	建成区外防护绿地（公顷）
5	6	7	8	9	10
205	**3742.13**	**36**	**1186.60**	**95**	**2189.90**
197	**3461.61**	**33**	**1107.24**	**87**	**1433.02**
47	1650.82	14	541.90		
22	592.50	2	323.91	31	629.16
125	1188.30			56	803.86
3	29.99	17	241.43		
8	**280.52**	**3**	**79.36**	**8**	**756.88**
				1	400.36
2	169.00				
				1	40.30
				6	316.22
6	111.52				
		3	79.36		

北京市城市防护

区县名称	合计（平方米）	总面积			
		水面积	陆地		
			小计	绿地面积	建筑占地面积
甲	1=2+3	2	3=4+5+8+9	4	5
合　计	**49287279**	**99500**	**49187779**	**48830411**	**186493**
建成区内	49287279	99500	49187779	48830411	186493
其中:隔离地区	37421361	62167	37359194	37078137	170357
非隔离地区	11865918	37333	11828585	11752274	16136
城近郊区	**45688467**	**99500**	**45588967**	**45291599**	**186493**
建成区内	45688467	99500	45588967	45291599	186493
其中:隔离地区	34616137	62167	34553970	34332913	170357
非隔离地区	11072330	37333	11034997	10958686	16136
朝阳区	**21927155**	**97000**	**21830155**	**21655855**	**160100**
建成区内	21927155	97000	21830155	21655855	160100
其中:隔离地区	16508188	59667	16448521	16274221	160100
非隔离地区	5418967	37333	5381634	5381634	
海淀区	**9164088**		**9164088**	**9153798**	**630**
建成区内	9164088		9164088	9153798	630
其中:隔离地区	5925008		5925008	5914718	630
非隔离地区	3239080		3239080	3239080	
丰台区	**11883000**	**2500**	**11880500**	**11865653**	**9627**
建成区内	11883000	2500	11880500	11865653	9627
其中:隔离地区	11883000	2500	11880500	11865653	9627
石景山区	**2714224**		**2714224**	**2616293**	**16136**
建成区内	2714224		2714224	2616293	16136
其中:隔离地区	299941		299941	278321	
非隔离地区	2414283		2414283	2337972	16136
远郊区县	**3598812**		**3598812**	**3538812**	
建成区内	3598812		3598812	3538812	
其中:隔离地区	2805224		2805224	2745224	
非隔离地区	793588		793588	793588	
房山区	**1690000**		**1690000**	**1630000**	
建成区内	1690000		1690000	1630000	
其中:隔离地区	1690000		1690000	1630000	
平谷县	**1115224**		**1115224**	**1115224**	
建成区内	1115224		1115224	1115224	
其中:隔离地区	1115224		1115224	1115224	
延庆县	**793588**		**793588**	**793588**	
建成区内	793588		793588	793588	
其中:非隔离地区	793588		793588	793588	

绿地面积汇总表(2)

积				绿地面积占陆地面积(%)	绿化覆盖面积(平方米)	绿化覆盖率(%)
面积						
建筑面积	其中:古建面积	铺装面积	其他面积			
6	7	8	9	10 = 4/3	11	12 = 11/1
65520	**100**	**10885**	**159990**	**99.27**	**47590727**	**96.56**
65520	100	10885	159990	99.27	47590727	96.56
65520	100	10885	99815	99.25	36569030	97.72
			60175	99.35	11021697	92.89
65520	**100**	**10885**	**99990**	**99.35**	**44031915**	**96.37**
65520	100	10885	99990	99.35	44031915	96.37
65520	100	10885	39815	99.36	33803806	97.65
			60175	99.31	10228109	92.38
60100	**100**	**1200**	**13000**	**99.20**	**21155250**	**96.48**
60100	100	1200	13000	99.20	21155250	96.48
60100	100	1200	13000	98.94	15773616	95.55
				100.00	5381634	99.31
620		**7465**	**2195**	**99.89**	**9153798**	**99.89**
620		7465	2195	99.89	9153798	99.89
620		7465	2195	99.83	5914718	99.83
				100.00	3239080	100.00
4800		**2220**	**3000**	**99.88**	**11864473**	**99.84**
4800		2220	3000	99.88	11864473	99.84
4800		2220	3000	99.88	11864473	99.84
			81795	**96.39**	**1858394**	**68.47**
			81795	96.39	1858394	68.47
			21620	92.79	250999	83.68
			60175	96.84	1607395	66.58
			60000	**98.33**	**3558812**	**98.89**
			60000	98.33	3558812	98.89
			60000	97.86	2765224	98.57
				100.00	793588	100.00
			60000	**96.45**	**1650000**	**97.63**
			60000	96.45	1650000	97.63
			60000	96.45	1650000	97.63
				100.00	**1115224**	**100.00**
				100.00	1115224	100.00
				100.00	1115224	100.00
				100.00	**793588**	**100.00**
				100.00	793588	100.00
				100.00	793588	100.00

北京市城市防护

区县名称	实				有		树		
	合计（株）	乔木			灌木			其	
		小计	常绿乔木	落叶乔木	小计	常绿灌木	落叶灌木	小计	月季
甲	1=2+5+8	2=3+4	3	4	5=6+7	6	7	8=9+10	9
合　计	**7673908**	**5459713**	**1125643**	**4334070**	**1654748**	**738980**	**915768**	**559447**	**526375**
建成区内	7673908	5459713	1125643	4334070	1654748	738980	915768	559447	526375
其中:隔离地区	5972839	4098606	893879	3204727	1364231	600556	763675	510002	476930
非隔离地区	1701069	1361107	231764	1129343	290517	138424	152093	49445	49445
城近郊区	**7057630**	**4894735**	**919643**	**3975092**	**1603448**	**738980**	**864468**	**559447**	**526375**
建成区内	7057630	4894735	919643	3975092	1603448	738980	864468	559447	526375
其中:隔离地区	5423361	3599628	687879	2911749	1313731	600556	713175	510002	476930
非隔离地区	1634269	1295107	231764	1063343	289717	138424	151293	49445	49445
朝阳区	**3430871**	**2659898**	**241312**	**2418586**	**558590**	**262732**	**295858**	**212383**	**208483**
建成区内	3430871	2659898	241312	2418586	558590	262732	295858	212383	208483
其中:隔离地区	2457671	1756685	197655	1559030	523162	254652	268510	177824	173924
非隔离地区	973200	903213	43657	859556	35428	8080	27348	34559	34559
海淀区	**1592333**	**1059422**	**198017**	**861405**	**507633**	**241589**	**266044**	**25278**	**24378**
建成区内	1592333	1059422	198017	861405	507633	241589	266044	25278	24378
其中:隔离地区	1122674	857085	172375	684710	255135	111323	143812	10454	9554
非隔离地区	469659	202337	25642	176695	252498	130266	122232	14824	14824
丰台区	**1835864**	**978714**	**313390**	**665324**	**535426**	**234581**	**300845**	**321724**	**293452**
建成区内	1835864	978714	313390	665324	535426	234581	300845	321724	293452
其中:隔离地区	1835864	978714	313390	665324	535426	234581	300845	321724	293452
石景山区	**198562**	**196701**	**166924**	**29777**	**1799**	**78**	**1721**	**62**	**62**
建成区内	198562	196701	166924	29777	1799	78	1721	62	62
其中:隔离地区	7152	7144	4459	2685	8		8		
非隔离地区	191410	189557	162465	27092	1791	78	1713	62	62
远郊区县	**616278**	**564978**	**206000**	**358978**	**51300**		**51300**		
建成区内	616278	564978	206000	358978	51300		51300		
其中:隔离地区	549478	498978	206000	292978	50500		50500		
非隔离地区	66800	66000		66000	800		800		
房山区	**466850**	**416350**	**206000**	**210350**	**50500**		**50500**		
建成区内	466850	416350	206000	210350	50500		50500		
其中:隔离地区	466850	416350	206000	210350	50500		50500		
平谷县	**82628**	**82628**		**82628**					
建成区内	82628	82628		82628					
其中:隔离地区	82628	82628		82628					
延庆县	**66800**	**66000**		**66000**	**800**		**800**		
建成区内	66800	66000		66000	800		800		
其中:非隔离地区	66800	66000		66000	800		800		

绿地树木汇总表

木			竹子		绿篱		色块		宿根花卉		草坪	古树	濒危植物
他													
攀缘													
（株）	（米）	（平方米）	（株）	（平方米）	（株）	（米）	（株）	（平方米）	（株）	（平方米）	（平方米）	（株）	（株）
10	11	12	13	14	15	16	17	18	19	20	21	22	23
33072	**2005**	**5550**	**58591**	**40531**	**79510**	**16748**	**3600**	**195**	**49012**	**2700**	**1810006**		**840061**
33072	2005	5550	58591	40531	79510	16748	3600	195	49012	2700	1810006		840061
33072	2005	5550	31505	13445	79510	16748	3600	195	49012	2700	1492872		386378
			27086	27086							317134		453683
33072	**2005**	**5550**	**58591**	**40531**	**79510**	**16748**	**3600**	**195**	**49012**	**2700**	**1810006**		**840061**
33072	2005	5550	58591	40531	79510	16748	3600	195	49012	2700	1810006		840061
33072	2005	5550	31505	13445	79510	16748	3600	195	49012	2700	1492872		386378
			27086	27086							317134		453683
3900	**1300**	**1950**			**11118**	**1000**					**658488**		**646162**
3900	1300	1950			11118	1000					658488		646162
3900	1300	1950			11118	1000					658488		194053
													452109
900			**45565**	**35781**	**13070**	**370**					**566245**		**41381**
900			45565	35781	13070	370					566245		41381
900			18479	8695	13070	370					249111		41332
			27086	27086							317134		49
28272	**705**	**3600**	**13026**	**4750**	**55322**	**15378**	**3600**	**195**	**49012**	**2700**	**585273**		**150843**
28272	705	3600	13026	4750	55322	15378	3600	195	49012	2700	585273		150843
28272	705	3600	13026	4750	55322	15378	3600	195	49012	2700	585273		150843
													1675
													1675
													150
													1525

北京市城市防护绿地

市序号	区序号	绿地名称	合计（平方米）	总面			
				水面积	小计	陆	
						绿地面积	建筑占地面积
甲	乙	丙	1=2+3	2	3=4+5+8+9	4	5
		城近郊区	**45688467**	**99500**	**45588967**	**45291599**	**186493**
		隔离地区	**34616137**	**62167**	**34553970**	**34332913**	**170357**
		非隔离地区	**11072330**	**37333**	**11034997**	**10958686**	**16136**
		朝阳区	**21927155**	**97000**	**21830155**	**21655855**	**160100**
		隔离地区	**16508188**	**59667**	**16448521**	**16274221**	**160100**
		区属	16294433	59667	16234766	16060466	160100
		区农林局	15674233	53667	15620566	15620466	100
1	1	肖村片林(小红门乡)	100000		100000	100000	
2	2	小红门片林	251000		251000	251000	
3	3	牌坊片林	170000		170000	170000	
4	4	垡头南片林(南磨房乡)	83000		83000	83000	
5	5	邱庄片林	50000		50000	50000	
6	6	古塔片林(王四营乡)	200000	7000	193000	192900	100
7	7	盛华片林	546000		546000	546000	
8	8	南道青片林	470000		470000	470000	
9	9	西观片林	197000		197000	197000	
10	10	官庄片林	117000		117000	117000	
11	11	横街子片林(十八里店乡)	270000		270000	270000	
12	12	老君堂南片林	300000		300000	300000	
13	13	老君堂北片林	333000		333000	333000	
14	14	常营片林(长营乡)	867000		867000	867000	
15	15	平房片林(平房乡)	742000	46667	695333	695333	
16	16	平房北片林	412000		412000	412000	
17	17	四台片林	103000		103000	103000	
18	18	建国路片林(高碑店乡)	87000		87000	87000	
19	19	大花园片林	137000		137000	137000	
20	20	辛庄北片林(东风乡)	1168000		1168000	1168000	
21	21	白家楼片林(三间房乡)	104000		104000	104000	
22	22	仰山片林(洼里乡)	182000		182000	182000	
23	23	关西庄片林	190000		190000	190000	
24	24	五环路南片林	40000		40000	40000	
25	25	尚家楼片林(太阳宫乡)	243000		243000	243000	
26	26	于北片林(豆各庄乡)	310000		310000	310000	
27	27	于南片林	110000		110000	110000	
28	28	何家村片林	357000		357000	357000	
29	29	观光果园(东坝乡)	667000		667000	667000	
30	30	东晓井片林	451000		451000	451000	
31	31	驹子房片林	354000		354000	354000	

(建成区内)面积明细表

积				绿地面积占陆地面积(%)	绿 化覆盖面积(平方米)	绿 化覆盖率(%)	实有树木(株)	实有草坪(平方米)
地 面 积								
建筑面积	其中:古建面积	铺装面积	其他面积					
6	7	8	9	10 = 4/3	11	12 = 11/1	13	14
65520	**100**	**10885**	**99990**	**99.35**	**38739130**	**84.79**	**7057630**	**1810006**
65520	**100**	**10885**	**39815**	**99.36**	**28511021**	**82.36**	**5426231**	**1520556**
			60175	**99.31**	**10228109**	**92.38**	**1631399**	**289450**
60100	**100**	**1200**	**13000**	**99.20**	**15862465**	**72.34**	**3430871**	**658488**
60100	**100**	**1200**	**13000**	**98.94**	**10480831**	**63.49**	**2457671**	**658488**
60100	100	1200	13000	98.93	10275831	63.06	2447474	658488
100	100			100.00	9831231	62.72	2424594	258488
				100.00	90000	90.00	24173	
				100.00	250000	99.60	78800	
				100.00	90515	53.24		
				100.00	83000	100.00	9021	
				100.00	25000	50.00	5410	
100	100			99.95	100000	50.00	15471	
				100.00	273000	50.00	104773	
				100.00	235000	50.00	282661	
				100.00	197000	100.00	11000	
				100.00	117000	100.00	15000	
				100.00	135000	50.00		
				100.00	150000	50.00		
				100.00	166500	50.00		
				100.00	433500	50.00		
				100.00	371000	50.00	73006	
				100.00	206000	50.00	16157	
				100.00	51500	50.00		
				100.00	87000	100.00	3643	
				100.00	68500	50.00		
				100.00	584000	50.00	101657	
				100.00	52000	50.00	5409	
				100.00	91000	50.00		
				100.00	95000	50.00		
				100.00	20000	50.00		
				100.00	121500	50.00	10000	176088
				100.00	155000	50.00	64100	
				100.00	55000	50.00	8000	
				100.00	178500	50.00	24527	
				100.00	333500	50.00	40000	
				100.00	225500	50.00	38880	
				100.00	177000	50.00	65610	

市序号	区序号	绿地名称	合计（平方米）	总		面	
				水面积	小计	陆	
						绿地面积	建筑占地面积
甲	乙	丙	1＝2＋3	2	3＝4＋5＋8＋9	4	5
32	32	七棵树片林	60000		60000	60000	
33	33	焦庄片林	270000		270000	270000	
34	34	朝来农艺园(来广营乡)	120000		120000	120000	
35	35	清河桥片林	7000		7000	7000	
36	36	北湖片林	510000		510000	510000	
37	37	新红片林	277000		277000	277000	
38	38	驼房营片林(将台乡)	464000		464000	464000	
39	39	东八间片林	533000		533000	533000	
		绿化带					
40	40	市区外缘	2955900		2955900	2955900	
41	41	京张路放射线	165000		165000	165000	
42	42	化工路林带	233000		233000	233000	
43	43	安立路林带	106333		106333	106333	
44	44	四环路林带	355000		355000	355000	
45	45	机场辅路林带	7000		7000	7000	
		南磨房办事处	620200	6000	614200	440000	160000
46	46	北辰高尔夫球场	620200	6000	614200	440000	160000
		市属	213755		213755	213755	
47	47	东北郊林带	213755		213755	213755	
		非隔离地区	**5418967**	**37333**	**5381634**	**5381634**	
		区农林局	5418967	37333	5381634	5381634	
48	48	环铁片林(将台乡)	613000		613000	613000	
49	49	金盏片林(金盏乡)	612000	33333	578667	578667	
50	50	长店片林	287000		287000	287000	
51	51	黑庄户片林(黑庄户乡)	467000		467000	467000	
52	52	八里桥片林(管庄乡)	133300		133300	133300	
53	53	沙子营片林(黄港乡)	153000		153000	153000	
54	54	孙河片林(孙河乡)	90000	4000	86000	86000	
55	55	后街片林(东坝乡)	180000		180000	180000	
56	56	皮村片林(楼梓庄乡)	10000		10000	10000	
57	57	建兴片林(东郊农场)	486700		486700	486700	
58	58	香江片林	1033000		1033000	1033000	
		绿化带					
59	59	京密路放射线	582300		582300	582300	
60	60	温榆河林带	725000		725000	725000	
61	61	朝阳路林带	46667		46667	46667	
		海淀区	**9164088**		**9164088**	**9153798**	**630**
		隔离地区	**5925008**		**5925008**	**5914718**	**630**
		农林局	5860113		5860113	5860113	
62	1	四季青片林	1045832		1045832	1045832	

积				绿地面积占陆地面积（%）	绿 化 覆盖面积（平方米）	绿 化 覆盖率（%）	实有树木（株）	实有草坪（平方米）
地 面 积								
		铺装面积	其他面积					
建筑面积	其中:古建面积							
6	7	8	9	10 = 4/3	11	12 = 11/1	13	14
				100.00	30000	50.00	9500	
				100.00	270000	100.00	225730	
				100.00	120000	100.00	32186	
				100.00	7000	100.00	600	
				100.00	255000	50.00	312792	
				100.00	138500	50.00	207285	
				100.00	232000	50.00	55153	
				100.00	266500	50.00		
							584050	82400
				100.00	2428383	82.15	429480	
				100.00	165000	100.00	31284	
				100.00	233000	100.00	26528	
				100.00	106333	100.00	18955	
				100.00	355000	100.00	77560	82400
				100.00	7000	100.00	243	
60000		1200	13000	71.64	444600	71.69	22880	400000
60000		1200	13000	71.64	444600	71.69	22880	400000
				100.00	205000	95.90	10197	
				100.00	205000	95.90	10197	
				100.00	**5381634**	**99.31**	**973200**	
				100.00	5381634	99.31	973200	
				100.00	613000	100.00	72609	
				100.00	578667	94.55	220133	
				100.00	287000	100.00	12022	
				100.00	467000	100.00	40773	
				100.00	133300	100.00	10274	
				100.00	153000	100.00	12000	
				100.00	86000	95.56	14702	
				100.00	180000	100.00	11812	
				100.00	10000	100.00	259172	
				100.00	486700	100.00	36460	
				100.00	1033000	100.00	117180	
							166063	
				100.00	582300	100.00	112067	
				100.00	725000	100.00	47776	
				100.00	46667	100.00	6220	
620		**7465**	**2195**	**99.89**	**9153798**	**99.89**	**1592333**	**566245**
620		**7465**	**2195**	**99.83**	**5914718**	**99.83**	**1125544**	**276795**
				100.00	5860113	100.00	1122674	249111
				100.00	1045832	100.00	471238	

市序号	区序号	绿地名称	总面				
			合计（平方米）	水面积	小计	陆	
						绿地面积	建筑占地面积
甲	乙	丙	1=2+3	2	3=4+5+8+9	4	5
63	2	科技站大环境片林	93005		93005	93005	
64	3	小月河大环境片林	41202		41202	41202	
65	4	马坊村大环境片林	436092		436092	436092	
66	5	塔院村大环境片林	81504		81504	81504	
67	6	小营村大环境片林	1370069		1370069	1370069	
68	7	八家村大环境片林	312682		312682	312682	
69	8	清河村大环境片林	394997		394997	394997	
70	9	清河两岸大环境片林	335017		335017	335017	
71	10	德昌路两侧大环境片林	68303		68303	68303	
72	11	外缘林片林	146173		146173	146173	
73	12	小清河两岸片林	548074		548074	548074	
74	13	京密引水片林	215107		215107	215107	
75	14	西苑片林	62031		62031	62031	
76	15	六郎庄片林	58615		58615	58615	
77	16	西洼生态园	160080		160080	160080	
78	17	万柳园	300150		300150	300150	
79	18	树村果树队	109580		109580	109580	
80	19	树村试验站桃园	47600		47600	47600	
81	20	厢白旗柳树林	34000		34000	34000	
		市属	64895		64895	54605	630
82	21	二带(清华东路北)	18760		18760	16005	560
83	22	三带(清华东路)	46135		46135	38600	70
		非隔离地区	**3239080**		**3239080**	**3239080**	
84	23	四季青片林	3217580		3217580	3217580	
85	24	五棵松片林	21500		21500	21500	
		丰台区	**11883000**	**2500**	**11880500**	**11865653**	**9627**
		隔离地区	**11883000**	**2500**	**11880500**	**11865653**	**9627**
		区属	11858700	2500	11856200	11842273	9627
86	1	榆树庄变电所(花乡)	24642		24642	24642	
87	2	榆树庄凯特驾校内片林(1)	106200		106200	106200	
88	3	榆树庄凯特驾校内片林(2)	133200		133200	133200	
89	4	榆树庄街心广场	6500		6500	5200	
90	5	榆树庄片林	153180		153180	153180	
91	6	看丹原来苗圃西片林	33300		33300	33300	
92	7	看丹原来苗圃改造片林	133200		133200	133200	
93	8	看丹杨庄村东片林	113220		113220	113220	
94	9	草桥镇国寺村南片林	199800		199800	199800	
95	10	草桥新建片林	466200		466200	466200	
96	11	郭公庄村南铁道南片林	83250		83250	83250	
97	12	郭公庄铁道南片林	279720		279720	279720	

积				绿地面积占陆地面积(%)	绿化覆盖面积(平方米)	绿化覆盖率(%)	实有树木(株)	实有草坪(平方米)
地　面　积								
建筑面积	其中:古建面积	铺装面积	其他面积					
6	7	8	9	10 = 4/3	11	12 = 11/1	13	14
				100.00	93005	100.00	12721	
				100.00	41202	100.00	3472	
				100.00	436092	100.00	69394	
				100.00	81504	100.00	6494	
				100.00	1370069	100.00	26600	
				100.00	312682	100.00	140790	
				100.00	394997	100.00	123764	
				100.00	335017	100.00	16035	
				100.00	68303	100.00	4536	
				100.00	146173	100.00	19374	
				100.00	548074	100.00	122309	48691
				100.00	215107	100.00	13592	
				100.00	62031	100.00	3531	
				100.00	58615	100.00	9159	
				100.00	160080	100.00	5955	73370
				100.00	300150	100.00	63450	100050
				100.00	109580	100.00	4720	27000
				100.00	47600	100.00	3500	
				100.00	34000	100.00	2040	
620		7465	2195	84.14	54605	84.14	2870	27684
560			2195	85.31	16005	85.31	141	
60		7465		83.67	38600	83.67	2729	27684
				100.00	**3239080**	**100.00**	**466789**	**289450**
				100.00	3217580	100.00	463975	289450
				100.00	21500	100.00	2814	
4800		**2220**	**3000**	**99.88**	**11864473**	**99.84**	**1835864**	**585273**
4800		**2220**	**3000**	**99.88**	**11864473**	**99.84**	**1835864**	**585273**
4800		1300	3000	99.88	11840173	99.84	1833377	585273
				100.00	24642	100.00	4060	
				100.00	106200	100.00	48845	13332
				100.00	133200	100.00	7033	
		1300		80.00	5200	80.00	9617	23216
				100.00	153180	100.00	22252	
				100.00	33300	100.00	3000	
				100.00	133200	100.00	22018	
				100.00	113220	100.00	27150	
				100.00	199800	100.00	77100	
				100.00	466200	100.00	79900	6000
				100.00	83250	100.00	9467	
				100.00	279720	100.00	30000	1400

市序号	区序号	绿地名称	合计（平方米）	总		面	
				水面积	小计	陆	
						绿地面积	建筑占地面积
甲	乙	丙	1＝2＋3	2	3＝4＋5＋8＋9	4	5
98	13	堡台村西片林	239760		239760	239760	
99	14	白盆窑花卉中心	253080		253080	253080	
100	15	黄土岗村西京九铁路两侧片林	133200		133200	133200	
101	16	六圈村西世界公园北片林	500832		500832	500832	
102	17	新发地苗圃改造片林	53280		53280	53280	
103	18	新发地果园东下坡鱼池地片林	19980		19980	19980	
104	19	高立庄村西原来果园改造片林	86580		86580	86580	
105	20	高立庄村西片林	266400		266400	266400	
106	21	羊坊村南片林	66600		66600	66600	
107	22	羊坊村南京良路南片林	266400		266400	266400	
108	23	京良路片林	288045		288045	288045	
109	24	丰南路片林	114952		114952	114952	
110	25	樊羊路片林	52614		52614	52614	
111	26	三环路片林	216117		216117	216117	
112	27	丰宝路片林	18981		18981	18981	
113	28	京开路两侧片林	151515		151515	151515	
114	29	花乡草桥玉花园	35298	2500	32798	28471	4327
115	30	万泉寺片林（卢沟桥乡）	200000		200000	200000	
116	31	石门公园	44689		44689	44689	
117	32	六里桥京石北片林（新）	6670		6670	6670	
118	33	六里桥京石北片林	17000		17000	17000	
119	34	菜户营铁路边片林	13000		13000	13000	
120	35	菜户营鸽子市东片林	4000		4000	4000	
121	36	菜户营护城河西岸片林	5000		5000	5000	
122	37	太平桥南侧片林	11000		11000	11000	
123	38	太平桥巡警处片林	19000		19000	19000	
124	39	太平桥北侧片林	7000		7000	7000	
125	40	太平桥派出所后片林	63000		63000	63000	
126	41	东管头鱼池南片林	10000		10000	10000	
127	42	东管头五队路西片林	15000		15000	15000	
128	43	东管头五队东侧 D173 片林	20000		20000	20000	
129	44	东管头义金陵东 D203 片林	18000		18000	18000	
130	45	东管头公园南 D193 片林	25000		25000	25000	
131	46	东管头 D108 片林	18000		18000	18000	
132	47	东管头二队 D89 片林	38000		38000	38000	
133	48	东管头二队南 D93 片林	5000		5000	5000	
134	49	东方家园	20010		20010	20010	
135	50	东管头关家南 D95 片林	4000		4000	4000	
136	51	大井桥东北角片林	4000		4000	4000	
137	52	大井京石北片林	13000		13000	13000	

积				绿地面积占陆地面积(%)	绿化覆盖面积(平方米)	绿化覆盖率(%)	实有树木(株)	实有草坪(平方米)
地面积								
建筑面积	其中:古建面积	铺装面积	其他面积					
6	7	8	9	10 = 4/3	11	12 = 11/1	13	14
				100.00	239760	100.00	44800	
				100.00	253080	100.00	33000	1000
				100.00	133200	100.00	7600	36000
				100.00	500832	100.00	110600	19000
				100.00	53280	100.00	5200	
				100.00	19980	100.00	2000	
				100.00	86580	100.00	7102	
				100.00	266400	100.00	27446	
				100.00	66600	100.00	7488	
				100.00	266400	100.00	28694	
				100.00	288045	100.00	24434	
				100.00	114952	100.00	13613	
				100.00	52614	100.00	9163	
				100.00	216117	100.00	157629	112075
				100.00	18981	100.00	2750	
				100.00	151515	100.00	21759	
				86.81	28471	80.66	9000	6000
				100.00	200000	100.00	18412	
				100.00	44689	100.00	1489	3000
				100.00	6670	100.00	1388	
				100.00	17000	100.00	714	
				100.00	13000	100.00	1235	
				100.00	4000	100.00	330	
				100.00	5000	100.00	512	
				100.00	11000	100.00	1100	
				100.00	19000	100.00	2047	
				100.00	7000	100.00	674	
				100.00	63000	100.00	6469	
				100.00	10000	100.00	502	
				100.00	15000	100.00	1194	
				100.00	20000	100.00	654	
				100.00	18000	100.00	1000	
				100.00	25000	100.00	834	
				100.00	18000	100.00	1535	
				100.00	38000	100.00	3472	
				100.00	5000	100.00	460	
				100.00	20010	100.00	1494	5000
				100.00	4000	100.00	425	
				100.00	4000	100.00	840	
				100.00	13000	100.00	520	

市序号	区序号	绿地名称	合计（平方米）	总		面	
						陆	
				水面积	小计	绿地面积	建筑占地面积
甲	乙	丙	1=2+3	2	3=4+5+8+9	4	5
138	53	大井程庄子渔场	20010		20010	20010	
139	54	大井桥北	26013		26013	26013	
140	55	大井京石北	30015		30015	30015	
141	56	大井京石南片林	24000		24000	24000	
142	57	大井富邦花木公司	20010		20010	20010	
143	58	小瓦窑七队果园片林	33350		33350	33350	
144	59	小瓦窑公园	46690		46690	46690	
145	60	小瓦窑大队北片林	107000		107000	107000	
146	61	张仪村南果园	133400		133400	133400	
147	62	张仪村高压线下	41354		41354	41354	
148	63	张仪村果园南侧	15341		15341	15341	
149	64	张仪村小果园	16675		16675	16675	
150	65	大瓦窑京石南片林	12000		12000	12000	
151	66	大瓦窑渔场、狗场	50025		50025	50025	
152	67	大瓦窑京石南游泳场处	48024		48024	48024	
153	68	大瓦窑齐庄子	244122		244122	244122	
154	69	郑常庄果园片林	32000		32000	32000	
155	70	郑常庄鱼池	16675		16675	16675	
156	71	郑常庄片林	92046		92046	92046	
157	72	周庄子七队片林	100000		100000	100000	
158	73	靛厂灰膏场东片林	1000		1000	1000	
159	74	靛厂灰膏场西片林	3000		3000	3000	
160	75	靛厂新修路北油松	13000		13000	13000	
161	76	靛厂	101384		101384	101384	
162	77	靛厂五队片林	46000		46000	46000	
163	78	小井京石北片林	41000		41000	41000	
164	79	小井京石路气站处	12006		12006	12006	
165	80	小井七队菜地	6670		6670	6670	
166	81	小井京石南片林	27000		27000	27000	
167	82	西局游泳池银杏地一队处	26013		26013	26013	
168	83	西局丰顺驾校片林	47000		47000	47000	
169	84	郭庄子四队片林	13000		13000	13000	
170	85	郭庄子京石南片林	207000		207000	207000	
171	86	郭庄子京石北片林	5000		5000	5000	
172	87	郭庄子京石路北样段处	21344		21344	21344	
173	88	郭庄子一队片林	3000		3000	3000	
174	89	郭庄子花队苗圃	30682		30682	30682	
175	90	郭庄子京石南拆迁处	54694		54694	54694	
176	91	岳各庄京石北片林	6000		6000	6000	
177	92	岳各庄一队果园片林	23000		23000	23000	

续表四

积				绿地面积占陆地面积(%)	绿 化 覆盖面积(平方米)	绿 化 覆盖率(%)	实有树木(株)	实有草坪(平方米)
地 面 积								
建筑面积	其中:古建面积	铺装面积	其他面积					
6	7	8	9	10 = 4/3	11	12 = 11/1	13	14
				100.00	20010	100.00	886	
				100.00	26013	100.00	6231	
				100.00	30015	100.00	1055	
				100.00	24000	100.00	2654	
				100.00	16000	79.96	13960	
				100.00	33350	100.00	1300	
				100.00	46690	100.00	4680	
				100.00	107000	100.00	6604	
				100.00	133400	100.00	8313	
				100.00	41354	100.00	1689	
				100.00	15341	100.00	932	
				100.00	16675	100.00	600	
				100.00	12000	100.00	1155	
				100.00	50025	100.00	5246	
				100.00	48024	100.00	14101	2300
				100.00	244122	100.00	11216	
				100.00	32000	100.00	17330	
				100.00	16675	100.00	175	
				100.00	92046	100.00	10208	
				100.00	100000	100.00	8922	
				100.00	1000	100.00	108	
				100.00	3000	100.00	297	
				100.00	13000	100.00	1200	
				100.00	101384	100.00	13100	
				100.00	46000	100.00	2925	
				100.00	41000	100.00	3720	
				100.00	12006	100.00	1680	
				100.00	6670	100.00	920	
				100.00	27000	100.00	2700	
				100.00	26013	100.00	3150	
				100.00	47000	100.00	3304	
				100.00	13000	100.00	464	
				100.00	207000	100.00	18667	
				100.00	5000	100.00		
				100.00	21344	100.00	1217	
				100.00	3000	100.00	188	
				100.00	30682	100.00	22022	
				100.00	54694	100.00	12350	
				100.00	6000	100.00	244	
				100.00	23000	100.00	873	

市序号	区序号	绿地名称	合计（平方米）	总		面	
				水面积	小计	陆	
						绿地面积	建筑占地面积
甲	乙	丙	1=2+3	2	3=4+5+8+9	4	5
178	93	岳各庄华丰门口片林	17000		17000	17000	
179	94	岳各庄古树东片林	77000		77000	77000	
180	95	岳各庄302东小路东侧地	18000		18000	18000	
181	96	岳各庄302东片林	29000		29000	29000	
182	97	岳各庄环岛西北角片林	74000		74000	74000	
183	98	岳各庄京石南片林	4000		4000	4000	
184	99	岳各庄一队果园	24679		24679	24679	
185	100	小屯村	93380		93380	93380	
186	101	小屯新丰驾校	133000		133000	133000	
187	102	永定河大堤外绿地(老庄子)	268997		268997	268997	
188	103	老庄子乡世纪森林公园	1805120		1805120	1799820	5300
189	104	石榴庄公园片林(南苑乡)	84000		84000	84000	
190	105	石榴庄片林	36000		36000	36000	
191	106	右安门片林	46669		46669	46669	
192	107	新宫片林	138000		138000	138000	
193	108	东罗园片林	143800		143800	143800	
194	109	南苑片林	532500		532500	532500	
195	110	槐房港庄子	50000		50000	50000	
196	111	槐房片林	426800		426800	426800	
197	112	槐房通久路北	260000		260000	260000	
198	113	花园三角地(1)	19900		19900	19900	
199	114	大红门二队	159800		159800	159800	
200	115	新宫通久路北	160000		160000	160000	
201	116	分钟寺四队(1)	26668		26668	26668	
202	117	大红门康体中心	17008		17008	17008	
203	118	分钟寺四队(2)	40000		40000	40000	
204	119	花园三角地(2)	40000		40000	40000	
205	120	鹏润家园(长辛店队)	13000		13000	13000	
206	121	岳各庄转盘	18000		18000	18000	
207	122	怡海花园南门外	30000		30000	30000	
208	123	玉林小区代征地(南苑队)	16412		16412	16412	
209	124	南郊农场绿化隔离带(和义办事处)	183009		183009	180009	
		市属	24300		24300	23380	
210	125	左安门西滨河绿带	24300		24300	23380	
		石景山区	**2714224**		**2714224**	**2616293**	**16136**
		隔离地区	**299941**		**299941**	**278321**	
211	1	中瑞公司东侧(八宝山办事处)	80000		80000	58380	
212	2	八宝山地铁北侧(老山办事处)	153341		153341	153341	
213	3	八角村办公园北(八角办事处)	66600		66600	66600	
		非隔离地区	**2414283**		**2414283**	**2337972**	**16136**

续表五

积				绿地面积占陆地面积(%)	绿化覆盖面积(平方米)	绿化覆盖率(%)	实有树木(株)	实有草坪(平方米)
地面积								
建筑面积	其中:古建面积	铺装面积	其他面积					
6	7	8	9	10 = 4/3	11	12 = 11/1	13	14
				100.00	17000	100.00	1530	
				100.00	77000	100.00	7892	
				100.00	18000	100.00	1080	
				100.00	29000	100.00	2900	
				100.00	74000	100.00	6395	
				100.00	4000	100.00	325	
				100.00	24679	100.00	873	
				100.00	93380	100.00	11358	
				100.00	133000	100.00	10701	
				100.00	283142	105.26	25000	
4800				99.71	1799820	99.71	128529	350
				100.00	84000	100.00	3440	40000
				100.00	36000	100.00	3895	
				100.00	46669	100.00	4576	
				100.00	143800	104.20	15795	
				100.00	122473	85.17	18194	
				100.00	532500	100.00	54466	
				100.00	50000	100.00	42100	
				100.00	426800	100.00	43709	
				100.00	260000	100.00	196798	
				100.00	20000	100.50	7420	4667
				100.00	160000	100.13	65795	
				100.00	160000	100.00	45327	
				100.00	26668	100.00	2090	6667
				100.00	20000	117.59	15998	13890
				100.00	40000	100.00	1107	6667
				100.00	40000	100.00	1130	30000
				100.00	13000	100.00	45	12700
				100.00	18000	100.00	23	18000
				100.00	30000	100.00	201	30000
				100.00	16412	100.00	3853	14000
			3000	98.36	180009	98.36	4426	180009
		920		96.21	24300	100.00	2487	
		920		96.21	24300	100.00	2487	
			81795	**96.39**	**1858394**	**68.47**	**198562**	
			21620	**92.79**	**250998.9**	**83.68**	**7152**	
			21620	72.98	58380	72.98	3179	
				100.00	138007	90.00	1579	
				100.00	54612	82.00	2394	
			60175	**96.84**	**1607395**	**66.58**	**191410**	

市序号	区序号	绿地名称	合计（平方米）	总		面	
				水面积	小计	陆	
						绿地面积	建筑占地面积
甲	乙	丙	1=2+3	2	3=4+5+8+9	4	5
214	4	京源路片林(八宝山办事处)	5328		5328	5328	
215	5	衙门口片林	160000		160000	160000	
216	6	老山东片林(老山办事处)	29280		29280	4400	
217	7	松林公园南片林(八角办事处)	66600		66600	66600	
218	8	晋元庄林带	23760		23760	23760	
219	9	特钢北片林(古城办事处)	16527		16527	16527	
220	10	首钢煤制气	13900		13900	13205	
221	11	西井南片林(苹果园办事处)	10428		10428	10428	
222	12	首钢 NEC 片林	18600		18600	12800	
223	13	西井北片林	33300		33300	33300	
224	14	希望公园北片林	20000		20000	3864	16136
225	15	刘娘府片林	80000		80000	80000	
226	16	申王府片林	120000		120000	120000	
227	17	金顶山片林(金顶街办事处)	320000		320000	320000	
228	18	金安桥片林	6660		6660	6660	
229	19	高井片林(五里坨办事处)	33300		33300	4500	
230	20	陈家沟片林	1456600		1456600	1456600	
		远郊区县	**3598812**		**3598812**	**3538812**	
		隔离地区	**2805224**		**2805224**	**2745224**	
		非隔离地区	**793588**		**793588**	**793588**	
		房山区	**1690000**		**1690000**	**1630000**	
		隔离地区	**1690000**		**1690000**	**1630000**	
231	1	西虎岭	1440000		1440000	1400000	
232	2	羊耳峪生态林	250000		250000	230000	
		平谷县	**2230448**		**2230448**	**2230448**	
		隔离地区	**1115224**		**1115224**	**1115224**	
233	1	张辛庄县城片林(第一期)	114724		114724	114724	
234	2	东洼县城片林(第一期)	233450		233450	233450	
235	3	张辛庄县城片林(第二期)	166750		166750	166750	
236	4	西沥津县城片林	133400		133400	133400	
237	5	鲁各庄县城片林	133400		133400	133400	
238	6	东洼县城片林(第二期)	333500		333500	333500	
		延庆县	**793588**		**793588**	**793588**	
		非隔离地区	**793588**		**793588**	**793588**	
239	1	团结路片林	420210		420210	420210	
240	2	陈家营片林	200000		200000	200000	
241	3	妫河下游两岸绿化	173378		173378	173378	

续表六

积				绿地面积占陆地面积(%)	绿化覆盖面积(平方米)	绿化覆盖率(%)	实有树木(株)	实有草坪(平方米)
地面积								
建筑面积	其中:古建面积	铺装面积	其他面积					
6	7	8	9	10=4/3	11	12=11/1	13	14
				100.00	1066	20.01	13040	
				100.00	124800	78.00	289	
			24880	15.03	4400	15.03	287	
				100.00	54612	82.00	362	
				100.00	23522	99.00	2136	
				100.00	17563	106.27	1313	
			695	95.00	13205	95.00	1500	
				100.00	10219	98.00	531	
			5800	68.82	12800	68.82	276	
				100.00	27972	84.00	563	
				19.32	3864	19.32	594	
				100.00	68000	85.00	8500	
				100.00	108000	90.00	854	
				100.00	96000	30.00	457	
				100.00	5328	80.00	3430	
			28800	13.51	4995	15.00		
				100.00	1031049	70.78	157278	
			60000	**98.33**	**3558812**	**98.89**	**616278**	
			60000	**97.86**	**2765224**	**98.57**	**549478**	
				100.00	**793588**	**100.00**	**66800**	
			60000	**96.45**	**1650000**	**97.63**	**466850**	
			60000	**96.45**	**1650000**	**97.63**	**466850**	
			40000	97.22	1410000	97.92	414000	
			20000	92.00	240000	96.00	52850	
				100.00	**2230448**	**100.00**	**82628**	
				100.00	**1115224**	**100.00**	**82628**	
				100.00	114724	100.00	12728	
				100.00	233450	100.00	19250	
				100.00	166750	100.00	13750	
				100.00	133400	100.00	8200	
				100.00	133400	100.00	8200	
				100.00	333500	100.00	20500	
				100.00	**793588**	**100.00**	**66800**	
				100.00	**793588**	**100.00**	**66800**	
				100.00	420210	100.00	40000	
				100.00	200000	100.00	16800	
				100.00	173378	100.00	10000	

北京市城市防护绿地

市序号	区序号	绿地名称	实有树							
			合计（株）	乔木			灌木			
				小计	常绿乔木	落叶乔木	小计	常绿灌木	落叶灌木	小计
甲	乙	丙	1=2+5+8	2=3+4	3	4	5=6+7	6	7	8=9+10
		城近郊区	**7057630**	**4894735**	**919643**	**3975092**	**1603448**	**738980**	**864468**	**559447**
		隔离地区	**5426231**	**3601801**	**688537**	**2913264**	**1314428**	**600566**	**713862**	**510002**
		非隔离地区	**1631399**	**1292934**	**231106**	**1061828**	**289020**	**138414**	**150606**	**49445**
		朝阳区	**3430871**	**2659898**	**241312**	**2418586**	**558590**	**262732**	**295858**	**212383**
		隔离地区	**2457671**	**1756685**	**197655**	**1559030**	**523162**	**254652**	**268510**	**177824**
		区属	2447474	1747013	196648	1550365	522637	254652	267985	177824
		区农林局	2424594	1734760	188973	1545787	512010	244652	267358	177824
1	1	肖村片林(小红门乡)	24173	20924	1953	18971	3249		3249	
2	2	小红门片林	78800	20000	18000	2000	58800	38800	20000	
3	3	牌坊片林								
4	4	垡头南片林(南磨房乡)	9021	8381	111	8270	640		640	
5	5	邱庄片林	5410	4710	1050	3660	700	700		
6	6	古塔片林(王四营乡)	15471	15219	1431	13788	252		252	
7	7	盛华片林	104773	41379	2206	39173	63394	34550	28844	
8	8	南道青片林	282661	123101	600	122501	159560	100000	59560	
9	9	西观片林	11000	11000		11000				
10	10	官庄片林	15000	15000		15000				
11	11	横街子片林(十八里店乡)								
12	12	老君堂南片林								
13	13	老君堂北片林								
14	14	常营片林(长营乡)								
15	15	平房片林(平房乡)	73006	61792	6058	55734	9825	1550	8275	1389
16	16	平房北片林	16157	6414	1032	5382	8943	1920	7023	800
17	17	四台片林								
18	18	建国路片林(高碑店乡)	3643	2816	642	2174	827	776	51	
19	19	大花园片林								
20	20	辛庄北片林(东风乡)	101657	97738	6572	91166	2419	20	2399	1500
21	21	白家楼片林(三间房乡)	5409	1940	409	1531	2698	1528	1170	771
22	22	仰山片林(洼里乡)								
23	23	关西庄片林								
24	24	五环路南片林								
25	25	尚家楼片林(太阳宫乡)	10000	8680	450	8230	1320	1100	220	
26	26	于北片林(豆各庄乡)	64100	64100		64100				
27	27	于南片林	8000	8000		8000				
28	28	何家村片林	24527	24527		24527				
29	29	观光果园(东坝乡)	40000	28061		28061	7902		7902	4037
30	30	东晓井片林	38880	38880		38880				
31	31	驹子房片林	65610	65610		65610				

(建成区内)树木明细表

木				竹子		绿篱		色块		宿根花卉		草坪	古树	濒临植物
其他														
月季	攀缘			株	(平方米)	(株)	(米)	(株)	(平方米)	(株)	(平方米)	(平方米)	(株)	(株)
	(株)	(米)	(平方米)											
9	10	11	12	13	14	15	16	17	18	19	20	21	22	23
526375	33072	2005	5550	58591	40531	79510	19848	3600	195	49012	2700	1810006		974232
476930	33072	2005	5550	31505	13445	79510	19848	3600	195	49012	2700	1520556		520598
49445				27086	27086							289450		453634
208483	3900	1300	1950			11118	1000					658488		646162
173924	3900	1300	1950			11118	1000					658488		194053
173924	3900	1300	1950			11118	1000					658488		194028
173924	3900	1300	1950			11118	1000					258488		189704
						5000	600							2300
														9132
														22700
1389														1455
800														593
														294
1500														40
771														54
											176088		825
														19100
														8000
1037	3000	1000	1500											
														24680
														65610

市序号	区序号	绿地名称	实有树							
			合计（株）	乔木			灌木			小计
				小计	常绿乔木	落叶乔木	小计	常绿灌木	落叶灌木	
甲	乙	丙	1＝2＋5＋8	2＝3＋4	3	4	5＝6＋7	6	7	8＝9＋10
32	32	七棵树片林	9500	9500		9500				
33	33	焦庄片林	225730	177581	99625	77956	48149	44559	3590	
34	34	朝来农艺园（来广营乡）	32186	4671	187	4484	11847	10964	883	15668
35	35	清河桥片林	600	600		600				
36	36	北湖片林	312792	312792		312792				
37	37	新红片林	207285	11760	11560	200	87986		87986	107539
38	38	驼房营片林（将台乡）	55153	40333	10473	29860	14820	6420	8400	
39	39	东八间片林								
		绿化带	584050	509251	26614	482637	28679	1765	26914	46120
40	40	市区外缘	429480	415145	14353	400792	14335	315	14020	
41	41	京张路放射线	31284	18208	870	17338	3410		3410	9666
42	42	化工路林带	26528	24728	1435	23293	900		900	900
43	43	安立路林带	18955	18515	55	18460	440		440	
44	44	四环路林带	77560	32412	9901	22511	9594	1450	8144	35554
45	45	机场辅路林带	243	243		243				
		大屯办事处	22880	12253	7675	4578	10627	10000	627	
46	46	北辰高尔夫球场	22880	12253	7675	4578	10627	10000	627	
		市属	10197	9672	1007	8665	525		525	
47	47	东北郊林带（绿化处）	10197	9672	1007	8665	525		525	
		非隔离地区	**973200**	**903213**	**43657**	**859556**	**35428**	**8080**	**27348**	**34559**
		区农林局	973200	903213	43657	859556	35428	8080	27348	34559
48	48	环铁片林（将台乡）	72609	55978	1475	54503	9041	4016	5025	7590
49	49	金盏片林（金盏乡）	220133	216458	5431	211027	2475	374	2101	1200
50	50	长店片林	12022	10323	902	9421	760		760	939
51	51	黑庄户片林（黑庄户乡）	40773	38893	564	38329	1880	30	1850	
52	52	八里桥片林（管庄乡）	10274	10274	805	9469				
53	53	沙子营片林（黄港乡）	12000	12000		12000				
54	54	孙河片林（孙河乡）	14702	13702	409	13293	1000		1000	
55	55	后街片林（东坝乡）	11812	9444	1775	7669	2368	80	2288	
56	56	皮村片林（楼梓庄乡）	259172	259172		259172				
57	57	建兴片林（东郊农场）	36460	36460	18200	18260				
58	58	香江片林	117180	95030	6475	88555	12150	2710	9440	10000
		绿化带	166063	145479	7621	137858	5754	870	4884	14830
59	59	京密路放射线	112067	95413	5801	89612	4324	440	3884	12330
60	60	温榆河林带	47776	47776	1820	45956				
61	61	朝阳路林带	6220	2290		2290	1430	430	1000	2500
		海淀区	**1592333**	**1059422**	**198017**	**861405**	**507633**	**241589**	**266044**	**25278**
		隔离地区	**1125544**	**859258**	**173033**	**686225**	**255832**	**111333**	**144499**	**10454**
		农林局	1122674	857085	172375	684710	255135	111323	143812	10454
62	1	四季青片林	471238	314478	18650	295828	150706	37171	113535	6054

续表一

木				竹子		绿篱		色块		宿根花卉		草坪	古树	濒临植物
其他														
月季	攀缘			株	(平方米)	(株)	(米)	(株)	(平方米)	(株)	(平方米)	(平方米)	(株)	(株)
	(株)	(米)	(平方米)											
9	10	11	12	13	14	15	16	17	18	19	20	21	22	23
														6574
														15200
15668														30
107539														200
														7900
45220	900	300	450			6118	400					82400		5017
						4668	300							
9666														
	900	300	450											
35554						1450	100					82400		5017
												400000		4324
												400000		4324
														25
														25
34559														**452109**
34559														452109
7590														
1200														179919
939														3108
														330
														560
														259172
														8810
10000														210
14830														
12330														
2500														
24378	**900**			**45565**	**35781**	**13070**	**3470**					**566245**		**175552**
9554	**900**			**18479**	**8695**	**13070**	**3470**					**276795**		**175552**
9554	900			18479	8695	13070	3470					249111		175503
6054				17979	5695									130221

市序号	区序号	绿地名称	实	有						树
			合计（株）	乔木			灌木			
				小计	常绿乔木	落叶乔木	小计	常绿灌木	落叶灌木	小计
甲	乙	丙	1=2+5+8	2=3+4	3	4	5=6+7	6	7	8=9+10
63	2	科技站大环境片林	12721	12721	1820	10901				
64	3	小月河大环境片林	3472	3472		3472				
65	4	马坊村大环境片林	69394	69394	3120	66274				
66	5	塔院村大环境片林	6494	6444	1947	4497	50	50		
67	6	小营村大环境片林	26600	16472	3167	13305	9428	5900	3528	700
68	7	八家村大环境片林	140790	96090	51890	44200	44500	40000	4500	200
69	8	清河村大环境片林	123764	123764	79783	43981				
70	9	清河两岸大环境片林	16035	16035	915	15120				
71	10	德昌路两侧大环境片林	4536	4477	905	3572	59	2	57	
72	11	外缘林片林	19374	19374		19374				
73	12	小清河两岸片林	122309	121285	863	120422	1024		1024	
74	13	京密引水片林	13592	13592		13592				
75	14	西苑片林	3531	2856		2856	675		675	
76	15	六郎庄片林	9159	8866	290	8576	293		293	
77	16	西洼生态园	5955	2455	75	2380	2000	2000		1500
78	17	万柳园	63450	15050	8950	6100	46400	26200	20200	2000
79	18	树村果树队	4720	4720		4720				
80	19	树村试验站桃园	3500	3500		3500				
81	20	厢白旗柳树林	2040	2040		2040				
		市属	2870	2173	658	1515	697	10	687	
82	21	二带（清华东路北）	141	131	89	42	10	10		
83	22	三带（清华东路）	2729	2042	569	1473	687		687	
		非隔离地区	**466789**	**200164**	**24984**	**175180**	**251801**	**130256**	**121545**	**14824**
84	23	四季青乡片林	463975	197583	24713	172870	251568	130256	121312	14824
85	24	五棵松片林	2814	2581	271	2310	233		233	
		丰台区	**1835864**	**978714**	**313390**	**665324**	**535426**	**234581**	**300845**	**321724**
		隔离地区	**1835864**	**978714**	**313390**	**665324**	**535426**	**234581**	**300845**	**321724**
		区属	1833377	977294	312935	664359	534359	234581	299778	321724
86	1	榆树庄变电所（花乡）	4060	3140	2420	720	920		920	
87	2	榆树庄凯特驾校内片林(1)	48845	8643	6687	1956	25652	22075	3577	14550
88	3	榆树庄凯特驾校内片林(2)	7033	7033	953	6080				
89	4	榆树庄街心广场	9617	41	5	36	7385	4087	3298	2191
90	5	榆树庄片林	22252	22252	3269	18983				
91	6	看丹原来苗圃西片林	3000	2700	2700		300		300	
92	7	看丹原来苗圃改造片林	22018	15698	6750	8948	6320	220	6100	
93	8	看丹杨庄村东片林	27150	27150	27150					
94	9	草桥镇国寺村南片林	77100	45650	7050	38600	11450	10000	1450	20000
95	10	草桥新建片林	79900	7082	1203	5879	72818	39918	32900	
96	11	郭公庄村南铁道南片林	9467	8357	3171	5186	1110	1110		
97	12	郭公庄铁道南片林	30000	6000	1800	4200	24000	15000	9000	

续表二

木				竹子		绿篱		色块		宿根花卉		草坪（平方米）	古树（株）	濒临植物（株）
其他				株	（平方米）	（株）	（米）	（株）	（平方米）	（株）	（平方米）			
月季	攀缘（株）	攀缘（米）	攀缘（平方米）											
9	10	11	12	13	14	15	16	17	18	19	20	21	22	23
														2000
	700													
	200													6000
														26779
														111
						370	370							
														546
						7000	1700					48691		6456
														230
														660
1500				500	3000							73370		
2000						5700	1400					100050		2500
												27000		
												27684		49
												27684		49
14824				**27086**	**27086**							**289450**		
14824				27086	27086							289450		
293452	**28272**	**705**	**3600**	**13026**	**4750**	**55322**	**15378**	**3600**	**195**	**49012**	**2700**	**585273**		**150843**
293452	**28272**	**705**	**3600**	**13026**	**4750**	**55322**	**15378**	**3600**	**195**	**49012**	**2700**	**585273**		**120171**
293452	28272	705	3600	13026	4750	55322	15378	3600	195	49012	2700	585273		150843
2550	12000											13332		6750
						11200	3200							20
2191				1588	250					812	100	23216		8
														15000
														1120
20000														
												6000		5106
										40000	1500			2275
												1400		1500

市序号	区序号	绿地名称	实有树							
			合计（株）	乔木			灌木			
				小计	常绿乔木	落叶乔木	小计	常绿灌木	落叶灌木	小计
甲	乙	丙	1 = 2 + 5 + 8	2 = 3 + 4	3	4	5 = 6 + 7	6	7	8 = 9 + 10
98	13	保台村西片林	44800	6500	1800	4700	30100	10600	19500	8200
99	14	白盆窑花卉中心	33000	9000	3000	6000	4000		4000	20000
100	15	黄土岗村西京九铁路两侧片林	7600	1100	100	1000	500	500		6000
101	16	六圈村西世界公园北片林	110600	44000	2600	41400	26600		26600	40000
102	17	新发地苗圃改造片林	5200	4794	3664	1130	406		406	
103	18	新发地果园东下坡鱼池地片林	2000	2000	2000					
104	19	高立庄村西原来果园改造片林	7102	6987	2839	4148	115		115	
105	20	高立庄村西片林	27446	25004	13101	11903	2442		2442	
106	21	羊坊村南片林	7488	7168	2076	5092	320		320	
107	22	羊坊村南京良路南片林	28694	24154	8086	16068	4540		4540	
108	23	京良路片林	24434	22258	1157	21101	2176		2176	
109	24	丰南路片林	13613	10039	4931	5108	3574	99	3475	
110	25	樊羊路片林	9163	6893	5533	1360	2270		2270	
111	26	三环路片林	157629	5960	2042	3918	10046	1712	8334	141623
112	27	丰宝路片林	2750	1639	603	1036	1111		1111	
113	28	京开路两侧片林	21759	21638	6902	14736	121		121	
114	29	花乡草桥玉花园	9000	4000	2000	2000	1000	500	500	4000
115	30	万泉寺片林(卢沟桥乡)	18412	18412	7365	11047				
116	31	石门公园	1489	1239	795	444	250	35	215	
117	32	六里桥京石北片林(新)	1388	1388		1388				
118	33	六里桥京石北片林	714	474	223	251	240	55	185	
119	34	菜户营铁路边片林	1235	1235		1235				
120	35	菜户营鸽子市东片林	330	330		330				
121	36	菜户营护城河西岸片林	512	512		512				
122	37	太平桥南侧片林	1100	1100		1100				
123	38	太平桥巡警处片林	2047	2047		2047				
124	39	太平桥北侧片林	674	674		674				
125	40	太平桥派出所后片林	6469	6469		6469				
126	41	东管头鱼池南片林	502	502		502				
127	42	东管头五队路西片林	1194	1194	597	597				
128	43	东管头五队东侧 D173 片林	654	654		654				
129	44	东管头义金陵东 D203 片林	1000	1000		1000				
130	45	东管头公园南 D193 片林	834	834	83	751				
131	46	东管头 D108 片林	1535	1535		1535				
132	47	东管头二队 D89 片林	3472	3472	694	2778				
133	48	东管头二队南 D93 片林	460	460		460				
134	49	东方家园	1494	54	20	34	140		140	1300
135	50	东管头关家南 D95 片林	425	425	425					
136	51	大井桥东北角片林	840	840		840				
137	52	大井京石北片林	520	520		520				

续表三

木				竹子		绿篱		色块		宿根花卉		草坪（平方米）	古树（株）	濒临植物（株）
其他				株	（平方米）	（株）	（米）	（株）	（平方米）	（株）	（平方米）			
月季	攀缘													
	（株）	（米）	（平方米）											
9	10	11	12	13	14	15	16	17	18	19	20	21	22	23
8200														
20000												1000		
6000												36000		
40000												19000		32500
														233
														102
141351	272	105				3520				2400	240	112075		614
														60
2000	2000									2000	500	6000		
														5000
										100	30	3000		
														15
1300						8430	1200					5000		

市序号	区序号	绿地名称	实有树							
			合计（株）	乔木			灌木			
				小计	常绿乔木	落叶乔木	小计	常绿灌木	落叶灌木	小计
甲	乙	丙	1=2+5+8	2=3+4	3	4	5=6+7	6	7	8=9+10
138	53	大井程庄子渔场	886	186		186				700
139	54	大井桥北	6231	6231	338	5893				
140	55	大井京石北	1055	710	201	509	345	110	235	
141	56	大井京石南片林	2654	2654		2654				
142	57	大井富邦花木公司	13960	3985	455	3530	9975	9550	425	
143	58	小瓦窑七队果园片林	1300	1300		1300				
144	59	小瓦窑公园	4680	2102	906	1196	1898	1501	397	680
145	60	小瓦窑大队北片林	6604	6604	1321	5283				
146	61	张仪村南果园	8313	8313		8313				
147	62	张仪村高压线下	1689	532	307	225	557	150	407	600
148	63	张仪村果园南侧	932	868		868	64		64	
149	64	张仪村小果园	600	600		600				
150	65	大瓦窑京石南片林	1155	1155		1155				
151	66	大瓦窑渔场、狗场	5246	596		596	4000		4000	650
152	67	大瓦窑京石南游泳场处	14101	2721	1482	1239	8130	8090	40	3250
153	68	大瓦窑齐庄子	11216	11116	1125	9991	100		100	
154	69	郑常庄果园片林	17330	17330		17330				
155	70	郑常庄鱼池	175	175		175				
156	71	郑常庄片林	10208	7408	248	7160	800		800	2000
157	72	周庄子七队片林	8922	8922	892	8030				
158	73	靛厂灰膏场东片林	108	108		108				
159	74	靛厂灰膏场西片林	297	297		297				
160	75	靛厂新修路北油松	1200	1200	1200					
161	76	靛厂	13100	6100	900	5200	7000	6500	500	
162	77	靛厂五队片林	2925	2925	292	2633				
163	78	小井京石北片林	3720	3720		3720				
164	79	小井京石路气站处	1680	1680		1680				
165	80	小井七队菜地	920	920		920				
166	81	小井京石南片林	2700	2700	270	2430				
167	82	西局游泳池银杏地一队处	3150	2350	19	2331				800
168	83	西局丰顺驾校片林	3304	3304	991	2313				
169	84	郭庄子四队片林	464	464		464				
170	85	郭庄子京石南片林	18667	18667		18667				
171	86	郭庄子京石北片林								
172	87	郭庄子京石路北样段处	1217	1011	285	726	206	55	151	
173	88	郭庄子一队片林	188	188		188				
174	89	郭庄子花队苗圃	22022	3542	1900	1642	3180	2600	580	15300
175	90	郭庄子京石南拆迁处	12350	6350	1500	4850	6000	5500	500	
176	91	岳各庄京石北片林	244	244		244				
177	92	岳各庄一队果园片林	873	873		873				

续表四

木				竹子		绿篱		色块		宿根花卉		草坪	古树	濒临植物
其他														
月季	攀缘			株	（平方米）	（株）	（米）	（株）	（平方米）	（株）	（平方米）	（平方米）	（株）	（株）
	（株）	（米）	（平方米）											
9	10	11	12	13	14	15	16	17	18	19	20	21	22	23
200	500	200	800							100	100			
														2945
														30
						1000								50
680														61
600						1450	440							200
650						800	400							120
2850	400	200	800			8072	4000					2300		100
														1754
2000						14000	5000							3665
														5000
														1680
														920
	800	200	2000			2000								1200
				5000	3000									
														76
15300														56
														1230

市序号	区序号	绿地名称	实有树							
			合计（株）	乔木			灌木			
				小计	常绿乔木	落叶乔木	小计	常绿灌木	落叶灌木	小计
甲	乙	丙	1 = 2 + 5 + 8	2 = 3 + 4	3	4	5 = 6 + 7	6	7	8 = 9 + 10
178	93	岳各庄华丰门口片林	1530	1530		1530				
179	94	岳各庄古树东片林	7892	7892		7892				
180	95	岳各庄 302 东小路东侧地	1080	1080		1080				
181	96	岳各庄 302 东片林	2900	2900		2900				
182	97	岳各庄环岛西北角片林	6395	6395		6395				
183	98	岳各庄京石南片林	325	325		325				
184	99	岳各庄一队果园	873	873		873				
185	100	小屯村	11358	11238	1886	9352	120		120	
186	101	小屯新丰驾校	10701	10701	2141	8560				
187	102	永定河大堤外绿地（老庄子）	25000	20000	4000	16000	5000		5000	
188	103	老庄子乡世纪森林公园	128529	121312	39700	81612	7217		7217	
189	104	石榴庄公园片林（南苑乡）	3440	3440	330	3110				
190	105	石榴庄片林	3895	2805	925	1880	1090		1090	
191	106	右安门片林	4576	4176	409	3767	400		400	
192	107	新宫片林	15795	14895	6380	8515	900		900	
193	108	东罗园片林	18194	10666	1957	8709	7528		7528	
194	109	南苑片林	54466	31766	882	30884	10700		10700	12000
195	110	槐房港庄子	42100	40120	39520	600	1980		1980	
196	111	槐房片林	43709	42907	26545	16362	802		802	
197	112	槐房通久路北	196798	31698	25198	6500	145100	67100	78000	20000
198	113	花园三角地（1）	7420	1260	300	960	1160	360	800	5000
199	114	大红门二队	65795	18095	2275	15820	47700	15000	32700	
200	115	新宫通久路北	45327	37627	1652	35975	7700		7700	
201	116	分钟寺四队（1）	2090	2052	1936	116	38		38	
202	117	大红门康体中心	15998	1618	240	1378	11500	10869	631	2880
203	118	分钟寺四队（2）	1107	904	355	549	203		203	
204	119	花园三角地（2）	1130	780	780		350	150	200	
205	120	鹏润家园（长辛店队）	45	30	30		15	15		
206	121	岳各庄转盘	23	23	23					
207	122	怡海花园南门外	201	201	180	21				
208	123	玉林小区代征地（南苑队）	3853	1158	439	719	2695	2230	465	
209	124	南郊农场绿化隔离带（和义办事处）	4426	4426	4426					
		市属	2487	1420	455	965	1067		1067	
210	125	左安门西滨河绿带	2487	1420	455	965	1067		1067	
		石景山区	**198562**	**196701**	**166924**	**29777**	**1799**	**78**	**1721**	**62**
		隔离地区	**7152**	**7144**	**4459**	**2685**	**8**		**8**	
211	1	中瑞公司东侧（八宝山办事处）	3179	3179	1321	1858				
212	2	八宝山地铁北侧（老山办事处）	1579	1571	744	827	8		8	
213	3	八角村办公园北（八角办事处）	2394	2394	2394					
		非隔离地区	**191410**	**189557**	**162465**	**27092**	**1791**	**78**	**1713**	**62**

续表五

木				竹子		绿篱		色块		宿根花卉		草坪	古树	濒临植物
其他														
月季	攀缘													
	（株）	（米）	（平方米）	株	（平方米）	（株）	（米）	（株）	（平方米）	（株）	（平方米）	（平方米）	（株）	（株）
9	10	11	12	13	14	15	16	17	18	19	20	21	22	23
				1000	250									9000
														1100
												350		11528
												40000		280
				5000	1000	500	100							4550
	12000													100
						1000	250							741
20000														
5000						2000	400					4667		
														4000
														29729
												6667		92
2580	300			438	250	1000	300			100	20	13890		147
												6667		
												30000		
								3600	195	3500	210	12700		
												18000		
												30000		21
						350	88					14000		165
												180009		
62														**1675**
														150
														150
62														**1525**

市序号	区序号	绿地名称	实有树							
			合计（株）	乔木			灌木			小计
				小计	常绿乔木	落叶乔木	小计	常绿灌木	落叶灌木	
甲	乙	丙	1=2+5+8	2=3+4	3	4	5=6+7	6	7	8=9+10
214	4	京源路片林(八宝山办事处)	13040	12631	3343	9288	409		409	
215	5	衙门口片林	289	156	6	150	133		133	
216	6	老山东片林(老山办事处)	287	287		287				
217	7	松林公园南片林(八角办事处)	362	362	362					
218	8	晋元庄林带	2136	1139	308	831	997	48	949	
219	9	特钢北片林(古城办事处)	1313	1313	52	1261				
220	10	首钢煤制气	1500	1500		1500				
221	11	西井南片林(苹果园办事处)	531	530	168	362	1		1	
222	12	首钢 NEC 片林	276	239	186	53	37	30	7	
223	13	西井北片林	563	308	101	207	193		193	62
224	14	希望公园北片林	594	594	9	585				
225	15	刘娘府片林	8500	8500		8500				
226	16	申王府片林	854	833	195	638	21		21	
227	17	金顶山片林(金顶街办事处)	457	457	457					
228	18	金安桥片林	3430	3430		3430				
229	19	高井片林(五里坨办事处)								
230	20	陈家沟片林	157278	157278	157278					
		远郊区县	**616278**	**564978**	**206000**	**358978**	**51300**		**51300**	
		隔离地区	**549478**	**498978**	**206000**	**292978**	**50500**		**50500**	
		非隔离地区	**66800**	**66000**		**66000**	**800**		**800**	
		房山区	**466850**	**416350**	**206000**	**210350**	**50500**		**50500**	
		隔离地区	**466850**	**416350**	**206000**	**210350**	**50500**		**50500**	
231	1	西虎岭	414000	363500	206000	157500	50500		50500	
232	2	羊耳峪生态林	52850	52850		52850				
		平谷县	**82628**	**82628**		**82628**				
		隔离地区	**82628**	**82628**		**82628**				
233	1	张辛庄县城片林(第一期)	12728	12728		12728				
234	2	东洼县城片林(第一期)	19250	19250		19250				
235	3	张辛庄县城片林(第二期)	13750	13750		13750				
236	4	西沥津县城片林	8200	8200		8200				
237	5	鲁各庄县城片林	8200	8200		8200				
238	6	东洼县城片林(第二期)	20500	20500		20500				
		非隔离地区								
		延庆县	**66800**	**66000**		**66000**	**800**		**800**	
		非隔离地区	**66800**	**66000**		**66000**	**800**		**800**	
239	1	团结路片林	40000	39200		39200	800		800	
240	2	陈家营片林	16800	16800		16800				
241	3	妫河下游两岸绿化	10000	10000		10000				

续表六

木				竹子		绿篱		色块		宿根花卉		草坪（平方米）	古树（株）	濒临植物（株）
其他														
月季	攀缘			株	（平方米）	（株）	（米）	（株）	（平方米）	（株）	（平方米）			
	（株）	（米）	（平方米）											
9	10	11	12	13	14	15	16	17	18	19	20	21	22	23
														738
														138
														2
62														
														647

北京市城市防护绿地

市序号	区序号	绿地名称	合计（平方米）	总		
				水面积	小计	绿地面积
甲	乙	丙	1=2+3	2	3=4+5+8+9	4
		合　计	**21899047**	**22240**	**21876807**	**21472807**
		城近郊区	**14330227**		**14330227**	**14330227**
		海淀区	**6291627**		**6291627**	**6291627**
1	1	颐阳路片林(聂各庄乡)	99900		99900	99900
2	2	稻香湖片林(苏家坨乡)	145500		145500	145500
3	3	南沙河片林	259856		259856	259856
4	4	西小营片林	114600		114600	114600
5	5	北清路颐阳路	58000		58000	58000
6	6	后沙河	66700		66700	66700
7	7	百亭片林(温泉乡)	429317		429317	429317
8	8	京密引水片林	69406		69406	69406
9	9	北清路片林	33863		33863	33863
10	10	颐阳路片林	154451		154451	154451
11	11	永丰中路两侧片林(永丰乡)	197099		197099	197099
12	12	南沙河南岸片林	868534		868534	868534
13	13	科工委片林	119160		119160	119160
14	14	小牛坊片林	120360		120360	120360
15	15	宏丰渠两侧片林	629715		629715	629715
16	16	北清路两侧片林	193097		193097	193097
17	17	南沙河片林(上庄乡)	752900		752900	752900
18	18	马连洼村(东北旺乡)	237270		237270	237270
19	19	马连洼一队	44868		44868	44868
20	20	东北旺五队	28352		28352	28352
21	21	林业站	96470		96470	96470
22	22	土井村	149511		149511	149511
23	23	西北旺村	579966		579966	579966
24	24	唐家岭村	471199		471199	471199
25	25	东北旺六队	29098		29098	29098
26	26	韩家川村	35365		35365	35365
27	27	冷泉村	27373		27373	27373
28	28	乡政府	8591		8591	8591
29	29	园艺场	131169		131169	131169
30	30	生物城	66600		66600	66600
31	31	颐阳路片林(北安河乡)	73337		73337	73337
		丰台区	**8038600**		**8038600**	**8038600**
32	1	李家峪九五年片林(长辛店乡)	67000		67000	67000
33	2	张家坟九八年片林	148000		148000	148000
34	3	张家坟九六年片林塔北片林	86000		86000	86000

(建成区外)面积明细表

面积					绿地面积占陆地面积(%)	绿化覆盖面积(平方米)	绿化覆盖率(%)
陆地面积							
建筑占地面积	建筑面积	其中:古建面积	铺装面积	其他面积			
5	6	7	8	9	10=4/3	11	12=11/1
3000	**1000**		**355000**	**46000**	**98.15**	**21863204**	**99.84**
					100.00	**14330227**	**100.00**
					100.00	**6291627**	**100.00**
					100.00	99900	100.00
					100.00	145500	100.00
					100.00	259856	100.00
					100.00	114600	100.00
					100.00	58000	100.00
					100.00	66700	100.00
					100.00	429317	100.00
					100.00	69406	100.00
					100.00	33863	100.00
					100.00	154451	100.00
					100.00	197099	100.00
					100.00	868534	100.00
					100.00	119160	100.00
					100.00	120360	100.00
					100.00	629715	100.00
					100.00	193097	100.00
					100.00	752900	100.00
					100.00	237270	100.00
					100.00	44868	100.00
					100.00	28352	100.00
					100.00	96470	100.00
					100.00	149511	100.00
					100.00	579966	100.00
					100.00	471199	100.00
					100.00	29098	100.00
					100.00	35365	100.00
					100.00	27373	100.00
					100.00	8591	100.00
					100.00	131169	100.00
					100.00	66600	100.00
					100.00	73337	100.00
					100.00	**8038600**	**100.00**
					100.00	67000	100.00
					100.00	148000	100.00
					100.00	86000	100.00

市序号	区序号	绿地名称	合计（平方米）	总		
				水面积	小计	绿地面积
甲	乙	丙	1=2+3	2	3=4+5+8+9	4
35	4	张家坟九六年片林塔南片林	374000		374000	374000
36	5	赵辛店九五年大环境片林	71000		71000	71000
37	6	长辛店九九年片林崔村片林	227000		227000	227000
38	7	长辛店九八年片林	331000		331000	331000
39	8	长辛店九九年片林西峰寺片林	341000		341000	341000
40	9	东河沿十里幽谷片林	866000		866000	866000
41	10	太子峪九六年片林	86000		86000	86000
42	11	太子峪九四年片林	175000		175000	175000
43	12	太子峪九五年片林	217000		217000	217000
44	13	西庄店大西坡(王佐乡)	367000		367000	367000
45	14	西庄店西旮旯	300000		300000	300000
46	15	洛平南岗	633000		633000	633000
47	16	洛平青龙湖	215000		215000	215000
48	17	洛平长青路北	10000		10000	10000
49	18	未各庄教练厂	500000		500000	500000
50	19	刘太庄大岗	180000		180000	180000
51	20	刘太庄大岗	67000		67000	67000
52	21	刘太庄大队砖厂	83000		83000	83000
53	22	刘太庄教练厂外环东	33000		33000	33000
54	23	刘太庄路北	20000		20000	20000
55	24	刘太庄小岗	125000		125000	125000
56	25	刘太庄小岗路南	90000		90000	90000
57	26	张各庄二队东三尖	17800		17800	17800
58	27	张各庄三队南四十	25000		25000	25000
59	28	张各庄苏家坟	37800		37800	37800
60	29	张各庄长青路北侧	5000		5000	5000
61	30	怪村公园北门南侧	10000		10000	10000
62	31	怪村长青路西侧	10000		10000	10000
63	32	怪村长青路北侧	10000		10000	10000
64	33	怪村十八坡	15000		15000	15000
65	34	怪村公园	433000		433000	433000
66	35	怪村公园路南侧	10000		10000	10000
67	36	怪村长青路东侧	10000		10000	10000
68	37	怪村吕家坟	70000		70000	70000
69	38	怪村东沟	60000		60000	60000
70	39	怪村张家湾	972000		972000	972000
71	40	怪村长青路南侧	14000		14000	14000
72	41	南宫村长青路北侧	23000		23000	23000
73	42	南宫村长青路南侧	23000		23000	23000
74	43	佃起西坡	142000		142000	142000

续表一

面	积				绿地面积占陆地面积(%)	绿化覆盖面积(平方米)	绿化覆盖率(%)
陆地面积							
建筑占地面积	建筑面积	其中:古建面积	铺装面积	其他面积			
5	6	7	8	9	10 = 4/3	11	12 = 11/1
					100.00	374000	100.00
					100.00	71000	100.00
					100.00	227000	100.00
					100.00	331000	100.00
					100.00	341000	100.00
					100.00	866000	100.00
					100.00	86000	100.00
					100.00	175000	100.00
					100.00	217000	100.00
					100.00	367000	100.00
					100.00	300000	100.00
					100.00	633000	100.00
					100.00	215000	100.00
					100.00	10000	100.00
					100.00	500000	100.00
					100.00	180000	100.00
					100.00	67000	100.00
					100.00	83000	100.00
					100.00	33000	100.00
					100.00	20000	100.00
					100.00	125000	100.00
					100.00	90000	100.00
					100.00	17800	100.00
					100.00	25000	100.00
					100.00	37800	100.00
					100.00	5000	100.00
					100.00	10000	100.00
					100.00	10000	100.00
					100.00	10000	100.00
					100.00	15000	100.00
					100.00	433000	100.00
					100.00	10000	100.00
					100.00	10000	100.00
					100.00	70000	100.00
					100.00	60000	100.00
					100.00	972000	100.00
					100.00	14000	100.00
					100.00	23000	100.00
					100.00	23000	100.00
					100.00	142000	100.00

市序号	区序号	绿地名称	合计（平方米）	总		
				水面积	小计	绿地面积
甲	乙	丙	1=2+3	2	3=4+5+8+9	4
75	44	佃起东坡	124000		124000	124000
76	45	佃起长青路北侧	15000		15000	15000
77	46	佃起长青路南侧	15000		15000	15000
78	47	庄户林家坟蓄水池	20000		20000	20000
79	48	庄户长青路北侧	15000		15000	15000
80	49	庄户长青路南侧	23000		23000	23000
81	50	庄户林家坟西北	129000		129000	129000
82	51	南岗洼长青路北侧	14000		14000	14000
83	52	南岗洼长青路南侧	14000		14000	14000
84	53	南岗洼京石西	44000		44000	44000
85	54	南岗洼京石东	44000		44000	44000
86	55	王庄京石片林西	41000		41000	41000
87	56	王庄京石片林东	41000		41000	41000
		远郊区县	**7568820**	**22240**	**7546580**	**7142580**
		昌平区	**4003600**	**22240**	**3981360**	**3887360**
88	1	昌平绿化隔离片林	4003600	22240	3981360	3887360
		怀柔县	**403000**		**403000**	**93000**
89	1	京密路怀柔段	403000		403000	93000
		大兴县	**3162220**		**3162220**	**3162220**
90	1	旧宫段绿化隔离地区以圃代林	392836		392836	392836
91	2	旧宫段绿化隔离片林	1219276		1219276	1219276
92	3	旧宫段绿化隔离林网	40020		40020	40020
93	4	亦庄段以圃代林	95381		95381	95381
94	5	亦庄段片林	418876		418876	418876
95	6	南郊农场绿化隔离片林	995831		995831	995831

续表二

面积					绿地面积占陆地面积(%)	绿化覆盖面积(平方米)	绿化覆盖率(%)
陆地面积							
建筑占地面积	建筑面积	其中:古建面积	铺装面积	其他面积			
5	6	7	8	9	10=4/3	11	12=11/1
					100.00	124000	100.00
					100.00	15000	100.00
					100.00	15000	100.00
					100.00	20000	100.00
					100.00	15000	100.00
					100.00	23000	100.00
					100.00	129000	100.00
					100.00	14000	100.00
					100.00	14000	100.00
					100.00	44000	100.00
					100.00	44000	100.00
					100.00	41000	100.00
					100.00	41000	100.00
3000	**1000**		**355000**	**46000**	**94.65**	**7532977**	**99.53**
3000	**1000**		**45000**	**46000**	**97.64**	**3887360**	**97.10**
3000	1000		45000	46000	97.64	3887360	97.10
			310000		**23.08**	**483397**	**119.95**
			310000		23.08	483397	119.95
					100.00	**3162220**	**100.00**
					100.00	392836	100.00
					100.00	1219276	100.00
					100.00	40020	100.00
					100.00	95381	100.00
					100.00	418876	100.00
					100.00	995831	100.00

北京市城市生产

序号	苗(花)圃名称	总面积						绿化覆盖面积(平方米)	绿化覆盖率(%)
		合计(平方米)	建筑占地面积	铺装面积	其他面积	育苗面积	温室面积		
甲	丙	1=2+3+4+5	2	3	4	5	6	7	8=7/1
	合计	**4184710**	**95849**	**88945**	**504321**	**3495595**	**94969**	**2505720**	**59.88**
	城近郊区	**3265066**	**87121**	**79656**	**471105**	**2627184**	**72364**	**2505720**	**76.74**
	崇文区	**13970**	**500**			**13470**	**1320**	**13470**	**96.42**
1	龙潭花圃	13970	500			13470	1320	13470	96.42
	朝阳区	**945716**	**22968**	**55**	**225798**	**696895**	**27467**	**696895**	**73.69**
2	大黄庄苗圃	557703	9323		127584	420796	27467	420796	75.45
3	东北郊苗圃	388013	13645	55	98214	276099		276099	71.16
	海淀区	**1690313**	**42138**	**37166**	**220369**	**1390641**	**24907**	**1274400**	**75.39**
4	东北旺苗圃	1546000	37638	18660	215302	1274400	23116	1274400	82.43
5	西郊花圃	144313	4500	18506	5067	116241	1791		
	丰台区	**338466**	**12739**	**3988**	**1561**	**320178**	**17830**	**314955**	**93.05**
6	卢沟桥苗(花)圃	107000				107000		102100	95.42
7	南岗洼苗圃	73330				73330		73007	99.56
8	白盆窑苗圃	33333	1500			31833	442	31833	95.50
9	丰台区原种场花圃	38417	7280	432		30705		30705	79.93
10	三星生物技术公司	9000	160	560	400	7880	4000	7880	87.56
11	北京饭店花场	7992	709			7283	2620	7283	91.13
12	南郊花圃	69394	3090	2996	1161	62147	10768	62147	89.56
	石景山区	**276600**	**8776**	**38447**	**23377**	**206000**	**840**	**206000**	**74.48**
13	西南郊苗圃	276600	8776	38447	23377	206000	840	206000	74.48
	远郊区县	**919644**	**8728**	**9289**	**33216**	**868411**	**22605**		
	门头沟区	**400000**				**400000**	**3000**		
14	西峰寺林场	200000				200000	3000		
15	绿办苗圃	200000				200000			
	通州区	**62100**	**1420**	**3400**	**7660**	**49620**	**5200**		
16	通州区铁路林场	42100	620	3400	1800	36280	200		
17	北京农丰实验场	20000	800		5860	13340	5000		
	房山区	**154907**	**2947**	**1248**	**20486**	**130226**	**688**		
18	房山市政管委花圃	3913	1747	648		1518	688		
19	园林分局苗圃	104304	800	600	19636	83268			
20	东岸、北庄苗圃	46690	400		850	45440			
	大兴县	**235970**	**4280**	**3241**	**5070**	**223379**	**13717**		
21	大兴县星城花木场	20000	300	50	1650	18000			
22	大兴县园林局苗圃	118726	3320	3191		112215	1208		

注:远郊区县生产绿地面积为育苗面积。

绿地汇总(明细)表

在圃苗木								在圃花卉		在圃草坪	
		乔木		灌木		其他					
种	株	种	株	种	株	种	株	种	株	种	平方米
9	10 = 12 + 14 + 16	11	12	13	14	15	16	17	18	19	20
926	**3641469**	**469**	**1889322**	**360**	**2170303**	**55**	**389700**	**614**	**653905**	**17**	**404130**
616	**2974084**	**275**	**1291980**	**230**	**1358533**	**39**	**323571**	**462**	**566017**	**11**	**369440**
74	**188214**	**38**	**108076**	**27**	**61569**	**9**	**18569**	**95**	**4346**	**4**	**231700**
74	188214	38	108076	27	61569	9	18569	95	4346		
										4	231700
202	**2244281**	**99**	**1075925**	**88**	**941519**	**15**	**226837**	**58**	**489596**	**6**	**123490**
152	2190360	71	1064362	70	912596	11	213402	8	431460	5	123190
50	53921	28	11563	18	28923	4	13435	50	58136	1	300
183	**85335**	**59**	**26598**	**45**	**45322**	**7**	**13415**	**304**	**60425**	**1**	**14250**
16	13141	9	6435	7	6706						
42	21041	24	11397	16	8542	2	1102	1	343		
44	50807	19	8604	20	29890	5	12313	1	1500		
9	346	7	162	2	184			50	20000	1	14250
								120	7000		
								60	15000		
72	16582							72	16582		
157	**456254**	**79**	**81381**	**70**	**310123**	**8**	**64750**	**5**	**11650**		
157	456254	79	81381	70	310123	8	64750	5	11650		
310	**667385**	**194**	**597342**	**130**	**811770**	**16**	**66129**	**152**	**87888**	**6**	**34690**
56	**350000**	**27**	**490000**	**16**	**646000**			**6**	**50000**		
24		15	335000	9	515000						
32	350000	12	155000	7	131000			6	50000		
51	**91346**	**27**	**40007**	**22**	**51129**	**2**	**210**	**50**	**5000**		
33	89870	17	38870	15	50850	1	150				
18	1476	10	1137	7	279	1	60	50	5000		
105	**28245**	**63**	**12924**	**40**	**15189**	**2**	**131**	**67**	**2447**		
								67	2447		
74	21516	48	10440	24	10944	2	131				
31	6729	15	2484	16	4245						
74	**157116**	**62**	**47526**	**44**	**84792**	**11**	**46655**	**28**	**29711**	**6**	**34690**
44	78750	13	2800	26	37950	5	38000	11	18000	1	2000
18	32783	12	6894	6	25889					2	26000

序号	苗(花)圃名称	总面积						绿化覆盖面积（平方米）	绿化覆盖率（%）
		合计（平方米）	建筑占地面积	铺装面积	其他面积	育苗面积	温室面积		
甲	丙	1=2+3+4+5	2	3	4	5	6	7	8=7/1
23	永华路西侧绿带	14871				14871			
24	八二库绿地	66600	600			66000	216		
25	铝制品厂西墙外绿地	15773	60		3420	12293	12293		
	平谷县	**66667**	**81**	**1400**		**65186**			
26	平谷县市政苗圃	66667	81	1400		65186			
	建成区外	**2993214**	**79807**	**20422**	**752334**	**2140411**	**56236**		
	昌平区	**2676361**	**77207**	**20302**	**736098**	**1842754**	**50716**		
1	小汤山苗圃	2676361	77207	20302	736098	1842754	50716		
	房山区	**246237**	**1849**		**12011**	**232137**	**4640**		
2	田各庄苗圃	100005	93		1689	98223	1440		
3	东瓜地花圃	5000	254		1872	2874	1440		
	延庆县	**70616**	**751**	**120**	**4225**	**65520**	**880**		
4	下屯苗木基地	50616	90	120	2220	48186			
5	大榆树苗木基地	20000	661		2005	17334	880		

注:建成区外苗圃数据未汇入合计。

在圃苗木								在圃花卉		在圃草坪	
种	株	乔木		灌木		其他					
		种	株	种	株	种	株	种	株	种	平方米
9	10 = 12 + 14 + 16	11	12	13	14	15	16	17	18	19	20
12	697	10	598	2	99					1	4182
	44886	10	24575		14281		6030	16	8250	1	1860
		17	12659	10	6573	6	2625	1	3461	1	648
24	**40678**	**15**	**6885**	**8**	**14660**	**1**	**19133**	**1**	**730**		
24	40678	15	6885	8	14660	1	19133	1	730		
428	**3884576**	**196**	**1811375**	**168**	**1851536**	**29**	**221665**	**143**	**147497**	**11**	**33514**
169	**3625206**	**86**	**1686523**	**74**	**1765023**	**9**	**173660**	**7**	**103233**	**2**	**5358**
169	3625206	86	1686523	74	1765023	9	173660	7	103233	2	5358
207	**206477**	**84**	**92185**	**72**	**72694**	**16**	**41598**	**109**	**37281**	**7**	**23736**
68	100691	32	26851	28	45056	8	28784	20	1626	3	14896
35								35	21689		
52	**52893**	**26**	**32667**	**22**	**13819**	**4**	**6407**	**27**	**6983**	**2**	**4420**
41	39340	20	21392	18	12438	3	5510	2	840	2	4420
11	13553	6	11275	4	1381	1	897	25	6143		

北京市风景名胜

序号	绿地名称	级别	审定面积（公顷）	实际管辖面积（公顷）	风景			
					水面积	陆地面积	绿地面积	建筑占地面积
甲	乙	丙	1	2=3+4	3	4=5+6+9+12+13+14	5	6
	合　计		**220820**	**135832.39**	**3085.59**	**132746.79**	**65364.62**	**740.60**
	海淀区		**3380**	**1912.53**		**1912.53**	**1845.20**	**38.08**
1	鹫峰风景名胜区	区(县)级	810	830.66		830.66	800.00	30.66
2	凤凰岭风景名胜区	区(县)级	970	915.20		915.20	885.20	0.75
3	阳台山风景名胜区	区(县)级	1600	166.67		166.67	160.00	6.67
	昌平区		**34060**	**29980.68**	**961.00**	**29019.68**	**18795.23**	**97.36**
4	八达岭－十三陵风景名胜区	国家级	28600	25020.68	709.00	24311.68	15262.23	63.11
	十三陵景区小计			24692.40	709.00	23983.40	15058.80	21.95
	十三陵景区(墓陵区)			12649.99		12649.99	5060.00	9.64
	十三陵水库景区			2118.70	692.00	1426.70	529.99	5.60
	沟崖景区			682.70	3.00	679.70	570.05	
	虎峪景区			1700.00	4.00	1696.00	1445.00	0.18
	碓臼峪景区			1341.00	8.00	1333.00	1273.95	0.06
	银山塔林景区			1700.00		1700.00	1698.53	0.38
	居庸叠翠景区			4500.01	2.00	4498.01	4481.28	6.09
	八达岭景区(延庆界内)			328.28		328.28	203.43	41.16
5	白羊沟风景名胜区	区(县)级	3330	3300.00	67.50	3232.50	2310.00	2.90
6	大杨山风景名胜区	区(县)级	400	400.00	4.50	395.50	336.00	6.00
7	白虎涧风景名胜区	区(县)级	930	460.00		460.00	391.00	0.35
8	桃峪口风景名胜区	区(县)级	800	800.00	180.00	620.00	496.00	25.00
	门头沟区		**47940**	**47549.90**	**440.02**	**47109.88**	**20250.75**	**58.75**
9	东灵山—百花山风景名胜区	市级	30000	30000.00	20.02	29979.98	6395.27	44.31
10	潭柘—戒坛风景名胜区	市级	7300	7300.00		7300.00	6555.97	2.70
11	珍珠湖风景名胜区	区(县)级	8640	8249.90	420.00	7829.90	5500.00	11.50
12	妙峰山风景名胜区	区(县)级	2000	2000.00		2000.00	1799.51	0.24
	顺义区		**1500**	**1500.00**	**120.00**	**1380.00**	**600.00**	**1.33**
13	唐指山风景名胜区	区(县)级	1500	1500.00	120.00	1380.00	600.00	1.33
	怀柔县		**9080**	**80.00**		**80.00**	**68.00**	**8.50**
14	慕田峪长城风景名胜区	市级	9080	80.00		80.00	68.00	8.50
	云蒙山风景名胜区(面积计入密云)	市级						
	密云县		**27400**	**11683.41**	**102.47**	**11580.94**	**11099.56**	**2.01**
15	云蒙山风景名胜区	市级	20900	6208.42	96.59	6111.82	5715.54	0.79
	黑龙潭景区			701.25	14.00	687.25	686.00	0.10
	云蒙山景区			2208.00	22.08	2185.92	2090.00	0.30

区汇总(明细)表

名胜区								绿化覆盖面积（公顷）	绿化覆盖率（%）	建成开放时间	审定时间
建筑面积		农村占地面积			外单位占地	铺装面积	其他面积				
	其中:古建		民宅占地	生产用地							
7	8	9＝10＋11	10	11	12	13	14	15	16＝15/2	17	18
609.73	**24.45**	**30030.35**	**378.35**	**29632.74**	**384.83**	**428.61**	**35797.77**	**76326.00**	**56.19**		
59.89	**0.40**	**29.25**	**9.99**					**1839**	**96.17**		
6.11	0.30							799.09	96.20	1985年	2000年
0.45	0.10	29.25	9.99					885.20	96.72	1996年	2000年
53.33								155.00	93.00	1997年	2000年
40.13	**16.08**	**1738.10**	**30.30**	**1707.80**	**287.47**	**130.56**	**7970.96**	**16969.95**	**56.60**		
22.42	15.90	1012.00	25.30	986.70	0.27	125.76	7848.31	13436.95	53.70		1982年
22.42	10.88	1012.00	25.30	986.70	0.27	42.07	7848.31	13233.49	53.59		
9.64	6.09	1012.00	25.30	986.70		17.08	6551.27	6704.50	53.00	1955年	
6.10						12.26	878.85	529.99	25.01	1978年	
							109.65	570.05	83.50	1997年	
0.15					0.27	0.60	249.95	1445.00	85.00	1987年	
0.06						0.40	58.59	1273.95	95.00	1987年	
0.38	0.32					1.09		1360.00	80.00	1997年	
6.09	4.47					10.64		1350.00	30.00	1998年	
	5.02					83.69		203.46	61.98	1979年	
0.21		687.10		687.10	232.50			2310.00	70.00	1992年	2000年
2.15	0.13	25.00		25.00	4.70	2.80	21.00	336.00	84.00	1994年	2000年
0.35							68.65	391.00	85.00	1997年	2000年
15.00	0.05	14.00	5.00	9.00	50.00	2.00	33.00	496.00	62.00	2000年	2000年
53.67	**1.86**	**26658.94**	**71.27**	**26587.67**	**5.40**	**135.91**	**0.13**	**20239.59**	**42.56**		
40.54		23404.12		23404.12	5.40	130.75	0.13	6395.27	21.32	1986年	2000年
1.09	1.61	738.92		738.92		2.41		6544.81	89.65	1980年	2000年
11.80		2315.90		2315.90		2.50		5500.00	66.67	1998年	2000年
0.24	0.24	200.00	71.27	128.73		0.24		1799.51	89.98	1987年	2000年
							778.67	**600.00**	**40.00**		
							778.67	600.00	40.00	1994年	2000年
10.50	**2.80**	**2.50**	**1.00**	**1.50**		**1.00**		**75.00**	**93.75**		
10.50	2.80	2.50	1.00	1.50		1.00		75.00	93.75	1988年	2000年
2.31	**0.27**	**5.49**		**5.49**	**3.30**	**4.44**	**466.13**	**11177.11**	**95.67**		
1.29		5.34		5.34	0.13	3.65	386.36	5793.09	93.31		2000年
0.10							1.15	686.00	97.83	1981年	
0.90						0.65	94.97	2097.60	95.00	1993年	

序号	绿地名称	级别	审定面积（公顷）	实际管辖面积(公顷)	风	景		
					水面积	陆地面积	绿地面积	建筑占地面积
甲	乙	丙	1	2＝3＋4	3	4=5+6+9+12+13+14	5	6
	五座楼景区			200.10	1.16	198.94	186.09	0.17
	云蒙峡景区			370.00	20.00	350.00	280.00	0.04
	天仙瀑景区			333.00	33.30	299.70	269.73	0.01
	桃源仙谷景区			106.72	0.20	106.52	106.35	0.08
	清凉谷景区			227.00	1.50	225.50	202.95	0.04
	精灵谷景区			39.00	0.10	38.90	38.39	0.01
	九道弯大峡谷景区			23.35	2.25	21.10	21.03	0.02
	三峪景区			2000.00	2.00	1998.00	1835.00	0.03
16	白龙潭风景名胜区	区(县)级	1000	800.00	1.00	799.00	797.06	0.42
17	司马台长城风景名胜区	区(县)级	3500	3000.00	2.33	2997.67	2995.71	0.61
18	云岫谷风景名胜区	区(县)级	2000	1675.00	2.55	1672.45	1591.25	0.19
	平谷县		**28500**	**4613.94**	**677.54**	**3936.40**	**3229.60**	**188.85**
19	金海湖—大峡谷—大溶洞风景名胜区	市级	28500	4613.94	677.54	3936.40	3229.60	188.85
	金海湖景区			2200.00	667.00	1533.00	960.00	172.00
	京东大峡谷景区			2000.00	10.00	1990.00	1950.20	2.25
	京东大溶洞景区			413.94	0.54	413.40	319.40	14.60
	延庆县		**24800**	**5210.32**	**51.60**	**5158.72**	**5148.22**	**1.68**
20	龙庆峡—松山—古崖居风景名胜区	市级	24800	5210.32	51.60	5158.72	5148.22	1.68
	松山景区			4150.51	12.00	4138.51	4130.81	0.44
	古崖居景区			18.00		18.00	16.51	0.39
	龙庆峡景区			1041.82	39.60	1002.21	1000.90	0.84
	八达岭景区(审定面积计入昌平)			328.28		328.28	203.43	41.16
	房山区		**44160**	**33301.60**	**732.96**	**32568.64**	**4328.06**	**344.04**
21	十渡风景名胜区	市级	30100	30102.60	731.96	29370.64	1755.22	327.40
22	石花洞风景名胜区	市级	6600	480.00		480.00	400.00	8.28
23	上方山风景名胜区	区(县)级	350	353.00		353.00	352.84	0.16
24	将军坨风景名胜区	区(县)级	110	112.00		112.00	52.00	0.26
25	白草畔风景名胜区	区(县)级	5000	1920.00		1920.00	1530.00	0.94
26	云居寺风景名胜区	区(县)级	2000	334.00	1.00	333.00	238.00	7.00

审定面积：由地方政府报上级国家、省、市政府审定公布的风景名胜区面积。

续表

名胜区								绿化覆盖面积（公顷）	绿化覆盖率（%）	建成开放时间	审定时间
建筑面积	其中:古建	农村占地面积	民宅占地	生产用地	外单位占地	铺装面积	其他面积				
7	8	9 = 10 + 11	10	11	12	13	14	15	16 = 15/2	17	18
0.17		5.34		5.34		0.16	7.19	186.09	93.00	1996年	
0.04						0.96	69.00	300.00	81.08	1992年	
0.01						0.95	29.01	299.60	89.97	1988年	
						0.09		106.35	99.66	1998年	
0.04						0.50	22.01	210.00	92.51	1995年	
					0.13		0.36	38.41	98.50	1991年	
						0.05		21.03	90.08	1995年	
0.03						0.30	162.67	1848.00	92.40	1996年	
0.42					1.37	0.15		797.06	99.63	1985年	2000年
0.61	0.27	0.15		0.15	0.20	0.11	0.89	2995.71	99.86	1987年	2000年
					1.60	0.53	78.88	1591.25	95.00	1991年	2000年
98.95	**1.72**	**357.10**	**76.60**	**280.50**	**5.00**	**34.30**	**121.55**	**3229.40**	**69.99**		
98.95	1.72	357.10	76.60	280.50	5.00	34.30	121.55	3229.40	69.99	1992年	2000年
86.00	1.72	280.00	70.00	210.00			121.00	960.00	43.64		
0.25		1.00	0.60	0.40	5.00	31.00	0.55	1950.00	97.50		
12.70		76.10	6.00	70.10		3.30		319.40	77.16		
3.38	**0.12**				**1.18**	**7.65**		**5145.72**	**98.76**		
3.38	0.12				1.18	7.65		5145.72	98.76		2000年
0.39					1.07	6.19		4130.81	99.53	1993年	
0.70						1.10		14.01	77.82	1991年	
2.29	0.12				0.11	0.36		1000.90	96.07		
	5.02					83.69		203.46	61.98	1979年	
340.89	**1.20**	**1238.97**	**189.19**	**1049.78**	**82.48**	**114.76**	**26460.33**	**17049.94**	**51.20**		
327.40		734.79	61.20	673.59	40.82	108.00	26404.41	14358.94	47.70	1984年	2000年
5.04	0.15	21.32	7.99	13.33	0.66	1.50	48.24	400.00	83.33	1987年	2000年
0.16	0.12							353.00	100.00	1980年	2000年
0.35		52.56		52.56		1.50	5.68	100.00	89.29	1998年	2000年
0.94		383.06	100.00	283.06	1.00	3.00	2.00	1600.00	83.33	1999年	2000年
7.00	0.93	47.24	20.00	27.24	40.00	0.76		238.00	71.26	1987年	2000年

北京市城市树木、

编号	树种	数量	编号	树种	数量	编号	树种	数量	编号	树种	数量	编号
常乔	**种**	**株**	**落乔**	**种**	**株**	33	栓皮栎	38348	67	黄檗	1664	**常灌**
小计		4800923	**小计**		12226038	34	槲树	2669	68	暴马丁香	16899	**小计**
1	侧柏	2106182	1	国槐	915303	35	黄连木	949	69	火炬树	661873	1
2	冷杉	21500	2	水杉	7810	36	白榆	105177	70	元宝枫	280703	2
3	青扦	11841	3	华北落叶松	2615	37	垂枝榆	5614	71	鸡爪槭	889	3
4	红皮云杉	31095	4	银杏	1185846	38	青檀	554	72	茶条槭	225	4
5	白扦	2553	5	毛白杨	2607114	39	榉树	631	73	红枫	4583	5
6	雪松	127158	6	河北杨	64880	40	小叶朴	3530	74	七叶树	936	6
7	华山松	28935	7	新疆杨	9825	41	桑树	18159	75	栾树	143643	7
8	白皮松	80872	8	银白杨	29957	42	龙桑	868	76	文冠果	2682	8
9	扫帚油松	5215	9	加杨	336664	43	构树	36989	77	大叶椴	748	9
10	油松	834401	10	小叶杨	378069	44	柘树	668	78	小叶椴	354	10
11	乔松	3152	11	钻天杨	62283	45	领春木	403	79	青桐	26727	11
12	樟子松	3769	12	青杨	38966	46	玉兰	33975	80	柽柳	1407	12
13	黑松	669	13	旱柳	146563	47	紫玉兰	6397	81	桂香柳	70	13
14	马尾松	10406	14	馒头柳	260707	48	望春玉兰	1727	82	车梁木	2258	14
15	桧柏	1269348	15	垂柳	847914	49	二乔玉兰	3203	83	白蜡	229304	15
16	龙柏	48732	16	龙爪柳	22259	50	西府海棠	37544	84	欧洲白蜡	2281	16
17	线柏	993	17	金丝垂柳	279176	51	金星海棠	3712	85	绒毛白蜡	3656	其他
18	千头柏	2318	18	刺槐	1232113	52	垂丝海棠	2701	86	流苏树	738	
19	洒金柏	2666	19	红花刺槐	36521	53	海棠花	6981	87	楸树	4882	
20	北美香柏	209	20	臭椿	258184	54	山楂	37252	88	梓树	662	**落灌**
21	金叶桧	8210	21	千头椿	60879	55	苹果	76621	89	黄金树	846	**小计**
22	女贞	137348	22	香椿	131643	56	李	13785	90	板栗	847	1
其他	种	63351	23	白花泡桐	195378	57	紫叶李	81394	91	枣树	165464	2
			24	毛泡桐	56831	58	山桃	69038	92	龙爪枣	19498	3
			25	龙爪槐	108649	59	山杏	33651	93	柿树	177154	4
			26	蝴蝶槐	3677	60	鹅掌楸	3433	94	君迁子	6016	5
			27	核桃	47104	61	杜仲	33115	95	卫矛	3592	6
			28	长山核桃	701	62	杜梨	3448	96	丝棉木	686	7
			29	山核桃	1382	63	悬铃木	75636	97	毛叶山桐子	277	8
			30	枫杨	1972	64	樱花	19998	其他	种	330454	9
			31	白桦	4086	65	合欢	43992				10
			32	麻栎	2517	66	皂角	1251				11
												12
												13

草坪、宿根花卉汇总表

树种	数量	编号	树种	数量	编号	树种	数量	编号	树种	数量	
种	株	14	美人梅	1061	50	水蜡	554	月季	种	株	
	4003914	15	太平花	12485	51	小蜡	3428	小计		7996388	
河南桧	124489	16	山梅花	1909	52	连翘	417011	1	丰花月季	5150598	
西安桧	6753	17	八仙花	2163	53	迎春	261091	2	品种月季	2378982	
丹东桧	308	18	茶镳子	1150	54	金钟花	11561	3	藤本月季	262685	
蜀桧	32827	19	珍珠梅	181140	55	雪柳	4175	4	地被月季	141631	
粉柏	2523	20	白鹃梅	2366	56	山茱萸	617	其他	种	62492	
砂地柏	705681	21	蔷薇	245985	57	红瑞木	45337				
铺地柏	87158	22	花旗藤	987	58	花石榴	116074				
杜松	8901	23	白玉棠	17647	59	银薇	22074				
粗榧	935	24	玫瑰	96202	60	枸杞	5279	绿篱	种	株	米
紫杉	2353	25	黄刺玫	209538	61	锦带花	15530	小计		29116648	4785160
矮紫杉	2121	26	棣棠	76406	62	红王子锦带	10354	1	侧柏	3355590	578820
锦熟黄杨	975299	27	鸡麻	12631	63	金银木	209772	2	桧柏	4209216	675583
朝鲜黄杨	66695	28	白碧桃	47046	64	猬实	1847	3	杜松	170491	43635
大叶黄杨	1602763	29	红碧桃	81580	65	六道木	285	4	锦熟黄杨	9153305	1510219
金心大叶黄杨	51814	30	紫叶桃	11868	66	糯米条	1360	5	大叶黄杨	9428896	1545296
银边大叶黄杨	13582	31	花碧桃	28927	67	香荚蒾	296	6	朝鲜黄杨	450470	84508
种	319712	32	垂枝碧桃	1295	68	天目琼花	7274	7	紫叶小檗	592759	67692
		33	寿星桃	3080	69	溲疏	619	8	金叶女贞	640044	72808
		34	榆叶梅	161716	70	紫珠	8566	其他	种	1115877	206599
种	株	35	毛樱桃	8081	71	紫叶矮樱	884				
	6546134	36	麦李	232	72	接骨木	3508				
牡丹	81589	37	郁李	744	73	木槿	239943				
小檗	195597	38	紫荆	67269	74	扁核木	375	色块	种	株	平方米
紫叶小檗	1026138	39	花木蓝	542	75	四照花	597	小计		8252175	687304
朝鲜小檗	4922	40	紫穗槐	721490	76	凤金兰	9443	1	桧柏	513837	48709
柳叶绣线菊	25782	41	毛刺槐	5345	77	黄栌	290570	2	锦熟黄杨	1680515	137569
麻叶绣线菊	5293	42	胡枝子	33966	78	海州常山	5824	3	大叶黄杨	2008247	165621
三桠绣线菊	2564	43	花椒	8067	79	木芙蓉	3442	4	紫叶小檗	2008426	140738
日本绣线菊	33205	44	构桔	678	80	锦鸡儿	239	5	金叶女贞	1887827	162379
平枝栒子	7062	45	波丝丁香	6261	81	紫薇	123899	其他	种	153323	32288
水栒子	574	46	四季丁香	8465	其他	种	462170				
贴梗海棠	26708	47	白丁香	69216							
腊梅	6934	48	紫丁香	155037							
梅花	2013	49	小叶女贞	561180							

编号	树种	数量		
攀缘类	种	株	米	覆盖面积 m²
小计		5910728	1526673	5841340
1	中国地锦	3538741	857519	3534128
2	美国地锦	1846416	443628	1558638
3	中国凌霄	57035	17871	57862
4	美国凌霄	25675	13217	24194
5	三叶木通	17	30	75
6	木香	586	404	923
7	紫藤	71168	66235	246691
8	五味子	159	111	560
9	蛇葡萄	13285	16632	70107
10	金银花	46472	18263	43856
11	布郎忍冬	14538	1491	3654
12	常春藤	74575	28413	114383
13	猕猴桃	1897	261	611
14	南蛇藤	15597	5649	13387
15	茑萝	2179	988	2333
其他	种	202388	55961	169938
竹子类	种	株	平方米	
小计		3506152	380418	
1	箬竹	332280	27697	
2	苦竹	32277	3503	
3	刚竹	254489	25845	
4	紫竹	75264	9878	
5	早园竹	2596048	257073	
6	甜竹	20557	4040	
7	筠竹	29666	3621	
其他	种	165571	48761	

编号	名称	数量	
宿根花卉	种	株	平方米
小计		4735330	1292552
1	荚果蕨	7148	594
2	常夏石竹	145698	8495
3	芍药	131064	32385
4	鸢尾	222655	25076
5	射干	1428	300
6	景天	748493	19495
7	大花秋葵	263490	49025
8	蜀葵	106470	16815
9	马蔺	67440	9661
10	大花萱草	404395	45355
11	紫萼玉簪	11121	2440
12	玉簪	196409	37986
13	法国水仙	2375	155
14	北京小菊	1223776	187984
15	松果菊	4314	631
16	黑心菊	59099	18748
17	天人菊	17859	1527
18	荷兰菊	321231	39193
19	大花金鸡菊	30194	3412
21	孔雀草	55134	5978
22	宿根福禄考	26432	2851
23	假龙头	15660	1899
24	蛇鞭菊	744	105
其他	种	672701	782442

编号	名称	数量
草坪类	种	平方米
小计		56390180
暖地型	种	20534971
1	野牛草	12800865
2	大羊胡子	1092444
3	小羊胡子	751266
4	结缕草	670686
5	麦冬	3400536
6	苔草	196081
其他	种	1623093
冷季型	种	35331604
1	早熟禾	15297921
2	剪股颖	859956
3	高羊茅	838663
4	黑麦草	1726498
5	混播型	14091387
其他	种	2517179
地被	种	523605
1	白三叶	119252
2	小冠花	4173
3	二月兰	283324
4	沿阶草	40382
5	紫花地丁	3615
6	垂盆草	2168
7	扶芳藤	2764
其他	种	67927

续表

编号	树种	数量			编号	树种	数量			编号	树种	数量
古树	种	小计	一级	二级	古树	种		一级	二级	濒危植物	种	株
小计		21375	3537	17838	31	枣树	252	7	245	小计		1227356
1	侧柏	12072	1973	10099	32	黑枣	4		4	1	银杏	1075828
2	桧柏	4485	946	3539	33	酸枣	10	2	8	2	翠柏	63
3	油松	1278	157	1128	34	龙爪枣	1		1	3	水杉	6372
4	白皮松	598	128	470	35	二乔玉兰	1	1		4	樟子松	3422
5	云杉	6	6		36	白玉兰	2		2	5	金钱松	5
6	国槐	2008	235	1773	37	长山核桃	2		2	6	刺五加	15
7	槐柏合抱	4		4	38	核桃	1		1	7	杜仲	29126
8	龙爪槐	6	1	5	39	腊梅	1	1		8	猬实	1252
9	蝴蝶槐	2		2	40	紫藤	3	1	2	9	核桃楸	324
10	银杏	210	47	163	41	杜梨				10	核桃	29738
11	七叶树	4	2	2	42	海棠	1	1		11	野大豆	35
12	皂角	11	1	10	43	西府海棠	2		2	12	鹅掌楸	534
13	丝棉木	20	1	19	44	樟树				13	珙桐	44
14	朴树	1		1						14	水曲柳	27
15	小叶朴	5	3	2						15	锡金海棠	9
16	楸树	105	17	88						16	玫瑰	71566
17	黄金树	7		7						17	黄檗	1526
18	榆树	223	3	220						18	青檀	25
19	元宝枫	2		2						19	东北红豆杉	19
20	栾树	6		6						20	矮紫杉	539
21	桑树	17	1	16						21	风箱果	2
22	苦楝	3		3						22	太行菊	3
23	水杉	3		3						23	文冠果	2387
24	文冠果	2		2						24	脐草	5
25	构树	1		1						25	腊梅	4490
26	黄连木	1	1									
27	流苏树	1		1								
28	麻栎	2		2								
29	毛白杨	3		3								
30	小叶椴	2	2									

北京市城市树木、

区县名称	常乔合计		1	2	3	4	5	6	7	8	9	10
	种	株	侧柏	冷杉	青扦	红皮云杉	白扦	雪松	华山松	白皮松	扫帚油松	油松
合　计		**4800923**	**2106182**	**21500**	**11841**	**31095**	**2553**	**127158**	**28935**	**80872**	**5215**	**834401**
城近郊区		**3962114**	**1631127**	**20128**	**7953**	**24711**	**1591**	**107155**	**26499**	**70112**	**3359**	**758818**
东城区		46015	10335	216	441	244	86	2084	402	2856	31	6078
西城区		74689	17014	264	417	640	154	3858	1058	6155	40	9157
崇文区		47730	10856	41	124	116	7	1313	448	1260	155	7378
宣武区		24563	2179	55	57	352	27	1331	409	1514	55	3720
朝阳区		569372	60322	1126	856	14659	365	18212	6924	14179	421	72877
海淀区		1409286	772763	17173	2273	2792	533	41026	8531	25850	1732	189143
丰台区		982222	524973	736	2473	4987	193	32398	7086	11123	588	74938
石景山区		808237	232685	517	1312	921	226	6933	1641	7175	337	395527
远郊区县		**838809**	**475055**	**1372**	**3888**	**6384**	**962**	**20003**	**2436**	**10760**	**1856**	**75583**
昌平区		46480	21196	72	103	107	213	4151	269	1549		7016
门头沟区		112794	91669	80	6	48		852	225	224	210	2337
顺义区		39931	6364	67	4	170	116	1321	143	1377	735	3028
通州区		134501	25037	52	2870	117	338	1506	230	377	102	22365
房山区		349236	272023	466	144	616	105	4238	262	4127	71	17663
大兴县		37047	5908	199	114	1460	2	4613	436	2030	389	3766
怀柔县		43896	24216	4	360	542		529	519	433	40	8636
密云县		21104	4632	241	17	964	127	889	67	407	98	3598
平谷县		15529	1506			340	3	1640	38	139		1372
延庆县		38291	22504	191	270	2020	58	264	247	97	211	5802
局属单位		**849629**	**620814**	**62**	**488**	**184**	**136**	**1610**	**1374**	**11045**	**8**	**146416**
颐和园	14	19510	10646					22	20	821		3148
动物园	13	3519	861	14	30		30	140	18	289		645
中山公园	13	2208	735		1			27	4	50		176
北海公园	12	3084	919		11	1	15	36	17	334		250
景山公园	8	4178	1386		2			25		676		164
天坛公园	11	30133	9721	4	30			63	1	441		4265
陶然亭公园	21	7892	516	7	1			136	128	839		926
紫竹院公园	16	2724	319		15		16	25	42	333	2	1224
玉渊潭公园	9	7184	674					159	63	351		3342
香山公园	10	83425	65850	8	30	2		17	606	668		14767
北京市植物园	52	626299	525354	25	235	80	75	202	285	1396	6	93067
绿化处		59473	3833	4	133	101		758	190	4847		24442

注:局属单位的数据已含在各区内

草坪、宿根花卉明细表

11	12	13	14	15	16	17	18	19	20	21	22	其他	
乔松	樟子松	黑松	马尾松	桧柏	龙柏	线柏	千头柏	洒金柏	北美香柏	金叶桧	女贞	种	株
3152	**3769**	**669**	**10406**	**1269348**	**48732**	**993**	**2318**	**2666**	**209**	**8210**	**137348**		**63351**
2272	**3430**	**634**	**6903**	**1085483**	**41846**	**805**	**1496**	**2334**	**207**	**3214**	**113201**		**48836**
6	21	30	186	21028	1301	22	25	56	1	132	285		149
113	31	53	135	28868	2894	27	26	25	4	8	1747		2001
12	18	10	32	24835	882	3	6	5		7	177		45
31	30	19	91	13294	453	1	315	13	1		224		392
420	171	121	947	345393	15700	171	397	221		702	12873		2315
1308	366	157	3735	357332	8436	417	267	1698	147	237	44333		29037
339	2614	179	1109	280085	7065	120	341	263	50	2106	20527		7929
43	179	65	668	114648	5115	44	119	53	4	22	33035		6968
880	**339**	**35**	**3503**	**183865**	**6886**	**188**	**822**	**332**	**2**	**4996**	**24147**		**14515**
28	18		194	10627	734		69	93			32		9
5		3	25	16375	337	43	86	26	2	72			169
681	17	18	2149	12592	200	26	27	18			43		10835
57	19		314	56728	604		291	2			22587		905
24	28	6	418	38301	3379	51	170	171		4918	841		1214
81	158	6	296	15508	1130	37	50	2			549		313
		2		8454	84		32	2		6			37
4	28		57	8634	156	31	97	5			95		957
				10246	231			11					3
	71		50	6400	31			2					73
46	**23**	**10**	**13**	**62323**	**1011**	**1**	**1**	**22**	**116**	**134**	**124**		**3668**
1	1	3		4679	109								60
1	1			1402	19						69		
2				1126	76			3					8
	1			1464	33						3		
				1920	4								1
				15468	137			1					2
6	3			5123	81	1	1	2					122
	1			518	30			5	38				156
				2508	4								83
				1459	18								
34	6	7	13	2660	115			5	78	131	2		2523
2	10			23996	385			6		3	50		713

区县名称	落乔合计		1	2	3	4	5	6	7	8	9
	种	株	国槐	水杉	华北落叶松	银杏	毛白杨	河北杨	新疆杨	银白杨	加杨
合　计		**12226038**	**915303**	**7810**	**2615**	**1185846**	**2607114**	**64880**	**9825**	**29957**	**336664**
城近郊区		**9029790**	**626504**	**6838**	**2047**	**1154742**	**1847314**	**29459**	**5495**	**7257**	**181774**
东城区		100185	22742	88	23	4024	12218	1042	967	17	5271
西城区		125563	31531	133	10	3304	14280	335	162	175	7386
崇文区		70887	12970	43	3	2608	13537	252	87	82	7746
宣武区		61749	15543	30	10	2850	6549	251	3	521	3877
朝阳区		3742004	163730	4097	99	657900	1061347	17331	693	3095	57622
海淀区		2306503	146879	1853	1084	304223	322626	3077	2612	1285	37671
丰台区		1904288	143525	445	46	143869	340460	5344	820	1640	53806
石景山区		718611	89584	149	772	35964	76297	1827	151	442	8395
远郊区县		**3196248**	**288799**	**972**	**568**	**31104**	**759800**	**35421**	**4330**	**22700**	**154890**
昌平区		187206	17452	338	4	4564	17070		12		482
门头沟区		78695	22647	97	50	276	7655	511	23		1707
顺义区		236403	16326	145	12	4131	51786	57		69	9759
通州区		1182972	144181	32		4186	461499	19299			35839
房山区		609652	34037	290	13	2488	34875	1617	649	1460	19735
大兴县		194347	28459	24	82	12012	28960	316	11	616	44048
怀柔县		91927	5365		2	769	13384	1241		12	276
密云县		80473	4613	23	400	890	7709	94		543	1193
平谷县		243779	10107	23		1420	89196				4713
延庆县		290794	5712		5	368	47666	12286	3635	20000	37138
局属单位		**979284**	**38662**	**626**	**8**	**16905**	**102463**	**115**	**205**	**41**	**12474**
颐和园	67	10742	440	15		81	555		52		159
动物园	60	5183	340	20		271	506		1		380
中山公园	45	713	35	5		133	29				21
北海公园	55	1621	250	5		51	213				20
景山公园	37	507	67	4		55	11				
天坛公园	85	8547	1006			1116	1268	64	3		187
陶然亭公园	91	3645	274	18		362	252	2	2	2	47
紫竹院公园	70	2713	148	66		67	53	2	4		39
玉渊潭公园	60	12232	311	174		1280	1163		59	15	416
香山公园	72	19595	584	17		129	379				28
北京市植物园	136	694031	458	231	8	1187	506	42		24	94
绿化处		219755	34749	71		12173	97528	5	84		11083

续表一

10	11	12	13	14	15	16	17	18	19	20	21	22	23
小叶杨	钻天杨	青杨	旱柳	馒头柳	垂柳	龙爪柳	金丝垂柳	刺槐	红花刺槐	臭椿	千头椿	香椿	白花泡桐
378069	**62283**	**38966**	**146563**	**260707**	**847914**	**22259**	**279176**	**1232113**	**36521**	**258184**	**60879**	**131643**	**195378**
325658	**33442**	**30516**	**106266**	**114548**	**642245**	**19475**	**267386**	**878405**	**27671**	**218783**	**53408**	**101597**	**53712**
525	152	312	321	338	2913	108	60	3734	537	2066	702	6578	764
443	390	94	323	610	3771	263	136	5061	208	3809	234	8295	858
257	109	20	451	220	2594	162	58	3789	51	1825	205	3746	495
702	119	99	47	311	1761	61	41	3949	336	1374	175	4214	952
290703	4713	1599	50824	50770	366114	1906	253298	72826	8514	69566	22486	24864	9462
12018	5538	1116	29634	17516	140858	1377	6046	484709	2099	15468	10068	21936	7253
16030	18374	26088	15156	31253	103184	8552	7629	259654	8887	47089	17736	27604	26254
4980	4047	1188	9510	13530	21050	7046	118	44683	7039	77586	1802	4360	7674
52411	**28841**	**8450**	**40297**	**146159**	**205669**	**2784**	**11790**	**353708**	**8850**	**39401**	**7471**	**30046**	**141666**
835	376	158	417	806	9067	317	361	35615	2039	331	1177	743	883
1331	707	1184	3011	887	1325	76	1247	2266	137	2187	327	4793	983
4324	323	446	2636	4011	16077	350	1074	24151	154	1140	285	1481	239
29812	1258	2679	1452	112019	24964	388	587	75384	4159	16649	911	11114	134738
10734	1296	1679	15111	8682	8970	421	830	158933	916	13911	1219	5209	995
3194	373	2112	2346	1678	5079	374	5169	5773	630	2495	476	441	3497
104	419	78	1820	1113	22938	100	1200	21755	412	93	282	915	105
1594	333	109	199	9785	18217	52	1098	3993	60	664	297	1444	119
87			774	2775	76388	251	80	13050	65	1043	2291	3665	100
396	23756	5	12531	4403	22644	455	144	12788	278	888	206	241	7
234	**195**	**8**	**1624**	**2276**	**13180**	**189**	**658**	**446759**	**189**	**4044**	**610**	**418**	**134**
1			1100		2808	2		164	73	73		86	
2	151		72	11	738	9	94	316	3	96	19	68	
1			8		96			9		14		8	18
				3	353			96	5	41		2	
					17			3		1		3	
15		4	15	6	29	100	2	272	1	128		81	
9		2		25	344	2	3	807	4	134		6	29
	21	2	6	76	604		17	296	5	87	1	14	
39			253	22	1165		298	1856		127	1	1	
2			18		21			1086		790		27	
164	23		50	13	416	8	42	434926		255	3	7	66
1			102	2120	6589	68	202	6928	98	2298	586	115	21

区县名称	24	25	26	27	28	29	30	31	32	33	34	35
	毛泡桐	龙爪槐	蝴蝶槐	核桃	长山核桃	山核桃	枫杨	白桦	麻栎	栓皮栎	槲树	黄连木
合　计	**56831**	**108649**	**3677**	**47104**	**701**	**1382**	**1972**	**4086**	**2517**	**38348**	**2669**	**949**
城近郊区	**45535**	**77684**	**2451**	**42632**	**523**	**1238**	**1729**	**4030**	**1096**	**38198**	**1444**	**739**
东城区	809	2260	200	1765	3	120	6	37		6	1	101
西城区	2169	3237	37	2312	11	125	39			3	14	6
崇文区	398	2579	76	1408	50	2	37			11	12	12
宣武区	478	1774	66	548	7	1	10		1	5	3	50
朝阳区	11180	15339	697	5195	201	40	119	40	70	3	39	63
海淀区	8616	18122	523	17792	99	268	516	173	229	38129	154	158
丰台区	15930	27526	810	9971	152	245	851	3730	108	33	654	20
石景山区	5955	6847	42	3641		437	151	50	688	8	567	329
远郊区县	**11296**	**30965**	**1226**	**4472**	**178**	**144**	**243**	**56**	**1421**	**150**	**1225**	**210**
昌平区	583	2651	49	309	18		67	39		94		10
门头沟区	2508	2543	5	757	28	9				50	38	200
顺义区	760	1779		123	3	8						
通州区	1393	5330	23	2088			4	2				
房山区	2469	4850	815	922	124	127	97	5	1403	6	1085	
大兴县	2010	5111	215	179	3		58	10			31	
怀柔县	328	2060		34					18		6	
密云县	297	1824	1	33	2		17				64	
平谷县	866	2687	2	3							1	
延庆县	82	2130	116	24								
局属单位	**426**	**1650**	**64**	**1515**	**10**	**3**	**203**	**13**	**24**	**38016**	**63**	
颐和园	27	61		10		2	2				36	
动物园	132	66		52	10		17					
中山公园		29	1	3			1					
北海公园	4	9		39								
景山公园		38	1	41		1						
天坛公园	9	111	5	874			10				9	
陶然亭公园		60	5	27			2		1	1	1	
紫竹院公园	9	21	18	31			59			2		
玉渊潭公园	17	23	24	43			56				1	
香山公园	11	83		158					23	1	15	
北京市植物园	51	61	2	120			42	13		38012		
绿化处	166	1088	8	117			14				1	

续表二

36	37	38	39	40	41	42	43	44	45	46	47	48	49
白榆	垂枝榆	青檀	榉树	小叶朴	桑树	龙桑	构树	柘树	领春木	玉兰	紫玉兰	望春玉兰	二乔玉兰
105177	**5614**	**554**	**631**	**3530**	**18159**	**868**	**36989**	**668**	**403**	**33975**	**6397**	**1727**	**3203**
38369	**3866**	**550**	**629**	**2420**	**11589**	**661**	**35022**	**444**	**370**	**27543**	**4572**	**1631**	**2770**
1152	192		33	19	343	35	181	7	1	972	166	18	37
2067	75		7	59	707	20	286	30		1696	171	45	150
543	89		1	7	195	39	97	5		273	31	3	131
395	89	4	10	2	188	22	27	12	10	439	45	35	7
5016	365	18	14	82	760	34	1680	190	3	4820	453	1190	649
6216	847	516	60	2172	6066	207	6008	112	344	8431	2537	222	1060
6632	754	12	475	79	2359	66	5507	82	12	5791	964	97	121
16348	1455		29		971	238	21236	6		5121	205	21	615
66808	**1748**	**4**	**2**	**1110**	**6570**	**207**	**1967**	**224**	**33**	**6432**	**1825**	**96**	**433**
167	39			4	19	12	71	30	30	1298	123	8	99
2649	163	2	1		608	45	7	69		333	293	3	122
1002	19			5	461	19	290	5		511	106	3	41
42582	60				3913		150	34		642	50		54
9764	120	2	1	101	1227	89	148	62	3	1227	202	14	24
511	110				111	9	76	20		693	437	60	79
284	58				23		5			409	328	4	
74	37			1000	132	25	1219	4		536	215	4	5
1236	832				37		1			624			
8539	310				39	8				159	71		9
1726	**31**	**1**	**17**	**2099**	**4593**	**77**	**2769**	**19**		**954**	**23**	**210**	**10**
			2	76	122	35	5			100			1
66				38	48	9	49			50	4	2	
7	3				7					23			
68				14	3	1	33			37			
				1	3	1		1		11			
2			1	5	11	10	8			31			
24	1	1	1	1	1	3	20	2		5	1		
56				21		1	7	9		31	2		
90	13			28	1		193			26			
				1908	4330		1399			72			4
739				7	42	5	37			468	6		4
674	14		13		25	12	1018	7		100	10	208	1

区县名称	50	51	52	53	54	55	56	57	58	59	60	61
	西府海棠	金星海棠	垂丝海棠	海棠花	山楂	苹果	李	紫叶李	山桃	山杏	鹅掌楸	杜仲
合　计	**30563**	**3712**	**2701**	**6981**	**37252**	**76621**	**13785**	**81394**	**69038**	**33651**	**3433**	**33115**
城近郊区	**28497**	**2975**	**2400**	**5564**	**27332**	**70994**	**13145**	**70786**	**53838**	**28647**	**3235**	**30343**
东城区	889	258	103	336	502	305	29	962	584	260	19	584
西城区	1546	69	271	560	373	174	30	1297	848	326	27	621
崇文区	973	65	244	72	259	445	10	940	392	80	3	425
宣武区	975	146	33	161	146	48	22	891	764	178	6	237
朝阳区	8924	612	290	828	3105	10720	7637	39708	11993	8478	124	12780
海淀区	6534	475	1307	2495	11722	24263	4773	13050	24636	5182	2924	10847
丰台区	6019	1205	149	776	6129	33911	123	6860	8934	8386	16	3551
石景山区	2637	145	3	336	5096	1128	521	7078	5687	5757	116	1298
远郊区县	**2066**	**737**	**301**	**1417**	**9920**	**5627**	**640**	**10608**	**15200**	**5004**	**198**	**2772**
昌平区	247	7	75	565	765	3464	223	1177	1796	308	2	230
门头沟区	164	9	5	22	1113	79	39	392	986	129		48
顺义区	274	70	11	132	1228	183	113	930	400	42		94
通州区	220	62	38	90	1069	131	45	1210	1694	591		47
房山区	413	492	65	166	1697	905	78	1928	1731	2724	6	952
大兴县	355	37	54	305	543	586	26	1798	590	168	190	1292
怀柔县	117	2	36	39	223	27	4	395	131	64		16
密云县	118	6	5	78	1672	49	6	1335	339	105		54
平谷县	59		12	19	1346	86	26	1239	7285	647		12
延庆县	99	52	1	1	264	117	80	204	248	226		27
局属单位	**1680**	**29**	**385**	**844**	**390**	**389**	**9**	**3484**	**3450**	**1452**	**26**	**1126**
颐和园	135		2		1			1209	1170	51	4	12
动物园	57	2			4			71	3	17	17	52
中山公园	79	2	2	2	4			10	2	13		24
北海公园	60		10	4	17			16	54	1	1	10
景山公园	4		11		17	1		15	2	3		23
天坛公园	109		2	1	137	386	2	16	25	1		161
陶然亭公园	66	22	13	16	1			60	136	6	4	68
紫竹院公园	47		1	3	14	2		54	38	1		26
玉渊潭公园	418		308					71	432	1		41
香山公园	37		20	45	11			101	921	1022		9
北京市植物园	28		10	765	66		2	309	346	310		529
绿化处	640	3	6	8	118		5	1552	321	26		171

续表三

62	63	64	65	66	67	68	69	70	71	72	73	74
杜梨	悬铃木	樱花	合欢	皂角	黄檗	暴马丁香	火炬树	元宝枫	鸡爪槭	茶条槭	红枫	七叶树
3448	**75636**	**19998**	**43992**	**1251**	**1664**	**16899**	**661873**	**280703**	**889**	**225**	**4583**	**936**
2552	**63502**	**15969**	**32545**	**1193**	**1663**	**16493**	**289183**	**254752**	**796**	**197**	**3245**	**756**
169	509	165	513	34	8	90	148	1282	60	3	92	27
61	384	392	586	39	6	76	674	705	103	1	122	40
28	31	347	314	7		16	121	279	4	4	56	9
24	250	121	534	18	2	17	254	431	51		76	19
366	14477	1977	10734	518	48	2605	19231	17611	140		885	61
669	35991	7291	3375	230	102	901	16224	193686	393	109	1039	324
886	2914	3792	12272	137	1490	180	204361	33510	25	80	627	205
349	8946	1884	4217	210	7	12608	48170	7248	20		348	71
896	**12134**	**4029**	**11447**	**58**	**1**	**406**	**372690**	**25951**	**93**	**28**	**1338**	**180**
5	639	502	286	2		45	58923	13236	22	17	50	1
2	72	122	738	23		5	473	364			25	
7	944	315	237	1		18	23565	363	1		171	2
88	748	367	4844	1		241	11831	2622			80	6
129	3269	678	1377	3		43	208440	4431	9	10	201	114
4	1295	778	1847	27	1	45	9435	2140	26	1	404	7
	131	236	158	1			10821	190			354	
633	3850	825	1750			5	2600	1189	34		17	50
26	1186	176	94				3554	574	1		7	
2		30	116			4	43048	842			29	
58	**228**	**1897**	**694**	**493**	**15**	**112**	**9416**	**183844**	**77**	**102**	**18**	**97**
6		16	21	5		1		361				2
10	76		37	13			2	32			3	14
			9				1	14	1			4
1	19	1	32	2				6	1			4
			2	2	2	1		19				
7	4	6	21	5			2	96	1	1	1	3
1	9		26	1	2	3	85	43	7		2	7
5	2		16		1	63		130	4	1		14
	36	1710	141	4			110	188	2	21		4
1	3	5	45	10	10		1630	631	56		9	10
	9	140	118	13		3	3406	181031	3	77	2	30
27	70	19	226	438		41	4180	1293	2	2	1	5

区县名称	75	76	77	78	79	80	81	82	83	84	85
	栾树	文冠果	大叶椴	小叶椴	青桐	柽柳	桂香柳	车梁木	白蜡	欧洲白蜡	绒毛白蜡
合　计	**143643**	**2682**	**748**	**354**	**26727**	**1407**	**70**	**2258**	**229304**	**2281**	**3656**
城近郊区	**131993**	**2596**	**746**	**331**	**22686**	**1214**	**70**	**2258**	**208490**	**1922**	**3601**
东城区	2055	34	7	3	220	28	8	21	6612		
西城区	2176	52	8	42	600	6	4	10	5340	9	57
崇文区	1767	18	9	10	446	27	2	4	1972	94	5
宣武区	1537	30	2	2	326	3		3	3005	38	22
朝阳区	54600	35	488	74	3582	18	1	64	91206	1021	483
海淀区	22418	250	138	133	4758	198	23	127	41873	376	145
丰台区	32701	8	47	66	11814	908	16	2018	38330	384	2889
石景山区	14739	2169	47	1	940	26	16	11	20152		
远郊区县	**11650**	**86**	**2**	**23**	**4041**	**193**			**20814**	**359**	**55**
昌平区	960	18		4	509	132			1098		
门头沟区	384				1122	1			293	3	
顺义区	1341				115	40			2011		3
通州区	2973	2			350				3686	100	
房山区	1206	18	2		618	5			4579	256	52
大兴县	2307	23		15	820				4100		
怀柔县	478				230	3			197		
密云县	1154				242				2389		
平谷县	616	23							1339		
延庆县	231	2		4	35	12			1122		
局属单位	**8653**	**33**	**98**	**89**	**296**	**41**	**4**	**63**	**20849**	**55**	
颐和园	959				111			2	49	40	
动物园	448		2	12	49				149		
中山公园	39			1	21				10		
北海公园	36	7			7			7			
景山公园	50		1						4		
天坛公园	337	10	2	2	3			3	64		
陶然亭公园	130	2	2	2	9	1		3	142		
紫竹院公园	83	3	14	15	28		2	8	120		
玉渊潭公园	278			5		17			182		
香山公园	983		51						31		
北京市植物园	703	10	26	52	51	19	2	35	780	15	
绿化处	4607	1			17	4		5	19318		

续表四

86	87	88	89	90	91	92	93	94	95	96	97	其他	
流苏树	楸树	梓树	黄金树	板栗	枣树	龙爪枣	柿树	君迁子	卫矛	丝棉木	毛叶山桐子	种	株
738	**4882**	**662**	**846**	**847**	**165464**	**19498**	**177154**	**6016**	**3592**	**686**	**277**		**330454**
727	**4720**	**365**	**832**	**408**	**136506**	**19353**	**133037**	**5080**	**3525**	**653**	**229**		**245569**
	105	16	36	1	4974	12	2145	409	237	32			1333
	71	12	18		5599	30	2991	392	567	60			3111
5	12	6	17	2	985	19	1294	211	174	45	7		1323
6	14	5	7	1	1102	19	946	58	566	12			638
150	35	81	280	7	98208	38	35153	2322	376	81	76		37954
136	615	239	337	301	10352	218	36544	1391	835	305	16		119710
428	464	4	129	90	9746	64	38390	247	179	70	89		42243
2	3404	2	8	6	5540	18953	15574	50	591	48	41		39257
11	**162**	**297**	**14**	**439**	**28958**	**145**	**44117**	**936**	**67**	**33**	**48**		**84885**
	3	1	6	7	789	10	1123	13	9	8			1162
	7				4230		2457	13		20	48		1447
		7			1520	91	3359	670					54034
8	37	38		11	4581	10	7299	21	16				340
	5			419	3787	34	12671	21	18				7143
	104	35	3		2191		1965	41	24				2877
3		6			114		1675	3					433
	6	170		2	1573		853	71					375
					136		12707	83					209
		40	5		10037		8			5			16865
10	**290**	**147**	**32**	**14**	**1176**	**141**	**1870**	**652**	**217**	**138**	**10**		**37558**
	55	2		2	4	2	39	22	31				340
	5	4	17		58		299	17		15			58
	8		1				3	4	2	2			4
	7	1			6		18	9	3	1			33
					46		41	1	3				
	3	1	1		39	2	441	89	1	17			1162
3	2	5	3	1	4		38		8	4			227
1	8	12			41		42	13		51			75
	14	16	1				3			1			533
	44		1	7	125	1	231	472	124	11			1853
6	140	106	4	4	590	135	168	25	32	36	10		25753
	4		4		263	1	547		13				7520

区县名称	常灌合计		1	2	3	4	5	6	7
	种	株	河南桧	西安桧	丹东桧	蜀桧	粉柏	砂地柏	铺地柏
合　计		**4003914**	**124489**	**6753**	**308**	**32827**	**2523**	**705681**	**87158**
城近郊区		**3270961**	**87234**	**5530**	**308**	**26387**	**2414**	**501666**	**65764**
东城区		55146	105	84		249	4	18221	974
西城区		133722	309	143		312		30545	2610
崇文区		35447	120	21	1	233		5002	188
宣武区		45871	50	47		90		5330	1076
朝阳区		926055	20358	2712	72	4416	79	139717	10399
海淀区		1104263	35004	2159	65	18100	1936	233507	23707
丰台区		668114	20501	305	20	2212	392	56263	23319
石景山区		302343	10787	59	150	775	3	13081	3491
远郊区县		**732953**	**37255**	**1223**		**6440**	**109**	**204015**	**21394**
昌平区		142952	626	83		405		119910	10028
门头沟区		62864	15100			416	44	3505	57
顺义区		51669	8774	67		85		3919	455
通州区		278924	1369	91		214	42	52150	3784
房山区		64076	6771	2		4242	15	8481	2479
大兴县		58711	709	195		831		7685	1919
怀柔县		9215	2883			49	6	376	1608
密云县		55541	1023	785		165	2	5141	830
平谷县		5694				33		1074	130
延庆县		3307						1774	104
局属单位		**199035**	**25**	**181**		**105**	**61**	**89103**	**8499**
颐和园	8	1499		4		3		1125	15
动物园	11	2103		27				702	10
中山公园	8	479		4		10		56	28
北海公园	8	852		9		2		144	
景山公园	3	559						343	
天坛公园	7	1033				18		135	4
陶然亭公园	10	2430	10	18		5		1843	7
紫竹院公园	11	5377					61	699	125
玉渊潭公园	5	7072						1779	4328
香山公园	7	6031						4403	
北京市植物园	17	32672	13	58		14		5518	370
绿化处		138928	2	61		53		72356	3612

续表五

8	9	10	11	12	13	14	15	16	其他	
杜松	粗榧	紫杉	矮紫杉	锦熟黄杨	朝鲜黄杨	大叶黄杨	金心大叶黄杨	银边大叶黄杨	种	株
8901	**935**	**2353**	**2121**	**975299**	**66695**	**1602763**	**51814**	**13582**		**319712**
8618	**882**	**2292**	**1925**	**820119**	**57103**	**1432885**	**46616**	**12149**		**199069**
23	19	5	485	8720	3325	21917	412			603
53	34	36	394	39932	2474	52392	116	24		4348
52	13	2	14	12541	11	16972	128	3		146
17	5	5	5	6502	106	30034	67	12		2525
1475	277	445	204	385553	23874	299819	5917	5557		25181
3732	481	247	763	252072	13563	433849	29134	2856		53088
3167	53	1471	45	97954	10832	378770	9785	3303		59722
99		81	15	16845	2918	199132	1057	394		53456
283	**53**	**61**	**196**	**155180**	**9592**	**169878**	**5198**	**1433**		**120643**
38		10	21	2909	174	8386	77	129		156
		5	1	8465		29395	10	242		5624
6	15		2	12395	154	9477	45			16275
9	29	2		72958	2100	52119	4275	1000		88782
58	4	19	41	7883	6882	22054	232	27		4886
10	1	25	117	10767	161	33791	10	25		2465
70	4			1302	1	1107	507	9		1293
4			14	34841	97	12336	32	1		270
				2922	23	907				605
88				738		306	10			287
39	**294**	**19**	**315**	**70421**	**2541**	**7947**	**9**	**4**		**19472**
				294		43				15
	43		12	927		159				223
	6			338		32				5
	2		4	624		66				1
				99		117				
	4		7	425		440				
9	5	1		477		55				
4	7		10	4424		34				13
		18				824				123
			5	1041		524				58
26	220		277	22943		1242	1			1990
	7			38829	2541	4411	8	4		17044

区县名称	落灌合计		1	2	3	4	5	6	7
	种	株	牡丹	小檗	紫叶小檗	朝鲜小檗	柳叶绣线菊	麻叶绣线菊	三桠绣线菊
合　计		**6546134**	**81589**	**195597**	**1026138**	**4922**	**25782**	**5293**	**2564**
城近郊区		**4584452**	**64795**	**185574**	**613985**	**3564**	**22486**	**4633**	**2329**
东城区		75036	1789	1898	6254	1532	209	2	9
西城区		182491	7095	1071	35810	20	367	1019	61
崇文区		67436	794	100	7535	31	44	22	3
宣武区		76332	1253	4451	5697			22	6
朝阳区		1087344	2583	130245	120051	524	5612	772	1355
海淀区		1242824	37991	12607	215580	1160	925	737	798
丰台区		1125090	9270	23707	152438	297	319	2059	97
石景山区		727899	4020	11495	70620		15010		
远郊区县		**1961682**	**16794**	**10023**	**412153**	**1358**	**3296**	**660**	**235**
昌平区		150077	1544	2	5387			11	
门头沟区		502463	5861	2	187068		150		95
顺义区		82023	2111	295	10829			74	20
通州区		526724	1696	5766	103164		238		120
房山区		336570	3525	167	4981		244	200	
大兴县		136072	562	2803	38360		468	210	
怀柔县		28864	576		2962				
密云县		132706	698	842	56682	1010	1836	19	
平谷县		16180	39	136	1554			26	
延庆县		50003	182	10	1166	348	360	120	
局属单位		**453717**	**10642**	**641**	**19658**	**553**	**6**	**27**	**129**
颐和园	57	56686	476		4575				
动物园	50	5550				173			61
中山公园	40	1478	548	84	6			2	1
北海公园	43	2386	99	7	63			1	
景山公园	24	7297	5461	7	241				
天坛公园	53	4492	2	100	320	20		2	
陶然亭公园	70	5981	608	123	709			9	6
紫竹院公园	57	5817	6		428	150			21
玉渊潭公园	3	15512	155		654				
香山公园	43	104112	113		1203	63			
北京市植物园	180	79380	2830	199	4076	45	2	13	40
绿化处		165026	344	121	7383	102	4		

续表六

8	9	10	11	12	13	14	15	16	17	18
日本绣线菊	平枝栒子	水栒子	贴梗海棠	腊梅	梅花	美人梅	太平花	山梅花	八仙花	茶镳子
33205	**7062**	**574**	**26708**	**6934**	**2013**	**1061**	**12485**	**1909**	**2163**	**1150**
16857	**6883**	**570**	**21874**	**5658**	**1634**	**408**	**11321**	**1893**	**1893**	**1118**
21	288	61	215	143	40	46	922	14	52	545
94	125	29	709	275	39	16	614		527	47
23	154	15	461	132	9		87		52	102
	105	91	276	154	14	20	133	13		
10002	1225	61	8396	472	109	23	3468	1376	626	137
6717	4603	163	4216	2998	638	269	2337	308	186	251
	267	10	3153	1279	476	23	2939	162	364	36
	116	140	4448	205	309	11	821	20	86	
16348	**179**	**4**	**4834**	**1276**	**379**	**653**	**1164**	**16**	**270**	**32**
318	17		123	64	7	2	95	4	70	
			37	102			315	10		2
	118	4	208	134	15	200	14	2	22	
30	8		623	193	210	10	372			
16000	17		2651	384	19		332		16	26
	19		600	108	69	441	26		54	4
			277	30	7		4		44	
			249	261	52		1		44	
			62							
			4				5		20	
1772	**2715**	**87**	**1010**	**516**	**230**	**110**	**1251**	**46**	**23**	**174**
	13	2	4	49	87		21			
	42	22	77			16	50			14
	2	5	3	16	8		43			1
	1	6	19	5			52			7
			7	2			18			
	3	2	3	6			18			2
	21	17	19	8	5	20	44			
3	64	6	246	5			26			40
	156		98			68	433			
	23		15	54			19		7	
336	2200	26	93	371	111	6	141	46	16	21
1433	190	1	426		19		386			89

区县名称	19	20	21	22	23	24	25	26	27	28
	珍珠梅	白鹃梅	蔷薇	花旗藤	白玉棠	玫瑰	黄刺玫	棣棠	鸡麻	白碧桃
合　计	**181140**	**2366**	**245985**	**987**	**17647**	**96202**	**209538**	**76406**	**12631**	**47046**
城近郊区	**152392**	**2206**	**202495**	**948**	**17360**	**58851**	**125328**	**64064**	**12508**	**41068**
东城区	3378	2	4796		41	942	2362	1379	26	593
西城区	10938	10	9128	81	508		9494	4525	121	381
崇文区	2368	15	6611	4	10	278	4675	2121	90	261
宣武区	4834	34	6848	2	133	868	6496	720	18	197
朝阳区	31681	17	36012	12	2643	9733	25027	24012	6814	2840
海淀区	57052	154	59292	614	9601	10454	32797	14166	340	6664
丰台区	27255	1584	54659	223	2295	28476	28830	10610	5057	29538
石景山区	14886	390	25149	12	2129	8100	15647	6531	42	594
远郊区县	**28748**	**160**	**43490**	**39**	**287**	**37351**	**84210**	**12342**	**123**	**5978**
昌平区	929		3377		80	1074	39983	1335		408
门头沟区	1824		7715	1	1	7666	3885	135		170
顺义区	1308		5999	8		595	5169	2015	37	155
通州区	9264		9224		35	15954	14780	1756	10	2048
房山区	7254	4	6531		49	3869	6548	1487		2071
大兴县	3514	156	2502		102	5338	3522	4530	56	304
怀柔县	1544		946	30		154	4442	64		377
密云县	1415		6784		19	909	3328	944	20	434
平谷县	123		321			98	1075			
延庆县	1573		91		1	1694	1478	76		11
局属单位	**34632**	**26**	**4235**	**80**	**190**	**1743**	**16653**	**1402**	**135**	**472**
颐和园	26740				20	19	9560	21	2	119
动物园	490		280			117	509	186		
中山公园	135		15				26	12		3
北海公园	284				1		450	41		
景山公园	284					9	93			22
天坛公园	52	1	1			5	53	21	5	124
陶然亭公园	296	1	387	2	1	318	479	14	2	50
紫竹院公园	194		338			10	560	64	90	5
玉渊潭公园	717		243			271	147	274		25
香山公园	336		457			6	135	98		
北京市植物园	482	23	790	78		4	400	29	23	53
绿化处	4622	1	1724		168	984	4241	642	13	71

续表七

29	30	31	32	33	34	35	36	37	38	39
红碧桃	紫叶桃	花碧桃	垂枝碧桃	寿星桃	榆叶梅	毛樱桃	麦李	郁李	紫荆	花木蓝
81580	**11868**	**28927**	**1295**	**3080**	**161716**	**8081**	**232**	**744**	**67269**	**542**
64124	**7232**	**21919**	**982**	**2154**	**122466**	**7239**	**180**	**699**	**46535**	**493**
1002	96	347	36	49	2258	26		2	260	289
1412	54	239	69	82	4408	42	4	27	591	
1437	157	624	11	9	2715	92		2	213	4
531	86	771	9	50	2671	27	49	13	503	
12714	827	5583	146	410	31978	2500	3	85	9586	
11132	1560	8103	483	1058	26928	1584	110	443	8432	200
34066	3700	1946	217	274	35877	2784	14	127	18268	
1830	752	4306	11	222	15631	184			8682	
17456	**4636**	**7008**	**313**	**926**	**39250**	**842**	**52**	**45**	**20734**	**49**
732	78	231	8	94	6001	2	50		970	
1205	382	91	26	360	1501	22			533	
1200	259	128	11	125	1050	105	2		629	
5114	2190	1415	74	40	17348				1257	
5655	596	2341	52	48	5115	117		30	10901	39
687	284	720	86	96	1884	199		4	2320	10
975	88	901	35	91	1471	95		4	528	
872	729	540			1995	42		2	2815	
448	18	155	1	3	738	12			636	
568	12	486	20	69	2147	248		5	145	
3111	**40**	**1884**	**29**	**128**	**7556**	**306**	**84**	**293**	**319**	**14**
224	15	205	6		325	55			20	
324					384	6			16	
41	1			7	34				8	
51					253	3			15	
					59				2	
6					166	2		2	5	
45		68	5	26	161	1	48	7	87	
		42			225	1		2	8	
594		63			964	147	15	6	40	
		165			325	14			9	
72	24	893	18	90	266	77	21	274	94	14
1754		448		5	4394			2	15	

区县名称	40	41	42	43	44	45	46	47	48	49
	紫穗槐	毛刺槐	胡枝子	花椒	枸橘	波丝丁香	四季丁香	白丁香	紫丁香	小叶女贞
合　计	**721490**	**5345**	**33966**	**8067**	**678**	**6261**	**8465**	**69216**	**155037**	**561180**
城近郊区	**420900**	**3810**	**24936**	**7133**	**605**	**6098**	**7164**	**56947**	**107048**	**249392**
东城区	370	15	11	95	5	32	130	1526	2601	10848
西城区	282	173	17	188	21	15	1118	3159	8840	10206
崇文区	225	3	5	18	169		164	766	2942	1551
宣武区	552	23	32	24	6	8	34	829	4766	1004
朝阳区	92506	682	1199	1489	31	5886	2612	7776	24648	30628
海淀区	26943	1111	20566	1537	297	126	1631	11382	22943	82582
丰台区	31093	722	3106	2749	60	11	887	28586	30425	59128
石景山区	268929	1081		1033	16	20	588	2923	9883	53445
远郊区县	**300590**	**1535**	**9030**	**934**	**73**	**163**	**1301**	**12269**	**47989**	**311788**
昌平区	1502	10		145	8		5	247	1868	6942
门头沟区	1070	21		124	2		529	379	935	237507
顺义区	15265	33		8			127	508	1428	1183
通州区	219200	485		128			37	4101	16717	33950
房山区	58445	937	9000	251		19	199	5977	15361	725
大兴县	4350	1		172		141	107	607	5680	13104
怀柔县	320	7		29			20	192	2184	466
密云县	407	36		14	7	3	229	110	1354	17167
平谷县				58	55			13	506	742
延庆县	31	5	30	5	1		48	135	1956	2
局属单位	**64810**	**3**	**519**	**562**	**239**	**13**	**7**	**5201**	**7310**	**1771**
颐和园	460		2		12			104	498	
动物园	5			1				266	92	193
中山公园					2			98	61	
北海公园	6			1	3			21	212	6
景山公园	254				18			206		
天坛公园		3			166			345	4	25
陶然亭公园	537		1	9	5	8		90	110	138
紫竹院公园			6		33			107	134	111
玉渊潭公园									868	
香山公园	74			1				293		25
北京市植物园			7	57		5	7	378	420	2
绿化处	63474		503	493				3302	4902	1271

续表八

50	51	52	53	54	55	56	57	58	59	60	61
水蜡	小蜡	连翘	迎春	金钟花	雪柳	山茱萸	红瑞木	花石榴	银薇	枸杞	锦带花
554	**3428**	**417011**	**261091**	**11561**	**4175**	**617**	**45337**	**116074**	**22074**	**5279**	**15530**
554	**3369**	**282192**	**206062**	**10216**	**4101**	**564**	**39930**	**109422**	**20843**	**4977**	**12885**
52		4276	5715	32	3	17	472	2856	930	73	167
		14692	18712	2	36	49	1262	4057	215	221	305
12	9	5575	4865	5743	14	55	393	1719	10	12	162
8	18	6932	4882	101	164		177	1881	922	49	510
62	246	69946	36602	829	40	10	9805	70975	1835	2099	3824
277	3034	85958	70152	2557	431	330	11537	9785	3294	1746	2389
141	57	71253	22618	161	3161	58	13632	12230	12606	254	3707
2	5	23560	42516	791	252	45	2652	5919	1031	523	1821
	59	**134819**	**55029**	**1345**	**74**	**53**	**5407**	**6652**	**1231**	**302**	**2645**
		55426	1269		16		323	390	194	7	93
		4786	2396		5		548	1167	4	41	1200
		5817	2082	155	20		308	325	55		48
		23525	10335			39	784	909		44	30
	15	17607	17863	1099	19	11	1641	1307	657	14	246
	24	8060	9623	1	2	3	662	1471	294	5	541
		5269	567	10			171	280	16	82	79
	20	6344	10316		4		821	291	4	19	90
		1175	271	80			130	451	7	82	2
		6810	307		8		19	61		8	316
21	**2778**	**19697**	**17547**	**1965**	**241**	**106**	**356**	**820**	**257**	**1323**	**707**
		806	9186		1		8	73		1110	8
		414	427		13		6	1			2
1		47	15				3	26			
		382	48			9		31			2
		71	13			4					
		73	10			50	10	24			2
8		167	108	39	7		20	7		35	4
		141	1110	15	84	7	11	51	222	3	66
11	2778	2047					64	3		166	144
		820	210				9	18			49
1		2855	5683	220	21	23	205	20	35	9	5
		11874	737	1691	115	13	20	566			425

区县名称	62	63	64	65	66	67	68	69	70	71
	红王子锦带	金银木	猬实	六道木	糯米条	香荚蒾	天目琼花	溲疏	紫珠	紫叶矮樱
合　计	**10354**	**209772**	**1847**	**285**	**1360**	**296**	**7274**	**619**	**8566**	**884**
城近郊区	**9710**	**184645**	**1724**	**221**	**1358**	**288**	**6609**	**573**	**7009**	**617**
东城区	826	5146	27			2	104	11	141	24
西城区	45	8470	230		118	5	579	14	84	
崇文区	135	3160	11	1	805	14	470	4	20	
宣武区	2	6670	71		5	9	156	1	108	20
朝阳区	1910	58663	350	182	30	68	2764	206	2259	109
海淀区	5061	32833	868	38	278	140	1916	176	1935	408
丰台区	1228	60203	126		118	1	585	82	2111	34
石景山区	503	9500	41		4	49	35	79	351	22
远郊区县	**644**	**25127**	**123**	**64**	**2**	**8**	**665**	**46**	**1557**	**267**
昌平区	470	3001		10			130		152	2
门头沟区		498		54					27	
顺义区	6	1457	10		2		65		352	
通州区	21	2681	8				181		26	160
房山区		3413	18				45		294	78
大兴县	110	9559	87			8	232	46	245	27
怀柔县	3	203							117	
密云县	20	2523							284	
平谷县		442								
延庆县	14	1350					12		60	
局属单位	**1832**	**32057**	**517**		**186**	**112**	**200**	**165**	**399**	**133**
颐和园		307	10			71	11	30		
动物园	38	498	65			5	1	4	35	
中山公园		64	2			2	8		1	
北海公园		165	6		20		8		2	
景山公园		203			98		3			
天坛公园	1	233	4			5	6	4	5	
陶然亭公园	2	387	10		5	2	16	1	12	20
紫竹院公园	236	264	68		54	5	53	74	52	
玉渊潭公园	34	1138	127				44		5	
香山公园	11	267	1						92	
北京市植物园	181	1422	198		9		50	3	18	47
绿化处	1329	27109	26			22		49	177	66

续表九

72	73	74	75	76	77	78	79	80	81	其他	
接骨木	木槿	扁核木	四照花	凤尾兰	黄栌	海州常山	木芙蓉	锦鸡儿	紫薇	种	株
3508	**239943**	**375**	**597**	**9443**	**290570**	**5824**	**3442**	**239**	**123899**		**462170**
2950	**182485**	**372**	**597**	**8008**	**215217**	**5489**	**1201**	**222**	**96841**		**360450**
76	2419	8		13	196	47	13		1352		2481
	3595	4		78	1444	137	46	6	3401		10633
17	2324	49	1	326	191	36	6	32	1066		3095
53	3389			35	298	37	4	6	2954		2497
108	55928	30	24	2730	7578	1313	312	1	54572		44817
370	23880	98	369	3695	139721	544	525	45	20563		105102
2319	79635	3	203	371	31639	649	238	32	11930		154242
7	11315	180		760	34150	2726	57	100	1003		37583
558	**57458**	**3**		**1435**	**75353**	**335**	**2241**	**17**	**27058**		**101720**
	6086			414	2949		9	11	652		4750
	1824			30	26691		424		168		2874
510	4559			380	210	87	272		1191		12719
2	11062	3			168	211	21		4812		4145
8	21946			94	13359	13	105		11389		73146
11	3093			19	206	22	1012	4	4879		1626
	1228			69	33		239		1467		168
	2755				5400		59		700		1187
	3654			492	7				1762		869
27	1251				26330	2	100	2	38		236
287	**3157**	**107**	**54**	**1658**	**99878**	**611**	**6**	**48**	**12222**	**177**	**60913**
2	27	45			265			1	687	12	404
29	156				9	1			303	9	219
	12				9				111	2	15
27					4	13		6	44	4	12
	40				58				124		
8	146				1	1		27		5	2418
1	76			8	71	20		4	164	15	302
2	48	2			8	7				6	309
	86	7		249	41	28	6			7	2596
	62				98344	37			141	9	616
84	365	28	53	17	155	10		10		108	52480
134	2139	25	1	1384	913	494			10648		1542

区县名称	月季合计		1
	种	株	丰花月季
合　计		**7996388**	**5150598**
城近郊区		**6319469**	**4168322**
东城区		323195	232156
西城区		292819	144987
崇文区		165626	121126
宣武区		103130	73987
朝阳区		2234005	1706854
海淀区		1210825	677584
丰台区		1615945	1015533
石景山区		373924	196095
远郊区县		**1676919**	**982276**
昌平区		110715	60340
门头沟区		85767	51688
顺义区		171347	79014
通州区		341432	262637
房山区		246270	108591
大兴县		431327	243122
怀柔县		64650	39166
密云县		142880	104240
平谷县		58844	24666
延庆县		23687	8812
局属单位		**628213**	**447674**
颐和园	2	2113	
动物园	3	7632	6022
中山公园	4	210	135
北海公园	3	1091	620
景山公园	3	1115	800
天坛公园	3	5696	124
陶然亭公园	3	4406	1160
紫竹院公园	2	263	110
玉渊潭公园	2	8208	8046
香山公园	2	1168	47
北京市植物园	4	46916	1052
绿化处		549395	429558

续表十

2	3	4	其他	
品种月季	藤本月季	地被月季	种	株
2378982	**262685**	**141631**		**62492**
1764554	**224965**	**110676**		**50952**
76718	10359	3823		139
102525	31757	4899		8651
28111	15506	828		55
22420	5595	220		908
436892	62605	19934		7720
442047	56201	25585		9408
517490	32849	28098		21975
138351	10093	27289		2096
614428	**37720**	**30955**		**11540**
44901	5033	441		
25452	1385	380		6862
88314	1938	630		1451
70676	1871	6242		6
123399	10587	3477		216
156097	15463	13941		2704
24319	798	367		
32939	389	5011		301
34144	34			
14187	222	466		
153266	**26835**	**438**		
657	1456			
1338		272		
35	21	19		
400	71			
300	15			
5552	20			
2246	1000			
	153			
162				
1121				
39825	5902	137		
101630	18197	10		

区县名称	攀缘合计			1			2			
	株	米	覆盖面积 m^2	中国地锦			美国地锦			
				株	米	覆盖面积 m^2	株	米	覆盖面积 m^2	株
合　计	**5910728**	**1526673**	**5841340**	**3538741**	**857519**	**3534128**	**1846416**	**443628**	**1558638**	**57035**
城近郊区	**4730150**	**1223786**	**4737154**	**2847949**	**699072**	**2890387**	**1424036**	**340721**	**1245124**	**43876**
东城区	211648	55065	190027	123659	34533	103324	64264	13866	56635	1678
西城区	324778	97094	436837	166471	44925	252434	99842	33110	137139	3880
崇文区	184338	50673	196057	79428	22864	117436	88270	21946	62407	484
宣武区	233563	45288	173905	130532	21928	105368	95669	20361	55451	1451
朝阳区	1280904	313053	1257531	705024	177657	784837	523495	95847	373389	5628
海淀区	966446	278350	1315163	579676	146273	745879	226942	67978	286271	8450
丰台区	1183350	279370	808066	824773	191417	583050	242857	59379	166182	18509
石景山区	345123	104893	359568	238386	59475	198059	82697	28234	107650	3796
远郊区县	**1180578**	**302887**	**1104186**	**690792**	**158447**	**643741**	**422380**	**102907**	**313514**	**13159**
昌平区	79514	23282	55884	56009	12142	27664	17520	7217	12609	226
门头沟区	34349	12209	37292	17459	7642	25583	9544	2634	8440	5096
顺义区	73711	26130	85064	34904	8165	31976	25373	11289	36113	693
通州区	172836	63788	209182	84393	30681	115565	84436	27244	78594	1097
房山区	668008	117257	450077	418500	69390	290900	226241	35759	115957	5071
大兴县	38564	17882	67672	21096	8775	39250	11178	5197	17350	276
怀柔县	31794	19178	51417	26088	13647	42069	4565	3510	6032	
密云县	29146	2935	60275	15852	1316	49565	11833	840	5102	700
平谷县	6475	6306	46096	1499	1185	6688	1021	1118	7490	
延庆县	46181	13920	41227	14992	5504	14481	30669	8099	25827	
局属单位	**569284**	**31161**	**248722**	**344769**	**16008**	**158506**	**204834**	**11327**	**76371**	**334**
颐和园	107470	13544	194485	76273	9525	137264	30902	3851	55617	66
动物园	5083	1493	7065	3546	1010	4722	989	277	1329	
中山公园	2346	688	3382	2247	375	1875				
北海公园	2154	797	2879	683	273	954	1216	378	1551	2
景山公园	245	145	275				230	115	230	
天坛公园	4704	3763	8063	1426	1142	1344	2434	1947	3597	30
陶然亭公园	8021	1690	6789	6200	1238	4960	550	110	460	73
紫竹院公园	12113	993	8555	3772	251	1368	8258	551	6266	
玉渊潭公园	14514	4720	7714	1030	332	526	11380	3721	5954	
香山公园	9233	1356	3998	8833	1256	3768	33	38	95	23
北京市植物园	5433	1972	5517	2815	606	1725	1290	339	1272	
绿化处	397968			237944			147552			140

续表十一

3		4			5			6			7		
中国凌霄		美国凌霄			三叶木通			木香			紫藤		
米	覆盖面积㎡	株	米	覆盖面积㎡	株	米	覆盖面积㎡	株	米	覆盖面积㎡	株	米	覆盖面积㎡
17871	**57862**	**25675**	**13217**	**24194**	**17**	**30**	**75**	**586**	**404**	**923**	**71168**	**66235**	**246691**
12605	**41771**	**24011**	**12891**	**23572**	**17**	**30**	**75**	**514**	**217**	**643**	**60348**	**52087**	**199345**
1001	2951	1008	184	1200				7			1590	2351	10647
1042	3763	1166	447	5807	3	10	30	41	17	113	4645	2093	12769
256	926	7083	1680	3474				15	40	120	783	964	3197
545	3830	1968	534	2546							1132	1204	3883
2294	6269	2916	1885	2262							8905	9285	32197
3623	10187	5688	6644	6002	14	20	45	68	147	349	12070	15784	95365
2668	9038	3892	1346	1558				383	13	61	24601	13175	25444
1176	4807	290	171	723							6622	7231	15843
5266	**16091**	**1664**	**326**	**622**				**72**	**187**	**280**	**10820**	**14148**	**47346**
81	121										1095	2070	10880
543	612							6	6	30	859	518	1100
382	964	250	140	333				50	100	100	472	1275	2721
932	2019							1	1	20	1521	2716	7952
3186	12195	1404	182	273							3207	3943	10847
92		10	4	16							2307	2160	6755
								4	60	60	196	443	1424
50	180							11	20	70	324	378	2737
											442	365	2072
											397	280	858
129	**601**	**2925**	**624**	**1636**	**10**	**20**	**45**	**27**	**72**	**149**	**1082**	**938**	**4980**
9	119							6	18	45	128	128	1280
		295	110	549							26	42	262
		10	47	214							53	165	990
5	27	10	25	10				1	6	18	31	88	288
											15	30	45
24	30										59	47	450
91	420										81	27	85
		4	18	68				20	48	86	58	120	747
		739	223	417							49	17	38
	5										42	35	19
		108	201	378	10	20	45				95	239	776
		1759									445		

区县名称	8			9			10			11			
	五味子			蛇葡萄			金银花			布郎忍冬			
	株	米	覆盖面积 m^2	株	米	覆盖面积 m^2	株	米	覆盖面积 m^2	株	米	覆盖面积 m^2	株
合　计	**159**	**111**	**560**	**13285**	**16632**	**70107**	**46472**	**18263**	**43856**	**14538**	**1491**	**3654**	**74575**
城近郊区	**159**	**111**	**560**	**9561**	**13333**	**40418**	**32790**	**11514**	**25027**	**14354**	**1343**	**3424**	**64357**
东城区	1	15	15	445	255	1866	1432	489	1409	14050	1210	3080	2780
西城区	9	7	21	600	496	2233	5846	1132	4799	17	7	20	5883
崇文区				250	214	1005	2155	605	1477	207	76	210	3943
宣武区				131	124	564	1441	338	1244				953
朝阳区	5	5	40	1464	2038	7315	1952	938	1914	53	18	45	10147
海淀区	9	12	220	2346	5111	13766	8336	2492	8721	27	32	29	27579
丰台区	135	72	264	3314	3204	5777	6107	882	2683			40	7957
石景山区				1011	1891	7892	5521	4638	2780				5115
远郊区县				**3724**	**3299**	**29689**	**13682**	**6749**	**18829**	**184**	**148**	**230**	**10218**
昌平区				80	65	810	291	191	342	80	40	12	3713
门头沟区				69	62	189	85	65	130				1063
顺义区				60	71	119	5319	1726	3917				716
通州区				130	88	319	725	1437	2923				459
房山区				576	296	870	5881	2666	9853				1991
大兴县				298	253	884	791	319	782	104	108	218	1933
怀柔县				13	33	70	105	71	217				200
密云县				45	45	250	211	90	242				38
平谷县				2443	2371	26163	170	168	381				105
延庆县				10	15	15	104	16	42				
局属单位				**25**	**36**	**107**	**4384**	**722**	**1891**	**18**			**6797**
颐和园				6	4	10	89	9	150				
动物园							7	4	10				200
中山公园				8	30	90							
北海公园							2	3	3				
景山公园													
天坛公园							103	82	30				
陶然亭公园				8	2	7	1100	220	850				
紫竹院公园													
玉渊潭公园							1150	376	692				
香山公园							187		43				
北京市植物园							316	28	113				
绿化处				3			1430			18			6597

续表十二

12		13			14			15			其他			
常春藤		猕猴桃			南蛇藤			茑萝			种	株	米	覆盖面积 m²
米	覆盖面积 m²	株	米	覆盖面积 m²	株	米	覆盖面积 m²	株	米	覆盖面积 m²				
28413	**114383**	**1897**	**261**	**611**	**15597**	**5649**	**13387**	**2179**	**988**	**2333**		**202388**	**55961**	**169938**
23715	**102622**	**1847**	**163**	**315**	**14655**	**5249**	**11547**	**1226**	**828**	**1899**		**190450**	**49907**	**150425**
691	7149	8	8	14	78	60	193	30	80	320		618	322	1224
1799	7767	7	4	6	8131	1058	4310	202	13	27		28035	10934	5599
1203	2416	2	10	20	3	2	20					1715	813	3349
133	426				9	2	7	140	14			137	105	586
4351	7619	1	2	4	135	69	208	306	281	639		20873	18383	40793
13163	53392	72	51	205	1107	2643	4182	213	285	599		93849	14092	89951
1319	3978	1719	21	23	5032	1343	2457	334	149	294		43737	4382	7217
1056	19875	38	67	43	160	72	170	1	6	20		1486	876	1706
4698	**11761**	**50**	**98**	**296**	**942**	**400**	**1840**	**953**	**160**	**434**		**11938**	**6054**	**19513**
876	1646											500	600	1800
501	603	14	14	42								154	224	563
756	2747	20	60	150	20	50	300	10	20	60		5824	2096	5564
656	1745				64	30	40	10	3	5				
666	1731	16	24	104	850	200	850	881	95	285		3390	850	6212
608	1337				8	120	650	52	42	84		459	162	113
400	800											623	1014	745
144	223											132	52	1906
91	929											795	1008	2373
												9	6	4
33	**83**	**28**	**35**	**82**	**301**	**281**	**552**	**200**	**13**	**22**		**3550**	**923**	**3697**
33	83											20	17	110
					25	50	150					3	21	63
		2	2	2	7	4	4	200	13	22				
					3	2	20					649	519	2592
					9	2	7							
					1	5	20							
					166	51	87							
		5			2							108	27	68
		21	33	80	88	167	264					690	339	864
												2080		

区县名称	竹子合计			1		2		3	
				箬竹		苦竹		刚竹	
	种	株	m^2	株	m^2	株	m^2	株	m^2
合　计		**3506152**	**380418**	**332280**	**27697**	**32277**	**3503**	**254489**	**25845**
城近郊区		**3196940**	**335204**	**299156**	**22512**	**25538**	**2358**	**215045**	**21903**
东城区		143272	15237	6609	585	643	88	700	173
西城区		186795	21053	39336	4612	50	11	4542	840
崇文区		36521	5792	2330	505	8	6	368	58
宣武区		73984	5246	4607	312	1		457	86
朝阳区		390352	37371	26542	3439	1210	246	5210	928
海淀区		1950970	201978	191742	9171	15646	896	179223	16464
丰台区		275877	31639	10122	1851	5614	728	4348	959
石景山区		139169	16888	17868	2037	2366	383	20197	2395
远郊区县		**309212**	**45214**	**33124**	**5185**	**6739**	**1145**	**39444**	**3942**
昌平区		56923	7714	672	73			4140	587
门头沟区		8403	1731	896	90	320	76	155	45
顺义区		39760	7431	2409	662	3490	403	1470	238
通州区		13395	3442	910	268	2590	602	2677	629
房山区		38997	6436	2313	128	39	9	525	607
大兴县		43340	4689	345	100	30	10	920	420
怀柔县		63820	7135	23390	3522	270	45	29177	1346
密云县		35532	5023	2189	342			330	60
平谷县		8687	1488						
延庆县		355	125					50	10
局属单位	**68**	**1464667**	**91062**	**101304**	**4495**	**4320**	**240**	**63836**	**6980**
颐和园	4	196123	12472	31165	1245				
动物园	4	58330	4456	5500	657				
中山公园	2	66600	5500	4200	300				
北海公园	5	17428	2237	6645	443				
景山公园	2	9815	1065	2775	185				
天坛公园	2	23707	2652	295	75				
陶然亭公园	2	52698	3205	78	5				
紫竹院公园	9	808979	43630	45490	1300	4320	240		
玉渊潭公园	1	61286	6809					61286	6809
香山公园	2	37441	5868	334	41				
北京市植物园	35	48158	3168	4622	244			2550	171
绿化处		84102		200					

续表十三

4		5		6		7		其他		
紫竹		早园竹		甜竹		筠竹		种	株	m²
株	m²	株	m²	株	m²	株	m²			
75264	**9878**	**2596048**	**257073**	**20557**	**4040**	**29666**	**3621**		**165571**	**48761**
63546	**7657**	**2413842**	**229764**	**16531**	**3321**	**26958**	**3252**		**136324**	**44437**
753	147	122542	13053	1140	100	840	180		10045	911
7631	819	114326	12476	4122	1748	1387	239		15401	308
200	64	33118	5049	48	30	91	26		358	54
		66628	4458	163	200	128	70		2000	120
2044	204	342607	30391	1841	205	2502	484		8396	1474
46927	5035	1428712	130402	8961	997	10622	1373		69137	37640
5708	1275	219329	23245	236	31	10421	713		20099	2837
283	113	86580	10690	20	10	967	167		10888	1093
11718	**2221**	**182206**	**27309**	**4026**	**719**	**2708**	**369**		**29247**	**4324**
900	126	49253	6764			1508	79		450	85
71	37	4441	1088	1600	210	4	4		916	181
119	111	26813	4903	1750	330	288	55		3421	729
1490	301	5178	1312			450	140		100	190
1043	144	31776	4881			23	13		3278	654
		41578	3944	325	105	20	50		122	60
7770	1307	2143	636	350	72				720	207
320	190	12458	2385			415	28		19820	2018
		8267	1288						420	200
5	5	299	108	1	2					
32879	**1827**	**1184973**	**73151**	**4200**	**287**	**3332**	**252**	**40**	**69823**	**3830**
		159558	10637					2	5400	590
		37726	3511					2	15104	288
		62400	5200							
20	1	10656	1776					2	107	17
		7040	880							
		23412	2577							
		52620	3200							
32859	1826	706168	39145			2052	114	4	18090	1005
		37107	5827							
		4554	398	4200	287	1280	138	30	30952	1930
		83732							170	

区县名称	绿篱合计			1		2		3		4	
				侧柏		桧柏		杜松		锦熟黄杨	
	种	株	米	株	米	株	米	株	米	株	米
合　计		**29116648**	**4785160**	**3355590**	**578820**	**4209216**	**675583**	**170491**	**43595**	**9153305**	**1510220**
城近郊区		**20867688**	**3626152**	**1504073**	**302858**	**3259221**	**529266**	**167432**	**42707**	**6256557**	**1120215**
东城区		695905	133746	58400	13631	161017	32089	42	14	174907	32121
西城区		948723	198269	29580	6709	172052	24712			276358	82340
崇文区		263723	47386	39320	7663	50473	8250	700	440	96022	17887
宣武区		473852	69033	11641	2742	120265	14254			100398	16176
朝阳区		4854747	832197	310956	65931	727664	116519	4502	9637	1638014	265065
海淀区		6452802	999146	458338	83019	725553	122616	9236	1970	1833621	274644
丰台区		4267833	903647	377451	85776	593575	128513	152949	30645	1502630	351484
石景山区		2910103	442728	218387	37387	708622	82313	3	1	634607	80498
远郊区县		**8248960**	**1159008**	**1851517**	**275962**	**949995**	**146317**	**3059**	**888**	**2896748**	**390005**
昌平区		974141	108833	44259	6012	170313	21326	25	10	354918	32253
门头沟区		143287	24117	31364	4989	6342	2097			21036	3650
顺义区		556787	71929	92682	14088	136130	17935	2200	350	201190	23930
通州区		1071060	197034	109479	25521	177911	32652	698	494	601851	110166
房山区		2006428	306088	709093	118541	157467	31647	136	34	403508	54427
大兴县		1196075	176808	146626	20890	87774	13421			224303	31766
怀柔县		827159	77457	298701	29863	102775	11749			258982	23766
密云县		439389	65201	129126	21030	52866	7271			204049	29802
平谷县		697315	92075	150229	18163	41539	5194			453593	61823
延庆县		337319	39466	139958	16865	16878	3025			173318	18422
局属单位	**36**	**897862**	**27410**	**44437**	**2199**	**410112**	**12383**			**175992**	**8566**
颐和园	3	8196	1639	3346	669	4411	882			439	88
动物园	5	15792	3659			1027	210			13716	3321
中山公园	2	10129	1615	1566	392					8563	1223
北海公园	2	603	126							585	120
景山公园	2	4700	1080							4200	1050
天坛公园	7	11231	3434	4312	945	1191	382			3524	1720
陶然亭公园	2	9700	1310							800	110
紫竹院公园	2	236	45							156	26
玉渊潭公园	3	3395	534	680	113	1525	252				
香山公园											
北京市植物园	8	49590	13968	280	80	37524	10657			3564	908
绿化处		784290		34253		364434				140445	

续表十四

5		6		7		8		其他		
大叶黄杨		朝鲜黄杨		紫叶小檗		金叶女贞		种	株	米
株	米	株	米	株	米	株	米			
9428896	**1545296**	**450470**	**84508**	**592759**	**67691**	**640044**	**72808**		**1115877**	**206639**
7410018	**1277922**	**314219**	**60446**	**440084**	**47685**	**522866**	**58117**		**993218**	**186936**
241865	41037	29574	5851	11072	3464	12763	2021		6265	3518
316291	67768	15773	2226	78548	2675	16603	2457		43518	9382
64760	10906	271	100	5709	908	6068	992		400	240
184036	28060	28500	3394	5599	665	11159	1456		12254	2286
1682046	302127	91398	15620	118789	15245	113704	15620		167674	26433
2588866	403011	84050	10443	86741	12461	233139	20909		433258	70073
1194632	227465	54056	20423	82695	6587	102296	10119		207549	42635
1137522	197548	10597	2389	50931	5680	27134	4543		122300	32369
2018878	**267374**	**136251**	**24062**	**152675**	**20006**	**117178**	**14691**		**122659**	**19703**
281732	32743	70325	8421	29716	4393	19502	3183		3351	492
60537	9122	2920	383	800	10	292	55		19996	3811
80229	7812	2004	2431	19234	2367	13538	1727		9580	1289
170899	26845	1134	94	2866	468	5872	744		350	50
619000	79723	34648	8947	21405	3189	9386	1523		51785	8057
603092	92737	11089	1797	45256	5575	49306	5260		28629	5362
131136	8236			20523	2445	14542	1348		500	50
22886	3569	10523	1513	8798	959	2743	475		8398	582
44132	5663	3248	406	2577	450	1997	376			
5235	924	360	70	1500	150				70	10
35470	**2653**	**56963**	**199**	**43899**	**762**	**70254**	**570**	**2**	**60735**	**78**
229	65			420	13	400	50			
18	6									
						500	30			
434	118	29	30	829	83	912	156			
8900	1200									
80	19									
		1190	169							
4451	1245			2327	666	1167	334	2	277	78
21358		55744		40323		67275			60458	

区县名称	色块合计			1		2	
				桧柏		锦熟黄杨	
	种	株	m^2	株	m^2	株	m^2
合　计		**8252175**	**687304**	**513837**	**48709**	**1680515**	**137569**
城近郊区		**5704198**	**511652**	**324159**	**28880**	**1009975**	**94098**
东城区		695233	58527	38395	3017	140097	15182
西城区		395351	48888	17250	1577	160325	18313
崇文区		38634	4378	93	135	11707	1494
宣武区		114926	11332	5197	535	19318	2314
朝阳区		1524040	122317	123152	10850	340555	26009
海淀区		1744706	170421	75788	7806	157652	9964
丰台区		507011	49498	12778	2332	113199	9700
石景山区		684297	46291	51506	2628	67122	11122
远郊区县		**2547977**	**175652**	**189678**	**19829**	**670540**	**43471**
昌平区		511768	29497	14762	3364	31547	2772
门头沟区		199450	23858	110095	9973	719	68
顺义区		480524	34392	11339	1156	215225	13868
通州区		389086	23063	10108	509	210755	13336
房山区		274634	14343	2728	169	23503	1386
大兴县		253570	19607	21668	820	12786	1782
怀柔县		208168	9069	11165	718	100154	3870
密云县		49227	8360	2784	1752	11854	1264
平谷县		119945	7737	1512	168	40476	2578
延庆县		61605	5726	3517	1200	23521	2547
局属单位	**20**	**856074**	**5555**	**73727**		**291981**	**1489**
颐和园							
动物园	8	11728	1736			5631	310
中山公园	3	28050	598				
北海公园							
景山公园							
天坛公园							
陶然亭公园	3	15700	1460			1300	260
紫竹院公园							
玉渊潭公园	2	72	10				
香山公园	1	900	603			900	603
北京市植物园	3	18725	1148			5242	316
绿化处		780899		73727		278908	

3		4		5		其他		
大叶黄杨		紫叶小檗		金叶女贞		种	株	m²
株	m²	株	m²	株	m²			
2008247	**165621**	**2008426**	**140738**	**1887827**	**162379**		**153323**	**32288**
1609800	**142457**	**1305001**	**101311**	**1331508**	**127615**		**123755**	**17291**
187536	16211	133984	13154	160669	9955		34552	1008
49100	8135	75423	9673	66034	6427		27219	4763
2193	454	14159	1110	10482	1185			
39198	4167	21229	1621	29614	2621		370	74
389310	30613	268132	19489	381467	31872		21424	3484
642972	55676	412078	33172	440670	58759		15546	5044
115863	14188	147566	12399	99167	8266		18438	2613
183628	13013	232430	10693	143405	8530		6206	305
398447	**23164**	**703425**	**39427**	**556319**	**34764**		**29568**	**14997**
141229	6001	181248	9134	142283	8052		699	174
22562	1042	27083	1061	37716	1598		1275	10116
29716	3564	107433	7276	107357	7362		9454	1166
47712	3821	51007	2133	69504	3264			
97643	3835	90133	4560	52854	3409		7773	984
25915	2359	110698	7600	82051	6955		452	91
19142	1160	51484	1991	25333	1291		890	39
4598	665	12998	1346	7968	906		9025	2427
9568	598	43666	2814	24723	1579			
362	119	27675	1512	6530	348			
25431	**182**	**182792**	**1429**	**254258**	**1395**	**6**	**27885**	**1060**
770	182	2914	313	2028	441	4	385	490
				550	28	2	27500	570
		8200	700	6200	500			
		37	4	35	6			
		6238	412	7245	420			
24661		165403		238200				

区县名称	宿根花卉合计			1		2		3		4	
				荚果蕨		常夏石竹		芍药		鸢尾	
	种	株	m^2	株	m^2	株	m^2	株	m^2	株	m^2
合　　计		**4735330**	**1292552**	**7148**	**594**	**145698**	**8495**	**131064**	**32385**	**222655**	**25076**
城近郊区		**3208278**	**1153563**	**6948**	**544**	**78988**	**3648**	**101213**	**23050**	**196620**	**19973**
东城区		222578	26856	120	39	293	28	4520	1364	15503	1669
西城区		145786	24090			8490	1145	6442	2174	17906	2315
崇文区		88572	21789					2382	2919	2439	481
宣武区		39157	5279	1500	30	5000	120	1540	477	2998	377
朝阳区		715946	72893	750	150	23050	147	5414	1976	109055	8178
海淀区		708962	839644	4378	303	31535	1286	16242	8462	27668	4825
丰台区		911288	119501	200	22	10578	902	61350	3467	15104	1559
石景山区		375989	43511			42	20	3323	2211	5947	569
远郊区县		**1527052**	**138989**	**200**	**50**	**66710**	**4847**	**29851**	**9335**	**26035**	**5103**
昌平区		769354	24036			5000	800	1505	470	522	98
门头沟区		74276	6136			1000	90	1397	681	2205	156
顺义区		116823	24412			35285	1167	3404	1446	7448	2007
通州区		112116	18097	200	50	5735	856	1855	1030	3600	967
房山区		79273	14027			359	47	3787	1229	2734	380
大兴县		97436	11952			2079	183	3581	582	2769	388
怀柔县		84199	12209			160	20	1225	425	12	5
密云县		73550	11966			160	36	3221	1043	3687	676
平谷县		11258	1684					485	107	1356	303
延庆县		108767	14470			16932	1648	9391	2322	1702	123
局属单位		**228227**	**23312**	**150**	**52**	**11540**		**10864**	**6011**	**8334**	**1088**
颐和园		5733	1146					42	8		
动物园		6543	1281					439	224	455	303
中山公园		6329	682	120	39			225	85	3622	286
北海公园		3023	881					3	7	424	113
景山公园		2861	1167					2110	1055	10	2
天坛公园		2385	3078					1698	2778	100	20
陶然亭公园		1346	208					1040	180		
紫竹院公园		1383	659								
玉渊潭公园		16968	1885					88	9	830	92
香山公园		14581	2323							1953	272
北京市植物园		9521	3262	30	13			4163	1665		
绿化处		157554				11540		1056		940	

续表十六

5		6		7		8		9		10		11	
射干		景天		大花秋葵		蜀葵		马蔺		大花萱草		紫萼	
株	m^2	株	m^2	株	m^2	株	m^2	株	m^2	株	m^2	株	m^2
1428	**300**	**748493**	**19495**	**263490**	**49025**	**106470**	**16815**	**67440**	**9661**	**404395**	**45355**	**11121**	**2440**
1408	**288**	**18658**	**2825**	**229609**	**42220**	**93033**	**13680**	**61957**	**8956**	**349847**	**37682**	**10661**	**2309**
200	40	229	57	12501	2380	5732	740	3838	411	16111	2604	95	73
21	80	266	51	10177	2460	2618	501	8023	1556	25055	2570	666	138
		245	34	5384	1678	4819	839	10089	3123	8161	1998	67	20
		1250	117	4370	730	1154	190	2010	650	7615	1156	300	30
587	43	3761	493	65742	8897	12368	2261	14962	367	76108	7050	2226	239
450	105	8451	1662	35892	6930	10119	2658	12147	1670	121592	14493	6865	1657
150	20	4306	401	53745	9652	40102	4328	8098	805	87633	7096	442	152
		150	10	41798	9493	16121	2163	2790	374	7572	715		
20	**12**	**729835**	**16670**	**33881**	**6805**	**13437**	**3135**	**5483**	**705**	**54548**	**7673**	**460**	**131**
		712245	15613	6255	787	1472	287	2200	140	351	94	250	50
		15000	938	1210	555	204	83	49	7	586	75		
		60	10	499	215	1197	370	305	112	3506	488	50	1
20	12	1500	42	737	224	1396	395	785	96	74	21		
		1000	63	4385	1101	6257	1208	180	29	16981	3179		
				1152	254	2346	663	1001	167	20731	1886	100	50
		30	4	3806	1141	200	18	759	117	3961	469		
				15347	2297	160	83	16	6	4484	1029	56	28
				40	19			108	14	2636	328		
				450	212	205	28	80	17	1238	104	4	2
		386	**56**	**40833**	**14**	**2231**	**2**	**7296**	**897**	**30940**	**2694**	**2753**	**825**
				59	12			531	106	1220	244		
								2412	289	2964	301		
										441	32		
		50	30					85	43	350	150	333	37
		11	11					13	2	672	72		
		10	4			3	2	27	115	200	50	67	20
								306	28				
								238	119			240	160
				15	2			1403	156	14600	1622		
		35	11					336	6	2478	207	813	152
								267	33	143	16	1300	456
		280		40759		2228		1678		7872			

区县名称	12		13		14		15		16		17	
	玉簪		法国水仙		早小菊		松果菊		黑心菊		天人菊	
	株	m^2	株	m^2	株	m^2	株	m^2	株	m^2	株	m^2
合　计	**196409**	**37986**	**2375**	**155**	**1223776**	**187984**	**4314**	**631**	**59099**	**18748**	**17859**	**1527**
城近郊区	**171674**	**33524**	**2188**	**111**	**1058767**	**165364**	**3674**	**570**	**37961**	**15150**	**12837**	**1158**
东城区	19388	3447			72287	7895			639	71	700	21
西城区	22903	5340	145	25	21137	3296	60	20	1100	129		
崇文区	677	158			41739	7844	10	1	610	106	80	50
宣武区	6420	903			4027	292						
朝阳区	41611	5341	145	57	173930	18565	1935	55	10129	900	10457	771
海淀区	61315	15274	1868	26	117696	64446	571	114	11503	13127	1390	296
丰台区	16612	2424	30	3	434802	47164	750	99	13730	777	100	
石景山区	2748	637			193149	15862	348	281	250	40	110	20
远郊区县	**24735**	**4462**	**187**	**44**	**165009**	**22620**	**640**	**61**	**21138**	**3598**	**5022**	**369**
昌平区	2803	667	120	30	24800	2726	230	23	10	5	20	5
门头沟区	60	13			12590	633			52	1		
顺义区	486	175			28458	5143			3108	2000	820	60
通州区	2606	544			20554	3026	300	25	245	34	100	8
房山区	9061	1732			8582	1509			90	31	190	48
大兴县	5384	543	31	9	15397	1936	110	13	7177	730	12	4
怀柔县	2043	385	36	5	23601	4638			3154	241	2880	144
密云县	1380	244			8620	827			7302	556		
平谷县	786	125			3524	404						
延庆县	126	34			18883	1778					1000	100
局属单位	**9249**	**2767**			**83175**	**1233**	**211**	**24**	**687**	**231**	**40**	**25**
颐和园	275	55			3595	719						
动物园	247	138										
中山公园	1890	210										
北海公园	920	193			430	180			20	2		
景山公园	45	25										
天坛公园	50	10			100	20					40	25
陶然亭公园												
紫竹院公园	376	228			160	40			369	112		
玉渊潭公园	32	4										
香山公园	3778	1123			2002	274			70	80		
北京市植物园	1344	781					151	24	183	37		
绿化处	292				76888		60		45			

18		19		20		21		22		23		其他		
荷兰菊		大花金鸡菊		孔雀草		宿根福禄考		假龙头		蛇鞭菊				
株	m^2	株	m^2	株	m^2	株	m^2	株	m^2	株	m^2	种	株	m^2
321231	**39193**	**30194**	**3412**	**55134**	**5978**	**26432**	**2851**	**15660**	**1899**	**744**	**105**		**672701**	**782442**
215777	**28481**	**26178**	**2543**	**37733**	**4375**	**11578**	**1212**	**11970**	**1107**	**644**	**97**		**468355**	**744696**
6501	819	446	145	200	40	326	59	190	110				62759	4844
6144	593	1390	103	700	70	1685	158	1114	62				9744	1304
5420	1033	5	1	2910	584	610	101	110	21				2815	798
35	10												938	197
71951	5485	9856	949	4117	673	4112	411	4570	222	340	33		68770	9630
28651	6019	6825	674	18166	1529	3385	379	2702	294	107	42		179444	693373
50826	8749	5746	606	6640	1351	1460	104	3014	336	197	22		95673	29462
46249	5773	1910	65	5000	128			270	62				48212	5088
105454	**10712**	**4016**	**869**	**17401**	**1603**	**14854**	**1639**	**3690**	**792**	**100**	**8**		**204346**	**37746**
5130	636	770	275	600	60								5071	1270
24035	1622			10020	631	3000	188						2868	463
7114	1037	806	275	400	25	515	78						23362	9803
3290	558	380	101	1991	458	1590	101	200	30	100	8		64858	9511
3915	533			2822	257	3203	364						15727	2317
11373	1513	5	8	8	3	36	5	310	40				23834	2975
12971	1268	50	5	100	20	1070	113	180	50				27961	3141
6880	1054	5	5	270	27	3140	360	3000	672				15822	3023
													2323	384
30746	2491	2000	200	1190	122	2300	430						22520	4859
7664	**58**	**540**		**1900**	**20**	**1425**	**65**	**171**	**21**	**601**	**12**		**7237**	**477**
													11	2
													26	26
													31	30
													408	126
				20	20								70	14
171	32			150		1208	47						1587	119
213	26					217	18	171	21	57	12		1282	160
7280		540		1730						544			3822	

区县名称	草坪合计		暖地小计		暖地型			
	种	m^2	种	m^2	1	2	3	4
					野牛草	大羊胡子	小羊胡子	结缕草
合计		**56390180**		**20534971**	**12800865**	**1092444**	**751266**	**670686**
城近郊区		**45671310**		**16892697**	**10338766**	**897543**	**615987**	**451812**
东城区		1246734		251407	136656	9227	2639	4387
西城区		2112914		483703	117547	8470	26306	20196
崇文区		1007326		334865	170969	29190	1504	12596
宣武区		972368		444760	114825	19214	135901	33089
朝阳区		15968716		5675596	3603088	121576	84438	65355
海淀区		14514228		5737984	3262178	402371	279853	149543
丰台区		7447106		2881194	2099656	260587	68426	128612
石景山区		2401918		1083188	833847	46908	16920	38034
远郊区县		**10718870**		**3642274**	**2462099**	**194901**	**135279**	**218874**
昌平区		938307		204108	108023	5895	3850	12519
门头沟区		697090		192876	155128	13191	3785	1363
顺义区		1429458		543548	446801	13721	45575	4690
通州区		1555777		708730	508783	64506	21126	11658
房山区		1996063		882905	527969	38930	18945	52556
大兴县		1440401		477882	228717	4154	21137	133353
怀柔县		645664		53834	23264	8495	9	400
密云县		908145		447780	374505	30328	2597	2015
平谷县		497234		37860	37676			
延庆县		610731		92751	51233	15681	18255	320
局属单位		**5097473**		**1788805**	**1471393**	**33674**	**19380**	**34097**
颐和园	7	260812		20959	6500		14	
动物园	6	221511		14499	2176	334		
中山公园		53000		6042				
北海公园		85930		36777			2156	1510
景山公园		61000		13800			8500	
天坛公园		157201		78797	9884	23362		200
陶然亭公园	9	171132		112230	69950	8000	8000	
紫竹院公园	6	109723		7551		908		
玉渊潭公园	2	402000		5000	5000			
香山公园	7	84792		19670	11122			
北京市植物园	10	803864		671709	634309			16461
绿化处		2686508		801771	732452	1070	710	15926

续表十八

				冷地小计		冷	
5	6	其他		种	m^2	1	2
麦冬	苔草	种	m^2			早熟禾	剪股颖
3400536	**196081**		**1623093**		**35331604**	**15297921**	**859956**
2894294	**180000**		**1514295**		**28320465**	**11542981**	**707953**
91710	4103		2685		943004	365303	24550
110139	37683		163362		1605713	1169673	5159
95723	20651		4232		671865	281720	3608
70273	36004		35454		520930	386606	
638510	31306		1131323		10067743	2516410	33149
1558798	43422		41819		8729167	4046260	229385
231900	4606		87407		4482257	2073977	391226
97241	2225		48013		1299786	703032	20876
506242	**16081**		**108798**		**7011139**	**3754940**	**152003**
73621			200		732639	476306	8510
5163	450		13796		504194	424286	500
25321	400		7040		868489	445000	
92601	7367		2689		830258	603366	4520
219152	3140		22213		1107721	238478	107663
49334			41187		959210	415291	30810
5156	10		16500		586494	38772	
28452	4710		5173		453026	289097	
184					451216	423282	
7258	4				517892	401062	
157941	**72310**	**2**	**10**		**3219517**	**1259561**	**22260**
13272	1163	1	10		219041		
5287	6702				206759	206759	
6042					46958	33123	13835
9831	23280				49153	26577	
	5300				47200	44500	
26000	19351				78315	58125	
10460	15820				57902	20000	
6643					96942	34617	
		1			397000		
8548					65122	47704	425
20939					132112	77064	
50919	694				1823013	711092	8000

区县名称	季型					地被小计		
	3	4	5	其他		种	m^2	1
	高羊茅	黑麦草	混播型	种	m^2			白三叶
合　计	**838663**	**1726498**	**14091387**		**2517179**		**523605**	**119252**
城近郊区	**712038**	**1568709**	**11490758**		**2298026**		**458148**	**79415**
东城区	24092	86700	341741		100618		52323	45881
西城区	44940	67400	132338		186203		23498	3270
崇文区	30308	28576	229197		98456		596	
宣武区	8680	18286	71859		35499		6678	713
朝阳区	293844	906445	5696158		621737		225377	19190
海淀区	274667	303100	3458118		417637		47077	
丰台区	34935	86966	1299324		595829		83655	9902
石景山区	572	71236	262023		242047		18944	459
远郊区县	**126625**	**157789**	**2600629**		**219153**		**65457**	**39837**
昌平区	4700	26270	154971		61882		1560	100
门头沟区	2340	765	68189		8114		20	
顺义区	2358	26137	360935		34059		17421	14312
通州区	7206	4441	210336		389		16789	8753
房山区	51410	33562	663151		13457		5437	4572
大兴县	8178	25851	392251		86829		3309	453
怀柔县		8082	539640				5336	3334
密云县	1496	26400	134860		1173		7339	365
平谷县	9587	1967	3130		13250		8158	7948
延庆县	39350	4314	73166				88	
局属单位	**113371**	**138319**	**1343175**	**2**	**342831**		**89151**	**9263**
颐和园			219041				20812	
动物园							253	
中山公园								
北海公园	18430	253	3893					
景山公园		2700						
天坛公园	1270	350	18570				89	
陶然亭公园	7600		30302				1000	
紫竹院公园	18729		43596				5230	
玉渊潭公园			397000					
香山公园	8012	774	8207					
北京市植物园			26384	2	28664		43	
绿化处	59330	134242	596182		314167		61724	9263

续表十九

地被							
2	3	4	5	6	7	其他	
小冠花	二月兰	沿阶草	紫花地丁	垂盆草	扶芳藤	种	m^2
4173	**283324**	**40382**	**3615**	**2168**	**2764**		**67927**
146	**282910**	**37262**	**3283**	**1503**	**2704**		**50925**
96	1130	40	1605	457	575		2539
10	6132	276	295	184	331		13000
	550	20			2		24
	2045						3920
40	186986	15403	318	745	976		1719
	20812	20943	25	12	55		5230
	47785	500	810	85	760		23813
	17470	80	230	20	5		680
4027	**414**	**3120**	**332**	**665**	**60**		**17002**
50	210		150	50			1000
	10			10			
50	100		170		40		2749
	30		6				8000
		120		595			150
	3						2853
	2						2000
3904		3000		10	20		40
							210
23	59		6				
	73240		**25**	**12**	**357**		**6254**
	20812						
					253		
	65						24
							1000
							5230
			25	12	6		
	52363				98		

区县合计	古树合计				1		2		3		4		5	
	种	合计	株		侧柏		桧柏		油松		白皮松		云杉	
			一级	二级	一级	二级	一级	二级	一级	二级	一级	二级	一级	二级
合　计		**21375**	**3537**	**17838**	**1973**	**10099**	**946**	**3539**	**157**	**1128**	**128**	**470**	**6**	
城近郊区		**21375**	**3537**	**17838**	**1973**	**10099**	**946**	**3539**	**157**	**1128**	**128**	**470**	**6**	
东城区		3091	1134	1957	877	707	177	287	1	27	9	39	6	
西城区		2616	198	2418	20	454	79	1077	1	44	32	70		
崇文区		3662	1171	2491	656	1691	489	709		1				
宣武区		480	167	313	115	67	17	52		1	1	2		
朝阳区		337	45	292	21	147	16	89		7		3		
海淀区		9849	697	9152	238	6116	139	1232	153	966	67	334		
丰台区		48	4	44		2	1	1		2				
石景山区		1292	121	1171	46	915	28	92	2	80	19	22		
远郊区县														
昌平区														
门头沟区														
顺义区														
通州区														
房山区														
大兴县														
怀柔县														
密云县														
平谷县														
延庆县														
局属单位	**69**	**13935**	**2118**	**11817**	**1168**	**8335**	**649**	**2230**	**147**	**739**	**77**	**260**	**6**	
颐和园	9	1608	108	1500	5	923	29	335	71	206	2	16		
动物园	6	43	6	37			6	19		3				
中山公园	5	602	304	298	281	281	14	15	1				6	
北海公园	8	580	40	540	12	274	15	220	1	3	6	9		
景山公园	5	865	62	803	3	126	32	628		7	25	39		
天坛公园	4	3562	1147	2415	655	1684	489	709		1				
陶然亭公园	2	3	3											
紫竹院公园	1	3	3											
玉渊潭公园	3	14		14				1		11				
香山公园	14	5890	318	5572	118	4718	64	228	68	410	43	164		
北京市植物园	12	638	127	511	94	327		37	6	65	1	23		
绿化处		127		127		2		38		33		9		

续表二十

6		7		8		9		10		11		12		13		14	
国槐		槐柏合抱		龙爪槐		蝴蝶槐		银杏		七叶树		皂角		丝棉木		朴树	
一级	二级	一级	二级	一级	二级	一级	二级	一级	二级	一级	二级	一级	二级	一级	二级	一级	二级
235	**1773**		**4**	**1**	**5**		**2**	**47**	**163**	**2**	**2**	**1**	**10**	**1**	**19**		**1**
235	**1773**		**4**	**1**	**5**		**2**	**47**	**163**	**2**	**2**	**1**	**10**	**1**	**19**		**1**
45	478		2	1	3		1		56			1	2	1	10		
50	582				2			6	44						7		1
23	54							1	12						2		
30	159						1	1	5								
7	39							1									
66	378		2					24	39	2	2		6				
3	30								2				2				
11	53							14	5								
47	**156**		**1**					**13**	**15**	**2**	**2**		**5**				
	12																
	2								5								
2	1		1														
6	26																
2	3																
3	21																
2																	
								3									
	2																
16	32							8	7		2		2				
20	51							2	3	2			2				
2	32												1				

区县合计	15		16		17		18		19		20		21		22	
	小叶朴		楸树		黄金树		榆树		元宝枫		栾树		桑树		苦楝	
	一级	二级	一级	二级	一级	二级	一级	二级	一级	二级	一级	二级	一级	二级	一级	二级
合　计	**3**	**2**	**17**	**88**		**7**	**3**	**220**		**2**		**6**	**1**	**16**		**3**
城近郊区	**3**	**2**	**17**	**88**		**7**	**3**	**220**		**2**		**6**	**1**	**16**		**3**
东城区	3		6	32		5	1	117		1		3		4		
西城区		1	7	29		1		61				1		1		1
崇文区				2			1	4						1		
宣武区				3				8								2
朝阳区				1				1						2		
海淀区		1	4	19		1	1	26		1		1	1	8		
丰台区								3								
石景山区				2								1				
远郊区县																
昌平区																
门头沟区																
顺义区																
通州区																
房山区																
大兴县																
怀柔县																
密云县																
平谷县																
延庆县																
局属单位		**1**	**2**	**15**		**2**		**15**		**1**		**2**		**2**		
颐和园				6										1		
动物园								6								
中山公园																
北海公园		1		5				2								
景山公园																
天坛公园																
陶然亭公园																
紫竹院公园																
玉渊潭公园																
香山公园			1	2				1		1		1		1		
北京市植物园			1	1												
绿化处				1		2		6				1				

续表二十一

23		24		25		26		27		28		29		30	
水杉		文冠果		构树		黄连木		流苏树		麻栎		毛白杨		小叶椴	
一级	二级	一级	二级	一级	二级	一级	二级	一级	二级	一级	二级	一级	二级	一级	二级
	3		**2**		**1**	**1**			**1**		**2**		**3**	**2**	
	3		**2**		**1**	**1**			**1**		**2**		**3**	**2**	
														2	
	3														
			2												
					1										
									1		2		3		
						1									
											2				
											2				

区县合计	31		32		33		34		35		36		37	
	枣树		黑枣		酸枣		龙爪枣		二乔玉兰		白玉兰		长山核桃	
	一级	二级	一级	二级	一级	二级	一级	二级	一级	二级	一级	二级	一级	二级
合　计	**6**	**231**		**4**	**2**	**8**		**1**	**1**			**2**		**2**
城近郊区	**6**	**231**		**4**	**2**	**8**		**1**	**1**			**2**		**2**
东城区	4	178		2		3								
西城区	2	34			1	4								2
崇文区														
宣武区		10			1			1						
朝阳区														
海淀区		8				1			1			2		
丰台区		1		1										
石景山区				1										
远郊区县														
昌平区														
门头沟区														
顺义区														
通州区														
房山区														
大兴县														
怀柔县														
密云县														
平谷县														
延庆县														
局属单位					**1**				**1**			**2**		**2**
颐和园									1			2		
动物园														2
中山公园														
北海公园														
景山公园														
天坛公园														
陶然亭公园					1									
紫竹院公园														
玉渊潭公园														
香山公园														
北京市植物园														
绿化处														

续表二十二

38		39		40		41		42		43		44		45		46		47	
核桃		腊梅		紫藤		杜梨		海棠		西府海棠		盐肤木		龙柏		刺槐		樟树	
一级	二级	一级	二级	一级	二级	一级	二级	一级	二级	一级	二级	一级	二级	一级	二级	一级	二级	一级	二级
	1	**1**		**1**	**2**			**1**			**2**								
	1	**1**		**1**	**2**			**1**			**2**								
											2								
				1				1											
	1	1			2														
		1			**2**														
		1			2														

区县名称	濒危植物合计		1	2	3	4	5	6	7	8	9	10	11
	种	株	银杏	翠柏	水杉	樟子松	金钱松	刺五加	杜仲	猥实	核桃楸	核桃	野大豆
合　计		**1227356**	**1075828**	**63**	**6372**	**3422**	**5**	**15**	**29126**	**1252**	**324**	**29738**	**35**
城近郊区		**1167310**	**1044706**	**58**	**5405**	**3178**	**5**	**15**	**26371**	**1139**	**324**	**27392**	**35**
东城区		3092	2822		40	22			180	2		16	
西城区		6985	3304		133	31			621	230		2312	
崇文区		4947	2608	2	29	18	3		425	11		1408	
宣武区		4833	2850		30	30			237	71		548	
朝阳区		691026	657900		4097	171			12780	350		5195	
海淀区		212641	195389	56	482	113	2	15	7279	308	324	4301	35
丰台区		191902	143869		445	2614			3551	126		9971	
石景山区		51884	35964		149	179			1298	41		3641	
远郊区县		**60046**	**31122**	**5**	**967**	**244**			**2755**	**113**		**2346**	
昌平区		6642	4627	4	333	16			230			304	
门头沟区		8949	276		97				48			757	
顺义区		5237	4131		145	17			90			123	
通州区		4468	4186		32				47	8			
房山区		8992	2488	1	290	25			952	18		922	
大兴县		19529	12012		24	158			1292	87		179	
怀柔县		967	764						3			25	
密云县		2212	890		23	28			54			33	
平谷县		1579	1420		23				12			3	
延庆县		1471	328						27				
局属单位		**22382**	**16827**	**178**	**621**	**22**	**4**	**5**	**1064**	**505**	**37**	**541**	
局属公园	10	209	81	8	15	1			12	10	10		
动物园	10	627	265		20	1			52	65		52	
中山公园	6	183	133		5				24	2		3	
北海公园	10	129	51		5	1			10	6		39	
景山公园	6	134	55		4				23			41	
天坛公园	5	1273	1101						153				
陶然亭公园	13	828	362		18	3		5	68	10	27		
紫竹院公园	12	386	67	98	66	1			26	68		31	
玉渊潭公园	5	1895	1280		174					127		43	
香山公园	9	389	129		17				9	1		158	
北京市植物园	13	2901	1187	63	231	5			529	198		112	
绿化处		13428	12116	9	66	10	4		158	18		62	

12	13	14	15	16	17	18	19	20	21	22	23	24	25	其他	
鹅掌楸	珙桐	水曲柳	锡金海棠	玫瑰	黄檗	青檀	东北红豆杉	矮紫杉	风箱果	太行菊	文冠果	脐草	腊梅	种	株
534	**44**	**27**	**9**	**71566**	**1526**	**25**	**19**	**539**	**51**	**3**	**2387**	**5**	**4490**		**26**
344	**44**	**27**	**9**	**50778**	**1525**	**21**	**19**	**343**	**51**	**3**	**2313**	**5**	**3249**		**26**
10															
27											52		275		
2		2		278				14	2		13		132		
6				868		4		5			30		154		
124				9733				204					472		
43	44	25	9	3323	28	5	19	60	49	3	41	5	732		
16				28476	1490	12		45			8		1279		
116				8100	7			15			2169		205		
190				**20788**	**1**	**4**		**196**			**74**		**1241**		
				1049				21			24		34		
				7666		2		1					102		
				595				2					134		
											2		193		
				3869		2		41					384		
190				5338	1			117			23		108		
				150									25		
				909				14					261		
				98							23				
				1114							2				
26				**1764**	**13**	**1**	**2**	**308**	**49**	**32**			**357**	**1**	**26**
4				19									49		
17				117				12						1	26
													16		
1								4		7			5		
				9									2		
				5						9			5		
4				318	2	1				2			8		
				10	1			10		3			5		
				271											
				6	10			5					54		
				25			2	277	49	11			212		
				984									1		

2000 平方米以上楼房居住区、单位情况汇总表

区县名称	楼房居住区		单位	
	2000m² 以上（个）	5000m² 以上（个）	2000m² 以上（个）	5000m² 以上（个）
合计	**1924**	**1710**	**6404**	**4998**
城近郊区	**1582**	**1406**	**4501**	**3613**
东城区	64	46	442	262
西城区	137	126	415	303
崇文区	52	49	282	203
宣武区	130	106	277	199
朝阳区	454	404	1056	877
海淀区	362	335	877	806
丰台区	319	276	844	715
石景山区	64	64	308	248
远郊区县	**342**	**304**	**1903**	**1385**
昌平区	25	23	135	96
门头沟区	44	39	191	129
顺义区	21	21	126	120
通州区	35	33	122	104
房山区	53	43	242	186
大兴县	67	56	363	269
怀柔县	29	29	85	57
密云县	20	19	217	148
平谷县	33	27	284	175
延庆县	15	14	138	101

四
北京市园林局局属单位、市水利局、亦庄经济开发区绿化普查资料

北京市园林局局属

序号	绿地名称	合计（平方米）	总面			
			水面积	小计	陆地	
					绿地面积	建筑占地面积
甲	乙	1=2+3	2	3=4+5+8+9	4	5
	合　计	**15251532**	**3624944**	**11626588**	**9629998**	**787352**
1	颐和园	2901300	2133000	768300	549089	72451
2	北京动物园	861898	86243	775655	308638	92748
3	中山公园	238326	38280	200046	145697	33765
4	北海公园	682000	390000	292000	183046	46771
5	景山公园	230000		230000	165852	20620
6	天坛公园	2102000		2102000	1749037	148794
7	陶然亭公园	590570	176656	413914	328934	36010
8	紫竹院公园	473500	161517	311983	259591	23478
9	玉渊潭公园	1366900	614700	752200	552307	71193
10	香山公园	1805038	8712	1796326	1679310	65499
11	北京市植物园	4000000	15836	3984164	3708497	176023

北京市园林局局属

序号	绿地名称	实有树木										
		合计（株）	乔木			灌木			其他			
			小计	常绿乔木	落叶乔木	小计	常绿灌木	落叶灌木	小计	月季	攀缘	
											（株）	（米）
甲	乙	1=2+5+8	2=3+4	3	4	5=6+7	6	7	8=9+10	9	10	11
	合　计	**2149425**	**1550080**	**790329**	**759751**	**348798**	**60107**	**288691**	**250547**	**79218**	**171329**	**31163**
1	颐和园	198020	30252	19510	10742	58185	1499	56686	109583	2113	107470	13544
2	北京动物园	29083	8702	3519	5183	7653	2103	5550	12728	7632	5096	1496
3	中山公园	7434	2921	2208	713	1957	479	1478	2556	210	2346	688
4	北海公园	11188	4705	3084	1621	3238	852	2386	3245	1091	2154	796
5	景山公园	14696	5080	4351	729	7856	559	7297	1760	1515	245	145
6	天坛公园	54605	38680	30133	8547	5525	1033	4492	10400	5696	4704	3763
7	陶然亭公园	32375	11537	7892	3645	8411	2430	5981	12427	4406	8021	1690
8	紫竹院公园	29007	5437	2724	2713	11194	5377	5817	12376	263	12113	993
9	玉渊潭公园	64722	19416	7184	12232	22584	7072	15512	22722	8208	14514	4720
10	香山公园	223564	103020	83425	19595	110143	6031	104112	10401	1168	9233	1356
11	北京市植物园	1484731	1320330	626299	694031	112052	32672	79380	52349	46916	5433	1972

公园面积明细表

积				绿地面积占陆地面积（%）	绿化覆盖面积（平方米）	绿化覆盖率（%）	审批机构	建成时间
面　积								
建筑面积	其中:古建面积	铺装面积	其他面积					
6	7	8	9	10＝4/3	11	12＝11/1	13	14
922875	**189211**	**811531**	**397707**	**82.83**	**10196827**	**66.86**		
75976	66760	96600	50160	71.50	639555	22.04	北平政府	1750年
144599	2088	119740	254529	39.79	406776	47.20	北京市政府	1908年
40698	4669	20584		72.83	188755	79.20	北洋内务部	1914年
67709	33409	62183		62.69	241291	35.38	北平人民政府	1179年
7309	3011	42728	800	72.11	191259	83.16	北平人民政府	1420年
150028	66551	170177	33992	83.21	1773460	84.37	市编委	1420年
39649	2804	48970		79.47	411104	69.61	北京市人民政府	1969年
29066	1016	28914		83.21	307448	64.93	北京市园林局	1953年
84524		75900	52800	73.43	563734	41.24	北京市政府	1960年
95303	6543	46091	5426	93.49	1731205	95.91	市政府公园管理委员会	1952年
188014	2360	99644		93.08	3742240	93.56	国务院	1956年

公园树木明细表

	竹　子		绿　篱		色　块		宿根花卉		草坪	古树	濒危植物	管理
（平方米）	（株）	（平方米）	（株）	（米）	（株）	（平方米）	（株）	（平方米）	（平方米）	（株）	（株）	等级
12	13	14	15	16	17	18	19	20	21	22	23	24
248724	**1380565**	**91062**	**114972**	**27801**	**75175**	**5555**	**71073**	**16571**	**2399153**	**13962**	**6853**	
194485	196123	12472	8196	1639			5733	1146	240000	1608	209	1
7068	58330	4456	15792	3659	11728	1736	6543	1281	221511	43	627	1
3382	66600	5500	10129	1615	28050	598	6329	682	53000	602	183	1
2879	17428	2237	603	126			3023	881	85930	580	129	1
275	9815	1065	6100	1471			2861	1167	70000	1019	134	1
8063	23707	2652	11231	3434			2385	3078	157201	3562		1
6789	52698	3205	9700	1310	15700	1460	1346	208	171132	3		1
8555	808979	43630	236	45			1783	659	109723	3	386	1
7714	61286	6810	3395	534	72	10	16968	1885	402000	14	1895	2
3998	37441	5868			900	603	14581	2323	84792	5890	389	1
5517	48158	3168	49590	13968	18725	1148	9521	3262	803864	638	2901	1

北京市园林局绿化处

序号	绿地名称	合计（平方米）	总			
			水面积	小计	绿地面积	建筑占地面积
甲	乙	1=2+3	2	3=4+5+8+9	4	5
	公园合计	**753097**	**16000**	**737097**	**641732**	**9627**
1	北土城遗址公园	197454		197454	147259	2493
2	东单公园	41468		41468	31251	1000
3	双秀公园	72899		72899	54744	3341
4	顺景园休闲公园	290000	16000	274000	262200	1800
5	西土城遗址公园	151276		151276	146278	993
	街头绿地合计	**659270**		**659270**	**542712**	**5270**
1	安东绿地	5405		5405	3435	
2	安西绿地	2685		2685	1882	
3	安贞西北角绿地	10980		10980	10477	
4	滨河绿地	13708		13708	8270	824
5	朝阳绿地	8535		8535	6226	60
6	翠微烟雨绿地	128906		128906	124693	896
7	东坝河绿地	18115		18115	18106	
8	东花园绿地	3770		3770	2334	190
9	二里沟绿地	5243		5243	3956	20
10	公主坟绿地	57910		57910	39639	703
11	古观象台绿地	11026		11026	8740	
12	广播电视部绿地	7588		7588	5274	
13	和平门绿地	1896		1896	1386	
14	花家地绿地	38400		38400	37670	
15	建国门绿地	8964		8964	5841	20
16	经委三角地	18047		18047	15116	
17	景山东街绿地	7778		7778	5948	45
18	景山前街绿地	16896		16896	14604	
19	酒仙桥绿地	6180		6180	2750	242
20	科技会堂绿地	6190		6190	4377	
21	历史博物馆绿地	6188		6188	4939	
22	马甸绿地	16708		16708	13102	730
23	美术馆绿地	3752		3752	2271	18
24	清河三角地	19310		19310	17765	
25	三里河绿地	33426		33426	29334	66
26	十条绿地	2364		2364	1633	
27	水泡子绿地	14614		14614	10424	
28	苏东绿地	9693		9693	8009	
29	天安门观礼台绿地	6611		6611	6611	
30	天安门广场绿地	16108		16108	14586	
31	天安门两翼绿地	13384		13384	5297	
32	西花园绿地	25190		25190	20200	
33	小关绿地	66370		66370	48710	1456
34	新街口三角地	3193		3193	2772	
35	新源里绿地	28700		28700	25535	
36	宣武绿地	2363		2363	1217	
37	正义路绿地	13074		13074	9583	

公共绿地面积明细表

面积				绿地面积占陆地面积（%）	绿化覆盖面积（平方米）	绿化覆盖率（%）
陆地面积						
建筑面积	其中:古建面积	铺装面积	其他面积			
6	7	8	9	10 = 4/3	11	12 = 11/1
10954		**39273**	**46465**	**87.06**	**666834**	**88.55**
2493		4020	43682	74.58	154766	78.38
1000		9217		75.36	37810	91.18
4348		12031	2783	75.10	65780	90.23
2100		10000		95.69	262200	90.41
1013		4005		96.70	146278	96.70
5207	**72**	**96095**	**15193**	**82.32**	**599050**	**90.87**
		1887	83	63.55	4500	83.26
		746	57	70.09	2685	100.00
		503		95.42	10980	100.00
824		2882	1732	60.33	8943	65.24
60		2196	53	72.95	7282	85.32
896		2645	672	96.73	124693	96.73
			9	99.95	18115	100.00
127		254	992	61.91	3770	100.00
20		1251	16	75.45	5008	95.52
703	72	17568		68.45	40639	70.18
		2286		79.27	8840	80.17
		2314		69.50	5374	70.82
		510		73.10	1696	89.45
		100	630	98.10	38400	100.00
20		3103		65.16	6602	73.65
		1761	1170	83.76	16052	88.95
45		1610	175	76.47	8119	104.38
		2292		86.43	14604	86.43
242		3147	41	44.50	6180	100.00
		1813		70.71	4587	74.10
		1249		79.82	5089	82.24
730		1976	900	78.42	15102	90.39
18		1463		60.53	3946	105.17
		1545		92.00	18950	98.14
66		3966	60	87.76	30125	90.12
		731		69.08	2178	92.13
		4184	6	71.33	10646	72.85
		1650	34	82.63	7910	81.61
				100.00	6611	100.00
		1522		90.55	14586	90.55
		8087		39.58	7827	58.48
		3626	1364	80.19	25190	100.00
1456		9385	6819	73.39	66370	100.00
		421		86.81	4010	125.59
		2785	380	88.97	28700	100.00
		1146		51.50	1567	66.31
		3491		73.30	13174	100.76

北京市园林局绿化处

序号	绿地名称	实有树木								
		合计（株）	乔木			灌木				
			小计	常绿乔木	落叶乔木	小计	常绿灌木	落叶灌木	小计	月季
甲	乙	1=2+5+8	2=3+4	3	4	5=6+7	6	7	8=9+10	9
	公园合计	**49430**	**18241**	**12249**	**5992**	**16681**	**10634**	**6047**	**14508**	**6116**
1	北土城遗址公园	13056	8426	5950	2476	1412	602	810	3218	1718
2	东单公园	4389	2492	1679	813	1380	101	1279	517	336
3	双秀公园	8029	2046	1433	613	4230	3144	1086	1753	542
4	顺景园休闲公园	945	889	803	86	56	50	6		
5	西土城遗址公园	23011	4388	2384	2004	9603	6737	2866	9020	3520
	街头绿地合计	**97696**	**12737**	**4770**	**7967**	**31662**	**16607**	**15055**	**53297**	**42294**
1	安东绿地	462	125	53	72	62	35	27	275	275
2	安西绿地	84	52	25	27	32		32		
3	安贞西北角绿地	7723	334	80	254	2217	1855	362	5172	5172
4	滨河绿地	2188	263	54	209	583	432	151	1342	1330
5	朝阳绿地	1101	245	83	162	821	665	156	35	
6	翠微烟雨绿地	11788	1630	619	1011	8657	5553	3104	1501	869
7	东坝河绿地	1835	733	148	585	752	120	632	350	350
8	东花园绿地	5657	135	43	92	508	400	108	5014	3084
9	二里沟绿地	782	199	71	128	293	213	80	290	280
10	公主坟绿地	3135	612	339	273	1023	4	1019	1500	204
11	古观象台绿地	2724	109	50	59	500	106	394	2115	2115
12	广播电视部绿地	645	97	43	54	396	19	377	152	152
13	和平门绿地	139	53	25	28	57		57	29	29
14	花家地绿地	2563	969	214	755	536		536	1058	1040
15	建国门绿地	1815	218	53	165	277	34	243	1320	200
16	经委三角地	2190	389	147	242	1106	780	326	695	476
17	景山东街绿地	365	208	83	125	157		157		
18	景山前街绿地	399	349	88	261	50		50		
19	酒仙桥绿地	589	165	71	94	420	202	218	4	
20	科技会堂绿地	2922	57	35	22	18		18	2847	777
21	历史博物馆绿地	263	142	81	61	121	6	115		
22	马甸绿地	970	235	76	159	637	241	396	98	98
23	美术馆绿地	178	147	30	117	31		31		
24	清河三角地	471	348	132	216	123		123		
25	三里河绿地	20657	873	382	491	5429	2568	2861	14355	11845
26	十条绿地	543	139	59	80	161	110	51	243	243
27	水泡子绿地	3919	306	105	201	784	79	705	2829	2829
28	苏东绿地	3458	195	111	84	301		301	2962	1822
29	天安门观礼台绿地	1839	23	23		1088	448	640	728	728
30	天安门广场绿地	92	16	16		76	30	46		
31	天安门两翼绿地	374	272	37	235	63		63	39	39
32	西花园绿地	4916	517	181	336	599	323	276	3800	3800
33	小关绿地	5188	1322	629	693	1362	580	782	2504	2500
34	新街口三角地	611	72	24	48	539	443	96		
35	新源里绿地	4460	835	387	448	1672	1353	319	1953	1950
36	宣武绿地	124	49	16	33	30	2	28	45	45
37	正义路绿地	527	304	157	147	181	6	175	42	42

公共绿地树木明细表

其他			竹子		绿篱		色块		宿根花卉		草坪	古树	濒危植物
攀缘													
（株）	（米）	（平方米）	（株）	（平方米）	（株）	（米）	（株）	（平方米）	（株）	（平方米）	（平方米）	（株）	（株）
10	11	12	13	14	15	16	17	18	19	20	21	22	23
8392	**1289**	**12071**	**7649**	**1639**	**10012**	**1506**			**8016**	**1168**	**388747**		**153**
1500	125	150							1046	308	37300		31
181	140	321	162	140	971	268			80	36	14897		46
1211	404	3230	7487	1499	5437	531			5915	657	38650		56
					1300	130					262200		
5500	620	8370			2304	577			975	167	35700		20
11003	**1685**	**6925**	**23214**	**2345**	**31154**	**6765**	**37493**	**6480**	**24848**	**2485**	**397785**	**823**	**880**
					1704	284			278	28	3097		1
					48	16					1800		
					923	176			3699	411	3828		12
12	28	75			205	35	2570	144			6201		4
35	33	110			1583	308					5600		
632	66	1567	23200	2320	709	137			3757	375	33299		
											14484		
1930	193	386									2333		16
10											1404		98
1296	446	1361			1092	156					38042	823	8
					2808	956	2330	434			6900		
					1960	392					5274		
					593	119					1386		203
18	8	25							76	130	35000		25
1120	60	90			687	138	61	7	1870	374	5700		8
219	45	135			692	108	1025	250			12281		71
					2140	535					4143		64
							7600	630			10860		
4	10	20			280	40					2750		3
2070	115	230									4077		
					2940	480					4375		5
													69
					1221	407					1652		5
											19349		71
2510	268	561			1400	137			14612	1099	28484		5
					2670	454					1500		56
					612	153					8986		49
1140	380	2280							350	35	7514		
					2050	409	5266	2688			3374		
					1630	412					14312		
							18416	2302			2385		29
					226	62			190	13	20200		44
4	25	75			712	184			16	20	48710		9
					700	233					2150		19
3	8	10	14	25	1527	422					25535		
											1217		6
					42	12	225	25			9583		

北京市园林局绿化处

序号	道路名称	起止地点	道路长度（公里）	道路宽度（米）	绿化长度（公里）	绿化宽度（米）	道路用地总面积（平方米）	合计（平方米）
甲	乙	丙	1	2	3	4	5	6=7+8+9+10+11
	合 计		**223.31**		**195.89**		**15007160**	**6028083**
	道路		**218.71**		**191.61**		**14960890**	**6005513**
1	安定路	安定桥—安慧桥	1.95	60	1.90	15	116849	25877
2	安定门东大街	安定门桥—水池子绿地	2.30	50	2.27	19	115000	11429
3	安定门西大街	中轴路—安定门桥	1.00	61	0.90	13	61000	4108
4	安华路	北三环中路—外馆斜街	0.67	39	0.60	28	26311	11986
5	安立路	安慧桥—慧忠路	0.51	60	0.49	8	30199	2844
6	安苑路	场馆东门—消防队	0.20	42	0.18	3	8450	300
7	安贞路	北三环中路—土城南路	0.67	39	0.65	26	26311	14360
8	八达岭高速路	马甸桥—西三旗环岛	11.00	31—62	10.03	33	682000	150870
9	板井路	车道沟桥—西四环	1.78	36	1.57	6	64080	7911
10	北长街	景山前街—西华门	0.81	22	0.81	3	17820	7200
11	北辰东路	北四环路—慧忠路	0.64	50	0.63	27	32320	14119
12	北辰路	北辰桥—北土城环岛	1.19	102	1.12	102	209582	124367
13	北池子大街	五四大街西口—东华门	0.90	17	0.90	3	15300	7200
14	北河沿大街	沙滩—东华门	0.98	23	0.98	3	29106	14406
15	北京站西街	北京站—崇文门	0.62	32	0.62	3	19840	4769
16	北三环东路	安贞桥—三元桥	4.33	78	4.03	24	384279	110772
17	北三环中路	安贞桥—蓟门桥	1.47	78	1.47	24	250728	90137
18	北四环东路	安慧桥—四元桥	5.74	77	5.64	7	626941	219654
19	北四环中路	健翔桥—安慧桥	2.31	77	2.29	7	399534	95257
20	北土城西路	学院路—昌平路	1.01	81	0.97	44	81810	24779
21	北坞村路	昆明湖—玉泉山	2.50	19	1.83	4	47500	8133
22	朝阳门北大街	朝阳门—东四十条	0.65	91	0.65	14	58825	24400
23	朝阳门南大街	朝阳门—雅宝路	0.87	91	0.87	14	79170	10894
24	朝阳门内大街	东四—朝阳门	1.35	55	1.35	11	73710	12318
25	成府路	学院路—五道口铁路	1.75	19	1.50	2	32300	1050
26	崇文门东大街	崇文门—东便门桥	1.12	49	1.12	15	54880	16684
27	崇文门西大街	台基厂大街南口—崇文门	0.57	80	0.50	36	45600	14594
28	大华路	东长安街—东交民巷	0.65	22	0.42	8	14300	1230
29	德胜门东大街	中轴路—德胜门桥	1.41	60	1.35	14	84600	9820
30	德胜门西大街	德胜门桥—西直门桥	1.56	60	1.51	17	93600	20090
31	灯市口大街	王府井—灯市东口	0.53	30	0.53	5	15794	9871
32	地安门内大街	平安大街—景山后街	0.52	38—52	0.18	12	26780	12466

道路绿地面积明细表

道路绿地面积					绿地覆盖面积（平方米）	绿化覆盖率（%）	绿地率（%）	实有树木（株）	实有草坪（平方米）
中心隔离带绿地	分车带绿地	行道树绿地	立交桥绿地	道路两侧绿地					
7	8	9	10	11	12	13 = 12/5	14 = 6/5	15	16
74775	**491164**	**763762**	**882936**	**3815446**	**7266364**	**48.42**	**40.17**	**1357425**	**1887874**
74775	**491164**	**763132**	**882936**	**3793506**	**7222998**	**48.28**	**40.14**	**1356618**	**1866231**
	7963	4170		13744	30760	26.32	22.15	4744	8646
	4155	1538	3867	1869	15417	13.41	9.94	16171	7368
	3283	825			8099	13.28	6.73	2494	2696
10936		1050			15046	57.19	45.56	13652	1200
	1899	945			6525	21.61	9.42	2118	1899
		300			900	10.65	3.55	60	
10935		1028		2397	17397	66.12	54.58	4039	11851
	74030	19110	13345	44385	169980	24.92	22.12	35280	113722
	4000	2483		1428	22935	35.79	12.35	514	
		7200			16068	90.17	40.40	206	
		1557		12562	15676	48.50	43.69	9514	12562
	7764	5749	11003	99851	132174	63.07	59.34	20456	77426
		7200			16848	110.12	47.06	216	
		14406			17400	59.78	49.49	580	
		4769			2700	13.61	24.04	135	
3590	8135	6570	47838	44639	145280	37.81	28.83	68103	81912
2969	7412	5048	57983	16725	117713	46.95	35.95	39447	57890
7281	15345	10575	186453		209079	33.35	35.04	60658	135267
2047	5570	4440	83200		90817	22.73	23.84	36792	59267
	4125	2610		18044	31514	38.52	30.29	2232	9522
	5110	3023			30720	64.67	17.12	644	
	12250	4793	7357		19107	32.48	41.48	5155	12522
	10894				6300	7.96	13.76	349	4400
1600	8100	2618			14083	19.11	16.71	551	5000
		1050			5600	17.34	3.25	140	
		4297		12387	17087	31.14	30.40	4830	12387
	7818	4701		2075	14747	32.34	32.00	3338	6682
		855		375	3799	26.57	8.60	542	375
	5464	615	3741		19255	22.76	11.61	8426	7983
	1494	1853	16743		29027	31.01	21.46	16853	10497
		9871			7345	46.51	62.50	124	
		8030		4436	11092	41.42	46.55	812	4436

序号	道路名称	起止地点	道路长度（公里）	道路宽度（米）	绿化长度（公里）	绿化宽度（米）	道路用地总面积（平方米）	合计（平方米）
甲	乙	丙	1	2	3	4	5	6=7+8+9+10+11
33	东安门大街	南河沿北口—王府井大街	0.36	29	0.30	3	10440	3697
34	东长安街	天安门—东单路口	1.49	110—145	1.34	51	181780	34892
35	东华门大街	东华门—南河沿大街北口	0.39	29	0.35	5	11310	4004
36	东交民巷	公安后街—崇文门内大街	1.39	15	1.39	3	20294	8964
37	东三环北路	三元桥—光华桥	4.25	98	4.12	29	416500	84126
38	东三环南路	双井桥—分钟寺桥	3.60	85	3.60	24	306000	106195
39	东三环中路	光华桥—双井桥	0.85	92	0.83	24	214200	31013
40	东筒子河路	午门—故宫外东北角	1.32	21	1.14	12	27456	13197
41	东直门北大街	水泡子绿地—东直门桥	0.70	50	0.60	11	35000	4102
42	东直门南大街	东直门桥—东四十条桥	0.55	91	0.55	14	49775	37143
43	东直门外斜街	东直门—三元桥	2.11	29	2.08	7	60032	10458
44	端门内	午门—天安门	0.39	10	0.39	5	3900	1110
45	府右街	西长安街—西安门大街	1.70	32	1.59	8	54400	26350
46	复兴路	木樨地—玉泉路	7.00	74	4.60	28	518000	107197
47	复兴门北大街	月坛南桥—复兴门桥	0.39	40	0.20	4	15600	149
48	复兴门内大街	复兴门桥—西单	1.45	71—126	1.41	10—81	149355	39157
49	复兴门外大街	复兴门桥—木樨地	0.24	115	0.13	46	156980	28472
50	阜成路	甘家口—五棵松路	4.00	83	3.58	35	326800	71785
51	阜成门北大街	平安里西大街—阜成门桥	1.15	62	1.08	10	71300	16994
52	阜成门南大街	阜成门桥—复兴门桥					70240	15702
53	阜成门内大街	阜成门桥—西四	1.31	26	0.82	3	33667	8777
54	阜成门外大街	阜成门桥—甘家口	1.93	66	1.54	7	127380	10162
55	公安后街	天安门广场—东交民巷	0.16	8	0.10	3	2880	1344
56	鼓楼外大街	安华桥—北土城环岛	0.64	71	0.62	26	45728	17578
57	恒基东侧路	北京站东街—建国门内大街	0.31	22	0.31	4	6820	1860
58	花家地南街	京顺路—望京路	0.60	32	0.59	9	19200	4200
59	花园北路	学院路—花园路	1.00	17	1.00	4	17000	4953
60	花园路	北三环中路—北四环中路	2.10	34	1.95	12	71400	17280
61	慧忠路	北辰东路—安苑路	1.34	41	1.28	15	54701	12389
62	机场辅路	大山子—老侯机楼	13.52	60—140	13.01	49—129	1275211	1152309
63	机场高速路	三元桥—天竺道口	16.30	99—310	15.99	65—250	2659410	1888883
64	建国路	国贸桥—四慧桥	1.12	94	1.12	37	105392	14134
65	建国门北大街	雅宝路—建国门桥	0.48	91	0.48	15	43430	14876
66	建国门南大街	建国门桥—东便门桥	0.37	91	0.37	14	33485	21372

续表一

道路绿地面积					绿地覆盖面积（平方米）	绿化覆盖率（%）	绿地率（%）	实有树木（株）	实有草坪（平方米）
中心隔离带绿地	分车带绿地	行道树绿地	立交桥绿地	道路两侧绿地					
7	8	9	10	11	12	13 = 12/5	14 = 6/5	15	16
		3697			3600	34.48	35.41	76	
		3051		31841	52281	28.76	19.19	2596	24721
		4004			5600	49.51	35.40	95	
		8964			22680	111.76	44.17	378	
1650	2410	12750	10241	57075	109626	26.32	20.20	172649	58704
7802		5300	55093	38000	114555	37.44	34.70	53766	79983
600	115	5300	17827	7171	37653	17.58	14.48	18485	19909
		5670		7527	13527	49.27	48.07	361	7527
	2999	1103			8308	23.74	11.72	231	2834
	8726		28417		33925	68.16	74.62	41818	31660
	4158	6300			25970	43.26	17.42	1054	2570
		1110			4440	113.85	28.46	149	
		17850		8500	37779	69.45	48.44	799	2518
	60294	13568		33335	153976	29.73	20.69	73295	92513
	149				351	2.25	0.96	1467	
		4665		34492	85670	57.36	26.22	7060	29187
		2753		25719	38699	24.65	18.14	19846	22302
	29900	11243	4905	25737	91158	27.89	21.97	25570	54513
	280	623	13083	3008	26315	36.91	23.83	4236	13343
	62		15640		15702	22.35	22.35	5017	15540
		8777			16700	49.60	26.07	225	
1528	3519	3113		2002	11814	9.27	7.98	12734	5520
		1344			1056	36.67	46.67	22	
	2625	1808		13145	20960	45.84	38.44	1848	13145
		1240		620	1860	27.27	27.27	60	1272
		1800		2400	7200	37.50	21.88	762	2000
		1973		2980	7456	43.86	29.14	377	2652
	3555	4125		9600	29655	41.53	24.20	4216	10528
		2844		9545	14963	27.35	22.65	2121	9545
1832	12228	113521		1024728	1304878	102.33	90.36	104957	25112
			103665	1785218	2125818	79.94	71.03	180689	108879
	1095	1298		11741	18121	17.19	13.41	6859	12947
	7693	703		6480	12791	29.45	34.25	1885	11991
	4125	575	16672		19328	57.72	63.83	3387	18432

序号	道路名称	起止地点	道路长度（公里）	道路宽度（米）	绿化长度（公里）	绿化宽度（米）	道路用地总面积（平方米）	合计（平方米）
甲	乙	丙	1	2	3	4	5	6=7+8+9+10+11
67	建国门内大街	东单—建国门桥	0.80	117	0.80	65	94240	51275
68	建国门外大街	建国门桥—国贸桥	2.06	96	2.06	41	196730	70185
69	将台路	六公坟—酒仙桥饭店	1.23	33	1.20	15	40614	18970
70	京津塘高速路	分钟寺桥—京津塘高速路	1.96	70	1.96	10	137200	20000
71	京顺路	三元桥—孙河	13.25	28—31	12.82	3	387908	40218
72	景山东街	景山后街东口—景山前街	0.55	44	0.41	3	24310	3493
73	景山后街	景山西街北口—景山东街北口	0.50	35	0.50	23	17500	9591
74	景山前街	北长街北口—北池子大街北口	0.74	37	0.74	7	27380	4370
75	景山西街	景山后街西口—景山前街	0.58	28	0.17	12	16240	7830
76	酒仙桥路	王爷坟—酒仙桥头	1.50	40	1.47	2	60600	8620
77	昆明湖路	四海桥—蓝靛厂	1.00	15	0.93	5	15000	1988
78	莲花池东路	天宁寺—莲花桥	3.10	100	0.45	20	9000	9000
79	南长街	西华门—西长安街	0.75	22	0.75	3	16500	7299
80	南池子大街	东华门—东长安街	0.75	17	0.75	3	12750	3375
81	南河沿大街	东华门大街东口—东长安街	0.77	23	0.77	3	17710	5775
82	平安里西大街	官园桥—赵登禹路	1.20	65	1.10	21	78000	12294
83	前门大街	前门—珠市口	0.80	29	0.80	3	22800	11875
84	前门东大街	前门—台基厂	1.13	80	1.03	37	90400	30024
85	前门环路		0.71	47	0.49	3	33370	840
86	前门西大街	前门—和平门	0.94	84	0.91	24	78584	27262
87	清华东路	双清路—学院路	3.00	10	2.90	3	30075	5025
88	人大南侧路	人大西侧路—广场西侧路	0.37	30	0.37	5	11100	555
89	人大西侧路	西长安街—前门西大街	0.70	76	0.70	11	52920	13969
90	三里河路	西直门外大街—木樨地	4.00	21—59	3.44	33	214330	61452
91	台基厂大街	东长安街—前门东大街东口	0.87	25	0.87	8	21750	11061
92	台基厂二条	台基厂—大华路	0.37	8	0.37	2	3320	90
93	台基厂三条	台基厂—东交民巷	0.37	8	0.37	3	2960	45
94	台基厂一条	台基厂—大华路	0.37	9	0.37	2	3330	108
95	天安门广场东侧路	东长安街—前门东大街	0.64	67	0.50	5	42880	18500
96	天安门广场西侧路	西长安街—前门西大街	0.64	67	0.50	5	42880	18500
97	天桥南大街	珠市口—天桥商场	0.51	29	0.50	3	14535	1500
98	文津街	府右街北口—北长街北口	0.77	35	0.32	8	27258	9269
99	五棵松路	复兴路—杏石口	5.24	17			86760	
100	五四大街	美术馆—沙滩北街南口	0.63	32—33	0.63	3	20538	7374
101	西安门大街	西四南大街北口—府右街北口	0.73	35	0.62	5	25842	9069

续表二

道路绿地面积					绿地覆盖面积（平方米）	绿化覆盖率（%）	绿地率（%）	实有树木（株）	实有草坪（平方米）
中心隔离带绿地	分车带绿地	行道树绿地	立交桥绿地	道路两侧绿地					
7	8	9	10	11	12	13 = 12/5	14 = 6/5	15	16
	4447	2828		44000	54415	57.74	54.41	35988	41381
	11215	4268		54702	71957	36.58	35.68	9644	49699
		3681		15289	22651	55.77	46.71	2220	15800
20000					20000	14.58	14.58		20000
		40140		78	81468	21.00	10.37	2553	
		3493			6600	27.15	14.37	165	
		2250		7341	12372	70.70	54.81	518	5892
		2526		1844	11391	41.60	15.96	367	1844
		3190		4640	7356	45.30	48.21	178	1231
	1750			6870	11020	18.18	14.22	368	1790
		1388		600	9000	60.00	13.25	399	
	9000				9000	100.00	100.00	10341	4000
		7299			12000	72.73	44.24	197	
		3375			13575	106.47	26.47	181	
		5775			8600	48.56	32.61	215	
	2740	2124		7430	12294	15.76	15.76	3114	8199
		11875			9600	42.11	52.08	222	
	13658	8906		7460	30995	34.29	33.21	2447	16085
		840			5040	15.10	2.52	112	
	13188	10863		3211	33647	42.82	34.69	1611	12098
		5025			26800	89.11	16.71	670	
		555			3330	30.00	5.00	75	
		12526		1443	11348	21.44	26.40	454	1443
	15192	6240		40020	102009	47.59	28.67	8355	38228
		9003		2058	4830	22.21	50.86	2085	2058
		90			480	14.46	2.71	10	
		45			330	11.15	1.52	5	
		108			648	19.46	3.24	12	
		18500			12000	27.99	43.14	293	
		18500			7224	16.85	43.14	172	
		1500			6000	41.28	10.32	169	
		4361		4908	7664	28.12	34.00	961	1695
		7374			11040	53.75	35.90	184	
		9069			17086	66.12	35.09	229	

序号	道路名称	起止地点	道路长度（公里）	道路宽度（米）	绿化长度（公里）	绿化宽度（米）	道路用地总面积（平方米）	合计（平方米）
甲	乙	丙	1	2	3	4	5	6=7+8+9+10+11
102	西长安街	西单—天安门	1.69	57—117	1.39	7—31	138917	29605
103	西单北大街	西四南大街南口—西单路口	1.26	28—58	0.75	5	41580	13845
104	西华门大街	中南海东门—西华门	0.25	29	0.25	5	7250	5025
105	西黄城根北街	西四东大街—西安门大街	0.17	21	0.14	3	3502	1462
106	西三环中路	莲花桥、公主坟桥					85310	85310
107	西四北大街	西四南大街北口—平安里大街	0.96	35	0.83	5	33696	17670
108	西四东大街	西四—西黄城根北街	0.30	20	0.11	3	5940	1829
109	西四环中路	四海桥—杏石口	2.18	101	2.00	19	220180	67140
110	西四南大街	西四北大街南—西单北大街北	0.54	28—33	0.52	5	17820	9375
111	西筒子河	故宫外西北角—午门	1.32	21	1.09	12	27456	13612
112	西土城路	西外大街北口—学院路南口	2.12	72	1.98	27	152640	53460
113	西直门北大街	西直门桥—学院南路	1.40	24	1.40	3	33600	3035
114	西直门南大街	西直门桥—平安里西大街	0.88	61	0.83	7	53680	648
115	西直门外大街	西直门桥—首都体育馆	1.40	44—50	1.33	9	64400	16274
116	香河园路	东直门—三元桥	1.90	16—60	1.79	3—16	84775	11829
117	新街口北大街	积水潭桥—新街口	0.91	26	0.45	3	23842	4140
118	新街口南大街	新街口—平安里	0.84	31	0.70	3	25620	11424
119	新街口外大街	积水潭桥—北太平庄	2.00	23	1.44	4	46000	6292
120	宣武门东大街	和平门—宣武门	0.79	104	0.76	24	82160	28239
121	宣武门内大街	西单—宣武门	0.80	33	0.73	5	26640	11440
122	宣武门西大街	宣武门—西便门	1.27	74	1.23	24	93980	37167
123	学院路	清华东路—学知口	2.80	33	1.68	10	92400	17257
124	永定门内大街	天桥—永定门桥	1.60	37	0.90	5	59200	2700
125	永定门外大街	永定门—木樨园环岛	1.70	29	1.02	3	49300	2979
126	右安门西滨河路	菜户营桥—右安门桥					70000	70000
127	展览馆路	北京展览路—阜成门外大街	1.50	51	1.03	9	76500	22639
128	正义路大街	东长安街—前门东大街	0.79	50	0.79	3—5	39105	11962
129	中华女子学院路	四环路—姜庄	1.12	34	1.10	13	38192	13035
130	紫竹院路	白石桥—车道沟桥	3.00	57	2.92	20	171000	20722
131	左安门西滨河路	左安门桥—玉蜓桥	1.62	61	1.56	12	99306	15878
	河岸		**4.60**		**4.28**		**46270**	**22570**
1	北护城河岸路	德胜门桥—水泡子绿地	3.70	10	3.38	9	37000	21940
2	永定河岸路	木樨地—玉渊潭	0.90	10	0.90	2	9270	630

续表三

道路绿地面积					绿地覆盖面积（平方米）	绿化覆盖率（%）	绿地率（%）	实有树木（株）	实有草坪（平方米）
中心隔离带绿地	分车带绿地	行道树绿地	立交桥绿地	道路两侧绿地					
7	8	9	10	11	12	13＝12/5	14＝6/5	15	16
		4412		25193	58566	42.16	21.31	5782	23589
		13845			18300	44.01	33.30	246	
		5025			4000	55.17	69.31	102	
		1462			2923	83.47	41.75	38	
			85310		85310	100.00	100.00	52551	60963
		17670			21151	62.77	52.44	360	
		1829			1480	24.92	30.79	14	
	10025		28653	28462	67140	30.49	30.49	15490	71462
		9375			12468	69.97	52.61	157	
		5400		8212	14152	51.54	49.58	321	8100
		8040		45420	88300	57.85	35.02	10596	20057
		2475		560	13760	40.95	9.03	348	
	648				2653	4.94	1.21	2915	490
		2614		13660	28956	44.96	25.27	2707	3000
448	3295	5700		2386	17529	20.68	13.95	2532	2300
		4140			10092	42.33	17.36	159	
		11424			15350	59.91	44.59	214	
	2730	3562			35935	78.12	13.68	839	
	14846	7728		5665	26312	32.03	34.37	1038	9797
		11440			15974	59.96	42.94	226	
	17416	13858		5893	33589	35.74	39.55	1219	10485
		2745		14512	29152	31.55	18.68	11727	4568
		2700			21600	36.49	4.56	560	
		2979			11916	24.17	6.04	331	
			70000		70000	100.00	100.00	30572	62000
	10859	2859		8921	42937	56.13	29.59	3018	18811
		11411		551	21837	55.84	30.59	3080	150
		2603		10432	15637	40.94	34.13	2149	9886
	14575	4173		1974	31571	18.46	12.12	2605	10997
1557	6836	1595	1900	3990	15733	15.84	15.99	6343	2776
		630		**21940**	**43366**	**93.72**	**48.78**	**807**	**21643**
				21940	42358	114.48	59.30	723	21643
		630			1008	10.87	6.80	84	

北京市园林局绿化处

序号	道路名称	实有树木									
		合计（株）	乔木			灌木			其他		
			小计	常绿乔木	落叶乔木	小计	常绿灌木	落叶灌木	小计	月季	（株）
甲	乙	1=2+5+8	2=3+4	3	4	5=6+7	6	7	8=9+10	9	10
	合　计	**1357425**	**233352**	**39622**	**193730**	**246859**	**106190**	**140669**	**877214**	**499360**	**377854**
	道路	**1356618**	**232849**	**39569**	**193280**	**246555**	**106170**	**140385**	**877214**	**499360**	**377854**
1	安定路	4744	1704	640	1064	585	228	357	2455	1204	1251
2	安定门东大街	16171	430	105	325	1650	1598	52	14091		14091
3	安定门西大街	2494	311	50	261	23	23		2160		2160
4	安华路	13652	412	49	363	3297	2448	849	9943	9828	115
5	安立路	2118	386	108	278	1632	1632		100		100
6	安苑路	60	60		60						
7	安贞路	4039	414	97	317	2261	2231	30	1364	864	500
8	八达岭高速路	35280	5517	1217	4300	1055	86	969	28708	116	28592
9	板井路	514	514		514						
10	北长街	206	206		206						
11	北辰东路	9514	613	256	357	1665	234	1431	7236	7236	
12	北辰路	20456	4414	794	3620	6210	116	6094	9832	9337	495
13	北池子大街	216	216		216						
14	北河沿大街	580	580		580						
15	北京站西街	135	135		135						
16	北三环东路	68103	3003	1063	1940	3276	1024	2252	61824	33306	28518
17	北三环中路	39447	3252	1225	2027	6409	4404	2005	29786	17125	12661
18	北四环东路	60658	5321	709	4612	2509		2509	52828	16956	35872
19	北四环中路	36792	921	523	398	13481	12453	1028	22390	14184	8206
20	北土城西路	2232	1232	101	1131	1000	592	408			
21	北坞村路	644	644		644						
22	朝阳门北大街	5155	552	124	428	994	686	308	3609	9	3600
23	朝阳门南大街	349	202	84	118	147	3	144			
24	朝阳门内大街	551	551		551						
25	成府路	140	140		140						
26	崇文门东大街	4830	432	122	310	1718	1356	362	2680	2680	
27	崇文门西大街	3338	276	93	183	298	31	267	2764	2566	198
28	大华路	542	151		151	16		16	375		375
29	德胜门东大街	8426	500	115	385	127	105	22	7799	68	7731
30	德胜门西大街	16853	650	39	611	216	35	181	15987	2199	13788
31	灯市口大街	124	124		124						
32	地安门内大街	812	232	33	199	300	71	229	280	280	

道路绿地树木明细表

攀缘		竹子		绿篱		色块		宿根花卉		草坪	古树	濒危植物
（米）	（平方米）	（株）	（平方米）	（株）	（米）	（株）	（平方米）	（株）	（平方米）	（平方米）	（株）	（株）
11	12	13	14	15	16	17	18	19	20	21	22	23
61000	**168504**	**48085**	**3778**	**724723**	**104318**	**740226**	**61963**	**123973**	**15466**	**1887874**	**37**	**12208**
61000	**168504**	**48085**	**3778**	**724723**	**104318**	**740226**	**61963**	**123973**	**15466**	**1866231**	**37**	**12208**
275	825			11250	2169					8646		
1599	2122			5135	1305			700	78	7368		93
230	780			2300	575					2696		55
23	57			1411	403					1200		
20	300			358	77					1899		
100	230							3177	353	11851		
3288	4932					5916	716			113722		763
											1	1
				7390	1478					12562		
110	396	6614	723					29800	3592	77426		509
3300	11030			33940	3502	5998	352	8330	934	81912		51
1745	6198			30010	5283	31768	6141	12946	1322	57890		319
6447	21968			69017	2936	177824	7287			135267	3	117
2287	8146			20101	3705					59267		38
										9522		14
865	3460			5562	1113			1990	215	12522		116
				4265	853					4400		
				13150	4383					5000		
										12387		
66	66			3230	646					6682		36
75	75									375		
859	288			3528	895					7983		93
3400	2870			1133	377	28385	1603	200	20	10497		21
											5	
										4436	1	

序号	道路名称	实有树木									
		合计（株）	乔木			灌木			其他		
			小计	常绿乔木	落叶乔木	小计	常绿灌木	落叶灌木	小计	月季	（株）
甲	乙	1＝2＋5＋8	2＝3＋4	3	4	5＝6＋7	6	7	8＝9＋10	9	10
33	东安门大街	76	76		76						
34	东长安街	2596	596	245	351	295	53	242	1705	27	1678
35	东华门大街	95	95		95						
36	东交民巷	378	378		378						
37	东三环北路	172649	2857	716	2141	26850	21536	5314	142942	115265	27677
38	东三环南路	53766	4009	680	3329	13551	7560	5991	36206	21619	14587
39	东三环中路	18485	856	206	650	992	792	200	16637	13602	3035
40	东筒子河路	361	248	20	228	113		113			
41	东直门北大街	231	231	16	215						
42	东直门南大街	41818	561	225	336	4944	4190	754	36313	31630	4683
43	东直门外斜街	1054	1054		1054						
44	端门内	149	149	50	99						
45	府右街	799	715	164	551	33		33	51	51	
46	复兴路	73295	5468	1155	4313	15692	9360	6332	52135	25491	26644
47	复兴门北大街	1467	9		9				1458		1458
48	复兴门内大街	7060	862	108	754	1659	1316	343	4539	3956	583
49	复兴门外大街	19846	935	276	659	4428	2398	2030	14483	14483	
50	阜成路	25570	3487	687	2800	8601	7376	1225	13482	12266	1216
51	阜成门北大街	4236	720	264	456	770	212	558	2746	46	2700
52	阜成门南大街	5017	206	27	179	553	414	139	4258	1802	2456
53	阜成门内大街	225	225	2	223						
54	阜成门外大街	12734	674	27	647	810	530	280	11250	11250	
55	公安后街	22	22		22						
56	鼓楼外大街	1848	590	122	468	224	26	198	1034	824	210
57	恒基东侧路	60	53	13	40	7		7			
58	花家地南街	762	342	175	167	420		420			
59	花园北路	377	289	26	263	88		88			
60	花园路	4216	907	117	790	710		710	2599	1006	1593
61	慧忠路	2121	544	183	361	587	65	522	990	873	117
62	机场辅路	104957	51570	11549	40021	53088	2321	50767	299	299	
63	机场高速路	180689	87310	7920	79390	33509	3051	30458	59870	15282	44588
64	建国路	6859	610	128	482	249	30	219	6000	5200	800
65	建国门北大街	1885	498	100	398	331	72	259	1056	1056	
66	建国门南大街	3387	183	57	126	1274	945	329	1930	1930	5600

续表一

攀缘		竹子		绿篱		色块		宿根花卉		草坪（平方米）	古树（株）	濒危植物（株）
（米）	（平方米）	（株）	（平方米）	（株）	（米）	（株）	（平方米）	（株）	（平方米）			
11	12	13	14	15	16	17	18	19	20	21	22	23
340	340			2132	550	68177	6570			24721		65
4119	12377			20132	2441			2880	288	58704		57
4867	19450			53501	4256	24650	3851	8480	1696	79983		1
677	2031			3656	314			3960	330	19909		72
										7527	2	35
				2564	641					2834		68
1560	3210			5168	1033			11540	2308	31660		25
										2570		
											7	
										2518	1	4
2781	6822			2900	337	21080	1558	7228	730	92513		11
162	81											
100	294			1552	435	34136	4475	800	128	29187	1	85
				16680	1560	8117	524	10	3	22302		64
191	573			17872	3629	1908	108	5172	418	54513		671
300	300			222	74			1421	148	13343		51
459	1264			4763	1305			1150	230	15540		
											1	1
				10998	1222					5520		219
											1	
63	189			3186	823			954	106	13145		
				5020	1573	3800	318			1272		40
										2000		
										2652		
177	382					806	135			10528		
39	409									9545		4
				66608	9192					25112		6929
4865	25436	466	680	35017	3960	1896	267	580	150	108879	1	219
240	360			2221	391	12030	1336	3600	400	12947		
				1880	537					11991		23
480	1680			5431	1092			8655	960	18432		

序号	道路名称	实有树木									
		合计（株）	乔木			灌木			其他		
			小计	常绿乔木	落叶乔木	小计	常绿灌木	落叶灌木	小计	月季	（株）
甲	乙	1=2+5+8	2=3+4	3	4	5=6+7	6	7	8=9+10	9	10
67	建国门内大街	35988	668	203	465	893	136	757	34427	34127	300
68	建国门外大街	9644	966	411	555	628	117	511	8050	8050	
69	将台路	2220	894	155	739	546	294	252	780	780	
70	京津塘高速路										
71	京顺路	2553	2549	23	2526	4		4			
72	景山东街	165	165		165						
73	景山后街	518	427	110	317	91		91			
74	景山前街	367	321	58	263	46		46			
75	景山西街	178	159		159	19		19			
76	酒仙桥路	368	324	97	227	42	1	41	2	2	
77	昆明湖路	399	399	97	302						
78	莲花池东路	10341	171	9	162				10170	10170	
79	南长街	197	197		197						
80	南池子大街	181	181		181						
81	南河沿大街	215	215		215						
82	平安里西大街	3114	317	97	220	179	71	108	2618	2618	
83	前门大街	222	222		222						
84	前门东大街	2447	701	275	426	406	24	382	1340	1100	240
85	前门环路	112	112		112						
86	前门西大街	1611	577	177	400	430	19	411	604	604	
87	清华东路	670	670		670						
88	人大南侧路	75	75	16	59						
89	人大西侧路	454	332	171	161	34	10	24	88	88	
90	三里河路	8355	2682	601	2081	4260	2607	1653	1413	1413	
91	台基厂大街	2085	176	22	154	16		16	1893	243	1650
92	台基厂二条	10	10		10						
93	台基厂三条	5	5		5						
94	台基厂一条	12	12		12						
95	天安门广场东侧路	293	293	99	194						
96	天安门广场西侧路	172	172	84	88						
97	天桥南大街	169	169		169						
98	文津街	961	140	21	119	86	12	74	735	564	171
99	五四大街	184	184		184						
100	西安门大街	229	229		229						
101	西长安街	5782	801	193	608	703	242	461	4278	4278	

续表二

攀缘		竹子		绿篱		色块		宿根花卉		草坪	古树	濒危植物
（米）	（平方米）	（株）	（平方米）	（株）	（米）	（株）	（平方米）	（株）	（平方米）	（平方米）	（株）	（株）
11	12	13	14	15	16	17	18	19	20	21	22	23
90	72			3831	766	80937	8892	6450	716	41381		56
				17830	2772	19950	2163	3139	253	49699		92
				2800	770					15800		
										20000		
										5892		
				600	171					1844		
										1231	5	
				657	219	1690	270			1790		
						66904	4162			4000		8
											2	
				12485	2497					8199		199
80	80			6060	2020					16085		90
				4065	1355					12098		59
				415	83					1443		7
				22299	5235	5884	584			38228		457
330	330									2058		
												49
57	114									1695	1	
		5	5	2094	532	9723	1231	161	23	23589	2	43

序号	道路名称	实有树木									
		合计（株）	乔木			灌木			其他		
			小计	常绿乔木	落叶乔木	小计	常绿灌木	落叶灌木	小计	月季	（株）
甲	乙	1 = 2 + 5 + 8	2 = 3 + 4	3	4	5 = 6 + 7	6	7	8 = 9 + 10	9	10
102	西单北大街	246	246		246						
103	西华门大街	102	102	43	59						
104	西黄城根北街	38	38		38						
105	西三环中路	52551	887	327	560	9884	7152	2732	41780	15169	26611
106	西四北大街	360	360	2	358						
107	西四东大街	14	14		14						
108	西四环中路	15490	283	272	11	950	950		14257	14257	
109	西四南大街	157	157		157						
110	西筒子河	321	284	29	255	37		37			
111	西土城路	10596	1849	741	1108	990	37	953	7757	377	7380
112	西直门北大街	348	348	14	334						
113	西直门南大街	2915	152	6	146				2763		2763
114	西直门外大街	2707	913	116	797				1794	1690	104
115	香河园路	2532	622	32	590	1630	85	1545	280	280	
116	新街口北大街	159	159		159						
117	新街口南大街	214	214	2	212						
118	新街口外大街	839	839		839						
119	宣武门东大街	1038	510	149	361	407		407	121	121	
120	宣武门内大街	226	226	2	224						
121	宣武门西大街	1219	616	169	447	577	26	551	26	26	
122	学院路	11727	1728	741	987	195		195	9804	462	9342
123	永定门内大街	560	560		560						
124	永定门外大街	331	331		331						
125	右安门西滨河路	30572	1206	242	964	668	579	89	28698	4998	23700
126	展览馆路	3018	901	282	619	1475	1147	328	642	642	
127	正义路大街	3080	356		356	15		15	2709	24	2685
128	中华女子学院路	2149	584	268	316	1349	835	514	216	216	
129	紫竹院路	2605	898	241	657	562	197	365	1145	1145	
130	左安门西滨河路	6343	527	167	360	786	26	760	5030		5030
	河岸	807	503	53	450	304	20	284			
1	北护城河岸路	723	419	53	366	304	20	284			
2	永定河岸路	84	84		84						

续表三

		竹子		绿篱		色块		宿根花卉		草坪（平方米）	古树（株）	濒危植物（株）
攀缘		（株）	（平方米）	（株）	（米）	（株）	（平方米）	（株）	（平方米）			
（米）	（平方米）											
11	12	13	14	15	16	17	18	19	20	21	22	23
											1	
4731	14151			54697	10940	126857	9231			60963		29
											1	
										71462		11
										8100	1	35
820	1640			324	36	96	32			20057		2
				280	70							
307	625									490		
26	26			340	110					3000		10
										2300		2
				3141	1047					9797		66
				2718	906					10485		2
1038	2284					346	29			4568		46
5929	7322			80280	5265					62000		50
				846	282					18811		25
477	477			182	52					150		
				835	167					9886		
		41000	2370	4059	1353			650	65	10997		
1006	2442			30602	2605	1348	128			2776		
										21643		
										21643		

北京市园林局绿化处

序号	绿地名称	合计（平方米）	总面			
			水面积	小计	陆	
					绿地面积	建筑占地面积
甲	乙	1=2+3	2	3=4+5+8+9	4	5
	合　计	448835		4488350	271760	630
1	东北郊林带	359640		359640	193775	
2	二带(清华东路北)	18760		18760	16005	560
3	三带(清华东路)	46135		46135	38600	70
4	左安门西滨河绿带	24300		24300	23380	

北京市园林局绿化处

序号	绿地名称	实有树						
		合计（株）	乔　木			灌　木		
			小计	常绿乔木	落叶乔木	小计	常绿灌木	落叶灌木
甲	乙	1=2+5+8	2=3+4	3	4	5=6+7	6	7
	合　计	15554	13265	2120	11145	2289	10	2279
1	东北郊林带	10197	9672	1007	8665	525		525
2	二带(清华东路北)	141	131	89	42	10	10	
3	三带(清华东路)	2729	2042	569	1473	687		687
4	左安门西滨河绿带	2487	1420	455	965	1067		1067

北京市园林局绿化处

序号	居住区名称	居住区			
		合计（平方米）	建筑占地面积	铺装面积	道路用地面积
甲	乙	1=2+3+4+5+6	2	3	4
	合　计	1418		488	
1	复兴门外居住区	1418		488	

防护绿地面积明细表

积				绿地面积占陆地面积（%）	绿化覆盖面积（平方米）	绿化覆盖率（%）	建成时间	实有树木（株）	实有草坪（平方米）
地面积									
		铺装面积	其他面积						
建筑面积	其中:古建面积								
6	7	8	9	10=4/3	11	12=11/1	13	14	15
		8385	168060	60.55	283905	63.25		15554	27684
			16865	53.88	205000	57.00	1958年	10197	
			2195	85.31	16005	85.31	1965年	141	
		7465		83.67	38600	83.67	1965年	2729	27684
		920		96.21	24300	100.00	1989年	2487	

防护绿地树木明细表

木					竹子		绿篱		色块		宿根花卉		草坪（平方米）	古树（株）	濒危植物（株）
其他															
小计	月季	攀缘			（株）	（平方米）	（株）	（米）	（株）	（平方米）	（株）	（平方米）			
		（株）	（米）	（平方米）											
8=9+10	9	10	11	12	13	14	15	16	17	18	19	20	21	22	23
													27684		74
															25
													27684		49

居住区绿地面积明细表

面积							绿化覆盖面积（平方米）	绿化覆盖率（%）	绿地率（%）
其他面积	绿地面积								
	小计	楼间绿地	道路绿地	居住区花园					
				小计	绿地面积	水面积			
5	6=7+8+9	7	8	9=10+11	10	11	12	13=12/1	14=6/1
	930	930					997	70.31	65.59
	930	930					997	70.31	65.59

北京市园林局绿化处

序号	单位名称	合　计 （平方米）	单　位　总　面　积		
			建筑占地面积	铺装面积	其他面积
甲	乙	1＝2＋3＋4＋5	2	3	4
	合　计	169427	52794	26484	38339
1	东北郊苗圃场区	14445	13645	55	169
2	东北旺苗圃场区	66660	28215	6690	22240
3	西南郊苗圃场区	36370	4893	12437	
4	小汤山苗圃场区	44202	6041	7302	15930
5	西客站附属绿地	7750			

北京市园林局绿化处

序号	绿地名称	实　有　树　木								
		合计 （株）	乔　木			灌　木			其	
			小计	常绿乔木	落叶乔木	小计	常绿灌木	落叶灌木	小计	月季
甲	乙	1＝2＋5＋8	2＝3＋4	3	4	5＝6＋7	6	7	8＝9＋10	9
	合　计	9763	1607	712	895	6412	5467	945	1744	1105
1	东北郊苗圃	81	41	1	40	5	5		35	35
2	东北旺苗圃	2084	527	73	454	629	518	111	928	897
3	西南郊苗圃	565	545	484	61	10		10	10	10
4	小汤山苗圃	1616	379	81	298	566	344	222	671	163
5	西客站附属绿地	5417	115	73	42	5202	4600	602	100	

北京市园林局绿化处

序号	苗（花）圃名　称	总　面　积						绿化覆盖面积 （平方米）	绿化覆盖率 （%）
		合计 （平方米）	建筑占地面积	铺装面积	其他面积	育苗面积			
							温室面积		
甲	乙	1＝2＋3＋4＋5	2	3	4	5	6	7	8＝7/1
	合　计	4900944	137766	77464	1072991	3612723	75992		
1	东北郊苗圃	388013	13645	55	98214	276099			
2	东北旺苗圃	1546000	37638	18660	215302	1274400	23116		
3	龙潭花圃	13970	500			13470	1320		
4	西南郊苗圃	276600	8776	38447	23377	206000	840		
5	小汤山苗圃	2676361	77207	20302	736098	1842754	50716		

单位附属绿地面积明细表

绿地面积	屋顶花园面积（平方米）	绿化覆盖面积（平方米）	绿化覆盖率（%）	绿地率（%）	实有树木（株）	实有草坪（平方米）
5	6	7	8 = 7/1	9 = 5/1	10	11
51810		54819	32.36	30.58	9763	11665
576		694	4.80	3.99	81	420
9515		11431	17.15	14.27	2084	779
19040		19340	53.18	52.35	565	970
14929		15604	35.30	33.77	1616	4306
7750		7750	100.00	100.00	5417	5190

单位附属绿地树木明细表

他			竹子		绿篱		色块		宿根花卉		草坪	古树	濒危植物
攀缘													
（株）	（米）	（平方米）	（株）	（平方米）	（株）	（米）	（株）	（平方米）	（株）	（平方米）	（平方米）	（株）	（株）
10	11	12	13	14	15	16	17	18	19	20	21	22	23
639	115	258	5154	347	18401	1135	945	105	717	60	11665	7	183
			470	47							420		
31			1684		11781				484		779		104
					1100	220			205	20	970	7	
508	95	213	3000	300	5520	915	945	105	28	40	4306		37
100	20	45									5190		42

生产绿地明细表

在圃苗木								在圃花卉		在圃草坪		建成时间
合计		乔木		灌木		其他						
种	株	种	株	种	株	种	株	种	株	种	平方米	
9	10 = 12 + 14 + 16	11	12	13	14	15	16	17	18	19	20	21
478	6271820	236	2832266	214	2987742	28	451812	20	546343	11	360248	
										4	231700	1954
152	2190360	71	1064362	70	912596	11	213402	8	431460	5	123190	1952
												1985
157	456254	79	81381	70	310123	8	64750	5	11650			1956
169	3625206	86	1686523	74	1765023	9	173660	7	103233	2	5358	1960

北京市水利局河岸

序号	河岸名称	起止地点	河道长度（公里）	河道宽度（米）	绿化长度（公里）
甲	乙	丙	1	2	3
	合　计		121.49		106.90
1	永定河引水渠		26.02	246.92	25.09
		三家店进水闸—模式口隧道	6.09	49.00	6.09
		模式口隧道出口—五路居铁路	10.03	97.00	9.10
		五路居铁路桥—罗道庄桥	3.50	48.40	3.50
		罗道庄桥—二热闸	6.40	52.52	6.40
2	昆玉段	颐和园—罗道庄桥	7.20	56.13	7.20
3	南长河	长河闸—高梁桥	6.57	23.80	6.57
4	双紫支渠	双紫支渠暗沟出口—三虎桥	2.80	24.86	2.80
5	通惠河	东便门橡胶坝—高碑店公路桥	8.02	74.00	7.53
6	二道沟	金台西路—延静寺桥	1.35	44.00	1.20
7	东护	龙潭闸—东便门桥	2.63	71.50	2.20
8	泄洪道	右外霍道口桥—分洪道	0.80	68.00	0.80
9	凉水河	万泉寺铁路桥—马驹桥	23.80	115.00	23.80
10	莲花河	莲花河出口—万泉寺铁路桥	5.00	68.00	5.00
11	新开渠	石槽桥—莲花池出口	6.06	34.00	3.63
12	清河	安河桥—温榆河汇流口	23.70	95.00	13.54
13	土城	龙头—坝河汇流口	1.74	29.00	1.74
14	小月河	西直门—清河汇流口	5.80	47.50	5.80

绿地面积明细表

绿化宽度（米）	河道用地总面积（平方米）	其中:水面积（平方米）	绿地面积（平方米）	绿化覆盖面积（平方米）	绿化覆盖率（%）	绿地率（%）
4	5	6	7	8	9 = 8/5	10 = 7/5
	8198239	3858695	2775939	3619827	44.15	33.86
88.62	1777142	729572	686108	938256	52.80	38.61
24.00	298704	200782	97922	162203	54.30	32.78
50.00	972910	320960	455000	568750	58.46	46.77
6.36	169400	129500	27458	70712	41.74	16.21
8.26	336128	78330	105728	136591	40.64	31.45
6.76	404136	288000	97344	127707	31.60	24.09
4.18	156366	88038	54925	67345	43.07	35.13
6.45	69608	36400	39240	45429	65.26	56.37
18.00	593776	310380	135450	208812	35.17	22.81
16.40	59180	25555	19680	31080	52.52	33.25
21.00	188331	105360	46200	81400	43.22	24.53
22.50	54400	16000	18875	30975	56.94	34.70
31.00	2737000	1358000	744677	983047	35.92	27.21
17.00	340000	100000	86560	137340	40.39	25.46
7.00	206040	39390	28320	65370	31.73	13.74
56.00	1286300	541600	758240	797506	62.00	58.95
8.00	50460	26100	13920	24360	48.28	27.59
8.00	275500	194300	46400	81200	29.47	16.84

北京市水利局河岸

序号	河岸名称	实有树							
		合计（株）	乔木			灌木			
			小计	常绿乔木	落叶乔木	小计	常绿灌木	落叶灌木	小计
甲	乙	1=2+5+8	2=3+4	3	4	5=6+7	6	7	8=9+10
	合　计	206815	114733	7907	106826	69694	2673	67021	22388
1	永定河引水渠	72576	60558	4864	55694	8709	252	8457	3309
	三家店进水闸－模式口隧道	4213	3744	553	3191	121	17	104	348
	模式口隧道出口－五路居铁路	64141	54835	4093	50742	8356	235	8121	950
	五路居铁路桥－罗道庄桥	3680	1617	192	1425	52		52	2011
	罗道庄桥－二热闸	542	362	26	336	180		180	
2	昆玉段	4901	1999	355	1644	469	311	158	2433
3	南长河	828	828	65	763				
4	双紫支渠	625	625		625				
5	通惠河	4561	2806	174	2632	1385	40	1345	370
6	二道沟	1463	248	38	210	975		975	240
7	东护	6618	843	403	440	5149		5149	626
8	泄洪道	13261	950	12	938	1		1	12310
9	凉水河	81346	29151	81	29070	50065		50065	2130
10	莲花河	1782	1662		1662	15		15	105
11	新开渠	1619	1465	451	1014	154		154	
12	清河	13414	10576	1442	9134	2078	2070	8	760
13	土城	1256	457		457	694		694	105
14	小月河	2565	2565	22	2543				

绿地树木明细表

木				竹子		绿篱		色块		宿根花卉		草坪
其他												
月季	攀缘			(株)	(平方米)	(株)	(米)	(株)	(平方米)	(株)	(平方米)	(平方米)
	(株)	(米)	(平方米)									
9	10	11	12	13	14	15	16	17	18	19	20	21
8373	14015	1324	14261	2310	652	9401	830	25519	2536	21331	2105	396205
3159	150	50	220	2240	624	6375	295	25209	2521	11231	1095	89128
348				2000	500					300	30	1500
800	150	50	180	240	124	6375	295			550	27	38477
2011								15310	1531	1711	171	21651
								9899	990	8670	867	27500
2423	10	20	40							10100	1010	102823
												35200
												28420
100	270	45	135					310	15			70328
130	110	22	88									13177
491	135	27	108									48459
310	12000	800	11200	70	28	300	100					1810
1530	600	200	1160			736	120					2580
15	90	30	400									200
110	650	130	950			1450	180					
105						540	135					4080

北京市亦庄经济开发区

序号	绿地名称	合计（平方米）	总			
			水面积	小计		
					绿地面积	建筑占地面积
甲	乙	1=2+3	2	3=4+5+8+9	4	5
	合　计	86909	1062	85847	78591	149
1	四十米绿带	64000		64000	58273	96
2	迎宾广场	22909	1062	21847	20318	53

北京市亦庄经济开发区

序号	居住区名称	居　住　区					
		合计（平方米）	建筑占地面积	铺装面积	道路用地面积	其他面积	
							小计
甲	乙	1=2+3+4+5+6	2	3	4	5	6=7+8+9
	合　计	236738	91085	6310	58682	20663	59998
1	听涛雅苑	78210	28300		19800	6940	23170
2	鹿鸣苑	35075	11100		22322		1653
3	长新别墅	32000	22000				10000
4	大雄城市花园	67710	24685	5890	13960		23175
5	管委会宿舍	23743	5000	420	2600	13723	2000

公共绿地面积明细表

面积				绿地面积占陆地面积（%）	绿化覆盖面积（平方米）	绿化覆盖率（%）
陆地面积						
		铺装面积	其他面积			
建筑面积	其中:古建面积					
12 = 11/1	6	7	8	9	10 = 4/3	11
149		7107		91.55	78591	90.43
96		5631		91.05	58273	91.05
53		1476		93.00	20318	88.69

居住区绿地明细表

面积					绿化覆盖面积（平方米）	绿化覆盖率（%）	绿地率（%）
绿地面积							
楼间绿地	道路绿地	居住区花园					
		小计	绿地面积	水面积			
7	8	9 = 10 + 11	10	11	12	13 = 12/1	14 = 6/1
51798	8200				86435	36.51	25.34
23170					29960	38.31	29.63
1653					20800	59.30	4.71
7000	3000				10000	31.25	31.25
18175	5000				23675	34.97	34.23
1800	200				2000	8.42	8.42

序号	道路名称	起止地点	道路长度（公里）	道路宽度（米）	绿化长度（公里）	绿化宽度（米）	道路用地总面积（平方米）
甲	乙	丙	1	2	3	4	5
	合　计		28.58		27.86		1004470
1	中和街	荣华中路—同济路	1.2	25	1.13	6	30000
2	荣京东街	荣华路—东环路	1.46	65	1.46	3	94770
3	锦绣街	宏大路—同济路	0.8	25	0.78	3	20000
4	万源街	荣华路—同济路	1.2	25	1.13	6	30000
5	天华北街	天华西路—荣华西路	0.8	25	0.77	6	20000
6	兴盛街	宏达中路—东环路	1.2	25	1.13	6	30000
7	运成街	宏达中路—东环路	1.2	25	1.13	6	30000
8	隆庆街	荣华中街—同济路	0.91	35	0.81	16	31745
9	天华南街	天华东路—荣华街	0.39	35	0.39	8	13773
10	东环中路	荣京东街—锦绣街	1.2	45	1.15	11	54000
11	同济路	北环东街—锦绣街	2.8	25	2.66	3	70000
12	北华东路	荣华路—同济路	1.05	45	0.96	11	47064
13	荣华路	入口—荣京东街	2.4	65	2.24	44	156000
14	荣达路	北环东路—锦绣街	2.8	22	2.65	3	61558
15	西环北路	北环西路—天宝北街	0.8	45	0.8	5	36000
16	天华西路	北环西路—天华北街	0.4	25	0.4	6	10000
17	天华东路	北环西路—天华南街	0.8	25	0.77	6	20000
18	北环西路	荣华中路—北环北路	1.67	45	1.57	11	75150
19	永昌路	北环东路—锦绣街	2.8	45	2.62	13	126000
20	科慧大道	北环西路—天宝北街	0.59	25	0.59	3	14650
21	区间路	(5.6.14.15.21.22.29)号	2.11	16	2.72	6	33760

道路绿地面积明细表

道路绿地面积						绿化覆盖面积（平方米）	绿化覆盖率（%）	绿地率（%）
合计（平方米）	中心隔离带绿地	分车带绿地	行道树绿地	立交桥绿地	道路两侧绿地			
6=7+8+9+10+11	7	8	9	10	11	12	13=12/5	14=6/5
352888	33186		68801		250901	362073	36.05	35.13
10161			3387		6774	11290	37.63	33.87
28340	6366		4374		17600	28340	29.90	29.90
2325			2325			2325	11.63	11.63
10161			3387		6774	11290	37.63	33.87
5895			2295		3600	6775	33.88	29.48
10170			3390		6780	10170	33.90	33.90
10170			3390		6780	10170	33.90	33.90
15390			2430		12960	17325	54.58	48.48
4323			1181		3142	1950	14.16	31.39
6600					6600	6600	12.22	12.22
15930			7965		7965	15930	22.76	22.76
13453			2883		10570	13452	28.58	28.58
93267	26820		3600		62847	94667	60.68	59.79
15888			7944		7944	20974	34.07	25.81
19400			2400		17000	19400	53.89	53.89
3600			1200		2400	3600	36.00	36.00
5775			2310		3465	5775	28.88	28.88
22036			4722		17314	22036	29.32	29.32
41920			7860		34060	41920	33.27	33.27
1758			1758			1758	12.00	12.00
16326					16326	16326	48.36	48.36

北京市亦庄经济开发区

编号	树种	数量	编号	树种	数量	编号	树种	数量	编号	树种	数量	编号
常乔	**种**	**株**	**落乔**	**种**	**株**	33	栓皮栎		67	黄檗		**常灌**
小计		**9858**	**小计**		**13919**	34	槲树		68	暴马丁香		**小计**
1	侧柏	971	1	国槐	766	35	黄连木		69	火炬树		1
2	冷杉	30	2	水杉		36	白榆		70	元宝枫	323	2
3	青扦	52	3	华北落叶松		37	垂枝榆	3	71	鸡爪槭	9	3
4	红皮云杉	105	4	银杏	1337	38	青檀		72	茶条槭		4
5	白扦		5	毛白杨	650	39	榉树		73	红枫	24	5
6	雪松	308	6	河北杨	4	40	小叶朴		74	七叶树		6
7	华山松	240	7	新疆杨		41	桑树	16	75	栾树	1504	7
8	白皮松	460	8	银白杨	3	42	龙桑		76	文冠果		8
9	扫帚油松	9	9	加杨		43	构树		77	糠椴		9
10	油松	402	10	小叶杨	8	44	柘树		78	蒙椴		10
11	乔松	2	11	钻天杨		45	领春木		79	青桐	116	11
12	樟子松	3	12	青杨		46	玉兰	155	80	柽柳		12
13	黑松	10	13	旱柳	264	47	紫玉兰	17	81	桂香柳		13
14	马尾松	10	14	馒头柳	675	48	望春玉兰		82	车梁木		14
15	桧柏	4694	15	垂柳	597	49	二乔玉兰	4	83	白蜡	568	15
16	龙柏	108	16	龙爪柳	4	50	西府海棠	417	84	欧洲白蜡		16
17	线柏	10	17	金丝垂柳	260	51	金星海棠	9	85	绒毛白蜡		其他
18	千头柏		18	刺槐	340	52	垂丝海棠	41	86	流苏树		
19	洒金柏	5	19	红花刺槐	629	53	海棠花	22	87	楸树		
20	北美香柏		20	臭椿	78	54	山楂	45	88	梓树	134	**落灌**
21	金叶桧		21	千头椿	548	55	苹果	6	89	黄金树		**小计**
22	女贞	2260	22	香椿	506	56	李	64	90	板栗	1	1
其他	4种	179	23	白花泡桐	102	57	紫叶李	357	91	枣树	1	2
			24	毛泡桐	761	58	山桃	51	92	龙爪枣		3
			25	龙爪槐	591	59	山杏	3	93	柿树	139	4
			26	蝴蝶槐		60	鹅掌楸		94	君迁子	35	5
			27	核桃		61	杜仲	779	95	卫矛		6
			28	长山核桃		62	杜梨		96	丝绵木		7
			29	山核桃		63	悬铃木	37	97	毛叶山桐子	18	8
			30	枫杨	16	64	樱花	308	其他	3种	136	9
			31	白桦		65	合欢	438				10
			32	麻栎		66	皂角					11
												12
												13

树木、草坪、宿根花卉明细表

树种	数量	编号	树种	数量	编号	树种	数量	编号	树种	数量	
种	**株**	14	美人梅		50	水蜡		**月季**	**种**	**株**	
	37029	15	太平花	329	51	小蜡		**小计**		**74732**	
河南桧	43	16	山梅花	25	52	连翘	3798	1	丰花月季	48554	
西安桧	18	17	八仙花		53	迎春	2728	2	品种月季	22046	
丹东桧		18	茶镳子		54	金钟花		3	藤本月季	1882	
蜀桧		19	珍珠梅	350	55	雪柳		4	地被月季	1830	
粉柏		20	白鹃梅		56	山茱萸		其他	1种	420	
砂地柏	8394	21	蔷薇	750	57	红瑞木	188				
铺地柏	666	22	花旗藤		58	花石榴	116				
杜松		23	白玉棠	60	59	银薇	102				
粗榧		24	玫瑰	50	60	枸杞		**绿篱**	**种**	**株**	**米**
紫杉		25	黄刺玫	272	61	锦带花	1097	**小计**		**127199**	**19233**
矮紫杉		26	棣棠	885	62	红王子锦带	34	1	侧柏	3630	713
锦熟黄杨	13640	27	鸡麻		63	金银木	337	2	桧柏	20302	2690
朝鲜黄杨		28	白碧桃	123	64	猥实		3	杜松		
大叶黄杨	8999	29	红碧桃	166	65	六道木		4	锦熟黄杨	42499	6926
金心黄杨	2055	30	紫叶桃	73	66	糯米条		5	大叶黄杨	33668	6549
银边黄杨	200	31	花碧桃	66	67	香荚迷		6	朝鲜黄杨	1650	
3种	3014	32	垂枝碧桃		68	天目琼花		7	紫叶小檗	5168	715
		33	寿星桃		69	溲疏		8	金叶女贞	3016	301
		34	榆叶梅	1392	70	紫珠	120	其他	2种	17266	1339
种	**株**	35	毛樱桃	25	71	紫叶矮樱					
	33079	36	麦李		72	接骨木	16				
牡丹		37	郁李		73	木槿	562				
小檗		38	紫荆	373	74	扁核木		**色块**	**种**	**株**	m^2
紫叶小檗	15117	39	花木蓝		75	四照花		**小计**		**96155**	**9366**
朝鲜小檗		40	紫穗槐		76	凤尾兰	818	1	桧柏	3475	403
柳叶绣线菊		41	毛刺槐	64	77	黄栌		2	锦熟黄杨	23360	2663
麻叶绣线菊	9	42	胡枝子		78	海州常山		3	大叶黄杨	15814	1264
三桠绣线菊	456	43	花椒		79	木芙蓉		4	紫叶小檗	28506	3351
日本绣线菊		44	枸橘		80	锦鸡儿		5	金叶女贞	21756	1554
平枝栒子	118	45	波丝丁香		81	紫薇	565	其他	2种	3244	131
水栒子		46	四季丁香	14							
铁梗海棠	150	47	白丁香	112	其他	3种	1408				
腊梅		48	紫丁香	191							
梅花	20	49	小叶女贞								

编号	树种	数量		
攀缘类	**种**	**株**	**米**	**覆盖面积 m^2**
小计		**3202**	**1375**	**2248**
1	中国地锦	2409	903	1330
2	美国地锦	10	60	50
3	中国凌霄	20	12	
4	美国凌霄			
5	三叶木通			
6	木香			
7	紫藤	139	69	210
8	五味子			
9	蛇葡萄	8	40	
10	金银花	4	2	
11	布郎忍冬	3	4	
12	常春藤	429	222	658
13	猕猴桃			
14	南蛇藤			
15	茑萝			
16	花蓼			
其他	3 种	180	63	

竹子类	**种**	**株**	**m2**
小计		**505**	**152**
1	箬竹	60	18
2	苦竹	10	24
3	刚竹	15	
4	紫竹	200	40
5	早园竹	215	69
6	甜竹		
7	筠竹		
其他	1 种	5	1

编号	名称	数量	
宿根花卉	**种**	**株**	**m^2**
小计		**26088**	**2128**
1	荚果蕨		
2	常夏石竹		
3	芍药	36	10
4	鸢尾	178	16
5	射干		
6	景天		
7	大花秋葵	242	132
8	蜀葵	193	
9	马蔺	600	33
10	大花萱草	9305	437
11	紫萼		
12	玉簪	370	135
13	法国水仙		
14	早小菊	8660	676
15	松果菊	300	20
16	黑心菊		
17	天人菊		
18	荷兰菊	100	10
19	大花金鸡菊		
20	大花美人蕉	1212	117
21	孔雀草		
22	宿根福禄考	32	2
23	假龙头		
24	蛇鞭菊		
其他	1 种	4860	540

编号	名称	数量
草坪类	**种**	**m^2**
小计		1081875
暖地型	种	22695
1	野牛草	4720
2	大羊胡子	11683
3	小羊胡子	2705
4	结缕草	
5	麦冬草	3587
6	苔草	
其他	种	
冷季型	种	1059180
1	早熟禾	142212
2	剪股颖	2960
3	高羊毛	15091
4	黑麦草	16117
5	混播型	882800
其他	种	

地被	种	
1	白三叶	
2	小冠花	
3	二月兰	
4	沿阶草	
5	紫花地丁	
6	垂盆草	
7	扶芳藤	
其他	种	

续表

编号	树种	数量			编号	树种	数量			编号	树种	数量
古树	**种**	小计	一级	二级		**种**	小计	一级	二级	濒危植物	**种**	**株**
小计					31	枣树				小计		2285
					32	黑枣				1	银杏	1337
1	侧柏				33	酸枣				2	翠柏	
2	桧柏				34	龙爪枣				3	水杉	
3	油松				35	二乔玉兰				4	樟子松	3
4	白皮松				36	白玉兰				5	金钱松	
5	云杉				37	长山核桃				6	刺五加	
6	国槐				38	核桃				7	杜仲	779
7	槐柏合抱				39	腊梅				8	猥实	
8	龙爪槐				40	紫藤				9	核桃楸	
9	蝴蝶槐				41	杜梨				10	核桃	
10	银杏				42	海棠				11	野大豆	
11	七叶树				43	西府海棠				12	鹅掌楸	
12	皂角				44	樟树				13	珙桐	116
13	卫矛				45					14	水曲柳	
14	朴树				46					15	锡金海棠	
15	小叶朴				47					16	玫瑰	50
16	楸树				48					17	秤锤树	
17	黄金树				49					18	黄檗	
18	榆树				50					19	青檀	
19	元宝枫				51					20	东北红豆杉	
20	栾树				52					21	矮紫杉	
21	桑树				53					22	风箱果	
22	苦楝				54					23	太行菊	
23	水杉				55					24	文冠果	
24	文冠果				56					25	脐草	
25	构树				57					26	腊梅	
26	黄连木				58					27	夏腊梅	
27	流苏木				59							
28	麻栎				60							
29	毛白杨				61							
30	小叶椴				62							

责任编辑　董维东
责任印制　赵　恒

图书在版编目(CIP)数据

2000年北京市城市园林绿化普查资料汇编/北京市园林局编。
—北京:北京出版社,2001.12
ISBN7 - 200 - 04383 - 4

Ⅰ.2…　Ⅱ.北…　Ⅲ.绿化—普查—统计资料—北京市—2000
Ⅳ.TU985.21 - 66

中国版本图书馆 CIP 数据核字(2001)第 053555 号

2000年北京市城市园林绿化普查资料汇编
北京市园林局　编
北京出版社　出版
地址:北京·北三环中路6号
邮编:100011
网址:www.bph.com.cn
北京出版社出版集团发行
北京市通州区电子外文印刷厂印刷
2002年1月第1版第1次印刷
开本:787×1092　1/16
印张:40　印数:1000册
ISBN7 - 200 - 04383 - 4/S·177
定价:125.00元